"苏联，苏联"系列

苏联的外宾商店

为了工业化所需的黄金

叶列娜·亚历山德罗夫娜·奥索金娜　著
施海杰　译

ЗОЛОТО
ДЛЯ
ИНДУСТРИАЛИЗАЦИИ

生活·讀書·新知　三联书店

图书在版编目（CIP）数据

苏联的外宾商店：为了工业化所需的黄金／叶 · 奥索金娜著；
施海杰译. —北京：生活 · 读书 · 新知三联书店，2020.8 （2024.11 重印）
（苏联 · 苏联）
ISBN 978－7－108－06745－6

Ⅰ. ①苏… Ⅱ. ①叶… ②施… Ⅲ. ①联合公司－经济史－苏联
Ⅳ. ① F279.512

中国版本图书馆 CIP 数据核字（2020）第 008815 号

责任编辑 叶 彤
装帧设计 蔡立国
责任印制 董 欢
出版发行 生活 · 讀書 · 新知 三联书店
（北京市东城区美术馆东街 22 号 100010）
网 址 www.sdxjpc.com
图 字 01-2020-4118
经 销 新华书店
印 刷 河北鹏润印刷有限公司
版 次 2020 年 8 月北京第 1 版
2024 年 11 月北京第 5 次印刷
开 本 635 毫米 × 965 毫米 1/16 印张 37.5
字 数 523 千字 图 62 幅
印 数 18,001－20,000 册
定 价 98.00 元
（印装查询：01064002715；邮购查询：01084010542）

“苏联，苏联”系列总序

晚清以来的中国变革史表明，外部世界的影响一直是中国现代化的重要组成部分。其中，沙俄、苏联及当代俄罗斯这三个相互区隔但又一脉相承的俄国，无疑是最重要的外部他者角色之一。“中国离不开世界，世界离不开中国”的宏大历史进程，在很大程度上表现为中国和三个俄国的复杂关联；同样，世界读懂中国和中国读懂世界，似乎也离不开三个俄国的中介作用。

1991 年底，雄踞欧亚大陆的社会主义大国苏联骤然解体。以“后冷战”时期国际秩序重构、国际体系转型和大国权力转移为核心进程的“百年未有之大变局”由此发端，中国成长为全球性大国在很大程度上亦得益于此。

苏联作为国家退出历史舞台，并不意味着“苏联”作为一种思想和方法资源的彻底消亡。作为曾经深深嵌入并在相当程度上直接参与了当代中国诸多历史进程的关键大国，苏联的成败兴亡可以给我们提供反观自身和与时俱进的历史镜鉴。因此，对于中国而言，苏联研究的重要性在苏联解体后反而进一步增加了。

新世纪以来，我国的综合国力、国家能力和国际角色同步发生了深刻变化，“走出苏联”并建构起中国的主体性是这一历史性转型的题中应有之义。然而，“走出苏联”的重要前提在于理解苏联的丰富性和复杂性，并在此基础上全面把握苏联之于中国的意义。倘使不能摘下偏振眼镜，真正走进苏联，也就谈不上彻底“走出苏联”。

在苏联解体二十周年之际，我曾呼吁重构苏联解体研究的中国议程。彼时，国内同仁也都已经意识到这一领域需要深入发掘“真问题”，提升新档案、新文献、新资料的使用力度，加大理论对实证研究的支持，增强微观研究和宏观研究的结合，以形成足以和国际学术界平等对话甚至超克其不足的基本格局。

现在，国内相关的研究越来越强调回到历史的脉络和情境中去理解和掌握苏联的深层知识，并在政治、安全、外交等议题上取得了诸多具有中国特色、中国风格、中国气派且引起国际同行瞩目的重量级成果。

但不可否认的是，我国的苏联研究在议题的全覆盖、方法的科学化等方面还有不少优化和提升的空间，尤其是对于理解苏联问题至关重要的社会领域等属于低阶政治的边缘向度理应有更多投入，因为这恰恰可能是苏联最终解体的关键所在。

我们相信，处于崛起关键节点的中国尤其需要逐步建立起与其未来的责任和担当相匹配的理性、冷静、成熟、健全的关于外部世界和自身角色的系统性认知。在此意义上，关于苏联的尽可能客观、中立、扎实、丰富、多元的研究成果多多益善。

我们希望，“苏联，苏联”系列可以成为一个窗口，为中国更全面地解读世界历史的进程、更稳健自信地活跃于世界舞台，从知识的供给侧提供小小的助益，为读者不断深化对苏联的理解、对中国自身的主体性和中国变革的正当性的理解提供更多的思想资源。

我们期待，经由知识的积累、反思、批判和重构，中国能够带着日益丰厚的历史积淀、更加全面的历史认识，在不确定性空前突出的国际失序格局中确认并坚定前进的路向，勉力实现中华民族复兴的理想。

杨成

于上海外国语大学

上海全球治理与区域国别研究院

2020 年 6 月 29 日

外宾商店时期

外宾商店诞生于绝望的年代。1920 年代末，苏联领导层聚焦于工业发展。由于不希望同私营企业者开展竞争，国家开始着手消灭 1920 年代时仍然存在的私营企业。这导致了商品和粮食危机。1927 年起，粮食定量和配给卡在苏联国内自然而然地流行起来，1931 年 1 月，开始实行全联盟的基本食品和工业品配给制。到了 1935 年——外宾商店的最后一年，配给卡被才取消。

内务人民委员部资料照。即便在情况相对较好的 1935 年（以上照片摄制的年份），夹杂着烘烤过的螺栓的面包仍将我们带回了最初几个五年计划的饥饿年代。人们所说的绝非偶然："五年计划意味着放弃白面包。"

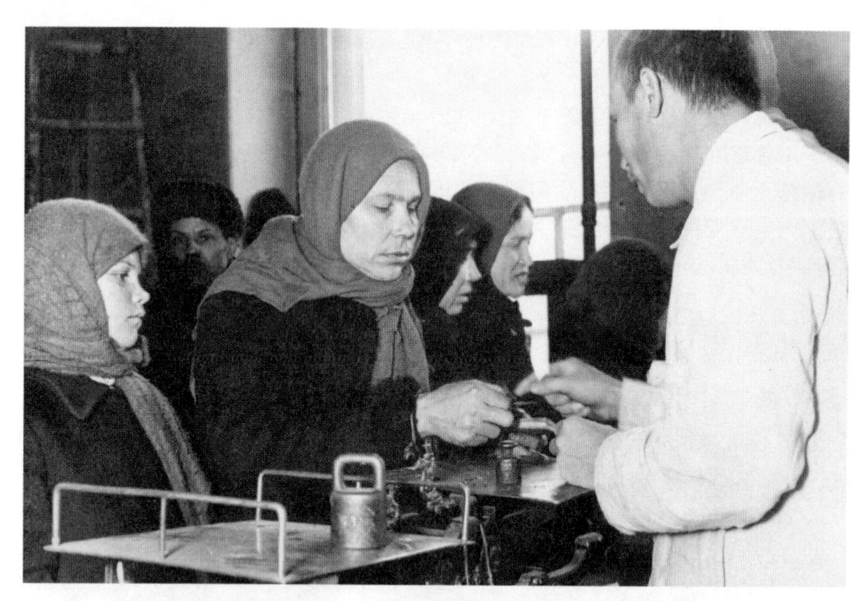

首都实行面包配给制第一天的买卖现场。切割工替代了营业员，其职责是快速地切出定量的面包。莫斯科，1929 年。

在最初的几个五年计划时期，革命口号“谁不劳动，谁就没有东西吃”的潜台词是:“谁不为工业化劳动，谁就没有东西吃。”只有在国家经济部门工作的人及其家人才能获得配给卡。人们凭配给卡在单位内部配给系统、封闭的工人合作社和工人供应处领取商品。

照片为 1930 年“气压计”工厂封闭的工人合作社。

苏联工厂内部的工人合作社肉类部，1932 年。

当实施肉类配给制时（1930 年 7 月），全国 1.6 亿多人中只有 1400 万产业工人能获得肉类配给卡。即便如此，工人的肉类定量配给仍然十分微薄。

莫斯科，1929 年。国家已经实行粮食定额配给。人口中占据绝对多数的农民尚未获得配给卡。他们来到城市，用牛奶换取粮食。照片拍摄的是：莫斯科郊外的农民带着空空的牛奶罐和换来的粮食回家。

ВСЯКИЕ ЗЛОУПОТРЕБЛЕНИЯ С ЗАБОРНЫМИ КНИЖКАМИ СТРОГО ПРЕСЛЕДУЮТСЯ ПО ЗАКОНУ И ПРЕДУСМОТРЕНЫ ст. ст. 109, 120 и 169 УГОЛ. КОДЕКСА

Москва, 1929. ГОЗНАК

ПРОЛЕТАРИИ ВСЕХ СТРАН, СОЕДИНЯЙТЕСЬ!

МОСКОВСКИЙ ОБЛАСТНОЙ СОЮЗ ПОТРЕБИТЕЛЬСКИХ ОБЩЕСТВ

ЗАБОРНАЯ КНИЖКА

№ 209362

ФАМИЛИЯ Егоров

ИМЯ Петр

ОТЧЕСТВО Федорович

АДРЕС Красная ул. д. №10

ВРЕМЯ ПОЛУЧЕНИЯ ЗАБОРН. КНИЖКИ январь 1930 г.

ПРЕДСЕДАТЕЛЬ ПРАВЛЕНИЯ МОСПО

МОСКВА
1930

ПОКАЗАТЕЛЬ СЕМЕЙНОСТИ: 1.

В ТОМ ЧИСЛЕ
РАБОЧИХ: ПАЙЩИКОВ .... НЕ ПАЙЩИКОВ ....
ТРУДЯЩИХСЯ: ПАЙЩИКОВ 1 НЕ ПАЙЩИКОВ ....
ДЕТЕЙ до 12 л. ....

ИЗМЕНЕНИЯ В СОСТАВЕ СЕМЬИ:

ДАТА	ЧИСЛО ЕДОКОВ						ПОДПИСЬ ДОМОУПРАВЛЕНИЯ
	Рабочих		Трудящихся		Детей	Всего едоков	
	Пайщ.	Не пайщ.	Пайщ.	Не пайщ.			

Правом преимущественного обслуживания дефицитными товарами пользуются ЧЛЕНЫ КООПЕРАЦИИ, аккуратно платящие очередные взносы по дифференцированному паю

ПРАВИЛА ПОЛЬЗОВАНИЯ ЗАБОРНОЙ КНИЖКОЙ И ТАЛОНАМИ

1. Заборная книжка (обложка) выдается одна на всех лиц, живущих вместе на общей жилплощади и ведущих общее хозяйство
2. На каждого члена семьи выдается отдельный 12-месячный талон соответствующей категории
3. Для получения в течение месяца хлеба и продуктов необходимо срезать соответствующий месячный талон каждого члена семьи, пред'являя этот талон в магазин. ПО ОДНИМ КУПОНАМ, БЕЗ ПРЕД'ЯВЛЕНИЯ МЕСЯЧНОГО ТАЛОНА, ПРОДУКТЫ НЕ ВЫДАЮТСЯ
4. ВСЕ ОСТАЛЬНЫЕ ТАЛОНЫ НЕ ТЕКУЩЕГО МЕСЯЦА должны храниться при заборной книжке в безопасном месте, исключающем хищение и потерю
5. Утерянные, похищенные и т. п. заборные книжки и талоны НЕ ВОЗОБНОВЛЯЮТСЯ
6. При выезде из Москвы талон немедленно должен быть сдан в домоуправление и получена квитанция на право снабжения по новому месту жительства

КОРЕШОК		
КОРЕШОК	НА 1 ЛИЦО	ЗАБОРНАЯ КНИЖКА № .... НА 1 ЛИЦО
КОРЕШОК	НА 2 ЛИЦА	ЗАБОРНАЯ КНИЖКА № .... НА 2 ЛИЦА
КОРЕШОК	НА 3 ЛИЦА	ЗАБОРНАЯ КНИЖКА № .... НА 3 ЛИЦА
КОРЕШОК	НА 4 ЛИЦА	ЗАБОРНАЯ КНИЖКА № .... НА 4 ЛИЦА
КОРЕШОК	НА 5 ЛИЦ	ЗАБОРНАЯ КНИЖКА № .... НА 5 ЛИЦ

苏联已经实行全联盟的粮食配给制，而在一些工业中心城市——已经针对所有基本食物实行配给制。

照片拍摄的是：叶戈罗夫·彼得·费多洛维奇的领用册

莫斯科州波多利斯克市中央工人合作社于 1930 年 1 月签发。

此系作者藏品。

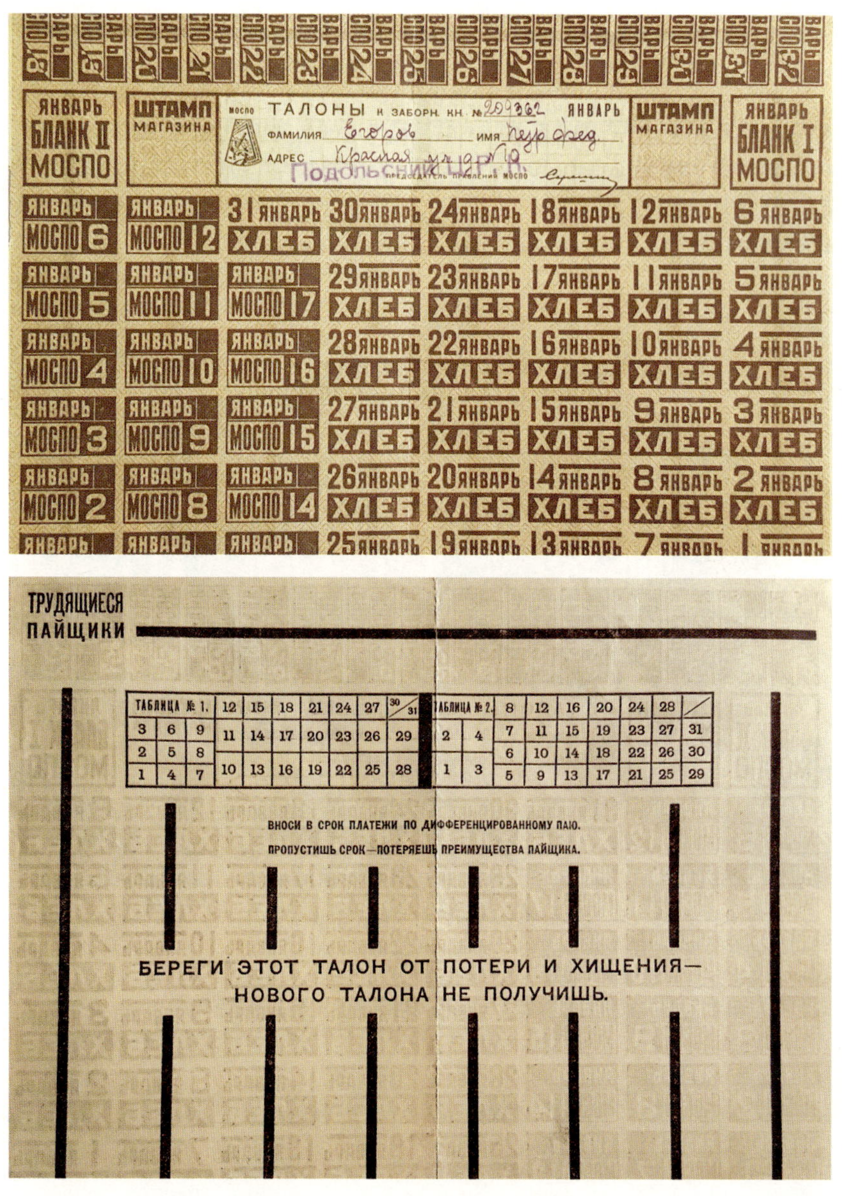

ЯНВАРЬ СПО 18 … ЯНВАРЬ СПО 32

ЯНВАРЬ БЛАНК II МОСПО

ШТАМП МАГАЗИНА

МОСПО ТАЛОНЫ К ЗАБОРН. КН. № 209362 ЯНВАРЬ

ФАМИЛИЯ Егоров ИМЯ Петр Фед.

АДРЕС Красная ул. 19 кв. 10

Подольсник ЦРК

ПРЕДСЕДАТЕЛЬ ПРАВЛЕНИЯ МОСПО

ШТАМП МАГАЗИНА

ЯНВАРЬ БЛАНК I МОСПО

ЯНВАРЬ МОСПО 6	ЯНВАРЬ МОСПО 12	31 ЯНВАРЬ ХЛЕБ	30 ЯНВАРЬ ХЛЕБ	24 ЯНВАРЬ ХЛЕБ	18 ЯНВАРЬ ХЛЕБ	12 ЯНВАРЬ ХЛЕБ	6 ЯНВАРЬ ХЛЕБ
ЯНВАРЬ МОСПО 5	ЯНВАРЬ МОСПО 11	ЯНВАРЬ МОСПО 17	29 ЯНВАРЬ ХЛЕБ	23 ЯНВАРЬ ХЛЕБ	17 ЯНВАРЬ ХЛЕБ	11 ЯНВАРЬ ХЛЕБ	5 ЯНВАРЬ ХЛЕБ
ЯНВАРЬ МОСПО 4	ЯНВАРЬ МОСПО 10	ЯНВАРЬ МОСПО 16	28 ЯНВАРЬ ХЛЕБ	22 ЯНВАРЬ ХЛЕБ	16 ЯНВАРЬ ХЛЕБ	10 ЯНВАРЬ ХЛЕБ	4 ЯНВАРЬ ХЛЕБ
ЯНВАРЬ МОСПО 3	ЯНВАРЬ МОСПО 9	ЯНВАРЬ МОСПО 15	27 ЯНВАРЬ ХЛЕБ	21 ЯНВАРЬ ХЛЕБ	15 ЯНВАРЬ ХЛЕБ	9 ЯНВАРЬ ХЛЕБ	3 ЯНВАРЬ ХЛЕБ
ЯНВАРЬ МОСПО 2	ЯНВАРЬ МОСПО 8	ЯНВАРЬ МОСПО 14	26 ЯНВАРЬ ХЛЕБ	20 ЯНВАРЬ ХЛЕБ	14 ЯНВАРЬ ХЛЕБ	8 ЯНВАРЬ ХЛЕБ	2 ЯНВАРЬ ХЛЕБ
ЯНВАРЬ	ЯНВАРЬ	ЯНВАРЬ	25 ЯНВАРЬ	19 ЯНВАРЬ	13 ЯНВАРЬ	7 ЯНВАРЬ	1 ЯНВАРЬ

ТРУДЯЩИЕСЯ ПАЙЩИКИ

ТАБЛИЦА № 1.			12	15	18	21	24	27	30/31
3	6	9	11	14	17	20	23	26	29
2	5	8							
1	4	7	10	13	16	19	22	25	28

ТАБЛИЦА № 2.		8	12	16	20	24	28	/
2	4	7	11	15	19	23	27	31
		6	10	14	18	22	26	30
1	3	5	9	13	17	21	25	29

ВНОСИ В СРОК ПЛАТЕЖИ ПО ДИФФЕРЕНЦИРОВАННОМУ ПАЮ.

ПРОПУСТИШЬ СРОК—ПОТЕРЯЕШЬ ПРЕИМУЩЕСТВА ПАЙЩИКА.

БЕРЕГИ ЭТОТ ТАЛОН ОТ ПОТЕРИ И ХИЩЕНИЯ—
НОВОГО ТАЛОНА НЕ ПОЛУЧИШЬ.

1930年1月波多利斯克市中央工人合作社签发给叶戈罗夫·彼得·费多洛维奇的粮食券。“谨防遗失和被盗，新券不予补发”——这段严厉的话反映了当时的真相。这张券根本未被使用。不敢相信，工人在饥饿时期会放弃食物。或许，叶戈罗夫调动了工作岗位或者搬了家？如果是这样的话，他应当在另一个封闭的合作社获取定额配给。

此系作者藏品。

外宾商店诞生了

最初，作为莫斯科百货商店一个不起眼的小部门，外宾商店在莫斯科和列宁格勒向外国游客出售古董并在苏联的港口向外国海员提供补给，以此换取外汇。

但工业化需要资金，于是，外宾商店在 1931 年 6 月向苏联公民敞开了大门。开始时，苏联公民可以在外宾商店使用沙皇金币购买商品，之后可以使用日用金器、白银、宝石、外汇现金以及境外汇款进行交易。

斯摩棱斯克广场——位于花园环路和阿尔巴特大街的角上。
不知名的摄影师永远定格了街头时钟上的时间。
很快在这座大楼里将开设最著名的外宾商店。
米哈伊尔·布尔加科夫在小说《大师和玛格丽特》里使其永远留名。

在全盛时期，在莫斯科拥有 38 家外宾商店。

照片所示为全国最好的外宾商店之一——彼得罗夫卡大街上的外宾商店。

这幅照片的拍摄者伊凡·沙金称其为“莫斯科街头的第一个调度员”。摄影大师抓住了时代交汇的瞬间：马、劈好的木柴——莫斯科工业化前的象征，而旁边是站岗的警察和现代化的汽车。

时光飞逝。外宾商店——当时还是新鲜事物，但很快就成了历史。

照片系列夫·博洛杜林藏品。经列夫·博洛杜林同意用于此处。

莫斯科，彼得罗夫卡大街，1930 年。面向外国人的古董外宾商店
国家领导层试图利用外国游客解决外汇问题。此时，外宾商店尚未对苏联公民开放。

在“外宾商店”这个词的背后隐藏着社会的反差：农民们用沙皇金币换取面粉的恶劣且肮脏的边远商店与首都如镜子般明亮的美食和古董的绿洲。

照片所示为：一家莫斯科外宾商店的古董部（1932 年）。

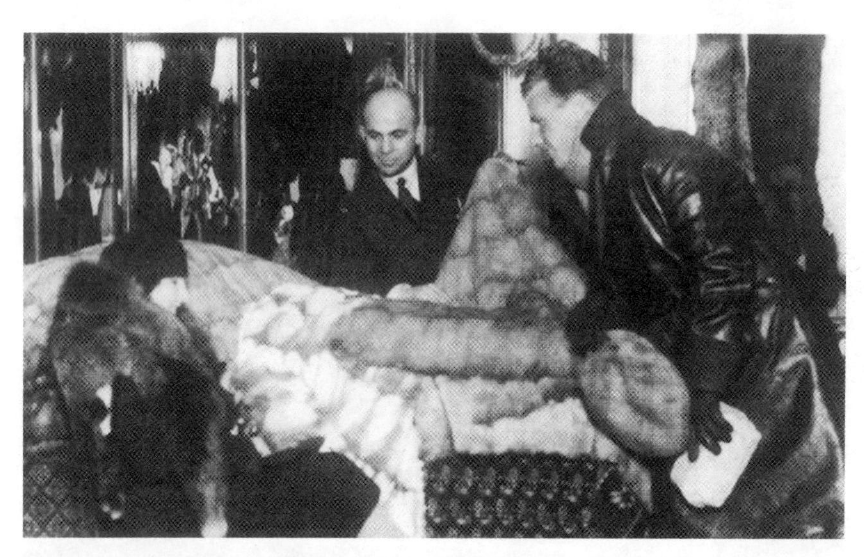

莫斯科，1932 年。外宾商店的皮货部。看着这样广告照片，难以相信，这个国家已经处在即将夺去数百万人生命的大饥饿的边缘。

莫斯科，1934 年。一家外宾商店的面料部。男售货员——外宾商店习以为常的现象，其已成为一家以男性为主的企业。

请看上层货架上的罩布。是否让你们想起 1960—1970 年代家里的样子？生活在后斯大林时期的我们并没有意识到，斯大林时期不仅奠定了我们生活的经济、社会和政治基础，还固化了我们习惯的商品类型——冰淇淋、糖果、香槟。

für den Verkauf an Ausländer
«TORGSIN»

MOSKAU, PETROWKA 6/7 TEL. 1-58-27. 3-11-14

Spitzen
Teppiche
Philatelie
Edelsteine
Antiquariat
Juwelier-Waren
Künstler—Heimarbeiten
Weine und gastronomische Waren

Bücher
Porzellan
Pelzwaren
Parfumerie
Ssamoware
Textilwaren
Massengebrauchsartikel
Cigaretten und Tabakwaren

Главлит А 84161 «Интернациональная» (39) тип. «Мосполиграф» Зак. 256. Тираж 30000

带有克里姆林宫河岸风光以及外宾商店商品德语广告的苏联明信片（发行了30000份，此系作者藏品）

Переводный бланк для покупок в Торгсине

Application for Remittance to be Sent to TORGSIN in Soviet Russia

To Amalgamated Trust and Savings Bank

111 W. JACKSON BLVD., CHICAGO, ILL.

Please send Certified Check, Cashier's Check, or Postal Money Order

DATE

Gentlemen:—

Please forward to Torgsin in Russia for the person designated below the amount of $ instructing the Torgsin to deliver to such person the equivalent in food and/or other merchandise at prices quoted from time to time by the Torgsin. You have the option of sending this amount in the form of either a draft or money order.

My remittance for $ is enclosed herewith.

(Write Name and Address in the language you know best)

(שרייבט דעם נאמען און אדרעס אין דער שפראך וועלכע איהר קענט)

NAME OF PAYEE: Torgsin, for account of נאמען און פאמיליע

Vor- und Zuname des Empfängers (Имя и фамилия получателя)

TOWN שטאדט COUNTY אויעזד

Ort (Город или деревня) Bezirk (Уезд)

NUMBER AND STREET סטרים און נאמער

Straße und Nummer (Улица и номер)

POST פאסט PROVINCE גובערניע

(Почта или волость) Provinz oder Gouvernement (Губерния или район)

The Amalgamated Trust and Savings Bank acts only as agent for the remitter and shall have the right to cause the execution of this advice through any agency. The liability of the Amalgamated Trust and Savings Bank to the remitter shall be no greater than the liability of the agency employed by the Amalgamated Trust and Savings Bank. In any event the responsibility of the Amalgamated Trust and Savings Bank ceases upon delivery of this remittance to the Torgsin. The Bank assumes no responsibility for the manner, method or time of the delivery of goods by Torgsin nor for quantity, quality or price levels of any goods which may be delivered.

Name und Adresse des Absenders — Signature of Sender (Подпись)

Street and Number (Адрес отправителя)

City State

(See reverse side)

在外宾商店的外汇总收入中，境外汇款达4670万卢布，根据当时的官方汇率，超过了2000万美元。

照片为：外国银行通过外宾商店转账的委托表，以此向委托单所示地址寄去粮食和商品。委托表用俄语、英语和意第绪语写成。美国斯坦福大学胡佛研究所档案。

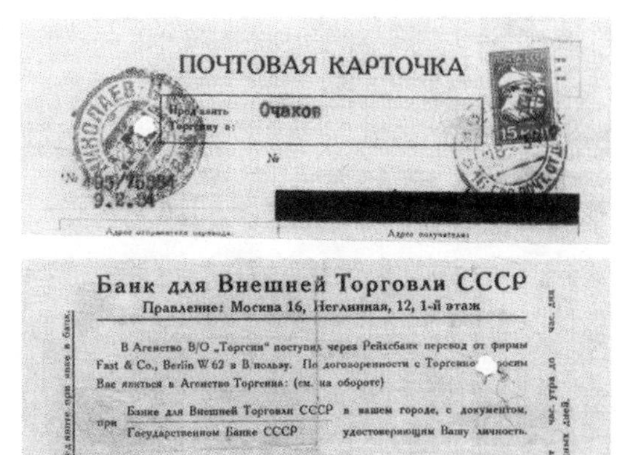

ПОЧТОВАЯ КАРТОЧКА

Очаков

№

9.2.34

Банк для Внешней Торговли СССР

Правление: Москва 16, Неглинная, 12, 1-й этаж

В Агенство В/О „Торгсин" поступил через Рейхсбанк перевод от фирмы Fast & Co., Berlin W 62 в В. пользу. По договоренности с Торгсином просим Вас явиться в Агенство Торгсина: (см. на обороте)

при Банке для Внешней Торговли СССР / Государственном Банке СССР в вашем городе, с документом, удостоверяющим Вашу личность.

此为寄给一位名为奥恰科夫的居民的邮政通知单，来自德国的汇款已进入其在外宾商店的账户。1934年2月。

此系米哈伊尔·哈利多诺夫的藏品。

NON-TRANSFERABLE

DEPARTMENT STORE for FOREIGNERS
"TORGSIN"
Moscow, Petrovka 6/7. ★ Tel. 1-58-27

В/О. „АНТИКВАРИАТ"
Антикварный магазин в Москве
Петровка 10 Телефон № 4-54-49

ТОРГСИН СССР

Mr. ....

Signature ....

Valid up to 193

Seal

№ 193

Главлит А-84.162. Экспортиздат. Интернац. тип. «Мосполиграф» Тираж 20 000

2864

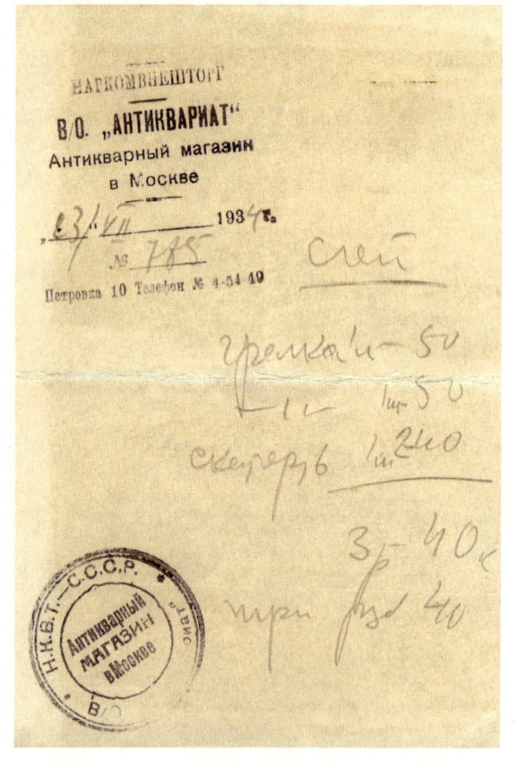
НАРКОМВНЕШТОРГ
В/О. „АНТИКВАРИАТ"
Антикварный магазин
в Москве
„23" VII 1934 г.
№ 785
Петровка 10 Телефон № 4-54-49

Н.К.В.Т.—С.С.С.Р.
Антикварный магазин в Москве
В/О

外宾商店是全苏古董收购和销售贸易管理局用来向境外销售苏联博物馆珍品的寄售单位。但在外宾商店的古董商店里不仅出售艺术品，还出售日常用品。

我收藏的阿尔多娜·瓦伊特的换购凭证显示，她于 1934 年在莫斯科的古董商店购买了两个热水袋和一块桌布。

当苏联商店货架空空如也的时候，这些日用品也是珍宝。居住在苏联的外国人需要用外汇来购买这些东西。

“外宾商店”——商贸之国

城市里光鲜的商店，抑或是被上帝遗忘的农村里的肮脏铺子——外宾商店网络遍布全国。外宾商店在苏联无人不知，而在国外听到的是——“把美元寄到外宾商店！”

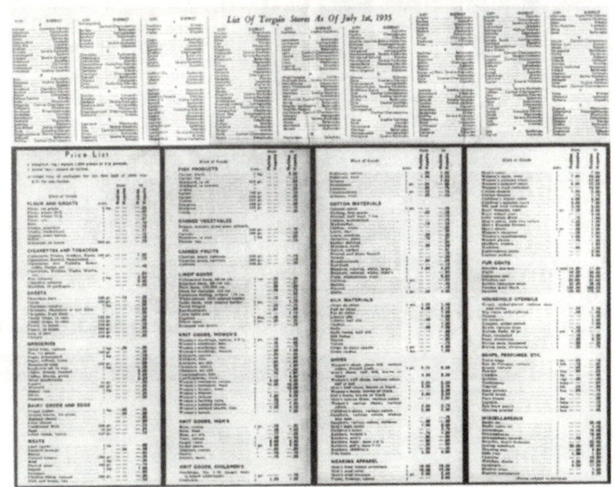

List Of Torgsin Stores As Of July 1st, 1935

Price List

英文广告（1935 年）呼吁美国人汇款到外宾商店，给生活在苏联的亲朋好友。请注意，比罗比詹是外宾商店布点图上的前哨阵地之一——该市从 1934 年起成为犹太自治州的首府。犹太人的钱占据了外宾商店境外汇款的一大部分。在布点图的反面设有外宾商店的城市名录和价目表。

此系作者藏品。

TORGSIN in U.S.S.R.

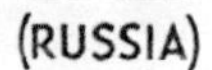

GIFTS

Send a Torgsin Order to your relatives and friends in the Soviet Union and enable them to buy at the Torgsin Stores located in every larger city of the U. S. S. R.

These stores carry about 15,000 different domestic and imported articles of high quality; clothing, shoes, underwear; flour, sugar, dried and canned vegetables, coffee and other food stuffs; household goods, tobaccos, etc.

To places where there are no Torgsin Stores, the merchandise is mailed promptly by parcel post.

Prices compare favorably with those in America

Service in all stores of the Torgsin chain is efficient, up-to-date and courteous.

General Representative in U.S.A at AMTORG, 261 Fifth Ave., N.Y.

For Torgsin orders see your local bank or authorized agent

通过代理和次级代理铺开的网络，外宾商店不仅渗透进了大的中心城市，还渗透进了很多国外的边远省份。

1933 年，在美国和加拿大有 24 家机构接受寄往外宾商店的汇款，1933—1934 年 33 家，1935 年上半年超过 40 家。1933 年，美国贸易公司在美国 75 个城市发布了外宾商店的广告。1935 年，外宾商店驻美国代表处甚至使用了最新的广播广告。

(RUSSIA)

SEND a Torgsin Order to your relatives and friends in the Soviet Union and enable them to buy at the Torgin Stores located in every larger city of the U. S. S. R.

These stores carry about 15,000 different domestic and imported articles of high quality; CLOTHING, SHOES, rubbers, shirts, underwear, hosiery; FLOUR, sugar, dried and canned vegetables, butter, coffee, and other FOOD STUFFS; household goods, tobaccos, etc.

TO PLACES WHERE THERE ARE NO TORGSIN STORES, THE MERCHANDISE IS MAILED PROMPTLY BY PARCEL POST.

Prices compare favorably with those in America

Efficient, up-to-date and courteous service at all Torgsin Stores

For Torgsin Orders see your local bank or authorized agent

GENERAL REPRESENTATIVE in U.S.A.
at AMTORG, 261 Fifth Ave., N.Y.

PASSOVER GIFTS TO U.S.S.R. (RUSSIA)

A BAG OF FLOUR

OF THE HIGHEST QUALITY IS A TIMELY GIFT FOR THE APPROACHING HOLIDAY

Send a Torgsin Order to your relatives and friends in the Soviet Union and enable them to buy at the Torgsin Stores located in every larger city of the U.S.S.R.

These stores carry about 15,000 different domestic and imported articles; clothing, shoes, FLOUR, coffee, and other FOOD STUFFS; household goods, etc.

To places where there are no Torgsin Stores, the Merchandise is mailed promptly by parcel post.

Prices compare favorably with those in America

For Torgsin Orders see your local bank or authorized agent

GENERAL REPRESENTATIVE in U.S.A. at AMTORG, 261 Fifth Ave., N. Y.

“逾越节。一袋高质量的面粉——最好的礼物……”
节日期间，会增加向外宾商店汇款的广告，即便是宗教节日也无所谓。

WINTER in U.S.S.R. (RUSSIA)

A Torgsin Order

will enable your relatives in the U.S.S.R. to buy heavy clothing, shoes, underwear, foodstuffs, household utensils, tobaccos and countless other domestic or imported articles. These gifts will be doubly valued with the oncoming of the long Russian winter.

Prices compare favorably with those in America

For Torgsin Orders see your local bank or authorized agent

General Representative in U.S.A. at AMTORG, 261 Fifth Ave., N.Y.

广告利用寒冬吓唬人：“苏联（俄罗斯）的冬天。向外宾商店汇款能让你们在苏联的亲朋好友买到暖和的衣服、鞋子、衬衣、食物……”

苏联“商人”

数以千计的人曾在外宾商店工作，但他们的名字消失在了历史中。在以前的政党档案中只保存了最高阶的苏联外汇“商人”的文件——什科里亚尔、斯塔舍夫斯基、利文森……在外宾商店的领导人中，只找到了阿·卡·斯塔舍夫斯基的照片。

阿尔图尔·卡尔洛维奇·斯塔舍夫斯基——革命者、谍报员、皮货商人、外宾商店管委会主席以及几乎把西班牙所有黄金储备都弄到莫斯科的“X 行动”的秘密参与者之一。此人为国家获取了不少财富，但最终被枪决。

列夫·米哈伊洛维奇·辛楚科——革命前是一个裁缝铺老板的儿子、伯尔尼大学学生，在苏联时期担任俄罗斯社会主义苏维埃共和国的贸易副人民委员（1927—1930）以及贸易人民委员（1934—1938）。

照片定格的是辛楚科一家从德国返抵白俄罗斯火车站的时刻。1930—1934 年，辛楚科在德国担任苏联全权代表。他可能在柏林掌控着外宾商店珍宝运抵德意志帝国银行的工作。

莫斯科，1933 年。联盟宫的圆柱大厅。开启外宾商店的苏联外贸人民委员阿尔卡季·帕夫洛维奇·罗森戈尔茨在作关于外贸专营 15 周年的报告。此时距他被枪决还有 5 年。

苏联食品工业人民委员阿纳斯塔斯·伊凡诺维奇·米高扬正在“远绿镇”(1935 年) 检查烘烤面包的质量。1926—1930 年，米高扬担任苏联内贸和外贸人民委员。正是米高扬在 1920 年代末建议美国商人阿曼德·哈默担任苏联的贸易代理。根据与外宾商店签订的合同，哈默于 1931—1933 年在美国出售“苏联”古董。也正是作为供给人民委员的米高扬在撤销外宾商店时接收了其庞大的资产。

外宾商店券

外宾商店不是用普通卢布计价，而是用“金卢布”计价。“金卢布”既看不见也摸不着。这是货币结算标准单位。人们在外宾商店上交有价物品后会获取流通券或结算券，凭此可在店内购买商品。在外宾商店用“金卢布”兑换有价物品的逆向操作是不被允许的。

ВСЕСОЮЗНОЕ ОБ'ЕДИНЕНИЕ

ТОРГСИН

Правление—МОСКВА.

ТОВАРНЫЙ ОРДЕР

НА ПРАВО ПОЛУЧЕНИЯ ТОВАРОВ ИЗ ГОРОДСКИХ ПРЕДПРИЯТИЙ В.О. „ТОРГСИН“ НА СУММУ

1

ОДНА КОП.

Подделка товарн. орд. преследуется по закону.

Председат. Правл.

Член Правл.

Д

МОСКВА

ПРАВИЛА.

1) Возвращаемые покупателями неиспользованные ордера обмениваются предприятиями В/О „ТОРГСИН“ по месту (городу) выдачи ордеров на деньги исключительно в советской валюте.

2) Отпуск товаров по ордерам производится в пределах наличного ассортимента исключительно из предприятий В/О „ТОРГСИН“ по месту (городу) выдачи ордера и по ценам, установленным для городских магазинов „ТОРГСИНА“.

Примечание. Отпуск товаров по указанным ордерам из портовых магазинов и складов В/О „ТОРГСИН“ не производится.

3) Заявления об утере товарного ордера не принимаются.

4) За перепродажу товарных ордеров в спекулятивных целях, виновные подлежат ответственности по закону.

Гознак. 1932.

外宾商店券的式样因年份不同而不同。最初是外宾商店的流通券或商品册。由于易于伪造，1933 年取消了流通券，取而代之的是可以防伪的记名商品册，人们称之为“购货证”。照片所示为最早的外宾商店“金戈比”。外宾商店券背面的规定提醒人们，其不得换回有价物品。

此系作者藏品。

这是最晚的外宾商店券。车尔尼戈夫、别尔基切夫……这些城市名的章代表人们上交有价物品的地点。人们只能在本地的外宾商店购买商品。把外宾商店券转到另一个城市需要重新办理手续。

此系作者藏品。

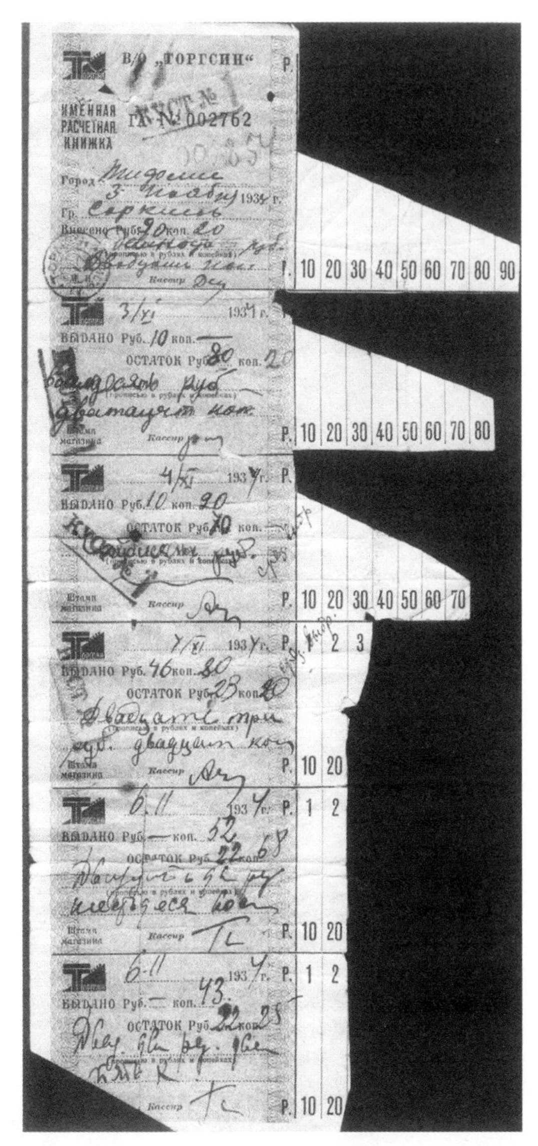
В/О „ТОРГСИН"
ИМЕННАЯ РАСЧЕТНАЯ КНИЖКА
ГА № 002762
Город
193 г.
Гр.
Внесено Руб. коп.
(прописью в рублях и копейках)
Кассир
Р. 10 20 30 40 50 60 70 80 90
193 г.
ВЫДАНО Руб. коп.
ОСТАТОК Руб. коп.
(прописью в рублях и копейках)
Штамп магазина
Кассир
Р. 10 20 30 40 50 60 70 80
193 г. Р.
ВЫДАНО Руб. коп.
ОСТАТОК Руб. коп.
(прописью в рублях и копейках)
Штамп магазина
Кассир
Р. 10 20 30 40 50 60 70
193 г. Р. 1 2 3
ВЫДАНО Руб. коп.
ОСТАТОК Руб. коп.
(прописью в рублях и копейках)
Штамп магазина
Кассир
Р. 10 20
193 г. Р. 1 2
ВЫДАНО Руб. коп.
ОСТАТОК Руб. коп.
(прописью в рублях и копейках)
Штамп магазина
Кассир
Р. 10 20
193 г. Р. 1 2
ВЫДАНО Руб. коп.
ОСТАТОК Руб. коп.
(прописью в рублях и копейках)
Кассир
Р. 10 20

1933 年启用的外宾商店记名商品册有可撕的券。在支付时，收款员会撕下相应金额的券。1934 年，1933 年版的面值商品册被废止，取代它的是新版的商品册。同时，全国建立了新的规则。按照新规则，顾客被绑定到特定的外宾商店。

照片所示为：签发给梯弗里斯的萨尔基索夫的 1934 年版商品册。

此系作者藏品。

外宾商店时期的苏联货币

这些照片为1930年代上半叶苏联人在普通的非外汇商店用来购物的货币（此系米哈伊尔·哈利多诺夫和叶列娜·奥索金娜的藏品）。

根据官方汇率，1外宾商店“金卢布”可以兑换6卢布60戈比的普通苏联货币，但这个兑换价仅仅停留在纸面上。在最初几个五年计划时期，在黑市上，1外宾商店“金卢布”可以兑换60—70苏联普通卢布。

1
ГОСУДАРСТВЕННЫЙ
КАЗНАЧЕЙСКИЙ БИЛЕТ С.С.С.Р.
ОДИН РУБЛЬ
ГОСУДАРСТВЕННЫЕ КАЗНАЧЕЙСКИЕ БИЛЕТЫ ОБЯЗАТЕЛЬНЫ К ПРИЕМУ НА ВСЕЙ ТЕРРИТОРИИ СОЮЗА СОВЕТСКИХ СОЦИАЛИСТИЧЕСКИХ РЕСПУБЛИК ВО ВСЕ ПЛАТЕЖИ ДЛЯ ВСЕХ УЧРЕЖДЕНИЙ, ПРЕДПРИЯТИЙ И ЛИЦ ПО ЗОЛОТОЙ НАРИЦАТЕЛЬНОЙ СТОИМОСТИ.
ПОДДЕЛКА ГОСУДАРСТВЕННЫХ КАЗНАЧЕЙСКИХ БИЛЕТОВ ПРЕСЛЕДУЕТСЯ ЗАКОНОМ.
Народный Комиссар Финансов С.С.С.Р.
1934
АЧ 968495
АЧ 968495

1

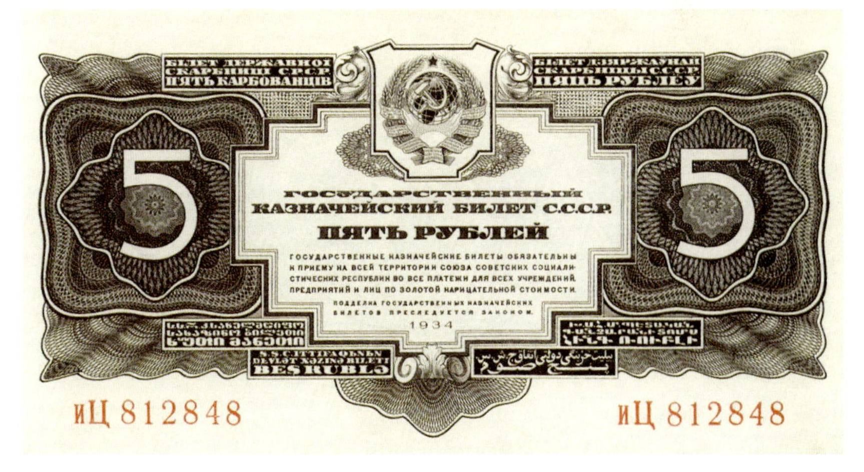
5
ГОСУДАРСТВЕННЫЙ
КАЗНАЧЕЙСКИЙ БИЛЕТ С.С.С.Р.
ПЯТЬ РУБЛЕЙ
ГОСУДАРСТВЕННЫЕ КАЗНАЧЕЙСКИЕ БИЛЕТЫ ОБЯЗАТЕЛЬНЫ К ПРИЕМУ НА ВСЕЙ ТЕРРИТОРИИ СОЮЗА СОВЕТСКИХ СОЦИАЛИСТИЧЕСКИХ РЕСПУБЛИК ВО ВСЕ ПЛАТЕЖИ ДЛЯ ВСЕХ УЧРЕЖДЕНИЙ, ПРЕДПРИЯТИЙ И ЛИЦ ПО ЗОЛОТОЙ НАРИЦАТЕЛЬНОЙ СТОИМОСТИ.
ПОДДЕЛКА ГОСУДАРСТВЕННЫХ КАЗНАЧЕЙСКИХ БИЛЕТОВ ПРЕСЛЕДУЕТСЯ ЗАКОНОМ.
1934
BES RUBLJ
иЦ 812848
иЦ 812848

5

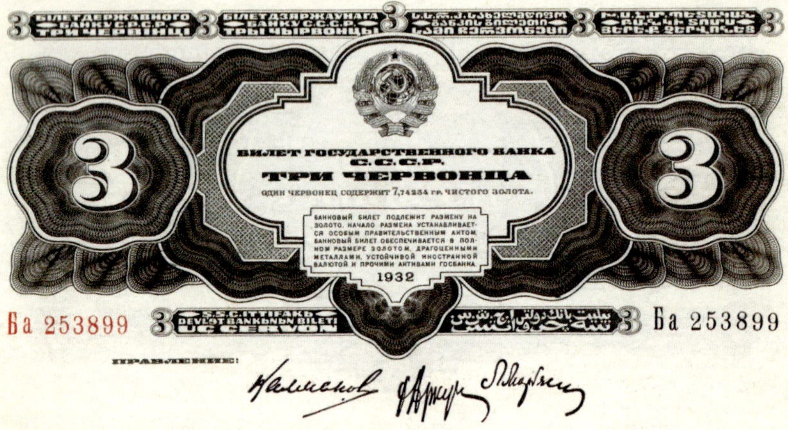
БІЛЕТ ДЕРЖАВНОГО БАНКУ С.С.С.Р.
ТРИ ЧЕРВІНЦІ
БІЛЕТ ДЗЯРЖАЎНАГА БАНКУ С.С.С.Р.
ТРЫ ЧЫРВОНЦЫ
БИЛЕТ ГОСУДАРСТВЕННОГО БАНКА
С.С.С.Р.
ТРИ ЧЕРВОНЦА
ОДИН ЧЕРВОНЕЦ СОДЕРЖИТ 7,74234 гр. ЧИСТОГО ЗОЛОТА.
БАНКОВЫЙ БИЛЕТ ПОДЛЕЖИТ РАЗМЕНУ НА ЗОЛОТО. НАЧАЛО РАЗМЕНА УСТАНАВЛИВАЕТСЯ ОСОБЫМ ПРАВИТЕЛЬСТВЕННЫМ АКТОМ. БАНКОВЫЙ БИЛЕТ ОБЕСПЕЧИВАЕТСЯ В ПОЛНОМ РАЗМЕРЕ ЗОЛОТОМ, ДРАГОЦЕННЫМИ МЕТАЛЛАМИ, УСТОЙЧИВОЙ ИНОСТРАННОЙ ВАЛЮТОЙ И ПРОЧИМИ АКТИВАМИ ГОСБАНКА.
1932
Ба 253899
S.S.S.C. ITTIFAKЬ
DEVLOT BANKЬNЬN BILETI
UC CERVON
Ба 253899
ПРАВЛЕНИЕ:

СССР
ТРИ ЧЕРВІНЦІ
ТРЫ ЧЫРВОНЦЫ
ТРИ
ЧЕРВОНЦА
UC CERVON

东方和西方

为了在黄金储备不足的情况下推动工业化，苏联领导层贷款购买了进口设备和原料，用于建设中的大型工业企业，急剧拉高了外债。1931 年是疯狂进口的巅峰。

向苏联公民开放外宾商店是为了借此偿付工业化外债。

沙皇金币。（系米哈伊尔·哈利多诺夫的藏品）1931 年 6 月，政府批准外宾商店从居民手中收取沙皇金币并希望在外宾商店五年计划中获取大约 8000 万卢布价值的沙皇金币，但对人民积蓄的规模判断有误。

外宾商店从民众手中收购了价值大约 4500 万卢布的沙皇金币，按照收购价计算，约为 35 吨纯金。

沙皇金币被熔铸成锭，并通过黄金商船队经里加运往柏林，用以偿付苏联贷款。

财政人民委员部硬币仓库中成袋的银币。

列宁格勒，1929 年。随着粮食困境的加剧，这些兑换来的白银快速地从流通中消失了，并沉入了人民的储蓄中。

国家领导层开始公开枪决白银的“恶意囤积者”，但这并没能填塞“白银缺口”。在 1932 年底政治局批准外宾商店接受白银换取食物和商品后，民间的能人们开始把苏联银币熔铸成银锭，再交到外宾商店。

用粮食、农产品原料和黄金换来的进口设备从西方进入苏联，用于苏联工业最早的一批企业。

照片所示为：为苏联工业企业运送设备的美国轮船在卸货。

船舷上写着“美国出口”。

列宁格勒港，1930 年。

外宾商店对于工业化意义重大。根据财政决算，通过外宾商店收购的有价物品足以负担 10 个社会主义大型工业企业的设备进口开支：高尔基汽车制造厂（4320 万卢布）、斯大林格勒拖拉机厂（3500 万卢布）、斯大林汽车厂（2790 万卢布）、第聂伯河水电站（3100 万卢布）、国家轴承厂（2250 万卢布）、车里雅宾斯克拖拉机厂（2300 万卢布）、哈尔科夫拖拉机厂（1530 万卢布）、马格尼托哥尔斯克冶金联合体（4400 万卢布）、库兹涅茨克冶金联合体（2590 万卢布）和乌拉尔机械制造厂（1500 万卢布）。

照片所示为：车里雅宾斯克拖拉机厂的进口设备。

列宁格勒港，1930 年。

根据设想，工业化主要的外汇来源应该是出口粮食和原料。苏联出口的主要项目是谷物、木材和石油。然而，在 1929 年出现的世界经济危机之下，原料和农产品价格急剧下跌，因此，苏联出口并没能赚取必要的外汇。外宾商店被寄希望于补足苏联出口的不足。照片所示为：国营贸易公司的冷冻鸡在出口前称重。新罗西斯克，1928 年。

用于蒸汽锅炉的进口设备抵达列宁格勒港，1931 年。

1932年，按照赚取的外汇金额排序，外宾商店在苏联出口单位中位居第四，仅次于苏联出口的主要项目——石油、谷物和木材。1933年，由于国内的饥荒，外宾商店跃居第一，超过了那些本应是工业化资金主要的外汇来源的项目。

照片所示为：进口工业设备在卸货，1931年。或许，这些烟囱就是用苏联人拿到外宾商店的有价物品购买的。

用于马格尼托哥尔斯克冶金联合体的美国设备在卸货，1931年（地点不详）。

外宾商店的尾声

从 1935 年 1 月 1 日起，苏联取消了面包配给卡。随后，在 10 月份取消了肉类、糖、油脂和土豆配给卡。在原先品种单一的封闭式配给单位出现了美食商店、百货商店、食品杂货店、鞋类和服装商店。这些商店向所有人开放。而且，人们不需要使用有价物品去购物。顾客对外宾商店的兴致大减。此外，随着苏联采金业的发展，也不再那么迫切地需要外宾商店。当时，外宾商店已经完成了从苏联人手中收购大部分外汇积蓄的任务。1936 年初，外宾商店关闭停业。照片所示为苏联新的非外汇商店。

莫洛托夫汽车制造厂的美食商店。高尔基市，1935 年。

蔬菜品种丰富。1934 年（地点不详）。

挑选面料。普希金百货商店，莫斯科州，1934 年。

布置斯维尔德洛夫斯克州一家商店的橱窗，1936 年。

外宾商店完成了自己的使命：把苏联公民的黄金和其他值钱的储蓄转移到了国家手里，换回五年计划早期企业所需要的车床、涡轮机等设备和原料。

照片所示为：外宾商店最后的顾客。莫斯科，1936 年。

莫斯科，1990 年代。时钟显示 5:45。过了半个多世纪。新时代的标志：与以前布尔加科夫外宾商店紧邻的麦当劳餐厅。本书作者——这个时代的一分子。

目　录

序　言　偶然的发现

“往事一去不返，何悲之有”——布拉塔·奥库扎瓦

1990年代初，为了撰写《“斯大林时期繁荣”的背后》[1]，我在俄罗斯国家经济档案馆找到了贸易单位“全苏外宾商品供应联合公司”的工作报告。报告指出，1930年代前5年——苏联工业化的关键年度，全苏外宾商品供应联合公司从人民手中收购了大量艺术珍宝，其价值相当于苏联工业设备、技术和原材料进口额的五分之一。在一些特定的年份，这一比例甚至更高。1933年，通过全苏外宾商品供应联合公司收集起来的有价物品价值相当于苏联工业进口额的三分之一。当年全苏外宾商品供应联合公司的外汇收入超过了苏联主要的外汇进项——谷物、木材和石油出口。

这一发现深深震撼了我。感谢米哈伊尔·布尔加科夫的长篇小说《大师和玛格丽特》和一些文献提及此事，我知道了全苏外宾商品供应联合公司为何物，但是，我没法确定这一贸易机构对于工业腾飞做出的贡献到底有多大。传统上，苏联工业化的研究者都研究过1930年代初通过“搜刮”农民扩大农产品出口[2]的集体化运动[3]。许多人都认为这是工业化的主要资金来源。在档案馆找到的文件显示，全苏外宾商品供应联合公司仍未得到适当的评价。在《“斯大林时期繁荣”的背后》一书中，我为全苏外宾商品供应联合公司专门立章著述，但这一题材值得进一步发掘。

“全苏外宾商品供应联合公司”（以下简称“外宾商店”，1930年7月

18日—1936年2月1日）出现在苏联工业化过程中发生严重外汇危机的年代。最初，外宾商店只是莫斯科市执委会贸易总局下属的一个不起眼的办事处，在莫斯科和列宁格勒向外国游客出售古董，并在苏联各个港口为外国海员供应补给，以此换取外汇。1930年12月，外宾商店的顾客已经扩展到在苏联工作的外国人。1931年1月4日，外宾商店获得全苏地位[4]。当年6月开始，苏联公民可以在外宾商店使用沙皇金币或通过跨境外汇转账购买商品。真正革命性的转折发生在1931年末——苏联领导层允许苏联民众使用黄金制品（饰品、家用器具）购买商品。渐渐地，外宾商店可以收取民众手中的银、铂金、钻石、宝石和艺术品等。

1932年至1935年，苏联民众为外宾商店贡献了大约100吨黄金！这大致相当于苏联同期"公民"[5]黄金开采量的40%。而同期古拉格管理总局下属的"远北建设"的黄金开采量略多于20吨。由于这些经济活动的指标，外宾商店对于国家和历史的意义不会消失。外宾商店完成了重大的社会使命，为数以百万计的民众撑过最初两个五年计划的饥荒岁月提供了机会。

越是深入研究外宾商店，我就越坚信，这些档案的偶然发现对我而言就是"研究道路上的克朗代克"。外宾商店呈现了苏联领导层随机应变、富有创造力的生动历史，以及一个无产阶级国家为了生存而进行的独一无二的大规模外汇经营活动。这是苏联领导层第一次，也是唯一一次允许自己的民众在苏联商店（外宾商店）内使用外汇、沙皇金币和其他贵重物品[6]进行支付。为了实现工业化，外宾商店事实上允许外汇结算的卖淫行为，并在获取黄金方面"击败了"万能的国家安全部门。但是，外宾商店不仅是斯大林领导的产物，更是很多人的集体"创造"：很大程度上，由于这些人的倡议，外宾商店的经营超出了黄金—外汇的范畴，将不同的艺术珍宝纳入其中。数以百万计的苏联顾客决定了外宾商店的社会文化面目——在这个很多农民挨饿的国家中，充满精美食物的镜子般的外宾商店消失在外汇粮店的全麦面粉袋之中。

几十年来，外宾商店一直保守着自己的秘密。虽然挂着"外宾商店"

的招牌，但它的主要顾客根本不是外国人，而是那些自愿或被迫向国家献出积蓄的苏联公民。外宾商店的秘密包括：以低于国际售价的价格从民众手中购买艺术珍宝，以高出境外采购价数倍的价格向自己的同胞出售食品和商品。外宾商店充斥着各种不可思议的事情：使用“资本主义”（市场）的方法服务社会主义建设事业。虽然外宾商店于国有功，但却得不到斯大林领导层的嘉奖，而是沦为当时政治语言中庸俗作风的象征。且勿着急，这些只是众多发现里的一小部分，本书将就此予以详述。

外宾商店不仅揭开了苏联历史不为人知的一页，对其经营活动情况的分析还有助于就苏联经济运作原则、苏联日常生活特点和苏联消费文化发展路径得出一些概念性的结论，最终在斯大林主义现象中获得新的发现。在理解过去百年的这一现象时，本书末章“外宾商店——斯大林主义的一个现象”将论述历史学家们对于斯大林主义以及外宾商店作用的争论。

本书是查阅大量档案史料以及对数百份文件进行科学分析的成果，但全书仍保持了通俗易懂。我的目标是用简单、有趣的方式讲述复杂的问题——以便吸引那些不具备专业历史知识，但对苏联历史感兴趣的人。本书由围绕外宾商店历史的各种特写或专述构成。论述遵循以时间为序——从这个贸易机构的诞生到蓬勃发展，一直到落下帷幕，不过中间会穿插一些专题，包括外宾商店领导的生活史，港口外宾商品供应商店在工业化期间用外汇结算的卖淫活动，白俄移民的两难之境（这些白俄移民在帮助留在苏联的亲戚朋友的同时，巩固了自己憎恨的苏维埃制度），黄金、白银、钻石史，买卖双方的社会史肖像，关于人们在外宾商店所购商品的描述以及“福特”的价值，外宾商店和格别乌（苏联国家政治保卫总局）的合作与竞争，揭露外宾商店的秘密以及就其悖论的思考。本书的风格可以称为“历史马赛克”：每个专题都是相互独立、各具趣味，但只有将这些丰富的细节和色彩拼凑在一起才能表现外宾商店的完整历史。这样的叙述形式使人们可以任何顺序阅读各个专题，而这些专题的内容必然相互联系和“交织”：交替着向前推进。

本书引用了1930年代大量的统计数据——苏联出口数据、黄金买卖和开采数据、外宾商店以及苏联其他重要出口企业的工作数据。因此，本书可作为历史学家和经济学家第一手的信息来源。此外，笔者还在本书中亲自就某些经济指标进行了计算，比如苏联的黄金开采量、外宾商店的利润、外宾商店获取黄金的成本和古拉格劳改营开采黄金的成本。我认为研究者的责任不仅是提出结论，还要展现出自己的“实验室”——以便其他研究者可以获取本书中用到的数据，希望借此不仅能检查我所计算的数据，还能使其他研究者得出新的数据系列。

读者可能已经意识到了“外宾商店”的不同写法，有些情况下有引号，有些情况下没有引号，大部分情况下是小写的。这些写法上的差别都有意义。完整正式的写法“全苏外宾商品供应联合公司”应该首字母大写并加双引号。但是，本书不仅研究“外宾商店”的活动，还将其作为斯大林主义的社会经济和文化现象加以研究，因此在绝大部分情况下，“外宾商店”（Торгсин）首字母大写，但不加引号。词组“列宁格勒外宾商店”意指“全苏外宾商品供应联合公司列宁格勒办事处”，所以首字母须大写。全部小写的“外宾商店”(торгсин) 意指外宾商品供应商店。词组“外宾商店管委会”在本书中首字母会大写，以便传递出一种感觉——我所讲的并不仅仅是“外宾商品供应商店”这一贸易机构的一个部门，而是这段历史中的一个主角。

我十分热爱外宾商店这一主题，而且可以很快地写就此书，但是世事难料。我从1990年代中期开始撰写本书，此后发生了很多或伤感或幸福的事情——第一任丈夫去世，我的妈妈又突然离世，接着我又再婚，随新任丈夫来到美国，二女儿出生，在美国各大学间辗转寻求一个合适的岗位，为了在西方的职业生存而奋斗。在俄罗斯科学院国内史研究所的多年间，我都是全身心地投入科研，而在美国的工作要求兼顾科研和教学。我在莫斯科国立大学历史系所接受的教育以及坚持和劳作使我受益匪浅，但是处理各种工作上的问题仍然占用了我不少时间。本书的撰写工作进展缓慢。而且，我最初的计划只是写一本简短的书——结果失败了：这个主题衍生出了很多新的内容。延长的撰写工作使我理解了外宾商店。

在研究外宾商店的过程中，有一次我失去了绝大部分的研究材料。在从密苏里州搬到南卡罗来纳州新的生活和工作之所时，装有我私人物品的卡车在阿拉巴马州发生了车祸。三个相撞的司机受重伤。较之上述三人，我们只是失去了一些物品而已。最大的损失就是丢失了家庭影集、收藏品、书籍和研究材料。我的书稿在事故现场漫天飞舞，很多都不知所踪。所以，我的丈夫还开玩笑说："列娜写书用的材料都留在了阿拉巴马州。"对于我和这项研究工作的幸事是，我没有把电脑和最有价值的几盒影印资料——多年从事文献档案工作的成果托付给任何人，而是放在了家里人所乘的小汽车内。

著成此书要感谢许多人的帮助，包括我的家人和朋友、同事、偶然相识之人，甚至是陌生人。我想感谢谢尔盖·茹拉夫列夫（Сергей Журавлев）和塔季雅娜·斯米尔诺娃（Татьяна Смирнова），叶甫根尼·科金（Евгений Кодин）和杰米扬·瓦卢耶夫（Демьян Валуев），达格拉斯·诺尔特洛普（Даглас Нортроп）和胡尔希达·阿卜杜拉苏洛娃（Хуршида Абдурасулова），安德烈·萨扎诺夫（Андрей Сазанов），克里斯宾·布鲁克斯（Криспин Брукс）和特里·马丁（Терри Мартин），上述的每一位在我为本书收集资料的过程中都提供了帮助。在这方面，有一些意义非凡的故事。

1990年代末，在斯摩棱斯克参加一次会议时，我询问是否可能在当地档案馆研究关于外宾商店的馆藏资料。我得到的答复是，档案库位于一座危楼内，无法进入。过了几年，在新千年之初，我又对斯摩棱斯克州国家档案馆的事情产生了兴趣，但还是老样子。不过，正如先贤所说："与其拥有100卢布，不如拥有100个朋友。"叶甫根尼·科金，研究斯大林主义的历史学家，斯摩棱斯克师范学院教授。他和档案馆管理部门商定，派车把外宾商店的相关馆藏运到斯摩棱斯克州国家档案馆阅览室的安全之处。如果不是他，斯摩棱斯克外宾商店的档案还在残破的库房里积灰，而本书中很多重要的章节也将不复存在。

我为撰写此书耗费了大量的时间，所以不仅我的家人、朋友知道我在写外宾商店，连历史学家同行们也知道这事。哈佛大学教授特里·马丁在从事自己的研究工作时，碰巧在档案中发现了调查外宾商店副主席穆斯特个人事宜的材料，并想起了我。我的同级同学、历史学家兼考古学家安德烈·萨扎诺夫在我们过去习惯称之为列宁图书馆的俄罗斯国家图书馆为我找到了一本有趣的小册子——1933 年出版的外宾商店关于接收和评估贵金属的工作细则。南加州大学犹太人大屠杀基金会影像档案馆馆长克里斯宾·布鲁克斯告诉我，存在着大量乌克兰大饥荒目击者和受害者的访谈资料。克里斯宾·布鲁克斯本人围绕这些档案素材从事历史研究工作，他向我提供了涉及外宾商店的口述摘录[7]。

对于外宾商店的研究让我认识了很多新朋友，其中的很多人我都未曾谋面，以后也可能没有机会碰面，但我对他们十分感激。没有他们的帮助，本书将失去很多罕见的资料。我通过互联网找到的知名苏联摄影家、收藏家列夫·博洛杜林（Лев Бородулин）允许我使用他收藏的珍贵的外宾商店照片，该照片由伊·沙金（И. Шагин）摄于 1930 年。根据英文版“维基百科”的信息，一个在美国的乌克兰移民、化学博士兼收藏家列夫·格里格尔楚克找到了我，他的家人曾遭到镇压。他把外宾商店流通券交给我使用，并大力协助我查找乌克兰出版的资料。根据我的请求，为帮本书寻找插图，他联系了很多同行，其中一位名为米哈伊洛·哈利多诺夫的同行慷慨地与我分享了外宾商店的资料。感谢一位不认识的女士，使在本书中出现的 1935 年外宾商店的宣传册与我结缘。由于通过因特网获知我在写外宾商店，这位女士告诉我，宣传册正在电子拍卖平台 eBay 上出售，随后我买了下来。

我还要感谢那些站在这项研究源头的人们——尤里·帕夫洛维奇·博卡列夫在 1980 年代末就建议我研究苏联贸易和消费史；尼古拉·克列缅措夫 1994 年在华盛顿凯南研究所进修时和我讨论了我第一篇关于外宾商店的文章。十分感谢那些在本书完结阶段帮助过我的人、通读我的手稿并提出意见的人，在与我交谈和通信时讨论外宾商店的人：尤里·帕夫洛维奇·博卡列夫（Юрий Павлович Бокарев）、琳恩·维奥拉（Линн Виола）、尤里·马尔科维奇·戈兰德（Юрий Маркович Голанд）、尤卡·格罗瑙（Юкка Гронов）、谢尔盖·茹拉夫列夫、马特维·拉宾（Матвей Лапин）和尤里·斯廖兹金（Юрий Слезкин）。

俄罗斯国家经济档案馆是我此次研究的主要档案来源。我诚挚感谢俄罗斯国家经济档案馆馆长叶列娜·阿列桑德罗芙娜·秋丽娜（Елена Александровна Тюрина）以及馆内阅览室的工作人员提供的帮助和始终如一的友好态度。尽管过去了很多年，但我仍然怀着温情和对这些人的感激，牢记着在档案馆度过的时光。

我要着重感谢俄罗斯政治百科全书出版社及安德烈·康斯坦京诺维奇·索罗金馆长对我的研究工作一如既往的关照。

本书的撰写工作得到了美国国家人文基金会的资助。基金会的资助使我有一年时间不用授课，安心完成了手稿。

本书谨献给我的母亲和父亲——安娜·彼得罗夫娜和亚历山大·安德烈耶维奇·奥索金，以及他们那些出生于1930年代斯大林时期的同龄人。

我希望，本书的发现能吸引读者，就像之前吸引我那样。

第一部分

对于外宾商店的热情

莫斯科贸易公司办事处

鲜被提及的事件——外宾商店的诞生。外国海员和游客——外宾商店的第一批顾客。“海狗皮大街”上的商店。“想待在苏联——就要拥有卢布”：货币垄断的极端主义。“有人给你们寄了美元，但你们永远都拿不到”：苏联顾客进入外宾商店。

“苏联外宾商品供应特别办事处”按照苏联人民贸易委员部[8]的命令成立于1930年7月18日。这个名称比现象本身更为重要。在外宾商店成立之时，其仅仅是首都贸易系统内不怎么起眼的办事处，由莫斯科贸易公司[9]负责管理。1930年底，外宾商品供应商店扩散到了首都之外，甚至变成了一个全国性的机构。在某些共和国、边疆区和州出现了外宾商店的代表处和办事处。不过这时候，这些外宾商品供应机构羽翼未丰，尚无独立地位，仍然淹没在各地的各种贸易代表处之中。[10] 1931年1月4日，外宾商店取得了外贸人民委员部的全苏联合公司地位，但距离其在全国实际意义上的“腾飞”还有一年。

在外宾商店成立前，外宾商品供应涉及很多机构。外宾商店的出现成了1920—1930年代之交国家中央集权和垄断进程的组成部分。政府成立外宾商店就是为了将针对外宾的外汇贸易业务集中到一个部门。[11] 外宾商店的任务很简单——不能让到苏联来的外国人把外汇带回去。

外宾商店最初是从港口贸易起步的。1930年11月之前，它主要为外国船只以及跑国际航线的苏联船只供应补给。最早一批外宾商店办事处的位置和苏联海港的地理位置是一致的：叶夫帕托利亚外宾商店办事处、阿尔汉格尔斯克外宾商店办事处、新罗西斯克外宾商店办事处、符拉迪沃斯托克外宾商店办事处、塔甘罗格外宾商店办事处、巴塔米外宾商店办事处……[12]它的工作十分繁重。在外宾商店成立前，港口贸易属于苏联商船队[13]的责任范围，但是运作起来十分混乱，没有获得适当的经济收益。当外宾商店领导从苏联商船队接手该业务时曾抱怨，谁都没有“服务外宾以及为外国船只提供补给的经验”[14]。熟悉情况的外国船长在停靠苏联港口前就会提前囤积好粮食和最紧要的东西以及维修材料。

外宾商店最早的顾客是外国游客和外国中转乘客。外宾商店的生意场所在莫斯科和列宁格勒的“全苏外国游客服务股份公司”酒店小卖部，以及边境口岸的售货亭——这是赚取离境外国人外汇的最后机会。此后，外宾商店开设了第一家百货商场。1930 年 11 月，莫斯科市分配委员会向外宾商店划拨了彼得罗夫卡大街和库兹涅茨克桥拐角处的旧米哈伊尔宫，用以筹建一家“封闭的”百货商场。商场选址很成功，但绝非偶然。在十月革命前以及执行“新经济政策”的那几年，彼得罗夫卡大街上潮流商店云集，民间称之为“海狗皮”大街：在那些好的年头，衣着奢华时尚的贵妇们漫步在这条大街上。[15] 1930 年代初，虽然昔日繁华不再，但是过去的名声依旧流传着。

在第一家外宾商店的百货商店货单上有邮票册、地毯、皮大衣、古董，还有酒类和达到出口品质的食品。苏联消费者急需的紧缺生活用品——布料、衣服、鞋子等不在销售品类中。这家店并没有引起外国人的兴趣，倒是引来了不少看热闹的人。[16]商品都是从莫斯科市贸易公司调拨的，价格比苏联同类商品的出口价格高出 10%—50%。[17]苏联政府的政策是——苏联境内的售价高于境外，在外宾商店向苏联居民开放后这一政策仍然得到了延续。在大饥荒时期（外宾商店可耻的辉煌时期），这一政策大行其道。

1931 年初，继莫斯科之后，外宾商店在列宁格勒也开设了商店：“十月”酒店里一家不大的百货商店以及“欧洲”酒店里的烟草、出口型手工制品和食品售货亭。[18]外宾商店的古董商店最初是百货商店的一部分，1931 年 10 月开始独立运营，直接隶属于外宾商店列宁格勒办事处。商店负责人由区党委任命。很多向外宾出售古董的官员对古董本身知之甚少，但是对党绝对忠诚。[19]

显然，在外宾商店的“外国游客时期”，其在列宁格勒的经营活动具有鲜明的古董售贩特点。列宁格勒“挤满了”各种艺术珍宝。很多艺术珍宝都是在圣彼得堡（俄罗斯帝国首都）两百年历史中积累下来的。正是十月革命使这座城市成了独一无二的俄罗斯珍宝沉淀器——有些人在“革命混乱”之初把珍宝交到埃尔米塔什博物馆保存，之后这些珍宝就有去无回了。此外，从全国没收的珍宝也都流向布尔什维克政府，进入埃尔米塔什博物馆的库房。

最初，只有在苏联短期停留的外国人可以在外宾商店购物。[20] 根据政府制定的操作规定，在苏联定居或者长期停留的外国公民不得在上述商店内购物，包括外国驻苏联使馆和使团的工作人员、在苏联拥有特许经营权的外国人、外企职员、数以千计因为意识形态或者为了逃脱西方大萧条而来到苏联建设社会主义的外国专家和工人。向这些外国人提供商贸服务的是另一家国家商贸企业“外国专家供应社”，这家企业有自营的封闭分配网络。[21] 在 1930 年代上半叶实施配给制的那几年间，“外国专家供应社”的销售都是定量的，而且仅接受苏联货币。

最初禁止长期在苏联居住的外国人使用外汇购买外宾商店的商品在经济上不甚合理。这一禁令是苏联 20 年代末 30 年代初国家货币垄断的极端主义现象之一，而财政人民委员部[22] 正是这一时期货币垄断政策的狂热支持者。尽管外国人获准持有外汇现金，但是财政人民委员部尽可能地压缩其在苏联境内作为支付工具的使用范围。比如，在为外国船只提供商贸服务时，外汇仅限于与船长的结算。[23] 更多的时候，外国水手并没有外汇现金。他们的消费就记在轮船账上。之后，租用轮船的公司会支付到外宾商店账户。按照财政人民委员部的命令，为数不多前来见识第一个共产主义国家的外国游客[24] 是无权在苏联境内使用外汇支付的。财政人民委员部要求：游客不得使用“有效外汇”[25]（外国货币）购买各类服务和商品（包括外宾商店提供的服务和商品），而须使用“苏联外汇卢布”。

从表面上难以区分普通卢布和外汇卢布，但二者之间存在着本质区别。外汇卢布指的是外国人将带至苏联的外汇通过合法的兑换而取得的卢布。当外国游客在苏联用卢布购买苏联的出口商品时，需要出示苏联国家银行的外汇兑换回执。其他的合法支付手段还有外汇支票[26]。财政部门由此相信，外国游客钱包里的外汇会进入这个苏维埃国家，而不会流入黑市。黑市汇率比官方汇率更具吸引力。此外，外国游客在国家银行将外汇换成卢布后，“无权将卢布换回外汇”。苏联“货币”的不可兑换性迫使外国游客要在苏联期间花完所有的外汇卢布。如果外汇持有者入境苏联三个月内未将外汇存入银行的专用活期账户，则这笔进入苏联的外汇将丧失其合法地位。[27]

苏联政府试图控制外汇资金和按照合同来到苏联工作的外国人。合同规定了，哪部分工资用外汇支付，哪部分用卢布支付。工资的外汇部分不会直接发到外国人手里，而是直接转账至其境外银行账户。在苏联生活、受雇的外国人需要依靠用卢布支付的那部分工资。起初，1930—1931年，外国专家的外汇工资以及其所有工资都很高——苏联政府希望结合了西方经验和技术的“计划经济的优越性”能创造奇迹，可惜事与愿违。失望和外汇资金的极度匮乏导致政府在与外国专家和技工签订合同时砍去了一部分工资和一部分外汇工资。

1930年底，财政人民委员部最终取消了已经完全遭到破坏的人为限制，并正式允许长期在苏联生活的外国人在外宾商店购买商品，但须使用苏联“外汇卢布”，以相应减少流向境外的工资外汇部分。[28]贵金属制品和宝石的销售需经财政人民委员部批准。财政人民委员部重申，绝对禁止长期在苏联生活的外国人在国内市场使用外汇现金或外汇支票进行支付。

国家货币垄断的极端主义妨碍了外宾商店完成外汇计划。所以，就算财政人民委员部抗议，外宾商店仍会收取“真正的”外汇，以把商品出售给外国游客和长期在苏联生活的外国人，并“忘了”检查苏联卢布的来源证明。[29]随着国家对外汇的需要日益突出，财政人民委员部不得不放松外汇“管制”。由于无法阻止外宾商店向外国人收取外汇出售商品，财政人民委员部开始要求外宾商店只能收取有权带出苏联的外汇。[30] 换言之，外宾商店出售商品时不能收取美元或英镑，其应当确认，这种外汇“并非来自自由市场”，而是合法带至苏联的。1931 年 5 月，随着外宾商店经营活动的发展，“为了简化贸易操作”，财政人民委员部取消了这一规定，允许外宾商店可不再要求外国购物者出示外汇来源文件。

苏联海关对外国人带入境和带出境的外汇进行了追踪。外国游客带出苏联的外汇不能多于带入苏联的外汇，甚至带入和带出的金额也不允许相同，必须扣除最低生活费。1931 年 6 月，外国人的最低生活费标准被定为每昼夜 10 卢布。[31] 此外，根据 1930 年 7 月 8 日贸易人民委员部和财政人民委员部的指示，外国游客购买的商品，特别是贵金属制品和宝石制品，只有使用带入境的外汇购买才会被允许带出境。外宾商店的营业员应当将上述规定提前告知购买者，并在结算票据上盖上“减扣章”——“计入可带出境的外汇账户上”。[32] 在外国人离境时，海关工作人员会进行一番复杂的计算，以决定准许携带多少外汇离境。他们会核查带入境的外汇金额、已兑换的外汇金额、盖“减扣章”的购物账户并计算出在苏联境内逗留期间的最低生活费。应财政人民委员部的坚决要求，外宾商店在售出商品时必须考虑到外国人的最低生活费，即确保外国人的消费不会超出苏联国家银行兑换回执（官方的外汇兑换文件）上的金额[33]。直到 1933 年 5 月，财政人民委员部考虑到外宾商店的收益，才同意重新研究带出境的贵重物品计入外国人“外汇额度”的有关规定，并同意在外宾商店购买的贵重物品可以畅通无阻地带出境。[34]

外宾商店的出现导致苏联合法外汇交易的范围得以扩大，所以所有外汇相关部门都参与了关于外宾商店经营活动合理性和边界的讨论，首先就包括政治局及其“黄金委员会”，还有财政人民委员部、国家银行、外贸人民委员部，以及格别乌。财政人民委员部不是唯一反对扩大苏联合法外汇交易范围的部门。格别乌的一些全权代表处在某些地区将外宾商店视为“不必要的机构”加以反对[35]，表面理由是“政治适宜性”——面向外国人的精英商店会引起工人们的不满。

在文件中，格别乌对外宾商店的敌意并无其他解释，不过，其中可能涌动着部门间的利益冲突。随着外宾商店的出现，其周围也出现了一批货币投机分子，这为与黑市展开斗争的格别乌增加了不少工作。在随后几年中，外宾商店和格别乌 / 内务人民委员部之间的关系充满矛盾。国家安全部门把外宾商店视作一个在赚取黄金和外汇方面颇有建树的对手，同时也是一个非自愿的帮手：外宾商店可以在不经意间发现“有价物品的持有人”，格别乌 / 内务人民委员部为了完成各自的外汇计划会在外宾商店的顾客中实施逮捕并没收财物。

苏联外交人民委员部最初也宣称反对在主要街道开设外宾商店，还反对其大肆宣传。[36]外交人民委员部的解释是，担心引起包括外交人员在内的长期在苏联生活的外国人的不满。最初禁止在外宾商店购物限制了上述人员的权利。在外交官获准在外宾商店购物后，外交人民委员部的反对声就消失了。

那么，苏联公民又是如何进入外宾商店的呢？起初，政府禁止苏联公民在外宾商店购物，甚至禁止入内。财政人民委员部的命令指出，苏联公民使用外汇购买商品是绝对禁止的。为了不引诱苏联消费者，同时不引来凑热闹的人，外宾商店并不被建议进行大力宣传和设立橱窗。通告牌上预先告知：“本店仅接待外国游客和过境旅客。”外宾商店的主要商品——古董、地毯、皮草——对于生活在半饥半饱中的大部分苏联人而言毫无意义，这为阻止苏联公民进入外宾商店提供了帮助。

苏联公民中那些有点儿外汇和黄金的人正处在这个国家历史上很糟糕的时代。然而，人的创造力是无穷的，可以肯定地说，外宾商店中早在“外国游客时期”就已经出现了苏联顾客。不管怎样，外宾商品供应商店并不愿意按照规定直接询问“您是外国人吗？”，而是在确信商店里出现了不该进的人时才会要求出示证件。外宾商品供应商店工作人员的工作并不简单：根据规定，他们不仅要确定用来支付的美元是合法进入苏联的还是来自自由市场，他们手里的卢布是普通卢布还是外汇卢布，还要根据表面特征判断，站在他们面前的是苏联人还是外国人。如果发现了“异己分子”，警察和格别乌会没收商品和外汇。

苏联人是有外汇的。这些外汇是从沙皇时期、国内战争时期的非法贸易和“新经济政策”的外汇交易中攒下来的。由于边境走私，外汇一直在源源不断地流入苏联：在邻近俄罗斯的波罗的海三国和波兰，以及法国和中国，俄罗斯移民开设了一些“按照地址”非法递送外汇的“公司”。当时报纸上的广告证实了上述情况。夹在信件或包裹中的外汇从境外的亲戚朋友流向苏联公民。黑市充当了苏联境内外汇主要的分配和分流机制。

1930 年代初，银行和邮局转账大概是苏联人从境外获取外汇的唯一合法渠道。即便如此，财政人民委员部也按照自身的想法实行了“严格管制”的外汇政策，努力将尽可能多的“有效货币”装进国家的口袋，收款人的美元和英镑被按照官方汇率强行兑换成卢布。根据财政人民委员部 1930 年代初的命令，银行有权只支付不超过转账金额四分之一的外汇，其余部分用卢布发付。就算是这点外汇，苏联人也需要大吵大闹，在强烈要求和威胁退回汇款后才能拿到。[37] 在苏联的外国人也难以幸免。在收取境外汇款时，大部分金额都被换成了卢布。

1931 年夏天，随着外宾商店将向苏联人开放的可靠传言不胫而走，情况有所变化。为此，人们开始更加坚决地拒绝接受境外汇款兑换的卢布，而是要求发付外汇。大规模拒绝境外汇款导致苏联的这一外汇来源岌岌可危，也迫使财政部门开始采取措施。财政人民委员部试图用“无现金方式”来解决这个问题，以便最大程度地保持国家货币垄断——境外汇来的外汇不再直接发付到苏联人手里，而是转至外宾商店的账户。开始时，财政人民委员部禁止将外汇全部汇至外宾商店。[38] 国家银行列宁格勒州分行尝试制定存入外宾商店的“外汇转账定额”。按照其领导的想法，每月 5 美元足以购买一些必需品，以贴补当时苏联人的配给定额。

文件显示，社会“自下而上”的压力导致苏联合法外汇交易的范围得以扩大。1931 年 8 月，国家银行乌克兰分行向莫斯科通报：“城里（哈尔科夫——作者注）流传着这样的传言，‘外宾商店’将向包括苏联公民在内的所有人开放使用外汇购物。因为这些传言，很多外汇收款人坚持提取外汇，而拒收等汇款（卢布——作者注）。如果到目前为止我们还能让客户相信，他们并不需要外汇（这是我想强调的——作者注），那么随着外宾商品供应商店的开张，我们就再也做不到这一点了，我们将不得不为所有的外汇汇款毫无例外地发付外汇现金。”莫斯科的答复是：如果汇款收款人威胁将外汇退回，就把钱转入外宾商店的账户。[39] 国家银行在敖德萨、列宁格勒、基辅、梯弗里斯等地的分行发来的报告证实，人们日益强烈地要求“货真价实”的外汇，几乎所有人都拒收卢布，未支付的汇款慢慢积累，国家银行的外汇流入锐减，甚至完全停了下来。银行没有等来上面的指示，而是按照“擅自制定的规则”把境外汇来的外汇转进了外宾商店的账户。[40]

1931 年 9 月 18 日，财政人民委员部就此问题做出正式决议。[41] 事实上，决议只是把夏天时各个地区自然而然形成的做法合法化了。名下有境外汇款的苏联人有权把所有金额或者部分金额存进外贸银行的“75a 号专用集中账户”，之后可以凭银行票据在外宾商店购买商品。他们在外国的亲戚朋友可以给他们转账，也可以把外汇直接转至外宾商店的账户。这一决议允许从在海外工作的苏联公民的外汇账户把钱划转到外宾商店。扣除转到外宾商店的金额后，余下的外汇以卢布发付给苏联公民。财政人民委员部在专门解释时再次重申，只有在强烈要求之下，苏联人才可能领取“货真价实”的外汇，而且不得超过转账总额的四分之一。对于有境外外汇汇款的外国人会稍微宽松一些，他们可以自行选择领取卢布或者外汇。[42] 财政人民委员部的这一决议还允许外国游客在外宾商店使用外汇现金购买商品时，可以使用外汇找零。此前，收银员只会用卢布找零。

本章对于外宾商店成立初期的分析表明，苏联领导层由于未考虑到经济效益和合理性，而使它与国家货币垄断的目标艰难地渐行渐远。财政人民委员部担心外汇流向出价更高的私人，于是试图通过威胁和呵斥的方式把外汇引向国内合法的外汇现金交易。严格的外汇制度理应促使外汇集中到国家手中，但是结果却恰恰相反。苏联的领导层禁止外汇在国内合法使用的同时，也截断了很多国家预算收入的来源。由于苏联存在着外汇需求和外汇供应，所以外汇通过非法的渠道流向了私人。在黑市上，可将外汇兑成卢布牟利或者用来购买紧俏商品。不光是苏联人会利用外汇黑市，外国人也会。在黑市上按更划算的汇率购买卢布是驻苏联外交使团的惯常做法。而这些外交官为何要这么做？——要知道，他们生活在苏联是需要卢布的。国家货币垄断的极端主义导致大量苏联人被迫成了货币投机者。[43]

与此同时，工业化的火神快速消耗着苏联微薄的外汇和黄金储备。从哪里获取外汇用来购买建设中的工业企业所需的设备、技术和原料，这是 1930 年代初苏联领导层的头等大事。主要的外汇来源——农产品出口并未达到应有的效果。在沉重地打击了西方的大萧条时期，世界农产品价格暴跌。苏联试图通过增加农产品出口总量来弥补外汇收入的下降，这导致国内粮食出现更严重的不足，让自己的人民陷于饥荒。政治局的“黄金委员会”疯狂寻找其他外汇来源，为此而不择手段。

新生的外宾商店只是很多黄金小溪中的一条，外汇沿着这些小溪流入国家预算。但是，外宾商店在“外国游客时期”，由于被人为地限制于苏联合法外汇交易的范围内，其收入微乎其微。奇怪的是，1920 年代末为了工业化的利益而实行了严格的外汇管理制度，但也正是出于工业发展的需要，苏联领导层随后又放松了货币垄断。财政和贸易部门之间针对上述两种趋势的较量极具象征意义。当时，人民委员部试图遏制合法外汇交易在苏联的发展，而外宾商店为增加外汇流入、完成贸易计划，推动着合法外汇交易的发展。在这其中，“自下而上”的倡议——在商品和粮食危机下试图生存下去的公众所施加的压力也发挥了作用。处于外汇匮乏困境中的苏联领导层扩大了针对“外国游客”的外宾商店的服务范围，最初在1930年12月，在苏联长期居住的外国人获准在外宾商店购买商品，计入本人工资的外汇部分。1931年初秋，正式允许把私人的境外汇款转入外宾商店的账户。财政人民委员部也放松了对于检查外国人外汇来源的要求。

不过，上述的这些决议并没有从根本上改变苏联外汇关系的本质。虽然，1931年1月“外宾商店”莫斯科办事处被冠上了苏联外贸人民委员部全苏联合公司的称谓，[44] 但这与其说是解决外汇问题的方法发生了重要改变，还不如说是反映了对未来的期望。苏联合法外汇交易的范围以及之后外宾商店的外汇交易范围在1931年底之前都是十分有限的。此外，外宾商店的贸易网络仅仅覆盖了港口和几座最大的城市。当财政人民委员部还在舍本逐末时，“黄金的克朗代克”延伸到了旁边，并终于出现在世人面前。随着正式准许苏联人使用黄金购买商品，外宾商店变成了苏联工业化资金的主要来源之一——黄金小溪变成了一条水量充足的大河。为此，苏联领导层不得不就国家货币垄断做出了让步。虽然逐步获取人民的“黄金”财产对国家的好处显而易见，但是这个宏大运动的主意并非诞生在政治局里，其发明者是一家莫斯科商店的经理。

金点子

“新经济政策”——苏联货币交易市场的初次亮相。政府鼻子底下的金矿。“欢迎光临，尼卡诺尔·伊万诺维奇！把外汇交出来吧。”外宾商店史上的黄金转折点——真厉害！叶夫列姆·弗拉基米洛维奇！“时间——前进？”：外宾商店是资本主义的再现。大投机分子。

国家对黄金的垄断在苏维埃政权建立之初就已确立。地下资源和地下财富都被收归国有。[45]与此同时开始了对苏联公民财富的围猎。[46]这怎能不叫人想起苏联时期那些描述疲倦的契卡工作人员寻找资产阶级秘密储藏处和仓库的传奇电影。银行账户上和保险箱里的以及庄园、宫殿、博物馆和密室里的财产都被收归国有。在国内战争的“战时共产主义”时期，禁止保存、购买、交换及出售外汇和黄金。公民们必须把这些财产无偿上交国家。如果违反禁令被警察当场抓获，可能会掉脑袋。

“新经济政策”执行前，根据当时的法律[47]，无论私人拥有多少铂金币、黄金币和白银币，以及黄金锭、铂金锭、原料黄金和原料铂金，一律应当充公。此外，公民们还必须向国家无偿上交超出标准的贵金属制品，按照政府制定的标准：每个人允许拥有不超过 18 所洛特尼克（约合 77 克）的黄金和铂金制品，不超过 3 俄磅（约 1.2 千克）的白银制品，不超过 3 克拉的钻石及其他宝石，以及不超过 5 所洛特尼克（约合 21 克）的珍珠。[48]如果货币钱款（包括外汇[49]）的金额超过本地区最低工资的 20 倍，那么也应当被收回。不过，“多余的钱”国家不会拿走，而是将其存进本人在国家储蓄所的账户。“新经济政策”第一年（1921 年）只是改变了部分情况。贵重物品仍然必须上交国家，但是不再是无偿的，而是按照市场价进行货币补偿。

似乎，国家并不打算放弃利用严厉的政策向公民强行收取外汇，但是到了第二年情况就发生了转变。[50]苏联人民委员会于1922年4月4日颁布的法令废止了向国家强制上交黄金制品、金锭和金币的规定。4月法令之后又出现了新的法律法规[51]。由此苏联形成了合法的货币交易市场，黄金制品和金锭获准在苏联境内自由流通。[52]买卖沙皇金币和外汇也获得了批准，但是对其控制严于黄金制品和金锭业务。国家银行对沙皇金币和外汇交易仍然拥有垄断权。此举旨在防止沙皇金币和外汇成为合法货币——以取代快速贬值的苏维埃纸币。[53]这一禁令是"新经济政策"时期货币交易市场与外宾商店外汇交易的主要区别之一。政府向苏联公民开放外宾商店，实际上就是允许在苏联境内将外汇用作支付货币。"新经济政策"时期出现的合法货币交易市场是为应对战后经济崩溃和通货膨胀而进行的切尔文券货币改革的一部分，旨在建立稳定的货币体系。[54]"新经济政策"合法货币交易市场的生命虽然短暂，但充满蓬勃的力量——1926年底，货币交易市场再次被赶入地下。货币改革的主持者之一，先后担任财政人民委员部外汇管理局副局长、局长的列·纳·尤洛夫斯基可被视为苏联合法货币交易市场之父。在切尔文券改革期间，外汇管理局的专家们认为禁止人民持有金币是徒劳无益的，在"新经济政策"期间已经尝试实行过这一禁令。[55]他们觉得禁止私人交易沙皇金币和外汇毫无意义。无论如何，这种行为并未停止，只是被赶到了地下，金币和外汇流向黑市导致了其自身价格以及自由市场上商品价格存在上涨的危险。允许外汇交易总比以后应对通货膨胀好。

"新经济政策"时期，苏联公民可以在交易所[56]、国家银行的分支机构以及商店自由买卖外汇和金币——财政人民委员部的收购行为则通过拍卖进行，紧俏商品的出现会刺激购物者用外汇和金币购买。[57]苏联公民的外汇权利还包括，每月可按照官方汇率向境外的亲友汇去不超过100卢布的外汇（更大金额的汇款需要额外审批），如出国访问可兑换不超过200卢布的外汇。[58]

当时，国家主要利用经济调控手段积极干预货币交易市场的运作。

国家银行和财政人民委员部实行“货币干预”只为强化进入流通的切尔文券。[59]1923年8月，财政人民委员部为此成立了一个特别部门[60]，这个部门的负责人为尤洛夫斯基的人——列·列·沃林[61]。货币干预的目标在于满足人民和组织机构对于金币和外汇的需求，将自由市场上切尔文券兑美元的汇率维持在官方汇率水平。为此，财政人民委员部特别部门的代理人们（其中有一些是专业的“货币投机分子”）在官方交易所、“黑”交易所和“美国女人”处以市场价买卖金币和外汇。[62]在货币干预期间，国家银行和财政人民委员部通过代理人向国内市场抛售金币和外汇，致使其市场价格相对于切尔文券下跌。货币干预是有组织、有意识的行动，但本质上模拟了市场的自然机制。政治局批准实施货币干预，而格别乌经济局对干预活动进行了监控，经济局的秘密间谍监视着交易所的一举一动。实施货币干预的财政人民委员部特别部门的代理人被格别乌登记在案，最终在外汇政策发生变化之后，其中很多人失去自由，有些人甚至丧命。[63]

货币干预是秘密的国家行动。表面上看，特别部门的代理人和别的外汇掮客没什么两样。他们从外汇买卖中抽佣0.5%—1%，每月平均能赚1000卢布左右，个别情况下几小时就能赚几千卢布。下列数据仅供比较：当时，共产党员每月党务工资最高225卢布。国家利用外汇投资巩固了货币体系，因此才允许掮客们借机发财。随着针对“新经济政策”货币交易市场的镇压运动的开始，此事先是归咎于沃林，之后又归咎于尤洛夫斯基。

货币干预对于外宾商店的历史十分重要，正是因为这一行动，苏联公民才攒下了黄金和外汇储蓄，之后才能被外宾商店赚走。档案馆里保存了国家银行在“新经济政策”时期的黄金交易数据（表一）。虽然这些数据只反映了1920年代一部分的外汇交易，但是国家银行的数据使人看到一个“数字序列”，由此估算出外宾商店成立前不久政府向人民出售黄金的规模。此外，这些数据对于比较“新经济政策”时期黄金收购规模和未来外宾商店的黄金流通量十分重要。最后，这些数据还呈现了外汇热的进程以及人民生活中黄金各种形态的作用。

国家银行黄金收购统计（表一）显示，黄金日用品交易和金币交易是社会经济行为的两种不同模式。向国家出售黄金日用品是绝望的尖叫、危机的标志。要知道，一般而言，人民只有在没钱的时候才会卖掉个人的贵重物品。在经济崩溃以及通货膨胀的战后艰难年月，苏联人民卖给国家大约 6 吨黄金日用品（表一）。"新经济政策"的成功和生活正常化导致个人黄金制品的出售急剧减少。到 1926 年，居民售金下降十分明显，以致国家银行领导层开始说"居民的积蓄大概完全耗尽了"。而外宾商店的历史说明这一结论是错误的——只是出售个人贵重物品的必要性消失了：1920 年代中期是苏联人民生活最好的时期之一。

表一

1921—1928 年国家银行黄金收购量

年份	黄金收购量 *		俄罗斯金币	
	购自民众	购自采金区	购自民众	售予民众
	（单位：吨）		（标价单位：百万卢布）	
1921—1923.10.01	5.9	1.4	3.6****	11.4****
1923 / 1924**	3.4***	1.7	8.4	5.6
1924 / 1925**	0.97	8.4	11.4	10.5
1925 / 1926**	0.4	9.9	2.0	32.1
1926 / 1927**	0.4	4.1	1.7	0.02
1927.10.01—1928.03.01	0.3	1.1	0.4	—
总计	11.4	26.6	27.5	59.6

表格注释：在国家银行的材料中，"新经济政策"期间年度黄金收购结算额和总额数据之间有出入。大部分情况下，这些出入并不大。最大的出入出现在 1921 年—1923 年 10 月 1 日的金币收购数据。按照《贵金属收购交易总结报告》

底稿，收购的金币总金额为190万卢布（俄罗斯国家经济档案馆，第2324套第783卷第39页）。表中是最晚的1928年3月的总决算。数据舍去了尾数。

资料来源：俄罗斯国家经济档案馆，第2324套第1类目第788卷第115—116页。

* 从民众手里收购的黄金制品包括饰品、日用品和废料。开采的黄金指国家银行从国有采金企业、私人手工淘金者和有关组织手里收购的黄金。

** 每个财年从10月1日算起。

*** 由于无法区分1923年1月1日至1924年10月1日期间购自民众和购自采金区的黄金，所以全部算作购自民众。

**** 包括1921年11月至12月收购的价值6万卢布的金币；1922年1月至9月收购的价值120万卢布的金币，售出的价值220万卢布的金币；1922年10月至12月，收购的价值60万卢布的金币，售出的价值260万卢布的金币；1923年1月至9月收购的价值170万卢布的金币，售出的价值660万卢布的金币。

随着收购自民众的黄金日用品减少，国家银行转向收购采金区的黄金（表一）。起初，国家银行会支付预付款，但从1925/1926财年起，转而向国有采金企业和私人淘金者赊账。不过，这种做法持续时间并不长。1926/1927财年，大型国有企业（叶尼塞金矿开发公司、勒拿金矿开发公司、阿尔丹金矿开发公司等）的黄金转由财政人民委员部收购，这也解释了表中数据在这一年出现下降的原因。

金币交易主要代表了民众行为的企业模式。危机时，人们由于贫困会向国家出售沙皇金币，但购买金币是一种投资手段。货币干预期间，民众卖给国家的金币数额与购自国家的金币数额之间的差额取决于对切尔文券的信任程度。货币改革初期，1922年至1923年，由于不信任不断贬值的苏维埃纸币和新发行的切尔文券，人们积极购入金币（表一）。此后，由于有力的货币干预行动，切尔文券得以巩固，其兑换黄金和外汇的牌价在自由市场上保持稳定。对切尔文券信任度的上升导致民众抛售金币。1924年，国家从民众手中收购的金币远超过售出的金币（表一）。

外汇交易的操纵和投机行为日渐式微，相对平静的货币环境得以形成。人们更愿意把境外外汇汇款换成切尔文券，而不再“唾沫飞溅”地要求发付外汇。民众对外汇渴求的下降致使国家放松了外汇限制。1924年9月，向境外汇款的标准从100卢布提高到200卢布，而出国外汇兑换标准从200卢布提高到300卢布。1925年6月，法令允许在交易所和信贷机构之外进行外汇兑换。[64]

情况在1925年开始发生变化。两种潮流的较量开始了。一方面，由于此前数年的货币干预和切尔文券的稳定，民众亟须向国家售出沙皇金币（表一）。与此同时，为了应对因试图加速工业发展而导致的始于1925年的通货膨胀进程，人民开始积攒金币。作为回应，国家出台了外汇限制规定。[65]但无论如何，这一年并未出现民众金币买卖一边倒的现象。

“新经济政策”时期的货币干预政策和相伴而生的合法货币交易市场在1926年垮台。这是如何发生的？货币交易市场的命运取决于选择哪一条经济发展道路和苏联领导层政治权力斗争的结果。实施工业化的两种理念在当时发生了正面冲突。其中一种理念可以有条件地称为“立足现有资金生活”。这一理念主张温和的工业发展计划、严格的信贷—货币政策、利用经济手段维持切尔文券兑黄金和外汇的稳定牌价以及吸引民众的外汇储蓄。国家银行尤其是财政人民委员部及其领导和专家（首先就是格·亚·索科利尼科夫和列·纳·尤洛夫斯基）都是主张这一理念的代表。另一种理念可以简单地称之为“举债生活”，它主张加快工业化速度，这将不可避免地导致失控的信贷政策和货币超发，最终导致通货膨胀和商品极度短缺。这种发展道路的积极支持者是以斯·古·斯特鲁米林和弗·古·格罗曼为代表的国民经济最高委员会和国家计划委员会。

当选择“举债生活”之路时，货币干预就失去了意义：在急剧通货膨胀条件下试图通过向自由市场抛售国家银行和财政人民委员部库存的金币和外汇来维持切尔文券兑美元和黄金的稳定牌价最终导致了苏联黄金外汇资源消耗殆尽。没了货币干预，切尔文券迅速贬值。结果是，民众不再向国家出售黄金和外汇，黄金、外汇等有价物品开始流向汇率远超官价的黑市。由于没有办法通过经济手段获取民众的外汇积蓄，国家开始了大规模镇压运动。

苏联的发展沿着“举债生活”的道路行进。在1925/1926财年，苏联领导层对于工业的投资增加了1.5倍。印刷机开动起来，大量的纸币投入流通领域。通过粮食出口增加外汇收入、购买进口产品并维持国家货币体系的计划出现了问题：国家收购价使农民不满，而国家用来促进农产品征购的工业品也不够。商品不足的情况下流通领域不断增加的纸币导致物价开始飞涨：这一时期，国家只控制得了国企的出厂价和合作社的价格，而零售价掌握在个体商人手中。切尔文券的购买力开始下跌，但其在自由市场上相对于美元的汇率开始上升，远远甩开了官方固定汇率。

为了在急剧通货膨胀条件下维持切尔文券，国家开始加强货币干预。1925年10月，国家银行和财政人民委员部向民众售出了价值210万卢布的金币，11月售出了420万卢布，12月售出了720万卢布，1926年1月超过了760万卢布。仅仅4个月的货币干预，国家向自由市场抛售了价值超过2100万卢布的金币。而同期的收购额却很少：10月收购了价值28.3万卢布的金币，到12月收购量下降到19万卢布。[66]为了维持1925/1926财年的货币干预政策，国家银行从自己的黄金储备中铸造了总价值为2510万卢布的沙皇金币，以出售给民众。[67]从1925年10月到1926年2月，在货币干预框架内，国家银行和财政人民委员部除了向民众出售沙皇金币，还向民众出售了410万美元和大约50万英镑。1926年2月，苏联领导层试图减少货币干预的支出，于是开始镇压非法的外汇交易。不过，即便如此，仍然不得不向自由市场抛售了大量的黄金和外汇：价值630万卢布的金币、81.2万美元和9.8万英镑。[68]巩固切尔文券的政策需要不少外汇资金在境外维持其地位。仅仅在1925年6月，国家就消耗了价值170万卢布的外汇，用以在境外回购切尔文券。[69]

苏联贫瘠的黄金外汇储备[70]无法支撑这种消耗[71]。1925年12月，国家银行的领导层向政治局报告，已经没有足够的资金用来支付进口商品。政治局不得不批准1925年12月将价值1500万卢布的黄金运出境，1926

年1月，又运出了价值3000万卢布的黄金。其中一部分黄金存入了境外银行作为进口支付担保，一部分则被直接售出。[72]到1926年4月时，与1925年10月1日相比，国家银行可支配的外汇金属储备下降了大约三分之一，苏联外汇储备仅剩2.214亿卢布，下降了8250万卢布。[73]

1925年底到1926年初货币危机加剧时期，苏联领导层收紧了合法外汇交易。苏联公民可向境外汇款的额度减少了一半，从每月200卢布降至每月100卢布，即便如此，国家银行的很多分支机构还完全停止了受理此类汇款。通过银行兑换外汇的业务也暂停了，只有出国换汇还是允许的。政府大幅提高了进口产品的关税。结果，这一时期很多国外寄来的包裹都因为拒收而原路退回。出国护照的价格上涨了，这使之前流行的出国购买日用品变得无利可图。国家还限制了出国治病和出国休假。[74]

为削减货币干预的支出，政治局要求采取措施打击外汇走私以及机构、企业和组织无证非法购买外汇和黄金。斯大林是收紧货币交易市场的支持者。1926年1月18日的政治局会议上，斯大林赞成防止投机者利用货币干预给国家造成损失，这意味着批准在货币交易市场实施镇压。[75]1926年2月至4月，经政治局批准，格别乌在几座大城市里大规模逮捕了外汇掮客。[76]打击外汇投资分子的行动早在1923年底至1924年初就开展过，但当时正值切尔文券改革的关键时刻，政治局听取了财政人民委员部的意见，纠正了国家政治总局的行动。[77]

1926年初的镇压表明了外汇政策的根本性转折。从没停止过的镇压自从开始后就成了此后多年获取民众外汇财产的主要手段。格别乌获得了更多的行动自由。1926年3月，劳动和国防委员会批准格别乌在边境地区搜查、没收外汇和黄金，并逮捕走私嫌疑人。边境地区的范围延伸多远是由格别乌自行决定的。[78]临时措施变成了长期措施。1926年初经济措施和镇压的结果导致合法货币交易市场的范围收窄，外汇交易被赶到了地下。

加速工业化的支持者加强了对货币干预政策及其实施者个人的攻击，他们要求外汇资金不应用于维持货币体系的稳定，而应用于工业发展。

货币干预的支持者明白，确保干预有效的条件——严格的信贷政策和稳健的发行政策、计划实际上都已经遭到破坏，缺乏这些条件的话，货币干预就失去了意义。1926 年 3 月，货币干预急剧减少，到了 4 月，事实上已经停了下来。[79] 正是在 4 月，政治局通过了关于停止切尔文券在国外挂牌交易的决议，这意味着禁止切尔文券流出国境。[80] 这样也就埋葬了可兑换切尔文金币的念想。

终止货币干预的经济解决办法是各种情况交织下的临时措施，其中加入了政治酱料，由警察实施。1926 年 2 月到 3 月，在各大城市镇压外汇掮客的同时，格别乌逮捕了财政人民委员部特别部门的负责人沃林，以及他的许多手下和亲戚。特别部门莫斯科分部的负责人阿·切佩列夫斯基被逮捕。他们被控的罪名是与货币投机分子勾结，合伙牟利并破坏国家外汇储备。公诉人假装不知道货币干预不是沃林的私事，而是经政治局批准实施、与格别乌经济局相关的国家政策。经政治局批准、未经审判，格别乌的同事决定，沃林和切佩列夫斯基被判有罪并被枪决。[81] 财政人民委员部的特别部门被撤销。作为替代，成立了国家基金管理局，该局通过信贷机构管理货币交易，而不是跑去寻求“货币投机分子”的帮助。

1925/1926 年度的危机通过回归“立足现有资金生活”得以克服。加速工业化的理念被暂时搁置。显然，以斯大林为首的这一理念的支持者在当时觉得自己在政治上还不够强大。1926/1927 年度的发展计划被修订。苏联领导层开始实施审慎的信贷政策。尽管苏联经济形势稳定，外汇储备从 1926 年春天到 1927 年夏天有所增加，但是国家并没有重启货币干预，切尔文券改革时期就存在的合法货币交易市场也没有得到恢复。

1920 年代货币体系核心要素之一的合法货币交易市场的瓦解是对“新经济政策”原则的严重打击，也是其重大损失。斯大林及其支持者的政治地位的巩固导致了 1927 年新一轮的工业化加速，也导致了“新经济政策”的终止。从维持稳定货币体系政策到信贷通胀政策的转变得以完成。

随着货币干预的终止以及通货膨胀的加剧，自由市场中切尔文券兑外汇和黄金的牌价日益脱离官方定价。随着1927年在某些地区开始加速工业化，10卢布沙皇金币的价格比其面值上涨了一倍，而美元汇率比官方汇率高出30%—40%[82]。1930年代初，赤字和通胀快速增加，导致了切尔文券流通崩盘。在1920年代中期货币体系稳定以及信任切尔文券的时候，很多人在交易所购买国家的有价证券，比起购买外汇的黄金，此举更倾向于赚取利息收益。在通胀和赤字加剧的情况下，已经很少有人想在国家银行存钱或是购买国债，购买黄金和外汇更为有利。领取境外汇款时更加坚持要求发付"有效货币"，而不是切尔文券。集聚中的工业化进程迫切需要外汇，但是通过经济方式吸引个人储蓄以服务于国家，事实上是不可能的。外汇从国家的鼻子底下流向黑市。结果，暴力货币干预得以增强：搜查、没收有价物品并逮捕其持有者。

针对"外汇持有者"的镇压行动集中在格别乌经济局。刑事侦查处和警察应把所有涉及"非法买卖外汇者"的案件移交给经济局。[83]1920年代末至1930年代初，在打击货币投机的口号下，开展了大规模强取民众有价物品的运动，其中包括1930年没收银币运动，运动期间格别乌还逮捕了一些黄金持有者。[84]格别乌经济局1931年9月20日发布的404号通告准许没收家用的黄金和白银制品。格别乌的工作人员如此尽忠职守，以至于经济局不得不对其进行一定修正：1932年9月格别乌经济局发布的特别通告说明了，只有日常使用的有价物品数量达到了"商品投机性质"，才可以将其没收。但是，舞弊行为仍未停止。[85]1930年至1932年，在打击走私运动的框架下，苏联开展了大规模没收外汇的行动。在政治局指令类特别文件夹中，"责成格别乌7日内筹集200万卢布外汇"或"建议（另有一种表述：强烈建议——作者注）格别乌于今年2月25日前（即一个月内）向国家银行至少转交100万卢布外汇"，这种声音虽然不是一直出现，至少也是经常出现。[86]所用的手段无所不有——劝说、欺骗、恐怖手段。布尔加科夫的《大师和玛格丽特》中，尼卡诺尔·伊万诺维奇关于被迫上交外汇的梦就是那些年"堕落"的痕迹之一。[87]对于非法买卖外汇者的音乐会酷刑并不是布尔加科夫无聊的幻想！1920年代格别乌借助特邀音乐家演奏的犹太民族旋律劝说犹太新经济政策者上交有价物品，据说此举十分有效！[88]不过撇开玩笑，格别乌还有一些公开的血腥手段。比如，“美元蒸浴室”——格别乌会把受害者关进监狱并对其用刑，直到其国外的亲友汇来外汇赎金。[89]经政治局批准的公开枪决“外汇和黄金窝藏者”也是格别乌的手段之一。[90]事实上，苏联回归了国内战争时期严酷的外汇政策。

1920年代末至1930年代初针对有价物品持有人进行的大规模镇压运动由于外汇交易相关法律法规的改变而没有进一步加剧。政府在1920年代上半叶准许个人持有和自由流通外汇的法令和决议在表面上仍具有效力。[91]在“打击外汇投机”名义的掩护下，格别乌破坏了苏联的现行法规。1920年代和1930年代之交针对非法外汇买卖者的不定期大规模“骑兵冲锋”式运动被有计划且常态化地攫取民众外汇所取代，后者是经济局的主要任务之一。首先调查“从社会观点看可疑的人”——“来自旧社会的人”和“新经济政策”时期的商人，侦查那些“逃亡”的人，收集在外国银行的存款信息和继承信息。那些被投入集中营以及流放的人会被重复调查。[92]

格别乌的手段起码能取得大笔的储蓄，但在苏联还有其他形式的宝贝。这些宝贝不会藏在地下暗格、通风管或者床垫里。在每个人眼里，这些宝贝闪闪发光——手指上的结婚戒指、耳垂上的普通耳环、脖子上的十字架。很难告诉一个少了一件黄金小东西的人，只要乘以苏联数以百万计的人口，这些零散的钱就会构成一笔巨大的财富。[93]随着国家黄金外汇储备消耗殆尽以及工业化需求的增长，苏联领导层强烈希望收集这些唾手可得的散布在全国各地的首饰盒、橱柜和抽屉里的宝贝。[94]问题在于该怎么做。强力手段未必奏效——工作人员不可能追到每一个耳环。

1930年外宾商店诞生的时候，苏联已经处于半饥半饱的定量配给之中，正走向灾难——大饥荒。那么，用什么换取民众手里值钱的东西呢？这个问题的答案显而易见。人民“提示”了苏联领导层答案是什么，但是官僚机器扭转方向的动作是缓慢的。1931年5月，外宾商店敖德萨办事处向莫斯科报告："我们碰到一些请求使用旧俄罗斯金币（10卢布、5卢布）购买食品（我想强调的——作者注）的情况。"敖德萨外宾商店询问了当地的格别乌和市苏维埃政府财政检查局，他们都不持反对意见——就差获得苏联领导层批准使用黄金购买商品了。[95]

敖德萨的外宾商店不是唯一一家有民众带去黄金的商店。[96]在官方批准前，第一批带着贵重物品到外宾商店提议用来购买商品的人因自己的行为而承担着风险。要知道，此时苏联的外汇镇压正在风口浪尖上：格别乌正在追逐"有价物品的持有者"。苏联的日常生活中出现了公民的日常英雄主义。1931年6月14日，苏联财政人民委员部终于批准在外宾商店内使用沙皇金币购买商品。没有瑕疵的金币价值等同于票面价格，有瑕疵的金币——按照重量计算，价格为每克黄金1卢布19戈比。[97]

就像第一章所述的境外汇款史，金币的情况反映了外宾商店的发展机制。国家需要外汇，但是在饥饿中，人们发挥了主观能动性。从这个意义上讲，从人民手里获取外汇资金的大企业——外宾商店与其说是寻求有价物品的苏联领导层命令和决议的产物，不如说是那些渴望生存的民众的产儿。

沙皇金币——万事开头难！当苏联领导人允许苏联人民在外宾商店用日用金器（饰品、奖章、贴身十字架、手表、鼻烟壶、餐具和任何黄金边角料）购买紧缺商品和食物，而不是由财政人民委员部和国家银行收购兑换成卢布时，"外汇贸易前线"的真正革命才刚刚开始。[98]

还有在档案馆中找不到的信息。用商品换取日用金器的主意是一个人发明的！——1930年代初生活在小德米特罗夫卡街的叶夫列姆·弗拉基米洛维奇·库尔良德。他于1930年9月到外宾商店工作。作为首都第一百货商店的经理，库尔良德提出了自己的"合理化"建议。在外宾商店档案库中，还保存了他于1932年10月写给外贸人民委员部的信[99]——这正是外宾商店蓬勃发展的时候，也是表明这个点子出自自己的合适时机。写信时，库尔良德已经晋升为莫斯科州外宾商店办事处的商业经理。

按照库尔良德的说法，早在1931年3月，他就想出了这个“重要建议”。用了半年（！），经过“无休止的痛苦”，他提出了这个建议。最终，在1931年12月，经外宾商店管委会主席莫·伊·什科里亚尔口头同意，库尔良德率先在外宾商店的百货商场里接受民众用黄金制品购买商品。在莫斯科百货商场实际启动这项业务之后数周，外贸人民委员部通过决议使之合法化。

档案材料使我们能准确认定正式批准在外宾商店使用黄金制品购买商品的日期。什科里亚尔在1931年12月口头同意库尔良德在第一百货商场开始实行上述政策，其实并非冒险，因为这个问题原则上已在“高层”得到了解决。1931年11月3日，政治局授权苏联外贸人民委员部在外宾商店下属商店用商品作为交换物收购黄金制品。“外汇”部门领导——阿·帕·罗森戈尔茨（А.П. Розенгольц）（外贸人民委员部）、格·费·格林科（Г.Ф. Гринько）（财政人民委员部）、亚·巴·谢列布罗夫斯基（А. П. Серебровский）（苏联黄金）、莫·伊·卡尔曼诺维奇（М.И. Калманович）（国家银行）、捷·德·杰里巴斯（Т.Д. Дерибас）（格别乌）被囊括进了一个特别委员会，该委员会应指定外宾商店在收购日用金器和结算方法的行动范围。[100]1931年12月10日，根据政治局的决定，形成了苏联人民委员会的命令。[101]命令的内容不允许公开，因为实质上就是正式承认苏联黄金外汇储备的窘况。苏联领导层显然希望关于外宾商店的传闻通过“口口相传”的方式传播。这一步并没有走错。还在正式决定发布之前，关于外宾商店将接受苏联公民使用外汇购买商品的传闻就在全国“传播”开了。[102]

根据苏联人民委员会关于开始接受以日用金器付款的命令，缴纳的黄金制品的价值取决于其纯金含量以及按照等值换算成切尔文券的价格。[103]“换算成切尔文券的价格”——这句话需要仔细揣摩。日用金器的缴纳人实际上拿不到切尔文券。在外宾商店经营初期以及稍晚时候，国家收取有价物品后付给上交人的其实不是可以在其他商店消费或者存起来的钱，而是短期的纸质债券。这种债券只能在外宾商店以及分散在其周围的黑市上流通。严格讲，外宾商店"金卢布"并不是实体，而是一种有条件的结算单位。起初，作为证明已上交外汇、珍宝的支付工具，在外宾商店曾使用过各种各样的替代物（国家银行外汇转账或兑换的票据、外汇卢布、外汇、外国银行的支票以及国家银行的旅行支票、沙皇金币）。之后，1931年底出现了外宾商店商品流通券，该券用以兑换上交的贵重物品。1933年，商品流通券替代了记名册。然而，上交的日用金器价格以及人们上交有价物品所获得金额都是换算成切尔文卢布的，这一事实在民众眼中比外宾商店的业务更具分量。正是因为这一特点，外宾商店卢布被称为"黄金""外汇"卢布。即使货币流通全面崩溃，但是切尔文券凭借有保障的黄金和外汇商品依旧保住了地位。苏联人民委员会关于开始接受以日用金器付款的命令把外宾商店卢布和切尔文券联系了起来，并赋予了外宾商店卢布后者的特性——受到商品、贵金属和兑黄金牌价稳定的外汇的保障。但是，这些保证并不是现实存在的，因为外宾商店的"钱"无法兑换"回"黄金、外汇和珍宝。履行外宾商店卢布商品保障的义务完全取决于国家的信用。

苏联人民委员会关于开始接受以日用金器付款的命令使缴纳黄金者和用外汇支付者享有相同权利，即和外国人享有相同权利。请仔细思考一下，政府承诺，苏联人可以购买的东西和外国人一样！容我先说一句，这种消费者平等实际上并未实现。外宾商店专门面向外国人的商店在外观、服务内容和产品种类方面都不同于"普通的"外宾商品供应商店。外宾商店精英商店和普通商店是由需求差异决定的。大部分苏联顾客到外宾商店是因为饥饿而要购买可以果腹的东西——面包，而外国人购买的是古旧的异国物产以及那些能使他们在苏俄享有习惯的舒适生活的东西。当然，毫无疑问，外宾商店的苏联顾客中也有一些可以负担美食、奢侈品和其他"锦上添花的东西"。这让我们想起了布尔加科夫描写的外宾商店里"穿雪青色呢大衣的胖子"[104]或者亚历山德罗夫的电影《快乐的孩子们》中那个嗓音不好的时髦姑娘列娜契卡——"外宾商店的孩子"。

不过，苏联消费者的精英商店仅仅是少数大城市里少数大型商店中的现象。在这个农民都在挨饿的国家，外宾商店作为一个大众现象，仅仅是饥饿的农民的外宾商店——不同于布尔加科夫笔下在斯摩棱斯克市场上那家奢华的“有大玻璃门的”外宾商店。

既能看到历史文件中有的东西，还能看到历史文件中没有的东西，这是深有益处的。要知道，苏联人民委员会关于开始接受以日用金器付款的命令中缺失阶级立场！1930年代的苏联历史是一部社会歧视史、“旧剥削”阶级和“劳动”阶级不平等的历史、农村和城市不平等的历史、官僚特权和“人民公敌”不平等的历史。政府并没有花大力气进行社会划分，在外宾商店也是。限制“社会异己分子”的权利是当时的法则，不允许这些异己分子进入外宾商店、从实质上剥夺其外汇权利在逻辑上符合1930年代的等级制度。

但这并没有真的发生。在外宾商店里，所有人在社会性上都是平等的。政府没有根据社会地位、出身、收入来源、革命前的活动、民族甚至是（至高无上的！）对于工业化的重要性来对顾客进行区分。关于类似的区分在设立外宾商店的命令中以及之后指导外宾商店经营活动的文件中都只字未提。谁把黄金带到外宾商店以及人们以何种方式获得黄金都不重要，只要交过来就行。不管是“被剥夺权利的人”，还是“人民公敌”，任何有值钱物件的人都可以在外宾商店用其换成商品。在外宾商店压倒一切的不是阶级，而是“金钱”。无论是无产阶级，还是崛起的“新贵”——党的官员在这里都没有官方给予的特权。对顾客的划分纯粹从经济角度出发。没有黄金——请走开，有黄金——欢迎购物；谁值钱的物件多，谁就能买得多。从这方面看，外宾商店里没有一丝社会主义，这就是一个冷酷的“资本主义”（市场化的）企业。但是，同时因为不存在社会歧视，外宾商店也是这一时期最民主的社会经济机构。向苏联公民开放外宾商店，国家为了工业化的利益不仅牺牲了外汇垄断原则，还牺牲了马克思主义的基本意识形态原则——阶级立场。

有趣的是外宾商店和同时期的国家配给制是平行存在的。配给制同样也没有阶级立场。政府凭卡分配食品和商品，政府根据工业生产的参与程度把民众分成不同的群体，而不是按照阶级立场划分。在国家配额供应体系中，公认的马克思主义阶级——工人、农民和知识分子——并不存在。他们被分成很多小群体，根据是否从事工业生产的原则重新安排并组合成新的群体。如果不算精英小团体，那么苏联享有最优厚配给的则是大型工业项目的工程师和工人。从事非工业生产的工人所得到的国家配给要差一些：其定量标准更低，种类更少，且价格更贵。总体而言，在1930年代上半叶实行配给制的那几年，城市优于农村，大型工业城市的居民所获的配给优于非工业城市、小城市和乡镇的居民。农民虽然为了工业化工作，但是并没有直接参与工业生产，所以他们只有在完成国家征购计划后才能指望一点象征性的国家配给。在农民配给体系中自有一套等级划分，这种划分取决于集体农庄或者国营农庄的专业化方向，归根结底取决于其商业化产品对于工业化的重要性。尤为反常的是，阶级立场的缺失还出现在针对苏联社会被抛弃者（“被剥夺权利的人”、被没收土地的人、流放犯）的定量配给中。其中，发挥作用的仍然是经济合理原则。如果被剥夺选举权的人或是被没收土地的人在类似于马格尼托哥尔斯克冶金联合体这样的大型工业项目里工作，那么按照政府命令的字面意思，这个人可以获得和自由工人相同的定额。政府在定量配给供应方面让“阶级异己分子”“社会异己分子”“危险因素”和工业精英享受了同等权利。[105]

无论是在外宾商店还是配给制体系中，阶级立场都让步于实际利益和“工业实用主义”，在此背景下，工业发展利益高于一切。“工业实用主义”达到了恬不知耻的程度：任何人都可以带给外宾商店工业发展所需的黄金，但是在饥荒的年代，并不是每个人都能领到国家的定量配给的口粮，国家只养活那些被认为有合理价值的人。

根据苏联人民委员会关于开始接受以日用金器付款的命令，外宾商店应该按照收购价值上交国家银行。换言之，外宾商店从民众手里收购黄金花了多少，那么就用相同的价格将黄金卖给国家银行。这一事实对我们十分重要。这证明外宾商店只是国家手里的“抽水机”，它把黄金从人民口袋里抽到国库里。外宾商店并非给自己谋利，它在外汇交易中发不了财。这笔买卖中那个走运的企业家不是外宾商店，而是国家。国家收取黄金，用可疑的纸券作为交换，再让人民在外宾商店以高昂的价格购买商品，之后就能把远多于当初换取值钱物件所花的钱返回国库。这个主意的亮点在于，国家什么都不用出口，而且有时只是换出一些质量存疑的商品就可以获取外汇和黄金。无论商品是不是被带出境，赚到苏联人交来的值钱物件的十分之一、哪怕是百分之一就算成功，同时还让人免于饥饿。

苏联领导层努力为外宾商店创造优惠条件。外宾商店的交易和流通免缴所有国家、地方税费。地方苏维埃和党的领导集体、国家政治总局、财政人民委员部和国家银行的代表处都应为外宾商店展开贸易活动提供全力协助——这是有斯大林签名的特别指示。

政治局内由“外汇”部门的领导组成的委员会决定外宾商店的经营范围。[106]除了已经有外宾商店网络的苏联欧洲部分，在命令中实际上列出了远东、西伯利亚、乌拉尔、哈萨克斯坦、中亚和外高加索地区所有的大城市。外宾商店应该使自己的商业服务覆盖苏联全境的市民和农民。但是有些地区开始时是禁止外宾商店开展经营活动的：矿区、毗邻黄金开采联合体的地方。[107]禁令是可以理解的，外宾商店设在邻区会刺激从黄金开采业的国有企业盗窃。外宾商店的工作就是从人民手里获取有价值的东西，而负责从个人淘金者手里收购黄金的是有色金属开采和加工总局，其拥有确定准备开采地点的设备——以防止国家的黄金被盗窃。外宾商店也不得在边境地区收购黄金，这一区域由国家政治总局管理。

我们再回到叶夫列姆·弗拉基米洛维奇·库尔良德。在声明好主意出自自己的时候，他怀着怨气写道，自己还在暗处，没有因为自己的发明而得到任何奖励，要知道他的主意带来了巨大的成绩：使用日用金器结算的商品销售成了苏联主要外汇单位之一的外宾商店的主要收入项目。库尔良德希望能按照“奖励宝贵建议的原则”获得奖励。

这到底是不是库尔良德自封的？我认为，他实际上是最早“说出”可使用日用金器进行贸易结算的人之一。他的职位使他的话能“上达”外宾商店的领导层。从另一个方面讲，这个主意并不是那么好，如果不是因为与政治局“黄金委员会”寻找的方向不谋而合，这个主意也不会得到采用。但有两件事迫使我们承认库尔良德的发明权。第一，他那封信的见证人的名字。其中包括（这些人在写完信的时候是其他职务）“苏共中央组织局成员和外宾商店组织者”伊·舒利亚平、外宾商店管委会副主席弗·卡·日丹诺夫、格别乌经济局外汇处处长格·亚·格利亚罗夫、莫斯科市贸易公司黄金和珠宝收购处负责人格伦特、联共（布）外宾商店支部书记叶夫多基莫夫，还有库尔良德第一百货商店的女同事们。[108] 第二个有助于认定库尔良德发明权的证据是，外贸人民委员部支持他的主张。档案中保存了外贸人民委员部发给外宾商店管委会的问询函，其中库尔良德被承认为用黄金进行销售结算的发明者和“落实上述做法的真正战士”。外贸人民委员部把库尔良德的主意称为“苏联外汇贸易战线的创新”。外贸人民委员部对库尔良德的发明权不持丝毫怀疑，甚至要求外宾商店管委会确定奖励的数额：“请贵单位根据推行这一方法后所获的经济效益来确定奖励库尔良德多少金额是合适的。”[109]

来往书信到此为止。不过，了解叶夫列姆·弗拉基米洛维奇·库尔良德到底拿到了多少奖励倒是件趣事。根据其方案所获得的外汇效益十分巨大。进一步讲，在外宾商店存续的短短几年里，它从民众手里获取了大约价值 3 亿金卢布的财富，按照当时的官方汇率，大约为 1930 年代 1.5 亿美元的购买力。其中将近一半（44%）是苏联公民缴纳的日用金器和金币。因此，推行库尔良德的建议给国家带来了超过 6000 万美元的收入，在当时这个数字足以购买马格尼托哥尔斯克冶金联合体、乌拉尔机械制造厂、第聂伯河水电站和库兹涅茨克冶金联合体需要的所有进口设备。如果出生在有知识产权的资本主义社会，库尔良德会成为有钱人，而在苏联，他可能也获得了荣誉证书，可能还有 100 卢布和做大衣的厚呢子衣料，但之后在“恐怖时期”他肯定会被镇压。[110]

库尔良德的信及与其相关的往来书信，不仅把一个人的名字从历史遗忘中找了出来，还让我们感到惊奇，这个奉献给国家的金点子通过怎样的努力克服了官僚障碍。从库尔良德提出建议的那一刻开始（1931年3月）到政治局做出接受以日用金器付款的决议（1931年11月）历经7个多月，再加上苏联人民委员会发布命令又过了一个多月，实际上到了12月才正式实施该项业务。在实施第一个五年计划期间，疯狂搜寻工业发展所需的外汇与官僚主义和部门利益斗争导致的实际实施时的拖沓是交织在一起的。

还有一个与库尔良德的信有关而且值得注意的问题。接受以日用金器付款的主意来自一个贸易工作者，而不是政府官僚或者政治活动家，这是个偶然吗？显然不是。后者的职业思维是不同的。对于革命时期的国务和政治活动家，商品、市场、利润在他们看来是另一个注定要毁灭和失败的世界的概念。[111] 他们把这些范畴的概念视作异端和背叛。理论是这样教育他们的，但是革命和内战的实践却让他们习惯使用暴力并坚信，力量是达成目标的捷径。从另一方面讲，贸易工作者每天必须点钱、考虑利润、灵活行事。只有当那些社会主义政治经济理论和暴力被赶进了危机的死胡同，布尔什维克的领导人才开始按照经济规律行事。结果是，“对资本主义的红色攻击”和半市场化的改革相互交替。[112] 外宾商店是最好的证明之一。外宾商店的原则与马克思主义完全相悖，是大规模企业经营的实例，国家在其间是一个商人。斯大林时期领导层的反市场化行为在现代历史研究中是公认的。然而，在涉及外宾商店时，恰恰相反，处于外汇危机困境中并被工业发展利益所驱动的国家积极扩大了合法市场和外汇交易的范围。因此，苏联计划经济中的市场是人民和国家一起发挥作用的结果。

在苏联计划经济中，任何营利性的私人企业行为都被视作经济犯罪和投机。从这个意义上讲，在外宾商店中，苏维埃政府就是最大的投机者，而外宾商店的做法按照当时法律的字面表述则是大规模经济犯罪。

外宾商店从某种程度上讲是苏联合法外汇市场的第二次降临。有别于“新经济政策”时的外汇市场，苏联领导人在1930年代上半叶允许把黄金和外汇作为支付工具使用，即便这种交易被限制在外宾商店框架内而且需将值钱的物件兑换成“外宾商店的钱”作为掩饰。然而，在很多别的方面，1930年代上半叶的合法外汇交易比“新经济政策”时期的规定更为严格。事实上，在开放外宾商店时，政府就确认了人民拥有自行支配外汇、金币和其他值钱物件的权利，且在数量上不受限制。但是，与“新经济政策”时期不同的是，私人买卖黄金和外汇是不允许的。苏联已经没有交易所。国家也不会实施货币干预政策——这一政策会使民众利用国家储备积攒外汇和金币。换言之，在外宾商店存续期间，民众鲜有合法手段补充自己的外汇积蓄。其实，民众补充外汇积蓄唯一的合法来源就是境外汇款。

在“新经济政策”时期合法外汇交易市场存在期间，国家银行从民众手里收购了价值约2800万卢布的金币，而售出了价值约6000万卢布的金币（表一）。1920年代货币干预时，超过3000万卢布（按票面价值）从国家银行储备中流向民众个人。货币干预期间，民众购自国家的外汇金额更多，因为不仅国家银行在抛售外汇，财政人民委员部特别部门也在抛售。[113]当时从交易所买走的大部分外汇都流向了走私和无证进口，金币则被民众——主要是农民和“新经济政策”时期的企业主——攒了下来。[114]

有别于“新经济政策”时期的外汇干预，外宾商店致力于吸收、消耗民众的外汇积蓄。苏联突如其来的大饥荒促进了外宾商店的工作。外宾商店在存续期间，从民众手里买进了价值4500万卢布的旧金币，由此完胜国家银行在1920年代上半叶的自由收购额（表一）。外宾商店不仅把货币干预时期通过交易所经纪人售出的黄金交还给国家，还把民众更早之前积蓄的黄金也交给了国家。外宾商店在收购日用金器方面也完胜国家银行。1921年至1928年冬天，国家银行仅从民众手里收购了11吨多的黄金（表一），外宾商店在四年之中（1932—1935）的收购量将近国家银行的6倍——约64吨。

1920年代外汇市场致力于加强国家的货币体系，是“新经济政策”

大规模市场化配套的一部分。在1930年代集中计划经济中，外宾商店是一个市场化绿洲。它运用计划经济体系的不足和缝隙获取利润，利用计划体系的不稳定和急转直下的危急局面蓬勃发展。

1920年代的货币关系是在相对好的经济和社会环境中发展的，所以人们能看到将外汇兑换成纸币、切尔文券的意义。1920年代上半叶的外汇市场多半是企业性和业务性的。外宾商店则是在灾难中诞生的。对于大部分人而言，外宾商店是生存的手段。外宾商店之所成为这样，是因为国家想要人们把值钱的东西换成粮食和商品，而不是换成钱。

最终，加速工业化埋葬了1920年代上半叶的外汇市场，却催生了外宾商店。

“外宾商店”——商贸之国

衰减的五年计划。“从莫斯科到边陲之地”：捷报的忧伤。监察员和信息提供者。走进人民。“他确实不了解我们的事业”：一段典型的历史。

与外国人开展商贸的时期，只是外宾商店的前史，其真正的历史始于向苏联顾客开放。封闭式精英企业的沉睡生活被真正全民规模的蓬勃发展所取代。覆盖了所有偏远地区的数百家新商店开了起来，贸易量上升了，外宾商店的职能成倍增加，接受的货币范围更广了。城市里光鲜的商店或是被遗忘的农村里寒酸的小店——外宾商店的网络覆盖全国。在苏联，每个人都知道外宾商店，而在国外听到的是——“把美元寄到外宾商店”。政府的外汇计划推动了外宾商店的贸易增长，而其快速增长激起了外汇计划更大的胃口。

苏联领导层希望从人民手中获取工业化所需的财富只能部分解释外宾商店贸易的闪电式腾飞。大饥荒比国家和领导层的迫切需求对 1932 年至 1933 年外宾商店的蓬勃发展发挥了更大的作用。在“新经济政策”相对顺利的时期之后，苏联又回到了吃不饱的生活。1928 年、1929 年和 1930 年，人们都过得半饥半饱，1931 年的粮食歉收加上国家征购、农业集体化、没收生产资料和土地导致了数百万人死亡。人们把拥有的所有值钱的东西都带到外宾商店，用来换取黑麦面包，而不是鱼子酱和皮大衣。外宾商店只获准接受外汇和黄金，但是饥民带来的是白银、钻石、祖母绿、绘画作品、雕像……饥民告诉那些反应迟钝的领导，可以从他们这里收取这些东西，并将其转化为那些建设中的工业大企业的车床和涡轮机。遵照“自下而上的倡议”，政府于1932年底允许外宾商店接受白银，随后在1933年8月允许接受钻石和其他宝石，还有铂金。随着时间的推移，外宾商店还开始接受民众手里的古董和艺术品。但我们先不急着往前叙述。我们看一下，起初并不起眼的“外宾商店”莫斯科办事处是怎么变成商贸之国“外宾商店”的，其不可见的边界远远超出了苏联的地理边界，而它对于工业化的外汇贡献也超出了预期。

1931年12月，根据苏联人民委员会的命令，外宾商店可以接受苏联公民使用日用金器购买商品。“使用黄金交易”在最初几个月取得了惊人的成绩。1931年全年，外宾商店通过服务外国游客和海员赚了不到700万卢布，[115] 而1932年第一季度就赚了750多万[116]。其中，港口商贸和境外汇款仅占三分之一，剩下的大部分都是用黄金结算的交易。

接受以日用金器为商品付款的试验取得了显著成功，试验看起来说服了苏联领导人将其转为有计划的推行。1932年4月，推出了外宾商店1933—1937年五年工作计划。[117] 有别于国民经济逐步增长的发展计划，外宾商店的五年计划是逐步衰减的曲线！在1933—1934年短期腾飞后，外汇收入预计会下降。计划的制定者用“供应中众所周知的困难和脱销”来解释外宾商店预期的腾飞，而用苏联生活的改善来解释外宾商店收入的衰减。所以，最开始，外宾商店被当作“饥荒运动”。[118]

外宾商店经营活动计划中的衰减极好地显示其制定者明白，外宾商店的主要收入来源并不是外国人的外汇，而是苏联公民的积蓄。由于苏联公民的积蓄是有限的，而且实际上得不到补充，黄金储蓄收取一空也就成了外宾商店的结局。有个有趣的细节：五年计划的制定者认为“外宾商店应该在经营中吸收绝大部分黄金”，但是按照五年计划的结算，到1937年，民众手里还有黄金积蓄。这意味着需要制定第二个五年计划？事实表明，计划的衰减速度有点低。实际上，大饥荒导致了民众储蓄更快地耗尽。外宾商店的第一个五年计划提前完成。外宾商店不仅没有实施第二个五年计划，甚至都没有坚持到第一个五年计划到期，1936年2月，外宾商店关闭了。

外宾商店的第一个也是最后一个五年计划证明了之前提到过的苏联领导层的反应迟钝。很多种类的物品都被计划制定者留在了外宾商店收取的范围之外——钻石、铂金、艺术品、白银。稍后，按照实际情况，对计划进行了修正。无论如何，走出了重要一步。现在，无论是外国人，还是苏联公民都可以在外宾商店使用外币进行付款，适用的外币包括美元、英镑、马克、图格里克。紧接着又发布补充说明，苏联人只能使用境外汇来的外汇付款。政府毫不保留地不反对在黑市上“从私人手里”购买外汇。事实上，如果人们带来了未确认是否是汇来的外汇，外宾商店并不会拒绝接受。政府也假装没有看到。一条特别密令仅仅要求，不得大肆宣扬类似违法行为。

关于这一点，敖德萨歌剧院幕布上的广告是个典型的例子：“外宾商店”向所有公民开放外汇付款购物。外宾商店管委会发去电报要求将广告撤去。原因不在于广告打在歌剧院幕布上。对于电报的解释是：根据关于这一问题的现行密令，不得宣扬此类业务。我们原则上不反对在幕布上打广告，但紧急建议对其内容进行修改，例如“外宾商店从敖德萨等大城市的自营商店中向公民拨付商品，需用通过外宾商店汇至顾客名下的境外外汇付款……（这是我想强调的——作者注）”。[119]

根据五年计划，包括金币、黄金制品和各种黄金边角料在内的黄金应该在外宾商店发挥主要作用。甚至到了衰减的外宾商店五年计划以及消耗国民储蓄的末期，黄金收入也不应少于各类收入总额的60%。外宾商店五年计划实际上确定了私人拥有黄金的合法性。按照五年计划的逻辑，持有黄金以及在家里保存黄金并非犯罪。私人手里的黄金数量也不受限制。此外，按照五年计划的思路，民众手里的黄金越多，那么带到外宾商店的黄金就越多。根据这一逻辑，虽然计划制定者并没有直说，但是格别乌夺取民众黄金积蓄的行动是非法的。

在使用日用金器交易之初（1931年11月），外宾商店下辖大约30家商店。这些商店位于少数大城市和港口。但仅过了一年，到1932年10月，外宾商店的营业点就增加到257个，到了1933年初增加到了400

个。这意味着，1932 年秋季取得的飞跃相当于过去一年的发展。外宾商店生意的扩展不仅在于商店数增加，覆盖区域也得到了扩大。1932 年 3 月，外宾商店覆盖了 43 座城市，7 月——130 座城市，9 月——180 座城市，到了 1932 年 10 月底——覆盖了苏联 209 座城市。[120] 但这只是开始。苏联人民委员会命令财政人民委员部于 1932 年第一季度拨付 500 万卢布用于发展外宾商店。到 1933 年 4 月，政府计划将外宾商店数量增加到 600 家，之后再提高到 1000 家。[121] 不过，这一任务超额完成了。1933 年 8 月，外宾商店拥有 1500 个营业点，而其领导请求政府准予再开设 250 家商店。[122] 作为答复，苏联人民委员会从储备中拨出 250 万卢布用于扩大外宾商店的网络。[123] 从统计数据看起来是胜利的，但是这些数据令人悲伤。1932—1933 年外宾商店的捷报背后是饥荒。

外宾商店从一开始就占据了大城市，并以此为前哨阵地向"边远地区"推进。随着外宾商店地理版图的扩张，其组织架构慢慢形成。在大城市开店通常相当于开设外宾商店的办事处：在基辅开店——成立基辅办事处，在喀山开店——成立喀山办事处。办事处随后逐步发展，在所辖区域开设新的下属外宾商店，渐渐地，这些办事处获得了更高的地位成为独立运营的办事处。外宾商店的办事处架构和 1930 年代上半叶苏联行政区域的划分是重叠的。接着，办事处被分为市级、州级、边疆区和共和国级。1932 年春天，外宾商店有 26 个办事处，过了一年，增加到 34 个，到 1935 年达到了 40 个。[124]

俄罗斯联邦境内活跃着外宾商店最大的分支网络，其在 1932 年夏天就已形成。除了几家旧的办事处[125]——莫斯科办事处、列宁格勒办事处和北方办事处（阿尔汉格尔斯克港），又成立了伊万诺沃办事处（伊万诺沃—沃兹涅辛斯克市）、西部办事处（斯摩棱斯克市）、沃罗涅日办事处（后改称中—切尔诺泽姆办事处）、下哥罗德办事处（后改称高尔基办事处）、下伏尔加办事处（斯大林格勒市）、中伏尔加办事处（萨马拉市）、巴什基尔办事处（乌法市）和鞑靼斯坦办事处（喀山市）。1933 年底，又分出了独立的库尔斯克办事处、萨拉托夫办事处和北高加索办事处（顿河畔罗斯托夫市）。[126]

在远东地区，外宾商店最初作为当地国营贸易公司的一个特别部门运营：第一批商店开设于 1931 年夏天。1932 年，外宾商店在这一地区的经营得到了快速发展，远东办事处的商店数量在 1933 年初达到了 26 家。从远东办事处又分出了独立的滨海办事处（符拉迪沃斯托克市）、哈巴罗夫办事处和阿穆尔办事处。

1932 年初，在西伯利亚开始形成外宾商店网络，在那里出现了两家边疆区办事处，以伊尔库茨克为中心的东西伯利亚办事处和新西伯利亚市的西西伯利亚办事处。在斯维尔德洛夫斯克开设了乌拉尔办事处。1933 年，从乌拉尔办事处和西伯利亚几家办事处分出了独立的基洛夫办事处、车里雅宾斯克办事处、鄂木斯克办事处和雅库特（雅库茨克市）办事处。

仅次于俄罗斯苏维埃联邦社会主义共和国，乌克兰发达的外宾商店网络在苏联加盟共和国中排名第二。早在 1931 年 5 月，就成立了基辅办事处，8 月又开设了哈尔科夫办事处。1931 年秋天，在乌克兰已有 8 家外宾商店。到了 1932 年夏天，相继成立了外宾商店文尼察办事处、敖德萨办事处、第聂伯彼得罗夫斯克办事处、顿涅茨克办事处（马里乌波尔市）和切尔尼戈夫办事处，上述这些办事处一直延续到外宾商店停办为止。

1931 年秋天，外宾商店办事处还出现在克里米亚（辛菲罗波尔市）和外高加索，包括阿塞拜疆办事处（巴库市）、格鲁吉亚办事处（梯弗里斯市）、阿扎里办事处（巴塔米市），随后在 1933 年底成立了亚美尼亚办事处（埃里温市）。到 1932 年夏天，以明斯克为中心的白俄罗斯办事处开始营业。1932 年初，研究了在中亚开设外宾商店办事处的问题。[127]1932 年夏秋和 1933 年，外宾商店在中亚得到了较快发展。由此在乌兹别克斯坦（塔什干市）、土库曼斯坦（阿什哈巴德市）、塔吉克斯坦（斯大林巴德市）、吉尔吉斯斯坦（伏龙芝市）和卡拉卡尔帕克斯坦（图尔特库尔市）出现了共和国代表处。以阿拉木图为中心的哈萨克斯坦代表处[128]早在 1932 年夏天就存在了，但是其快速发展始于1932年底。1933年初，成立了全摩尔多瓦办事处（蒂拉斯波尔市）。

外宾商店办事处和商店网络覆盖了苏联全境，从斯摩棱斯克到符拉迪沃斯托克，从阿什哈巴德到阿尔汉格尔斯克，真正做到了“从莫斯科到最远的边疆，从南方山区到北方大海”！这个网络就像是占据地球六分之一土地的血液循环系统：血管从莫斯科——心脏延伸到外宾商店办事处的首府。开端可以清楚地描绘出来，然后就生出分支，再变成混乱的毛细血管网络，末端散落在只有当地人知道的城镇。这个机体狂热地生存着，其脉搏时而有力，时而无力——莫斯科时不时地抛出钱和商品，钱和商品通过血管般交织的复杂系统被办事处和消费者吸收；这个系统再反向向莫斯科输送成袋的钱币、黄金和白银废料、钻石和外币。

各个代表处的管理人员隶属于外宾商店管委会主席。随着时间的推移，各个共和国出现了管委会任命的代表。这些代表在乌克兰（哈尔科夫市）、外高加索（梯弗里斯市）和中亚（塔什干市）工作。[129] 通过分析外宾商店中亚办事处的材料，可以说派驻共和国的代表并不掌握实权。管委会只是赋予其监管职能。共和国代表没有解决商贸业务问题的资金和权限。共和国办事处隶属于共和国代表看起来只是名义上的。事实上，只有莫斯科才能就包括业务在内的事项做出决定。例如，1933年11月中亚的各个共和国办事处要求成立拥有业务权限和财务资金、管辖中亚各共和国所有外宾商店的中亚办事处以取代没有实权的共和国代表。[130]

外宾商店的代表处还出现在国外。商贸代理人和广告鼓动着外国居民把钱汇到外宾商店的账户供在苏联的亲朋好友使用或是直接通过外宾商店为其订购食品邮包。

档案资料不仅使我们看到了外宾商店发展的全景，还使我们通过微观分析看到了其办事处的开设是如何实现的。在政治局的委员会决定了外宾商店的主要经营区域后，管委会的监察员纷纷就位。这些监察员抵达各共和国、边疆区和州后，首先前往当地党委和格别乌的代表处，也会顺便拜访国家银行在当地的委员会和分支机构。拜访的目的不仅在于让当地领导知悉在当地将开始进行外汇交易，还要获知居民贵重资产积累信息，并协助挑选干部和寻找合适的场所。外宾商店管委会会向当地发函请求派出协助人员。[131]

在哪一座城市开设商店的合理性是由很多因素决定的：毗邻铁路交通便捷，区域内有供应补给的机构，首先就是粮食征购点和油库——面粉、碎米、煤油是最畅销的商品。但是最重要的因素是居民的外汇潜力。格别乌是情报员——没有谁像它的工作人员一样知道居民藏了多少黄金，同时，国家银行也有关于当地居民外汇转账的信息。为了确定当地居民的外汇潜力，监察员会关注过去当地贵族、工业资产阶级、商人、普通居民的富裕程度；还有当地企业外国工人和专家的数量，是否靠近边境，黄金开采的发展情况（首先是私人淘金者），远洋商船队的商贸路线，境外外汇汇款的流入，等等。外汇潜力通过一些间接的标志“一眼”就能确定：“城市里连一家珠宝商都没有”，乌兹别克斯坦的监察员这样写道，由此他得出结论，居民没有黄金。[132] 在外宾商店商贸网络铺开前开始的农业集体化没收了农民的生产资料和土地，这与外宾商店的利益是相悖的。在一篇总结报告中，监察员将当地居民生产资料和土地被没收作为反对在当地开设外宾商店的理由。[133] 外宾商店管委会下令关闭黄金储备耗尽地区的商店证明了一个地区的外汇潜力是决定开设外宾商店的主要因素。[134] 在当地外汇潜力数据的基础上，监察员应当大致确定在当地吸引有价物品的计划。

监察员的侦查结果会密报莫斯科。1932 年 2 月外宾商店在中亚经营初期写就的关于中亚的报告很有意思。[135] 监察员确定了最具潜力的城市并做出了有利于其选择的结论：塔什干——革命前拥有有较强支付能力的官僚阶层的中亚最大商贸和行政中心，苏联时期塔什干吸引着其他城市富人流入并有大量境外汇款，而且阿富汗商人经常来此。外宾商店在塔什干吸引黄金的计划被监察员确定为 27 万卢布；布哈拉——革命前集中了“大量黄金和黄金制品”，与邻国贸易频繁，这意味着会有外汇。外宾商店在布哈拉的初步计划任务被监察员确定为 9 万卢布；阿什哈巴德——毗邻伊朗，有走私贸易，拥有大量的日用金器储备，任务——4.6万卢布；浩罕和安集延——种棉业中心，“过去有很多富人，这些人现在肯定还有黄金”，根据报告作者的看法，外宾商店在此预计可以获取大约4.2万卢布；撒马尔罕——考虑到过去此地有富人而且在苏联治下其中心作用日益加强，监察员计划获取6万卢布。监察员对于伏龙芝市的外汇潜力评估较低：黄金交易不会超过2.5万卢布，当地境外汇款不多，没有外国人。然而，1932年11月，另一个在组织吉尔吉斯斯坦办事处的监察员不同意这种观点，他对伏龙芝市的评价是：“格别乌经济处处长在交谈中表明，我们的黄金储备数量较大，很多人都等待着外宾商店的开设，因为担心（黄金）被有关机构没收。”[136]

报告的作者认为1932年在纳曼干和费尔干（乌兹别克斯坦）以及土库曼斯坦城市泰尔梅兹、科尔基和库什卡开设外宾商店并不必要，因为当地富人不多，贸易主要使用白银；还有一个有意思的原因是“很少有人会有兴趣购买高品质的商品”。在另一篇报告里可看到对土库曼斯坦外汇潜力的负面评估。根据作者的看法，不能指望生活在土库曼斯坦的苏联公民（俄罗斯人、土库曼人、亚美尼亚人）拥有大量的黄金：外来的俄罗斯族居民有少量的（一般）戒指、宝石戒指、耳环、胸针；“土库曼人一直以来就是不富裕、被剥削的人，而且他们对添置白银制品具有热情，而不是黄金制品”；剩下的亚美尼亚人——“相当发达的民族”，而且很早之前就从事贸易。显然，作者的结论是，土库曼斯坦外宾商店的主要顾客是亚美尼亚人。[137]

对塔吉克斯坦外汇潜力的研究显示，在主要城市斯大林巴德开设百货商场是冒险的——这里只有几十个外国人，只能指望那些拥有沙皇黄金和布哈拉黄金的苏联人，但报告的作者认为，一切都取决于商品种类。根据其观点，拥有许多外国工人和客商的萨拉伊—卡马拉更有前景。[138]

侦查报告从全国各地发来。库巴的监察员请求组织到一些村镇开展货车贸易，因为哥萨克人有大量旧的黄金积蓄。[139]外宾商店的全权代表从乌克兰写信报告，国内战争和“新经济政策”期间在乌克兰沉积了大量金币和外汇。[140] 外宾商店监察员从东西伯利亚报告，在斯利坚斯克市的一个区，足有一半农民做小生意，并在废弃的矿井中淘金。农民需要苏联货币，他们在市场上把黄金卖给中国人。每月流出境的黄金大约有30千克。接着得出结论，需要外宾商店在这个区收购黄金。[141] 但是，监察员也指出了当时情况下东西伯利亚另一个负面特点——“革命前缺乏大量大型工业企业和商业资产阶级、地主庄园、世袭贵族、官僚阶层、富裕的市民阶层，这些群体是日用金器、白银、宝石的主要持有者，所以这一类有价物品并不多”[142]。

在此应当稍作停留，插几句题外话。在大部分没有前景的、被外宾商店管委会监察员淘汰的城市和村镇也开设了外宾商店。此外，最初开设外宾商店的标准——革命前富裕、有外国人驻留、靠近边境，不再纳入考量。外宾商店下属的小店出现在每一个大型居民点，流动售货车和小商贩被派到被遗忘的偏远之地。从这一切我们可以看出，外宾商店的面目在其发展进程中发生了改变。在饥荒时期，外宾商店不再是条件较好的城市中心的附属品，也不再是精英商贸企业。它做到了“一网打尽”。外宾商店似乎按照“积少成多”的原则逐步而有力地改变着，主要是用生活必需的东西去替换奢侈品和精美的食品。外宾商店迈向了人民。

“自上而下”的呵斥和“自下而上”的倡议所推动的外宾商店的发展与计划脱节，无法满足饥饿的需求，从“夜里”就在外宾商店接待点排成的长队可以证明这一点。当时，外宾商店渴望接待尽可能多的民众，在匆忙中导致在快速发展时期开设了很多难以维持的亏损商店，这些商店成了国家预算中的支出负担[143]，在资金耗尽后就关闭了。

外宾商店是政治局的产儿，其利益受到坚决捍卫，要知道外宾商店是为工业化服务的。在政治局1930年代上半叶关于出口问题决议的特别文件夹中包含了关于外宾商店的各种指示。[144] 政治局批准在外宾商店可以接受以这种或那种形式的有价物品付款。[145] 根据克里姆林宫的指示，全国媒体开展了宣传，解释外宾商店的任务及其重要性。一些要求地方党和苏维埃的领导为外宾商店提供协助的高层命令纷至沓来。1932 年 4 月，关于为外宾商店紧急提供场所，苏共中央委员会和斯大林分别发出指示和信函。[146] 政治局要求交通人民委员部及该部领导为外宾商店提供“免排队”的商品运输。1932 年 8 月，政治局指示“为外宾商店不限量地供应国内市场现有商品”——这是对饥饿需求的预感。[147] 政治局指示禁止缩减外宾商店的计划数以扩大国内市场供应。[148] 政治局统筹外宾商店和供应商、工业企业的关系，确定商品种类（一直到确保包装纸）、价格、供应量、期限，[149] 还统筹外宾商店和“外汇相关单位”“全苏古董收购和销售贸易办公室”“全苏外国游客服务股份公司”“全苏外宾酒店服务股份公司”的关系。[150] 政治局批准外宾商店的计划，决定其价格政策。外国使馆在外宾商店开设账户也需政治局批准。[151] 政治局会通过决议为外宾商店采购进口商品。[152] 如遇到困难，外宾商店领导可以通过外贸人民委员部直接 [153] 请政治局向有意或无意间影响其工作的人施压。

然而，“天高皇帝远”：助手——监察员和外宾商店的经理们很大程度上受制于地方官僚。外宾商店办事处的行政区域地位决定了外宾商店领导要和什么层级的地方权力机关打交道。范围十分广泛——从区党委到共和国中央委员会以及苏联人民委员会。地方党、苏维埃的领导和国家政治总局的全权代表可以推荐和批准候选的办事处管理人员和外宾商店的经理任职，并批准开设外宾商店，负责完成外汇计划。如何给外宾商店分配必要的场所取决于当地领导：外宾商店要求市中心最好的楼，但最好的楼都已经占满了。

尽管有政治局的袒护以及向外宾商店提供协助的指示，但地方政府对外宾商店出现在各自“领地”的反应各异。土库曼斯坦中央委员会和苏维埃共和国人民委员会把共和国外宾商店“置于自己羽翼之下”，并将其外汇计划视作与切身利益相关的事业。[154] 但也有反对的声音。塔吉克苏维埃社会主义共和国共产党（布）中央委员会于 1932 年 12 月通过特别决议，拒绝外宾商店在塔吉克斯坦开设商店。塔吉克苏维埃社会主义共和国苏维埃人民委员会的反应也是消极的。其决议内容为：“由于在斯大林巴德已有独立运营的组织‘塔吉克黄金’（采金工业总局的塔吉克代表处——作者注），该组织不仅从事黄金的工业开采，还从事黄金收购，因此并不适合成立一个平行的机构‘外宾商店’。”这份大胆而勇敢的决议的结尾尤其引人注意：“指派‘塔吉克黄金’尽快在各区开展设立贸易营业点的工作，首先可在胡占德推行。”[155]塔吉克斯坦中央委员会提议“塔吉克黄金”开始销售商品并使用外汇结算。

塔吉克斯坦的领导层实际上用自己关于发展“塔吉克黄金”的决议替换了政治局关于发展外宾商店的决议——这是共和国政治和经济自治的体现，这种自治权在1920年代比1930年代和之后的十年更为典型。此外，这也是部门间外汇利益冲突的一个例子。根据外宾商店驻中亚的全权代表斯·希洛夫的报告，“塔吉克黄金”妨碍了外宾商店在当地开设商店和收购点，“有丧失贸易收入项目中众所周知的那部分的风险”，因此报告要求共和国领导层予以保护。然而，总共只管理三家商店，而且不接受白银、外汇、汇款付款的“塔吉克黄金”不可能和外宾商店进行竞争，正如共和国当局不可能和莫斯科的政治力量竞争。希洛夫向外贸人民委员部驻当地代表处和莫斯科的外宾商店管委会抱怨，于是上述部门就去寻求联共（布）中央委员会的帮助。从外宾商店塔吉克办事处的开设来判断，政治局“纠正了”共和国的同志们。[156]反对外宾商店的高级别行动是极个别的，但是，地方政权对于外宾商店消极怠工的事件却比比皆是。地方党和苏维埃政权对外宾商店的不友好或冷漠态度源于工作负荷过重，以及利益之争和报复。作为提供协助的交换条件，地方官员要求在外宾商店享有特权，试图将其变成“自己的商店”。外宾商店的管理层在政治局的支持下坚决抵制地方政权将外宾商店变成“捞油水的地方”，于是地方政府就用消极怠工作为回应——“如果我们什么都得不到，就别来找我们帮忙”。

我来讲一下外宾商店克里米亚办事处成立的历史。这个办事处具有典型性，可以用来描绘外宾商店网络扩张时期外宾商店管委会监察员和地方政府之间的互动过程。[157]1931年秋天，外宾商店的监察员利·谢·帕列伊受管委会指派来到克里米亚筹建以辛菲罗波尔为中心，下辖费奥多西亚、叶夫帕托利亚和塞瓦斯托波尔等城市外宾商店的州办事处。在帕列伊抵达克里米亚各个港口前，外宾商店已经在此营业。当时这些商店直接隶属于莫斯科，面临的任务主要是扩大贸易网，并把过去“无人照料”的营业点整合到外宾商店当地管理人员的新计划之中。帕列伊给莫斯科的关于工作前瞻的报告令人欣慰：“根据我收集的信息可知，克里米亚人民对我们的事业而言拥有足够的资金。”[158]

州党委推举了克里米亚办事处的候选管理人员。经与外宾商店管委员监察员协商一致，州党委在会上批准了候选人选。生于1895年、来自铁路工人家庭的当地党员彼得·米特罗法诺维奇·诺维科夫成了外宾商店驻克里米亚的管理人员。诺维科夫生于费奥多西亚，一生都在克里米亚度过。他从市立技工学校毕业后成为工人，1915年起在黑海舰队服役。1917年1月，诺维科夫加入了布尔什维克。作为红色近卫军战士，他保卫了克里米亚的红色政权。国内战争之后，他在契卡的“特别部门”工作，随后转向领导行政和经济工作。

任命革命党员担任外宾商店办事处的管理人员是那些年的普遍做法。苏联全国到处都是这样，在外宾商店，党组织会安排自己的政治干部担任领导职务。通过对外宾商店管委会，以及莫斯科、列宁格勒、西部和中亚办事处有关材料的分析证实，各办事处的管理者和共和国全权代表、几乎所有商店的经理和他们大部分的副手都是党员。如果谈到外汇有价物品的事情，在任命领导职务时更倾向于那些有“机关”工作经验的人。缺少教育和缺乏经济知识并不妨碍任命，要知道“没有布尔什维克攻不下的堡垒”，“每一个女厨师都能管理国家”。诺维科夫在这方面就是一个突出的例子。“他确实不了解我们的事业”，帕列伊监察员在向莫斯科的报告里这样写道。

任命地方党员为办事处管理人员在短期内成了地方精英的优势，但是对于外宾商店却有不少问题。当那些推荐和批准自己担任管理岗位的人有所求的时候，管理岗位上的“自己人”更加好商量。考虑到在饥寒交迫时期外宾商店略显奢侈的商品种类，上面的请求都能得到满足。外宾商店管委会打击使用苏联卢布支付外汇商品的努力是徒劳的，外宾商店的商品拨付完全按照地方政府的要求进行。管委会免去了犯错的管理人员和商店经理的职务，而同时地方领导层努力把“自己人”放在岗位上并避免任命“外来的人”。

帕列伊监察员从克里米亚向莫斯科报告和当地格别乌的沟通情况：“我上面提到了诺维科夫被举荐担任管理人员，除此之外，我没有止步于此，还就这个人选征得了相关单位（猜猜是和谁协商——作者注）以及这个单位（注意这里使用的密语——作者注）副手的同意。我和他就克里米亚办事处的工作前景进行了长谈。从他那里我了解了很多在筹备期间必须加以考虑的详细情况。他承诺就我在这里遇到的所有困难都会给予全力的支持和协助，我会和他们保持联系。”[159]

与此同时，“吸引大众眼球”的工作也在进行。对于布尔什维克而言，广告是一个新奇的事物，但经历过资本主义的布尔什维克明白其对商贸的意义。广告的主要问题不在于外宾商店的党员领导看不到它的好处，而在于缺少资金。然而，随着财力的增长，当地出版物和广播开始向人们报道外宾商店在城市或区里开张的消息。广告海报和传单出现在紧挨着剧院海报和《真理报》的柱子上、有轨电车上、火车站和汽车站里、邮局里、电影院和市场里。我从档案里找出了外宾商店西部办事处的广告（保留了原文的拼写和标点）。

面向所有人的！面向所有人的！面向所有人的！
“外宾商店”

百货商店在瑟乔夫卡市以前的国家零售贸易联合公司商店内开张了

向所有公民无限量敞开供应粮食和工业品……

有旧式金银币以及各种金银制品的公民（这是1933年的广告，

当时外宾商店已经接受白银付款了——作者注）可以将其交到外宾商店，数量不限。不用担心迫害，关于上交者需为上交的金银币负责的谣言毫无依据，是一派胡言。日用金银器，这是旧时代小市民的庸俗趣味，过去人们获得这些是为了身份地位。苏联公民不再需要这些，应该在短时间把金银制品兑换成“外宾商店”百货商场里最好的商品。

外宾商店[160]

这个广告使我们了解了形成中的苏联消费政策和文化的特点，以及外宾商店与“机关部门”的关系特点，但这些问题将在专门的章节进行研究。现在重要的是把“胃口”和心情放到外宾商店成立的时候。

这样，监察员的工作就算完成了：确定了居民的黄金潜力、为商店找到了经营场所，候选的工作人员经协商一致后得以批准，海报也挂了起来。外宾商店的日常运营开始了。但是，运营开始后，每天都会产生几百个问题，然而却没有针对这些问题的答案，要知道政府的决议描绘的仅仅是外宾商店的基本图景：在哪里收取有价物品——在商店还是特定的场所？谁应当保障外宾商店工作人员的粮食定额？——这不是个小问题。在配给制时期，这个问题上的模糊不清给外宾商店带来了很多琐事。如果供应中断，或者寄来了不常用的、过季的商品，该如何完成计划？如果外宾商店没有冰箱，食品保存在哪里？能不能根据需求自行调整价格？如何应对盗窃和文件造假？能不能把休息日作为集市日？该由谁来保卫外宾商店，警察还是民间守卫？……统计清算的问题尤其突出。几年后才形成外宾商店报表的规定和格式，最初几年外宾商店的统计（尤其是在边远地区）十分混乱。

外宾商店的经理和办事处的管理人员们有时在“盲目”工作。有人自行提出倡议并做出决定，其他人总是看向莫斯科，每一个问题都要紧急咨询管委会。外宾商店在地方的领导层中当然有天才的组织者和“坚定的经济部门负责人”，但大部分情况下，不专业、不了解商业以及莫斯科的呵斥会转变成大量的错误和疏漏，而党的特殊性和对地方精英的依赖则会转变成犯罪。

随着外宾商店的扩张，其架构得以发展、变得复杂并发生了改变。比如，随着时间的推移，在莫斯科出现了管委会副主席这一专业分工职位[161]，而外宾商店办事处机构的下设部门也出现了专业分工[162]。1933年，办事处下属分支机构得以增强并转化为跨区仓库，形成了联营商店机构。[163]其运输和仓储部门单独发展了起来，出现了外宾商店自己的“特别监察部门”、自己的印刷部门“外宾商店人”以及很多别的部门。[164]

外宾商店实际上统揽了国内的外汇贸易，[165]但在苏联复杂的经济机制中，外宾商店只是一个小细节。外宾商店的工作依赖于很多别的企业和单位。其中包括：外贸人民委员部（外宾商店属于该部的组织序列，其计划由该部领导批准）、国家银行（向外宾商店提供贷款和收款人员[166]，外宾商店需向其上交“收取的”有价物品）、财政人民委员部（制定国家外汇规则）、工业行业的出口单位（全苏果蔬联合公司、全苏手工制品及地毯出口联合公司、全苏肉类工业联合公司、全苏面粉联合公司、糖业管理总局、全苏皮草出口联合公司）以及供给人民委员部（向外宾商店提供商品）、交通人民委员部（负责外宾商店商品的运输和仓储——这个问题无论在苏联哪个时期都令人十分痛苦）、工农监察人民委员部（检查外宾商店的经营情况）、外贸银行（将境外汇款转至外宾商店账户）、苏联商船队（在苏联各港口由外宾商店供应），还有涉及外汇业务的“亲戚和竞争对手”：“全苏外国游客服务股份公司”和“全苏外宾酒店服务股份公司”。格别乌以及之后的内务人民委员部在大量的问题上都与外宾商店相关，从钻石运输一直到逮捕顾客以及寄给古拉格收押人员的外汇汇款。外交人民委员部也牵涉其中——外宾商店为外交使团提供服务。

虽然在与大量单位的互动中出现了很多混乱、利益冲突、抱怨和竞争，但是没有这些单位的参与，外宾商店也无法立足。外宾商店不仅要学着跟地方党和苏维埃的领导以及“有价物品的持有者”打交道，还要和“协作单位”打交道。尽管很多问题得不到解决，初期也出现了混乱，但是放出去的飞轮很快就收了回来。民众手中的财富快速流向了国家银行。

外宾商店的“红色经理”：“政委”

药店的学徒。职业——共产党员，教育——布尔什维克政治。“信用局”的业务。大量诱惑。幸福的辞职。

为什么我们需要知道谁领导了外宾商店？首先，认识这些人并感受人们生活过的那个宏大而可怕的时代是件有意思的事。[167] 此外，外宾商店领导人的生平有助于了解外宾商店的实质——其并不是投机家偶然的成功，而是在党的授意以及国家部署之下取得的成功。政治局为外宾商店领导层配置的人员规模可以衡量其任务的重要性。在大饥荒期间——“激活外汇价值”的决定性时期，由富有传奇色彩的阿尔图尔·斯塔舍夫斯基（Артур Карлович Сташевский）出任外宾商店管委会主席绝非偶然。阿尔图尔·斯塔舍夫斯基是谍报员、西班牙内战时期斯大林在西班牙的间谍、“X 行动”参与者之一，该行动的结果是西班牙国库中的黄金来到了莫斯科。

在外宾商店存续期间，总共有三任管委会主席。[168] 在本书中，他们的生平并未合并成一章叙述，而是个别特写。在本书结构中，他们的生平介绍是这样分布的——每一位外宾商店的管委会主席都将出现在外宾商店生命周期的特定时期：外宾商店的诞生、“璀璨时刻”和“黄昏”，都和不同时期领导者的名字和个性联系在一起。

外宾商店所有的主席都是职业革命者、党员。在被任命担任该职务时，教育经历、经济知识和贸易工作经验并没有大的意义。他们学习的“不是黑格尔辩证法”，而是在“革命之火”和国内战争中进行学习。他们在工作过程中掌握了专业知识。任命职业革命者而不是该领域的专家担任特定领域的领导职务，这是1920—1930年代的规则，因为这些人的主要职责在于贯彻党的命令。外宾商店的主席们是党在外汇贸易前线的政治委员。党对贸易的控制是必要的，因为在贸易中“充斥着资本主义者、旧商人和‘新经济政策’时期的企业主”，这些人在苏联政权下习惯且善于获利谋生。由于外宾商店需要和外汇打交道，因此在任命主席时这些经历很重要，比如外国生活经历、侦查工作经历和“安全部门”任职经历。外宾商店管委会所有主席都是犹太人，但他们不是从革命前的个人生意中走来，而是“从革命中”走来。

外宾商店管委会的第一任主席是莫伊谢伊·伊兹拉伊列维奇·什科里亚尔（Моисей Израилевич Шкляр，1897—1974）。[169] 什科里亚尔1897年生于白俄罗斯的明斯克省鲍里索夫市，母亲为家庭妇女，父亲在火柴厂工作。在1923年的个人简历中，什科里亚尔声称父亲为杂工，但在1954年的登记表里又称父亲为冲压工。在1933年的简历里，尽管父亲的工人身份会给他带来优势，但什科里亚尔把自己的阶级属性定为“市民”。革命前，什科里亚尔接受了四年市立学校的教育，在苏联时期接受了以下政治教育：1925—1927年，在共产主义学院听完了马列主义课程，之后在1948年成为莫斯科马列主义大学的学员。

在宏大历史事件的背景下，什科里亚尔的人生开端显得不太出彩。在市立学校毕业后，从简历看，他“没有工作”，“靠零工艰难度日”。到了1916年，他来到了坦波夫，“由于会拉丁语”成了药店的学徒。他没有参加1917年之前的革命运动——“年纪还小”。从履历看，他也没有参加“二月革命”，虽然他当时的年龄完全合适——20岁。

1917年3月，什科里亚尔被“征召”进入“旧”军队，但没有上前线。在坦波夫省的预备役步兵团以列兵的身份服役6个月。革命的那几个月，开启了什科里亚尔政治鼓动员的生涯：按照个人履历里的说法，“他公开演讲的才能得到了历练”——这是其未来政治委员职务的预兆。

在1923年的个人履历里，什科里亚尔用完全合理的理由确定，在政治生涯之初他就走上了布尔什维克路线。但是，显然事实并非如此，因为从部队（因病）复员后，他回到故乡鲍里索夫时加入的不是俄罗斯社会民主工党（布），而是立陶宛、波兰和俄罗斯全体犹太工人联盟，根据1923年的版本，其目的在于分裂这个联盟。[170]历史改变了他的党派选择。1918年5月，什科里亚尔从德国人占领的鲍里索夫跑到了苏俄，成了红军志愿兵并于10月在东部前线加入了布尔什维克。

在国内战争时，什科里亚尔在东部前线和土库曼前线担任政治工作者。从简历判断，其参加战斗的经验并不多，也没有获得战斗勋章。他编辑了前线报纸和杂志，管理过前线学校，为奔赴战斗的红军战士在政治上送行，"清除敌人的材料"，举办州苏维埃大会并成立革命委员会。什科里亚尔在简历中列出了这一时期的战友，包括瓦·弗·古比雪夫和米·瓦·伏龙芝。

接下来是什科里亚尔自己放进履历中的红军生涯中最光辉闪耀的历史。1919年1月，作为乌拉尔前线战斗区段的鼓动员，什科里亚尔被白军俘虏。白军判处他死刑——"活埋"。他奇迹般地活了下来——在最后时刻，赶来的红军部队救了他。"在一所学校里说服了40个被俘的哥萨克"，他在描述其他事情时写道，"这些哥萨克学校刚毕业就加入了高尔察克的军队并分属敌军不同的团"。1920年，在土库曼斯坦，他成了"以斯大林同志的名字命名的宣传列车的政治委员"，并坐着这辆列车到了费尔干纳州，"手持武器"来到各个村庄并向穆斯林和红军战士进行宣传鼓动。

1920年，什科里亚尔向列宁提出了把他从前线召回以便继续学习的请求。随后，回电批准他前往莫斯科进入社会主义学院。然而，回到首都后，什科里亚尔"没有进入社会主义学院，而是陷进了党务工作中"：他编辑了民族事务人民委员部的报纸《民族生活》，还在党校讲课。

1920年秋天，什科里亚尔"因为劳累和生病"调到契卡，"从文学性和政治性出发处理材料"。他担任契卡/格别乌党支部秘书长之职多年。"在格别乌开展党务工作，建立党校"，——他这样描述这一时期的生活。

在共产主义学院短期学习之后，什科里亚尔又回到了格别乌，直到1929年一直是一个业务工作者。文件没有显示他在格别乌的具体工作是什么：个人表格中含糊地写着“不同的领导工作”。什科里亚尔在1923年的个人履历中写出了了解自己在格别乌工作的同事名单，包括费·艾·捷尔任斯基、巴·瓦·克谢诺丰托夫、维·鲁·缅任斯基、约·斯·温什利赫特、雅·赫·佩捷尔斯、亨·格·亚戈达。

什科里亚尔又从格别乌调到经济工作岗位，但他和“原部门”的联系从未中断。[171] 他担任了全联盟公司“信用局”管委会主席。在1930年代初货币危机加剧时期，经政治局同意，在“信用局”的掩饰下，格别乌从苏联公民手里收来外国公司的保险单和继承文件，以便在国外提起声索。[172] 在声索获胜的情况下，国家会从赢来的钱中抽走四分之一（！），保险单持有者或遗产继承人可以用剩下的外汇在外宾商店购买商品。“信用局”“提供协助”的对象是那些想从自己在外国银行的账户中取出外汇的人，即便这样做会使相当部分外汇流向国家。

“信用局”的痕迹是我偶然间在美国大使馆档案——与柏林银行代表的谈话备忘录里发现的。[173] 虽然，备忘录不管怎样都是秘密的，柏林银行家的名字没有曝光——某一个“X先生”。“X先生”说，1925—1930年期间——出境相对自由的时期，有些苏联公民在他的银行开设了外汇账户。他们认真吩咐存款信息一定要保密，而且无论什么情况下都不要尝试按照苏联的居住地址去寻找他们。货币业务通过国外的委托人进行。根据“X先生”所言，银行严格地遵守了协议条款。但是，不久之前，银行家继续说道，银行工作人员收到了苏联存款人一系列经过公证的要求，即把存款从银行账户转到苏联。这些要求是通过中间人、莫斯科的“信用局”发来的。柏林银行的工作人员确信是格别乌为了让钱回到苏联强迫人们签署了公证文件，而存款人根本看不到这些钱。柏林银行出于“存款人的利益”（也是自己的利益）拒绝按照“信用局”的申请付款。苏联政府是如何知道存款人的姓名和账户号码的，这对德国人而言仍是一个谜。

在这段历史中，生活的讽刺令人印象深刻。格别乌在与柏林银行家的私下密谈中讨论了1933年的事件。事实上，迫使人们公开境外外汇账户信息的是饥饿，而不是格别乌。当存款人决定向国家上交一部分外汇存款的时候，他们指望能使用剩下的金额在外宾商店购物，但却掉进了自己挖的陷阱。在这段历史中还有别的悲剧情节。“信用局”是一个政府机构。人们并不知道，实际上“信用局”是由格别乌管理的，他们把自己的外汇存款信息准确地告诉了这个部门，而这个部门是专门夺取私人有价储蓄且惩处相关持有人的单位。人们不光收不到钱，还把自己置于格别乌的“监视”之下。只有柏林银行从中获益。

从柏林召回外汇存款事件发生在什科里亚尔从“信用局”主席岗位离任之后。他继续在贸易系统的职业生涯，先是担任了莫斯科市贸易公司负责人，之后担任外宾商店管委会主席。

什科里亚尔于1931年1月来到外宾商店，其任期处于“外国游客时期”，他于1932年10月苏联大饥荒前夜离职。什科里亚尔不是贸易和外汇方面的专家。按他自己的话说，他唯一的职业是党员，接受的是布尔什维克政治教育。他担任外宾商店主席的主要任务是把人们的能量送去完成党的命令。什科里亚尔担任主席那两年是外宾商店的初创时期，它从莫斯科外宾商店办事处发展成全国性的机构。外宾商店命运的决定性转折点——向苏联顾客开放以及开始接受以黄金付款——这是在什科里亚尔任内实行的。

什科里亚尔离开外宾商店并非出于个人意愿，也不算光荣离岗，但是他的履历并未记录离开的原因。[174] 接替什科里亚尔担任外宾商店主席的阿尔图尔·斯塔舍夫斯基有一次指出，对党的命令的“执行和说明一贯都不足”[175]。这句话含糊不清而且未展开说明。不过，有材料认为，什科里亚尔被免职的原因是肆意挥霍，也可能是侵占国家财产。1932年6月，外贸人民委员部驻外高加索共和国全权代表为了抱怨外宾商店管委会，带着怒气写道：“你们所有人都会被赶走，什科里亚尔也会被撤职的（这是我想强调的——作者注）。”[176] 外宾商店莫斯科州办事处秘密部门负责人尼·阿·科罗廖夫在自己的报告中提到，什科里亚尔也在大肆侵占的工作人员之列。[177] 被免职后，什科里亚尔的职位明显下降：1932 年离开外宾商店后，什科里亚尔在下伏尔加边疆区小乌津斯克市担任了几个月的牲畜收购全权代表，之后到 1936 年春天前，先后担任了贸易人民委员部驻伊万诺沃州和白俄罗斯苏维埃社会主义共和国全权代表。

可能，什科里亚尔的政治知识不足以管理快速成长的外宾商店，不过或许发生了老生常谈的事情——什科里亚尔没能经受住外宾商店的巨大诱惑。1932 年 4 月，苏联外贸人民委员阿·帕·罗森戈尔茨愤怒地给什科里亚尔写道："我向你们指出，1931 年你们从秘密资金库 [178] 中超额支出的金额是完全不能允许的。你们本该支出 1000 卢布，而你们支出了 5850 卢布。"上面布置的任务是储蓄和倍增国家外汇资金，而什科里亚尔肆意挥霍进口商品。之前提及的外高加索外贸全权代表要求外宾商店出售商品时揭发："什科里亚尔承诺会把布拉吉带来。" [179]

什科里亚尔被免去外宾商店主席职务的原因也可能是，他的个性格局配不上外宾商店所面临的宏大任务。苏联处于大饥荒之中，而外宾商店却出现了获取成堆的有价物品的现实机会。胜任外宾商店这一任务的必须是一个拥有组织性和外汇工作经验的强有力的领导。阿尔图尔·斯塔舍夫斯基就是这样的人。什科里亚尔无法驾驭外宾商店。

在 1937—1938 年镇压期间，如果什科里亚尔像履历里那样公开写认识亚戈达或者他在立陶宛、波兰和俄罗斯全体犹太工人联盟里的会籍，那就足以被逮捕和枪毙了。然而，命运对他很仁慈。什科里亚尔在中国"熬过了"大规模镇压，从 1936 年 5 月到 1939 年 1 月，他先是担任全苏与新疆（中国西部）进出口贸易联合公司 [180] 经理，之后又担任驻新疆贸易代表。显然，什科里亚尔在中国没有完成任何大的侦察任务，虽然从逻辑上可以推测，这位前格别乌工作人员在"二战"前夜来到中国，除了合法贸易外，可能接受了"特殊"任务。但是，没有一本关于苏联情报史的书提到过什科里亚尔。[181]

远离事件的震中、职位不高，也可能只是运气，让什科里亚尔逃脱了镇压。如果他在履历中提到的从被“白军”俘虏中逃脱属实的话，那么这就算是他第二次奇迹生还了。1939 年回到莫斯科后，什科里亚尔继续在全苏与新疆（中国西部）贸易进出口联合公司工作。战争的大部分时间，什科里亚尔都作为全苏与新疆（中国西部）贸易进出口联合公司领导“坐”在阿拉木图。在战争末期，他调到苏联外贸人民委员部外汇管理局工作，并在苏联外贸人民委员部外汇管理局有声望又有“油水”的处长任上退休。苏联政府先后颁给他“在 1941—1945 年伟大的卫国战争中忘我劳动”奖章和“纪念莫斯科建城 800 周年”奖章。退休老人什科里亚尔于 1974 年去世，幸运地对这个苏维埃国家的未来命运毫不知情。

为什么斯大林需要外宾商店

俄罗斯帝国黄金困局的终结。苏联出口数据资料中的秘密。进口的疯狂还是举债的工业化。对美国的失望。黄金流入德意志帝国银行。赶上德兰士瓦！科雷马河的“外汇车间”。斯大林识数吗？

俄罗斯帝国曾是个富裕的国家。俄罗斯国家银行在“一战”前夜拥有大约 17 亿金卢布的黄金（表二）[182]，相当于大约 1300 吨纯金。[183] 有些专家认为，俄罗斯国家银行的黄金储备在当时全世界中央银行中位居第一，另一些专家认为仅次于法兰西银行。[184] 在布尔什维克夺取政权前，6.434 亿卢布黄金储备已经被沙俄政府和临时政府运到国外换取战争贷款。[185] 在国内战争期间，消耗、被盗、流失的黄金价值约 2.4 亿卢布。[186] 但是即使算上这些损失，到国内战争结束时，布尔什维克政府能支配的黄金储备也是个巨大的数字——大约 10 亿卢布，包括“二月革命”前夜交给克里姆林宫的罗马尼亚黄金，[187] 还有超过 40 吨从西伯利亚开采的黄金，这些黄金在十月革命前还没来得及纳入国家银行的收支表。[188]

然而，到了 1920 年代初，这个庞大的黄金储备所剩无几（表二）。根据《布列斯特和约》，苏联向德国转交了价值超过 1.2 亿卢布的黄金。[189] 按照 1920 年代的和平条约，给波罗的海国家的“礼物”以及给波兰的赔款超过 3000 万卢布的黄金。[190]1920—1921 年，对土耳其的无偿援助达到 1650 万卢布。[191] 还有大量的资金用于支持境外的共产主义和工人运动、间谍活动以及推动世界革命。[192] 另外，大量俄罗斯帝国以前的黄金储备在 1920—1922 年被出售，用以填补苏联的外贸赤字：在事实上完全没有出口收入以及贷款困难的情况下，苏联领导不得不用帝国黄金

支付粮食和商品进口。在苏维埃政权最初几年，各个人民委员部的支出不受控制而且往往毫无正当理由——善于算钱被视为不革命的、可耻的阶级异己行为。[193]

表二

1914—1922 年俄罗斯帝国黄金储备的“枯竭”（百万金卢布）

1914 年 1 月 1 日报表	1695
1914 年 10 月至 1917 年 10 月，“一战”期间，沙皇政府和临时政府运往国外，并出售一部分以获取军事设备、贷款（–）	643.4
1917 年 10 月 1 日报表	1101.7
罗马尼亚黄金（+）	117
1918 年 8 月立宪会议议员委员会夺取的、之后又被高尔察克获取的“喀山黄金储备”（–）	651.5
1920 年 3 月，布尔什维克从伊尔库茨克成功拿回的那部分“喀山黄金储备”（+）	409.5
根据《布列斯特和约》支付给德国的黄金（–）	124.8
根据条约向波罗的海国家和波兰支付的黄金（–）	超过 30
1921—1922 年，无偿援助土耳其（–）	16.5
1921—1922 年，苏联黄金出口（–）	680
1917 年 10 月至 1922 年 1 月，流入国库的黄金（由“黄金委员会”没收和开采）（+）	84.4
1922 年，苏联大致的黄金储备（根据本表计算）	209.8
截至 1922 年 2 月 1 日的黄金储备（根据《黄金库报表》的数据）	219.9
未支付的黄金债务（截至 1922 年 2 月 1 日）（–）	103

注释：数据化为整数。

资料来源：劳动和国防委员会的《黄金库报表》。俄罗斯国家社会政治史档案馆，5 号库第 1 类第 2761 卷；奥·尤·瓦西里耶娃，巴·尼·科内舍夫斯基：《红色占领者》，莫斯科，1994 年；乔·德·斯梅乐：《白色黄金：在反布尔什维克东方的俄罗斯帝国黄金储备，1918—？（俄罗斯国内战争史中一个没有结论的

章节)》//《欧亚研究》，46卷，第8期，1994年；《俄罗斯黄金：关于俄罗斯黄金储备及苏联黄金运输的文章及报刊摘录合集》，1928年；拉·弗·萨波戈夫斯卡娅：《俄罗斯政治中的黄金(1917—1921)》//《历史问题》，2004年，第6期；诺维茨基·弗·伊：《俄罗斯的黄金储备》//俄罗斯国家经济档案馆，2324号库第1类第833卷第1—20页。俄语版保存在俄罗斯国家经济档案馆，翻译自《La dettepublique de la Russie》，巴黎，1922年；《战争时期俄国公共财政》，纽黑文，1928年。

1920年代初，苏联成为唯一一个政府在“一战”后没有外债(不算布尔什维克执政前沙皇和临时政府的外债)，但却抛售国家黄金储备的欧洲国家。美国参议院特别委员会于1925年专门调查了苏联贵金属出口的问题，根据其得出的数据，1920—1922年，苏维埃俄国在境外至少抛售了价值6.8亿金卢布的黄金(超过500吨)。[194] 这个数据的真实性在劳动和国防委员会下属委员会的《黄金库报表》中得到了证实。[195]

前俄罗斯帝国的黄金储备迅速枯竭，而补充却十分缓慢。在1917年10月至1922年2月期间，进入国库的黄金(大规模没收和开采)总价值仅为8440万卢布。[196] 到1922年2月1日，扣除债务，可自由支配的黄金价值约为1.15亿卢布。[197] 这就是数以十亿计的俄罗斯帝国黄金所剩下的全部了。国家的黄金储备必须重新开始积累。

没收宗教财产和公民有价物品、推行切尔文券货币改革、原料和粮食出口的增长、1920年代乌拉尔和西伯利亚黄金开采业从崩溃中逐步复苏，这些仅仅部分地修复了苏维埃国家黄金货币的储备状况。[198]1925/1926年度第一次尝试加速工业发展导致了外汇缺乏和新的大规模黄金抛售。[199]

大力发展重工业和国防工业的工业化，特别在苏联模式下，是十分昂贵的计划。需要建设工业综合体，在境外购买工业原料、技术、机器设备，为外国专家的知识和经验支付酬劳。苏联领导人启动工业化时，并没有足够的配套资金。1927年底，国家银行警告政府，法定的25%“硬通货”发行担保的最低标准已经处于被突破的边缘，国家银行认为这是国家外汇金属储备的底线。从开始切尔文券改革后，发行担保还没有降到过如此低的水平。国家银行和财政人民委员部建议苏联领导人采取措施积蓄外汇和贵金属。[200]但是，苏联领导人决定不节俭开支。1927/1928 财年的计划预估到了外汇赤字，但其预估水平远远低于实际。[201]

表三

苏联实际外汇金属储备（百万金卢布）

日期	1926 年 10 月 1 日	1927 年 10 月 1 日	1928 年 1 月 1 日	1928 年 4 月 1 日	1928 年 7 月 1 日	1928 年 9 月 1 日
总计	247.5	267.5	256	213	174.6	131.4
其中的贵金属储备	无数据	205.3	211.9	192	139.7	104.8

注释：上表显示了苏联实际外汇储备状况，即扣除被冻结（难以支配）的金额后，存在国内外的贵金属和外汇余量。表中数据包括国家银行、财政人民委员部、专业银行（外贸银行、工业银行、全俄合作社银行、莫斯科城市银行、中央农业银行、乌克兰银行、列宁格勒商业银行等）、境外的苏联银行（俄罗斯贸易银行、莫斯科人民银行、担保和信贷银行、欧洲银行、瑞典经济银行、北欧信贷银行、跨境银行等）的黄金外汇资金，以及贸易代表处和其控制的经济组织的外汇资金。数据已抹零。

资料来源：俄罗斯国家经济档案馆，2324 号库第 1 类第 790 卷第 184 页；第 815 卷第 11 页。

外贸统计显示，1927/1928 年度是一个转折点，从此开始了“疯狂进口”。[202]1926/1927 年度贸易顺差取代了外贸赤字。按照海关的统计数据，1927/1928 年度的进口支出比出口收入高出 1.71 亿卢布。[203]进口支出并不是苏维埃国家外汇支出的唯一项目。[204]因此，苏联的支出赤字，即支出超过收入，比外贸赤字还要严重。赤字通过出售黄金和铂金得到填补。苏联本就贫瘠的黄金外汇储备迅速枯竭（表三）。[205] 到1928年底余下的贵金属和外汇价值1.314亿卢布，甚至不够填补下一个财年的外汇赤字（表三）。

根据苏联工业化缔造者的想法，工业化资金的主要来源是出口收入。俄国传统出口产品是粮食和原料，其主要收入项目是谷物、木材和石油。苏维埃国家在世界市场行情相对有利的时候启动了工业化，但是一年后形势就发生了变化。1929年经济危机席卷西方，漫长的大萧条开始了。各国都急剧削减出口和进口，为保护本国经济而制裁其他国家的贸易扩张。世界原料和农产品价格急剧下滑。根据苏联国家银行的数据，1929/1930年度与1928/1929年度相比，谷物产品出口价格下降了37%，木材价格下降了14%，亚麻价格下降了31%，皮货价格下降了20%，石油价格下降了4%[206]。

苏联国内的形势也不容乐观。1927年底，爆发了粮食危机：由于收购价无利可图，农民拒绝把粮食卖给国家。国家领导层不愿意真正提高收购价，因为这将意味着减缓工业化的速度，这导致了1928年粮食危机再现。为了遏制1927年底出现的反对粮食征购的行为，国家领导层开始对农民进行镇压，1929年底开始了强制性的农村集体化运动。斯大林借助集体化运动尝试用“快刀斩乱麻”的方式粉碎粮食危机。集体化运动伴随着农民经济的崩溃。农业生产指标下滑，国家失去了出口资源。以斯大林为首的领导层要尝试完成一个巨大的任务——加快工业化速度，为此需在两条战线同时作战：在国内战线——打击不愿向国家上交粮食产品并加入合作社的农民，在国外战线——与国际市场的不利行情做斗争。

斯大林不想放弃。在极其不利的市场环境中，苏联尝试以亏本价销售并扩大国内市场赤字的方法来增加农产品出口量，然而，出口收入赶不上花在工业进口上的快速增长的外汇支出。[207] 连官方公布的海关数据也显示了苏联的外贸赤字（表四）。然而，有理由指出，海关的出口数据被抬高了，以便掩盖苏联在世界经济危机及农产品和原料价格低迷情况下遭受的损失。

表四

苏联外贸平衡表（百万金卢布）
根据公开的海关统计数据（以会计年度价格计算）

年份	出口	进口	平衡表
1928	799.5	953.1	−153.6
1929	923.7	880.6	+43.1
1930	1036.4	1058.8	−22.4
1931	811.2	1105	−293.8
1932	574.9	704	−129.1
1933	495.7	348.2	+147.5
1934	418	232	+186
1935	367	241	+126

资料来源：《苏联国民经济》，莫斯科，1932 年；《1918—1940 年苏联对外贸易，统计概览》，莫斯科，1960 年。

档案馆秘密保存了 1930 年代国家计划委员会关于 1928/1929 经济年度至 1935 年出口外汇进款的动态数据以及国家银行关于出口单位执行外汇计划的数据。这些数据证明了出口收入每年都急剧下滑，这也符合海关的统计（表五）。我们尝试着揭开这些秘密的出口档案统计。

按照相对有利的 1928/1929 年度的价格计算的出口进款（表五）显示，如果世界粮食和原料价格维持在 1928/1929 年度的水平，苏联可以获得多少外汇：在实际出口数量增加的时候，苏联领导层期待外汇收入可以大幅增加。然而，按照国家计划委员会和国家银行的数据，实际的出口进款（表五）只相当于预期外汇收入的一半，甚至是三分之一。1929/1930 年度出口“收入损失”大约为 1.25 亿—1.6 亿卢布，1931—1933 年“收入损失”大约为价值 6 亿—7 亿卢布的黄金！（表五）这些年，苏联以一半，甚至三分之一的价格向世界出售谷物，与此同时，数以百万计的普通公民在饥饿中死去。

表五

苏联出口额（百万卢布）档案数据

<table>
<tr><th rowspan="2">年份</th><th>按1928/1929年度价格计算的出口额（“预计进款”）</th><th colspan="2">以会计年度价格计算的出口额（实际进款）</th><th rowspan="2">出口“收入损失”</th></tr>
<tr><th>国家计划委员会数据</th><th>国家计划委员会数据</th><th>国家银行数据</th></tr>
<tr><td>1928/1929</td><td>725.5</td><td>725.5</td><td>711.5</td><td>—</td></tr>
<tr><td>1929/1930</td><td>913.4</td><td>755.6</td><td>788.7</td><td>124.7—157.8</td></tr>
<tr><td>1930</td><td>无数据</td><td>无数据</td><td>789.1</td><td>无数据</td></tr>
<tr><td>1931</td><td>1261.7</td><td>672.0</td><td>648.7</td><td>589.7—613</td></tr>
<tr><td>1932</td><td>1183.6</td><td>492.9</td><td>无数据</td><td>690.7</td></tr>
<tr><td>1933</td><td>1001</td><td>374.8</td><td>无数据</td><td>626.2</td></tr>
<tr><td>1934</td><td>954.8</td><td>369.7</td><td>无数据</td><td>585.1</td></tr>
<tr><td>1935</td><td>913.7</td><td>350.3</td><td>无数据</td><td>563.4</td></tr>
</table>

注释：1931年之前，国民经济统计核算按照经济年度进行，以每年10月1日为起始日。在1929/1930经济年度中加入了一个特别季度（1930年10—12月），而从1931年开始，核算按照自然年进行，以每年1月1日为起始日。

资料来源：苏联国家计划委员会外贸处准备的参考资料《1928/1929经济年度—1935年出口外汇进款的动态变化》。俄罗斯国家经济档案馆，7733号库第37类第2435卷第18页。国家银行的数据反映了相关年份外汇计划贸易部分执行核算指标。俄罗斯国家经济档案馆，2324号库第1类第939卷第17、19、34、84页。

比较实际出口收入（表五）和工业进口支出（表四，第二栏）[208]可以看到，随着工业化开始加速，一直到1933年以前，每一年都有外贸赤字。危机的顶峰是在1931年，当年的外贸赤字并不是海关统计的2.938亿卢布，而是差不多高出一倍——4.3亿—4.6亿卢布黄金！[209]正是在这一年，外宾商店向苏联公民敞开了大门，而且除了接受以外汇和沙皇金币付款外，也开始接受以日用金器付款，这是偶然的吗？

1931年进口巅峰之后，与之相伴相随的赤字开始急剧减少。根据外贸人民委员罗森戈尔茨的说法，苏联在外国的工业设备采购额从1931年的6亿卢布下降到了1932年的2.7亿卢布，1933年仅为6000万卢布。[210]到了1933年，虽然贸易顺差远低于海关公布的统计数据：实际大约为2700万卢布，而不是1.47亿卢布（表四、表五），但进出口平衡得以恢复。

外汇资金的缺乏决定了苏联的外贸和财政策略——出口以现金结算，进口依赖贷款。国家慢慢落进了债务深渊。根据苏联财政人民委员部编制的1926/1927年度外汇平衡表，截至1926年10月1日，苏维埃国家的外债达到了4.203亿卢布。[211]到了1927年10月1日，外债增加到6.63亿卢布，其中包括了1927年底才收到的1.8亿卢布长期德国贷款。[212]外债的大部分份额（66%）是用以满足工业化需要的进口贷款。截至1928年4月1日，苏联欠外国公司和银行的债务达到了7.819亿卢布。[213]而此时苏联实际黄金外汇储备仅为2.13亿卢布（表三），还不够填补苏联外债的三分之一。这还只是工业竞赛的开始。工业进口支出在1929—1930年快速增长（表四，第二栏）。1931年4月，苏联从多家德国银行获得了一大笔新贷款，[214]这笔新贷款没能按期偿还。斯大林承认，1931年底苏联债务达到14亿卢布。[215]按照当时德国的信息来源，截至1933年1月1日，苏联欠西方13亿卢布的黄金。[216]

尽管敌视资本主义，但是布尔什维克领导人毫不掩饰对西方技术成就的赞叹。他们完全相信，独立于市场混乱之外的西方技术和计划经济的优势的结合将创造奇迹。数以千计的外国专家受邀到苏联工作。1920年代末，美国是苏联采购工业原料、设备和技术，招募专家的最大来源国。苏联巨大的工业企业按照美国的图纸进行建设。但到了1930年代初，在美国的采购开始急剧下滑，到1933年事实上已几乎“荡然无存”。[217]对于美国的失望，除了原本期待的快速发展奇迹没有实现的心理原因之外，还可以用一系列别的原因加以解释。1931年苏联从美国进口商品中的一半为汽车、拖拉机和其他农业机器，随着高尔基市、哈尔科夫市和顿河畔罗斯托夫市相关工厂开始运营，对上述商品的进口需求也就不复存在了。苏联从美国进口量的急剧下降还有政治和财政原因。到了1933年底，苏联和美国尚未建立外交关系。美国公司和苏联政府签署合同纯属私人业务，美国人需要自行承担风险。在希特勒上台前，苏联和德国的合作拥有更为有利的政治—经济环境。对与苏联开展合作感兴趣的德国领导人绕开《凡尔赛条约》的禁令，成为苏联债务的担保人。如果苏联破产，德国的银行可以从德国政府获得补偿。在德国获取贷款更为容易，而且其条件比起美国私人公司的贷款条件对于苏联更为有利。

1930年代初，德国巩固了其为苏联的主要工业进口国的地位。苏联是德国工业设备、零件和工具、金属、管道、金属线的主要买家。为了这些昂贵的进口产品，苏联向德国运去了农业原料和粮食——小麦、黑麦、大麦、黄油、鸡蛋，还有木材和皮草。按照外贸人民委员罗森戈尔茨所言，1930年，苏联从德国的进口达2.51亿卢布，逆差4500万卢布。在1931年“进口疯狂”最严重的时期，苏联在德国购买了超过4亿卢布的商品（是从美国进口量的两倍多），而苏联对德国的贸易逆差达到了极大的规模——超过2.8亿卢布。1932年，从德国的进口额仍然十分可观——超过3.2亿卢布，逆差超过2.2亿卢布。1933年，由于德国逐渐改变的政治形势和苏联进口下降，苏联在德国的采购金额降至1.5亿卢布，逆差约为6000万卢布，[218]但1933年，德国仍是苏联主要的商品进口来源国。

德国成了苏联主要的债权人：1930年代初，苏联外债的大部分都是德国债务。苏联艰难地偿还着“进口疯狂”时期的贷款。按照当时德国的信息来源所言，1933年初苏联欠德国进口的债务在6.2亿卢布至5.57亿卢布之间变化（不包括未来出口的预付款以及未完成订购的债务）。[219]1933年，苏联偿付了德国7.5亿马克的债务（超过3.4亿卢布），但是随着出现新的订购以及债务延期，苏联的总债务仍然处于高位：截至 1934 年 1 月 1 日——超过 3 亿卢布。[220] 截至 1934 年 10 月 1 日，苏联还欠德国大约 3.1 亿马克（超过 1.4 亿卢布）。[221] 截至 1934 年 1 月 1 日，除了德国，苏联还欠（不包括未来出口的预付款以及未完成订购的债务）英国 1 亿卢布，欠波兰和美国均为 4000 万卢布，欠意大利 3500 万卢布，欠法国 2500 万卢布，欠挪威 1500 万卢布，欠瑞士 1500 万卢布，还欠其他国家一些金额，总计（除了德国）3.2 亿卢布。[222]

为了偿付贷款债务，苏联必须出售贵金属，主要是黄金。根据国家银行的数据，1926/1927 年度售出了价值超过 2000 万卢布的黄金。[223] 万事开头难。按照国家银行的数据，仅仅在 1928 年的三个半月里（1 月 1 日至 4 月 19 日），苏联就向境外的外国银行（伦敦的米特兰银行、柏林的德意志帝国银行和德意志银行）[224] 出售了价值 6500 万卢布的黄金（超过 50 吨）。[225]1927/1928 年度以及 1928 年 10 月（即 1927 年 10 月 1 日至 1928 年 10 月 31 日）总计在境外售出 120.3 吨纯金（价值超过 1.55 亿卢布）。[226] 为了估算出出售的规模，我要提到，1927/1928 年度苏联的黄金开采量大约为 22—26 吨纯金，而 1928 年秋初可自由支配的外汇金属储备下降到了 1.314 亿卢布（相当于 102 吨黄金）。在境外售出 120 吨纯金事实上意味着，用尽了当年开采的所有黄金以及所有可自由支配的外汇金属储备。[227] 正是在这一年，政治局试图做到收支相抵时，开始出售苏联博物馆的藏品。

1930 年代初，苏联黄金运到西方的主要线路是，用船运至里加，再经陆路运至柏林。在莫斯科开设外交代表机构之前，收集关于苏联的信息的任务由驻里加的美国大使馆负责，它密切关注了苏联的黄金运输。[228] 信息来源是拉脱维亚的报纸，其向全世界播报了苏联黄金到达里加的新闻。记者们报道了黄金抵达的日期、货柜重量、黄金运输的线路和目的地。美国人通过自己的渠道验证了报纸上的数据，并得出了黄金的总数。

驻里加的美国大使馆的材料证实，1931 年，苏联的黄金货物运到里加的频率为两周一次。[229] 到 1934 年，运输间隔有所拉长。根据美国人的数据，从 1931 年至 1934 年 4 月末期间，苏联通过里加运出了价值超过 3.36 亿卢布的黄金（超过 260 吨纯金）！苏联驻德国贸易代表处所公布的数据显示了相似的情况，只有 1933 年的数据有较大差异（表六）。[230] 按照罗森戈尔茨的信息，苏联向德国运去了更多的黄金（还有外汇）：1932 年价值 1.1 亿卢布，1933 年价值 1.7 亿卢布，即超过 200 吨纯金！

表六

从苏联到德国的贵金属运输（百万金卢布）

年份	1931		1932			1933			1934	
	1	2	1	2	3	1	2	3	1*	2**
黄金	114.9	114.8	94	94.8	110	70.1	93.7	170	57.2	48.5
其他贵金属	1.5	无数据	1.1	无数据	无数据	1.8	无数据	无数据	0.01	无数据
总计	116.4	无数据	95.1	无数据	无数据	71.9	无数据	无数据	57.2	无数据

注释：1 ——驻里加的美国领事馆的估算；2——苏联驻德国官方的贸易代表机构在《苏联经济和对外贸易》（1934 年第 11—12 期第 43 页）上公布的数据；3——外贸人民委员罗森戈尔茨的数据，包括了黄金和外汇支付。

* 从 1934 年 1 月 1 日至 4 月 23 日（不含）

**1934 年第一季度

资料来源：美国国家档案馆，84 文件组合，拉脱维亚里加领事馆驻外事务处邮件记录，426 卷，1934 年 4 月 30 日发自里加领事馆的急件《经由里加运至德国的苏联黄金及贵金属》附件一;《布尔什维克》,1934 年第 9—10 期，第 33 页。

这么多黄金来自哪里？俄罗斯帝国国库的结余和苏联出口的微薄收入是经由里加运到德意志帝国银行的黄金的一部分。如果说国库里没有黄金，那么地下的黄金很充足。西伯利亚——无数财富的天然宝库，是俄罗斯最佳收获之一。1930 年初的采金业能不能满足工业化的需求？

俄罗斯采金业始于18世纪40年代的乌拉尔山脉。别列佐夫金矿是最早的金矿之一。西伯利亚长期处于“未开发”之中，没人知道其无数的黄金宝藏。一直到19世纪初，由于国家对黄金开采的垄断，采金业缓慢地发展着。1814年取消了国家垄断政策后，采金业迅速发展，20世纪初，俄罗斯帝国的黄金开采量居世界第四，仅次于德兰士瓦、美国和澳大利亚（表十），1913年达到了60.8吨。[231] 俄罗斯采金业在“一战”爆发前落入了外国人之手。这一行业中，手工劳动占多数。

表七

1913年、1917—1929年俄罗斯黄金开采量（吨）公开数据

年份	1913	1917	1918	1919	1920	1921	1922	1923	1924	1925
开采量	60.8	30.9	26.4	7.9	2.8	2.5	7.4	11.5	23.9	29.9

资料来源：《苏联采金业》（第一届全苏采金业大会），莫斯科—列宁格勒，1927年，第18、20页。在数据来源材料中使用普特作计量单位。按照1普特=16.38千克换算成吨。

表八

1921/1922—1929/1930年度苏联黄金开采量（吨纯金）

档案数据源于							
财政人民委员部						国家银行	
年份	总计	其中征购的数量*	年份	总计	其中征购的数量*	总计	其中的征购数量*
1921/1922	8	5.2	1925/1926	31.5	11.1	无数据	无数据
1922/1923	11.2	5.7	1926/1927	22.6	6.1—3.9	23.1	3.9
1923/1924	17.6	9.5	1927/1928	21.8	2.5	25.7	2.9
1924/1925	31.3	18.2	1928/1929	24	0.6	无数据	无数据
			1929/1930	27.4	无数据	无数据	无数据

注释：*“苏联黄金”在矿区向私人淘金者征购超出国家任务之外开采的黄金，即征购“开采”的黄金，而不是日用金器。“苏联黄金”仅在1929年向居民征购过日用金器。

数据已经抹零。

财政人民委员部的数据包括“苏联黄金”、“勒拿金矿开发公司”托拉斯、勒拿金矿特许经营公司、多金属托拉斯的开采量，以及征购的量。1929/1930年度，还包括格别乌提供的0.4吨黄金。

国家银行的数据是“苏联黄金”的初步计算。1926/1927年度：包括“苏联黄金”下属企业开采的黄金——10.5吨；“同路人”（即主要任务是从混合金属中提取黄金的国民经济最高委员会下属企业）——2.1吨；特许经营企业——6.6吨，以及征购的3.9吨。没有格别乌提供黄金的数据；1927/1928年度：包括“苏联黄金”下属企业开采的黄金——13吨；“同路人”——2.6吨；特许经营企业——7.2吨，以及征购2.9吨。没有格别乌提供黄金的数据。

资料来源：俄罗斯国家经济档案馆，7733号库第37类第2254卷第7、15、16、31页；2324号库第1类第810卷第153页。

“一战”时，采金业开始崩溃，革命和国内战争把它彻底推倒了。[232]少量的私人淘金者继续在西伯利亚的河流中淘金，但黄金流向国外，而不是流向国家。那几年，在西伯利亚难以说出到底是哪个政权代表俄国。国内战争时期，布尔什维克守住了俄罗斯帝国所有已知的“产金地”。在“新经济政策”时期，采金业开始恢复，主要是依靠私人淘金者和外国特许经营企业的力量，苏联政府从他们手中收购黄金（表七）。[233]1920年代末，苏联黄金开采量重新回到了世界第四的位置（仅次于南非、美国和加拿大），但没有达到俄罗斯帝国战前的水平。苏联的黄金开采量和三个领先国家的开采量之间差距十分巨大（表十）。

1928年以前，苏联领导人大量消耗了黄金，但是鲜少关心其开采。根据拉·弗·萨波戈夫斯卡娅的中肯评价，那时候的国家还不是一个工业者，而是仓库保管者：其角色不在于发展采金业，而是没收积蓄的黄金、征购开采的黄金。[234]奇怪的是，国家极度需要黄金，但是采金业却未受到重视。加速工业化以及与之相关的黄金外汇危机导致了苏联采金业的诞生。首先，国家从外国人手里收回了特许经营的矿区，[235]但这还不够。1927 年夏末，斯大林叫来了参加过革命的“列宁近卫军”的布尔什维克党员——亚历山大·帕夫洛维奇·谢列布罗夫斯基。在此之前，谢列布罗夫斯基已经在经济工作中崭露头角。受列宁委托，他恢复了巴库的石油工业。斯大林把谢列布罗夫斯基从“石油前线”派到了“黄金前线”，[236]任命其担任刚组建的全苏采金企业联合体“苏联黄金”的主席。[237]他的任务很简单——赶超世界采金业领先者。

对黄金的迫切需求（伴随着绝望）决定其选择了令外国专家大吃一惊的黄金开采方法：不计代价地在出现过黄金的地方开采黄金。甚至最贫瘠且难以获利的矿区也被纳入开采地点。在西方，企业家绝不会去触碰这些地方。帮助苏联建立采金工业的美国工程师约翰·利特尔佩奇回想起一位矿区领导的话：“在我们的体系里，您不用担心成本。”[238]随着黄金危机逐步缓解，苏联的领导层才开始要求降低黄金开采成本。

谢列布罗夫斯基和他的战友们无私地全身心投入了这项事业中。几个重要因素决定了苏联采金业的快速发展：斯大林的庇护（他把这个行业置于自己的直接控制之下）、重工业人民委员格·康·奥尔忠尼启则的支持、给予私人淘金者和黄金开采行业完全的自由和优待，[239]以及实现了“雇主”开采——即国家开采的机械化。根据官方数据，1928 年至 1931 年，国家向采金业投入了 5 亿卢布。1930 年代前，采金业超过一半的工作已经实现了机械化。[240]

美国采金业是苏联黄金工业的榜样。1927 年底，谢列布罗夫斯基作为莫斯科矿业研究院教授研究了阿拉斯加、科罗拉多和加利福尼亚矿区的工艺和设备。他于 1930 年再次前往美国，以便填补斯大林在他调研中所发现的“空白”——不了解采金业的总体结构以及采金业和金融机构的联系。第二次去美国时，谢列布罗夫斯基在研究了波士顿和华盛顿的银行事务，底特律、圣路易斯、巴尔的摩、费城的工厂，科罗拉多州、内华达州、南达科他州、亚利桑那州、加利福尼亚州、犹他州的矿山之后，完成了宏大的著作。谢列布罗夫斯基感兴趣的不仅是机器和金融体系，他还招募了工程师。[241] 由于健康状况欠佳，其旅途结束在医院里。[242]

苏联1930年代的年度黄金开采计划没有一年是能够完成的——五年计划的宏伟指示更多地发挥着动员作用，而不是实际指导。但是，苏联的黄金开采量实现了稳步增长（表九）。从1932年起，"远北建设"，即科雷马服刑人员开采的黄金也补充进了重工业人民委员部管理的采金业"平民"生产中。[243]"远北建设"出现的同时，外宾商店开始从人民手里收购日用金器。这种重合当然不是偶然的："远北建设"和外宾商店是同一个链条的不同环节，都是为了工业化寻找黄金。档案数据显示，根据苏联领导人的公开声明，1934年苏联凭借平民和劳改营黄金开采的合力提前两年超过了俄罗斯帝国战前的黄金开采量（表九）。苏联在世界黄金开采量中所占的份额从1932年的5%提高到1935年的10%。[244]

至今仍在滋养国家的苏联采金业之父——谢列布罗夫斯基的命运是斯大林时期的典型悲剧。[245]1937年7月末，谢列布罗夫斯基带着化脓性胸膜炎结束出差回到莫斯科，在危重的情况下进了医院。9月中旬，他接受了手术并开始逐渐康复。9月22日深夜，斯大林亲自致电谢列布罗夫斯基在家的妻子，知道了亚历山大·帕夫洛维奇·谢列布罗夫斯基的健康状况，斯大林批评她没有使用人民委员的汽车。最后，斯大林还请她代为祝贺谢列布罗夫斯基被任命为人民委员并希望其尽快康复。第二天，谢列布罗夫斯基就被捕了，并在担架上被直接从医院送进监狱。1938年2月8日，他因被控反革命行动而判处死刑，次日即被枪决。谢列布罗夫斯基的妻子叶甫根尼·弗拉基米罗夫娜试图找出真相，但在11月7日——十月革命周年庆前夜被捕，她总共被监禁了18年。[246]

在接受《纽约时报》访谈时，斯大林指出，1933年苏联开采了82.8吨纯金。[247] 这意味着，苏联超过了当年开采量略超70吨的美国，逐渐接近加拿大，后者当年开采量超过90吨纯金。往后更甚：根据苏联领导人的官方声明，1934年苏联的黄金开采量跃居世界第二，超过了美国和加拿大，仅次于世界第一——南非。[248] 苏联领导人对于黄金开采成就的夸大其词震惊了国际社会：如果苏联继续保持开采势头并在国际市场抛售黄金——金价就会下跌，这样将使各大国“资产缩水”。全世界都认真地估计，1930 年代末，苏联将超过南非每年 300 吨纯金的开采量，届时苏联的开采量将接近 400 吨。[249]

表九

1930—1935 年，苏联黄金开采量和外宾商店黄金收购量（吨纯金）

年份	“平民”开采 *	“远北建设”	外宾商店（残件和金币）	总计 **	
				不计外宾商店	计外宾商店
1930	28.1	—	无数据	28.1	无数据
1931	33.2	—	无数据	33.2	无数据
1932	36.3	0.5	20.8	36.8	57.6
1933	50.5	无数据	45	50.5***	95.5***
1934	无数据	5.5	21.3****	无数据	无数据
1935	80.9	14.5	11.9	95.4	107.3

注释：* “平民”开采量包括重工业人民委员部下属企业（“苏联黄金”/“黄金委员会”、“同路人”）。数据来源不明确是否在平民开采量中包括了在矿区从私人淘金者或劳动组合处收购的黄金。1930 年——46；1931 年——55.2；1932 年——60.3；1933 年——82.8；1934 年——113；1935 年——141.4。

资料来源：美国国家档案馆，十进制文件，861.6341/101。《1937 和 1938 年苏联黄金产量》备忘录，第 3、32 页。

** 请比较一下莫斯科的美国大使馆根据苏联领导人公开的数据和说法高估出的 1930 年代黄金开采量的档案数据：

*** 不包括“远北建设”

**** 请参阅表十二对该数据的解释

逐年说明：1930 年：实际的工业开采数据进行了修正。科雷马的黄金开采量和外宾商店的收购量并不大。当年，外宾商店仅面向外宾。

1931 年：实际的工业开采数据进行了修正。1931 年的黄金开采计划为 64.3 吨。政治局要求把计划提高到 65—70 吨。外宾商店的收购量仍不大：收购金币的黄金业务 6 月才开始，收购日用金器的业务到 1931 年 12 月才开始。

1932 年:1932 年黄金开采量是 1930 年开采量（28.1 吨）的 129.1%，在此档案信息的基础上由作者计算得出 1932 年开采量。不计科雷马和外宾商店，1932 年的开采计划为 69.2 吨，有所下降。1932 年“远北建设”黄金开采的第一计划是 5 吨，但未完成。

1933 年:1933 年黄金开采量是 1930 年开采量（28.1 吨）的 179.8%，在此档案信息的基础上由作者计算得出 1933 年开采量。1933 年黄金开采量为 51—52 吨，这在其他档案文件中被证实——1933 年的开采量较 1932 年增长了 42.4%。由此得出 1933 年开采量为 51.7 吨。“苏联黄金”下属企业 1933 年的开采计划是 84.5 吨，此外还预计“远北建设”贡献 25 吨，“同路人”16.5 吨，收购 8 吨。结果，这一年的计划仍然没有完成。1933 年“远北建设”的黄金开采数据缺失，但该数字不会很大：在初期，1928—1933 年期间，科雷马总共只开采了 1.9 吨黄金。

1934 年：关于“平民”黄金开采数据缺失。我们知道，政治局要求重工业人民委员部把黄金开采价值提高到 8400 万卢布（66 吨）。

1935 年：作者在下列政治局特别文件夹有关信息的基础上计算出 1935 年的开采数据，在 1936 年黄金和铂金的开采纲要中提到，1936 年重工业人民委员部黄金开采计划为 96.8 吨，相当于 1935 年重工业人民委员部下属企业 1935 年开采量的 119.7%。

资料来源：俄罗斯国家经济档案馆，8153 号库第 1 类第 1 卷第 9 页；第 53 卷第 16 页;8154 号库第 1 类第 266 卷第 5、7 页；俄罗斯国家社会政治史档案馆，17 号库第 162 类第 15 卷第 145 页；第 19 卷第 129—130 页；阿·伊·希罗科夫：《“远北建设”：前史和头十年》，马加丹，2000 年，第 103、130 页，援引自马加丹州国家档案馆，P23cc 号库第 1 类第 5 卷第 14 页；诺德兰德·戴维·J:《1930 年代的马加丹和“远北建设”经济史》；赫列夫纽克·奥:《1930—1953 苏联格别乌、内务人民委员部和内务部的经济活动。发展的规模、架构和趋势》，克格

雷格瑞·保罗·罗、拉扎列夫·瓦列里（编辑）:《强制劳动经济学：苏联古拉格》，斯坦福，2003年。

然而，采金业的档案表明，苏联领导人太超前了。按照“平民”和古拉格黄金开采总量，苏联在1935年时仍然落后于加拿大和美国（表九和表十）。苏联的黄金开采量仅在1936年位居世界第二。但也不能说，苏联领导人的声明是彻头彻尾的谎言。斯大林所说的1933年黄金开采量——82.8吨——疑似相当于下列数据的总和：“平民”采金企业的开采量（50.5吨）、“远北建设”（大约1吨）[250]、外宾商店这一年收购的黄金废料（30吨）（表九）[251]！再帮斯大林加上折算自外宾商店收购的沙皇金币的15吨纯金，那么黄金产量“上升到了”大约100吨。斯大林没有这样说的原因可能是沙皇金币没有立刻被熔铸，而是以最初的“沙皇金币”形态储存着，这就无法在必要的时候证明其为苏联黄金。1933年斯大林所说的黄金开采量的秘密在于，能达到这个创纪录的生产量多亏了苏联人为了填饱肚子而交给外宾商店的黄金。[252]

该开始总结并回答本章标题的问题了——“为什么斯大林需要外宾商店？”本章针对苏联外贸、债务、黄金外汇储备和黄金开采量的统计分析证明，外宾商店的出现和工业化对外汇的需求之间存在着直接而紧密的联系。外宾商店从人民手中大规模收购黄金的开端——1931年——正是“进口疯狂”最高潮的时候。苏联慢慢落进了债务深渊，却没什么可以用来偿还债务：出口没有带来预期的外汇进款，而俄罗斯帝国的黄金储备却耗尽了。严重的黄金外汇危机决定了外宾商店的转折点——从面向外宾的精英商店成为“人民的”商贸企业。

1928年至1931年工业化初期产生的债务需要偿还。1933年的贷款偿付压力最大——外国观察者指出了这个事实。这一年，苏联为了偿还债务，在境外卖掉了“堆积如山”的黄金。1934年上半年的偿付工作仍然困难（表六）。对外宾商店最迫切的需要一直持续到1930年代中期——此时，苏联对于西方的进口和贷款依赖已经大幅下降。通过外宾商店流进国家银行库房的公民积蓄在苏联实现外汇自由的过程中发挥了重要作用。

表十

世界黄金开采量（吨）

国家	1913 年	1928 年	1932 年	1935 年
南非	273.7	322.1	359.5	335.1
美国	132.7	66.7	69	98.4
加拿大	24.9	58.8	94.7	102.2
澳大利亚	79.8*	14.2	22.2	28.5
苏联（不含外宾商店）**	60.8	21.8—25.7	36.8	95.5
苏联（含外宾商店）	—	—	57.6	107.3

注释： * 含南太平洋各群岛

** 请参阅表八、表九

资料来源： 刊登在 1938 年 3 月 8 日和 1939 年 2 月 19 日的《新苏黎世报》上的英国企业“联合有限公司”以及“夏普斯和威尔金斯公司”的估算。援引自美国大使馆的材料。美国国家档案馆，十进制文件，861.6341/101。《1937 和 1938 年苏联黄金产量》备忘录，第 34 页。信息来源中数据单位为盎司。在换算成吨时，一盎司等于 31.103 克。

苏联的采金业刚刚起步，这也导致了对外宾商店的迫切需要。苏联采金业在一个接一个的年度计划中缓慢地加速着。我们回想一下从苏联经里加前往柏林的“黄金商队”：从 1931 年至 1934 年 4 月，按照美国最低的估算，苏联向德国的银行运去了大约 260 吨纯金（表六），1931 年至 1933 年的黄金工业开采量总共也只有大约 121 吨（表九）。[253] 外宾商店保障了不足的部分：从 1931 年至 1934 年，外宾商店贡献了大约 90 吨黄金。

外宾商店的作用对于同时代的人而言不是秘密。1934年3月，拉脱维亚报纸《里加评论报》和《新闻报》报道，从苏联运到里加的黄金货物是已经熔化了的、苏联政府通过外宾商店收购的黄金制品，而且这些黄金是用来支付前一年在英国购买原料和工业材料的款项的。[254] 美国大使馆在自己的材料中也不止一次地提到外宾商店："……俄国政府通过接受金币、金饰、黄金废料和人民非法藏匿的天然黄金付款的外宾商店从人民手中获得了大量黄金。显然，通过这种方式收集的黄金数量巨大。"[255] 美国大使馆另一位分析人员感到十分困惑，苏联哪来的资金偿还债务，即便是官方夸大的黄金开采量也无法满足国家的需要。他的正确结论是，苏联显然从人民手里弄来了黄金。[256] 德国专家认为，1933年苏联的黄金收支表是负的，即黄金储备已经完全耗尽，但是他们补充道，我们不清楚苏联通过外宾商店获取了多少黄金，而这个信息可能会改变整个黄金储备情况。[257]

外宾商店没有花钱进口昂贵的设备和原料，也没有耗资百万获取外国的技术支持，就带来了堆积如山的黄金，相比之下，在矿区开采出来的黄金需要投入大量的资金和难以想象的高强度劳作。外宾商店收购的黄金在很大程度上填补了消耗掉的俄罗斯帝国黄金储备并支付了多年工业进口的费用，这在发生大饥荒的1933年尤其突出（表九）。这一年，人们拿到外宾商店的黄金几乎相当于"平民"黄金开采企业通过大量劳动"淘来"的黄金产量！

到1930年代中期，苏联黄金开采业开始起步，黄金外汇危机解除（表九）。[258] 在建立黄金工业的同时，斯大林还保证了黄金稳定地流入国家银行的库房。他对民众手里的金制小物件和传家宝已经提不起兴趣。在那些饥荒年份过后，还会留下很多值钱的物件吗？外宾商店不再被需要。1935年也成了其存在的最后一年。

斯大林治下的苏联积攒了大量的黄金储备。黄金开采量得以增长，在境外出售黄金的情况在"二战"后彻底消失。1953年——斯大林去世的年份——苏联黄金储备超过2000吨。[259] 尼·谢·赫鲁晓夫和列·伊·勃列日涅夫分别在自己当政期间和1970年代积极出售“斯大林黄金”。首先，主要是用来在国外购买谷物，其次，用以支持“第三世界国家”。到勃列日涅夫执政末期，斯大林时期的黄金储备被消耗了1000多吨。[260]1980年代，完成了耗尽斯大林时期黄金储备的进程。[261]在苏联解体时，根据西方高估的测算，苏联黄金储备略超300吨，但格·阿·亚夫林斯基声明，在其担任总统经济问题顾问时，苏联黄金储备约为240吨。[262]可以做一个比较：1990年代初美国的黄金储备超过8000吨。[263]苏联领导层在黄金储备中“舀取”时“见了底”：根据苏黎世一家银行的代表所述，当时从苏联流出的一些金块带有沙皇时期的标志。[264]斯大林不仅缔造了苏联计划经济，还攒下了可以保证苏联存续并在几十年后保持世界影响力的黄金和资金。苏联时代和斯大林的黄金储备一起终结了。

黄　金

“同志！珍惜金戈比！”废料和钱币，或是关于财富的置换。金属检测。“带着狗”等待。黄金粉尘、洗手箱和漆布袖套。埋没良心的交易。用黄金计算的饥荒统计。沙皇金币在哪里“游走”？

与预言恰恰相反，第一个社会主义国家1920年代末至1930年代初的命运所依附的不是世界革命，而是一种令人蔑视的金属。政治局的特别文件夹证明，在1920年代和1930年代之交，苏联领导层被笼罩在“黄金恐慌”之中[265]，1931年和1932年尤甚[266]。每一位从事这一时期研究的研究者都能看到这些“黄金恐慌”的特征：贷款政策和对进出口单位支出的控制趋于严格、削减非工业进口量[267]；废止早前与外国公司签署的技术援助协议[268]；大幅削减海外苏联员工以及苏联外国专家工资的外汇部分[269]，随后完全取消了支付给外国人的“黄金部分”[270]；格别乌没收人民黄金的运动、“信用局”从苏联公民手中收集外国企业保险单和继承文件以在境外提出外汇声索的行动[271]；在格别乌庇护下组织外汇酒店[272]；用镍币代替银币流通[273]；寻找新的“出口对象”[274]，转而抛售国家博物馆和图书馆的藏品[275]；“削减用于国内的黄金拨付”[276]；斯大林对新兴的苏联采金业的庇护、古拉格黄金开采的出现……名单还可以继续开列。苏联领导层不仅通过大手笔还通过点滴积累收集着黄金，终于重新建立了苏联的黄金储备。外宾商店是“空着口袋”搞工业化引起的“黄金恐慌”事件之一。黄金在外宾商店史中发挥了主要作用，保障了外宾商店收入的一大块份额。4年（1932—1935）中，人们带到外宾商店的黄金总计约100吨！

外宾商店接受所有类型的黄金：废料、珠宝、艺术品、日用品、金币、金锭、沙金、自然金块，甚至是黄金废料。只有宗教黄金用品禁止接受，因为教会财产已经国有化了。私自拥有的宗教用品被视作偷窃自国家而被没收充公。[277] 经外宾商店验收员之手后，不同黄金的差异性就会被消灭，只剩下堆积如山的黄金废料。[278]“废料”一词可以直观理解。验收—评估员会撬开、拆开宝石、机械装置、珐琅艺术品、木头、纺织品、骨头以及别的镶嵌物，自然金块直接用锤子敲开。可以说一说外宾商店验收员使用的一整套验收技术工具：平口钳、圆头钳、小镊子、磁铁、时钟螺丝刀、锉刀、透镜、金属剪刀，以及——注意！——铁砧、用来切割大金锭的 4—6 千克重的凿子和锤子 [279]。

但事情远没有黄金制品遭毁坏那样简单。这些黄金制品离开了曾经所归属的家庭，同时失去了自己的独特性，也失去了自己的历史。在一堆毫无特征的废料里，没有了母亲将曾祖母的戒指送给女儿或是儿子的未婚妻这样的家庭赠予，没有了丈夫会赠予小金戒指的战前最后无忧无虑的那些命名日的回忆，也没有了曾祖父勋章所述说的战功史。黄金废料被从原来的主人手里带走，完全脱离了人们的记忆。具有象征意味的是，“废料”成了外宾商店官方黄金核算统计中的主要类别。黄金核算的第二类别是沙皇金币，或者简写作“钱币”。随着这些黄金制品进入国家银行的库房，连这样简单的分类也消失了。所有黄金都熔炼成了金锭。[280] 黄金的很多功能最终都汇为一种——支付工具：金锭被运往欧洲以便在国际市场上出售。

为替代从私人手里没收的革命前的贵金属制品，贸易人民委员部珠宝联合公司用白铜、双金属、分量不足的白银、人造及劣质宝石制作而成的苏联小工艺品填补国内市场。[281] 这一大规模置换珍宝或财富的行动 [282] 具有有趣的社会、历史和艺术内涵。

革命给“旧财富”带去了致命打击，而外宾商店则继续了这一进程。正是由于外宾商店的努力，私人手中剩下的有价物品——珠宝、18 世纪至 20 世纪初的贵金属及宝石日用品和艺术品——不光被夺走，而且被消灭。政权更迭，归还有价物品和传家宝已无可能：拿到外宾商店的都被敲碎、熔炼了。旧时财富的样板现在只能在博物馆看到了，人们家里只有个别的、不完整的、幸免于难的遗物。可能某人在读到这几行时会回想起茶点部的单个金匙——从前一大套餐具的剩余物。

在成吨地征购有价物品时，外宾商店在国家控制过去的物质财富以及财富古董化（将从前大规模的财富转变为稀有、独特的财富）、传播新的社会主义式“物质富足”进程中发挥了巨大的作用。最重要的是，这些国家珠宝工业用来席卷市场的便宜小物件仅仅因为拥有垄断生产地位而售价昂贵。大规模财富置换的结果是，社会在物质上朴素起来。

革命消灭了旧社会极端的社会和物质不均，主要是消灭了旧社会拥有特权的上层。然而，即便中产阶级被革命破坏了，但还是从1920年代的旧时光里保存了下来。中产阶级的地位很大程度上取决于物质财富以及旧时家庭优越生活的剩余物。[283]通过外宾商店获取财富使社会阶层趋于扁平、沦入贫困，从这方面讲是对旧时代保存下来的中产阶级的新打击。社会主义社会面临着建立自己的中产阶级的任务，其地位取决于物质富足新形态以及对特权和财富的新认识。[284]

我们回到外宾商店收购点。在外宾商店史初期阶段，在边远地区，大部分情况下由于场地不足，有价物品验收在设有评估员专门柜台的商店里直接进行。这会导致营业大厅人满为患，所以渐渐地，很多城市的收购点会设在单独的房间或者大楼里。[285]随着外宾商店的发展，黄金征购变得专业化，开始独立于其他有价物品征购而独立运作。[286]在各大城市外宾商店工作的评估员都是国家银行的专家，[287]但是“边远地区”缺乏专业人才：有时候商店经理验收有价物品，他既当售货员，也当跑腿的，他的职责是把有价物品运到远处国家银行最近的分支机构，有价物品继而进入位于莫斯科的国家银行发行处库房。

有价物品的验收和评估过程既费力又耗时。评估员被禁止“用肉眼”凭外观就判断金属的真伪或者相信纯度的压印：有很多伪造品。金属应当经过检测，在检测时，评估员划、扎、割，还会完全凿开物品，以便确定黄金的真实性和纯度。[288]之后进行称重。指南规定评估员需仔细检查和清理秤，以免沾上灰尘。只可使用精确计量的砝码。禁止把钱币、火柴和其他物品用作砝码，但实际上这类情况屡禁不止。在称重前，评估员应当剔除黄金制品中所有无关的东西：机械装置、嵌入物、其他金属的焊接物。国家还试图从拆下的非黄金部分中获得好处。在外宾商店列宁格勒州办事处会议上，一位负责的工作人员建议“注意收集黄金上交者不要的小宝石和钟表机械装置，这些对于我们的工业是必需的”。[289]

在验收沙金时，评估员应当剔除所有可疑的颗粒（沙子、小岩块、污垢、无关的金属）。如果杂质不容易去除，那么评估员按照掺杂程度进行扣减，然后确定纯度并称重。在验收非普通方法收集，而是借助水银收集的沙金时，评估员应当在火中把沙金加热，以便使黄金中的水银蒸发。在征购掺杂岩石的天然金块时，评估员会用锤子将其敲碎，并在研钵中研磨，以便去除杂质。[290]金锭和钱币在称重前应当清除灰尘和污垢。

黄金制品的价格是在重量和纯度的基础上确定的。即便保存完好且具有较高艺术和历史价值的物品，其价格也并不由其意义决定，而是由金属重量决定。这种情况下，可能的非黄金嵌入物不会被拆出来，但是评估员会通过肉眼进行判断，在重量上进行大致的减扣。外宾商店为每克化学意义上的纯金支付 1 卢布 29 戈比。[291]旧式金币如果没有损坏痕迹，可以票面价格收进，如有缺陷则按重量收进。[292]为了减轻评估员的工作量，国家银行准备了不同纯度黄金价格计算表，但这表到了 1933 年才出现。初期，评估员，尤其是边远地区的评估员必须依靠自己进行数学计算。

对黄金的检测也是对评估员的考验，他们需自掏腰包承担过错。[293]“最近我知道了，验收流程有多复杂，”列宁格勒办事处管理层一位收购点的经理这样说，“有个熟人请我帮忙插队交验有价物品（戒指——作者注），我把东西给了鉴定员并留下来看鉴定员怎么操作。他在七个位置检测了待鉴定的订婚戒指，在石头上完整磨了一遍。[294]我问他为什么要看这么仔细，他回答：国家银行告诉我们，我们要负所有责任，我们很害怕收错东西。”[295] 为了因为评估员过分谨慎而错失黄金，国家使他们难以拒收黄金：评估员拒收黄金会受到行政上和物质上的处罚。甚至在出现成批假金锭的时候，例如 1934 年出现的情况，[296] 评估员只有在完全确认真伪的情况下才可以拒收黄金。[297] 外宾商店管委会担心大规模没收金锭以及国家银行禁止收购无检测局纯度证明文件的可疑金锭的消息会引起评估员大规模拒收黄金，于是管委会向各地紧急发出了说明。显然，拒收的信号已经开始从各地传来。管委会在发往各地的函中强调，收取黄金的限制措施是临时的，并呼吁评估员不要逃避鉴定纯度的职责。为了让人更加信服，管委会威胁评估员，如毫无理由地拒收黄金将被取消食品配额。[298]

检测黄金也是对其持有者的考验，从他们的眼睛中就能做出评估。看一眼被割开、钉坏、拆碎的东西，就可以猜出人们的感受：失去传家宝的痛苦；黄金被测出纯度较低或者压根儿不是黄金时的失望；害怕被欺骗；动摇——是否按照评估价上交，是否破坏这件物品以确定其纯度。有些文件描述了人们不相信评估结果而跑到其他收购点的事件。也发生过不同鉴定员对某件物品的评估不同的情况：差劲的秤、缺少砝码、劣质的试剂会使重量和纯度有所差异。[299] 从首都到“边远地区”，这种差异逐步放大，在边远地区对鉴定员所需的器材用具和试剂保障不力，而且鉴定员的专业技能也不够。

验收操作指南证明，国家不愿放过任何一粒黄金的尘埃，无论是因为偷窃还是误差。验收员柜台应有两侧，评估员的一侧有凸边，以防石头、弹簧等东西在拆解（由我标出——作者注）时弹到地上，也防止黄金粉末掉到地上。顾客的一侧有玻璃隔板防护，顾客可以透过隔板观察评估员操作。在柜面右侧区域应当切割出一些窟窿，每个窟窿用于特定的黄金纯度。评估员收进金器后，会按照黄金纯度将其放入相应的窟窿里。一旦金器进了窟窿下的箱子里就再也拿不出来了：箱子在该工作日内都是封死的。在柜面左侧区域只有一个窟窿，在窟窿下面是一个类似的密封箱子，用来存放废品（石头、金属废料、擦拭过试剂的纸、金属粉尘等）。锯锉操作必须在专门的箱子上方进行，箱子底部铺上了厚厚的白纸。在工作日结束时，鉴定员应当收集检测黄金时四处散落的黄金粉尘：把柜台上的所有垃圾扫进专门的箱子，用刷子清理工作服上的粉尘，给清洁工指明“需要最精确打扫”的确切位置，甚至在专门的盥洗器“洗手箱”上认真洗手。鉴定员柜台的表面应当覆盖玻璃或者漆布或者金属薄片，就是不会卡住任何一粒黄金粉尘的材料，鉴定员本人应当戴漆布袖套工作。

有价物品的上交者不会从废品、黄金粉尘、损坏的小宝石和非黄金镶嵌物中得到什么。国家渴望从黄金废渣中提取有用的东西。在工作日结束时，评估员应当向资深验收员或领导上交含有黄金的废品，他们会把含黄金的废品存进保险箱，每隔两个月称重并封箱，上交给国家银行贵金属和外汇管理局。此外，收购点必须把铺在柜台上和箱子底部的纸、将液体试剂从金属上擦去的东西、损坏的漆布袖套也上交给国家银行。为了让鉴定员不因恐惧而是凭良心收集废品，每从废品中提炼一克纯金，鉴定员就能获得10卢布奖励。

操作指南并不是在任何地点和时间都能执行：并不是每一个鉴定员都有这样的柜台或是铺在柜台上的纸，更别提漆布袖套了。[300]但对我们而言，重要的是国家对于黄金业务的态度——取尽社会上所有的黄金。坚韧顽强、吆喝和威胁各司其职——黄金粉尘流进了国家银行。在这个庞大的国家中，黄金“喷散”也很重要。[301]1933年，未向人们付款的黄金和白银废品所产生的“剩余物”价值900万卢布，或约为7吨纯金！[302]在追逐黄金的过程中，出现了一个新的职业——“流动鉴定员”——验收员—评估员，他们会前往没有外宾商店收购点的地区。[303]为了深入苏联一些不为人知的角落，外宾商店不厌恶利用一些黄金收购的私人中介。[304]

外宾商店收购时，队伍总是摩肩接踵。初期出现了很多混乱和冲突。例如，列宁格勒有人写道：“黄金收购点无法在短短8小时内接待所有希望上交黄金的人。超过70—80人未被接待，而100个希望上交的人不得不分成几天接待。很多人说：‘我不会再来了。’”[305] 在一些大城市，为了延长收购时间和防止队伍越排越长，评估员们开始两班倒。档案显示，当时存在着“上交记录单”。[306] 但是，对于上交者的折腾还没结束。对于上交的黄金，评估员不会发放商品，也不付钱，而是签发一张收据——带号码的记录单，民间称之为“狗”[307]。有价物品曾经的物主拿着“狗”排队走向负责有价物品验收的稽核员。[308] 当上交者在拥挤的走廊里等待时，稽核员会检查鉴定员签发的收据——看看价格和核算是否正确。[309] 检查收据后，稽核员会从收据存根上剪去稽核数，以使收据上留下的卢布和戈比金额与上交的有价物品的价格一致。之后，疲惫的上交者按照“狗”的编号等待叫号，工作人员会收掉收据，然后给上交者一张剪去了数字的收据。[310] 稽核员会把剩下的一张收据交到收款处，上交者在这里可以领到外宾商店货币。

外宾商店货币随着不同年份而改变。最初使用的是外宾商店流通券或是商品单据。由于其太容易伪造，所以 1933 年取消了商品单据，取代它的是防伪更好的记名商品册，人们称之为“购货证”[311]。记名册包括若干张可撕下的券。在购买商品时，收银员会按照所购商品的价格撕下相应的券。用完的册子会留在商店的“死册盒”里。1934 年，1933 年版的面值商品册被废止[312]，取代它的是新版的商品册。随之在全国也制定了新的规定，购物者与特定的商店连在一起：他们在哪家商店上交有价物品，就只能在哪家商店购买商品。

国家恩威并施促使收购工作加速。按照斯大林的提议，1933 年夏天，外宾商店的评估员和苏联其他工人一样开始按件计酬。其工资收入取决于服务顾客的人数。标准很高，这也证明了贵金属收购的规模：如需取得最高工资，评估员每月至少要服务 4200 名“上交者”，也就是每天至少 150 人！即便是每天服务 100 人（每月 2400 人）——对评估员的压力已经不小——也只能获得最低工资。[313] 按件计酬严重打击了上交者人数有限的边远收购点的评估员，实质上这些地方的评估员只能获得最低工资。在大城市，匆忙中追求服务顾客人数也容易导致发生错误。在 1930

年代上半叶实行凭票供应制的那几年，改善工作的最大激励因素不是工资而是食品配额。外宾商店的评估员和稽核员享受“黄金”定量配给。外宾商店的出口商品也在配额之列，但是必须按照团体价格以普通卢布支付。[314]1933年，在外宾商店引入了差异化配给制：配给数量取决于服务“有价物品上交者”的人数。[315]

把有价物品拿到外宾商店的人常常并不完全清楚，国际市场上黄金、铂金、白银或是钻石的价格。他们把外宾商店的收购价“对标”食品价格：这点钱能买多少面粉或是糖[316]，比国有营利商店[317]、农民市场或黑市是更贵或者更便宜。在国际市场经济情报有限的条件下，国家可以规定于己有利的任何收购价，不用担心人民揭发其卑鄙行径。70年过去了，是时候搞清楚，外宾商店的收购价和国际金价是否一致[318]以及有价物品换商品是否等价了。

由于外宾商店被视为出口外汇企业，其价格并不以普通卢布计，而是以金卢布计。金卢布看不见摸不着，没有实质性的物理形态。金卢布是一种假定结算单位，类似于革命前的黄金卢布——俄罗斯帝国假定结算单位和主要货币单位。[319]苏联领导人借用了“一战”前沙皇时期金卢布兑美元的汇率：1美元相当于1.94金卢布。这个官方汇率在苏联一直沿用到1930年代中叶，即外宾商店的整个存续期。金卢布的价值高于普通纸卢布。按照官方比价，1个外宾商店金卢布相当于6卢布60戈比的“普通”苏联货币。[320]

外宾商店从人们手里购入白银、铂金和钻石的价格远低于国际价格。苏联利用有价物品（尤其是钻石）的收购价和其在世界市场上的售价之间的差距，获得了巨大的“利润”。[321]黄金的上交者在外宾商店更为有利。根据美元兑卢布的官方汇率，外宾商店的每克黄金收购价为1卢布29戈比，1934年2月前其卢布价格与世界黄金价格相当。[322]和白银、铂金以及钻石收购价相比，相对较高的黄金收购价证明了在1930年代上半叶黄金对于国家生存的重要性。

但是，我们不要急着赞扬国家的正派作风。在1934年初，世界黄金价格发生了变化。每盎司黄金比过去贵了大约 15 美元。[323] 按照苏联的官方汇率，新的世界黄金价格按照卢布计算相当于每克 2 卢布 18 戈比。[324] 然而，外宾商店仍旧按照旧的价格 1 卢布 29 戈比从民众手里收购黄金。因此，1934 年和 1935 年间，人们交到外宾商店每克纯金少得 89 戈比。考虑到这些年外宾商店从民众手里收购了大约 30—33 吨黄金，那么仅按照这个指标外宾商店就少支付了大约 2700 万—3000 万金卢布，或者按照官方汇率计算约为 1500 万美元！[325]

还不该遗忘的是，美元和黄金卢布的汇率是苏联领导人借用自“另一个世界”——战前的俄罗斯帝国经济的。在 1930 年代的经济生活中，在最严重的商品短缺和通货膨胀之下，这个汇率是人为确定的，脱离了卢布和美元的实际购买力关系。[326] 按照为苏联工业化工作的美国工程师的看法，1930 年代初卢布的购买力为 4—10 美分，即 1 美元约合 10—25 卢布。[327] 根据这个更加真实的卢布和美元之间的购买力关系，黄金上交者每克黄金的应得金额较之实得金额应高 5—13 倍，即不该是每克黄金 1 卢布 29 戈比，而是 6 金卢布 50 戈比至 17 金卢布。考虑到外宾商店在存续期内从民众手中取得了大约 100 吨纯金，那么由于人为降低卢布兑美元汇率而导致少支付的金额十分巨大——6.5 亿—17 亿金卢布！

在评估外宾商店商品兑换黄金是否等价时，必须考虑很多别的因素。这里所谓的外宾商店金卢布本质上是普通纸质的东西——流通券或者结算册。在外宾商店存续期间，无法通过官方的方式把外宾商店金卢布换“回”外汇或有价物品，除非是在黑市上。在苏联之外，只有票券收藏者对外宾商店金卢布有点兴趣。外宾商店金卢布在小范围内流通——在外宾商店以及与之比邻的黑市上。外宾商店金卢布之所以有价值，仅仅是因为苏联政府保证，在相当短的时期内可以用金卢布购买食品和商品。如果在一个下雨的早晨，苏联领导人宣布，外宾商店创造了人民公敌，这些公敌已被枪决，外宾商店金卢布就会一下子化为乌有。人们用货真价值的有价物品换来了一些可疑的纸币，斯大林时期的领导层对其提供了担保。在这种条件下，让人民免于被彻底欺骗的唯一保障是苏联对黄金的极端渴求，因为在正常思维下，苏联政府绝不会杀鸡取卵。

外宾商店的钱是有有效期的，如果到期时顾客没有把记名商品册展期，那么“黄金卢布”就作废了。如果外宾商店的钱到期之前店里没有面粉、糁、糖等大众所需的商品，那就只能有什么买什么了。选择商品在其他方面也具有强制性：为了买到一袋期望已久的面粉，顾客有时候不得不“附加”购买一个少先队铜号或是加里宁石膏像。上交黄金并不能保证其买到心仪的食品和商品。人们不光得不到额外的东西，甚至根本得不到不惜牺牲家庭财富去获取的东西。[328]

在谈及“黄金换商品”交易中的不对等时，必须注意到，人们只能在外宾商店内使用外宾商店的钱，所以必须接受政府强行制定的商品价格。对外宾商店商品价格的分析表明，国家充分利用了其垄断权以及“饥饿”营销。苏联领导人在外宾商店把商品卖给本国人的价格比卖给外国人的出口价平均高出2.3倍。[329]换言之，苏联人在外宾商店购买商品较之在国外用黄金购买苏联出口商品要多付2倍多。个别商品的价格差远高于平均价差。1933年，外宾商店“食品类”商品比其出口价高4倍。从经济角度看，1933年冬春之交用黄金换取食品尤其不划算——这是外宾商店粮食价格最高的时期，同时也是饥荒最严重的时候，当时人民向国家上交了大量的黄金积蓄。[330]

虽然外宾商店在专门的精英商店里也会销售奢侈品，但外宾商店最主要和最畅销的商品是普通的生活必需品。苏联公民用黄金以高价买到的不光是普通的商品，还常常买到了一些质量达不到出口标准的可疑商品。外宾商店管委会在最终报告中承认，在外宾商店存续期间售出了大约价值4000万卢布的“非出口商品”[331]——如果算上食品运输和保存时由于缺少冷藏设备而产生的大量变质商品，以及计划经济性质的非经营损耗（计划经济中可没有关爱私产之人），那么这个数字显然低于实际情况。外宾商店的资料中掺杂了一些对变质食品和劣质日用品的解释。外宾商店里进口商品的比例不大，大部分商品由本国生产商供应。[332]外宾商店的大部分商品按卖给苏联人的价格在国外卖不出去，或者说无论如何都卖不出去。[333]

在本章和其他章节中，通过分析外宾商店的有价物品收购价和商品售价、卢布和美元购买力的相互关系以及外宾商店商品的种类和质量，可以看出苏联人无法获得与其上交黄金等价的商品和服务。对于苏联人而言，用白银、铂金和钻石换取外宾商店商品的交易在经济上很吃亏，因为这些类型的有价物品收购价远低于世界价格。

表十一

1932 年外宾商店日用金器收购情况
（化学意义上的纯金，数据援引自国家银行）

月份	重量（千克）	收购价（千卢布）	月份	重量（千克）	收购价（千卢布）
1 月	90.1	116	7 月	1014.2	1309
2 月	242.6	313	8 月	1615.7	2086
3 月	520.6	672	9 月	1255.9	1622
4 月	664.3	858	10 月	2024.4	2614
5 月	995.1	1285	11 月	1604.8	2072
6 月	1202.3	1553	12 月	1000*	1291*
			总计	12230	15791**

注释： * 大致数据。

** 按照外宾商店的统计数据，1932 年其从民众手里收购了价值 1900 万卢布的黄金废料（表十二）。这个数据与国家银行数据相差 320 万卢布，原因应是 12 月份大致数据有所低估。

资料来源：《从业务开始（1931 年 12 月）到 1933 年 1 月 1 日期间基于统计数据的外宾商店黄金废料收购量情况》，俄罗斯国家经济档案馆 2324 号库第 1 类第 964 卷第 11 页。国家银行的表格中收购价已抹零，精确到“整数”千卢布，纯金重量精确到小数点后一位；为了方便，表十一中重量数据也舍去尾数、抹零取整。

人们带到外宾商店多少黄金？开始于1931年底的黄金业务取得了迅速发展。[334] 在1932年第一个月，外宾商店从人民手中只收购了90千克纯金，而到了夏天，外宾商店的月度收购量超过了1吨，10月份更是超过了2吨（表十一）。领导层对黄金收购前景的估算明显跟不上“饥荒”和人们往外宾商店上交积蓄的速度。[335] 起初，1932年的外汇有价物品收购计划确定为2500万卢布，但到了冬季增加至4000万卢布，春季到来前又增加了100万卢布。计划量的增加主要通过增加日用黄金的收购量实现。根据新的计划，外宾商店应当收购价值2090万卢布的黄金，其中包括1490万卢布的黄金废料和600万卢布的金币。[336] 文件显示，外宾商店的外汇计划进行了修订，并于1932年秋季前计划数达到了6000万卢布。[337] 外宾商店超额完成了这一追加后的计划。1932年，外宾商店从人民手中收购了价值2680万卢布的黄金，超出计划数600万。[338] 黄金废料和金币的收购量都超额完成，其中日用黄金数量居多：黄金废料收购量达1900万卢布，金币收购量为780万卢布（表十二）。[339]

表十二

外宾商店黄金收购量
（数据援引自外宾商店，单位：百万金卢布）

年份	黄金收购计划			黄金收购量			有价物品收购总量
	废料	金币	总计	废料	金币	总计	
1931	无数据	无数据	无数据	0.05	无数据	无数据	6.9
1932	14.9	6.0	20.9	19.0	7.8	26.8	49.3
1933	26.0	22.0	48.0	38.7	19.3	58.0	115.2*
1934	28.9	16.3	45.2	17.0**	10.5	27.5**	65.9
1935	8.5	4.5	13.0	8.0	7.3	15.3	47.7
总计							
按年度数据	78.3	48.8	127.1	82.7	44.9	127.6	285.0
按财务报告数据				82.4	44.7	127.1	287.3

1931 年　这一年的黄金收购量并不大。外宾商店在 6 月开始收购旧式钱币，12 月开始收购黄金废料。根据国家银行的数据，1931 年 12 月，外宾商店收购了价值 4.9 万卢布的日用黄金（38.3 千克纯金）。

1932 年　这一年，计划进行了多次修订（请参阅正文中的解释）。根据国家银行的数据，1932 年外宾商店收购的有价物品总价值为 4910 万卢布。

1933 年 *　包括未向民众付款的贵金属“剩余”，1933 年的黄金和白银“剩余”价值达 900 万卢布。“剩余”——因各种原因（称重、黄金纯度认定不准确、损耗扣减）产生的黄金剩余。

1934 年 **　由于缺乏数据，第四季度的废料收购量（约值 420 万卢布）是由 1934 年前三个季度日用黄金的平均收购量推算出来的。这些计算可能高于实际，因为 1934 年第四季度的日用黄金流入量持续下滑，可能略低于前三季度推算的平均值。

1935 年　从当年 11 月 15 日起，外宾商店正式停止收购黄金。

总结：外宾商店管委会主席米·阿·利文森给苏联人民委员会主席维·米·莫洛托夫的总结报告完成于 1936 年初。总结数据和年度数据的小差异可能源于数字抹零以及年度数据的实时性。

资料来源：俄罗斯国家经济档案馆，2324 号库第 1 类第 964 卷第 11、52 页；4433 号库第 1 类第 7 卷第 7 页；第 19 卷第 135 页；第 64 卷第 80—81 页；第 66 卷第 98、131、134、146、188、190 页；第 92 卷第 171 页；第 93 卷第 12 页；第 105 卷第 45 页；第 114 卷第 38 页；第 132 卷第 123 页；第 133 卷第 133、141—143 页；第 138 卷第 25 页；第 140 卷第 76—77 页；第 154 卷第 79、90 页。外宾商店的工作总结刊登在外贸人民委员部的部门刊物《对外贸易》第一期（1936 年 1 月，第 5 页）上。

黄金收入的构成，即日用黄金和沙皇金币的比例，隐含着一个有趣的社会内涵。外宾商店领导者认为，沙皇金币主要是从边远地区的农民手里流向外宾商店的，与此同时，他们认为日用黄金则意味着吸引了城市居民。[340] 通过比较分析所在区域市民居多的列宁格勒办事处和农民居多的斯摩棱斯克办事处的黄金收购（表十三），[341] 可以证实外宾商店工作人员的观察结果。其观察结果反映了在列宁格勒州日用黄金收入远超沙皇金币，前者几乎是后者的三倍，在城市主导农村的地区日用黄金这么悬殊的优势在外宾商店的统计中也很罕见。在斯摩棱斯克办事处，沙皇金币收入超过日用黄金。[342]

表十三

1934 年第一至第三季度外宾商店
列宁格勒和斯摩棱斯克办事处黄金收入情况
（单位：千金卢布）*

有价物品种类	列宁格勒办事处（西北办事处）	斯摩棱斯克办事处（西部办事处）
日用黄金（废料）	1539.5	74.2
沙皇金币（钱币）	555.1	82.1

注释： * 由于缺乏斯摩棱斯克办事处的汇编数据，无法就更具戏剧性和指标意义的 1933 年数据进行比较。斯摩棱斯克（西部）办事处 1933 年才设立，和很多办事处一样，在设立之初经历了“统计混乱”。斯摩棱斯克办事处的有价物品流入统计在 1934 年之前才开始。

资料来源： 维堡市列宁格勒州国家档案馆，1154 号库第 10 类第 1 卷第 3 页；斯摩棱斯克州国家档案馆，1424 号库第 1 类第 18 卷第 78 页。

当然，“废料—城市，金币—农村”的区分是相对的：农民也会往外宾商店带黄金饰品和制品，而城市的储蓄罐里也存有沙皇金币。但这个区分有助于判断外宾商店的社会发展趋势：虽然，在外宾商店收购中的金币比例并非准确的“农村黄金”比重指标，但毋庸置疑的是，外宾商店金币流入的增长证实了外宾商店黄金收购中农民参与度的提高。回到 1932 年黄金收购中废料（1900 万卢布）和金币（780 万卢布）的关系，可以说，外宾商店在这一年很大程度上倚重于城市。当时，农民对其知之甚少。

1932 年的黄金收购量的绝对领先者是莫斯科办事处。1932 年 9 个月内，莫斯科办事处“制造了”价值 460 万卢布的黄金，约合 3.6 吨纯金。这个数字超过了外宾商店全年黄金收购量的四分之一。[343] 列宁格勒办事处同期收购了大约 200 万卢布的黄金，位居第二；哈尔科夫（150 万卢布）位居第三。黄金收购量突出的还有北高加索办事处（100 万卢布）、外高加索办事处（90 万卢布）、敖德萨办事处（80 万卢布）、基辅办事处（60 万卢布）、高尔基办事处（50 万卢布）和中黑海办事处（50 万卢布）。收购量远远落后的有高加索办事处（1.7 万卢布）、远东办事处（11.1 万卢布）、巴什基尔办事处（14.4 万卢布）、东西伯利亚办事处（15.1 万卢布）、西部办事处（16.7 万卢布）等。

1932 年的黄金收购量反映了大饥荒的地理和时间特点：乌克兰各办事处收购量较高，[344] 大饥荒最严重的月份计划完成的指标最高——4 月、5 月、6 月。[345] 但是，1932 年的总结在很大程度上反映了外宾商店网络发展的不均衡性。“旧的”、首都的和乌克兰的办事处拥有发达的商店网络，走在了前面，在初创阶段的“新的”办事处落在了后面。

1932 年，人们带给了外宾商店大约 21 吨纯金——相当于当年黄金开采量的一半多。[346] 考虑到人们上交的不是纯金，而是各种纯度、主要是低纯度的黄金，因此带到外宾商店的贵金属实际重量要高出好几倍。1932 年是苏联大规模非正常死亡的第一年。紧随而来的第二个歉收年和农村集体化过程中的农业崩溃把金山带给了外宾商店。接着就可以明白了。受到鼓舞的领导人给外宾商店下达的外汇计划比上一个年度增加了一倍：收购 4800 万卢布的黄金（表十二）。外宾商店 1933 年吸收有价物品的总计划数为 1.22 亿卢布，因此，黄金收购工作应当确保完成总计划数的近 40%。

给外宾商店设定了相当高的计划后，苏联领导人签字要求，在苏联不实施缓解粮食状况的措施，而饥饿将被用来抽取公民们的有价物品积蓄。按照计划，外宾商店应当收购约合1932年4倍的金币（表十二），这一事实证明，1933年预计将有大量农民进入外宾商店。领导人清楚哪些地区将会挨饿。按照1933年的计划，应当在乌克兰收购价值2800万卢布的有价物品——事实上已经和精英云集且拥有大量外汇潜力的首都莫斯科（2900万卢布）相当。甚至重要性仅次于莫斯科的列宁格勒办事处接到的计划数也约合乌克兰的二分之一（1500万卢布）。北高加索、外高加索和白俄罗斯也收到了较高的600万卢布的1933年有价物品收购计划。[347]

现实超乎最可怕的预期：农村正在死去；城市在半饥半饱中艰难生存。1933年成了外宾商店的“闪耀时刻”，是悲哀的凯旋。这一年，人们给外宾商店带去了价值5800万卢布的黄金，使它超额完成了宏大的外汇计划。这个数字约合45吨纯金，比同样饥饿的1932年的收购量高出一倍。[348]外宾商店1933年的黄金收购量略低于工业采金量，[349]而外宾商店的开支远低于资本密集型的采金业的开支！按价值计算，黄金占据了1933年外宾商店收购有价物品的一半（表十二）。当然，饥荒统计是用黄金计算的。[350]

1933年沙皇金币的收购量是1932年的2.5倍（表十二），而且金币的流入速度远远超过了日用黄金的流入速度。[351]外宾商店的分析师将这一过程确定为“来自‘土地银行’的农民的金币加速流入”。[352]1933年是“根本性转折”的一年：农民大量涌向外宾商店。预期得到证实。正是在1933年，外宾商店在很大程度上成了农民的。[353]外宾商店史上的“根本性转折”在文学中留有蛛丝马迹。维克多·阿斯塔菲耶夫在回忆1933年他的西伯利亚村庄时写道：“那年，正是那年，无马的、饥饿的男人和女人们出现在冬季的叶尼塞冰路上，他们背着包，带着破东西和一丁点儿黄金去‘外宾商店’换东西。”[354]

1933年黄金收购的构成显示，虽然日用黄金（废料）的流入速度落后于金币，但是按照绝对数值看仍处于领先地位（表十二）。按价值计算，日用黄金超过了当年外宾商店收购有价物品总金额的三分之一。黄金废料的绝大部分为“城市”黄金，但1933年外宾商店黄金收购中的废料多于金币未必可以解释为城市在外宾商店中“击败了”农村。人们存下的沙皇金币数量有限，而且在1930年代没有得到补充。饥饿的可怕在于，人们摘下了自己的订婚戒指、贴身十字架、耳环。农民也不例外。他们用几个沙皇金币是救不了自己的。我们回忆一下维克多·阿斯塔菲耶夫一家——叶尼塞河岸边的西伯利亚村民的故事。家里唯一的黄金制品是他不幸离世的母亲的一对金耳环。这对耳环被细心保存在祖母的箱子里以寄相思之情或是借以度过黑暗的日子。在挨饿的那一年，这对耳环被送到了外宾商店。[355]

表十四

1933年外宾商店黄金收购情况 *
（化学意义上的纯金，单位：千金卢布）

季度	金币	废料	所有黄金	所有有价物品	黄金在所购有价物品总价值中的比重（%）
一	3826.5	10440.7	14267.2	24943.4	57.2
二	6931.0	13218.5	20149.5	35530.1	56.7
三	5126.2	8940.6	14066.8	27158.4	51.8
四 **	3650.0	6500.0	10150.0	21530.0	47.0
总计 **	19533.7	39099.8	58633.5	109161.9	53.7
总计 ***	19318.7	38676.2	57994.9	106359.2	54.5

注释：* 不含“剩余量”（请参阅表十二的说明）

** 第四季度的数据是初步的。

*** 按照1934年核实确定的数据，不再按照季度划分。

资料来源：俄罗斯国家经济档案馆，4433号库第1类第93卷第12页；第114卷第38页；第132卷第123页。

1933年所有季度的黄金上交数都很高，但特别突出的是4月、5月和6月——饥荒的顶峰（表十四）。仅在这三个月内，人们拿到外宾商店的黄金就超过了2000万卢布，约合16吨纯金（表十四），即相当于上一个饥荒年度全年的量！第二季度的日用黄金收购量和“农民土地银行黄金”——沙皇金币的收入量遥遥领先（表十四）。

外宾商店的档案中，没有保存1933年所有地区的黄金收购数据。但是，即便仅仅是我们收集到的片段也能反映出饥荒的地理分布。乌克兰的外宾商店在1933年收购了价值1070万卢布的黄金。其中，日用黄金的收购量（590万卢布）略多于金币收购量（470万卢布），这也间接证明了农民参与的高比重。[356]精英云集的莫斯科和垂死的乌克兰农村加起来保障了1933年黄金收购量的三分之一。[357]

1933年获得了丰收，饥荒并没有消退，1934年的黄金收购计划仍然很高——4520万卢布（表十二）。显然，领导层期待着“饥荒惯性”：严重挨饿的人仍将购买商品以备日后使用。他们可能对苏联“粮食困境”的终结没有十足的信心。此外，外宾商店的资料显示，领导人要把外宾商店从机械地发放成袋面粉、糁和糖的“饥饿”企业转型成时尚百货外汇商店，以此保持较高的有价物品收购速度。[358]

1934年，外宾商店没能完成计划，这很大程度上是黄金收购工作导致的结果（表十二）。金币收购计划的失败在于，农民对外宾商店失去兴趣的速度超出了领导层的想象，也可能“土地银行”已经枯竭。1934年，外宾商店回到了1932年的黄金收购水平（表十二）。然而，1932年外宾商店只下辖100—400家商店（取决于在哪一段时期），而在1934年，下辖商店超过1000家。外宾商店变得无利可图。[359]因此，外宾商店在1934年开始了业务收缩。

外宾商店的闪耀时刻是由大饥荒催生的。苏联的粮食困境后来得到了改善。从1935年1月1日起，苏联取消了面包配给卡。随后，从10月1日起取消了肉类食品和鱼类食品、油脂、糖和土豆配给卡，从1936年1月1日起取消了非粮食商品配给卡。[360]新的粮食专营商店和示范百货商店开张营业，这些商店的商品品类不亚于外宾商店，而价格是用普通的苏联卢布计算的。在令人头晕目眩的1933年之后，外宾商店1935年的外汇计划看起来十分审慎——4000万卢布。显然，领导层已经放弃了把外宾商店转型为大型时尚百货外汇商店的希望。1935年的黄金收购仅需确保1300万卢布（约合10吨纯金）——这显然是1934年错误定位后的再保险。外宾商店超额完成了这个计划（表十二），但外宾商店网络的收缩仍在继续。按照征服命令，外宾商店于1935年11月15日开始停止接收贵金属和宝石。[361] 外宾商店对“黄金”的饥渴渐渐消退。

外宾商店黄金的“收成”不光证实了苏联领导人的预期，还震撼了他们！根据外宾商店的最终报告，在四年多的黄金收购中，外宾商店从民众手里收购了价值1.271亿卢布的黄金，约合98.5吨纯金（表十二）——大约相当于1932—1935年苏联工业黄金开采量的40%。[362] 按照价值计算，外宾商店黄金占其所收购的有价物品总量的近一半（44%）。分析外宾商店的统计数据显示，在饥荒时期，黄金较之别的有价物品更大程度地拯救了人们：在1932年和1933年，按价值计算，黄金收购超过外宾商店有价物品收购总量的一半。外宾商店所收购的黄金中大部分——超过8000万卢布（表十二），即超过60吨纯金来自废料：首饰、贴身十字架、勋章和奖章、钟表、鼻烟壶、餐具等日用金器。日用黄金在黄金收购构成中占了近三分之二（65%），而在有价物品收购总量构成中占了近三分之一（29%）。日用黄金确实可以被称为外宾商店的主要有价物品。在外宾商店史中，无论是白银、铂金、钻石还是外汇都无法发挥黄金废料那样的重要作用。沙皇金币收购量按照价值计算约为4500万卢布，按重量计近35吨纯金，在外宾商店黄金收购中的比重为三分之一强——这是农民积极参与外宾商店贸易的间接证明。金币收购量在有价物品收购总量中的比重也相当高（约为16%）。

饥荒是外宾商店“黄金”成就的主要因素。可怕的1933年的黄金收购量领先于其他年份（表十二）。人们在这一年带到外宾商店的成堆黄金，亦即被苏联领导人换成机器、涡轮、原料和专利的成堆黄金——是大饥荒的独特纪念碑。在1932年之前，外宾商店就在边远地区拥有了发达的商贸网络，如果其提前一年就开始收购黄金，那么黄金收购的成绩会更高。而且，谁会知道，有多少人多亏了外宾商店才在饥荒的年代活了下来。来自民众的大量黄金正是在饥荒最严重的年份流入外宾商店的，这一事实证明，外宾商店作为大众的社会现象是一种生存方法，而它的成就则是社会灾难的标志。面向精英、出售奢侈品和美食的外宾商店仅仅是其历史中的一小页。

1934 年相对较高的黄金收购量可从其国内状况得到解释：苏联的粮食状况开始改善，但在获得新收成之前仍然存在着不确定性。此外，在 1934 年，配给制尚未取消。在配给制下，大量群体（农民、“被剥夺选举权的人”、小城市居民和非工业企业工人）不能得到充分供应，只能得到部分供应。这就意味着，对于外宾商店的需求仍然较高。随着 1935 年配给制被取消以及“可自由获得的”商贸得到发展，外宾商店的意义才急剧且不可挽回地下降了。

由于无法准确估算出外宾商店开业前人民保有的黄金数量，因此难以回答外宾商店“洗劫”公民黄金积蓄的能力有多强，但是就此可以进行估算。我们从沙皇金币开始。外宾商店领导人在着手黄金业务时，试图确定人民持有的沙皇金币数量。只有在这些估算的基础上，他们才能确定外宾商店第一个外汇五年计划的任务。[363] 五年计划的制定者在审视沙皇金币“黄金收成”时推测出，“在俄国取消金本位之前（取消金本位发生在第一次世界大战期间——作者注），人民手中有不超过 4 亿金卢布”。这一推测与俄国和苏联财政界代表们的估算相互呼应，他们认定“一战”前夜人民手中的金币数量为 4.6 亿至 5 亿卢布。[364] 他们一致认为，沙皇政府在战争初期通过唤起人民爱国主义以及给予黄金支付者奖励的方式终止黄金流通的尝试未取得显著成效。随着“一战”的爆发，沙皇金币从流通中快速消失，并沉淀在人民的“土地银行”中。诺维茨基写道：“这一问题的所有研究者都得出了这样的结论，大部分金币都在农民的秘密储藏处，从那里不可能取出黄金。”[365] 在最后的观点上，这位前财政部长同志是错的。苏联领导层找到了从农民那里获取隐藏的沙皇金币的方法——外宾商店。

从俄国取消金本位到1930年代之前，外宾商店五年计划的制定者认为："停止流通的（沙皇金币——作者注）达2亿卢布。5000万卢布通过各种方式运到了国外。剩下的1.5亿卢布中，应当认定5000万卢布被持有者、流亡者和逝者'可靠地'藏了起来，这部分应当从计算中剔除。"因此，根据外宾商店领导人的计算，在其开始黄金业务前，民众手中还有大约1亿卢布的沙皇金币。[366]这些估算有多可靠？为了回答这个问题，我们看一下，外宾商店的金币"收成"是否和计划预期相符。

在审视沙皇金币的"黄金收成"时，外宾商店领导人希望，在外宾商店的第一个五年计划内人们上交手中大部分沙皇金币：计划为7600万卢布，后又修正为8200万卢布。但期望值并未得到证实。外宾商店从民众手里收购了价值不到4500万卢布的旧金币（表十二）。[367]如果外宾商店的领导没有算错人民的储蓄数额，那么就应承认，人们尽管饥饿，仍然存下了金币，而且到目前为止在俄罗斯仍有大量沙皇金币处在隐藏之中或者"四处游荡"。然而，难以想象的是，当陷国家于困境两年的大饥荒横行之时，人们考虑的不是生存，而是积蓄。缺少的数以百万计金币中的一部分在1930年代上半叶被格别乌没收了，但是请注意民众的储蓄是分散且"细微"的，难以想象，格别乌能"收集"所有短缺的数额——5500万卢布。国家安全机关档案中不完整的公开信息证实了没收类似数量的金币可能性极小。[368]更有可能的情况是，1930年代初居民拥有价值1亿卢布的金币储蓄——苏联领导人错误地高估了数字。[369]外宾商店第一个五年计划制定者推测，金币将在外宾商店的黄金收购中处于领先地位，这也是错的。外宾商店收购的日用黄金几乎两倍于沙皇金币（表十二）。在很大程度上正是日用黄金——首饰、餐具、钟表、鼻烟壶、贴身十字架和所有的废料——拯救了人们并在财政上保障了工业化的进程。个人黄金用品和传家宝的出售规模也间接证明了，沙皇金币已经耗尽。

外宾商店"洗劫"人民日用黄金积蓄的能力有多强？外宾商店五年计划制定者认为，1930年代初，人民的日用黄金储备"大约"1亿卢布。

他们承认这个数字并不精确，因为“经过几个世纪积累的黄金没法进行计算”。[370] 外宾商店的缔造者希望，人们能上交价值 5500 万至 6000 万卢布的黄金废料。外宾商店轻松地、毫不奇怪地超额完成了这一计划（表十二）。甚至假设每个家庭有一件黄金的小东西，那么在拥有 1.6 亿人口的国家，日用黄金储备将比审慎评估多出数亿卢布。[371]

在粗略计算外宾商店第一个五年计划以及金币和废料之间相互关系估算错误的情况下，外宾商店收购黄金的总量（约为 1.27 亿卢布，表十二）令人惊奇地接近于计划数（1.3 亿至 1.4 亿卢布）。只不过这一计划并非完成于 1937 年，而是 1935 年，比时限提前了两年。我们要注意饥荒的规模、持续时间和严重性，以及苏联领导人很可能对人民金币储蓄总量的计算过高，由此可以推测出，外宾商店收购了公民大部分的黄金积蓄。来自家庭财产的黄金通过外宾商店被熔炼，随后大部分属于 18—19 世纪的黄金被卖到国外。

外宾商店关闭后，国家继续从人民手中收购黄金。国家银行从事这项工作。新的收购价得以制定——每克纯金 6 卢布 50 戈比。[372] 这里用的是普通卢布，不是金卢布。用这些普通卢布可以在苏联任何地方购买商品。“黄金委员会”继续从事矿区的收购工作，激励着私人淘金并超计划完成贵金属开采任务。人们把黄金卖给国家，但这新的黄金收购工作不同于外宾商店充满悲剧因素的黄金饥渴。

外宾商店的“红色经理”：“谍报员”

有这样一个职业——赚取外汇。年轻人的鲁莽。与“皮货”密不可分的流亡。他是维尔霍夫斯基，他也是……为了工农红军和德国防卫军的利益。驻柏林的间谍机关。谍报员和商人。皮货世界的纷扰。外宾商店的闪耀时刻。“X行动”。阿尔图尔·斯塔舍夫斯基之死。

阿尔图尔·卡尔洛维奇·斯塔舍夫斯基（Артур Карлович Сташевский，1890—1937），消失在苏联历史中的众多名字中的一个。我在撰写本书时发现了他。我越了解这个人，就越被他惊人的生平所震撼。据同代人的描述，他是一位“坚定的布尔什维克”“坚定的斯大林主义者和坚毅的党内正统派”，同时他也“像商人”。在被内战撕碎的西班牙，他是红军指挥员、苏联军事谍报员、斯大林主义政委，同时他也是皮货产业的创始人、外宾商店管委会主席。对斯塔舍夫斯基的任命是偶然的，甚至充满了矛盾，但有一点是毫无争议的：他是“外汇前线的战士”。斯塔舍夫斯基是精力旺盛、工作能力出众的人，他实施了一些大型行动，以获取外汇满足苏联需求。在苏联工业化中发挥决定性作用的人中，他的名字应当位居前列。

斯塔舍夫斯基（真名为吉尔什费尔德，同时其化名“维尔霍夫斯基”和“斯捷潘诺夫”也为人所知）于1890年出生在库尔良斯科省马塔瓦的小犹太商人家庭。[373] 母亲是家庭妇女。斯塔舍夫斯基并未受到良好的教育。在17岁前，只上过初级学校并做了男子中学四年的自学考生。14岁开始工作谋生后就没再学习。但从16岁（1906年）开始，斯塔舍夫斯基参加了革命活动，十月革命证明其在选择党派方面没有犯错：他没参加立陶宛、波兰和俄罗斯全体犹太工人联盟，而是加入了波兰王国和立陶宛社会民主党。年轻的斯塔舍夫斯基是个冲动而勇敢的人。

然而，他的革命热情似乎很快就冷却了下来。在被捕两次（1906年、1908年）以及在利巴瓦监狱短暂服刑后，斯塔舍夫斯基于1909年流亡国外。流亡的原因没什么特别的——即俄国革命运动处于低潮期，包括列宁在内的很多社会民主党人都在外国避难，但斯塔舍夫斯基不同于其他人，他停留在流亡中，错过了二月革命和十月革命。尽管名义上在1912年前，他仍是波兰王国和立陶宛社会民主党党员，但是没有任何关于他本人在流亡时从事政治活动的信息。

斯塔舍夫斯基在国外干什么？到1914年为止，他在巴黎吉尔绍维奇的染色工厂工作了近5年！从杂工晋升到了皮货染色师傅。之后，在1917年10月之前，他到伦敦的"法国皮货"公司做了3年染色师傅。他在巴黎和伦敦皮货行业的多年丰富经验，毫不夸张地说，简直价值千金。在1920年代，斯塔舍夫斯基把在欧洲学到的皮货加工和染色技术、染料配方等知识用来建立苏联的皮货业。在业内甚至流行着这样的说法——"斯塔舍夫斯基配方"。多亏了他，"经过改良"的皮货成了苏联主要出口创汇项目中的一项。世界上评价颇高的苏联皮货在某种意义上也是法国和英国秘密技术的产物，而苏联既没花一分钱，也没采取工业间谍行动就获得了这些秘密技术。1930年代中叶，斯塔舍夫斯基出版了两卷本的著作《皮货加工和染色基本理论》。

斯塔舍夫斯基于1917年10月结束流亡返回俄国。布尔什维克刚刚在彼得格勒和一系列工业中心掌权。最初，他似乎受到了审查，在莫斯科"美丽"染色厂担任技师。1918年春天，斯塔舍夫斯基迈出了决定性的步子：进了列福尔托沃区的红军指挥员讲习班并加入了布尔什维克党。国内战争时期在西方面军服役作战，并绰绰有余地"补偿了"流亡期间革命工作的缺失：他成了"立陶宛革命政府"在德文斯克和维尔诺的全权代表；在德国人占领的考夫诺，他被逮捕并关进了监狱，但过了3个星期就被释放并驱逐。1919年初，斯塔舍夫斯基化名维尔霍夫斯基，组建并领导了一支游击队。之后，游击队被补充进红军。到了1921年初，化名维尔霍夫斯基的斯塔舍夫斯基在西方面军中担任立陶宛师第三旅政委，之后转任第四步兵师政委，继而又成为西方面军侦察部门的负责人。斯塔舍夫斯基凭借战功获得了全俄执委会颁发的“与波兰白军勇敢战斗”金表（维尔诺，1919 年）以及“无情打击反革命”红旗勋章（1922 年）。他还被授予荣誉称号。

从履历判断，斯塔舍夫斯基掌握德语、法语、英语和波兰语，他长期在国外生活，在侦察岗位时，国内战争结束了。难怪，战争结束后他被派往“外交”部门。从 1921 年 1 月到 1924 年 6 月，他在表面上担任苏联驻柏林全权大使的秘书，而实际上掌管了苏联在西欧的军事情报机关。[374] 由于苏联代表行动相对自由——《拉巴洛条约》的副产品，[375] 因此苏联驻德国的间谍机关负责人职位被视作 1920 年代最重要的军事情报机关职位，只有受到特别信任的人才会被指派到这里工作。

斯塔舍夫斯基及其战友于 1921 年建立的柏林指导中心把已有的谍报小组和驻欧洲的谍报机关整合了起来，在德国及其他欧洲国家建立了谍报网，同时为筹建在美国的谍报网创造条件。除了纯粹的谍报任务之外，可以通过柏林指导中心，绕开《凡尔赛条约》的禁令，开展工农红军与德国国防军[376]之间非法的军事合作。斯塔舍夫斯基负责两军代表间的联络和军事工业领域的科技交流。因此，斯塔舍夫斯基为恢复和增强德国军事潜力做出了自己的贡献，他在西班牙内战期间不止一次地就此事感到懊悔。

柏林指导中心完成了自己的任务。到 1920 年代中叶，苏联谍报机关已经存在于所有对国际局势具有重要意义的欧洲国家。到了 1924 年，驻欧洲的谍报机关都直接隶属于柏林指导中心，也就意味着隶属于斯塔舍夫斯基。1924 年，由于机构庞大和其独立性的威胁，柏林指导中心被撤销了。包括驻柏林谍报机关在内的所有驻欧洲谍报机关开始直接隶属于工农红军司令部情报部。[377] 随着柏林指导中心的撤销，斯塔舍夫斯基被召回了莫斯科。他担任工农红军司令部情报部处长没有几个月，就转到苏联贸易领域工作。在苏联商船队管委会短暂工作后，斯塔舍夫斯基又在皮货行业工作了6年（到1932年10月为止）——他先后担任了俄罗斯国有皮货贸易公司管委会成员和经理、全苏皮毛辛迪加管委会副主席。之后，他就调到了外宾商店任职。

职业生涯中从谍报员到商人的快速变化乍看之下是“流放”、工作部门的降级。然而，我敢说，任命斯塔舍夫斯基担任商业部门的职务并不是惩罚，谍报员斯塔舍夫斯基和皮货商斯塔舍夫斯基的工作存在着紧密而固有的联系。在这里，关键不在于斯塔舍夫斯基是拥有多年工龄且在巴黎和伦敦的公司中“进修”过的皮货染色工。他的皮货专业知识只能部分地解释其任命。在1920年代上半叶，由于国家外汇不足，军事情报部门需要自筹经费：情报人员通过自己的商业活动（主要是出售有价物品和皮货）赚取外汇，以维持境外的情报机关。[378]那些年，情报人员其实是兼职商人，而苏联“商人”也从事情报工作。[379]在斯塔舍夫斯基担任驻西欧情报部门负责人时，他和商界（主要是皮货行业）建立了广泛的联系并积累了赚取外汇的经验。

随着1920年代加速工业化的开始，“外汇前线”对于国家具有决定性意义。俄罗斯皮货是“软黄金”，享誉世界，在革命前的出口中占据重要地位。在战争和革命时期，沙俄的手工皮货业崩溃了，皮货出口实际上已经停止。斯塔舍夫斯基面临的不是恢复微不足道的手工生产，而是建立皮货工业并将苏联皮货销往国外。如果说，他在当谍报员时只为一个部门（军事情报机关）赚取外汇，那么现在就是在全国范围内解决外汇问题。从这个意义上说，对他从谍报员到商人的任命也是一种工作部门的提升。按照在西欧工作的苏联秘密情报员瓦尔特·克里维茨基的说法，[380]斯塔舍夫斯基“能恢复国际市场上的俄罗斯皮货贸易”[381]，而对其辉煌事迹的描述是，“震撼了整个皮货世界”[382]。事实上，苏联的皮货工业就是斯塔舍夫斯基缔造的。苏联皮货业始于1926年莫斯科郊区一个濒临坍塌的浴场里的实验室。当时，斯塔舍夫斯基能支配的总共只有7万卢布（可以比较一下：当时俄罗斯进出口公司的营业额为5亿卢布）和大约10个毫无皮货工作经验的手下。尽管俄罗斯进出口公司的领导不相信他而且指责其异想天开，他还是弄到了设备，培训出了化工人员，写出了染料配方。五年后，全苏皮货辛迪加在全国已经有了 12 家企业（莫斯科、喀山、维亚特卡）。斯塔舍夫斯基建立了苏联第一家皮货领域的科研中心。他认为，工业化将导致手工皮货业的萎缩，因此开始着手建立工业化的兽类养殖（为了获取兽皮）。为工业化利益服务的不仅有昂贵高雅的皮货，还有“次等”的皮和“社会主义农业中的害兽”的皮，这些皮来自数以百万计的田鼠、仓鼠、黄鼠、水鼠、花鼠，以及几百万只猫和狗。[383] 顺便提一句，外国人愿意在外宾商店购买用“次等”皮货做成的苏联廉价大衣。

坚持不懈的劳作带来了不少成果。皮货商品产值从 1925/1926 年度的 900 万卢布增加到 1931 年的 1.3 亿卢布。出口也增长了，而且其构成也发生了变化。1925 年，苏联只出口未经加工的皮货原料，而高档皮货仅占所有产品的 4%。出口中完全没有染色处理过的皮货。[384]1931 年，苏联出口的皮货中超过三分之一是成品，而染色处理过的皮货占 45%。1933 年，苏联皮货出口中超过一半（56%）为成品。[385] 要知道，高档皮货出口不同于未经加工的皮货原料出口，这的确可以算作斯塔舍夫斯基的功绩——切实补充了数百万卢布的外汇。[386] 苏联染过色的卡拉库里羔皮甚至把“德国最好的垄断企业——莱比锡 Toppepa 公司”挤出了市场。在西方出现的“反倾销”焦虑证明了苏联皮货工业的成功。

1932 年 11 月，为表彰斯塔舍夫斯基的“组建和发展皮货工业的特殊贡献”，苏联中央执行委员会主席团授予其“列宁勋章”——这也是当时苏联最高的奖励。[387] 在阅读其功绩资料的时候，难以摆脱这样的想法，即皮货业已经形成了对斯塔舍夫斯基的个人崇拜：“不仅是苏联最好的专家，也是全世界最好的专家”“最佳领导人、最强的突击手和实践家”“苏联皮货工业出口的第一先锋和组织者”“社会主义建设英雄”。但这也是事实——苏联皮货业始于斯塔舍夫斯基进入俄罗斯进出口公司。党的下一个外汇任务就是外宾商店。

斯塔舍夫斯基于 1932 年 10 月来到外宾商店。紧接着的第二年苏联就出现了歉收，但是国家农产品征购量和出口规模却提高了。城市里的定量配给慢慢减少，即便是国家保护的产业工人也日益贫困，而在被掠夺一空的农村开始出现大规模的饥荒。这对于“调动人民外汇财产”则是决定性的时刻，于是党把拥有丰富创汇经验的人派到了外宾商店。任命斯塔舍夫斯基（国内战争的传奇人员、苏联军事谍报员、苏联皮货业的缔造者）担任外宾商店管委会主席可见政治局赋予外汇战役的重大意义。斯塔舍夫斯基对于受命前往看似普通的贸易部门的理解十分深刻。“你们自己能意识到，我所面临的外宾商店的工作将有多么繁重。”他写道。[388]

大饥荒时期，斯塔舍夫斯基的外宾商店迎来了自己的闪耀时刻：其办事处遍布苏联所有大城市，商店数量达到1500家。在斯塔舍夫斯基时期，外宾商店除了接受外汇和黄金外，开始从人民手中收取白银、铂金、钻石以及其他宝石。1933年，外宾商店的营业收入达到了峰值：全国的饥民用有价物品和传家宝换取面包。饥荒横行的这一年，人们向外宾商店上交了大约45吨纯金以及超过1420吨纯银。[389]斯塔舍夫斯基于1934年8月卸任外宾商店管委会主席：饥荒消退了，外宾商店进入了晚期，开启了逐步清退的时期。外宾商店在斯塔舍夫斯基主政时期辉煌地完成了自己的外汇使命：1933—1934年，外宾商店“征购的”有价物品几乎偿付了工业进口开支的三分之一。1933年，外宾商店的外汇进款总额位居苏联第一，超过了谷物、木材和石油出口进款。[390]

离开外宾商店后，斯塔舍夫斯基回到皮货业，担任了两年外贸人民委员部皮货业管理总局局长，一直到1936年6月。显然，情报部门没有忘记他——可能他和情报部门从来没有断过联系，甚至是在外汇贸易单位工作期间——不管怎样，他又重新投入了境外的秘密工作。1936年秋天，政治局把斯塔舍夫斯基派到了内战正酣的西班牙。

在内务人民委员部外国局驻欧洲情报部门工作的克里维茨基在巴塞罗那碰到了斯塔舍夫斯基，他写道：“当共产国际的军队——国际纵队担负重任而且为众人所知时，红军中的纯俄罗斯人分队悄悄地抵达并在西班牙前线后面占据了自己的阵地。……这支特别情报力量直接隶属于扬·别尔津将军[391]——受斯大林指派负责西班牙之事的两位苏联领导之一。另一位是阿尔图尔·斯塔舍夫斯基，其正式身份为巴塞罗那的苏联贸易专员。这是莫斯科在西班牙军事行动幕后的秘密人物；在他们手里集中了控制西班牙共和国政府的所有提线，当时他们的任务不为外人所知而且处于完全保密之中。"[392]

克里维茨基认为，斯塔舍夫斯基在西班牙充当的角色是斯大林派来的政委。[393]他的活动领域是西班牙经济。不久前公开的斯塔舍夫斯基的西班牙报告证实，他试图按照斯大林模式"塑造"西班牙经济——受领导的社会主义者、中央集权和计划性。克里维茨基，以及一系列西方和俄罗斯研究者认为，如果共和国派取得胜利，斯大林为西班牙准备的角色并不是第二个社会主义国家，而是一个按照苏联样式建立的国家。[394]斯塔舍夫斯基在有计划的中央集权基础上改造西班牙的军事工业，本质上是为未来的社会主义经济建立主模型。[395]正是在西班牙，军事谍报员和苏联贸易专员斯塔舍夫斯基完成了自己最后一个外汇使命。他成了"X行动"[396]的主要参与者之一，行动致使西班牙黄金储备的大部分（510吨[397]）被运到了莫斯科中心苏联国家银行的库房里。

1936年7月17日，西属摩洛哥休达市广播电台转播的一条平凡播报"整个西班牙晴空万里"成了佛朗哥将军带头发起的军事叛乱的信号。西班牙内战爆发了。叛乱得到了希特勒和墨索里尼的支持。[398]左翼政党联盟代表的共和政府遭到了排斥。共和政府无法直接或间接地购买武器：世界大国不仅拒绝提供贷款、出售武器或者充当交易中介，而且还冻结了西班牙共和政府在各国银行中的存款。[399]

西班牙共和政府向所有西方大国寻求援助。从战争爆发之初开始，共和派不止一次而且坚定地请求斯大林出售武器。[400]然而，在两个月中，斯大林对西班牙共和派的请求反应冷淡。最后，冷漠突然被热切关怀所取代。在1936年9月中旬，斯大林指定军事情报部门和内务人民委员部外国局的高级官员组成专门小组，以便制订向西班牙提供军事援助的计划。这个计划经政治局审议于1936年9月29日批准，打破了苏联于8月通过的《关于不干涉西班牙内政的声明》。[401]

显然，共和政府打出了一张王牌——他们提供给斯大林的东西是其无法拒绝的。那么到底是什么？——几乎是西班牙所有的黄金储备，占世界储备的四分之一，包括：西班牙人掠夺自阿兹特克人和印加人的黄金、西班牙金比塞塔、法国金路易、英国金镑——随着卡斯提尔王国和阿拉贡王国合并而积累下来的财富。我认为，研究者是正确的：斯大林和共和政府领导人之间的协议在1936年9月就已达成。[402] 官方信函往来以及10月份签署的文件都只是形式。[403] 事实上，这一问题的所有研究者都认同，交易的倡议方是西班牙领导人——总理拉尔戈·卡巴耶洛和财政部长胡安·内格林，而他们是在征得共和国总统曼努埃尔·阿萨尼亚同意后才行动的。[404] 西班牙第二共和国外交部长及军事委员阿尔瓦雷斯·戴尔·瓦约认为，这是没有出路的绝望一步[405]：佛朗哥民族主义者逼近了马德里，共和国命悬一线。

为什么斯大林决定介入西班牙的冲突？历史学家找出了很多原因——面临法西斯主义扩散的威胁、对欧洲各国领导人的不信任、渴望获得国际反法西斯战士的威名并平息世界上对苏联国内恐怖的抗议。历史学家们想到了在某一时间布尔什维克热切渴望却难以实现的世界革命梦。还有人认为，斯大林在意的不是世界革命，其在西班牙遵循的是苏联的外交利益：使西方相信集体安全的必要性，或者在打败佛朗哥的情况下把亲苏的西班牙作为与世界大国讨价还价的筹码——这里的世界大国指的是英国和法国，如果它们难以沟通的话，那么就是德国。虽然上述的原因不可否认，但我认为，在斯大林援助西班牙的决定中黄金发挥了不可忽视的作用。

斯大林面临不少复杂问题，包括在空荡荡的黄金库房前的恐惧。当布尔什维克实质上把到手的俄罗斯帝国黄金储备[406]彻底花完时，斯大林在1920年代末走向了个人独裁。布尔什维克花光黄金是因为，他们认为资本主义才需要黄金和钱，社会主义可以越过它们。国家银行空空的金库让加速工业化看起来就像是个骗局。当斯大林参与到加速工业化的进程之中后，他完全感受到了黄金的力量。在1920年代末到1930年代初，苏联领导人经受了“外汇重压”，狂热的、非常态的，有时甚至罪恶而鲁莽的行动证明了这一点：格别乌很多“道德败坏的”运动、饥荒中的国家的粮食出口、抛售博物馆的珍宝。外宾商店、劳改的“远北建设”、花费大笔金钱获得移民许可[407]等都属于此类行动。甚至，据说国家还印发过美元假钞。[408]所有的行为都服务于一个目标——不择手段地得到黄金和外汇。经历过饥荒的人一生都会囤积食物备用，与之相似的是，经历过一次国家黄金崩溃的斯大林直到去世都在增加苏联的黄金储备。在他的统治结束前，根据官方数据，苏联的黄金储备达到了创纪录的数量——超过2000吨。斯大林不仅从任何可能的地方获得黄金，而且建立了黄金持续流入国库的基础：在其执政期间，苏联出现了采金工业并开始通过古拉格劳力等人手对西伯利亚的黄金进行工业加工。在其后的苏联领导人执政时期，国家靠着“斯大林黄金”生活，而且实质上花光了斯大林建立的黄金储备。[409]

1930年代下半叶，未必有人会想到将爆发世界大战。虽然，苏联的黄金问题已经有所缓解，但是“如果明天就爆发战争”，西班牙黄金可以派上用场。当然，斯大林收下西班牙黄金，并不是视之为礼物，而是作为军事援助的代价。原计划，所有黄金毫不保留地都用于西班牙共和国的需要。但是，考虑到斯大林的个性，我认为他会从本国利益出发使用西班牙黄金。有些文件在某种程度上证明了这一点。[410]显然，他无论如何也不会归还西班牙黄金。[411]历史学家们一直在争论，西班牙的黄金是用在了对共和国政府的军事援助上，还是“黏在了斯大林手上”。[412]今天，如果到国家银行的库房看一看，那里还有没有金比塞塔和金路易，[413]也会很有趣。我悲伤地认为，所有稀有的钱币都熔炼成了千篇一律的金条。[414]

“X行动”的所有研究者都同意，向西班牙提供援助是一笔商业交易。苏联没有用自己的资金替西班牙买过任何东西，正如梅契尼科夫装配工定律那样：“早上交钱—晚上交货”。斯大林比后来那些“为了提供国际援助”而带给苏联几十亿美元长期债务的苏联领导人更为务实。[415] 斯大林不相信口头承诺和眼泪。他需要担保。我认为，如果黄金存在佛朗哥包围下的马德里，斯大林是绝不会和共和派进行会谈的。会谈成为可能，在很大程度上是因为在马德里已经没了黄金。1936 年 9 月 13 日，西班牙共和国总统和总理授权财政部长内格林在必要的情况下把黄金从西班牙银行转运到任何（！）内格林认可的安全场所。到了第二天，9 月 14 日，这些珍宝就从马德里运往卡塔赫纳。S. 佩恩认为，斯大林恰恰在这一天不再摇摆不定，而是任命了策划“X 行动”的专门小组，这绝非偶然。[416] 而且，内格林选择卡塔赫纳作为黄金储存地也非偶然——苏联船舶在这个独一无二的“苏维埃地带”港口停靠卸货。西班牙国库的黄金和白银从这里运往用作弹药库的古老山洞。[417]

内务人民委员部负责把黄金装载运往苏联。尼・伊・叶若夫任命亚历山大・奥尔洛夫负责实施这一任务，后者从 1936 年 9 月起待在西班牙，担任反间谍及佛朗哥后方游击斗争的军事顾问的副手。[418] 在 1936 年 10 月 22 日至 25 日的三个漆黑的夜里，在卡塔赫纳等着军事装备抵达的苏联坦克手们用卡车把黄金运到了港口，接着再装上苏联船舶。[419] 苏联船只“涅瓦”号、“青年共产国际”号、“库班”号和“伏尔加列斯”号顺利完成了自己的既定航线（每条船的航线各不相同），于 11 月 2 日将黄金运抵敖德萨。[420] 之后，黄金在敖德萨又装上内务人民委员部加强护卫下的专列，运往莫斯科的国家银行库房。[421]

克里维茨基绘声绘色地描述了西班牙黄金运抵苏联的情况：“按照斯大林的指示，卸载运来的货物只能信任叶若夫亲自挑选的秘密警察军官，以防这一行动的信息有丝毫外泄。有一次，我在一份印刷物上注意到获颁红旗勋章的格别乌高级代表的名单，其中有一些我所熟知的名字。我问斯卢茨基 [422]，这些人因何受勋。他解释，这是派往敖德萨卸载黄金箱子的 30 人特别小队的领导名单：格别乌的军官们在这一行动中被当成码头工人使用。卸载西班牙黄金的行动是在高度保密下进行的——这是我第一次听说这些行动。我的一位同事是上述敖德萨行动的参与者，他向我描述了他所看到的：所有靠近码头的区域都被清空，被一个挨着一个的特别小队围了起来。格别乌的高级官员每天穿过清空的区域，肩上扛着黄金箱子从码头到铁路，再亲自装进商品车厢，这些车厢在武装护卫下被运往莫斯科。我尝试着了解运来了多少黄金。我的助手不清楚具体数字。我们在莫斯科带着黄金箱子穿过红场。他指着我们周围的空旷地带说：'如果我们在敖德萨装载的所有黄金箱子紧挨着放在红场上，这些箱子能从头到尾占满整个红场'。"[423]

成功站在了斯大林的一边。但是，行动在严格保密中进行，这也解释了"X行动"的顺利——既没有遭到空袭，苏联运输船只也没有被截停和检查。双方知道行动时间的只有寥寥数人。[424]甚至在机密的通信中，黄金也只被称作金属。为保险起见，在内格林签发的文件中，在运输以及往船上装卸黄金时，奥尔洛夫伪装成受美国总统罗斯福指派将黄金运往美国的美国银行代表布莱克斯通先生。在苏联船只上护送黄金运往苏联的西班牙志愿者直到西班牙共和国覆灭后才获准返回祖国，[425]而在此之前，其中两人已经在苏联成家。由于行动高度保密、相关信息缺乏，催生了各种传言和传说，比如，西班牙孩子把黄金放在口袋里运到了苏联，还有另一些人确信，行动中使用了潜水艇。

斯大林得到了黄金和威望。那么，外宾商店的前任主席呢？斯塔舍夫斯基在"X行动"中发挥了什么作用？他在西班牙担任贸易专员，而战争时期的主要商品是武器。斯塔舍夫斯基的主要职责之一是组织对西班牙的武器运输。事实证明，这不仅仅是采购、运输和装卸。[426]正如其他所有的苏联军事顾问那样，斯塔舍夫斯基也试图掌握管理权——不是提出建议，而是进行领导。克里维茨基认为，斯塔舍夫斯基实际上控制了西班牙国库，辖制了财政部长内格林。"由于斯塔舍夫斯基成功地将西班牙国库置于自己控制之下，因此当时人们开玩笑称斯塔舍夫斯基为'世界首富'。"[427]此外，克里维茨基认为，正是在执行斯大林指示的斯塔舍夫斯基的参与下，卡巴耶洛于1937年5月辞职，前财政部长内格林成为马德里政府的首脑。克里维茨基认为，别尔津和斯塔舍夫斯基二人牢牢

“把持”了共和派政府。[428]

克里维茨基认为，局中人、为西班牙采购武器的斯塔舍夫斯基才是“X行动”里的主要人物。他按照斯大林的布置，建议内格林签订协议——将西班牙黄金运到莫斯科换取武器供给。斯塔舍夫斯基和内格林的良好关系似乎印证了克里维茨基的看法。那三天行动的参与者阿尔瓦雷斯·戴尔·瓦约写道：“斯塔舍夫斯基就是与内格林频繁联系的那个俄罗斯人，他们结下了真正的友谊。”这种友谊事实上并不是真正的亲近。戴尔·瓦约继续写道：“斯塔舍夫斯基去找内格林的时候，总是称呼其完整的官方职衔。”[429]佩恩为这段历史增加了新的细节：“内格林亲自发展了与共产党更为密切的联系。深受其信任的私人秘书贝尼诺·马丁内斯就是共产党员，马丁内斯和一个在苏联大使馆担任要职（能和他上司的职位相比拟）的人——阿尔图尔·斯塔舍夫斯基贸易专员建立了紧密的私人关系；他们经常一起吃饭。”[430]

与此同时，“X行动”另一个积极参与者奥尔洛夫以及那些引述他话的人[431]（加祖尔、卡斯特罗和察廖夫、布鲁克–谢菲尔德）完全没有提及斯塔舍夫斯基的名字。在他们的版本里，奥尔洛夫是“X行动”的主要人物——他本人收到了叶若夫受斯大林指派所发的电报，要求其安排发送黄金并和苏联大使罗森贝格一起与内格林会面，正是奥尔洛夫说服了内格林交出黄金并领导了装运。真相到底是什么？

正如上面所述，档案文件证实，“黄金换武器”交易的倡议是西班牙共和派领导面临“钱财或者灭亡”的选择时所提出的。我认为，没人能说服内格林。此外，斯塔舍夫斯基抵达西班牙的时间也否定了克里维茨基的版本，即斯特舍夫斯基促使内格林就黄金事做出决定：9月就已原则同意将黄金运往苏联，而据政治局特别文件夹证实，斯塔舍夫斯基在1936年10月底才被派往西班牙，即在10月15日卡巴耶洛和内格林正式致函斯大林建议其接收保管510吨黄金之后。[432]

但是，奥尔洛夫以及采信其说法的那些人的版本也应重新审视，在西班牙黄金事件中完全没有提及斯塔舍夫斯基，而是把行动完全归功于内务人民委员部。在斯大林和共和派领导就移交黄金达成原则一致后，斯塔舍夫斯基立刻来到了西班牙。这可以证明，他是被派去具体落实此事的。斯塔舍夫斯基并不是将西班牙黄金移交给苏联的提出者，也没有说服内格林交出黄金，[433]但不管怎样，他都是这一交易的重要参与者。

“X 行动”参与者的回忆证实，参与黄金谈判的有两个部门——苏联驻西班牙大使代表的外交人民委员部以及贸易专员代表的外贸人民委员部。克里维茨基认为，贸易部门完成了主要任务。“官方的苏联大使马塞尔·罗森贝格在这里，但是他只是发发言并在公开场合出现一下。”克里维茨基写道。[434]贸易部门在交易中的作用是关键性的，因为黄金移交给苏联并不是为了保管，而是用来支付武器交易费用。内格林的谈判对象是负责武器供给的贸易专员斯塔舍夫斯基。1937 年 4 月 24 日，斯塔舍夫斯基从瓦伦西亚（共和派政府撤出危险的马德里后的新驻地）发往莫斯科给外贸人民委员罗森戈尔茨的密电证实，他不仅了解交易，而且控制了交易的执行：“已经查明，莫斯科的黄金收据已经交给卡巴耶洛，而卡巴耶洛自己把收据交给了军事部副部长巴拉伊博；这个人十分可疑。”[435]斯塔舍夫斯基因为参与了行动而被授予当时苏联的最高奖章“列宁勋章”。

内务人民委员部驻西班牙的代表奥尔洛夫并未参与实施交易的谈判，而只是负责将黄金运往莫斯科。叶若夫于 1936 年 10 月 20 日发给奥尔洛夫的电报是按照“老板”指示命令安排将黄金运出。在和内格林会面时，奥尔洛夫讨论了装载以及从卡塔赫纳运走的具体细节。奥尔洛夫绝口不提斯塔舍夫斯基在“X 行动”中的作用，[436]其原因可能带有个人动机，以及两个部门情报机关间的纷争。斯塔舍夫斯基在西班牙代表的是军事情报部门，他在自己的报告中曾公开批评内务人民委员部的行动以及其代表奥尔洛夫。[437]

斯塔舍夫斯基最后的悲惨日子与内务人民委员部相关。在无法获取其个人档案的情况下，克里维茨基的书事实上是关于斯塔舍夫斯基生命如何终结的唯一信息源。[438]随着红军中镇压的升级，斯塔舍夫斯基的头上乌云丛生。[439]正如克里维茨基所写，斯塔舍夫斯基于 1937 年 4 月被从西班牙召到莫斯科向斯大林汇报。联共（布）中央委员会全会之后一个多月，镇压已经开始，但是，斯塔舍夫斯基显然认为并不需要过分小心。据那些天在莫斯科和斯塔舍夫斯基见过面的克里维茨基证明，[440]斯塔舍夫斯基在和斯大林谈话时批评了内务人民委员部在西班牙的镇压行动并试图说服斯大林改变方针。按照克里维茨基的描述，斯塔舍夫斯基兴奋地离开了斯大林。随后，他见了地位不稳的米·尼·图哈切夫斯基，并批评了苏联驻西班牙军事顾问们的粗暴行为。克里维茨基写道，这些谈话催生了很多传说。当时斯塔舍夫斯基并未被逮捕，而且回到了西班牙，但是克里维茨基认为，斯塔舍夫斯基的行为加速了他的被捕。

在此，应当简述一下斯塔舍夫斯基对镇压运动的态度。毫无疑问，他是斯大林的人。没有证据显示他曾批判过苏联的镇压运动。克里维茨基对他的评价是"坚定的斯大林主义者"和"坚毅的党内正统派"，"对苏联的托洛茨基分子毫不留情并赞同对这群人进行的镇压"。在自己的报告中，斯塔舍夫斯基写到了最高指挥层中的有组织怠工、破坏活动和背叛行为，并将其视为共和派失败的原因："我相信，周围充满了挑拨离间，而且不排除在从事怠工和间谍行动的高级军官中存在法西斯组织。"[441]但我认为，这里斯塔舍夫斯基谈到的是镇压存在于任何国家且战争年代尤为活跃的"第五纵队"的必要性。文件证明，斯塔舍夫斯基并不反对与西班牙非共产主义的左翼政党开展合作。他认为，当无政府主义者着手与共产主义者合作时，在政府中与其一道工作是可能实现的。[442]克里维茨基证明，斯塔舍夫斯基热爱西班牙和西班牙人民，他在那里重新经历了自己的革命青春。斯塔舍夫斯基在西班牙看到的是——内务人民委员部的特别监狱、杀人、酷刑、劫持——都不是合法的行动，而是犯罪、滥权、"殖民欺凌"。作为一个聪明人，他不会看不到内务人民委员部的镇压危害着反法西斯事业，即打破反法西斯统一战线、削弱自身实力，同时，镇压侮辱了西班牙人的传统，招致了西班牙人对苏联的反对。克里维茨基说过，斯塔舍夫斯基原则上并不反对将镇压作为政治斗争的一个手段，而是反对内务人民委员部以及奥尔洛夫本人在西班牙的专横，对于克里维茨基的说法，我毫不怀疑。斯塔舍夫斯基于1936年秋天离开苏联，直到叶若夫“大清洗”的高潮。没人知道，如果斯塔舍夫斯基留在苏联，他会不会在叶若夫“大清洗”中占据一席之地，在内务人民委员部在西班牙犯下的罪行中发挥什么作用。不过，他没能等到那个时候。

据克里维茨基所写，为了诱骗斯塔舍夫斯基从巴塞罗那返回莫斯科，他们绑架了他19岁的女儿。他女儿和母亲列吉娜·斯塔舍夫斯卡娅一起生活，在巴黎世博会的苏联馆工作。1937年6月，他们命令斯塔舍夫斯基的女儿将展览会展品运往苏联。她离开后就消失了。此后，很快斯塔舍夫斯基就被召回了莫斯科。正如克里维茨基所述，斯塔舍夫斯基和别尔津一起匆忙中经由巴黎回国，甚至都没和妻子见一面。克里维茨基和斯塔舍夫斯基的妻子通了电话，莫斯科家中的电话无人接听令人十分不安。几周后，她收到了丈夫字条，要求她尽快返回莫斯科。由于认定丈夫在狱中需要帮助，列吉娜·斯塔舍夫斯卡娅立刻从巴黎返回莫斯科。“我们再也没听到过她和她家人的消息”——克里维茨基结尾写道。

列吉娜·斯塔舍夫斯卡娅活了下来，但是1941年在美国流亡期间去世的克里维茨基无法获知这个消息。我不清楚，列吉娜返回莫斯科后发生了什么。如果她和女儿都被捕了，那么对她们的审讯材料应该保存在内务人民委员部的档案中。正是列吉娜·斯塔舍夫斯卡娅于1956年苏共二十大之后的解冻时期请求苏共中央监察委员会为她的丈夫恢复名誉。从有关为阿·卡·斯塔舍夫斯基恢复名誉的联邦安全委员会档案材料以及苏共调查材料中，我们了解到了他死亡的一些情况。斯塔舍夫斯基刚抵达莫斯科，就在6月8日被内务人民委员部逮捕了。他被控为“波兰军事组织”成员，该组织在1920—1930年代为波兰情报部门开展过针对苏联的颠覆和间谍活动。凭着这件内务人民委员部伪造的案子，很多波兰政治移民、国家安全部门及军队内的波兰人以及与波兰存在联系的其他民族领导人遭到了逮捕。[443] 在叶若夫于1937年8月11日签署的苏联内务人民委员部国家安全总局《关于波兰情报部门在苏联开展的法西斯暴动、间谍、颠覆及恐怖活动》的密函中，斯塔舍夫斯基被控1923年在柏林停留期间破坏汉堡起义。[444] 苏共于 1956 年调查过的案件审讯材料证实，斯塔舍夫斯基很明显是在刑讯逼供之下承认了自己的“罪行”。1937 年 8 月 21 日，苏联最高法院军事法庭判处斯塔舍夫斯基极刑。在同一天，判决就执行了。[445] 日期比对证实，在枪决时以及枪决后数个月，斯塔舍夫斯基仍是党员。联共（布）中央监察委员会直到 1937 年 11 月 1 日才开除斯塔舍夫斯基的党籍。党的管理人员都跟不上枪决的速度。

根据军事检察院的结论，苏联最高法院军事法庭于 1956 年 3 月 17 日撤销了 1937 年对阿·卡·斯塔舍夫斯基做出的判决，“他的案件予以终止”[446]。随后，党恢复了他的名誉。[447] 在历史中恢复阿·斯塔舍夫斯基名字的时候终于来临……

白 银

待收购的白银：精打细算还是目光短浅？“白银缺口”：政府和公众的较量。充当“古董流动营”的外宾商店。过剩。白银大丰收。失望。

1932 年底，外宾商店已为苏联顾客服务一年有余，[448] 但是仍然只接受外汇和黄金。人们把拥有的所有东西都拿到了外宾商店——钻石、红宝石、铂金、白银、绘画、小雕像，恳求用这些东西换取食品。人们提醒政府可以收下这些东西，并将其变成机床和涡轮机。外宾商店的办事处向管委会报告了这些“未获准的”有价物品的流入，随后，管委会向政府报告了这一情况，但是这些有价物品并未得到批准进入外宾商店。为什么尽管财力匮乏，政治局却迟迟不予批准？

显然，最初外宾商店是被设定为专门赚取外汇和黄金的企业，否则又如何解释在 1932 年初通过的外宾商店 1933—1937 年第一个五年计划中，只字未提未来可能接受非黄金珍宝。外宾商店收取所有有价物品的决定不仅是严重外汇危机导致的结果，也是人们坚持的结果：外宾商店是“自上而下”决定的产物，也是饥荒时期“自下而上”积极倡议的产物。

文件显示，苏联领导人首先是想“获取黄金精华”——让人们上交的正是黄金。允许收取其他种类的有价物品，特别是价值更低、流通更广的白银将导致黄金收入的减少，这样的担心是有根据的。[449] 为了促使人们将黄金而不是其他有价物品交给国家，外宾商店被要求增加供应并提高供应质量——在 1930 年代上半叶商品极度匮乏的条件下，这是一项艰巨的任务。[450]1932年11月，政治局批准在外宾商店开始收购白银，并建议“初期在黄金存量巨大的地区不实施上述措施”[451]，这一事实是有意识限定于收购黄金有价物品的证明。外宾商店收购非黄金有价物品并不是在所有地方同时启动，而是在最大的城市进行试验，以便研究其对黄金收购会造成什么影响。[452]此外，外宾商店各办事处并不是允许所有的商店同时接受白银，而是有选择性地推行，首先就是在那些黄金收入量开始骤减的地方推行。[453]

要解释为什么通过并实施白银和非黄金有价物品的收购决定这么迟缓，必须考虑官僚机构的拖沓、短视以及资金匮乏：必须寻找评估员、开设新的收购点、打广告、投放商品、弄清跨部门的问题。从萌生想法到将其落实花了好几个月。国家机器的运转速度赶不上社会的需要。关于在外宾商店收购白银的问题于1932年秋天在外贸人民委员部进行了讨论，[454]政治局予以了推动。12月，白银收购开始在个别大城市里出现。[455]1933年1月，外宾商店本应该全面启动白银收购，[456]不过，这一措施在全苏联推广是在1933年的春天到夏天。[457]

外宾商店收购日用黄金废料和制品，以及沙皇银币和银锭。和黄金收购的情况一样，外宾商店不得收购宗教用品，按照法律，这类东西属于国家，应当充公。[458]然而，农民拿来了圣像画上的金属衣饰，[459]在实际操作中，外宾商店并未遵守禁令，而是袒护自己的客户。

有一份文件讲述了一个“无名氏”的故事，这个人在1933年10月给外宾商店带来了将近3.5千克圣像画上的金属衣饰。外宾商店从他手里收取了白银，并向其支付了48卢布47戈比。当地的格别乌要求以侵吞国家财产的罪名逮捕这个人，但是外宾商店为了不吓跑顾客而拒绝执行。[460]

外宾商店无权收取苏联银币，不过，人们找到了规避禁令的办法。关于这个问题，有一段完整的历史。1920年代末，按照国家银行行长格·列·皮达可夫的说法，苏联出现了“白银缺口”：政治局试图借助频繁且大规模的货币发行来弥补预算赤字，因此，纸币快速贬值，人们渴望持有银币储蓄。[461] 市场里的农民以及“新经济政策”时期的商人开始标示两种价格——白银的价格比纸币价格更划算。国家银行发行银币投入流通领域，而银币瞬间就从流通中消失了，被人民存了起来。商店的工作人员把白银“捂在”收银处。有轨电车从来不向国家上缴银币进款。国家银行分支机构的兑换处排起了长队，人们希望换到白银。“白银危机”从1926年、1927年开始发展，但直到1929年、1930年才达到顶峰。1929年5月，财政人民委员部向政治局报告，苏联银制的卢布和50戈比已在流通中绝迹。[462]

白银问题由最高层直接负责——政治局的委员会和苏联人民委员会。其间进行过镇压。[463] 窝藏白银会获刑3—10年，案情重大则会被判处枪决。[464] 截至1930年9月底，为了消除“白银缺口”，格别乌进行了大约49万次搜查以及9400次逮捕，将400多名“白银投机者和窝藏者”收监。[465] 甚至学校也参加了运动：年轻的帕夫利克·莫罗佐夫们（苏联告密小英雄——译者注）揭发了从事投机活动的父母。但是这些举措并未成功填补“白银缺口”。政府决定用镍币和铜币来取代银币。1931年，苏联银币压制终止。[466] 但是即便有镇压运动，大量的苏联白银储备仍旧留在了人民手中。切尔文券改革启动后发行进入流通领域的银币总价值为2.4亿卢布（俄文为240百万卢布——译者注），[467] 到1930年秋天通过镇压只获取了其中价值2.3亿卢布的银币。[468] 根据国家银行的数据，到1934年夏天，价值6500万的苏联银制卢布和50戈比辅币以及价值1.65亿的小额苏联银币仍未收回。

随着外宾商店开始白银交易，隐藏的白银突然冒了出来并回流进了国家银行，但是，由于外宾商店不接受苏联银币，于是人们将其熔成银锭。这样做是有利可图的：外宾商店给银锭的价格大大超过已熔苏联银币的购买力。请您自行判断，50苏联银卢布熔炼之后可得1千克银锭（每枚钱币重20克——包含为增加硬度而加入的铜锡）。1933年夏天前，1千克银锭可以在外宾商店换到12.5卢布，从夏天起可以换到14卢布。外宾商店卢布的官方牌价等于6.6个普通苏联卢布，在黑市上牌价更高：

在1933年的饥荒时期1个外宾商店卢布可以换60—70个普通苏联卢布。按照外宾商店卢布和普通卢布的官方兑换价，通过外宾商店“旋转起来的”50苏联银卢布将自己的票面价格增加了近一倍，而如果考虑黑市牌价的话，则提高到原来的10—15倍，能兑换成500—900卢布。

一些办事处向莫斯科报告，人们拿到外宾商店的银锭有明显的苏联钱币熔炼痕迹：镰刀和锤子，以及“全世界无产者联合起来”的字样。根据阿斯特拉罕外宾商店的报告，这样的银锭每天收购额达500卢布。[469]阿斯特拉罕并不是唯一一个人们脑筋灵活的地方。苏联领导人开始拉响警报并向这些民间能人宣战。1933年4月，财政人民委员部和国家银行出台了一项秘密规定，禁止外宾商店接受具有明显钱币熔炼痕迹的银锭。[470]报告证明，民众的应对是“阶级异己分子和犯罪分子绞尽脑汁改进自己的工作”，银锭来源的明显痕迹消失了，而熔炼并未停止。财政人民委员部并没有妥协，而是禁止外宾商店收入低纯度的银锭（苏联白银辅币纯度较低）。[471]民间能工巧匠的应对措施是生产更高纯度的银锭。外宾商店中出现苏联银币还有其他路径：利用外宾商店收取所有纯度的银制品、珠宝的漏洞，自学成才者不再上交银锭，而是上交由已熔苏联银币制成的简易珠宝制品。[472]

苏联领导人无法阻止民间的举动，不得不做出让步。1933年底，国家银行放松了外宾商店收取白银的限制。国家银行的密令要求，如果没有明显的苏联银币熔炼的痕迹，鉴定员可以不设障碍地收取高纯度银锭。[473]国家银行的命令是国家在和公众的“白银较量”中的妥协：政府不愿意鼓励熔炼苏联钱币，所以命令是秘密的，但在当时，一旦银币被熔炼，那么与其任其流向黑市，不如将银锭收回。挑选过严的商店负责人和鉴定员会因违反命令而受到惩办。外宾商店管委会主席斯塔舍夫斯基于1934年向财政人民委员部重新提出了打击假银锭收购措施的问题，从他的信中可以看出，对苏联银币的“损害”并没有停止。[474]1935年初，外宾商店禁止收购纯度不明的银锭以及粗制银制品。[475]

在外宾商店里，白银和黄金通常是由同一位验收员收入的。[476]用来收白银的器具沉重而粗糙——凿子、锤子、8 千克的商用秤，柜台下面是验收员放收购来的白银的大箱子。箱子用螺栓固定在地上，并用锁锁住。在收购黄金时，验收员必须确定纯度，不得轻信黄金制品的成分。[477] 在收购白银时，操作就简单得多，也没有那么小心翼翼。不同于黄金粉尘，验收员无须收集白银粉尘。外宾商店按照重量收购白银，在称重前，验收员会撬掉非白银的嵌入物。

外宾商店是个独特的中转点、廉价废料和真正精品并存的“古董流动营”。外宾商店领导试图打击野蛮收购，保护艺术珍宝免于熔炼，这并不是为了俄罗斯的博物馆，而是为了出售换取外汇。1932 年 12 月，在白银交易之初，外贸人民委员部制订了工作细则，向外宾商店验收人员说明了如何从废料中分辨出白银艺术珍宝。[478] 外宾商店应该是充当了古董筛选器的角色：工作细则要求完整地保存 18 世纪及更古老的白银、19 世纪至 20 世纪初知名企业生产的精美银制品，以及属于沙俄大人物的银制品、“俄罗斯、犹太和高加索民族艺术”中具有较高艺术价值的银制品。筛选出来的东西应当有别于废料进行悉心包装，并将写有验收员姓名和商品价值信息的记录单放进箱子，然后发送到总收购点。白银古董再从这里送到外宾商店和国外出售。

外宾商店的验收员明白保护古董银制品的必要性，[479] 为此这些人应当受到表彰，但是，有充分的理由显示，外宾商店在白银收购中还是毁掉了很多珍宝。几十万吨 19 世纪至 20 世纪初的白银制品被毁掉，熔铸成了银锭。1933 年 2 月，外宾商店管委会批评验收员未遵照工作细则收入古董银制品，而是将其简单地扔成一堆。[480] 有时是验收员漠不关心，有时则是由于无知或是业务能力差而无法确定物品的价值。有一个例子。外宾商店塔吉克斯坦办事处的主管给莫斯科写道：“在 12 月份装卸上交的银制品时，缺乏经验的验收员将两个相同的、刻工精美的花瓶装进了普通的袋子里。花瓶上有人物、各种各样的猛兽以及与野兽战斗的角斗士。我们认为这些花瓶很有价值，我们获悉它们于今天收入并上交，特将此事向您通报以检查是否收到。”[481] 我们不知道这两个花瓶是否找到，也不知道有多少艺术品在验收员手里变成了废品。装饰古董的嵌入物是不受保护的。

白银持有者在外宾商店按照指南办理文件、行进和排队的程序和黄金持有者一样。[482] 但是，外宾商店的黄金收购价按照卢布官方牌价计算和国际行情价相同，而白银则不同，其收购价低于国际行情价。贸易人民委员部的文件在解释与不稳定的市场行情价脱节问题时公开提到了这一点：1930 年代初的世界白银价格和“一战”前相比跌去了数倍。[483] 为了防范白银价格进一步下跌，外贸人民委员部一开始就把白银收购价设定在比世界行情价低 15%—20% 的水平，银币的收购价则更低。[484] 结果是，外宾商店的白银收购价即便提高了也达不到国际市场的行情价。

1933 年 1 月——外宾商店的白银收购政策刚开始转变——每个沙皇银卢布可以换取 23 戈比。[485] 考虑到白银的国际市场行情价，外宾商店的工作人员也承认，一个沙皇银币值 33—34 戈比。根据外宾商店工作人员的计算，一个银卢布的转运、精炼、保险开支为 5—6 戈比。因此，苏联在 1933 年上半年在国际市场上每出售一个熔炼了的沙皇银卢布，可以“锁定” 5 戈比收益 [486]——而他们收购了数百万个沙皇银卢布。

在外宾商店里，银制品和银锭的收购价高于沙皇银币，[487] 因此对于人们而言将沙皇银币熔炼成银锭交到外宾商店更为有利可图。不过，银制品和银锭的收购价低于国际行情价。1933 年初，外宾商店每千克纯银的收购价为 14 卢布 88 戈比。[488] 按照纽约交易所 1932 年 10 月的牌价，每千克纯银价值 18 卢布 66 戈比。[489]1933 年 8 月，收购价较之 6 月有所提高——外宾商店每千克纯银的收购价为 16 卢布 67 戈比。[490] 根据同期伦敦和纽约的牌价，每千克白银价值 17 卢布。[491] 似乎，外宾商店收购价与国际市场行情价之间的差距并不是很大。但是问题在于，人们上交的并不是纯银，而是含有合金的白银，也就是白银和其他金属的混合物。根据工业出口公司的数据，每吨合金白银中含有 1.2 千克黄金（以及 230 千克铜）。[492] 显然，为了获得黄金杂质，外宾商店尝试以相对于银币更高的收购价鼓励人们上交银制品和银锭。这些“隐藏的黄金”是外宾商店以白银价格从人民手中收来的，接着在精炼之后，在国际市场上以高出白银价格数倍的黄金价格出售。根据工业出口公司的计算，1933 年夏天，按照纯度 76 的白银计，国家从每千克纯银中净收入（扣除工业出口公司各项开支后）18 卢布 50 戈比，这比外宾商店同期的白银收购价高出 1 卢布 83 戈比。[493]

1934 年，国际白银价格快速上涨。外贸人民委员部领导的解释是，美国在世界上收购白银以补充国家白银储备。[494] 按照 1934 年 11 月 19 日伦敦的牌价，每千克白银价值 19 卢布 50 戈比，到了当月 24 日达到了 20 卢布 40 戈比至 20 卢布 50 戈比。而外宾商店仍然按照每千克纯银 16 卢布 67 戈比的价格收购白银。外宾商店主席利文森在给贸易人民委员罗森戈尔茨的报告（罗森戈尔茨又把报告转给了苏联人民委员会的鲁祖塔克）中指出，合金白银中含有黄金而且国际市场白银价格上涨，而外宾商店并未向人们补付每千克纯银价格的 35%—40%（大约为 6 卢布 75 戈比）。利文森和他背后的罗森戈尔茨请求苏联人民委员会将每千克纯银的收购价提高到 23 卢布，以遏制外宾商店白银流入下降的势头。但是，利文森承认，即便按照新的价格，白银的持有者在外宾商店中的境遇仍然远比黄金持有者差。[495] 虽然外宾商店的白银收购价提高了，但到了 1934 年底仍未达到外贸人民委员部所提出的每千克纯银 23 卢布的水平，而是仅仅达到了 20 卢布。[496] 国家获得的“油水”虽然少了，但还是保留了下来。

外宾商店管委会副主席米·纳·阿佐夫斯基于 1933 年 6 月在西部州百货商店负责人会议上坦白地承认白银交易有利可图：“一系列工作人员认为，只要上交黄金的人排起队，那么就用不着收购白银。这是一个有害的理论、错误的理论。我来告诉你们为什么。如果你们知道，收购白银比收购黄金获利更多……在境外，我们把白银卖得比黄金更贵，我们从中赚得比黄金更多。”[497] 兴头上所讲的话在公开的速记记录中被删去：为什么要告诉人们，他们被骗了呢？阿佐夫斯基在自己的讲话中还发现了白银的一个重要意义：“……白银在拉动黄金。我们说，我们有黄金买家和白银买家，有黄金上交者和白银上交者。必须讲一下，白银买家会拉来黄金买家。事实上，如果今天有个人拿来了一副刀叉，了解了外宾商店是干什么的，那么过些时候，他就会拿来戒指和耳环（黄金的——作者注）……从叉子、白银做起更容易……”[498]

白银收购的大计划以及文件中领导无意说漏嘴的话证明，外宾商店的领导认为民众的白银积蓄巨大，并希望能大量收入。例如，斯塔舍夫斯基在给贸易人民委员部的信中将1933年5月至7月外宾商店收购的500吨白银称为“十分小的”数目。[499]白银收入的变化趋势和黄金一样都反映了饥荒的发展和消退。外宾商店于1932年12月开始接收白银，在当年余下的几周内收购了18.5吨纯银，向上交者支付了25.4万卢布。[500]在饥荒的1933年初，白银流入快速增长：1月，人们给外宾商店带去了59吨纯银，2月——128吨，3月——155吨，4月——162吨。5月和6月，饥荒达到顶峰：外宾商店分别从民众手里收购了173吨和170吨白银。随后，饥荒慢慢缓解，外宾商店的白银流入开始下跌：7月，人们上交了149吨纯银。[501]1933年全年，民众带到外宾商店的白银（纯度84）为1730吨，收到了2340万卢布（表十五）。考虑到合金白银中含有黄金以及收购价和国家在境外售价之间的差价，1933年民众上交的白银实际价值为2770万卢布，而政府的“利润”为价值430万卢布的外汇。[502]

尽管白银吨数巨大，但是1933年的成绩让领导大失所望，要知道领导原本打算收购大约3000吨，[503]但外宾商店仅完成了预定计划的一半。在开始白银收购不久，民众上交日用银制品的积极性很快就衰退了。1933年相对较低的白银收购量可以解释为其启动较晚：白银收购网络直到大饥荒末期才铺开。但是，黄金的收购网络在1933年已经十分完善，黄金收购计划的超额完成填补白银的缺口绰绰有余。如果外宾商店开始收购白银更早一些，那么还会收入几万吨白银，不过这样的话，黄金的收购量会减少。

首都在白银收购中领先于其他地区。1933年，莫斯科外宾商店收购了价值300万卢布的白银，如果加上莫斯科州的收购量则可达到380万卢布，这在外宾商店当年的总收购量中占比超过16%。[504]列宁格勒紧随莫斯科之后：1933 年收购了价值 200 万卢布的白银。[505] 在苏联各加盟共和国中，外宾商店网络最完善的俄罗斯联邦的白银收购量位居第一。紧随其后的是外宾商店网络树状展开而且饥荒严重的乌克兰。[506]1933 年，外宾商店在乌克兰的几家办事处收购了价值 430 万卢布的白银。[507] 莫斯科和乌克兰在 1933 年的白银收购量占了全国的三分之一。1934 年延续了各办事处白银收购的排名。[508]

外宾商店的领导把 1933 年白银收购量不理想归咎为收购价格低，并请求提高白银收购价，但是政府到了 1934 年 12 月才制定新的收购价。由于 1934 年苏联粮食状况改善而且收购价偏低，当年外宾商店的白银收购量继续下跌：第一季度，外宾商店"产出了"价值 420 万卢布的白银，第二季度——370 万卢布；第三季度——240 万卢布，根据国家银行的数据，1934 年全年收购量为——1290 万卢布（表十五），约合超过 900 吨纯度为 84 的白银（约为 780 吨纯银）。[509] 因此，外宾商店在 1934 年没有完成甚至看似微不足道的计划。[510] 不过，未付给民众的、国家在国际市场出售白银所获得的"溢出部分"补偿了收购缺口：据十分不完整的数据，"溢出部分"为 530 万卢布。[511]

1935 年的白银收购计划看起来微不足道——750 万卢布，按照新的收购价每千克纯银 20 卢布计算约为 375 吨白银。[512] 外宾商店并未完成这一计划。[513]1935 年，外宾商店从民众手里收购的白银仅价值 450 万卢布（约为 225 吨纯银）。1935 年底，由于业务萎缩，外宾商店的白银收购停止了。

白银流入的构成证明，人们带来的主要是日用白银——生活用品和装饰品：日用白银储备高于沙皇银币，饥饿使人民交出了家里值钱的东西。1933 年，在外宾商店白银中，银币仅为 1.5 吨（约合 300 万卢布），同时期的日用白银为 17 吨（约合 2000 万卢布）。[514]1934 年，外宾商店收购了价值约合 80 万卢布的银币，而日用白银则超过了 1200 万卢布。[515] 按照最后一任外宾商店管委会主席利文森的话说，在绝大部分情况下，即使人们上交白银获得不足 1 卢布的零钱，也会立刻用来买食品。[516]

在整个白银收购期间，外宾商店"产出了"价值超过 4000 万卢布的白银（不计“溢出部分”），约合3000吨（纯度84）。政府希望收购更多，但是由于收购启动较晚以及收购价格偏低，政府失算了。白银在外宾商店史、苏联工业化和人民日常生活中发挥的作用比黄金小得多。当时，黄金收购量（按价格计算）占1932—1933年度所有有价物品收入的一半以上，而1934—1935年度黄金收购量约占所有有价物品的三分之一；相比之下，在收购量最多的时候（1933—1934），白银也仅占外宾商店所有有价物品收入的五分之一，而1935年为10%，在总决算中为14%。由于白银相对而言不够重要，因此白银在外宾商店最终的报告中并未单列，而是计入宝石和铂金金额中。[517]

表十五

外宾商店白银流入额（单位：百万金卢布）

年份	白银收购计划	白银收购量	所有有价物品收购量
（按照收购价值，不计“溢出部分”）			
1932	—	0.3*	49.3
1933	40.0	23.4	115.2
1934	18.2	12.9**	65.9
1935	7.5	4.5	47.7
总计 ***		41.1	287.3

注释：

* 白银收购始于1932年12月。

** 此为截至1934年12月11日的收购数据。

*** 根据外宾商店的最终报告，白银和宝石、铂金总计为7110万卢布。在总的报告中，2.873亿卢布——包括了1931年（690万卢布）以及1936年1月（23万卢布）收购的有价物品。

资料来源：俄罗斯国家经济档案馆，4433号库第1类第66卷第190页；第92卷第123页；第101卷第98页；第113卷第5页；第132卷第121、123页；第140卷第75—76页；第154卷第90页。

钻石和铂金

精英城市的钻石收购。玫瑰式切割钻、荷兰式切割钻、小钻、中钻和“双面缓坡式钻石”。评估员。塔什干事件或是国家贵金属及宝石储备库里的贼。失败?

“不久前，我们给一个6克拉的钻石报价100卢布，要是在战前，差不多的钻石值2000—3000卢布。纯铂金……我不得不拒收。事实上这是把客户驱赶到黑市。”——外宾商店滨海办事处于1933年8月这样报告。[518] 在1932—1933年严重饥荒时期，类似的信函从苏联各地涌向外宾商店管委会。有价物品自己流向国家手里，但是官僚机器转弯缓慢。关于外宾商店收购钻石的问题直到1933年4月才在外贸人民委员部开始讨论，而且批准实施更晚——8月，当时饥荒已经得到了缓解。[519] 另外，政府最初只允许在三个城市收购钻石——首先是莫斯科，之后是列宁格勒和哈尔科夫。最初的收购成果令人鼓舞，1933年9月，外宾商店设立了中央钻石收购点（之后变为中央钻石库）。[520]

随着收购工作在精英城市的启动，有些办事处也坚决要求准予开展钻石业务。例如，来自沃罗涅日的信函这样写道（1933年11月）：“外宾商店刚在莫斯科、列宁格勒和哈尔科夫开始收购钻石，沃罗涅日市民就每天给我们的收购员拿来很多钻石。”由于没有获得允许，沃罗涅日的外宾商店不得不把人推到其他城市。[521] 地方领导有时把不准收购钻石理解成对这座城市的轻视以及对其个人的侮辱：“从衣着、饰品以及佩戴钻石的意义上看，罗斯托夫向来都被视作一座喧嚣的城市，此外，这也是投机盛行的城市”，而与此同时，——这封信的作者带着屈辱写道——它并未获准收购钻石。[522]

1933年9月，外宾商店的领导请求政府批准在基辅、高尔基、顿河畔罗斯托夫（显然，上面那封委屈的信发挥了作用）、巴库、梯弗里斯开展钻石收购，并于1934年初希望能在其他大城市启动钻石业务。[523]1934年2月，除了上面列出的城市外，在敖德萨、喀山、明斯克和克里米亚也设立了钻石收购点。[524]当时，外宾商店的领导还请求准予在全境收购钻石。[525]1934年年内，钻石收购点的数量达到了将近300个。[526]在没有外宾商店收购点的地方，钻石"产出"通过派出班组的方法实现——大型办事处派出验收员小组前往邻近城市。在内务人民委员部的保护下，钻石从苏联各个收购点运入位于莫斯科的中央库，[527]经过分类后再由外宾商店从这里移交给在境外销售的全苏手工制品及地毯出口联合公司等国家出口机构。[528]虽然，苏联领导层做出收购钻石决定的过程是缓慢的，但是一旦做出决定，就开始催促——地方的外宾商店需要每隔五天报告一次钻石业务进展情况。1934年10月，政府批准外宾商店从民众手里收购其他宝石。[529]

批准钻石收购"带出了"铂金收购的问题，因为钻石制品通常有一个铂金的框架。外宾商店刚成立，各地关于人们要求收购铂金的报告就发到了外宾商店管委会。1932年4月，外宾商店乌拉尔办事处来函写道，在乌拉尔地区各市的黄金铂金开采业收购点关闭后，人们开始带着铂金来外宾商店，而且数量巨大。办事处请求准予收购铂金。[530]然而，到了1933年10月，外贸人民委员部才把在莫斯科、列宁格勒、哈尔科夫和斯维尔德洛夫斯克（铂金产区）四座城市收购铂金的决议草案呈递给苏联人民委员会的外汇委员会。[531]国家银行支持了外贸人民委员部的提议，财政人民委员部也不反对，但要求采取措施打击国有企业贵金属流失：外宾商店只能收购日用铂金制品。等到苏联人民委员会研究草案并同意时，又过了一段时间。铂金收购直到1934年才启动。

在验收时，验收员会撬下宝石，框架按照废料的价格另行验收。钻石价格按照外宾商店管委会发给各办事处的价目表确定。列宁格勒外宾商店一位评估员承认，早期的价目表制定得较差：估价没有考虑宝石的特点——“不适用于钻石”，所以评估员不得不“不假思索地”自行提高收购价，有时是为了“大钻不流失”而这样做。外宾商店管委会副主席阿佐夫斯基承认，价目表不够完善，但是自行提价是被禁止的。[532] 不光是列宁格勒的评估员批评早期的价目表，因此，外宾商店管委会在1934年春天不得不制定了新的价目表，新的价目表尽可能多地考虑了钻石的特点以确定其价格：宝石的形状、颜色、“缺陷”，并解释了如何确定“错石”（伪造品）。钻石的分类基于其重量和切割：大钻、中钻、小钻、荷兰式切割钻和玫瑰式切割钻。[533] 被称为“美式切割”的“双面缓坡”钻石以及逐渐出现的新切割钻石并未进入新的价目表，为此，评估员犯了不少错误，向持有者多付了大量的金钱。[534]

钻石评估比黄金或白银评估更为复杂，所以评估—验收员的业务能力十分重要：工作细则无论多细致也无法预见所有的形状和颜色组合以及大自然造成的缺陷。在钻石业务初期，外宾商店的评估员在全苏手工制品及地毯出口联合公司专家指导之下工作，但是之后这个规定就取消了，[535] 外宾商店的评估员要为错误承担个人责任。甚至，收购点或商店的负责人也无权干涉评估员的工作。为了激励其工作，评估员可以获得高薪以及完整的“黄金”食品配额。[536] 由于缺少学识渊博的专家，管委会允许外宾商店的区级收购点只收购1克拉以下的宝石：玫瑰式切割钻、中钻、小钻和荷兰式切割钻。1克拉以上的宝石可以在区级收购点进行估价，但是，只有拥有高级评估员的州级和边疆区级收购点才会为这些大钻付钱。特别珍贵或是有争议的宝石必须送到莫斯科进行最终的专家鉴定，持有人会拿到一张收据，但问题的解决以及购买食品和商品都需要等待数月。

为了防止偷窃和舞弊，工作细则要求，评估员需在前持有者在场的情况下立刻把收购的宝石放进信封，用胶水封口，并在黏合的接缝上签名，信封上应指出所有信息：宝石重量、特征、价格。评估员本人应将装着宝石的信封交给稽核员并将其放进专用的铅封箱子。下班时，验收员在稽核员在场的情况下打开每一个箱子，把箱子里的东西和记录单进行核对，接着打包并将那一沓信封进行封存。

外宾商店评估员接到了管委会关于完整保存特别珍贵的宝石制品的指示。国家会把这些宝石制品放在外宾商店的古董商店内出售给外国人以换取外汇。也不知是领导认为只有在大城市才会遇到高价值的宝石制品，还是不信任边远地区验收员的业务能力，反正只有莫斯科、列宁格勒、哈尔科夫、基辅、敖德萨、顿河畔罗斯托夫、梯弗里斯、巴库、斯维尔德洛夫斯克、塔什干、伊万诺沃和明斯克的外宾商店有权收购完好的钻石制品。高级艺术品和大宝石制品属于特别有价值的宝石制品。如果钻石制品价值超过钻石价值 2 倍及以上，那么按照指示应当完好保存这件物品。外宾商店关于钻石“瑕疵”的工作细则要求，评估员征得上交者同意可取下宝石查看其颜色，之后再放回去，[537] 即便是要完整保存宝石制品也可这样操作。

完整物品的接收规定证实，外宾商店事实上并不考虑物品的历史和艺术价值，而是仅向上交者支付金属和宝石的价值。完整钻石制品中的黄金和白银是按照这些金属的收购价支付的，但铂金的支付方式并不明确。在外贸人民委员部关于启动铂金收购业务的方案中，罗森戈尔茨建议将铂金收购价定为黄金收购价的一半——每克纯铂金 64.6 戈比，[538] 但更早的命令（1934 年 8 月）要求按照黄金价格收购铂金制品。然后，一个月后出台了关于按照每克纯铂金 72 戈比的价格收购铂金制品的新指示（1934 年 9 月），即远比黄金便宜。[539]1934 年 11 月，制定了一个规定，按照这个规定，宝石制品中的铂金不再专门向持有者付款，评估员只需在钻石收购价基础上加价 3%—10%。[540] 做工精细则应当少量加价（金属价值的 2%—3%）。装饰铂金和钻石制品的小的祖母绿、蓝宝石、红宝石等不另外付款。评估员不得完整保存记名的宝石制品，这可能是因为带有持有者名字会影响销售。

钻石和铂金收购对国家是有利的，但是对民众而言是吃亏的。在开始钻石业务时，外贸人民委员部计划将平均收购价设定在比国际行情价低 40% 的水平。[541] 有理由相信，收购之初的价格更低。钻石收购价和售出价之间的巨大差价在文献中得到了确认：1933 年 9 月 12 日至 1934 年 1 月 14 日期间，外宾商店为收购钻石支付了 34 万卢布，而这些钻石的售价是收购价的 2.5 倍，即 80.28 万卢布。[542] 外宾商店领导人自己称钻石收购前几个月的利润“太多了”。收购价偏低的原因是国际宝石市场行情不稳定。管委会要求评估员不能给有价物品持有者留下这样的印象，即外宾商店“在给他们的宝石定价”。不过，外宾商店的领导承认，由于缺乏经验，验收人员为保险起见会降低本就偏低的报价。很快，对于人们上交钻石兴趣下降的抱怨取代了捷报。1933 年 12 月，外宾商店的钻石收购价提高了 50%，但在此之后，领导承认，收购价和销售价之间的差价巨大——国家在钻石业务上的平均利润为 50%—60%。[543]1934 年 3 月前，外宾商店为收购的钻石支付了 67.2 万卢布，按照全苏手工制品及地毯出口联合公司核算，当时这些钻石的销售价是收购价的 2 倍多——140 万卢布。[544]

人们上交的大部分都是不到一克拉的小钻石，但领导认为“从取得大量货币价值的角度看”，小的钻石带来的利益并不比大钻石少。[545] 交到外宾商店的每一颗钻石都有一个平凡的故事。塔什干的事件证明了有价物品被外宾商店收购路径的多样性。1934 年 10 月，一个不明身份的人三周内在塔什干“通过投机分子”交给了外宾商店 5500 枚小钻，总重约 350 克拉，当时约合 2400 金卢布。这些钻石拥有相同而少见的割面——美式割面，[546] 这让塔什干收购点的验收员德拉布金警觉起来。德拉布金说，这种割面在 1910 年前后出现，而且这种宝石很少流入苏联。在“塔什干事件”之前，只有个别这种割面的宝石进入外宾商店的中央钻石库。据德拉布金所说，这种高质量的宝石并不是面向中亚市场的，在这里商人们主要销售“有瑕疵”的黄钻。这个情况让人警惕起来。德拉布金给莫斯科中央钻石库的负责人发去了三封信，而不是一封信，据此可以判断出他十分担心，但他仍继续收购这些可疑的宝石。外宾商店领导在 1934 年 12 月向内务人民委员部通报了塔什干钻石事件。不清楚内务人民委员部采取了什么措施，但是，1935年5月至6月大批美式切割钻石重新出现在塔什干的外宾商店收购点。这一次，这个不明身份的人上交了将近7000枚钻石，约重500克拉，价值3700金卢布。

内务人民委员部驻乌兹别克斯坦全权代表和“成功取得塔什干投机分子信任”的外宾商店监察员所进行的调查显示，钻石是“当地司机萨沙”带来的。他把含有30—60枚钻石的袋子卖给聚集在外宾商店收购点周围的投机分子。每一袋钻石“萨沙”相应地收取1000和2000苏联卢布。投机者把钻石交到外宾商店，再倒卖外宾商店的钱和商品，“每一袋至少赚到1000卢布”。这个案子牵涉到了“司机萨沙”的妻子、他的兄弟和岳母——当地食堂的收款员。萨沙没能被成功找到。据投机分子所言，他曾在莫斯科“大吃大喝”，因为涉嫌盗用公款曾被刑事侦查处逮捕，但是最后似乎因为缺乏证据而被释放。

“司机萨沙”和他的商业家族是怎么回事以及美式割面的钻石是从哪里来到塔什干的，最终仍不清楚。不过，外宾商店中央钻石库专家阿·米·布鲁克的推测值得注意。他曾在国家贵金属及宝石储备库工作过。他认为，这么多钻石的所有者不可能是个人。“司机萨沙”最多只是一个中间人。似乎有人偷了国家的库房。那么是哪一个库房？——布鲁克想起来，1918—1926年间，在国家贵金属及宝石储备库有类似的钻石。他无法确定这些钻石是从哪里来的，但是推测，它们是从属于“沙皇家族或者布哈拉大汗”的物品上撬下来的。实际上，革命后从沙皇家族、教会、贵族、博物馆没收的成堆的有价物品都被国家贵金属及宝石储备库的工匠经手过，他们从框子里撬下了宝石和珍珠。白银和黄金归了财政人民委员部，宝石和珍珠在国外出售或者进入钻石库，而钻石库很大程度上正是通过这种野蛮方式建立的。当时的照片展现了国家贵金属及宝石储备库工作人员的工作场景：低下的头，柜台上有锥子、平嘴钳、剪刀、凿子、秤、盒子（里面装着拆毁了的头饰、婚礼冠、王冠以及分好类的宝石和珍珠）。[547] 布鲁克断定，法贝热公司用不了这么大数量的钻石。[548] 如果布鲁克的推测正确，那就意味着有人偷了国家的仓库，并使国家收购了本来就属于自己的宝石，好好地“发了笔横财”。[549]

谨慎开始于1933年8月的钻石收购业务发生了变化。截至年底，外宾商店收购了价值44.7万卢布的钻石（按照收购价，表十六）。[550]最初几个月的好成绩决定了1934年高企的计划量：730万卢布，这相当于当年有价物品收购总计划的7%。[551]俄罗斯联邦应当保障钻石收购计划中的大部分——480万卢布，其中包括，莫斯科的200万卢布，列宁格勒的150万卢布，罗斯托夫这一次没有被回避——80万卢布。[552]乌克兰最初计划为55万卢布，后被增加到130万卢布。[553]1934年外高加索的几个共和国需收购价值100万卢布的钻石，白俄罗斯的计划为25万卢布。[554]

1934年钻石收购的完整数据没能找到，但是上半年的数据——170万卢布，约合23%的计划数——证明了其失败。较之计划数，钻石收购极低的成绩和白银的情况一样都可以解释为收购开始较晚：外宾商店的主要帮手——饥荒——已经帮不上忙了。俄罗斯联邦在1934年上半年虽然超过了其他共和国，但也仅仅收购了67.1万卢布，其中包括莫斯科的35.3万卢布和列宁格勒的大约20万卢布，[555]顿河畔罗斯托夫位列第三，但其成绩对总量影响甚微——大约1.9万卢布。乌克兰钻石收购量为10.7万卢布。外高加索外宾商店获得了价值6.3万卢布的钻石。乌兹别克斯坦是中亚唯一一个开展钻石收购的共和国，只收购了1.8万卢布，这在很大程度上还要感谢“司机萨沙”的投机行为。白俄罗斯的外宾商店在1934年上半年仅收购了价值4500卢布的钻石。[556]如果用上半年的成绩推算下半年，并注意到钻石收购和其他有价物品收购一样随着苏联粮食情况的正常化而减少，那么1934年的钻石收购价值未必会超过300万卢布（表十六）。

由于外宾商店经营活动收缩以及1934年成绩欠佳，1935年的钻石收购计划量并不大——250万卢布，约合珍宝收购总计划数的6%。[557]但是，1935年的计划也没有完成。按照报告数据，1935年外宾商店仅收购了价值160万卢布的钻石。[558]平均每个季度人们出售给外宾商店价值20万—30万卢布的钻石。1935年的最后一个季度是个例外，外宾商店收购了价值 77.5 万卢布的钻石：外宾商店要关门的消息促使人们“抛出”有价物品，但这一次不是出于饥饿和绝望，而是因为想赶紧购买看中的外宾商店商品。在各办事处的排名中，莫斯科（24.3 万卢布）和列宁格勒（18.6 万卢布）凭借巨大的优势位列前茅（按照 1935 年上半年的数据）。[559]

据初步测算（表十六），1933—1935 年外宾商店从民众手里收购了价值大约 500 万卢布的钻石，在收购的有价物品总价值中占比不到 2%。年度计划从未完成。“钻石”预期并未完全实现，因为抽取有价物品的理想时期——饥荒——已经错过。但是，苏联领导人并未抱怨失败，要知道，这些钻石在国际市场上的售价至少是国内收购价的 2 倍，而且赚来的不是卢布或者外宾商店流通券，而是外汇。

表十六

外宾商店钻石收购量
（收购价单位：百万金卢布）

年份	计划	钻石收购量（按收购价计）	有价物品总收购量
1933	—	0.4	115.2
1934	7.3	3.0*	65.9
1935	2.5	1.6	47.7
总计		5.0**	287.3***

注释：1933 年 8 月在大型城市开始收购钻石。

* 通过 1934 年上半年数据（170 万卢布）推算同一年下半年数据的方式获得此数据，其中考虑到了年底钻石收购有一定下降。

** 在每年收购额的基础上初步得出。

*** 包括 1931—1932 年以及 1936 年 1 月的有价物品收购量。

资料来源：俄罗斯国家经济档案馆，4433 号库第 1 类第 105 卷第 44 页；第 114 卷第 38 页；第 127 卷第 7、8 页；第 131 卷第 147、187 页；第 140 卷第 75、77 页；第 154 卷第 90 页。

难以评价外宾商店收购铂金的结果：铂金收购被视作次要的甚至是附带的经营活动，与之相关的资料鲜有留存。然而，可以进行一些推测。最终报告中提到，在外宾商店的收购中，白银、钻石等宝石和铂金的收购额为 7100 万卢布。考虑到外宾商店收购的白银将近 4100 万卢布，钻石 500 万卢布，其他宝石未必超过百万卢布，那么铂金的份额为略多于 2000 万卢布，约合 30 吨纯铂金。[560] 即便这样也已经不少。如果考虑到苏联在国际市场上售出铂金的价格远高于外宾商店的收购价，那么比重就更大了。

“您忠实的外宾商店”[561]

工厂—工人，面包—农民，古董—资产阶级。阿曼德·哈默和其他古董爱好者。“鲜亮的金色边饰”或是逝去时代的古董肖像画。暗格和“无价之宝”：早夭的章节。

在“外宾商店”这个缩写词后面隐藏了社会悖论：饥饿的恶徒和肮脏的粮店（农民在此用黄金换取成袋的面粉）与平静的拥有精美食物和古董的都市绿洲。在农民的斯摩棱斯克州外宾商店搜寻艺术珍宝是毫无意义的。古董贸易是大都市的专利——莫斯科、列宁格勒、基辅……尤其是古董“溢出”的列宁格勒。[562]古董外宾商店很少引来苏联公民的兴趣，但是对于外国人而言，这是购买历史和艺术珍宝唯一可能的渠道。革命的爆发在全国范围内扫出了宫殿和庄园中积攒了几个世纪的艺术财富。历史很少会给收藏家类似的机会。

外宾商店设立之初，“全苏古董收购和销售贸易办公室”（以下简称“古董办公室”）是代销商，令人伤感的是，这家单位以在境外出售本国最好的博物馆的杰作而闻名。[563]在古董贸易中，外宾商店拥有特殊地位：它应当在国内销售“纯出口产品”。外宾商店出现后，其他在苏联从事古董贸易的单位（国立百货商店、莫斯科贸易公司、全俄苏维埃中央执行委员会儿童委员会）保留下的部分都是“次等”古董以及“在国外销售存疑的价值不大的物品”。[564]

境外游客和长期在苏联生活的外国人是莫斯科彼得罗夫卡大街和列宁格勒“十月”“欧洲”宾馆内古董外宾商店的常客。为了方便顾客，外宾商店提供各类服务。如果钱不够，外国人可以付定金，之后可在其本国的苏联贸易代表处补付剩下的部分，商品通过邮递获得。可以不去商店就能购买古董：在境外往外宾商店转账就够了。可以通过在苏联的代理人购买。在远程交易时，苏联驻欧洲的贸易代表处和领事馆、在美国的“美国贸易公司”[565]和“苏联—美国运输公司”[566]可以负责运输和结算[567]。装着银器、饰品、绘画、地毯、圣像画、宗教器具、瓷器、小型彩画、时钟等古董的箱子从古董外宾商店发往瑞典、德国、波兰、捷克斯洛伐克、法国、瑞士、美国……[568]外宾商店和外国买家的往来文件上没有具体经办人的签名，而是仅仅以“外宾商店”或“您忠实的外宾商店”(Yours Faithfully Torgsin)作为签名。从这个签名中看到的不是一个苏联小官吏，而是一家可靠的贸易企业。

外国人购买古董需使用“货真价实的”外汇或者由流入苏联的外汇合法兑换而来的外汇卢布。因为表面上看外汇卢布和普通卢布并无区别，所以，在外宾商店运营的初期阶段，营业员要检查卢布来源，以防外汇流入黑市[569]。在商店里挂着外汇规定，不过营业员应口头提醒客户违反“外汇制度”的后果，并要求出示文件确认钱是合法兑换而来。[570]对于售出的古董，外宾商店会签发盖了“外汇离境”章的账户许可，没有这个东西的话，海关会在边境扣留那些在苏联购买的宝贝。外宾商店领导以影响经营为由请求取消那些令客户害怕的警察职能。[571]虽然外国人抱怨，但外宾商店的领导则向政府自夸古董商店内高企的售价——外宾商店里黄金和白银制品的平均价格高于国际行情价。[572]正是基于高企的售价，才对严格的海关规定进行了修订并允许外宾将在外宾商店用外汇购买的珍宝畅通无阻地带出境。

在外宾商店所属的古董商店内和艺术品一道出售的还有普通的日用品：肥皂、牙膏、淡香水。我的一件藏品——阿尔多娜·怀特的客户卡证明她在莫斯科外宾商店所属的古董商店里购买了两个热水袋和一块桌布。在1930年代苏联商店货架空空的情况下，这些日用品也是名副其实的宝贝。在苏联生活的外国人用外汇购买生活必需品。

在古董外宾商店的客户中既有普通民众，也有大型古董公司和知名收藏家。外宾商店管委会副主席尤·谢·博什科维奇在1932年6月致信列宁格勒办事处的负责人："根据有关消息来源提供的消息，大金融家、古董及艺术品爱好者罗斯柴尔德先生将于今年6月底或7月初从巴黎乘船抵达列宁格勒。[573]预计他在列宁格勒待8—10天，以了解这座城市的艺术财富。"博什科维奇要求向罗斯柴尔德展示"所有珍宝"，希望以此促成大买卖。在外宾商店的文献中还闪耀着一个名字：阿曼德·哈默（Armand Hammer）——美国企业家、苏俄第一个特许经营权所有者、收藏家。

阿曼德·哈默总是把在刚爆发过革命的俄罗斯之旅描绘成令人担惊受怕和充满风险的冒险之旅，而收藏艺术品和古董则是偶然成功的事。[574]苏联档案的公开揭开了哈默生活中被竭力隐藏的部分。[575]由于阿曼德的父亲朱里埃斯（尤里）·哈默是美国共产主义地下运动的领导人和资助者，因此阿曼德受邀访问俄罗斯并获得了特许经营权。朱里埃斯给儿子取的名字（意为"拿着锤子的手"）是无产阶级革命的象征。[576]阿曼德还是大学生时就加入了美国共产党——这一事实被他本人和苏联领导人精心掩盖了：把阿曼德打造成一个把苏俄视为有利可图的生意伙伴而非政治伙伴的成功美国商人，这对于吸引西方企业家更为有利。

随着1920年代末工业化开始加速以及与之相联系的艺术品和古董抛售，贸易人民委员米高扬建议哈默在取得特许经营权的条件下担任贸易代理人。[577]哈默同意了：1931—1933年，按照和外宾商店管委会的合同，他通过"美国贸易公司"[578]收到了列宁格勒古董商店发来的"古董和艺术品"、银制品和宝石制品，用来在美国出售。[579]哈默把这些东西当作自己在俄国收集的收藏品示于众人。他预先出版了《寻找罗曼诺夫家族珍宝》一书，此书用来讲述从布尔什维克之国运来的珍宝的传说。[580]此外，据哈默本人所言，他的兄弟维克托会定期到柏林"拿货"——当时，柏林是苏联艺术珍宝流入国际市场的中枢。[581]为了销售古董，哈默家族的兄弟在纽约开设了"艾尔米塔日"画廊。

然而，企业处在倒闭的威胁之下。经济危机和大萧条瘫痪了美国的古董市场，"艾尔米塔日"画廊成功的机会渺茫。此外，外宾商店寄给哈默的古董吸引不了百万富翁们：除了少数法贝热公司[582]的珍宝和宫廷物品之外，都是以前的俄国宾馆、餐厅、修道院和商店留下的东西。在此情况下，哈默把注意力转向还没开过眼界的普通居民和美国边远地区。他给很多中西部的商店写信，建议他们展示—销售俄罗斯运来的“罗曼诺夫家族珍宝”。这些信描述了哈默在俄罗斯的经历并表示百货商店可以拿走一半的“珍宝”销售利润。圣路易斯的百货商店最先做出回应：在1932年1月，这家百货商店发来两个字的电报：“速来”。哈默把商品装进破产演出公司的箱子里并在“面向大众的珍宝”的口号下完成了古董贸易领域的革命。哈默明白那些想低价购买沙皇珍宝的美国居民的心理，于是他在圣路易斯很在行地进行展示—销售。哈默在当地报纸上刊登了自己在俄罗斯的历险故事和照片，这些照片令读者坚信，货真价实的艺术珍宝和古董正以甩卖价销售。在开始销售那一天，商店接待了五千人。销售出奇地好，以致商店将这一活动延长了一周。

紧随圣路易斯之后，外宾商店的古董进入了芝加哥、洛杉矶、旧金山、匹兹堡、华盛顿等地的百货商店：哈默的“巡回马戏团”（这是他自己的定义）走遍了美国。不过，在此之后，新鲜感和独特的销售方式所引起的顾客热情衰退了。哈默不得不缩减在百货商店的生意并返回纽约，他在纽约设立了“哈默美术馆”替换自己的“艾尔米塔日”。在“哈默美术馆”销售艺术品和古董时还伴有关于俄罗斯和宫廷艺术的讲座，以及阿曼德·哈默的妻子奥莉加表演的俄罗斯歌曲音乐会。为了展现俄罗斯情调，哈默好像还为美术馆雇了一位破产的俄罗斯大公。

虽然外宾商店已经关闭，但是来自苏联的商品直到1930年代末仍源源不断地发给哈默。很多物品还带着国家库房和博物馆的标签和印章。法贝热牌子的复制品从苏联发来，为了逼真，使用了以前法贝热公司的材料和印章。法贝热的印章好像就在哈默本人手里，他常常会使用这枚印章。不过，并不是所有的“法贝热”都是赝品。按照和米高扬的协议，哈默得到了一些法贝热公司为沙皇家族制作的独一无二的艺术品。[583]

但是，“米高扬、外宾商店、哈默及其公司”的苏联—美国经营活动未必是盈利的，也没有让哈默致富。他获得了佣金，而进款则在“美国贸易公司”其他交易掩护下返回了苏联。[584]哈默“受制于”苏联领导人的定价。有时，为了付款给“美国贸易公司”，哈默不得不在苏联的艺术品运抵前就“提前”把它们卖给百货商店。此外，出售珍宝的一半收入被哈默支付给向其提供贷款的银行，于是这笔钱又回到了美国。1936年，“哈默美术馆”的银行账户上不足2000美元。哈默的传记作者爱德华·爱泼斯坦认为，哈默只有在收到政府基金（该基金是罗斯福总统用来扶持大萧条时期受害企业的）资助后才能偿付欠“美国贸易公司”的债务。

关于在美国大规模出售外宾商店古董的行动给苏联政府带来了多少利润，只能做出间接的判断。销售行动处于十分不利于古董市场的大萧条时期，在此，“不利”指的是哈默和百货商店的合同条款。根据合同，百货商店至少拿走一半的收入，而在“提前”销售的情况下甚至更多，再扣除哈默的佣金、运输费和“美国贸易公司”的中间费用，可以肯定地说，抛售行动对于苏联领导人而言并不是黄金的克朗代克河。[585]

在与西方商界的联系方面，古董是一个不错的纽带。1928—1930年，苏联领导向商人、收藏家卡洛斯特·古本江出售了艾尔米塔日博物馆的艺术珍宝，此举为推动廉价的苏联原油进入国际市场提供了帮助。[586]外宾商店的文件证实了苏联领导人对于艺术品唯利是图的态度。例如，苏联驻英国的贸易代表阿·奥泽尔斯基曾写道：

今年（1932年——作者注）8月至9月，阿瑟·斯第尔梅特兰先生访问了苏联，随他一同访问的有联合道明信托银行董事会主席吉普森·杰尔威。后来，罗森戈尔茨接待了他们。

我认为，这两个人在商界很大程度上都是具有影响力的人物，后者吉普森·杰尔威尤其能引起人的兴趣。虽然表面上他是上述银行的主席，但实际上他和“五大银行”以及英格兰银行关系密切。此外，他和斯第尔梅特兰一样都是金融城里的自己人。他好几次就苏联的话题发表看法，号召金融界改变观点并和苏联发展更密切的金融关系。

我和他们见过两次。在最近的一次会面中，他回想了苏联之行，同时指出他从莫斯科带走的唯一遗憾是在外宾商店受到的挫折。他要买一盏小金灯，也不知是不是尼古拉二世在当王储时送给某个莫斯科修道院的长明油灯。对于这盏小灯或者长明灯，外宾商店要他付120镑，而他最多只愿意付100镑。

我认为，假如这盏灯还没卖出去的话，便宜20镑让吉普森有机会买下这盏灯是有好处的。在此向您提出请求——请查明这盏灯现在还在不在外宾商店，如果在的话，请和他们谈妥，以100镑的价格卖给杰尔威。如果可以的话，请用电报（！——作者注）通知我。虽然这只是件小事（！——作者注），但是对于巩固和这位对我们有利的人物的良好关系具有特定的意义。致以同志的敬礼。阿·奥泽尔斯基。[587]

在信中，被模糊地称为属于尼古拉二世的“小灯”实际上是一个小金灯：这个灯呈六边形，上面“有画的图案以及嵌入的蓝色珐琅装饰”，由工匠泽夫季根制作，画家索恩采夫绘图。1850年，这盏长明油灯由当时还是王储的亚历山大二世送给莫斯科克里姆林宫的丘多夫修道院，以纪念儿子阿列克谢的降生。[588]我们先撇开对于行贿的道德观念不谈，苏联贸易代表对于国家财产的态度着实令人惊讶：他认为有权出售不属于自己的东西，还可以以任何价格出售，而其对于东西的真正价值浑然不知。外宾商店花了819卢布60戈比从“古董管理局”买下了这盏长明油灯。即使不考虑这盏灯的艺术和历史价值，其黄金（550克）和白银（700克）的价值就将近530卢布。外宾商店领导同意以100镑的价格售出这盏灯，这个价格按照1930年代上半叶的官方汇率约合760卢布。

外宾商店古董业务的规模并不小：1932年夏天，列宁格勒商店的货物明细表上有1.5万件物品。[589]从保存下来的外宾商店售出的古董清单上难以判断这些古董的历史和艺术价值，[590]但可以想象，“古董管理局”

发给外宾商店售卖的都是优质品，而大部分留在自己单位的则是“普通”品质的东西。艾尔米塔日等国内博物馆和图书馆的主要杰作是由“古董管理局”通过西方经纪人在境外拍卖会上直接卖出，或者直接卖给大收藏家的。

“古董管理局”供应的货并不是外宾商店唯一的古董来源。一些民间手工劳动组合为外宾商店工作。有个有趣的细节——奥伦堡手帕据说是用进口的山羊毛制作的。[591] 外宾商店自己收取古董，是其下属古董商店主要的供应渠道之一。外宾商店的评估员应当从人们交到外宾商店的“废料”中选出珍贵的黄金、白银和铂金制品，并将其完整地保存下来。正如之前指出的，这样的业务对于国家十分有利，因为只需按照金属重量向持有者付钱，只有在特别的情况下，评估员才会为艺术品的精湛做工多付一点钱，但是，外宾商店是按照高档艺术品和稀有古董的价格出售这些珍宝的。[592]

管委会的工作细则向评估员解释了哪些物品应当完整地保存，事实上这也说明了人们带到外宾商店的“金属类”古董的多样性。根据说明，在那些稍后就将被熔炼成千篇一律的金属块的黄金、铂金和白银废料里，可以通过时代、国别和持有者的标志识别出具体物品，可以感受到这些东西往昔的美妙。工作细则包含的旧时代的、正在消失的阶层的物质富足的珍贵文艺肖像让我们思考古董历史含义的变化、“古代”概念的相对性、艺术珍宝和古董生存及消失的路径。

1930 年代的专家认为，古代终结于 18 世纪。由于评估员的艺术学知识并不可靠，所以管委会的工作细则列出了古代的几个特征：“类似于环带的装饰”，头上和图形上的边饰、雕刻、压花，“飞禽走兽爪子形状的把手”，“鲜亮的金色边饰”，“雕刻的徽章”，工匠的印章和标志——王冠、葡萄藤纹样、十字架、教堂。工作细则教评估员区分英国和法国生产的高纯度白银和东方生产的低纯度白银。

所有“古代的东西”应当完好无缺地保存下来：各类带着压花装饰、马赛克、珐琅人物像和自然风光、象牙模型、宝石和玛瑙、肉红玉髓、珊瑚切割出来的珠宝等的黄金鼻烟盒；放香水的粉盒和瓶子、梳妆盒、放发簪和针的布袋；用黄金装饰的水晶、玉、孔雀石、碧石、玛瑙、蔷薇辉石制品；带有钻石、祖母绿、红宝石、珠宝、乌拉尔钻石装饰的冠状头饰、项链、吊坠、镯子、胸针、耳环；带有黄金盖子和机械装置的古代怀表[593]，花盘、圆盘、曼陀林、野果形状的怀表吊坠；珐琅、钻石、玫瑰雕刻、红宝石等宝石压模、装饰的贴身黄金十字架；银制的勺子、杯子、高脚杯、小酒杯、高脚大酒杯、低脚小酒杯、小盒子、雕像、花瓶、烛台、盘子、整套餐具、托盘，以及大乌斯秋格和沃洛格达的黑银，高加索的白银腰带、匕首、军刀，伏尔加流域的饰品（“除了摩尔多瓦和楚瓦什的饰品之外”）。工作细则让评估员特别留意知名俄罗斯企业生产的带有多色珐琅的镀金白银制品，还有白色银丝（编织）制品。

当你在读这些华丽物品的说明时，不禁会想：俄罗斯史的沙皇时代留下了漂亮的古董，我们的时代以后能留下什么？另一种理智的想法：筛选古董的工作细则直到 1933 年才出台，为时已晚，这意味着不少古代的好东西在外宾商店开始接收时已经被毁掉了。虽然在莫斯科和列宁格勒的中心收购点会对黄金和白银废料进行分拣，但是在此之前很多珍宝已经被州级和区级的验收员拆毁了。

1930 年代的人认为，20 世纪还不算是古代，属于 20 世纪的东西不能算是古董或珍宝。20 世纪初革命前的东西也被视作新的而不值得关注。根据外宾商店的工作细则，法贝热和博林[594]公司的黄金制品只有在艺术价值较高的情况下才应加以保留。按照工作细则的规定，所有 20 世纪的大件银制品都需熔炼。1880 年之前的银制品中，评估员应当仅保留小的家庭用品（不足 1 千克）——后古典主义、洛可可以及“平民”风格的茶具套装、糖罐、奶罐、盐罐、勺子（如果不少于 6 件的话）。19 世纪末 20 世纪初的银制品——在 1930 年代看来还是幼年——工作细则要求只保留质量出众的精致小件和知名公司“赫列布尼科夫”“奥夫钦尼科夫”等公司出产的罕见样式：小花瓶、小酒杯、书桌上带有钱币或珐琅的配件，以及战前的女士梳妆用品——冠状头饰、戒指、腰带、胸针、耳环（哪怕是带着玻璃珠的）。当时，19 世纪的“带有伯爵或公爵徽章以及王冠标记”的银制品以及法贝热公司的银质餐具和茶具，甚至是压模银制品都被视作普通家用品而被送去熔炼。外宾商店管委会工作细则中对于物品的描述让我们有理由认为，在北高加索、克里米亚和乌克兰，人们给外宾商店带去了古墓里挖掘出来的黄金：铸造、锻造和压模的女士饰品。考古学也成了保存的方法。对于这些物品，工作细则要求予以特别关注。[595]

在筛选古董时，市场趣味占主导：保留那些可以卖给国内外的外国人的东西。实用主义压倒了意识形态。按照外贸部门的工作细则，应该完整保留所有黄金制品和“属于尼古拉二世之前的沙皇、大公及其家人的白银制品”，以及这些人在当时送出的物品。[596] 显然，外宾商店的领导并没有兴趣知道这些政治上相斥的古董是如何落入“上交者”之手的，但是监督外宾商店业务的格别乌会关心这个问题。

人们带到外宾商店的不仅有贵重宝石、黄金、铂金和白银，还有“非金属”古董——绘画、小雕像、民间和实用艺术作品。其中有货真价实的杰作：“有一天，有人带了一幅弗兰德斯派画作和一幅荷兰派的画作来到一家莫斯科商店（外宾商店——作者注），那个人两幅画要价 50 卢布。在国外，这两幅画可以卖 1000 马克。”[597] 这件事发生在 1933 年饥荒横行的 4 月份。尽管这笔交易有利可图，但是外宾商店不得不予以回绝。

从民众手里接收古董和艺术品并在外宾商店寄售的决定和苏联大量艺术品出口的增长密切相关。1932 年春天，列宁格勒外宾商店的领导就已经向外贸人民委员部要求允许接收单位和个人的古董予以寄售。[598]1932 年 11 月召开了政治局会议，会上讨论了莫洛托夫委员会的报告。[599] 委员会认为，已拨出的出口古董资源无法确保 1932 年和 1933 年的计划任务，由此要求提供新的牺牲品。为了填补外汇缺口，政治局批准“古董管理局”更广泛地抛售博物馆的杰作。外宾商店应当提供力所能及的协助，从民众手里接收古董并在国内向外宾出售。从此之后，古董销售在外宾商店的计划中就有了专门的一行。按照苏联的制度，1932 年 12 月的政治局决议转化成了苏联人民委员会的决议。[600]不过，收取民众的古董放在外宾商店寄售直到1933年8月才开始实施。[601]在此之前，人们往外宾商店送“非金属”古董是没用的。

外宾商店的艺术品—古董办公室负责古董业务。按照苏联人民委员会的决议，为了扩大商品种类，外宾商店不仅接收单位和民众的古董珍宝，还接收现代苏联画家的作品。此外，外宾商店获得了和“古董管理局”一样的权力，即从普通的寄售商店和古董商店取走那些可以卖出以换取外汇的艺术珍宝。[602]非外汇商店被禁止出售“适合出口的”西方和俄罗斯画家的作品。[603]为此，外汇人民委员部还编制了一份“特别有价值的俄罗斯画家”的名单，甚至连他们的“普通作品”也只有取得外宾商店特别许可后才能用卢布购买。[604]

如果在拍卖会、非外汇寄售店、当铺以及别的国家单位发现了具有外汇价值的古董，外宾商店会“按照成本价”购入。[605]外宾商店从公民手中接收艺术品寄售的期限为1个月，佣金为成交价的30%。[606]对于珍宝的销售款，物主可以领取卢布，也可以领取外宾商店流通券。[607]外宾商店验收员会对古董进行估价。应当强调的是，外宾商店并不从民众手里收购古董，而只是寄售，原因是如果东西卖不出去的话，外宾商店不用承担亏损风险。[608]相比经过时间检验的西方和俄罗斯绘画精品，年轻的苏联画家把自己作品送到外宾商店寄售的条件不甚理想：售价的20%可以用外宾商店流通券兑现，剩下的只能领取卢布。

当外宾商店获准接收、寄售带有钻石和铂金的艺术珍宝时，已经很晚了。饥荒带来的外汇潜力已经错过，与之相关的、对于很多人而言依靠出售传家艺术珍宝生存的可能性也消失了。外宾商店古董业务的外汇效果并不显著。1932年，莫斯科外宾商店出售了价值10.5万卢布的古董，列宁格勒外宾商店——7.3万卢布（相当于140千克纯黄金），黄金和白银制品在其中占据了大部分（62%）。[609]1933年，外宾商店预计从古董和艺术品销售中收入20万卢布。[610]1934年，列宁格勒外宾商店从“古董管理局”拿到的商品卖得1.73万卢布。随着外宾商店业务的收缩，下属商店转由全苏机构“古董管理局”管辖。

除了值钱的古董，人们同时把普通的东西也拿到外宾商店寄售。从被捕者和被驱逐者那里充公的财产也进入了外宾商店：外宾商店最先料到了“充公物品商店”的出现，这些商店在1937—1938年大肆抛售了被镇压者的物品。[611]关于外宾商店所辖寄售商店的资料很少，但有两个不能不讲的故事，它们让人看到了外宾商店和大规模镇压开始之间的联系。1935年3月，在列宁格勒的外宾商店第四百货商店寄售处，一个属于被逮捕者的落地灯底座中发现了一个暗格，里面藏的不是黄金和钻石，而是1934年1月1日《列宁格勒苏维埃通报》片段。物主在灯里藏东西的原因和具体隐藏的信息并不清楚。这个发现引来了对所有流入外宾商店寄售商店的被捕者财物的检查。列宁格勒刑事侦查处在检查时找到并没收了物主的私人通信，包括“哈尔滨的来信”，以及“记录册”。[612]很明显，商店的职工在发现《通报》片段后，并没有把它当成没用的废品丢弃，而是暂停了检查并叫来了国家安全部门。另一个明显的事实是：财物并没有失去个人特征——寄售商店知道前物主的名字。

大镇压对外宾商店外汇交易的贡献还有其他特点。1935年2月至3月，列宁格勒办事处的领导通报了面粉需求的急剧增长。在文件中，面粉的购买者被定义为“从列宁格勒跑出来的人”。[613]显然，这里指的是“基洛夫事件”——谢·米·基洛夫遇刺后大量人员被逮捕，“可疑分子”被驱逐出列宁格勒。如果外宾商店的业务能延续到1937—1938年，那么关于大规模镇压对外宾商店业务的影响可以专门写一章，但是外宾商店的历史在这之前就终结了。

“把美元汇到外宾商店”

外汇转账危机的天才解决方案。国际投机生意和代理网络的清理。天文数字般的关税。“今天只是买一条苏联鲱鱼——明天就会到格别乌去告发。”白俄移民在思想和美食之间的两难取舍。“订购食物的公司”还是作为无产阶级武器的邮包。一袋面粉——最好的节日礼物。犹太人的帮助。钱的味道！足以支撑马格尼托哥尔斯克冶金联合体的金额。

从境外往俄罗斯汇款自古就有。在战前那一年，往俄罗斯汇去了大约 4000 万卢布。在布尔什维克当政期间，汇款仍在继续流入。1928 年，境外流入苏联的汇款大约为 3000 万卢布。[614] 此后，境外来的钱流急剧干涸：按照国家银行和外贸银行管委会的数据，1930 年境外流入苏联的汇款不足 1000 万卢布，1931 年更少。[615] 汇款急剧减少的原因之一是世界经济危机和西方大萧条，后者首先导致了移民失业：基本上正是这些移民把钱汇给了留在苏联的亲朋好友。

苏维埃国家的形势发生了变化。由于从 1920 年代末开始的工业化所需的外汇严重不足，国家开始“捏紧”给个人的外汇付款，尝试着把个人的境外汇款转化成国家外汇收入项目。人们越来越难从银行汇款中获得“有效外汇”——美元、英镑等货真价实的钱。国家银行按照强制性的低汇率以苏联卢布支付给收款人。[616] 在此情况下，人们为了竭力取到境外汇来的外汇、摆脱银行渠道，变得更频繁地拒收汇款：通过邮政或者走私获得汇款。外汇制度趋严对于苏联有害无利——“拒收”汇款的数量增加了，渴望的美元退回了西方。

1930 年代初，苏联领导人陷入了两难：怎样增加境外汇款的流入，但同时又不用给苏联收款人付一分“真正的外汇”。饥荒和外宾商店找出了答案：饥民对帮助的恳求迫使境外的亲戚朋友往苏联汇钱，但是苏联人取到的不是外汇，而是外宾商店流通券，而且不得不以垄断的高价在外宾商店里购买商品。所有汇来的外汇现款都进了国家的口袋。外宾商店是解决外汇汇款危机的真正天才的解决方法：“狼能吃饱，而羊安然无恙。”

饥民提出的倡议加速了外宾商店汇款业务的发展：还在1931年夏天时，外宾商店将向同胞出售商品的传言就传开了，人们开始擅自要求银行把给自己的外汇汇款转至外宾商店。1931年夏天，国家银行各地的分支机构中出现了混乱，甚至是恐慌。[617] 由于上级的批准未到，财政人民委员部不得不秘密同意国家银行各地分支机构把外汇汇款转至外宾商店。1931年8月，该业务全面推行，关于允许往外宾商店汇款的官方决议直到9月才出台。[618]

随着外宾商店新业务的开启，出现了汇款—邮包业务局，稍后，该局改组为外国业务局。[619] 该局由外宾商店管委会副主席伊·雅·柏林斯基分管。[620] 苏联在国外的贸易代表处通过自己的商务伙伴和思想上的伙伴开展了新业务的宣传：在银行和企业的办公室、在公共汽车和有轨电车上出现了外宾商店的广告招贴画。并不是一切顺利：例如，在伦敦的贸易代表处报告，英国的银行不同意悬挂关于接受往外宾商店汇款的招贴画。[621] 但事实上并不是广告推动了外汇汇款的增长，而是饥荒。“把美元汇到外宾商店”的口号与其说是广告页上的一行字，倒不如说是关于援助的回应。多亏了饥荒，关于外宾商店的传闻在国外流传得很快。

新业务开始初期，汇款的收款人在外宾商店拥有特殊地位：他们可在专门的商店里以比其他顾客更低的价格购买商品。他们和1932年春天外宾商店提价并无联系。原因是，当时外宾商店在邮递业务方面尚不具备垄断地位：外国人可以在外国购买食品通过外国公司邮寄到苏联。正是由于这种竞争，外宾商店在对待外汇收款人时不得不遵照西方市场的价格，该价格低于外宾商店的商品价格。随着外宾商店垄断邮递和汇款业务，苏联收款人的特权也就没有了。[622]

境外汇来的钱通过各种路径流进外宾商店，外汇争夺伴随了相关部门之间的斗争。苏联外汇垄断者——国家银行和外贸银行认为，外宾商店并不是银行机构，应充当纯粹的外汇收款者，而外汇只能通过银行渠道流入。外宾商店试图摆脱外贸银行和国家银行的中介[623]：外宾商店未与两家银行协商并令它们大为不满的是，外宾商店直接和境外的代理人签订了关于接收汇往外宾商店款项的合同。[624]

在新业务初期，接收汇往外宾商店款项的代理人网络颇有些混乱：外宾商店、外贸银行和国家银行的外国业务局与苏联贸易代表处、苏联货运公司的海外分公司[625]、境外的苏联银行、苏联参股企业签订了协议，而这些机构又和外国银行、船舶公司、旅行社、百货商店、慈善机构签署了关于接收汇往外宾商店的汇款的协议。此外，外国的银行和企业拥有自己的代理人网络，这些代理人会宣传外宾商店的业务并接收汇往外宾商店账户的汇款。[626]

代理人数量不受控制地快速增长导致外宾商店的“伙伴”中有很多从事往苏联汇款的白俄移民所开的公司。[627]对于苏联体制的敌对态度并不妨碍这些公司依靠苏联账户赚钱。围绕着往外宾商店汇款的投机活动蓬勃发展。在邻近苏联的芬兰、波兰、波罗的海三国，以及生活着大量白俄移民的巴黎和哈尔滨，从事往苏联运送外汇的公司发展迅猛。当时的移民报纸充斥着各种广告，它们保证“按切尔文券实际价值向俄罗斯汇款，而且是通过合法的渠道”。有些广告公开承认走私行为：“23 法郎汇兑 1 切尔文券——此为合法渠道，20 法郎汇兑 1 切尔文券——此为私人渠道”[628]，同时还警告不可相信太吸引人的报价，“要记住，寄款人接受不熟悉的机构或个人的汇款服务时，自己并没有什么风险，但是可能不经意地给俄罗斯的亲人带去了麻烦”[629]。

为了抑制代理网络中充斥的混乱情况，外宾商店管委会加强了经济和意识形态方面的管控。管委会建议贸易代表处不要和“外国单位”签订协议，如果签约不可避免，那么不要承担长期义务并应保留随时解除协议的权利。[630]按照管委会布置的任务，贸易代表处不仅需要了解合作伙伴的经济状况，还要了解其政治可靠性，并与那些商业道德缺失或者带有反苏联情绪的代理终止关系。[631] 苏联在巴黎的贸易代表处呈上了新业务开展初期关于管委会工作方法和商业伙伴的报告：

> 就您关于“БанкКонтуар дю Сантр”银行的查问，答复如下，这是一家白匪从事各类小规模投机活动的小银行……这家银行有三四名职员，属于一个名叫西尔伯施泰因的移民。我们讲一个真实的偶然事件，对这家“银行”进行补充说明：不久前，一群“客户”在银行里大肆杀戮其领导层（显然是为了某些“事情”），西尔伯施泰因本人脖子被刀砍伤。另一家同样正从事往外宾商店汇款业务的“Банк Эдюстриель дю Сантр”银行属于西尔伯施泰因的儿子。[632]

境外汇款业务集中化和代理网络清理工作同时展开。苏联货运公司的海外分支机构和贸易代表处停止接收汇往外宾商店的款项。外宾商店管委会要求将外国代理网络限定为大型银行，这样就承认了银行汇款渠道的优先地位以及国家银行和外贸银行的最高领导地位。为了终止“围绕汇款业务的投机行为”，外宾商店管委会禁止下属的汇款—邮包业务局与那些早期在境外宣传外宾商店并助其拓展客户的外国企业（旅行社、船公司等企业）直接签订协议。然而，外宾商店保留了通过苏联驻外贸易代表处与境外的苏联和外国银行就接收汇往外宾商店账户钱款签订协议的权利。[633] 从 1934 年秋天起，外宾商店开始根据汇往外宾商店的金额向境外的签约方支付报酬。[634]

外宾商店驻苏联各贸易代表处的全权代表是在莫斯科的管委会和境外汇款业务代理人之间的联络员。[635] 由于在美国没有设立贸易代表处，因此“美国贸易公司”[636] 和“苏联—美国运输公司”[637] 负责往外宾商店汇款的业务。档案中留下的外宾商店和苏联—美国运输公司协议证明，在境外接收汇往外宾商店钱款的苏联股份公司和银行处在苏联法律和关系的环境中。[638] 根据协议，所有的争议由在莫斯科的外贸人民委员部解决。外宾商店实施思想上的管控，确定广告内容。经济间谍活动是外宾商店的境外苏联伙伴的任务：因此，苏联—美国运输公司不仅应当向外宾商店报告公司代理人、与外宾商店相关的美国银行和企业的活动，还要报告外宾商店竞争对手的活动。苏联—美国运输公司的职责还包括收集外宾商店价格竞争力的信息、通过“本公司”更有利的汇款费率“削弱投机中介的地位”。[639]

不同于在境外为外宾商店工作的苏联银行和股份公司，外宾商店的外国伙伴并不听从苏维埃的呵斥，这对外宾商店领导是无法解决的问题。1934年年中之前，在美国不超过5美元的汇款，银行手续费为50美分。外宾商店驻美国的代表尝试让自己的代理把手续费降到40美分，但由于美国各银行的抵制而失败。只有附属的苏联股份企业苏联—美国运输公司和“苏联—美国旅行社”[640]服从，但是那些美国银行要求惩罚这些破坏规矩的企业。1934年，为了试图鼓励往苏联汇款，外宾商店要求不超过15美元的汇款，银行手续费不得超过25美分。按照苏联—美国运输公司外宾商店处处长戈尔杰耶夫所言，美国的银行都叫了起来。在苏联体系内，高官的命令和镇压手段可以解决服从的问题，但在境外，由于在垄断权和利益面前全方位地感受到了无能为力，外宾商店不得不按照市场的规则行事。因为无法影响外国大型银行和企业的立场，外宾商店只剩下一个办法——拒绝它们的服务。[641]

通过铺展开的代理和次级代理网络，外宾商店不仅渗透到一些国家的大型中心城市，还渗透进了其边远省份。1933年，在美国和加拿大有24家机构为外宾商店工作，1933—1934年——33家，1935年上半年——超过40家。[642]1933年，美国贸易公司在美国75座城市为外宾商店做了广告。[643]1935年，外宾商店在美国的代表处甚至利用了新鲜事物——广播广告。戈尔杰耶夫说，由于“嚎叫着竞争的”美国银行的抵制，他把伙伴圈限定为大型企业，这些企业随后就在边远地区扩展了自己的次级代理网络，以接收汇往外宾商店的钱款。例如，外宾商店在加拿大的合作伙伴“加拿大太平洋速递公司”（Canadian Pacific Express Company）拥有2000个代理，这些代理都可以接收民众的汇款委托。[644]通过美国合作伙伴的代理，外宾商店的业务甚至渗透到了古巴和墨西哥。[645]

苏联公民通过各种方式利用从境外汇到外宾商店账户的汇款。[646]如是“非定向汇款”，人们可以自行前往外宾商店并按照汇款额度自行选择所需购买的商品。对于“定向汇款”，外宾商店的客户没有选择商品的权利，他们在境外的亲友已为外宾商店产品目录上的标准商品和食品邮包付费。[647]外宾商店必须按照指定地址按期将邮包送达。境外外汇汇款的外埠邮包递送是由外宾商店在国立百货商店分部负责的。[648]按照外宾商店的内部术语，定向汇款被称为消费性汇款。这些汇款对于住在没有外宾商店的城镇的人十分重要。因此，商品邮递业务和外国汇款业务密切相关，在外宾商店的内设机构中，负责这两个业务的是同一个部门。

苏联在建国之初就极力管控境外商品邮包的流入，并就涉外邮递业务实施国家专营。事实上，这意味着，国外的人不能随便找个邮局或运输单位就往苏联寄邮包。只有那些获得苏联政府许可证的公司才有权往苏联邮寄包裹。在外宾商店出现前，除了海关外，苏联货运公司和苏联商船队从事海外邮递业务：前者负责向外国公司签发许可证，后者负责运输。[649]1931年9月20日，在获准接收境外外汇汇款后两天，外宾商店就从苏联商船队接手了邮递业务。[650]

境外邮递是国家外汇收入的重要项目之一，这笔收入的构成包括关税、邮费和邮递商品价格中的外国代理佣金扣款。[651]其中，关税金额占比最大，由于金额太高，以致国家不愿公开。1931年12月，邮包业务局局长柏林斯基给巴黎的法国货运公司（苏联货运公司的分公司）写信：“立刻停止使用并销毁带有‘关税已用外汇征缴’标记的印章……用外汇征缴关税无论在什么情况下、在任何人面前都不应宣扬，这种关税应以每件商品附加费的形式征收。”[652]向外国邮包寄件人征收的关税在邮递价格中并不专门列出，而是隐藏在“佣金”的名目下。但是这个“秘密”在国外很快就被识破了。由于高关税，邮递总价（也被称为承包价）会高出邮包内商品价格数倍。[653]从里加寄出的邮包内有一双女鞋和两双羊毛长袜，价值53卢布75戈比，而寄件人承担的费用为112卢布30戈比。一个长毛绒熊和一双童鞋的邮包价值65卢布60戈比，在算上关税和其他费用后，寄件人承担的费用为134卢布50戈比（相当于1930年代初很多工人的月收入）。[654]

苏联规定了境外寄来的邮包数量以及"置入物"的价值限额。基本食品和生活必需品属于许可类商品并被置于特别监管之下。只有不重要的商品和"过量"商品可以直接邮寄，无须许可证。外贸人民委员部会同财政人民委员部和邮电人民委员部一道确定上述物品清单。[655]不过，由于外汇和粮食危机，1931年时政府采取了一系列措施，使苏联公民更容易收取境外寄来的自用商品，特别是粮食。从境外通过邮包寄给苏联人食品的限额取消了。[656]关税支付规定也发生了变化：1931年秋季前，由苏联的收件人支付关税，而现在由国外的寄件人支付。这不仅对于苏联人有利，对于苏联也有利，由此国家收到的关税不再是卢布，而是工业化所需要的外汇。[657]此外，苏联人民委员会为"消费性"邮包制定了比单位订购的商品邮包更低的关税税率。面粉、大米和谷类的关税税率相对较低（邮包价格的35%）。[658]外贸人民委员部还请求海关总局放行过去不准寄往苏联的二手物品外国邮包。[659]外国人也提出这一请求，并同意当作新物品来征缴关税：在西方经济大萧条和失业状况下，对于移民而言，分享旧物比购买新东西更轻松。[660]

按照当时的说法，纽约、巴黎、柏林、里加、哈尔滨和上海的白俄移民报纸上充斥着各种"精明投机者"投放的关于往苏联寄送食品邮包的广告。[661]考虑到物价和邮费的差异，那些公司按照巴黎的高价接单，再从里加或柏林购买食品并发送邮包。按照苏联领导人的想法，利润可以达到邮包价格的四分之一。[662]外宾商店的出现给白俄移民公司的邮包生意造成了威胁。这样的话，外国人可以将钱直接汇到外宾商店，供自己在苏联的亲人自行在外宾商店选购食品和商品。随着外宾商店的出现，境外寄来的个人邮包数量减少了。外宾商店邮包业务局局长说，白俄移民们针对外宾商店展开宣传攻势，大幅提高外宾商店价目表的定价。[663]抵制苏联商品的呼吁在移民们的爱国思想和情绪中“发挥着作用”。扎根在巴黎的俄罗斯帝国联盟的传单《俄罗斯之耻》是政治斗争的美食维度的样板。传单充满了典型的标语和呼吁：“谁不反对布尔什维克，谁就是他们的同谋！”“只有死人才有休息的权利。”“请帮保皇派盖住苏维埃的传单。”“每个人都该帮我们！”[664]

> 俄罗斯人民！
>
> 你们知道自己是怎么帮契卡工作人员的吗？在已经过去的1930年，你们给贸易代表处的收款处送去了1800万法郎，用来购买苏联食品。
>
> 格别乌就是靠这些钱在法国维持下去的。靠着你们这些钱，库捷波夫将军才被绑架了。
>
> 你们的每一个法郎，都是射向你们兄弟、父亲、母亲、姐妹头上的子弹。
>
> 你们的懦弱、你们的意志薄弱和考虑不周会给你们的敌人积蓄力量并使你们怀疑自己所说的梦想为俄国而斗争的合理性。
>
> 如果你们没有能力拒绝涅任斯基黄瓜、苏联罐头、红鱼子酱或颗粒鱼子酱，那么你们也没有能力在与敌人进行英勇而创造性的斗争中建功。
>
> 每一颗克里米亚的苹果、每一块干咸鱼肉都流淌着俄罗斯的血液。苏联的每一口粮食，都是献给撒旦之力祭坛的俄罗斯血液做成的宗教面包。
>
> 为了斟满伏特加的高脚杯，你们这些俄罗斯移民分享着俄罗斯刽子手的鲜血盛宴。

的确，读完这页传单后，就像“一块干咸鱼肉”卡在了喉咙口。一位当时不在巴黎而是在哈尔滨的移民怀疑反苏维埃政权斗士的美食爱国主义，他写道：“没有一个白卫军军人会拒绝真正的俄罗斯酒和冷盘，那些‘思想’动机不会把他唤醒到这些东西上。”[665]

以责备结尾的帝国联盟传单呼吁人们行动：

> 妥协和自证清白是不可能的。你们所有人，每一个人都应该明白这一点。由小及大；今天只是买一条苏联鲱鱼——明天就会到格别乌去告发。
>
> 所以，俄罗斯移民们！
>
> 如果你认为自己是俄罗斯人、诚实的人——从今天起你就不要再参与这件可耻的事情了。
>
> 你不要再购买苏联的东西。
>
> 你可以说服你的老板不要再做苏联的贸易代理，告诫他要反其道而行地加以抵制。
>
> 你要劝说亲戚和熟人也这样做。
>
> 任何想要参与反苏斗争实际工作的人都应当从小处着手。虽然在这里，这是小处——但比起推翻莫斯科政权的不切实际的幻想以及在巴黎的咖啡馆占卜返回俄罗斯的日期，这要大得多。
>
> 不进行斗争就什么也不会出现——尤其是祖国。
>
> 只有你自己去做的事情未来才能做成。
>
> 请你们参加俄罗斯帝国联盟的公开集会。
>
> 我们的原则——言出必行。

呼吁抵制苏联商品和鼓励告发相伴相随：“告诉我们你们看到的苏联食品的餐厅地址”“告诉我们，你们的抗议得到了什么回应”。为了呼吁俄罗斯移民支持那些不跟布尔什维克做生意的人，传单通报了这些人的商店和餐厅地址，由此传单从政治喉舌变成了商业广告。

“觉醒吧！”——帝国联盟的成员把目光投向“俄罗斯商人和餐厅老板”的良心及人格，呼吁他们停止诸如采购苏联食品这样的犹大行径，停止支持那些劫掠祖国和亲人的人。“正直的商人拥有清白的商品，唯利是图者什么商品都有"：传单呼吁回归到"反对苏联的移民大家庭"中，销售本地食品，帮助正经受着经济危机的"好客的接纳国"。呼吁伴随着赤裸裸的威胁——"不要惊讶于在耻辱者名单上看到你们的名字；在对你们愤慨的移民环境中、爱国主义情绪高涨的法国，我们概不承担这些名单引起的任何后果"。对于"爱国商人"，传单承诺在"不损害俄罗斯荣誉"的名单上为其留下一席之地并加以宣传。

外宾商店也进行宣传和劝说，但是对象不是客户和营业员，而是苏联政府，外宾商店要求停止向外国公司签发向苏联发送邮包的许可证。[666] 虽然当时外汇原因更为重要，但是思想—政治原因（在邮包生意中有大量敌视社会主义事业的移民）也很重要。外宾商店出现前，邮包业务中的大量收益，包括邮包内的商品价值，都留在了国外。国家把发往苏联的邮包业务限定在外宾商店渠道，由此获得了巨大的外汇效益[667]：境外的人需要支付邮递费用以及苏联商品费用，而这些费用的价格是由苏联政府制定的。真相很简单：在国内把面粉卖给饥民获得外汇比在西方经济萧条背景下把面粉低价抛售到国际市场有利可图得多。

外贸人民委员部执行了替代政策，即利用外汇汇款销售外宾商店标准邮包，以替代境外邮包。[668] 因为意识到直接禁止向苏联寄发私人邮包将在西方被判定为损害国际贸易协定，外贸人民委员部计划通过严格签发许可证以及禁制性高关税挤走外国竞争对手。1931 年 11 月，外贸人民委员部命令贸易代表处减少根据和外国公司的协议而开展的业务，但是"要巧妙地避免纠纷"，使外汇汇款逐步"消除和替代"境外寄向苏联的邮包业务。[669]12 月，邮包业务局局长命令国外的苏联代理："不得签署新的食品邮包协议，只能签署针对特定品类的物品邮包协议。"[670] 外贸人民委员部请求政府取消 1930 年代初制定的收取境外寄往苏联的消费邮包的优惠制度，同时针对其设定最高费率。[671] 通过制定牺牲苏联人利益的定价，国家外汇利益得到了满足。

把外汇转到"外宾商店"类的苏联贸易企业，以取代境外邮包，外贸人民委员部并不是这个主意的唯一发明人。1931 年 7 月，生活在上海的某一位埃利（伊利亚）·叶韦列维奇·马加拉姆写到了类似邮递专营的好处。他给外贸人民委员部发去了一封奇怪的信。[672] 马加拉姆介绍自己是苏联公民、文学家并声称认识阿·瓦·卢那察尔斯基[673] 和列·米·加拉罕[674]，马加拉姆表达了对于从事往苏联发送食品邮包的白俄移民公司蓬勃发展的担忧。"如果说这种食品邮包在饥荒的年代、国内战争时期还情有可原的话，那么现在它们就完全是一出闹剧，"他写道。事实上，马加拉姆不理解，被全世界指责进行粮食（面包、糖、糁）倾销的苏联为什么默许数千吨这类食品以邮包的形式"回过头来"进入苏联，而且还允许意识形态的敌人从中获利。但是，从境外俄罗斯人愿意为发往苏联的小邮包支付大量黄金看，对于这类邮包的需求巨大。为了尽力避免得出关于苏联饥荒的合理结论，马加拉姆讨好地认同：如果苏联政府不反对，就让移民们接济苏联的亲人，这样可以使苏联的社会保障部门免于不必要的开支，要知道，大部分邮包收件人在他看来都是"老人、阶级异己分子，没有劳动能力的人"。但是，如果能自己弄到"黄金外汇"的话，为什么要让敌人致富！——他几乎要叫起来。

马加拉姆给苏联领导的建议是期待外宾商店开展邮包业务：外贸人民委员部应当确定标准苏联食品邮包的内容构成，并在境外把邮包票卖给想接济苏联亲友的人，而邮包的收件人，则可以十分便捷地在全国任何一个网点兑换食品。马加拉姆认为，实施这一建议将为苏联带去价值数百万卢布的外汇。除了现实利益，还有政治益处——为了帮助亲人，白俄移民不得不拿出外汇用于苏联工业化、巩固苏联。这样，食品邮包就成了政治斗争的武器。除此之外，马加拉姆还补充道，较之和白俄移民公司的恶棍打交道，外国人和苏联做生意将更便利、更可靠，在苏联的"阶级异己分子和年老的"消费者可以收到新鲜的易变质食品——鸡蛋、肉、鱼。唉，习惯性地认为外国咖啡和可可是稀缺货的马加拉姆可能不知道，在当时的苏联"白天打着灯"也找不到普通的食物——面包、鸡蛋、肉、鱼。

在列举好处时，马加拉姆疏忽了以外宾商店外汇汇款替代境外邮包的一个最重要的理由。在饥荒和国家供给垄断的条件下，苏联政府可以为外宾商店制定高于世界行情价或苏联出口价的定价。另一位主要的主张以外宾商店外汇汇款替代境外邮包的顾问和律师志愿者致函外贸人民委员部，也提到了上述情况。在档案馆里保存了这封匿名信。这封信是用革命前字体的打字机打出来的，这能证明，信的作者和马加拉姆一样，也是同情苏联的移民。这个人有可能住在德国，因为他使用德国马克计算价格。信的作者向苏联政府提出的建议和马加拉姆的一样——在境外销售苏联食品邮包票。在证明企业有利可图时，他做了一个有趣的价格统计：境外每吨面粉的价格为 206 马克，而在苏联的价格为境外价的 3.5 倍——750 马克。[675] 他并不知道外宾商店，但是料到了这种商店的出现，信的作者把销售食品邮包票的企业称为“食品订购公司”。他暗示可以亲自在境外销售这种邮包票。马加拉姆的信和那封匿名信仍然留在外宾商店的档案中，这意味着当时对它们的重视。

外宾商店管委会和外贸人民委员部没能成功说服国家领导人完全禁止境外寄往苏联的商品邮包，但是由于极高的关税，往外宾商店汇款并在商店里为亲友订购商品对于国外的人更划算：随着外宾商店新业务的开展，汇往外宾商店账户的外汇汇款在很大程度上取代了境外的私人邮包，外宾商店汇款—邮包业务局一直存在到外宾商店关闭为止。西方的档案和 1930 年代上半叶的外国杂志保存了外宾商店的价目单、汇款表和广告。[676]

为了你们在俄罗斯的亲人——

外宾商店提供三种服务——全部完美：

服务 A——将美元汇到外宾商店

你们的亲人可以在外宾商店用这些钱购买商品

服务 B——订购商品

你们可以在这里从外宾商店价目单上加以选择

服务 C——标准邮包

我们专为节约你们的时间而准备
可靠而快速地送抵苏联任何一个角落

你们的亲人一分钱也不用支付
在俄罗斯没有负担——不用付款

在节日期间，外宾商店会加大广告宣传力度，哪怕是宗教节日也没关系：

犹太逾越节
一袋高品质的面粉
——是给马上来临的节日的最好礼物
通过电台或者电报向外宾商店下订单吧
价格比美国还便宜

广告还借用严酷的冬天吓唬人：

苏联（俄罗斯）的冬天
向外宾商店汇款
可以让你们在苏联的亲友买点儿保暖的
衣服、鞋子、内衣、食物……等到漫长的俄罗斯冬天来临时
这些礼物的价格将翻倍

广告还利用经受着漫长冬天的人的情绪：

苏联外宾商店
春天的礼物
给你们在苏联的亲人

和朋友

在第一个五年计划的饥荒年份，食品往往是外宾商店汇款广告中主要的诱饵。广告说出了真相——一袋面粉曾是当时送给苏联人的最好礼物，所以“面粉”和“食物”两个词在广告中会加粗并大写。随着1930年代中叶苏联粮食状况的改善以及配给制的取消，外宾商店开始寻找境外外汇汇款的新诱饵。外宾商店“特别供应”广告是这样的：“外宾商店提供百货商店无法提供的服务：外宾商店确保收款人能在休养院或疗养院休息、购买剧院票、搬运家具。价格合理。在克里米亚休养每月65美元，在高加索的基斯洛沃茨克、热列兹诺沃茨克、叶先图基休养每月70美元，在黑海沿岸的索契和马采斯塔每月80美元。选择哪一个休养地将按照客户的要求和意愿确定。”之后是黑海休养所的照片和高加索美景不输加利福尼亚的承诺。

外宾商店管委会要求为收款人提供最优厚的条件——预订商品、免排队付款，但是，广告上诱人的承诺和信誓旦旦的担保并不能愚弄那些熟悉苏联服务和日常环境的人。汇款和邮包可能耽搁数月或者索性丢失不见。官方文件证明，1933年8月从里加发往苏联的邮包遗失了超过260个。[677]1933年底，外宾商店驻美国的代表提到1931年和1932年数百笔未完成的汇款订单。[678]外宾商店有时缺少境外汇款求购的商品，其中，面粉是主要且最紧缺的商品。人们不得不等待着，而汇款票据的有效期——登记之日起3个月——很快就过去了。为了不至于钱货两空，不得不有什么就买什么。最初，收款人可以在外宾商店的任何下辖商店领取商品，但是从1934年起，收款人被“指定”到特定的商店，这就缩小了商品选择的范围，引起了客户的大量抱怨和责难。

有时会发生一些值得左琴科写上一笔的可笑事件。1932年4月，某个索尼娅·列伊泽罗夫娜·戈列利克来到列宁格勒外宾商店并出示了写着她名字的从纽约转来的汇款通知单。[679]过了两个月，另一个索尼娅·列伊泽罗夫娜·戈列利克来到同一家商店。她带来了一封亲戚从纽约寄来的信，来信说几个月之前给她汇了款。经查，汇款通知单并没有给这个索尼娅·戈列利克，而且钱已经误发。外宾商店的代表来到第一个索尼娅·戈列利克家里。他获知，第一个索尼娅·戈列利克花光了所有钱，在外宾商店买了两条百褶裙、一件女士短上衣和一块绒布料。女士短上衣已经穿了一段时间。外宾商店收回了裙子和布料，以及二手的女士短上衣。[680] 在这个故事里，引人注意的不是存在同名同姓的人，而是第一个索尼娅·列伊泽罗夫娜并不惊异于来自美国的汇款。毕竟，哪个犹太人在美国没亲戚呢？

和广告的担保相反，外宾商店食品价格绝对不会比西方的价格更划算。外宾商店在国外的代表们承认这一点并请求降低售价。[681] 此外，为了"扩大外汇效益"，苏联领导人在计算外宾商店国外价目单上的价格时使用了美国 1934 年初确定的美元对黄金的新汇兑价：苏联国内，1 美元等于 1 卢布 94 戈比，即 51—52 美分兑 1 卢布，而 1934 年外宾商店在美国的价目单上，价格是按照 84 美分兑 1 卢布计算的。因此，外宾在苏联国内的外汇商店购买一块价值 20 戈比的巧克力需要 10 美分，如果在国外通过邮包购买的话则需要 17 美分。[682]

外宾商店邮包业务准确而完整的外汇效益难以确定。为了确定外汇效益，需要知道苏联因境外商品邮包减少而损失了多少关税，以及国际、国内和出口价格之间的差异、出口开支节省等带来了多少外汇。此外，在档案中并未保留外宾商店发出的邮包总数及其总价值的数据。邮包业务的外汇效益只能按照外宾商店的境外汇款规模间接判断。

外宾商店外汇汇款的档案统计清点了通过设有外宾商店账户的外贸银行和国家银行[683] 流入的钱，以及直接开具的用于外宾商店的票据和支票。[684] 然而，境外流入的钱多于外宾商店汇款业务统计的结果，因为外汇流入苏联通过了"无组织的方式"——邮寄或走私贵重包裹。因此，海关总局 1931 年 10 月发给外宾商店的信很有意思："按照苏联货运公司里加分公司 14614 号许可证对应的提货单，寄给维捷布斯克市奥尔洛夫斯卡娅街 9 号的女公民特里弗西克的邮包到了，里面应当包含 4.4 千克面粉、3千克大米、2千克糁。在邮包通过里加的M.鲁拉里公司发出。在海关查验时，在邮包的面粉里发现了8份苏联货币，每份5切尔文券，总计400卢布。在邮包连带着钱都被没收了……和这种公司最好不要签订协议。”[685]在此事件中，和面粉一起寄出的是苏联货币，但又有什么能阻止以类似的方式邮寄美元或马克呢？海关总局、外宾商店和苏联的贸易代表处承认类似的“无组织汇款”规模巨大。[686]

通过走私流向苏联民众，随后花在外宾商店的外汇金额只能大致估算。外宾商店存续期间流入的外汇现金总金额（不含汇款）为4240万金卢布，约合外宾商店收购有价物品总价值的15%。[687]在人们带到外宾商店的“货真价实的”外汇中，包括了外国游客和在苏联生活的外国人的现金，但是其中也包括了非法流到苏联人手中的外汇现金。

在外宾商店的统计中，境外汇款并不是用各国外汇（波兰兹罗提、美元或蒙古图格里克）计算的，而是按照苏联领导制定的官方汇率兑换成卢布计算的，这能让人按照年份和国别对汇款金额进行比较。[688]1931年9月，境外汇款开始流入外宾商店。得益于外宾商店开启新业务的传言快速扩散，当年剩下时段的计划轻而易举地超额完成了，收入了130万卢布（表十七）。[689]汇款的平均金额为60卢布。[690]汇款来源地主要是美国。

外宾商店1932年的计划要求大幅增加汇款业务。完成这一计划的主要障碍是西方大萧条。那几年，国外的生活并不甜蜜，但是，尽管自己困难，人们还是努力帮助在苏联的亲戚朋友。1932年9月，外贸人民委员部指出，每天汇往外宾商店的境外汇款有700—800笔。[691]但是，主要是小额汇款，因此年度总金额并不高——1050万卢布（表十七）。[692]按照贸易代表处的数据，1932年来自美国的汇款最多：上半年，来自美国的汇款占外宾商店账户的境外汇款总额的40%。[693]

1933年，外宾商店领导指望饥荒：最初1400万的汇款计划增加到了1800万，[694]但是，西方对苏联饥民的援助大幅增加的预期并未实现。新的计划没能完成（表十七）[695]。汇款额的峰值出现在第二季度——春天和初夏，饥荒肆虐。[696]吸金最厉害的地区是白俄罗斯和乌克兰，尤其是文尼察、基辅和敖德萨，这些地方的汇款占当地外宾商店办事处收购有价物品总额的 25% 至 50% 不等[697]（汇款占外宾商店有价物品收购额的全国平均水平约为 12%）。1933 年，通过外宾商店，境外往乌克兰汇去了 630 万卢布——将近全国汇款总额的一半！1933 年，外宾商店乌克兰代表处收购的有价物品总额为 2450 万卢布，汇款在其中占比最高，甚至超过了黄金。[698] 可以比较一下：1933 年，莫斯科和莫斯科州收到的境外汇款总计只有 180 万卢布。[699] 汇款的地理分布不仅取决于饥荒的地理分布，而是很大程度上取决于俄罗斯流出的移民群体的分布，要知道，汇款主要来自国外的亲戚。白俄罗斯和乌克兰的汇款大部分是犹太人的[700]——援助来自革命前为躲避屠杀而从这些地区移居美国和加拿大的人。1932—1933 年，超过一半（60%）的美国汇款来自纽约。[701]1933 年从波兰和中东流入了大量资助——主要是犹太人出的钱。[702] 遭受饥荒的哈萨克斯坦、俄国黑土地中心地带等地区和国外并无大量的移民联系，因此指望不上这种重要的金援。

1933 年，美国（连同加拿大）在外宾商店汇款来源国中位居第一。紧随其后的是远少于北美的德国，来自德国的援助主要针对伏尔加河流域的日耳曼人。法国位居第三——因发生革命而流亡的俄国难民帮助仍留在苏联的亲友。中国（包括蒙古）也比较突出——从这里汇往外宾商店的钱来自“白俄”移民和在中东铁路工作的苏联公民。[703] 英国也位居前列。[704]

在确定后续的 1934 年的计划时，外宾商店的领导希望汇款额能超过饥饿的 1933 年——1900 万卢布。[705] 很难说，这个计算是不是基于对新的“粮食困境”的预期，抑或是领导根本没有意识到，1933 年汇款额的增长是非常态的、被迫的——在普遍失业的情况下，国外的移民们“让给别人”的绝不是多余的东西，而是为了拯救在苏联的濒死之人。1934 年的计划很大程度上是复制 1933 年的结果：主要寄希望于北美、德国、波兰、法国、英国和中国的俄罗斯移民。[706] 按照计划，主要收款人仍是乌克兰人、乌克兰和白俄罗斯的犹太人，以及伏尔加河流域的日耳曼人。[707] 良好的收成和苏联粮食状况的稳定注定了 1934 年计划的失败：外宾商店只收到了

1100万卢布的汇款（表十七）。[708] 来自北美的汇款额小幅下降。主要的来源国和预计的一致，不过，1934年的排名发生了一些不大的变动。[709]

在外宾商店的晚期，由于民众上交的贵金属大幅减少，汇款成了外宾商店的主要外汇项目。[710] 管委会希望1935年的境外汇款进账超过上一年度，达到1400万卢布（表十七）。然而，新年的前几个月显示，这些希望无法实现。计划数遭到了削减。[711]1935年，外宾商店收到的970万卢布境外汇款，甚至没有达到削减后的年度计划数。[712] 随着苏联粮食状况的稳定，境外汇款也稳定了下来：既没有暴增，也没有突然下滑——每季度流向苏联的汇款额约为250万卢布。[713]1935年位居前列的仍是北美（350万卢布），紧随其后的是法国（80万卢布）、中东（72万卢布）和波兰（70万卢布）。过去往苏联汇款额紧随美国之后位居第二的德国在1934年已经被波兰超过，1935年大幅下滑了数位，在法国、中国之后，和中东的汇款额大致相当。[714] 为什么会这样？

罗马皇帝韦帕芗认为钱是没有气味的，与之不同的是，境外援助中夹带的反苏"气味"有时让苏联领导人深感不安。1930年代中叶，苏联的黄金外汇问题已不像1930年代初期那么严重，因此，国家可以进行政治意识形态方面的选择。1934年，政府禁止外宾商店接收来自德国和瑞典通过"兄弟互助"组织、主要寄往伏尔加日耳曼自治共和国的汇款。对此的解释是，帮助苏联日耳曼人的募款活动伴随有反苏宣传，声称在苏联的日耳曼人遭受了压迫和饥饿：苏联领导人的外汇极端主义是有"意识形态"边界的。通过外贸银行和国家银行的所有汇款会在莫斯科进行审核，以确定寄款人的身份，而那些避开银行渠道的金援只有在询问外国代理人寄款人身份后才会发付。1935年5月20日之后，上述汇款全部停止。[715] 国家银行要求自己的分支机构不得发付来自德国和瑞士的汇款，且不得向收款人寄送收款通知单。党的委员会在农民中开展工作，解释这些钱是"希特勒的援助"。在伏尔加日耳曼自治共和国，内务人民委员部组织了拒收"法西斯钱财"的公开运动，即便有些钱来自亲戚。不服从的农民被赶出集体农庄。作为反击，西方媒体发动了针对外宾商店汇款邮包的运动，援引了大量苏联公民被迫拒收汇款以及收款人遭到迫害的事例。[716]1934—1935 年来自德国的汇款的减少对于苏联领导人而言并不突然，这种减少不仅是预期内的，也是计划内的。[717]

表十七

外宾商店外汇汇款收入（百万金卢布）

年份	汇款计划数 *	汇款收入	有价物品收购总额
1931	1.2	1.3	6.9
1932	无数据 **	10.5	49.3
1933	14—18	14	115.2
1934	19—12	11	65.9
1935	14—10.5	9.7	47.7
1936	8	无数据	2.3
总计 ***			
按年度数据计算		46.5	—
按总结报告计算		46.7	287.3

注释：外宾商店从 1931 年 9 月（业务正式启动）开始接收外汇汇款，到 1936 年 2 月为止。

*1933—1935 年列出了初步计划和变更后的计划。

**1932 年上半年的计划数是 460 万卢布，完成率为 111%（510 万卢布）。

*** 年度汇款额和总计报告数据之间的小差异（20 万卢布）可能是 1936 年 1 月的汇款额。

资料来源：俄罗斯国家经济档案馆，2324 号库第 948 卷第 28 页；4433 号库第 1 类第 13 卷第 9 页；第 66 卷第 190 页；第 91 卷第 88 页；第 109 卷第 22 页；第 114 卷第 38 页；第 133 卷第 141 页；第 140 卷第 75 页；第 145 卷第 378 页；第 154 卷第 90 页；第 175 卷第 64 页。

在外宾商店按照政府决议停止收购贵金属和宝石之后，[718] 接收境外汇款和为苏联港口的外国海员提供服务成了外宾商店仅存的、最后的外汇业务。1936 年的汇款计划数确定为 800 万卢布，这是当年外宾商店外汇计划总额的一半。[719] 该计划的完成情况数据没能找到。我认为，根本不存在这样的数据：外宾商店在 1936 年 2 月就关闭了。境外汇款仍在流向苏联，但并不是流入外宾商店，而是进入国家银行和外贸银行的账户，继而用卢布支付给收款人。在整个存续期，外宾商店总共收到了价值近 4700 万卢布的境外汇款（表十七），占外宾商店收购有价物品总额的 16%。这些金额足够为马格尼托哥尔斯克冶金联合体购买进口设备。[720]

船舶补给和港口经济

“抛弃旧世界？”农奴般的客户。苏联妓院。你们是谁，外汇极端主义的捍卫者？和平的战争：国际俱乐部对阵港口外宾商店。要钱包还是要意识形态？：一仆二主。苏联船舶补给员的日常。酒吧——捕鼠器。苏联的服务就像是大规模杀伤性武器。非现金外汇。

毫不夸张地说，外宾商店是从港口贸易——船舶补给发展而来的。1931 年初外宾商店办事处的位置与苏联海港的地理位置是重合的：阿尔罕格尔斯克、符拉迪沃斯托克、新罗西斯克、敖德萨、赫尔松、尼古拉耶夫、波季、费奥多西亚、塔甘罗格……[721] 随着外宾商店把业务方向转到苏联公民的财富，从前居主要地位的船舶补给变成了外宾商店的次要业务。港口业的外汇收入并不多，但是船舶补给似乎比外宾商店的其他业务更突出，这揭露了这家独特的国有企业的本质——为了钱罔顾意识形态—阶级原则。

在外宾商店出现前，港口贸易由“苏联商船队”股份公司经营。当时，为苏联港口的外国船舶提供的补给并不多：船长只有在紧急情况下才会购买商品。开设港口外宾商店是征集和集中外汇资金用于工业发展总进程的一部分。外宾商店的使命是把港口贸易变成国家的稳定外汇流入渠道。1930 年 10 月，苏联商船队将并不繁荣的船舶补给业移交给了外宾商店的港口部门（稍后重组为港口经理部）。[722] 外汇部门之间关于从船长那里收什么货币的争论最终以禁止卢布交易结束。[723] 国家只对“货真价实的”外汇感兴趣。

按照外宾商店领导人所言，外宾商店是世界上最早尝试“集中补给外国船舶”的，他们认为，这需要特殊的社会主义工作方式。[724] 但对文献的分析表明，苏联港口为外国海员提供的服务在很大程度上借鉴了革命前的做法。港口外宾商店大量的工作人员都是沙皇时期私人企业的船舶补给员，他们把“资本主义的恶习”带到了外宾商店——贿赂、社会隔离、灌醉海员、利用妓女拉动客户。不过，也带有苏联特色——管理不当、产品和服务质量低劣，以及格别乌的无处不在——诸如此类，多得很。

当外国船舶抵达苏联港口时，外宾商店的补给员就会上船并建议船长下单补充粮食、燃料、建材储备。为了让船长感兴趣，船舶补给员会支付给他“酬金”——已完成订单金额1%的酬谢奖金。给酬金是“临摹”自资本主义港口的做法，是合法行贿。苏联特色体现在对于行贿的意识形态—阶级辩护中：外宾商店领导人强调，他们支付的对象不是姿本主义者——船东、剥削者和工人压迫者，而是他们认定为雇工的船长。[725]

外宾商店的船舶补给员一登上外国船舶，就会告诉海员，在港口为他们提供服务的有外宾商店酒吧或者餐厅，以及可以购买纪念品、古董、皮货等商品的商店。船长决定全体船员可以在岸上花多少钱。为了让船长高兴，外宾商店的船舶补给员会再次向其支付奖励——许可金额的1%。这里就出现了最有意思的事情：格别乌禁止外国海员持外汇上岸，船长应当把外汇锁在船上铅封的保险箱里。[726]船员们手上拿到的是外宾商店流通券，事实上，他们因此就变成了农奴般的客户：在整个停靠期间，他们都依附于港口外宾商店，因为其他商店根本不收外宾商店流通券。[727]

只要成为投机者，海员就可以摆脱“农奴制”并获取能给予其经济自由的卢布。尽管港口的进出受到控制，但是那些从外国人手里买东西并以此搞投机活动的人、外汇倒爷和妓女却成群地出现在外宾商店周围，向海员解释短缺经济下的简单生活知识——“有没有什么东西卖？”国际俱乐部（苏联港口面向海员进行革命宣传的中心）对外宾商店的“农奴制”提出了控诉。[728]按照敖德萨区水运委员会管理局的说法，海员们为了去“文化设施”——剧院或电影院，或是在国际俱乐部茶点部“喝口茶、吃块带奶油的面包片”，不得不卖掉件衣服或是倒卖外宾商店的商品和流通券。1933年，在高层就外宾商店“农奴式经营”的案子做了长期审理之后，外国海员终于获准把外宾商店内为他们开设的信用额度转到国际俱乐部的茶点部。然而，外宾商店不愿意流失外汇，因此并没有大力宣扬这个新做法。有一位海员抱怨道，在“长时间艰难努力”之后，才知道可以转账。[729]

外宾商店滋生了一个港口团伙，其中包括船舶补给员、商店和餐厅负责人、皮条客和妓女，有时还有外轮船长本人。苏联港口的小团体所呈现的远非外国海员、社会主义者和共产主义者期待在无产阶级胜利的国度所看到的理想新生活景象。海员和港口工人国际苏联局收到的愤怒而困惑的来信证实，一些港口的外宾商店就是低级妓院。信中，外国海员比当地外宾商店工作人员政治上表现得更为成熟，思想更加坚定。外宾商店的核心领导拒绝采用极端方式解决卖淫的问题，因为他们担心因此流失外汇。某位共产党员科利同志负责的是图阿普谢、新罗西斯克、波季和巴塔米国际俱乐部的意大利事务，他写道：“我们工作中最大的阻碍是卖淫。这个现象在所有港口都存在。……外宾商店就是官方的妓院。妓女进外宾商店就像进自己家一样，她们在这里等待顾客。海员并不是用现金支付，而是用食物抵偿。价值几戈比黄金的一千克糖就能让海员和一个女的过一夜，这让他相信，在俄罗斯的人正在慢慢饿死，连黑面包的数量都不够……看到妓女们活动自由，海员开始相信，这种局面受到了当局的认可。从晚上6点到凌晨，无论是外宾商店的餐厅内部还是从外面往里走，都摩肩接踵，难以穿过由妓女、皮条客和投机分子构成的人群。这一切都通过书面和口头向政府汇报过。但虽然承诺采取措施，情况却日益严重。那几天，几个海员为了让我相信请我去逛了逛外宾商店。喝醉的妓女们在大厅里和桌子上跳舞，仿佛置身于资本主义国家的妓院里……有一些船上的法西斯官员在那里安静地喝酒，在离开后声称这个地方应当更严肃一点。法西斯的船舶管理部门利用这些情况进行了全面的诽谤。例如，坦布里尼船长的高级助手，一个100%的法西斯分子，带着嘲讽的语气对我说，毫无疑问我们已经取得了众所周知的成就，不过俄罗斯最明显的特征是满是妓女和皮条客的场景。”[730]

在所有的黑海沿岸港口，国际俱乐部的政治工作和外宾商店的狂欢是同步进行的。[731] 科利同志不是唯一抱怨的人。根据一些国际主义者所言，“对社会主义建设的宣传和海员关于为什么允许卖淫行为的问题冲撞在一起”。希腊海员在给共产国际主席团的信里描述了外宾商店妓院的状况（档案中只保存了这封信蹩脚的翻译件）：

> 同志们！我们希腊海员到过很多苏联港口，并自豪地看到全世界劳动者的祖国所取得的成就以及社会主义过渡期的进步。但是还是有很多沙皇体制的痕迹，首先就是卖淫活动，我们想把现在所处的赫尔松外宾商店里的卖淫活动通报给你们……你一进入拥有众多商品的商店，就有一扇通向走廊的门。走廊里还有一些别的门，门里面是一些专门的房间，给官员的是上等的豪华房，给普通船员的是剩下的次等房间。
>
> 在买完东西后，外宾商店的经理说：我们这里的房间（就是我们上面提及的房间）里有年轻漂亮的姑娘。这是发生在我们身上的事情（文件中画线强调的——作者注）。我们吃惊地听着经理的话，并走进了提供给船员的房间，事实上我们不知不觉走进了比资本主义国家的妓院还糟糕的地方。妓女们被海员们抱在怀里，因为醉酒而嘶哑地唱着歌，动作下流。桌子上放着很多啤酒瓶之类的东西。
>
> 我们愤怒地离开了那里，并问经理“这些女的是谁”，经理平静地回答“妓女”……当我们问，怎么会允许这些肮脏的事情，他说这里允许他这么干。这种皮肉交易是这样的：由海员支付必要的金额为妓女在外宾商店买糖，接着，妓女再在市场上以每千克15—20卢布的价格将糖卖出。[732]

我找到的一些文件甚至能让人看出妓女的等级——在酒吧“干净”

而优越的环境中工作的受到优待的美女和跑到外宾商店希望抓到一个客户过夜的站街女。除了把卖淫当作职业和主要收入来源的“到这儿来”的姑娘们，文件还提到存在着“兼职的无产阶级妓女”：白天在工厂做工，晚上为了能赚到几戈比的黄金而跑去酒吧。显然，在妓女里面有着政治划分：有一些妓女在格别乌那里“跳动”，其他妓女则殴打港口国际俱乐部的政治积极分子。对于很多人而言，卖淫是那些年的一种生存手段，就像与之紧密相关的投机行为一样——所有妓女都倒卖外汇和紧俏商品。

敖德萨港引起了国际主义者的强烈愤怒。在那儿的外宾商店里管事的是一个叫戈利德什杰伊恩的人，一说他是“伦敦”酒店的老板，另一说和前述并不冲突，称他在革命前曾在敖德萨经营妓院。他的名字在外宾商店的资料中“闪烁”着，是不道德和恣意妄为的象征。[733] 戈利德什杰伊恩是这一行的专家。写着“我们今天有歌舞晚会。酒精饮料”的拉客宣传单不仅出现在船上，甚至还撒到了国际俱乐部里，不管怎么样，从外宾商店酒吧到国际俱乐部足足有50米。在戈利德什杰伊恩的经营下，所有人的工作都是为了揽客。酒吧通宵营业，跳着狐步舞。根据戈利德什杰伊恩的指令，女服务员（只招收漂亮姑娘）坐在外国海员的桌子上。她们不点啤酒之类的廉价饮料，而是怂恿海员们购买烈酒、香槟、白兰地，以及礼物：戈利德什杰伊恩在茶点部设了一个橱窗，在里面展销“女性用品”——扑粉、香水、丝袜和女衬裤。营业员故意少找钱给醉醺醺的海员。客户没钱也不是问题：外宾商店可以赊给海员饮料和商品，账单会拿给船长支付。戈利德什杰伊恩考虑到了船长们的需求：为了不打扰他们的好心情，在他们这些“贵族”就坐的厅里是不准司炉工和别的船员进入的。当案子发展到检查他的经营情况时，戈利德什杰伊恩平静地承认了“反苏工作方法”的所有事实，包括“把海员们招揽到单独的房间”以及“肉体关系”。[734] 在港口外宾商店，建立新世界的革命理想被金钱的力量所打碎。

在一封名为“我对外宾商店的印象”的愤怒信件中，某位到过敖德萨港的琼斯写到了戈利德什杰伊恩的经营活动：“我知道，外宾商店的主要职能是为完成五年计划而赚取外汇。外宾商店业务的随意性给人留下了资本主义国家高级妓院的印象……当船舶补给员第一次登上我们的船时，他对海员们说，姑娘们正在小吃店等他们……有一个姑娘肤色稍暗，她的举动在人群中十分突出，不亚于酒吧女服务员。我本想她情有可原，在吸引海员们并把香槟卖给他们，以便为完成五年计划赚钱，但她的工作并不在此：她在向海员们解释如何弄到卢布。她说，应当在小吃店以10戈比（黄金）的价格购买'莫斯科'牌香烟，然后到街上以3卢布的价格卖给那些流氓。当你走近外宾商店大门的时候，总会看到一些年轻的流氓，这些流氓会堵住海员，请求海员给他们买香烟。同志们，我认为这种情况十分恶劣。挣外汇是为了五年计划，但是这对敖德萨市的工人造成了影响。每一个海员从船舶停靠到离港都会待在这里，但却完全不知道五年计划的存在，不知道社会主义建设，不知道苏联海员、工人的境遇。在外宾商店没有一张明信片，没有一张描绘社会主义建设的卡片，而正是这些东西能使人有可能了解苏联的工业化。"[735]

1932年12月，海员国际俱乐部的工作人员罗塞蒂同志和琼斯一样愤怒，他报告道："在黑海沿岸的其他港口，妓女和准妓女（？——作者注）数量众多，而在敖德萨这里有数千，她们之中有一个负责工作和场地分配的秘密组织。妓女们甚至拥有进入港区、登船的许可证，几十项特权构成了实为妓院的酒吧的荣耀和骄傲……最后，妓女们对我们说：你们为俱乐部（海员国际俱乐部——作者注）工作，我们为酒吧和外宾商店工作；俱乐部——政治机构，外宾商店和酒吧——获得批准的苏联妓院。"[736]

"获得批准"？——由谁批准？在分析档案资料后可以说，苏联主要的外汇部门之一、财政人民委员部为了获得外汇而支持了港口的娱乐活动。1931年秋天，财政人民委员部的一位领导赖谢尔抱怨，妇女被禁止进入某些港口小吃店，只有男人们在那里喝酒。他认为，当地政府过于严肃的风气需要娱乐、音乐、保龄球来调剂。[737]必须完成外汇计划的外宾商店的港口办事处负责人们也会维护风气自由：巴塔米办事处的负责人格林贝格向外宾商店管委会写信抗议警察按国际俱乐部的要求逮捕了外宾商店酒吧里的三个妓女。格林贝格认为，妓女们受到外国船长的邀请，“完全是正当的”，没有理由遭到逮捕。他威胁性地警告管委会：“我认为地方政府的这一行为是不对的，如果以后再次发生类似情况，外国人会拒绝到酒吧来，这将反映在我们的生意上。”[738]港口外宾商店外汇极端主义在警察和当地格别乌的协助或者不作为情况下蓬勃发展，[739]在这种极端主义之中，为了获得外汇，所有手段都是好的。前面提到过的来自敖德萨的罗塞蒂同志在1932年写道：“有一次，我逮捕了两个在中央大街殴打我们积极分子的妓女，她们当着海员的面指责我们的积极分子，称她是在俱乐部里面工作的间谍。在警察局，她们对我说，妓女从事自己的职业只是为了赚点微薄的收入，而如果我觉得警察会打击卖淫行为，那我就错了。”[740]

必须获得外汇以完成五年计划成了卖淫和投机行为的理由，地方领导和港口外宾商店的领导由此试图维持自己的工作方式，其实这些理由只是那些领导个人利益的掩护。港口商店的收入并不高，[741]由卖淫活动产生的大部分收益进了戈利德什杰伊恩这种经理的口袋，以及用于维持和当地政府的良好关系。格别乌在外宾商店里拥有自己的利益，它利用妓女和投机者在外国人中收集情报。戈利德什杰伊恩认为，醉酒和女服务员的私密服务都被用于“政治和侦查工作”。[742]出奇的平静是不是可以解释为得到了当地格别乌的庇护？从1931年开始一直到1934年为止，国际俱乐部针对“戈利德什杰伊恩式经营”的杂音毫无结果，这是不是巧合？其他的船舶补给员也以格别乌的名义掩盖了自己不甚苏维埃式的行为。[743]文献证明，当地格别乌“建议”检查员和心怀不满的人不要去外宾商店。[744]

文件中还提到了当地党组织因为外宾商店里蓬勃发展的卖淫活动而反对扩大外宾商店酒吧。[745]“反对扩大”，而不是要求其关闭——毕竟党的领导有责任完成本地区的外汇计划。[746]地方的苏维埃组织和工会组织尽管收到了很多信息，但仍然毫无行动。应当指出，在莫斯科的外宾商店管委会也迟迟不愿就港口外宾商店的工作方法采取果断措施——为什么要宰杀下金蛋的鸡呢？1933年1月，为了回应海员和港口工人国际苏联局围绕敖德萨港情况发出的杂音，外宾商店副主席博什科维奇仅仅建议敖德萨办事处的管理人员“采取一系列促进健康发展且能确保外汇流入的措施，同时不会破坏本单位的威信”。[747]1933年2月，管委会新任主席斯塔舍夫斯基在给各地办事处的指示函中建议在港口采取一些局部措施——把酒吧服务人员换成男性工作人员，“不提供热菜，仅限销售冷盘”。[748]斯塔舍夫斯基要求“最大程度地吸引外国海员的外汇”，但在与港口外宾商店外汇极端主义的斗争中，局部的“促进健康发展的措施”注定会失败。

国际俱乐部是唯一向港口外宾商店宣战的单位。关于社会主义优越性的讲座以及简陋的小吃部难以吸引海员，他们更愿意去花天酒地的外宾商店。[749]没人光顾的国际俱乐部迫使政工人员开展行动。水运工作者国际苏维埃局向全苏工会中央理事会和工会国际发去了警报信，要求让埋头干活的外宾商店回到“苏联制度”。由于国际俱乐部引起的纷扰，关于港口外宾商店的卖淫和投机活动的事情传到了党的高层：1933年，联共（布）中央监察委员会—工农监察人民委员部讨论了港口酒吧的工作方式。[750]1933年4月，根本措施终于出台了。不知是出于自己的倡议还是高层的呵斥，外贸副人民委员洛加诺夫斯基命令外宾商店办事处在各港区只保留商店。[751]酒吧和小吃部只能在国际俱乐部中、在政工人员的监督下运营。在吆喝过后，官员们开始采取保险措施，因此出现了激进的行为：和那些花天酒地的场所一样，餐厅里面向外国游客进行的乐队表演也遭到了禁止。[752]1933年夏天，轮到了戈利德什杰伊恩和其他在外宾商店系统中工作的“遗老遗少”和“异己分子”。在联共（布）中央监察委员会主席团和工农监察人民委员部委员会实施的外宾商店机关清洗运动中，斯塔舍夫斯基命令港口办事处开除所有旧商人、富农、流放者、孟什维克分子、社会革命党人、前托洛茨基分子、贵族、旧警察、神职人员、被剥夺选举权的人和刑事罪犯。[753]1934年的资料证实，港口的外汇卖淫活动在外宾商店酒吧关闭后仍在持续。船舶补给员继续发挥着皮条客的作用，他们按照外国海员的订单，把妓女送到船上。[754]皮肉生意的外汇收入完全流进了私人口袋：在港口外宾商店卖淫活动的事情上，对于苏联政府而言，思想—政治原则比外汇利益更重要。

外宾商店与海员和港口工人国际苏联局通过一个总体协议达成了和解，根据协议，外宾商店必须保障港口国际俱乐部的文化业务。不过，外宾商店里保留下来的顾客区分方法一再地受到国际主义者的责难。1935年底，波季港国际俱乐部负责人维尔克斯向内务人民委员部抱怨："有些英国人批评我说，当海上归来的人连一杯啤酒都弄不到的时候……营业员总是跟他们说'喝伏特加吧'……这有点儿不像话。为此，大部分英国海员离开俱乐部出去找妓女了。"据维尔克斯讲，外宾商店的小吃部里没有便宜的商品，比如"所有国家的海员都会因为好玩而买的"柠檬水、小饰品—纪念品。维尔克斯写道："他们觉得，只买得到皮货和纺织品，而人们想买来喝的水却没有。"[755]

在寻找外汇时，港口外宾商店扩大了自己的服务范围：驾驶小艇和电车、送水、流动船柜、租赁、游览、演出票、洗衣、剪发、维修箱子和充电。在文献中多次提到了把狗卖给船员换取外汇——这是离家在外的海员日常肖像的一个细节。但是由于海员的零散性，从日常服务中获得的外汇收入较少。外宾商店提供的燃料、油、木材供应也未带来明显的效益。由于这些东西的价格高，甚至超过苏联的出口价以及外国港口的价格，外国船舶拒绝补给这些东西。

外宾商店提供按照宗教仪式进行的海员殡葬服务以换取外汇。有件事情引起了我的注意，此事是革命理想和外汇极端主义现实发生冲突的典型案例。该事件也反映了外宾商店的实质。事情发生在1934年，并由内务人民委员部处理。一艘土耳其船上死了一个水手，船长订购了木板、布匹等物品，以便葬礼"按照土耳其礼仪"进行。苏联海员在国际俱乐部的提议下决定在政治上启蒙自己的阶级同志：他们花钱请了乐队，买了花圈和旗帜。港口外宾商店的领导只看到了葬礼上赚取外汇的机会：

不仅把订购的商品记在船长账上，还把土地价值，甚至是国际俱乐部已经付过钱的乐队也记在船长账上。根据内务人民委员部当地分支机构的报告，在向船长出示账单时，“发生了一出丑陋的商业戏码”：船长提出了抗议，他认为土地是无偿提供的，而且“按照穆斯林的礼仪，安葬时不用乐队”。外宾商店讨价还价，试图收取革命音乐和苏联土地的费用。在外宾商店告诉船长不管怎样钱都会从运输金额中强行扣除之后，船长不得不为了这些革命的标志而付钱。不过，这件事情转而成了政治丑闻，因为愤怒的土耳其海员们向报纸写信，而土耳其船东则找到了苏联外交人民委员部。

在这一事件中，内务人民委员部是纯洁的革命原则的维护者。根据该市内务部门负责人的看法，外宾商店“忘了”苏联贸易应当具有思想政治特点，不能只是赚钱的工具，而应贯彻阶级原则——在此事件中，指的就是无产阶级国际主义。该市内务部门负责人继续谈到，如果外宾商店不能承担革命葬礼的费用，那么它也不应该占国际俱乐部的便宜，还强迫资本家为革命大团结付款。应当强调的是，这位内务人民委员部的工作人员谈的并不是交易中的诚实和正派，而是政治原则，或许他认为，“不能强迫资本主义贸易企业为反映苏联海员革命意愿的仪式付钱”（下画线是我想强调的——作者注）。[756] 不过，两难之处在于，遵守思想政治原则会导致外汇收入受到限制。追逐工业化所需的外汇要求重新审视并完全取消了很多十月革命的原则：在苏联建立社会主义转变成了阶级意识形态纯洁的丧失。安葬土耳其水手事件、港口外宾商店里几乎合法的卖淫活动，都是丧失思想原则、外宾商店腐化的证明。外宾商店一仆事二主——既要服务于社会主义事业，还要服务于资本。在这种思维下，外宾商店无论是在港口经营方面，还是工作的普遍原则方面，都背叛了革命。这个结论特别重要，因为外宾商店不是一个私人团伙，而是一家国有企业。

1930 年代苏联的船舶补给员值得特别关注。港口工人中包括了失败者和丢人的酒徒，还包括了忠于自己事业的匠人、顺风顺水的小偷和流氓，这些人在港口找到了最后的职业庇护。在船舶补给员里，事实上几乎没有共产党员。[757] 拥有革命前经历的船舶补给员是骨干，这些人在苏联政权下继续做着以前了解和擅长的事情。[758] 为了摆脱“阶级异己分子”，且考虑到港口工人的不足，外宾商店领导尝试建立“自己的”无产阶级船舶补给员队伍，但直到 1934 年才迟迟地在敖德萨和列宁格勒开办了短期培训班。[759] 格别乌检查了学员招生工作。尽管国家花费可观（每名学员 5000 卢布），但是试验并未取得成功。对于重建秩序的共青团式冲动遭遇到了苏联式的经营不善和老职工的相互包庇的阻遏，这些老职工排挤掉了年轻而缺乏经验的职工。根据各地的反馈，港口的人员不足程度和流动性较高，而来的“都是失败者”。[760] 据列宁格勒领导所言，1934 年，港口成了那些被市区外宾商店解雇的“工作疏忽者、懒人和被通报批评者”的避难所。[761] 列宁格勒港甚至难以筛选出掌握外语的人，更不要说“边远地区”了。比如，在摩尔曼斯克港，一直到外宾商店关闭都没有一个船舶补给员懂外语，而很多人连俄语也不认识。[762]

根据叶夫帕托里亚发来的报告，当地船舶补给员的收入每月共计 30 卢布，且不得领取食物配额。[763] 即便是在列宁格勒港，船舶补给员也只能拿到相对较低的工资——100 卢布——再加上船长订购金额中的一小部分。[764] 要知道，工作并不轻松。在旺季，列宁格勒港的每一位船舶补给员必须服务十多艘船。[765] 在广阔的港区内（25 千米），船舶的服务距离达到 7—14 千米，而公交车每小时两班，且不定时。在交通不便的情况下，船舶补给员不得不步行。而且，去列宁格勒港上班需要从市区坐电车才能到，从电车站去港区还要再走 3 千米。

文件显示，随着港口外宾商店赚取外汇，苏联船舶补给员的面貌变得好起来。1930 年 12 月——外宾商店用了两个月从苏联商船队接收了港口业务——新罗西斯克港口业务负责人亚济科夫在给外宾商店管委会的信中描述了自己的工作人员：“一个人穿得不体面或者说穿着破的皮上衣、没鞋跟的皮鞋、檐帽的色彩和式样难以识别，另一个人穿着没有衬里的破烂旧大衣做成的皮夹克、戴着不体面的袖套，如果烘烤这件皮夹克的领子，那么油脂厂能收集到大约两普特的油脂或者更多，他还穿着后面打有灰色补丁的深蓝色裤子。”亚济科夫以“心情十分悲伤”作为结尾。[766] 看到这些衣衫褴褛的船舶补给员，有些外国船长有时会出于同情给他们买衣服。[767]

船舶补给员不仅没衣服穿，而且还和苏联大部分人民一样挨饿。然而，无价的精美餐食每天都会经过他手。就像亚济科夫写的："不可能完全停下来吃午饭，(船舶补给员——作者注)只能边干活边吃，同时还要保证这个人不会掰下块奶酪、香肠、火腿、饼干或者黄油不掉下来，绝不可以。此外，他也是人，所有的食物都看在眼里，而他自己还饿着肚子。完全有理由推测——在他脑子里会闪过一个念头，他要当一个罪犯，如果不拿走的话——就拿起来吃一点。”新罗西斯克港外宾商店负责人经过并不复杂的计算得出，如果每个人每天掰掉 50 克干酪，那么这个员工的家庭一年内能吃掉 130 千克这种外汇食品。如果把“别人温柔的眼神和胃”加进这里，那么损失的熟食就会从数百千克变成数千千克。[768] 凭这些犯规行为就开除职工是不行的——这会导致没人工作。亚济科夫请求外宾商店的港口部门设立专门的商品库，以便让船舶补给员吃饱穿暖，要知道，他们几乎是外国海员最先见到的苏联人。

显然，并不只是亚济科夫一个人抱怨。1932 年 11 月，外宾商店管委会允许船舶补给员每年一次在外宾商店购买一套西装、一件大衣、一双鞋、一顶帽子和三双袜子——这些商品在当时都是很宝贵的，而且，船舶补给员只需要按照较低的合作价付款。只有工作满 3 个月后才有资格获得上述待遇[769]——这个措施旨在应对一些偷奸耍滑的行为，当时发现不少衣不蔽体的人愿意受雇于港口外宾商店只是为了有衣服穿，然后再离开。除了新衣服，船舶补给员还能得到卷烟（他们在船长室抽一些劣质烟！）以及招待船长的费用。金额并不高，最多每月 20 卢布，其中只有 5 卢布，船舶补给员可以用作个人招待需要。[770] 船舶补给员的抱怨证实，这 5 卢布不得不向外宾商店负责人讨要。[771] 缺钱是苏联船舶补给员的命运：迅速花光发的钱之后，补给员“尽力避免招待的情况”，或者要滑头，包括把招待船长的费用记在船舶账上。[772]

船舶补给员这个职业也有好的一面。他可以自己管自己，享受自由，不受监管，而且在需求的驱动下，他会寻找改善物质条件的方法。经营和欺骗可以把港口变成一个有利可图的地方。船舶补给员会侵占部分或所有属于船长的酬劳：有时候通过直接伪造的方式（虚假账户、伪造船长签名），而有时船长本人没有全部拿走奖励的商品。[773] 这些勾当达到了极大的规模，以致管委会 1934 年禁止了给予船长的回扣奖励。[774] 船舶补给员们会向船长们勒索小费、小礼物和吃的东西。有些人拿到了橡胶靴子，另一些人弄到了进口的留声机唱片。[775]

文献还提到了常常发生在船舶补给员和外国船长之间的“犯罪合谋”。他们一起坑船员（甚至不太懂外语也不会造成什么障碍！）：根据约定，船舶补给员会把船长为自己购买皮货、望远镜、古董等商品的钱算作为船员购买面包、黄油和肉的消费。随着 1933 年外宾商店领导为了掩饰高价 [776] 针对售出商品用金额账单替代物品明细账单，欺骗行为渐渐减少。港口工作人员用声名狼藉的外汇必要性来为自己的偷盗行为辩护：“这种工作方法——其中的一个人写道——有力地促进了船长们采购我们的商品。”他们记住了政治经济课：他们认为，类似的盗窃行为损害的是资本主义系统，因为船长的收益是由船东支付的。[777] 船长没有忘记感谢船舶补给员提供的服务——苏联船舶补给员的一部分收益和外宾商店的利润是通过降低无产阶级水手的食物供应水平获得的。有理由认为，只要能赚取外汇，外宾商店管委会就对账单舞弊行为视而不见。[778] 到 1934 年，船舶补给员已经不穿打着补丁、油迹斑斑、旧大衣改缝的衣服了。在船上，他们穿着新的外宾商店皮制服。

下面是关于港口外宾商店表面情况的一些说法。在关于对这些商店检查的资料中，极少碰到“漂亮”“舒适”“干净”这样的修饰词（戈利德什杰伊恩的敖德萨妓院属于表面体面之列）。甚至在列宁格勒港口外宾商店、苏联主要港口单位的文件中，也有不少这样的批示：“尽快整理好院子和卫生间”“和苍蝇开展坚决的斗争”。[779] 不难想象在其他地方是什么情况。“我去过白海的所有港口，”监察员写道，“发现船舶补给工作不能满足指定职能且有愧于外宾商店的招牌。其场所是一个放着简易设备的简易棚。船舶补给器具不值一提。”[780] 对费奥多西亚港外宾商店的描述是这样的：“小吃部设在一个小房间里，被称为‘捕鼠器’。当小吃部挤进 10—15 人时，就没法呼吸了，而且这个地方选址也不成功，各种杂七杂八的人都会进来逛一逛或者行乞。厕所也没有。热出汗的海员们在隔壁房子里走来走去找厕所。”[781] 巴塔米的港口外宾商店小吃部设在“一个狭小、乏味、摆设沉闷的房间里”，这里只卖啤酒，有时啤酒为 25 戈比，而其他时候（有钢琴演奏的时候）——35 戈比。[782] 对波季港外宾商店的描述是这样的：“小吃部带着凳子的高高的柜台用一块旧漆布覆盖着，这种漆布在英国通常会铺设在卫生间的地面上。因此，英国人会安静地朝柜台坐着，把背转向小吃部的服务员，相互说着话。”[783]

外国船只请求外宾商店供应新鲜的小牛肉、蔬菜、鱼子酱、水果、奶制品和熟食，但拿到的是“1929 年生产的发霉糖果”、“散发着鱼腥味的猪肉”（海员们把这种猪肉扔出船外）、腐烂的蔬菜。有报告提到了海员中发生中毒和痢疾的事件。[784] 但并不是所有情况下都是外宾商店之错：供应商企图把变质过期的商品卖给港口、运输工具不足、没有冰箱。弥漫着日常的苏式混乱：“有车——没船，有船——没车，两者都有——没汽油，有了汽油——没有驾驶员，有了驾驶员——没有水手。”[785] 特别尽职的船舶补给员为了服务船舶有时不得不在农民市场上购买食物。[786] 苏联港口的价格高于附近的外国港口的价格，这影响了外宾商店的工作。[787] 由于国家对定价的垄断，港口的管理层无法自行调整价格：外宾商店领导一直劝说政府允许降低价格，理由是伊斯坦布尔、里加和汉堡的价格更低。[788] 为了击败外国竞争对手，外宾商店努力使外国船舶在苏联港口被强制采购商品。因此，列宁格勒港口部门要求在租用外轮时要把必须在苏联港口补给的条款纳入协议——为了不留下选择的余地。[789]

船长们有时因为思想上的考虑而拒绝在外宾商店采购。允许船员在岸上消费的金额多少取决于船长的政治倾向。[790] 彼得罗扎沃茨克传来的抱怨是，船长们不允许船员上岸。[791] 凯姆港的一位船舶补给员在 1934 年的报告中写道："或许除了拉脱维亚船只之外的所有船只都尽可能地抵制我们的商品，他们只从我们这里购买必需品或者比英国便宜的东西，顺便说一句，很多斯堪的纳维亚人尤其如此。"他认为，丹麦人是糟糕的顾客，不仅是因为丹麦的商品比苏联便宜，还因为船东不准在苏联采购。[792]1935 年，摩尔曼斯克港通报了丹麦人的抵制行为："丹麦船只'格尔达·托尔弗'因为政治观点而拒绝在外宾商店为船只购买商品，而且不准为船员提供信用额度。"[793] 同样是 1935 年，从列宁格勒发来的报告这样写道："拉脱维亚船只'赫列纳·法乌利巴乌姆'、船长楚赫加乌兹、英国租赁船上的前沙俄海军军官为自己购买了 30 卢布（商品——作者注），为船只什么也没买而且也没给船员信用额度。他说，所有东西都必须在英国采购。"因为政治观点，英国船只"托尔斯滕"同样完全禁止船员购买外宾商店的任何东西，甚至用自己的现金购买也不行。[794]

政治原则和经济竞争紧密地交织在一起：1935 年夏天，从摩尔曼斯克发来了警报，"几乎所有外轮都禁止在别国港口支出外汇，在苏联港口这种感觉尤甚"。摩尔曼斯克人认为，英国的船长们尤其反苏。[795] 列宁格勒港确认了外汇限制的存在：由于在德国实行了境外购物禁令，德国海员的个人消费减少了。[796] 在德国船上监视得到了加强，船长们要求为其购物行为保密，而当商店里出现德国同胞时，他们什么也不会买。然而，一个月后，列宁格勒发来了激动人心的报告，德国船"找到了绕开外汇管制的办法，而外宾商店开始考虑他们要求的谈话保密性以及把个人采购品送到船上的保密性"。[797]

外宾商店管委会根据苏联商船队关于船舶进入苏联港口、停靠时长和平均采购规模的预估信息为港口外宾商店制订外汇计划。通过服务外轮大量赚取外汇的希望并未实现。由于苏联港口服务单位充满了拖沓、欺诈、选择少、价格高、供应中断和产品质量差的情况，再加上思想顾虑，外国船长们尽可能不和其发生联系。[798] 很多船长更倾向于出发前在家里备妥腌肉和干果。例如，1933 年，外宾商店领导计划在列宁格勒港、摩尔曼斯克港和白海各港从每艘外轮收入约1300卢布，而实际上每艘船平均只收入100卢布多一点！[799]

港口外宾商店主要通过服务苏联远洋轮以及为船员和海员家属个人提供供给完成了经营计划。[800]港口外宾商店的设立导致苏联船只和船员在境外的外汇支付受到严格限制：出航时，苏联船只应当通过外宾商店储备本国商品。海员们抱怨有遭遇饥饿的危险，因为外宾商店的港口业务办理缓慢而差劲。[801]1933年，根据列宁格勒船舶补给业务数据，每艘外国船只平均在外宾商店采购106卢布的商品，同期苏联船只的平均补给量为1664卢布。1934年上半年，停靠苏联港口的外国船只艘次（1536）约为苏联远洋船（513）的3倍。不过，每艘外轮贡献的进款平均只有270卢布，同期每艘苏联船只平均超过770卢布。[802]1935年的数据也和上述情况相似。[803]但是，补给苏联远洋轮并未给国家带来"货真价实"的外汇，而是节约了国家的外汇支出。[804]1933年，列宁格勒、摩尔曼斯克和白海各港的船舶补给业务总收入85.7万卢布，外汇现金总共只有8.4万卢布，其余的都是停留在纸面上的苏联各单位的无现金结算。[805]

在外宾商店第一个五年计划中，港口业务是一个单列项目，其收入随着时间的发展本应当在绝对数值计算和份额占比计算中都所有增加。[806]这些预言是否实现？港口外宾商店的外汇"收成"如何？外宾商店从1930年10月起开始为港口提供服务。1930年底和1931年度的数据没能找到，但是从外宾商店港口业务的后续统计中（表十八）可以推测出，港口外宾商店在这一时期的收入未必超过了百万金卢布。[807]1932年，港口业务贡献了140多万卢布。处于绝对领导地位是列宁格勒港，紧随其后的是戈利德什杰伊恩可耻地经营的敖德萨港。外宾商店管委会把1933年外汇计划定为300万卢布，但是只收入了200万卢布（表十八）。尽管计划失败了，但是领导仍坚信港口业务会繁荣并拟订了1934年的巨大计划——530万卢布。[808]但该计划只完成了一半——260万卢布（表十八），其中大部分（160万）属于提供给苏联船只的服务。[809]1935年的计划相对较低，为390万卢布，[810]但港口外宾商店并未完成这个计划，只获得了270万卢布（表十八）[811]。在这个数额中，对外国船只的服务所得仅 100 万卢布左右。[812]

外宾商店港口业务总收入未必超过了 1000 万卢布。[813] 正如外宾商店五年计划制定者所预计的那样，港口业务总量绝对数额有所增长，但增量并不大，不过，其在苏联领导人计划通过外宾商店所获的外汇总额中的比例较低——仅为 3.5% 左右。重要的是，外宾商店港口业务收入中的大部分并非实际外汇，而是通过向苏联远洋轮供应国内商品产生的非现金结算，这节约了国家外汇资金。

表十八

港口外宾商店营业额（百万金卢布）

年份	1931	1932	1933	1934	1935
外汇收入	无数据	1.4	2.0	2.6	2.7

注释：外宾商店从 1930 年 10 月开始提供港口业务。

资料来源：俄罗斯国家经济档案馆，4433 号库第 1 类第 132 卷第 123 页；第 133 卷第 103 页；第 154 卷第 90 页。

外宾商店的“红色经理”：“社会革命党人”

从西伯利亚商人中来。“魔鬼住在谨慎之人心中。”政治还是医学？高尔察克的枪决判决。“斯卡拉歌剧院”和送给墨索里尼手下部长的茶炊。外宾商店“晚期”时的主席职位。死刑。手稿何在？

阿尔图尔·斯塔舍夫斯基离任后，米哈伊尔·阿布拉莫维奇·利文森成了外宾商店管委会主席。他是这家企业第三任也是最后一任领导。利文森在外宾商店“晚期”时担任主席一职，从1934年11月至1936年初。[814]

米哈伊尔·利文森于1888年出生在伊尔库茨克。他来自一个“改宗”受洗的犹太人家庭。米哈伊尔的爷爷、普通士兵所罗门·利文森在“解放者”沙皇[815]执政时期服役25年后，获得了西伯利亚的一块土地，并在那里定居下来。所罗门的儿子阿布拉姆、外宾商店未来主席的父亲革命前在勒拿金矿区向淘金者销售食品，因此致富，拥有一等商人的金属牌，在伊尔库茨克有房子和8个孩子，其中4个孩子参加了革命。革命者米哈伊尔·利文森并不掩饰自己的资产阶级出身。在1936年联共（布）党员登记表的“父母职业”一栏，他写的是“大商人”。似乎，有一个小细节，但也是其重要特征：从个人履历判断，这个人不具备坚定性和原则性。

不同于其他外宾商店的主席，米哈伊尔·利文森接受过良好的教育。显然，他的父亲要培养儿子接班，把他送到了伊尔库茨克工业学校，但是米哈伊尔志不在此。他“从小”就对政治感兴趣。但是，青年米哈伊尔并不是马克思主义者——1905年，他加入了社会革命党。[816]作为职业革命者，米哈伊尔·利文森还在高等教育和获得“平民”职业上花了时间。流亡国外后，他在索邦大学学习了高等数学并在父亲的资助下在法国和瑞士接受了医学教育（由于警察追捕，不得不从巴黎转移到日内瓦）。显然，选择医生这个职业源于其造福社会的民粹主义思想，但米哈伊尔·利文森一生中只做了不到两年医生，那是在和社会革命党同志失联后自我放逐到伊尔库茨克期间。医生的职业对于他一直是后备性的，他一生中的主要事业是革命和苏维埃工作。

根据回忆，米哈伊尔·利文森在交流中是个枯燥谨慎的人。但是静水常深：17岁时——第一次俄国革命爆发——米哈伊尔·利文森和商人家庭决裂，成为社会革命党人，因被控筹划刺杀伦宁坎普将军而被捕，随后从伊尔库茨克监狱武装越狱；20岁时——试图抢银行，这事差点要了他的脑袋。[817] 抢银行失败后，米哈伊尔·利文森于1909年开始流亡国外，流亡达8年之久。他在此期间学习，并无特别重要的事情发生。根据家人的回忆，他在流亡期间和同志们一起出版了杂志《在异国》，面向的读者是在奥地利和德国的俄国“一战”战俘。

二月革命胜利后，米哈伊尔·利文森在1917年5月和很多政治难民一道回到了俄罗斯，但没有返回故乡伊尔库茨克，而是去了事件的中心——彼得格勒。显然，“恶魔”厌倦了无所作为——米哈伊尔·利文森加入了那些年最激进的政党之一左翼社会革命党。他积极参与了十月武装起义。那几天，利文森是全俄苏维埃中央执行委员会和彼得格勒防卫司令部的成员。令人惊奇的是，有时候人们的命运会交织在一起：维亚切斯拉夫·莫洛托夫在米哈伊尔·利文森的领导下在彼得格勒委员会工作，在不久的未来，前者将成为斯大林镇压老一辈革命者的“得力助手”，米哈伊尔·利文森正是死于镇压。

左翼社会革命党人利文森联合布尔什维克在彼得格勒开展的蓬勃革命运动在半年后戛然而止。1918年3月，列宁政府与德国单独媾和。在付出大片领土和大量金钱的代价后，俄罗斯从世界大战中脱身而出。《布列斯特和约》导致了布尔什维克内部的分裂，而左翼社会革命党对其进行了严厉抨击，他们退出了苏维埃政府并发动叛乱。在和党内同志吵翻后，利文森于1918年4月前往伊尔库茨克。他和妻子、7岁的儿子一起在那里过上了乡村医生的家庭生活，在此之前，他的儿子一直和米哈伊尔的父母一起生活。在伊尔库茨克，利文森医生在孤儿院工作。但他没能成功地远离政治。国内战争爆发了，自封为“俄国最高执政官”的海军上将高尔察克于1918年11月在西伯利亚建立了独裁政权。1919年11月，利文森在伊尔库茨克成立了一个自治团体“西伯利亚左翼社会革命党”，发动游击战打击高尔察克。1920年1月，伊尔库茨克落入布尔什维克之手，作为上述团体的领导者，利文森进入了伊尔库茨克革命委员会，并签署了枪毙高尔察克的命令。1920年2月，前“俄国最高执政官”被处决，他的尸体被抛入安加拉河一条支流的冰下。[818] 当年2月，伊尔库茨克省委接纳米哈伊尔·利文森加入布尔什维克。

他由此开始了在苏维埃政府中曲折辗转的工作。1920年春天，利文森接到任命前往莫斯科。他在工农监察人民委员部工作了3年，在那里他是部务委员、劳动和卫生检查工作负责人——这个任命显然和利文森的医学教育背景和医生经历有关。利文森在工农监察人民委员部的领导是斯大林。[819] 之后，他担任了一年“盐业辛迪加”管委会成员。1923年，他转任俄罗斯苏维埃联邦社会主义共和国进出口公司管委会副主席，一直到1928年。利文森在贸易领域转换着岗位直到生命最后一刻。

在进出口公司之后，他被派往意大利米兰，先是担任苏联贸易副代表，之后又担任贸易代表。1930年代，派人往境外工作的原因各有不同——搞情报工作、失宠、试图销声匿迹。苏联在意大利的代表机构从规模上讲仅次于德国的驻意机构，从当时国际局势的角度看，这并不是毫无意义的。不过，我想大胆地猜测一下，利文森被派往驻意大利的贸易代表处并不是升迁。因此，我认为，他离开苏联是被迫的。1927年11月，在俄罗斯苏维埃联邦社会主义共和国进出口公司的党组织会议上，作为公司领导之一，米哈伊尔·利文森反对开除托洛茨基和季诺维也夫的党籍。1928年1月，他不得不公开悔过，但是决定性的一步已经铸就。

要么是有人建议利文森到国外“避风头”，直到事情被遗忘，要么就是“有人把他”从领导岗位上弄走，反正这年秋天，他去了意大利，并在那里待了近6年，直到1934年11月。

家人的传说中保留了米哈伊尔·利文森生命中“意大利时期”的一些故事。其中包括贸易代表利文森和苏联大使结伴到“斯卡拉歌剧院”从看台上听歌剧……他们穿着简朴，为了在普通人群中不那么显眼。大使馆的预算没有预见到剧院包厢消费，而这个级别的苏联领导本来必须坐在其中，以免降低威望。关于利文森和私人司机、赛车手、躲避法西斯追捕的社会主义者之间友谊的故事也发生在意大利时期。或者是给墨索里尼手下部长送茶炊的事情：在米兰一次交易会的苏联馆里，利文森向意大利贸易部长赠送了一个图拉茶炊。由于不知道如何使用茶炊，这位部长在使用其招待客人时命令把沸水倒进引火的管子里。沸水从炉膛下面的孔洞中迸出，烫伤了好几个社会名流。我们想知道更多利文森在意大利的工作情况，而不仅仅是生活故事，还有贸易代表利文森可能在该国执行的秘密任务。“为了表彰在外贸领域特别有力且具首创性的工作”，苏联中央执行委员会于1933年4月授予了米·阿·利文森劳动红旗奖章。这么重要的奖励不会无缘无故地授予。墨索里尼统治下的意大利是米哈伊尔·利文森生命中的一段幸福时光，在“大清洗”之前他回到了莫斯科。

如果我的猜测是正确的，即利文森被派往意大利工作是因为失宠或是采取预防措施，那么获得劳动红旗奖章就意味着他得到了宽恕。利文森正是从苏联驻意大利贸易代表处转任外宾商店管委会主席的。在这里，他工作了一年多，一直到这家企业关闭为止。外宾商店主席利文森积极寻找新的外汇来源，包括出售公寓、别墅、度假凭证和剧院戏票，但是顾客的需求无情地下降了。主要的帮手——饥荒，曾在某段时间里把人们赶进外宾商店，而现在已经不存在了。外宾商店无法和遍地开设的新商店展开竞争，这些新店的商品品种不比外宾商店少，而且无须黄金购买，只要普通的卢布就可以。虽然已经尽了全力，但是商品积压仍在增加，外宾商店陷入了亏损。外宾商店已经完成了自己的使命，彻底扫光了人民的外汇积蓄，收购了百万计的传家宝和有价物品。1934年底，“高层”开始谈及停办外宾商店的事。1935年年内，外宾商店开始收缩——商店关门歇业、商品移交给了普通贸易网络。随着外宾商店的关闭，紧接着米哈伊尔·利文森收到了新任命，也是最后一次任命。1936年1月，他成了苏联内贸人民委员伊兹赖尔·雅科夫列维奇·魏采尔的副手。[820]

随着苏联“大清洗”的开始，考虑到米·阿·利文森的社会出身、长期的社会革命党历史、相对较高的国内地位，特别是公开支持过托洛茨基和季诺维也夫，他的命运已经可以预见。此外，在1936年6月更换党员证件时，即所谓“托洛茨基—季诺维也夫恐怖中心”进入司法程序前的两个月（！），他没有就自己参加过反对党的事情保持沉默，还指出了13年前自己同情托洛茨基的讲话。在这个内务人民委员部伪造的案件中，处决了16个布尔什维克党高官。

米哈伊尔·利文森的联共（布）党员登记表最后有这样的手写标注：“1936年党员证——已注销。开除党籍。”“开除党籍”——在这种情况下等于“被逮捕”。1938年8月22日，米哈伊尔·利文森在列福尔托沃监狱被处决。在一份处决名单中，他的名字为148号。[821]似乎，利文森卷入的是一个被称为“贸易人民委员部系统内右倾反革命组织”[822]的案子，苏联国内贸易的其他领导也因这个案子被枪决，包括人民委员魏采尔本人。[823]从所获取的资料判断，米哈伊尔·利文森的亲属中没有一个人提出为其平反、恢复名誉的请求。

米哈伊尔·利文森的儿子叶甫根尼于1935年毕业于装甲兵研究院，并进入利哈乔夫工厂工作。作为“人民公敌”的儿子，他于1938年被开除出共青团。他以前的同学安德烈·斯维尔德洛夫指证了他。安德烈·斯维尔德洛夫——苏维埃国家的缔造者之一雅科夫·斯维尔德洛夫的儿子，1930年代担任内务人民委员部军官。叶甫根尼·米哈伊洛维奇·利文森免于监禁。他在利哈乔夫工厂工作了60年，担任过副总设计师，写了15本技术专著。遗憾的是，他的儿子、米哈伊尔·利文森的孙子安德烈现在已经去世，他曾写过一本关于家庭历史的书《记忆》。显然，这本书并未出版——因为无论在图书馆的目录中，还是在网络上，我都没有找到这本书。西伯利亚商人阿布拉姆·利文森的大家庭里，只有米哈伊尔这一支留在了俄罗斯，其余的家庭成员散布在世界各地——以色列、法国、美国。直到不久之前，安德烈的妻子伊琳娜还生活在俄罗斯。或许，那本书的手稿在她手里。

面包和帆布鞋，或有关于人们在外宾商店购买的东西

黄金流向西方，面粉流向东方。外宾商店售出多少商品？大致路径：纪念品小铺→面粉铺子→外汇百货商店。顾客需求的转变。外宾商店的钱花光了吗？

到目前为止，本书一直在讲人们往外宾商店带去了什么东西，现在该看看他们从商店里买走了什么。外宾商店和古罗马的两面神一样也具有两张脸。一张脸面向西方，黄金等外汇有价物品从苏联流向国际市场。第二张脸面向东方的本国人民。当时“流向西方的水流”是发着金光、银光而且钻石满溢的，“东方”则都是饥民和恶魔。和布尔加科夫的经典形象明镜般商店里的“鲑鱼排”不同，对于外宾商店更准确的描述是贫民的面粉铺：外宾商店的“入口”放着黄金，“出口”放着成袋的面粉。

表十九

外宾商店商品销售额及有价物品收购量
（百万金卢布，按外宾商店售价计算）

年份	1931	1932	1933	1934	1935	1936*	按年度金额合计数	最终报告数据
商品销售额	6.9	51.4	106.5	60.7	41.1**	无数据	266.6	275.0***
其中的食品销售占比	无数据	59%	82%	74%	49%	无数据	无数据	无数据
民众上交有价物品所获付的金额	6.9	49.3	106.2****	65.9	47.7	2.3		278.3****

注释：*1936 年 2 月正式关闭后，外宾商店未再从民众手里收购过有价物品，但一直到 1936 年夏天，外宾商店仍在继续凭留在民众手里的商品册供应商品。

** 此为预计完成量。由于“临近落幕”导致的购买狂潮，实际金额更高。

*** 由于 1935 年销售量存在漏算情况且缺少 1936 年初数据（当时人们正急着凭手里的商品册换取商品），按年度合计的销售金额略低于外宾商店最终报告中的金额。

**** 不包括未向民众付款的 900 万卢布的黄金和白银“剩余”（详见表十二）。最终报告中收购量和年度合计收购量之间的小差异（40 万卢布）可以用数字化整和年度数据的灵活性来解释。

资料来源：俄罗斯国家经济档案馆，4433 号库第 1 类第 66 卷第 54、94、102 页；第 132 卷第 34、65 页；第 153 卷第 22 页；第 160 卷第 104 页；第 175 卷第 62、63、129、130 页。

外宾商店在存续期间经历了数次转变。在向苏联顾客敞开大门前，外宾商店是一个纪念品商店。其业务量并不大：1931 年，外宾商店的商品销售额为 690 万卢布。[824]（表十九）不过，这一年是外宾商店的转折点——当年夏天开始接受使用沙皇金币支付，初秋时政府允许苏联公民接收汇往外宾商店的境外汇款，11 月开始接受以日用黄金购买商品。在苏联顾客获准进入外宾商店后，其营业额开始快速增长。[825]（表十九）

外宾商店的商品销售结构开始发生变化。1931 年上半年，食品在售出商品中占 80%。然而，当时的粮食商品的高比例并不是饥饿导致的：1931 年上半年，外宾商店的主要业务是在苏联港口为外国船只提供补给，这些外轮购买的主要商品就是粮食。随着苏联顾客出现在外宾商店，1931 年下半年，外宾商店经营中的粮食占比开始急剧下降（降到了 20%—25%）[826]：外宾商店的下属商店暂时仅设在大型工业城市，这些城市享有优先的国家供应，这些城市的市民因为优先供应还没有感觉到“粮食困境”。[827]1931 年，农村还不知道外宾商店。外宾商店 1931 年下半年需求最大的商品名录反映了相对脆弱的城市安逸和马上要到来的饥荒之间的分界线——和鞋子、针织品、成衣、内衣和纺织品并列的是需求最大的面粉和糖。[828]

1931 年的业绩证实，外宾商店有潜力成为销售高质量日常用品的城市精英商店，但是饥荒打消了这个可能。1932 年——苏联大饥荒的第一年——粮食在外宾商店销售中的占比从 47%（第一季度）增加到 68%（第四季度）。[829] 在被国家征购一空的以农民为主的地区，粮食在外宾商店销售中的比重更高。1932 年 5 月，从巴什基里亚发来报告，外宾商店 80% 的销量来自面粉，其余商品销售疲软。[830] 北高加索于 1932 年 12 月报告，外宾商店里的需求仅集中于面粉、糁、植物油和糖。根据报告所言，"大量顾客"成群地涌向外宾商店下属的百货商店，他们大部分是"专门为了面粉而来的"农民，而"最近顾客对工业日用品几乎完全不感兴趣"。[831]

1932 年底 1933 年初检查外宾商店工作的联共（布）中央监察委员会和工农监察人民委员部的委员会认为，对于粮食的狂热需求在于外宾商店不正确的定价策略——工业品价格过高、食品价格过低。委员会建议提高食品价格，之后通过了乐观而不实际的 1933 年销售计划——计划中，粮食和工业品的比重相近（分别是 55% 和 45%）。[832] 外宾商店领导遵循上述建议于 1933 年初提高了食物售价，但是购买需求的特点并没有变化。相反，1933 年第一季度，粮食在外宾商店销售中的占比增长到了 85%！1933 年冬天外宾商店售出的食物中有超过一半（60%）是"面包类"。[833] 比较顾客以农民为主的西部（斯摩棱斯克）办事处和以市民为主的列宁格勒办事处可以得出，无论在城市还是农村，粮食在销售中的占比都领先[834]：人们把值钱的东西换成面粉。工农监察人民委员部在检查外宾商店时报告道："如果没有面粉和糁，那就不会排队。"[835] 销售结构大喊"饥饿"，但是官员们坚持尝试用价格政策解释发生的一切。饥饿导致了外宾商店业务急剧腾飞：1932 年，人们在外宾商店购买了价值 5000 多万卢布的商品。（表十九）1932 年外宾商店的地区网络刚开始发展，如果网络建成更早的话，外宾商店在这个饥饿年度的销售额会更高。

外宾商店1933年的商品销售计划——1亿卢布——显然是指望饥荒能延续。年初，管委会副主席阿佐夫斯基不知廉耻而骄傲地声称，没有一个别的组织"具备外宾商店所拥有的这些有利工作条件"。[836] 悲剧的程度比惊人且大胆的计划更甚：1933年商品销售达到了创纪录的1.065亿卢布（表十九）。在这可怕的年份能有东西拿到外宾商店的人是幸福的。食品占据了外宾商店售出商品的绝大多数（超过80%）。面粉（主要是廉价的黑麦粉和次等小麦粉）销量居首，在外宾商店1933年的售出食品中占比超过40%。[837] 据不完全统计，1933年人们从外宾商店买走了大约23.5万吨面粉[838]、6.5万吨糁和大米、2.5万吨糖。[839] 这些基本食品是饥民最需要的。"吃饱后"所需的商品的销量并不大：1933年，外宾商店卖出了110万卢布的鱼和鱼子酱产品（略超3000吨）、60万卢布的水果（1700吨）、120万卢布的肉类（2800吨）、约80万卢布的丝织品[840]、270万卢布的鞋子、70万卢布的皮货、70万卢布的酒类、30万卢布的古董。[841] 明镜般的熟食商店迷失在装着面粉的粗布袋之中。所有办事处都向莫斯科的外宾商店管委会提出增发面粉的请求——如果满足不了饥民的需求，生意就要中断了。[842] 外宾商店的经理们普遍把各自销售计划的中断归咎为面粉供应不力。饥荒时期外宾商店"面粉类商品"的销售并不受限于购买需求，而是受限于国家对商店的供应不足。

随着夏天的到来，饥荒开始得到缓解。大丰收后，饥荒彻底消失了。[843] 外宾商店的统计反映了苏联粮食供给状况的正常化：上交有价物品的人数普遍下降了，而每个人上交有价物品的平均价值上升了[844]——这标志着富人开始在"上交者"中占多数，他们把有价物品卖给外宾商店不是因为贫穷，也不是为了买小物件，而是为了购买昂贵的高档商品。外宾商店工作人员非法地把酒、水果、可可和巧克力纳入了自己的食品定量配给中，这意味着此时面包和油已经足够了。[845] 销售结构发生了变化。外宾商店的面粉销售计划再也没能完成，因为在大丰收后，政府把面包塞满了商店，食品需求急剧下降。外宾商店1933年秋天的粮食销售仅相当于该年春季的40%。[846] 外宾商店领导者不得不大幅降低了食品售价，这引起了政府的不满。[847]随着饥荒的消退，工业品需求开始上升。1934年冬天，农民占多数的西部办事处居然报告称，最近一个月突然售出了2台照相机、1辆自行车和1台留声机，这些东西在过去一年半的时间里躺在斯摩棱斯克的仓库里无人问津。[848]将外宾商店打造成外汇示范商店的希望再次出现。

尽管1934年饥荒消退了，但是外宾商店收到了一个很高的计划数——销售1亿卢布的商品（和可怕的1933年一样）。[849]外宾商店领导希望通过日用必需品完成年度计划，但是，上半年的销售结果——3400万卢布——证明其未能完成计划。[850]1934年全年，外宾商店销售了价值6070万卢布的商品（表十九）。正如预计的那样，工业品在销售中的比重上升了，但是，1934年占据多数的仍旧是粮食类商品。

1935年，苏联取消了粮食配给制。[851]在定量配给的封闭式分配单位和工人供应处[852]原址出现了"自由"商店。在全国各城市开设了专门的服装和鞋子商店、食品杂货店和示范百货商店。农民市场活跃了起来。此时，人们无须献出传家宝，就可以用卢布购买面包、肉、糁、糖、油等食品。"自由"贸易的发展导致"温饱后"需求的进一步增加。[853]作为1930年代上半叶定量配给中的一种基本食品，鲱鱼已经遭人厌烦，人们想要新鲜的鱼。在城市外宾商店，顾客现在抓的不再是面粉，而是时尚的帆布鞋（沙滩便鞋）、皮草、留声机唱片、有水印的纸张。人们上交有价物品，为了购买妇女饰物以及百货商品，正如列宁格勒外宾商店报告的那样，人们不拿普通的纽扣，而是询问进口的珍珠贝大纽扣。同一份报告承认，日用百货生意依靠了定量配给供应那几年的进口结余。[854]品类多样性和规格说明又回来了：不再不确定"肉"的形态和种类，现在价目清单上列出了牛肉、羊肉、"肥的或是一般肥的"猪肉、维也纳小灌肠、短粗灌肠、香肠、克拉科夫香肠、波尔塔瓦香肠、莫斯科香肠……取消缺乏个性的配给制后，有了"糖果制品"——"富士桑"牌、"经理"牌、"春天"牌、"赛马"牌糖果，"小猫"牌太妃糖；不是简单的鞋子，而是"浅色调的便鞋"；不再是不加区分的"纺织品"，又恢复成了在物资匮乏的那几年里已经被遗忘的棉布、透气面料、厚呢子、波士顿呢、中国绉绸、乔其纱。（阅读价目清单时不知道为什么回忆起了“夏天多彩的领带”。）对于丝绸里料的狂热需求证明了盛装缝制订购业务的恢复。

可以说，外宾商店的面粉铺子时期结束了。外宾商店变成了迎合精英需求的外汇商店，而这种需求并不是大规模的：外宾商店的半年报告指出，1935 年所有商品的销量都下降了，除了纺织品和鞋类。[855] 按照稍稍低估的初步估算，1935 年外宾商店商品销售额总共才 4110 万卢布，工业品销售量首次超过了粮食销量（51% 对 49%）。[856] 刚刚开始的从面粉铺子向经营外汇的商店的转型随着外宾商店的关闭而终止：在营业的最后几周，人们“抢购着”紧缺的生活日用品。[857]

根据最终报告，从 1931 年至 1936 年 2 月，外宾商店向民众支付了 2.782 亿卢布用以收购有价物品（表十九），销售了价值 2.75 亿卢布的商品。[858] 比较外宾商店付款额和民众消费额显示，民众手里还有大约 300 万卢布留在外宾商店未使用，换言之，人们白白向国家献上了大约 2.3 吨纯金。[859] 随着外宾商店关闭停业，这些钱变成了无用的纸片，然后就消失了。当然，白白交掉一枚订婚戒指对一个家庭而言是恼人的，而它也是一个失去了的生存机会，但是在以亿计的统计中，300 万的差额可以当作无关紧要的小数字：在外宾商店购买食品和工业品之后，人们实际上把卖掉有价物品换来的所有外宾商店的钱都还给了国家。

外宾商店付款额和民众消费额相近并不令人惊讶。外宾商店的一个戈比也贵如黄金，这不仅是因为人们为此献出了有价物品，还因为这个戈比是用来救命的。自然而然，每个人都尽量分文不剩地迅速花光外宾商店的钱，更何况，这些钱还受到有效期的限制。1932—1933 年的大饥荒时期引起了我的注意（表十九）：这几年，人们在外宾商店花的钱比他们卖掉有价物品从国家那里拿到的钱要多，这似乎违背常识。可能，这种情况是因为外宾商店统计不完整：1932—1933 年是外宾商店网络大发展的时期，书面的核算赶不上外宾商店的经营；或许，从上一年算入下一年度的“跨期结余”发挥了作用。但是也可能是其他解释：在大饥荒时期，伪造外宾商店的钱的活动也达到了巅峰。1932 年，人们在外宾商店的花费稍稍超过卖掉有价物品收到的金额（200 万卢布）。当时在外宾商店使用的是伪造起来并不复杂的纸质票据。为了打击“伪造分子”，外宾商店在 1933 年初转而使用防伪性更佳的记名商品册。[860] 如果上交有价物品换得的金额超过在外宾商店的购买金额是伪造票据横行的结果，那么可以说，平均统计的公正性占有优势：伪造在某种程度上补偿了民众白白上交的有价物品的价值，这些有价物品的钱并未被花掉。

幸福的 1934 年显示了上交有价物品所得金额与消费金额之间关系的变化：当年年底，民众手里留有一大笔未消费的外宾商店的钱——500 万卢布（表十九）。放缓的需求是主要原因。随着饥荒消退以及需求方向转到精致熟食和紧缺日用品，人们变得更加苛求和挑剔。顾客此时不太愿意在心仪商品和提供的商品之间进行妥协：在挑选心仪商品时，他们有所摇摆，于是就放在一边暂缓购买。1935 年秋天，外宾商店宣布即将关闭后，开始抓紧向民众“投放”商品册：暂缓购买存在风险。上交有价物品所得金额与消费金额之间的关系开始平衡：在 1935 年 11 月中旬，未供货的商品册结余为 350 万卢布，其中一半多属于莫斯科和列宁格勒。[861]1936 年 2 月，外宾商店正式终止运营，但是此后仍然凭留在外宾商店里的钱向人们供货，直到夏天，政府才偿清这些欠债。

外宾商店的价格

政府吆喝下的定价。紧缺性、季节性、垄断性。外宾商店有没有“放过”饥荒？降价是有害的。生意不景气和“末尾”的狂热。“外宾商店”是不是一家昂贵的商店？

1933年秋天，外宾商店里一个黑麦面包值5戈比，而在莫斯科大众食品托拉斯[862]的商店里值2卢布50戈比。[863]乍看之下，外宾商店是一家便宜的商店，但是不要急着下结论，要知道，外宾商店的戈比是“黄金”戈比。政府开设外宾商店不是为了帮助饥民，而是为了帮助工业化。这个情况决定了外宾商店商品的定价策略。在饥荒时期，苏联领导人不仅没有遏制外宾商店价格的提高，反而要求大幅提价。苏联领导人批评外宾商店“忽略了价格的主要问题”，“大意地错过了饥荒”。[864]为了试图获得最多的收益，政府利用了饥饿潮。当人们对外宾商店兴趣不大时，政府想办法用命令将价格维持在高位：1934年，政府无视在苏联商品供应恢复正常的情况下购物需求的下降，反而禁止外宾商店降价，并取消了其定价权，市场和政府强权决定了外宾商店的价格。对于外汇的追逐注定了用有价物品换取商品是不等价的。[865]

苏联领导人关于价格强制的主张并不意味着苏联的物价是随意制定的。相反，在1930年代及之后，科研机构和政府机构的大量人员为了计划经济中的定价问题而相互博弈。他们试图解决货币发行量、货币流通速度、商品数量和价格之间相互关系的大问题。换言之，社会主义通过核算必须达到资本主义市场化机制自主运行所达到的效果。1930年代苏联物价制定的研究者认为，除了平衡货币流通、商品规模和价格的任务，苏联经济学家还要解决商品价值构成变化的问题，以便能确保为工业化积累财富。这可以用来解释涨价趋势，这种趋势在 1930 年上半叶尤为明显。[866] 当时苏联的价格制定就像外宾商店一样，在很大程度上取决于工业化飞跃的需求。

外宾商店的商品价格经历了几个发展阶段。1931—1932 年的初期是相对自由的时期。名义上，外宾商店管委会应当将价目表提交给外贸人民委员部审批，但这一规定并未得到遵守。贸易副人民委员洛加诺夫斯基"为了灵活性"在自己职权范围内准许外宾商店管委会自行调整价格——这是计划指令经济中一个不小的特权，也证明政府为外宾商店创造了最优越的条件。[867] 外宾商店广泛地使用了自主定价权：在观察商品需求和外宾商店地区办事处报给莫斯科的各地市场价格的基础上，由管委会负责人决定涨价还是降价。[868] 有时，下属商店的负责人自己会有效地调整价格，但是外宾商店管委会会和这种自作主张的人作斗争。

1932 年底，联共（布）中央监察委员会、工农监察人民委员部与劳动和国防委员会下属的商品储备和贸易调控委员会检查了外宾商店的价格，认定外宾商店没有完全利用饥荒造成的需求形势。这些指控是有根据的。外宾商店唯一的一次大规模涨价是在 1932 年春天外宾商店网络扩展时，即在大饥荒爆发前。[869]1932 年是外宾商店粮食价格与国家商贸价及市场价差距最大的时期。随着 1932 年底大饥荒的爆发，外宾商店黑麦面粉和黄油的价格（按金卢布的面值计算）仅为国营商店的 1/40，植物油价格仅为国营商店的 1/60。[870] 同一时期，外宾商店的工业品价格比普通商店或是市场高出很多。1932 年春天，外宾商店里一双靴子的价格相当于 5 普特面粉。如果在自由市场上卖掉这些面粉，可以用卖得的钱在商贸系统里买到 2—3 双靴子。[871]

1931 年初，当很多人死于饥饿时，联共（布）中央监察委员会和工农监察人民委员部的委员会要求提高外宾商店中基本食品的价格，并责成外贸人民委员部加强监管。[872] 外宾商店管委会试图捍卫自己"在个别情况下，针对个别领域或个别商品，作为规定中的例外，为了更快地进行商品调动，通过内部指令更改定价，毫不耽搁地将信息报知人民委员部”的权力，但是，价格专制收回了权力。[873] 为了落实政府要求，1932年12月在管委会内部设立了价格局：此后，只有外宾商店管委会主席（当时是斯塔舍夫斯基）有权调价，而不是随便哪一个负责人都行。政府要求外宾商店的价格要超过所有其他的开放商店和市场：外宾商店应当在商贸和市场贸易中类似商品的价格上增加“紧缺性、季节性和垄断性”的附加费用。[874] 外宾商店被建议去关注这些商品在国外的价格。往后越来越厉害。1933年5月，根据外贸人民委员罗森戈尔茨的命令，在外贸人民委员部内设立了价格委员会，该委员会为外宾商店管委会制定价格。外宾商店价格局应至少每季度两次向外贸人民委员部价格委员会汇报价格变动和市场行情。[875]

价格局和价格委员会的建立使价格制定过程变得不太灵活。不过，当时外宾商店价格制定权仍然在外贸人民委员部管辖之下，并辅以外宾商店的积极参与。虽然由于官僚作风和流程层级多，定价单位对于市场行情的反应时间较长，但负责定价的是贸易单位本身，而不是劳动和国防委员会或者工农监察人民委员部这种脱离一线的中央指导单位，这在一定程度上保证了定价符合市场情况。此外，外贸人民委员部是外宾商店的“娘家”，这造就了两家单位间亲如一家的关系。1934年检查外宾商店价格的劳动和国防委员会下设委员会证明，外贸人民委员部的价格委员会不定期地开展工作，外宾商店“仅会就某些商品”请示价格委员会，以便其随后修改此前价格委员会批准的价格。[876] 事实上，外宾商店管委会仍悄悄地自行在商店里制定价格。

在政府的吆喝下，1933年冬天——饥荒最厉害的时候，外宾商店管委会两次提高了大众消费品的价格——面粉、面包和糁。饥荒时期是外宾商店史上仅有的基本食品金卢布售价的名义标价等于或超过外宾商店商品的苏联卢布采购价的时期[877]——这是一个令人发指的事实，要知道，按照官方汇率，外宾商店的金卢布是苏联卢布6.6倍，按照饥荒的1933年的市场汇率，金卢布是苏联卢布的60—70倍！尽管价格急剧上涨，食品需求并末下降。[878]1933年冬天至次年春天是在外宾商店里用有价物品换商品经济上最不划算的时期："一个标准单位的有价物品"在外宾商店史上能换到的食品最少。正是在这个时候，人们把大部分外汇积蓄拿到了外宾商店。

春天时，饥饿造成的需求有所减少：农民市场上开始出现食物，人们已经不愿意在外宾商店按照高企的金卢布价格购买东西。为了维持需求，外宾商店从1933年4月开始逐步降低了食品售价。[879]同时，一些工业品的价格也下调了。[880]为了保护自己的价格政策，斯塔舍夫斯基写道，有一些工作人员认为降价会造成危害，其中一个工作人员说："每天卖掉1—2瓶花露水可以进账1—2卢布，而外宾商店为此而消耗在食物定量配给、工资支出、场地租赁等方面的花费达40戈比。"[881]1933年8月，因为看到收成较好，内务人民委员部价格委员会决定重新大幅降低粮食售价（9月正式实施），其中，外宾商店内基本商品黑麦面粉的售价降低了40%。[882]年底前，外宾商店内的食品价格持续下降，这也反映了消费市场上粮食供给状况的改善。[883]秋天，鞋子、服装等工业品的价格也下降了。这些措施引起了外宾商店和新开的专营商店之间的竞争，后者的售价比前者更划算，而且不需要"黄金含量"。[884]根据外宾商店的报告，如果把1933年第一季度的价格设定为100，那么第二季度时"加权平均价格"为80，第三季度为53，第四季度仅为43。[885]1933年冬天，每千克黑麦面粉价格为20金戈比，而到了年底则变成了5金戈比；[886]临近年底时，糖和方糖的价格下调了1/2，黄油和植物油的价格下调了2/3（表二十）。[887]

苏联的领导人不担心外宾商店的售价上涨，但是无法容忍其快速下跌，要知道，贵金属和宝石的收购价并没有变化，这就意味着，随着售价下降，外宾商店要为"一个标准单位有价物品"付出更多的商品和食品。1933年冬天到次年春天的饥荒时期，在矿区淘金者可以每千克矿金在外宾商店换取3.2吨面粉，到了夏天可以换4吨多，年底时可以换9.2吨！[888]1934年春天，外宾商店定价相对自由的情况以及参照市场行情的做法走向了终结。政府严格控价的时期开始了。1934年3月，劳动和国防委员会的专门委员会检查了外宾商店的价格，并认定其下调价格是错误的。[889] 尤其让委员会愤怒的是私人倒卖的盛行：人们利用不同贸易类型中的价差获利。他们把在外宾商店购买的食品倒卖到自由市场，并用卖得的“利润”在商店里购买日用消费品。[890] 惩罚很快就来了：外贸人民委员部和外宾商店一起失去了商品定价权。[891] 从这时起，劳动和国防委员会开始制定适用于所有办事处的每件（！）商品的最低价，并由苏联人民委员会批准。外宾商店的售价不得低于最低市场行情价。[892] 外宾商店只有提高最低价的权力，而且需在市场行情价上涨的条件下——但这是苏联商品状况得到改善的条件下未必能实现的愿望。根据劳动和国防委员会的要求，1934 年春天，外宾商店所有基本粮食种类的价格都应上调（表二十）[893]。正如预计的那样，在供给正常化和开放式商店得以发展的条件下，这导致了外宾商店内食品需求的进一步下降、业务停滞以及利润减少。但是，苏联领导人并没有因此妥协。1935 年，外宾商店各地的办事处请求下调违背需求的价格，但政府指责办事处的负责人是“为了避开困难和麻烦”。[894]

饥荒已经帮不了外宾商店，通过上级指示迫使人们高价购买东西是不可能的。各地办事处向莫斯科的外宾商店管委会和外贸人民委员部发去警报，通报了经营额的大幅下跌，在某些情况下，生意完全停了下来。比如，哈萨克斯坦来信称，1934 年春天外宾商店基本食品价格上调后，其销售“一天不如一天”：之前，面粉一天的消耗为 1—2 吨（奇姆肯特），而现在 1 吨面粉需要 5 天才能卖完；脂油过去一天能售出 100—180 千克，现在一天不超过 1 千克；肉类原来一天能售出 100—150 千克，“现在完全卖不掉”；植物油原先一天能销售 5—6 升，现在一天仅售出半升且并非每一天都能售出这么多——“1936 年之前，我们都将执行这个价格”；“伏特加制品拥有大量储备”——但在涨价后，完全没人买伏特加。哈萨克斯坦外宾商店的领导总结道：“总之，加价后，完全陷入了停滞。”[895]

对于外宾商店的购买需求急剧下降迫使政府开始选择性地（表二十）下调基本食品的价格，随后几乎全面下调了其价格。[896] 不得不下调食品价格的阶段一直持续到 1935 年 12 月。[897] 然而，这一措施为时已晚，下调幅度也不够。外宾商店的经营状况从根本上并未得到改善。外宾商店的食品需求仍在下降。不同于食品的是，政府在1935年度上调了最紧缺的工业品价格，试图通过“吃饱后的需求”积蓄外汇。[898] 随着饥荒的消退，对于日用品的需求实际上是增长了，但人们此时已经可以在百货商店用卢布购买这些商品。1934年和1935年外宾商店购买需求的下降和滞销是其关闭的主要原因之一。消费市场的规律比政府指令更强大。

“末尾的狂热”是外宾商店定价的最后阶段。1935年12月，政府发布了即将关闭外宾商店的决议。决议几乎没有改变对于食品的需求，但人们开始近乎恐慌地抢购工业品——这证明存在着延缓的需求和相对富足的生活。外宾商店管委会提醒道：“有理由进一步努力抽取民众手中积攒的外汇。”[899] 在外宾商店经营的最后几周，当人们着急花光留在手里的钱时，政府提高了外宾商店的价格：食品价格平均上调20%，工业品平均上调40%。[900] 例如。洗衣皂的价格从22戈比涨到了36戈比；各种香皂价格都上涨了几个金戈比；事实上，化妆品价格从5金戈比涨到了15金戈比，留声机、收音机和整套茶具的价格上涨了6—10金戈比不等。[901]（表二十）在人们无法再推迟购买的时候提高价格，苏联领导人再次证明了，如果“无产阶级”国家本身就是商人的话，那么市场化经营就不是社会主义的异己。

分析证明，政府竭力在外宾商店设定垄断性的高价，而其野心仅受制于消费需求。然而，当时在苏联其他的开放式商业类型里（营利性商店、市场），价格“贵得惊人”。外宾商店和它们有何不同？外宾商店的主要优势是商品种类。外宾商店供应其他商贸机构没有的商品。随着示范百货商店和专营商店的出现，外宾商店开始失去这种优势和客户。在外宾商店购物不受额度限制，这是其较之定量配给供应单位及国有营利性商店的优势所在，在饥荒时期，营利性商店实行了“双手限额”。和其他的商贸机构相比，外宾商店的主要劣势在于需要使用外汇、有价物品支付。配给制取消后，外宾商店的这种外汇特性成了购买需求下降和其本身关闭的主要原因。

表二十

外宾商店商品价格变化趋势图（单位：金戈比 / 千克）*

商品	定价阶段				
	饥荒巅峰	饥荒消退	专制		“末尾”的狂热
	1933 年第一季度	1933 年第四季度	1934 年第二季度	1935 年第三季度	1935 年 12 月
黑麦面粉	20	5**	8	6	8
小麦面粉（85%）	24***	7****	11	9	11
糖	46	25	28	21	22
植物油	90	30	50	52	55
脂油（1—2 种）	160	50	60	75	86
鸡蛋（10 个）	50	18	24	无数据	无数据
各种奶酪	120	50	75	无数据	无数据
荞麦	26***	14****	17	13	16
通心粉	45	20	22	无数据	无数据
糁、大米	18	8	18	18	22
肉类	60	25	37	38	42
焦糖	80***	35****	45	55	64
红酒和伏特加（升）	80	40	无数据	34	52
压实的黑色咸鱼子	400***	260****	350	360	450
鲑鱼子酱	90***	60****	70	无数据	无数据
洗衣皂	50	30	30	22	36
香皂（一块）	12***	8****	9	12	16
煤油炉（个）	450	300	无数据	130	172
皮鞋（双）	600	300	无数据	无数据	无数据
棉布（米）	220	120	无数据	无数据	无数据

注释：*1933年列出的是相关季度的平均价格。1934年第二季度为劳动和国防委员会下属委员会制定的最低价。1935年第三季度列出的是7月1日的价格。在“末尾的狂热”栏目中列出的是提价方案。

** 此为1933年底的价格。1933年第四季度的黑麦面粉平均价格为8戈比/千克。

*** 此为1933年4月1日的价格。

**** 此为1934年初冬的价格。

资料来源：俄罗斯国家经济档案馆，4433号库第1类第94卷第16、31页；第114卷第47页；第133卷第91—93页；俄罗斯联邦国家档案馆，5446号库第15a类第818卷第15页。

表二十一

1933年外宾商店价格、食物定量配给价格、市场价格

（单位：卢布/千克）

食物	外宾商店价格 *					食物定量配给价格 **	市场价格 **
	金卢布价格		换算成苏联卢布价格			年平均价格	
	第一季度	第四季度	第一季度	第四季度	平均值	莫斯科—伊万诺沃	莫斯科—伊万诺沃
黑麦面粉	0.2	0.08	12	4.8	8.4	0.24—0.23	5（17）***
糖	0.46	0.25	27.6	15	21.3	2.6—3.4	20.8—22.6
脂油	1.6	0.5	96	30	63	8.4—9.3	39.4—41.5
植物油	0.9	0.3	54	18	36	3.2—4.25	31.3—32.8
肉	0.6	0.25	36	15	25.5	3.6—3.75	13—10.3
鸡蛋（10个）	0.5	0.18	30	10.8	20.4	10—8.5	19.3—15.1

注释：* 此为1933年第一季度和第四季度的平均价格。外宾商店金卢布价格按照1933年黑市汇率（1：60）换算成苏联普通卢布价格。在一些地区，黑

市汇率更高。例如，1933 年夏天和秋天时，在中亚 1 个外宾商店卢布可以兑换 65—70 苏联卢布（详见附件中的汇率）。

** 列出的是莫斯科和伊万诺沃产业工人食物定量供应的年度平均价格，以及莫斯科和伊万诺沃两地的年度市场平均价格。食物定量供应价格和市场价格取自工人预算。

*** 按照莫斯科和伊万诺沃工人的预算，1933 年黑麦面粉的平均市场价格为 5 卢布 / 千克。数字如此低是因为平均了当年饥荒初期的价格以及年底情况好转后市场上面粉价格急剧下降后的价格。1933 年初，在饥荒最严重的时候，市场上的面粉价格远高于年度平均值：例如，莫斯科市场上每千克面粉价值 17 卢布。（叶·亚·奥索金娜：《消费等级制度》，第 46 页。）

资料来源：俄罗斯国家经济档案馆，4433 号库第 1 类第 114 卷第 47 页；1562 号库第 329 类第 61 卷第 133—136 页。

外宾商店的价格是不是比其他商贸机构更划算？这个问题无法简单地回答。在外宾商店买一袋面粉需要付出一小撮珠宝。[902] 怎么把纸币卢布跟戒指和耳环比？增加复杂性的因素还有 1930 年代上半叶苏联同时存在的多级价格：食物定量配给的极低价、国有营利性商店的高价以及市场上的天价。此外，在当时，除了食物定量供应之外，价格变化也很迅速——1933 年春天饥荒时价格达到了顶峰，临近年底价格又急剧下跌。而且，市场价格因地区而异。外宾商店卢布和普通卢布的浮动汇率随着消费市场的变化而变化。官方的汇率（1：6.6）只停留在纸面上，在现实生活中，人们，还有外宾商店的工作人员会把外宾商店价格折算成能准确反映供需变化的黑市价格。在饥荒时期，外宾商店金卢布在市场上可兑换 60—70 普通的卢布纸币。[903]1933 年秋天，各地外宾商店金卢布兑普通卢布在 1：45 至 1：57 之间浮动。[904] 考虑到定价制度的复杂性，很难为 1930 年代上半叶苏联各类商贸机构商品设定准确的价差，但可以揭示出总体的相互关系。

比较苏联各商贸机构的价格（表二十一）能揭示出 1933 年冬天和

春天大饥荒时期外宾商店超高的价格。当时需求量最大的商品，如面粉、糖、油、肉类的价格尤其高（表二十一）。把外宾商店金卢布按照当时自由市场的实际汇率折算成普通卢布可以展现出，外宾商店内除面粉之外的主要食物价格比市场上的天价还要高——这证明了决定外宾商店国家定价策略的因素是饥荒需求，而不是对人的关怀。外宾商店价格和食品定量配给的保护性低价之间的巨大差异令人目眩（表二十一）。在饥荒时期，以定量配给价购买显然更划算，但是只有被挑选出来的群体才能获得定量配给。此外，除了苏联精英阶层外，那些获得食品定量配给的人也只能保证半饥半饱：由于配给量和配给品种都不足，人们还是不得不在外宾商店、营利性商店或者市场上以饥荒时期的高价补买商品。

之前提到过，饥荒时期是外宾商店粮食价格最高的阶段，也是民众使用有价物品换取商品在经济上最不划算的阶段。然而，在谈到兑换不划算的时候，不能忘记历史环境的特殊性。问题不在于："我愿意的话——就去外宾商店购买，我不愿意去外宾商店的话，就去营利性商店或者市场。"现实情况是，没有什么选择的余地。就算一个人能获得定量配给，其数量也很少，市场里空空如也，营利性商店只在大城市里才有，而且东西也不足。如果根本就没有别的地方可购买食物，那么论述饥荒时期在外宾商店购买食物并不划算的历史主义或者常识还会很多吗？在这种情况下，谁还会看价格多少？人的生命的价值永远比商品的价格更贵。饥饿没有给人以选择。哪里有粮食，人们就去哪里买。外宾商店在当时并不是定量配给、市场或者营利性商店的替代选项，而是它们的补充。毫无疑问，在饥荒的年份，确实有通过倒卖外宾商店的钱和商品致富的人，但是绝大部分外宾商店的顾客并不是为了获利，而是为了生存。计算收益更像是利用饥荒赚取民众数以吨计有价物品的国家干的事情。

随着苏联粮食供给状况好转，关于外宾商店内购物划不划算的问题就不再仅是经济问题，还关乎对生活和历史的思考。从 1933 年下半年开始，一直到外宾商店关闭，人们只在外宾商店购买别的商贸机构没有的东西或者是价格更划算的东西。因此，外宾商店的经济社会属性就改变了。如果说外宾商店是饥荒时期大部分人的生存手段，那么随着苏联状况的改善，外宾商店就从“足量供应”转向了提供精致熟食和时尚新品。1933 年下半年外宾商店管委会大幅下调了食品价格，这为外宾商店投机行为盛行创造了有利条件。政府的委员会在 1934 年春天检查了外宾商店，并写道：“比较外宾商店、营利性商店、农民市场的价格可以看到，黄金和外汇的持有者在外宾商店以有利的价格购入食品，在市场上按照行情价售出，再用赚到的切尔文券在营利性商店购买工业品。”

人们“利用”苏联商贸机构间的价差“获利”。1934 年初，1 普特黑麦面粉在外宾商店值 96 戈比，一双套鞋为 95 戈比。当时，1 普特黑麦面粉在市场上价格为 52—55 卢布。精明人把 1 普特外宾商店的面粉按市场价售出，再用赚到的钱在莫斯科贸易公司购买两双价值 25 卢布的最贵的套鞋。[905]1933 年夏天至 1934 年春天期间（到政府干预前）是外宾商店粮食价格最低的阶段，也是用有价物品换取食品最划算的时期。[906] 这一时期，客户在外宾商店购买粮食较之其他开放式商贸机构最具优势。然而，正如文件所示，当时在营利性商店购买工业品更划算。1933 年 11 月，从高尔基市发来报告称，在一家新开在外宾商店旁边的专营商店里，工业品的价格（票面值）仅为外宾商店的 20—23 倍，而外宾商店的金卢布是普通苏联卢布的 50 多倍。在这种价格关系中，高尔基市外宾商店的业务几乎停了下来。[907]1933 年秋天，外宾商店金卢布标价（名义标价）平均为莫斯科大众食品托拉斯标价的 1/48，而当时金卢布兑普通卢布的市场汇率达到 1∶57。[908]

1934 年春天到 1935 年底指令性上调价格时期，在外宾商店购买基本食品对人们而言变得无利可图。正是在这个时期，各地向莫斯科的外宾商店管委会发去了食品业务急剧下滑或者完全停滞的警报。就像哈萨克斯坦发来的“市场里食品充足，买卖自由，集体农庄的粮食一车车地运来”“高品质脂油不计其数”“我们甚至都没有市场里那么好的黍米”。在哈萨克斯坦所有地区，市场价都低于外宾商店的价格。[909] 哈萨克斯坦外宾商店的负责人抱怨道：“……我们善变的顾客来我们这里要么是在市场里没有食物的时候，要么就是在1个外宾商店卢布可以兑换60普通卢布或更多的时候把贵金属卖给我们。其他情况下是不会来我们这里的。”这一时期，人们在外宾商店主要是购买别的商贸机构里没有的精致熟食和日用必需品。外宾商店关闭前夕，即政府利用购买狂热大幅提价时，外宾商店的特点就是价格极高。1935年底，外宾商店的名义标价为非外汇示范百货商店和专营商店的1/10至1/20。但是，当时关于在外宾商店买东西划不划算的盘算对人们而言是次要的——外宾商店马上要关闭了，必须赶紧花光手里的钱。

价格关系分析表明，政府逐步“拉近了”外宾商店金卢布价格（名义价格）和开放式国有非外汇商店价格，即配给制取消后出现的营利性商店、示范百货商店、专营商店的价格。如果在1932—1933年饥荒时期，外宾商店主要商品的金卢布价格（名义价格）为其他营利性商贸机构价格的1/40—1/60，那么在政府指令干涉的1935年间，这种关系变成了1/20—1/40，到了外宾商店关闭前夕，这种关系变成了1/10—1/20。外宾商店金卢布价格在与其他国有商贸形态（除了定量配给之外）的价格对比时更接近于官方的兑换汇率：1金卢布兑6.6苏联普通卢布。[910] 在此情况下，临近1935年底时，各国有开放式商贸形态的价格（名义标价）趋于相同——这证明，政府要消除外宾商店价格中的黄金成分。为了在外宾商店购买商品，人们继续交去贵重的有价物品，但是他们收到的“黄金”卢布正在不断贬值。

现在该回答本章标题中的一个问题了——外宾商店是不是一家昂贵的商店？1935年11月，外宾商店主席利文森在给外贸人民委员罗森戈尔茨的报告中计算了波兰、法国和苏联外宾商店的美元购买力。当时，1美元在波兰可以购买1.3—1.8千克黄油，在法国可以购买600—750克，在苏联只能购买250—400克。1美元在波兰可以购买1.8—3.8千克肉类，在法国可以购买 0.5—2.3 千克，在苏联只能购买 0.6—1 千克。其他基本食品的情况也类似：外宾商店不仅比华沙的商店贵，比巴黎的商店也贵。[911]

饥民的橄榄

特许进口权。哪里能买“福特汽车”？幸福生活里的小东西。“瘟疫流行时期的盛宴”。合法抄袭。最后的进口。

1930年代上半叶，进口的食品和日用品只能或优先通过外宾商店的渠道进入苏联商贸系统。比如，只有在外宾商店才能买到进口的肉类、油脂、罐头食品、橄榄油。外宾商店按照采购价购入进口商品，无须支付进口关税。[912] 考虑到1930年代初苏联领导事实上将所有外汇都用于为大型工业企业在境外购买原料、机器和设备，并禁止使用外汇进口非工业品，那么，外宾商店所获的消费品进口权就绝不是一项小特权。但是，外宾商店的进口和它的经营活动一样，追求的不是人道主义，而是经济利益——外宾商店以非常昂贵的价格把进口商品转卖给苏联顾客。[913]

来自荷兰的鲑鱼，来自伊朗的大米、上等羊皮和羊毛，来自法国的染色剂、精油和化妆品，来自德国的鞋底、药品和钟表，来自美国的“福特汽车”，来自英国的化学品、羊毛、鞋子和牙医器械，来自波兰的日用百货，来自希腊的橄榄和柠檬——这些远不是外宾商店及其伙伴的进口商品的完整目录。从波兰、芬兰、罗马尼亚、土耳其等邻国采购商品具有政治意义，有助于巩固友好关系。除了邻国外，主要的进口来源国是德国、法国、英国、丹麦和荷兰。到1934年时，来自美国的消费品进口量骤增，而从德国的采购量由于政治原因骤降。1930年代中叶，日本成了外宾商店主要的进口国之一。[914]1936年——日本和德国针对苏联签署《反共产国际协定》的年份——外宾商店原计划从日本采购三分之一的进口商品，包括超过一半的成品进口量。[915]

较之苏联的需求，外宾商店的进口量看起来很奇怪，但在国家垄断对外贸易并实施外汇限制的条件下，外宾商店的进口也只能这样。外宾商店从民众手里收购的外汇有价物品被用于工业化需要，而不是给人们采购进口日用品。在存续期内，外宾商店花在采购进口商品上的金额大约为 1400 万卢布（表二十二），不到外宾商店所收购的有价物品总价值的 5%。[916] 外宾商店的进口量在苏联进口总量中微不足道。[917]

表二十二

外宾商店商品进口额（单位：百万金卢布）*

					进口总额	销售总额
年份	1932	1933	1934	1935	1932—1935	1931—1936
按采购价计	4.1	4.0	2.9	2.8	13.8	无数据
按销售价计	6.0	21.0	8.2	6.4**	41.6**	275.0

注释： * 表内数据并不是进口商品销售额，而是境外的采购额。

** 缺少 1935 年年度进口数据（按销售价计），但已知前三季度的进口商品销售价是采购价的 2.3 倍。年度数据通过此系数推算出 1935 年第四季度数据而得出。

资料来源： 俄罗斯国家经济档案馆，4433 号库第 1 类第 22 卷第 73—74 页；第 71 卷第 170 页；第 132 卷第 68 页；第 141 卷第 13、14 页；第 160 卷第 104 页；第 175 卷第 60、129 页。

尽管进口商品数量不大，但是在外宾商店吸引苏联顾客上发挥了重要作用。进口业务赋予了商品品类明显的外汇特点，并为商店增添了精英光环。对于国家而言，销售进口商品是一个赚钱的方式，具有明显的投机性。外宾商店进口商品的销售价在 1932 年时约为采购价的 1.5 倍，在 1934 年至 1935 年时为 2—3 倍，1933 年时为 5 倍！（表二十二）根据

1936年的计划，外宾商店进口成品销售价应为采购价的3倍。[918]个别商品在外宾商店的销售价对采购价的倍数比平均指标更高。[919]1935年时颇为流行的波兰无檐帽在外宾商店的销售价是进口价的6倍。由于外宾商店进口商品制定了垄断性高价，因此这些商品在外宾商店销售总额中的比重很大——超过15%（表二十二）。

在1930年代上半叶的日常生活中，有相对幸福和平静的时期，也有大饥荒的悲惨年份。这是否反映在外宾商店进口采购的商品品类中呢？从所能找到的极少的1931年进口数据中可以得出结论，外宾商店当时在境外采购的主要是满足精英（当时的精英）需求的工业品——幸福生活中的小东西：自行车、缝纫机、缝针、指甲刀、伞和手杖、绘画用品、夹鼻眼镜。[920]随着苏联顾客涌向外宾商店以及饥荒的爆发，越来越多的食品出现在外宾商店的进口品类中，但商品品类并没有“宣扬”这个悲剧。不知道当时苏联发生了什么的人仅从外宾商店1932—1933年境外采购商品品类中完全猜不出数百万人死于饥饿。在1932年的进口商品中，约70%为工业品，包括人们不太需要的滑雪板和滑雪鞋[921]、鞋子、针织品、羊毛面料。随着大饥荒的爆发，在外宾商店最被需要的商品成了面粉——人们成袋地买走面粉，外宾商店时常断货，各家商店恳请管委会加强供应。外宾商店1933年的计划进口量巨大——达到了1000万卢布，[922]但面粉不在其列——苏联当时还在向西方市场倾销谷物，在进口计划中仅仅在糁的名目下采购了少量大米。在1933年的进口计划中，以肉类和动物油脂为主的粮食进口额仅占16%。超过一半（55%）的进口资金被用于采购纺织品——面料、针织品、服饰用品，剩下的用于采购鞋子、皮革，以及各种东西——留声机、照相机、钟表、打字机、美国汽车。[923]

1932—1933年外宾商店的进口结构证明，进口并不是为了缓解国内的大饥荒。外宾商店并未在境外采购当时主要的食品——面粉、糁、植物油，而是通过盘剥定量配给和国有营利性商贸机构从国内本就贫乏的供应中获取这些食品。例如，1933年2月，苏联人民委员会与劳动和国防委员会主席维·米·莫洛托夫电报批准了从各地的供应储备及领导储备中向外宾商店拨付面粉、糁和大米[924]：政府没有把这些储备全部拿出来供应，是为了利用这些商品抽取人民的外汇。在饥荒的那几年，外宾商店进口的粮食对于饥饿中的国家而言微不足道：1933年，计划采购425吨油、1000箱鸡蛋、300吨奶酪、1000吨猪肉、500吨牛肉[925]——如果把这些分配给1.6亿人，那就能得出外宾商店进口业务微不足道的结论。[926]更何况，1933年1000万卢布的进口计划只是停留在纸上而已。联共（布）中央监察委员会和工农监察人民委员部的委员会在1933年检查了外宾商店，他们要求其减少进口量。委员会指责外宾商店倾销本国食品，仓库里的日用品长期积压，而偷盗行为规模巨大，由此要求将进口压缩到200万卢布，其中50万卢布用于采购工业品。[927]在上级干涉之下，进口计划被大幅削减。

1933年，外宾商店在境外只采购了400万卢布的商品，[928]但卖给饥民获得了2100万金卢布！（表二十二）在境外的牛奶采购价为5戈比/升，而在国内的销售价为16—20戈比/升；奶酪采购价为45戈比/千克，销售价为1卢布90戈比/千克；咖啡采购价为50戈比，销售价为3卢布50戈比至4卢布。[929]国家从饥民所需商品的采购和销售价差上所获的“油水”更加惊人。在境外的肉类采购价为13戈比/千克，销售价则为1卢布75戈比/千克，销售价约为采购价的14倍！[930]1933年，对于进口商品的加价比例为：腌猪肉和羊毛——150%，柑橘——200%，调味品——400%，服饰百货——300%，大米和可可豆——500%，棉花、钟表和留声机——250%。[931]

1934年的计划允许外宾商店采购240万卢布进口商品。[932]这个计划9个月就完成了，似乎，外宾商店又向政府讨来了50万卢布的额外进口额。领导人试图通过进口商品维持顾客对外宾商店的消费兴趣——事实上在饥荒消退后消费兴趣已大幅下降。根据1934年前三季度的数据，超过一半的进口量为食物，主要是精致的食品：咖啡、可可、无花果、扁桃、橄榄油、调味料、柑橘、腌猪肉、猪肉、牛奶、奶油、奶酪、鸡蛋。[933]1934年，外宾商店管委会实施了“进口工业化”方针：考虑到在国内生产成品对于解决外汇更有利，外宾商店在境外的采购大部分为原料和半成品。[934] 在外宾商店工作转变措施中，在新的条件下，贸易人民委员罗森戈尔茨下令仿制进口样品，实质上就是抄袭西方："在为外宾商店生产的企业中设立专门的样品室，产品应当按照样品生产。从进口计划中划拨 5000 卢布用于进口上文所指的样品（下画线内容是我想强调的——作者注）。"[935] 为了在国内生产具有"进口品质"的商品，外宾商店开始在境外采购设备，例如，用来生产 1930 年代中叶流行的无檐帽的机器。

1935 年，尽管外宾商店的贸易网大幅缩小，业务经营急剧收缩，但其进口仍维持在上一年的水平（表二十二）。进口结构反映了"吃饱后的需求"的发展：无须牺牲有价物品就能在普通商店买到的食品的比重下降了，而紧缺日用品的比重上升了。"进口工业化"仍在继续——原料和半成品几乎占了 1935 年采购量的三分之一。1936 年，外宾商店计划进一步削减"进口工业化"。[936] 此前，关闭外宾商店的决定已经做出，最后的进口商品应该是用于供应手里留有外宾商店钱的人，以及境外外汇汇款的收款人。

外宾商店和格别乌

外汇竞赛。“妨碍我们的人，也是帮我们的人。”“黄金囚室”和“救命钱”。进退两难的生活。苏联的日常生活：惊险的日常生活，风险习以为常。

国家政治保卫总局，简称“格别乌”，最初将外宾商店视为“不需要的部门”，并反对苏联公民进入外宾商店的外汇商店。然而，在政治局决定外宾商店向苏联公民开放后，格别乌只好服从。在1931年决定外宾商店经营区域和工作方法的政府委员会中包括了格别乌的代表。[937] 为了了解区域内“黄金和外汇潜力”信息以及开设外宾商店的合理性，外宾商店管委会的特使会前往格别乌在当地的分支机构。外宾商店借助格别乌的力量向懒散的供应商施压、运输有价物品和密件、在流放犯和收押犯中寻找外汇汇款的收款人、清洗外宾商店机关中的“异类”、打击盗窃等经济犯罪。

在1930年代两个部门开展“正常”合作的同时，外宾商店和格别乌之间还存在着有害的竞争：完成国家“获取黄金和外汇”计划的来源只有一个——苏联公民的积蓄。从革命时期起，没收人民的外汇有价物品就是镇压部门的主要职责之一。革命停下了，但是外汇计划仍在，格别乌应当完成这些计划。在政治局会议的特别文件夹中，从1930年5月10日的报告里找到了这样的指令：“责令格别乌在10天内弄到（！——作者注）100万到200万卢布的外汇。”[938] 金额不小，而期限却不长。外宾商店也有自己的外汇计划，而且还不小。

无论是格别乌还是外宾商店，都在为工业化的利益而努力，但在共同的外汇任务中，它们使用了不同的方法。在1920年代上半叶合法外汇市场存在的短暂时期内，苏联公民事实上可以自由买卖黄金和外汇。[939]加速工业化的开始导致了合法外汇关系的垮台。虽然，在苏联仍有黄金收购点供人们按照“固定汇率”自愿向国家出售自己的有价物品，但是在不断发展的通货膨胀条件下，只有少数人愿意把货真价实的有价物品换成不断贬值的卢布：在配给制和黑市自然形成的时期，用卢布也买不到什么东西。暴力打击“外汇藏匿者”填补了经济动力的不足：格别乌采取了逮捕、搜查、没收和枪毙的手段。外宾商店无须使用暴力——它用饥荒时无价的食物和商品换来人民的黄金。所以，当格别乌的人拿着左轮手枪追捕“黄金持有者”和“外汇投机者”时，这些人围着外宾商店恳求用贵重的有价物品换取食物。这种“被迫的自愿”使外宾商店成了格别乌的走运的竞争者。

又是怎么从竞争者转变成帮手的？不清楚谁是格别乌里第一个想到利用外宾商店完成外汇“开采”计划的，——可能没有一个特定的发明者，而是在实践中自然形成的——这个主意被迅速实施。格别乌的侦查员为了找出“黄金持有者”，开始跟踪外宾商店的顾客，之后再使用惯常的方法——威胁、逮捕、搜查和充公没收——以迫使他们把有价物品交给国家。一些侦查员会秘密地开展行动：秘密跟踪顾客，记录下居住地址，然后前往搜查。另一些人就比较“粗糙”：手里拿着武器就冲进商店，在柜台前、收费处或者出口把人抓走，没收外汇现金及其在外宾商店购买的商品。这种情况下，商店里会出现恐慌，顾客们到处乱跑并在一段时间内都不会光顾外宾商店，有些胆子大的会留下来索回有价物品。全国各地的办事处都向外宾商店管委会投诉各地格别乌代表处开展的行动。

我所找到的最早的针对格别乌行动的投诉是1931年秋天的，也就是外宾商店刚向苏联顾客开放的时候。外宾商店新罗西斯克分支机构投诉称，警察[940]没收外宾商店内所购商品的案子越来越多，即使人们出示证明其购买的合法性的单据也没用。格别乌的工作人员利用格别乌经济局的许可，没收家用的黄金和白银制品。[941]外宾商店的办事处要求管委会向政府讨要停止格别乌反外宾商店行动的命令。[942] 在外宾商店经营初期，格别乌的行动源于格别乌当地代表处工作人员信息不畅通、因特殊单位“外宾商店”设立而出现的惯性、混乱和震荡。事实上，这是件前所未有的事情：政治局事实上放弃了国家外汇垄断的原则，允许人们把有价物品和外汇用作支付工具。甚至“新经济政策”的外汇市场也没有这样的特权！外汇政策的急剧变化不仅突然碰上了格别乌的地方机构，财政机关也没收过在外宾商店所购的商品，这在一份报告中提到过。[943] 地方政府需要时间去适应外宾商店外汇业务合法的思维。

时光流逝。1932 年初，中央委员会向各地发出了指示和斯大林关于协助外宾商店的信。[944] 政府做出了决议，要求格别乌开展行动时不得损害外宾商店的工作。[945] 管辖外宾商店的贸易人民委员部领导与格别乌经济局进行了会谈，后者向各地发去通报，说明了外宾商店有权收取“有效”外汇，即非苏联货币。[946] 财政人民委员部、国家银行和司法人民委员部向各自的地方分支机构、工农检查机关和检察官说明了外宾商店的外汇业务。[947] 外宾商店从奇怪的事物变成了苏联的日常生活现象。令人难以置信的是，在 1932 年，甚至是 1933 年，格别乌的地方机关会不知道国家允许人们使用外汇和其他有价物品换购商品。不过，对于格别乌工作人员在外宾商店逮捕顾客、搜查其寓所、没收外汇和商品的投诉仍在流向管委会。[948]

外宾商店管委会主席斯塔舍夫斯基在 1932 年 12 月给贸易人民委员罗森戈尔茨的报告中提到，管委会拥有“来自各地的大量资料，从这些资料中可以看到格别乌的地方机关、刑事侦查处和警察违反格别乌经济局的通报，非法逮捕了在外宾商店购买商品的人或是收到境外外汇的人”。[949] 斯塔舍夫斯基抱怨道：“1932 年 8 月 27 日，基辅州警察局警官别伊古尔·谢苗·格奥尔基耶夫来到我们的基辅第三商店，在商店的办公室里搜查了被他们碰到的商店顾客，在商店负责人坚持要求下才停止搜查……在沃兹涅先斯克 9 个面包师交给外宾商店 2000 卢布的外汇，为此都遭到了格别乌的逮捕。格别乌的行动在精神上影响了外汇上交者……在敖德萨，两名格别乌第二十六边防队的人员明目张胆地带着武器来到我们商店，在店里逮捕了1位不知名的公民。”[950]

公民们的控诉证明了斯塔舍夫斯基的正确。某位拉·伊·平丘克在发给外宾商店列宁格勒办事处的声明中愤怒地提到："今年（1932年——作者注）10月3日凌晨2点（画线内容是我想强调的——作者注），我的女儿伊达·达维多芙娜·平丘克被第五警察分局逮捕了。被捕的原因是占有外汇。除了我从美国的孩子那里收到的外汇之外，她什么外汇都没有，而且所有的汇款都直接寄到了你们那里，以及国家银行那里……我请求外宾商店管委会采取措施解救我的女儿，否则我只能拒收来自美国的钱。”[951]平丘克的信展示了苏联公民自我保护的手段——收取外汇的合法性，以及威胁今后拒收境外的外汇汇款。很多人威胁要把这件事告诉境外的亲戚，那样不仅将导致外汇流入减少，还会为反苏宣传提供依据。

商店的负责人波利诺夫斯基在发给外宾商店基辅办事处的报告中通报了1932年12月13日发生的事件："3个不明身份的人走近商店，他们拦住了一个当时正从店里出来的顾客，命令他跟他们走。顾客把面粉交给了站在那里的妻子，然后跟他们走了。当时，排着长队的人群就站在街上，我注意到人群中开始出现恐慌，商店里和商店周围一个人都没留下。我跑到街上，追上了那几个人，问他们要把顾客带去哪里，为什么把他带走？他们回答正在执行任务。我要求其出示证件，他们回答自己是格别乌的侦查员并拒绝出示证件。我请他们去商店里查明身份并请来了格别乌。事后，警察局局长的助手克拉伊泽尔特警官写了报告，并叫来了我、特维斯基警官和售货员古列维奇。”[952]“侦查员”并未逃跑，而商店的负责人不得不写报告解释自己的行为，据此判断，实施逮捕的人确为当地格别乌的工作人员。1932年，外宾商店列宁格勒办事处佩斯科夫分支机构的负责人报告："偏远地区的顾客由于害怕镇压而不再前来。”塔什干的来信提到，有价物品的“上交者”用各种方法掩盖自己的姓氏和住址。[953]在列宁格勒外宾商店商务处的会议上，一位工作人员建议发布专门的海报安抚民众，保证外宾商店不会跟踪上交黄金的人，“而公众害怕佩戴自己不幸的戒指和手表”。[954] 海报公开宣扬传言无异于火上浇油。

在之后的1933年各种事件并未停止。一个叫科耶恩的人在给外宾商店基辅办事处负责人的声明中称：“今年（1933年——作者注）6月27日，我去住在皮亚塔科娃街24号的医生那里取牙（显然，这里说的是黄金牙套——作者注），然后去了收黄金废料的商店。我拿到了册子（外宾商店的商品册——作者注），并在第二商店买了140千克黑麦面粉，在第三商店买了70千克面粉。商店给我签发了可以运往普罗斯库罗夫和乌曼的证明文件。[955] 因为面粉和证明文件都被抢走了，所以请求紧急下令给我3袋面粉——210千克。”[956] 根据赫尔松发来的报告，一个农民（未提及名字）收到了放着25美元的包裹，并前往外宾商店。他在店里“购买了11美元的商品”，剩下的钱自己留着。在回家的路上，他被警察逮捕了，尽管外宾商店证明了其购买的合法性，但是食物和美元还是被没收了。[957] 瓦尔代区发来报告称，税务检查员没收了扎戈里耶村一位女住户的商品单据和在外宾商店所购的商品：糖、鱼肉罐头和伏特加，总计价值7卢布55戈比。“格别乌突然来到这个女公民面前，并没收了她的几个沙皇金币。”[958] 从乌兹别克斯坦发来了控诉，抱怨那里的警察在外宾商店顾客走出商店时没收了他的面粉。[959] 外宾商店土库曼斯坦办事处负责人在1933年也向管委会控诉了当地政治机关的行为：在梅尔夫，有一个顾客被从商店带到了格别乌；在查尔朱伊，有人几乎公开在商店对面的街上设立岗哨，观察进入商店的人；在科尔基，一个发电站的工作人员由于买卖外宾商店的面粉而被开除。据报告所言，“受害者开始找到工会并大肆宣扬”。在科尔基，格别乌要求外宾商店评估员提供上交大量黄金者的姓氏，全市都知道这件事。负责人写道：“科尔基市所有交谈过的工作人员声称，没人会去外宾商店上交黄金，因为格别乌会逮捕人并没收黄金。”在阿什哈巴德，格别乌搜查了刚刚被招入的评估员，他过去曾是珠宝商。第二天，这个人就跑了，甚至没拿自己的证件。[960]

格别乌的工作人员可以不直接出面，而是通过外宾商店的工作人员行事：向评估员打探上交黄金者的姓氏，请商店经理和办事处负责人“谈一谈”[961]，要么强迫评估员给人们签发假票据，之后把通过这些票据所收到的黄金交给格别乌。在这些过程中伴随着恫吓和暴力。根据瓦尔代边疆区发来的报告：“这几天，格别乌侦查员伊萨延科同志出现在外宾商店下属的百货商店。尽管他穿着便衣，但是所有人都认识他，此外，衣领下面立着领章……在百货商店里，他在旁人面前纠缠着问检验员[962]：‘你把黄金藏在哪里？’检验员回答他：‘如果你认为我有黄金，那就找吧。’在和收款员交谈并在收款处徘徊15分钟后，这个人才离开。”[963]侦查员离开了，但其在商店工作人员和顾客中间播种恐慌的任务已经完成。

经历过乌克兰饥荒的人的回忆证明了档案文件中关于格别乌追捕外宾商店顾客的证词。鲍里斯·汉德罗斯在接受南加州大学犹太人大屠杀基金会[964]访谈时讲述了自己家乡奥扎林齐发生的事情：

> 这里有一些商品非常丰富的商店。这些商店里商品应有尽有，但是购买东西需要使用黄金。这些商店会变成陷阱、捕鼠器……如果妈妈往那里带去了小东西、小的宝石戒指，那么他们就不会找她麻烦，而且他们清楚地知道我们一家。而如果来了某个犹太人[965]，我们会说，莫伊莎、卡谢夫带来了五分……
>
> ——小额硬币？
>
> ——五分是小额硬币。在那里他会进名单，有人会把他带走。这些小房间被称为“黄金囚室”（格别乌为了获得黄金而扣押被捕者的地方——作者注）。人们站满了这些囚室，并在这里被扣留几个星期，有人从他们身上打出金币，打出人们在国内战争时期偷偷存下的东西……[966]

奥扎林齐的另一个居民拉扎里·洛佐维尔证实了汉德罗斯关于“黄金囚室”的说法，并回忆道：

> 我记得在1933年或是1934年的时候，国家安全委员部（此处

有误，应为内务人民委员部——作者注）为了黄金抓了很多人。我记得，有一天他们抓了我父亲。抓我父亲也是为了黄金。我们这里有一个姓恩金的人，据传言，这个人好像是告密者。你们明白“告密者”是怎么回事吗？——就是一个垃圾。妈妈和我们生活贫困。我们一无所有。家里的地面是泥地，就和农村一样。因此，妈妈找到这个人并说（以下内容，讲述者转用希伯来语）：

——哈姆，这是干什么？他们为什么抓走我丈夫？

——不用担心。明天他就回家了。（讲述者又切换回了俄语）你们也知道我们的生活，就是这样。不用担心。

第二天早晨，父亲果然回了家。挨了打。他们为了让父亲承认有点儿什么东西，用门夹了他的手指。就算他什么也没有，也要让他供出谁会有。你们明白吗？……就是他们有的东西。有一个叫科索夫的人，是个畜生，他有黄金。那些人拿走了他所有的黄金，还把人也抓走了。他被抓走后，没人知道他被带去了哪里。传说他被杀了，他们说，他已经没什么用了。他被利用完之后，就被枪决了……[967]

——这种为了黄金而被抓走的犹太人很多吗？

——我们那里有过，有过，有过。总之，很多人都被抓走了，但都不公道。可能有2—3个人是有黄金的，大部分人并没有。大部分人被抓走拷问只是为了能榨出点儿什么，抑或是让他能说点儿他知道的事情。[968]

格别乌没有要什么聪明。格别乌的工作人员要求，外宾商店的客户把收到的境外汇款转到格别乌的账户，或者“自愿捐献”给工业化基金或国际革命者救济会。[969]其中有一个简单的逻辑：如果发现有人持有外汇，那么这个人当然应该交给国家。[970]一封1933年夏天从列宁格勒寄给格别乌主席维·鲁·缅任斯基（同时抄送了苏联检察官卡塔尼扬、财政人民委员格·费·格林科、外交副人民委员格·雅·索克利尼科夫）的匿名信报告道："列宁格勒的格别乌强迫拥有外宾商店商品册的劳动人民把外宾商店活期账户中的大部分积蓄伪装成自愿捐献的样子。有时，捐献额接近外宾商店活期账户的所有金额。公民们受到了镇压的影响，有些人由于害怕被镇压完全按照要求交钱，有时候为了不被迫害甚至会交得更多。"[971] 格别乌可以不经银行账户户主同意就提走外汇。在一份文件中，外宾商店管委会描述了一个事件："在扎波罗热，我们一家百货商店的负责人被请到格别乌，并被要求把一个被捕顾客的商品册里的 30 美元转到工业化基金中。"[972] "猎取"外汇汇款的行动在格别乌档案中留下了踪迹。1932 年 2 月 26 日经济局 203 号通告通报了当地格别乌机关日益频繁地逮捕境外外汇汇款收款人的情况。[973] 被捕者把外汇收款单据交给格别乌后就会被释放，但是外汇就落入了国家安全机关之手。人们会向外国银行控诉格别乌的所作所为。

人们的回忆以及 1930 年代从苏联寄往国外的信件都提到了"救命钱"——用来拯救苏联被捕亲人的赎金。在一封 1932 年从波多利亚某地寄往美国的信中，目击者告诉儿子："……去年冬天的病在我们这里又复发了——人们被逮捕，并被要求支付'救命钱'。"1930 年代生活在美国艾奥瓦州艾尔玛市的一个叫格卢兹戈利德的人给犹太报纸 *Tog*（*To2*）的编辑写信提到，他们居住的城市和邻近地区收到了来自苏联波多利亚州和沃伦州亲戚的电报，来电请求尽快发去汇款：格别乌为了获取赎金逮捕、拷打那些有海外亲属的人。在收到汇款后，当地格别乌就会放人，但随后会重新展开逮捕行动并勒索另一笔外汇。按格卢兹戈利德所言，每两个星期就会收到来自不同人的电报。在苏联的亲人请求立刻回电告知钱款已汇，以便在监狱里少待一周。[974]

没收外宾商店顾客的黄金和外汇被格别乌辩解成夺回国家无法获取的被藏匿的有价物品。但没收外汇汇款不适用于这个解释。关于外汇汇款，格别乌拿走的是已经在国有单位"外宾商店"账上的钱。人们并没有把钱拿到手，相应地，也不可能藏匿这些钱。境外外汇汇款不仅合法，而且完全公开，连苏联领导人也尽力加以鼓励。[975] 没收外汇汇款揭示了一个真相，即格别乌反外宾商店行动的部门属性——格别乌关心的是完成本部门的外汇计划。外宾商店针对格别乌所作所为的投诉量在第四季度会有所增加，因为这时格别乌需要向最重要的苏联节日——革命节（11月7日）和斯大林宪法节（12月30日）献礼，并汇报年度外汇计划的完成情况。

按照苏联领导人关于不损害外宾商店工作的建议，格别乌的领导了解到那些滥权行为，并试图为攫取外汇的运动制定规则。例如，经济局要求必须有倒卖所收到的外汇（这被视为投机行为）的确凿证据才能没收汇款。逮捕“非法外汇买卖者”应在非法交易现场进行。只有在日用黄金和白银制品数量具有“明显的投机性”，即被用于倒卖时，才准予没收。在格别乌管理层特别会议决定“没收有价物品”或者返还给物主之前，不得抹去所没收的贵重财物的个人属性。[976]然而，外汇计划的数字具有更大的压力，格别乌的滥权行为仍在继续，“弹性的”裁量投机行为为违法提供了空间。此外，格别乌感觉到了国家领导层的支持，较之外宾商店的“商人”，国家领导层更信任契卡工作人员：“应当感谢契卡工作人员”，——斯大林听完格别乌外汇收入增长后高兴地感慨道。[977]

格别乌的所作所为导致人们开始小心翼翼地对待外宾商店。各种传言四起：外宾商店“给格别乌提供帮助”，外宾商店是格别乌的“辅助部门”“黄金上交者的捕鼠器”[978]，有人会给外宾商店里的顾客拍照并把信息交给“有关部门”[979]。和格别乌有关的联想吓跑了顾客。外宾商店瓦尔代分支机构的负责人把百货商店未能完成外汇计划的原因归咎于一位格别乌侦查员的妻子在收款处工作，“所有人都认识她，而且会问，为什么她坐在这里？”[980]外宾商店管委会向政府报告称，所有办事处都收到了民众关于收取汇款是否安全的询问，“这都是因为格别乌搜查”黄金。[981]恐慌十分普遍，上交有价物品后没有影响的情况反而会令人吃惊：“切库诺沃村的一个女公民在早上7:30来到外宾商店，买了20卢布的东西，她感到惊讶的是什么可怕的事情都没有发生，她说：‘我们那里所有人都说，只要进了外宾商店就会被捕。现在我回家去告诉大家，完全不是这样，我

们那里很多人都会来买东西。'" [982]

在边远地区，外宾商店工作人员为了完成外汇计划，试图公开地和格别乌区分开。瑟乔夫卡（西部办事处）的外宾商店开业广告为了招揽顾客，这样劝说未来的顾客："关于上交者需为上交的金银币负责的传言是毫无依据的谎言。" [983] 外宾商店管委会毫不客气地把逮捕顾客的秘密信息都写了出来。此外，在公开文件中提及镇压是给外宾商店帮倒忙——这等于在提醒人们无风不起浪。

很多情况下，格别乌从外宾商店顾客那里没收的金额并不大，而抽查具有偶然性，但到底是没收了几枚钱币还是一瓶"外宾商店伏特加"到最后并不重要。[984] 传言和恐慌快速蔓延，让人们麻木不仁。1931 年 11 月的赫尔松，由于当地格别乌开展了针对"非法外汇买卖者"的行动，结果外宾商店每天的收入从 700 美元降到了 100 美元。[985]1932 年 12 月至 1933 年 1 月，格别乌在科特拉斯开展逮捕行动后（逮捕了 100 人），外宾商店的经营活动实际上停了下来。[986] 从 10 月到 12 月，梯弗里斯外宾商店的每日收入从 800—900 卢布降到了 200—300 卢布。[987] 之前提到的外宾商店土库曼斯坦办事处的管理人员抱怨道，科尔基的业务刚开始上轨道就因为格别乌的镇压行动而崩溃了——有价物品收入从一天 300—400 卢布降到了 50—70 卢布。[988]

外宾商店敲响了警钟并计算了格别乌突然检查所造成的损失：外汇收入减少、对顾客的负面心理影响、苏联敌人发动的国际政治宣传。外宾商店由于人民恐慌而导致的外汇损失让人质疑"政治机关"行动的经济合理性。格别乌行动的外汇效果如何？由于无法获取这个部门的档案，我们无法回答这个问题，只有一些碎片化的信息"渗透在"一份文献中。1932 年 5 月，格别乌副主席亚戈达向斯大林汇报，在格别乌的钱柜里有价值 240 万金卢布的有价物品。[989] 亚戈达报告道，加上"之前已交给国家银行"的有价物品总计 1510 万卢布。可以确定的是，格别乌在 1930 年向国家银行和苏联黄金交去了价值大约 1020 万金卢布的有价物品。[990] 如果将这个数字作为格别乌每年没收的"平均值"，那么可以推测出，在1510万卢布中，大约1000万—1200万卢布归属1931年，剩下的300万—500万卢布归属1932年(5月前)。[991] 那么外宾商店是什么情况？1930年，外宾商店仅面向外国人开放，无法对格别乌构成真正的竞争。1931年，外宾商店虽然向苏联公民开放了，但才刚刚起步：到了夏天才开始收取旧金币，初秋才开始接收外汇汇款，而收购日用金器的主业到了12月才开始。不过，即便是在刚刚起步的1931年，外宾商店就获得了价值700万金卢布的有价物品——略少于格别乌的“开采量”，不过，外宾商店并未有所节制。随着外宾商店网络铺开，饥荒集聚了全部能量，外宾商店打败了格别乌：1932年，外宾商店收购了价值4930万金卢布的有价物品——据估计，格别乌在1931年1—4月获得了300万—500万卢布，1933年外宾商店收购的有价物品达到了1.054亿金卢布！如果没有格别乌反外宾商店行动引起的恐慌和停顿，外宾商店可能会获得更多。

外宾商店从顾客的兴趣出发，展现了比格别乌扫荡行动更有效的获取人民外汇有价物品的方法。外宾商店的损失是对工业化的打击。在追逐完成外汇计划的目标时，格别乌把自己的部门利益置于国家利益之上。其行为违反了经济合理性，与那些年作为国家核心原则之一的工业化实用主义原则相抵触。在外宾商店存续期间，政治局完全免除了格别乌的外汇义务——因为格别乌所用方法的“特殊性”，且职能重叠毫无帮助，反而会坏事。不过，政治局追求一个达不到的目标——“既要狼吃饱，又要羊不少”：政治局不禁止格别乌的行动，只是要求其暴力没收外汇时小心行事，不能损害外宾商店的工作。

为什么即便外宾商店成果颇丰，但政治局仍继续利用格别乌的“外汇”服务，却无视其带来的显而易见的负面后果？[992] 可能还是老思想作祟：寻找外汇的单位越多，我们获得的外汇就越多。不过，重要的是，政治局把外宾商店当作一个临时而特殊的措施。尽管这家单位对国家的好处显而易见，政治局仍只是不得不容忍外宾商店。外宾商店的经营活动违反了苏联领导人的意识形态信仰和社会主义政治经济学的教条：在外宾商店不看阶级立场，苏联公民有了“外汇权”，外汇和黄金成了支付手段；在配给式的计划经济中大规模市场经营行为合法地蓬勃发展，甚至国家本身就是企业家！在帮助实现工业化的同时，外宾商店还确保了苏联向前推进，但从当时的政治意识角度看外宾商店的主要原则，外宾商店是“向资本主义的倒退”：要思想纯洁还是要工业腾飞——对苏联领导而言，外宾商店是一个两难选择。就像“新经济政策”一样，外宾商店也只是“短期的”。它是一个战术动作——也证明了我们历史文献中已确立的一个结论，即令国家陷入危机的“对资本主义的红色进攻”被市场放纵所替代。如果外宾商店只是短期的，[993]那么为什么要改变格别乌的工作？要知道格别乌是永远存在的。此外，正是因为苏联领导人把赋予人民外汇权视作一种反常的、特别的甚至是不正常的情形，因此政治监管的意义就更大了。除了格别乌谁能监督外汇业务不超出准许的范围呢？

此前，我们从国家利益角度审视了外宾商店和格别乌的外汇竞争：两个部门都通过“攫取有价物品”来满足工业化的需求。我们现在把国家利益放在一边，用普通人的视角审视这一切。什么东西可以向我们述说在 1930 年代日常生活中政治部门和商贸部门的外汇竞争？

在外宾商店出现前，人民的外汇权并不清楚。在“新经济政策”的外汇市场崩溃后，唯一允许苏联人参与的黄金业务是按照政府制定的固定牌价将黄金卖给国家换取卢布。外汇兑换业务则只允许入境苏联的外国人和出境的苏联人通过严格规定的国家渠道进行。1930 年代上半叶，只有外国人可以在特定的地点使用外汇支付。其他所有涉及外汇现金和黄金的私下交易——出售、兑换、用作支付手段——都被视为经济犯罪、外汇投机。格别乌负责对此进行监管。

虽然法律没有任何修订，但是外宾商店“擅自”给予了人民更广泛的外汇权，在外宾商店这一有限范围内的外汇交易被认定为合法。只有在外宾商店之外的私下外汇和黄金交易是被禁止的，因此那里滋生了黑市。不过，外宾商店和格别乌“外汇清洗”的共存导致了混乱和不确定。人们不清楚两个部门职权的界线在哪里。人们没有把握确定，什么是法律允许的，什么是不允许的。由于最终没明白游戏规则，所以对外宾商店持怀疑态度。即便在外宾商店完成了法律允许的交易，1930 年代的人也不会觉得自己的“外汇权”受到了保护。当顾客在外宾商店被逮捕时，人们通常不会尝试保护自己的权利，而是向四处跑散，这绝非偶然。结果是，每个前往外宾商店的人都怀揣恐惧、冒着风险。

格别乌逮捕行动的随机性和前后不一致导致恐慌加剧。人们形成了这样的印象，即某人获准持有外汇和黄金并在外宾商店使用了这些有价物品消费，而某人却不被允许——遭到了逮捕。在这种情况下，人们当然会思考，群体划分的界线在哪里。文献表明，人们试图搞清楚逮捕的逻辑并加以合理的解释。或许，逮捕与否取决于顾客的社会地位和所持黄金的来源？一位党员在给格别乌的一封信中写道：“我是这样理解的，应当被逮捕的人显然是那些拥有黄金的旧商人、投机者、掠夺者、旧制度的官僚、警察（沙俄时期的警察——作者注）和富农，而明显不是劳动者、无产阶级和中农、贫农，这些人如果有黄金的话，应当（即有权利——作者注）毫不畏惧地把黄金带到外宾商店。”[994] 这个人的逻辑很简单：通过不正当手段致富的剥削者应当被剥夺外汇权。格别乌要逮捕的正是这些剥削者。

在外宾商店进行类似的阶级划分对于政治局而言并不需要花大功夫。“旧时代遗民”都在国家管控之下。他们属于“被剥夺选举权的人”的范畴。人们要求在政府关于外宾商店的决议中指明“被剥夺选举权的人”不得进入外宾商店。没什么人会对这个决议感到惊讶：卡住“旧时代遗民”的社会、政治和经济权利是那个时代的规范，剥夺其外汇权在逻辑上符合 1930 年代的社会等级划分标准。然而，在涉及外宾商店时，政治局没有将公民按照社会地位、收入来源、革命前的活动等要素进行划分。类似的划分在设立外宾商店的决议中以及后续规范外宾商店经营活动的文件中都只字未提。[995] 外宾商店的门向每一个拥有外汇有价物品的人开放。谁把黄金带到外宾商店、人们是怎么得来的黄金，这些都不重要，只要交过来就行：评估员—验收员不得要求民众出示证件、记录姓氏和交谈中透露的其他信息。交来有价物品可以换得外宾商店不记名的商品册。[996]因此，外宾商店是一个社会经济组织，这里的所有顾客在社会性上都是平等的。回到 1930 年代苏联人的困惑——格别乌在外宾商店逮捕的人和没被逮捕的人之间有何区别，应当可以得出结论——顾客的社会地位与此并无关系。毫无疑问，在外宾商店被捕的顾客中碰巧有“旧时代遗民”，但也有劳动者——工人、服务员和集体农庄成员。外宾商店的资料确认了这一点，之前所引述的信件的作者是党员，在为格别乌的所作所为感到愤怒的同时，他承认连“无产者和集体农庄成员”去一次外宾商店也是提心吊胆的。

在寻找格别乌的行为逻辑时可以假设，其在外宾商店只逮捕大额外汇持有者。但是这个假设经不起推敲。外宾商店的出现实际上意味着，格别乌不能再以私藏外汇和黄金的理由抓人，并不关乎数额大小。根据外宾商店的工作规定，外汇现金或黄金本身不会让人成为罪犯。格别乌只能追捕非法使用这些有价物品在黑市上交易的人。而且，从外宾商店的工作逻辑出发，越多人带来黄金和外汇，收到的有价物品就越多，这样也就越好。规定外宾商店经营活动的决议并没有区分小额和大额持有者的外汇权利。“小额有价物品持有人”“大额有价物品持有人”——这些等级分类虽然出现在外宾商店的文件中，但并不具有社会划分的性质，纯粹是反映经济特性的。对外宾商店档案文献的分析反驳了关于外宾商店被捕顾客全是或大部分是大额有价物品持有人的假设。外宾商店各办事处抱怨道，格别乌不加区分地抓人，大规模运动的受害者大部分是“小额有价物品持有者”。文件中列出的没收金额常常纯粹是象征性的——一些金币、一些外宾商店卢布流通券。在没收商品中，没有皮货、鱼子酱和古董，只有普通食物——一听罐头、一瓶伏特加、一袋面粉。

最后，关于逮捕外宾商店客户还有一种可能的解释。格别乌用打击黑市投机活动，即坚决制止外宾商店合法交易区域之外的外汇交易来为自己的行为进行辩解。在审视在外宾商店只逮捕投机分子的假设时，首先应当指出，外汇投机在苏联是重罪。在市场经济国家，导致苏联公民遭到追捕的大部分外汇交易（避开国有中介机构进行外汇兑换、使用外汇买卖等）都不会被视为犯罪。不过，另一种解释更为重要。在外宾商店周围事实上存在着大量黑市，不少人因为从事苏联法律禁止的外汇交易而遭到格别乌逮捕，但这并不是本章研究的对象。事实证明，格别乌为了完成本部门的外汇计划在打击投机活动的伪装下定期且有意识地利用外宾商店查出有价物品持有者。逮捕行动常常发生在合法交易进行时——比如在商店里购买商品时，这给了外宾商店管委会抗议格别乌行动的依据。抓人的真正原因是人们手里有可以攫取的东西——外汇和黄金。这就是格别乌的行动逻辑，也是苏联公民试图了解的逻辑，以便确定到底去不去外宾商店。无产阶级出身、外汇金额小、交易合法都无法确保人们免于被监视、搜查、没收财产或被捕。

肯定不会有人公开说，1930 年代苏联生活的特征是惩戒机关横行霸道。但是，外宾商店史让人看到了苏联日常生活中的其他特点。逮捕外宾商店顾客的逻辑证明，拥有外汇和黄金的所有人都不得不感到害怕。他们闭着眼睛做出选择：“出征”外宾商店会不会正巧碰到格别乌的例行“外汇清洗”。只要进入外宾商店就伴随着风险，没人能百分之百地保证安全回家。能讲的只是被逮捕的可能性大小。格别乌和外宾商店的外汇竞争史证实，即使在商店里习惯性地买个面包都可能成为一件危险的事情，演变成监视、搜查、没收财产，甚至是逮捕。苏联的日常生活具有冒险性。

且容我离开本题穿插到后斯大林时代。在苏联日常的惊险生活中，任何事，甚至最小的事都会成为一个事件——成就或悲剧，而惊险性不仅是斯大林统治时期的特点。决定苏联日常生活特点的政治和经济社会系统、文化类型都形成于斯大林时期，但是它们比缔造者活得更久。商品紧缺、违法行为、官僚主义式的拖沓以及很多别的因素继续塑造了苏联生活中的冒险—惊险特点。随着斯大林的去世，苏联人生活中的危险和风险因素急剧减少，但其冒险—惊险特点保留了下来。显然，在俄语中针对商店购物这样的日常琐事使用了“出征”这个词绝非偶然，这个词表现了艰辛、困难和冒险。

在苏联生活中有充满惊险的日常生活，这意味着每天都会发生惊险的事情，而惊险的事情就发生在日常琐事中。日常生活中的冒险令人筋疲力尽，因为任何小事都可能变成麻烦——修门锁、干洗时不弄坏大衣、买家具、去政府办护照却没有必要的表格等。有人会提出反对，认为这些“惊险情节”太缺乏想象力。但是，如果身处苏联生活“里面”，这些日常的惊险事件不会被当成小事或微不足道的事，因为在这些事情上消耗了大量的时间和精力。在西方的市场化世界，解决类似问题只要打个电话就够了——问题快速而顺利地得以解决，你只要付钱就行，绝不会感觉事情留下了尾巴。在苏联的日常生活中，“为了生活琐事”常要花费几天、几个星期、几个月，好吧，这本身就是生活！涉及一些西方标准下的小问题时，苏联人会时而因悲剧而沮丧，时而因胜利而欢庆。排队 6 小时，可是合适的大衣或者皮鞋却卖完了——这就是悲剧！在签证和登记处[997]只排了 3 小时，而不是 3 天——这就是胜利！人们回忆起这些事情时，要么因为失败而惋惜，要么因为成功而吹嘘。

正是日常生活中的这种惊险特点让苏联人生活得百感交集，我决定称之为特别有意思。长期生活在苏联的外国人会发现这一情节丰富的现象。在他们的回忆和感受中，苏联的现实是，琐事能令人筋疲力尽，但同时百感交集。去了西方的苏联人会颤抖着回忆苏联日常生活的超负荷和紧张，不过，可能并不会想起百感交集和情节丰富的生活。在苏联人的血液中流淌着生活中的惊险“麻醉剂”。

我们回到外宾商店。成就和惊险意味着冒险、自我牺牲和英雄主义。似乎，在购买面包或裤子时应该带着点英雄主义？但是，正如外宾商店文件证实的，应当果断地决定进入外宾商店——意志坚定、克服怀疑和恐惧。谁会知道，人们在决定跨过挂着“外宾商店”神秘招牌的企业门槛之前，经历了多少个不眠之夜。

无论如何，仍旧必须去外宾商店，毕竟饥饿是无情的，人们为战胜它而各展才能。有人跑到没人认识的其他城市上交有价物品、购买商品。

如果在上交黄金时看到熟人，就立刻离开商店，有时候甚至把有价物品也留下，过了几个小时再返回商店。[998]害怕被熟人“去某处”告发拥有黄金比害怕失去黄金更厉害。农民尤为小心，正如一个告密者说的那样，“农村来的人尤为害怕”。[999]外宾商店下诺夫哥罗德办事处的报告中提到，农民在买东西前会先观察，甚至会陪着一些顾客回家，然后再返回商店观察。他们常常会问售货员：“我有钱币，我会被抓走吗？”[1000]

人的办法总是无穷的。有些“聪明人”利用了格别乌的经验。他们假冒格别乌侦查员，抢劫外宾商店的顾客：这是真正的犯罪模仿！外宾商店莫斯科市办事处的负责人在给下属百货商店的信中提醒道：“近日，在我们营业点周围有一伙假冒格别乌和莫斯科刑事侦查处工作人员的骗子，他们先在商店里通过人们上交的有价物品或购买的商品选定受害者，等受害者走出百货商店时把人拦下并夺走有价物品（或商品册等）。”[1001]“格别乌”这个词对人们具有麻痹效应，能让人在外宾商店顾客及工作人员的众目睽睽之下、光天化日之下毫无顾忌地抢劫。[1002]

有理由相信，格别乌的正式工作人员可以利用本部门的反外宾商店行动达成个人目的。这是第四商店负责人奥·米·范斯坦给外宾商店基辅办事处负责人的报告：“我特向您报告，在您离开的那一天，在店里发生了以下事件：侦查处工作人员卡济米罗夫手里拿着一把左轮手枪尾随着一个顾客闯进了商店。我要求卡济米罗夫把武器收进口袋里，并和彼得罗夫区警察局局长通了电话……我回到商店，请卡济米罗夫拿出经济处或行动处签发的在我们商店抓人的拘留证。为这件事，我们去了区里的警察局，并在那里商量了这事。卡济米罗夫离开去拿拘留证，之后就没回来。被捕的那个人在商店里一直待到关门后才被放走，他的恐慌不用细说。我想让您知道，被捕的公民因为害怕口袋里的武器没有跟着侦查处的人走。他说，卡济米罗夫在此前的两天在过道里和一个犹太人夺走了他 1200 苏联卢布纸币。我认为，真相可能是，卡济米罗夫和自己的父亲一起作案。在这个离奇事件中，我在角落里看到了一个等待结果的老人。这件事我还报告了州刑事侦查处的工作人员沙普同志。1932 年 12

月 9 日。”[1003] 契卡儿子和年迈的父亲一起闯“事业”——这不就是家族买卖吗？

外宾商店为了完成外汇计划会保护自己的顾客。在文献中提到了解救被捕者并返还其被没收的商品和外宾商店的钱。不过，应当指出，人们对于外宾商店为格别乌工作的担忧并非毫无根据。1935 年，外宾商店最后一任主席利文森在给各办事处和分支机构负责人的信中提到 ：“内务人民委员部的工作人员有权在必要情况下要求你们查询个别人上交有价物品的数量以及这些人的姓氏和住址，不过此类查询必须找商店或收购点的管理处。”[1004] 这封信展示了外宾商店和“安全机关”之间在将近 4 年的外汇竞争和摩擦中达成的妥协。外宾商店不抗拒做告密者，只要这些行为瞒着客户就行。从这封信看，商店的管理处是“安全机关”的编外侦查员。格别乌 / 内务人民委员部在外宾商店里有自己的线人，这些人要么是混进外宾商店工作人员中的，要么就是从里面招募的。这些线人向“安全机关”提供外宾商店客户外汇存款信息。对于苏联人而言，逛外宾商店是冒险的，后果不可预测。生活在苏联需要无处不在的英雄主义。

外宾商店的秘密

点金石。卢布的秘密兑换。超过面包和石油出口量。亏损的反常现场。比工业开采的黄金还便宜。

外宾商店什么东西都没有运出境，但仍被视为出口企业，因为它和全苏粮食出口联合公司、全苏木材出口联合公司、全苏石油及石油制品进出口联合公司等出口企业一样，都是卖出苏联商品换取外汇。外宾商店的经营条件促进了它的外汇成效。首先，和其他出口单位的不同之处在于，它节约了流通损耗（商品出国运费、保险费、出口部门的运营费和工资等）。[1005] 其次，商品售价可自行制定，无须顾忌国际经济危机，不用担心国际市场上的竞争，要知道，外宾商店是在商品紧缺和饥荒横行的苏联国内销售商品，而国家手里掌握了定价权，顾客无法挑三拣四。

比较外宾商店和其他的苏联出口单位可以发现它的一个主要秘密。1935 年 12 月完成的最终报告提到："如果外宾商店卖出的商品按照'FOB'[1006] 离岸价销售到国外，那么最多（这是我想强调的——作者注）进款 8330 万卢布。"[1007] 事实上，外宾商店卖出这些商品获得了 2.75 亿卢布。最终报告的撰写者炫耀，这些商品在苏联卖得比出口价还要贵几倍，事实上就承认他们欺骗了顾客。人们用价值 2.75 亿卢布的黄金、白银、铂金、钻石和外汇（按收购价计）——这些有价物品在国际市场上的售价更高——只换来了价值 8330 万卢布的商品（按苏联出口价计）。换言之，价值 3.5 金卢布的有价物品只能换取 1 卢布的商品！差距并不小。但是，即使外宾商店为价值 1 卢布的有价物品拨付给了客户几卢布的商品，国家无论如何也都是划算的，因为不管怎样，这些卢布在国外也买不到成堆的贵金属和外汇：外宾商店就像一块点金石，把普通金属变成黄金，把不可兑换的苏联卢布、黑面包和鲑鱼、普通日用品变成外汇。

外宾商店的最终报告还提到，要获得一样数量的外宾商店收购的外汇有价物品，需要在国外多卖出 1.76 亿卢布的出口商品（按苏联国内贸易零售价计）。[1008] 请想象一下饥荒国家可能出现的大规模原料和粮食外运。每枚硬币都有两面：国家在外宾商店存在着显而易见的外汇利益和需要，尽管交易具有掠夺性，但外宾商店对于社会是有利的——如果没有外宾商店，国家为了获得外汇，只能以低价向国外抛售更多商品，那么饥荒悲剧的范围将更大。

文献让我们能估算出外宾商店的外汇效率。为此，我们比较了国家为外宾商店花费的卢布和外宾商店收到的外汇。（表二十三第 6 点）不出所料，大饥荒时期是利润最高的时期：1933 年，每获得价值 1 个金卢布的有价物品，国家需要消耗 4 个多普通苏联卢布。[1009] 随着苏联粮食状况的正常化以及外宾商店对于人民的重要性的下降，外汇利润开始下降：1934 年时为了 1 个金卢布的有价物品，国家需要花费 6 卢布多，1935 年——约为 10 卢布。（表二十三第 6 点）[1010] 1932—1935 年，国家在外宾商店每获取 1 个金卢布，平均花费 6 卢布。

表二十三

外宾商店的经营利润

年份	1932	1933	1934	1935 年前 9 个月	总计
支出：					
1. 国产商品采购额（包括已售商品、年底时未售出商品、定量配给、取消预定、损耗）					
a 按外宾商店销售价计（单位：百万金卢布）	87.3*	96.1	57.3	26.3	267.0

续表

b 按工厂价计（单位：百万苏联普通卢布）**	282.8	311.1	262.8	239.2	1095.9
2. 流通开支：附加开支、商贸开支、行政管理开支、组织开支、包装开支、人员开支、1935 年结转开支（单位：百万苏联普通卢布）	40.5	141.7	142.4	78	402.6
3. 进口费用之外的所有开支（单位：百万苏联普通卢布）	323.3*	452.8	405.2	317.2	1498.5
营业收入：					
4. 外汇收入					
a 包括“剩余物”在内的有价物品收购额（单位：百万金卢布）	49.3	115.2	65.9	34.6	265
b 扣除进口开支后（单位：百万金卢布）	45.2	111.2	63	32.5***	251.9
c 将 b 数据换算成纯金（单位：吨）****	35	86.2	48.8	25.2	195.2
d 将 c 数据换算成国际黄金价格（单位：百万美元）*****	23.3	57.3	54.9	28.4	163.9
5. 包括进口商品在内的所有商品总销售额					
a 按外宾商店售价计（单位：百万金卢布）	51.4	106.5	60.7	32.1	250.7
b 按工厂价计（单位：百万苏联普通卢布）**	166.5	345	279.1	292	1082.6
利润：					
6. 获得 1 个金卢布所消耗的苏联普通卢布 计算公式——3：4b（单位：苏联普通卢布）	7.2*	4.1	6.4	9.8	5.9
7. 每消耗 1 个苏联普通卢布所获的金戈比数量 计算公式——4b：3	14	25	16	10	17

续表

8.“攫取”黄金的成本计算公式——（3—5b）：4c（单位：苏联普通卢布 / 克黄金）	4.48	1.25	2.58	1	2.13

注释：* 没有定量配给、取消预定、损耗的相关数据。考虑到存在这些开支，1932 年外宾商店的利润应略低于表中所示的数据。

** 外宾商店经济师按照他们确定的系数将外宾商店售价换算成进货价。这些系数是在包括进口商品在内的所有商品总销售额基础上计算得出的，但由于进口量并不大，其中的误差可以忽略不计。1932 年，外宾商店从出口商那里接收的商品按照黄金价格计算，后续几年从供应商那里接收的商品按照工厂价计算。在将 1932 年外宾商店销售价换算成工厂价时，外宾商店经济师使用了 1933 年的换算系数。

有些年份商品销售额（第 5b 点）超过国产商品的采购额（第 1b 点）是因为计入了进口商品以及上一年度结余的商品。

***1935 年前 9 个月的进口采购开支数据未能找到。但已明确的是，1935 年上半年已确定的进口订购额为 140 万卢布，而全年为 280 万卢布。据此数据可以推测出 1935 年前三季度的进口开支为 210 万卢布。

**** 依据是外宾商店 1 卢布 29 戈比兑 1 克纯金的收购价。因为收购的有价物品不仅有黄金，还有白银、钻石、铂金、外汇，因此，以黄金计重得出的数据并非黄金收购量，只供分析比较之用。

***** 按照世界黄金价格计算得出，即 1934 年前为 66.5 美分 / 克纯金，1934 年起为 1.125 美元 / 克纯金。

资料来源：俄罗斯国家经济档案馆，4433 号库第 1 类第 153 卷第 24 页；第 175 卷第 129 页。

为了更加形象，我们再做一个比较。外宾商店 1933 年的有价物品收购额在扣除进口开支后相当于86.2吨纯金（表二十三第4c点）。按照当时的世界黄金价格（66.5美分/克）[1011]，这些有价物品的价值为5730万美元。请把这个金额和苏联当年用于外宾商店的卢布支出——4528万卢布（表二十三第3点）进行比较：多亏了外宾商店，苏联领导人才能在1933年按照大约8卢布兑1美元的汇率把在西方几乎没人要[1012]的苏联卢布换成了外汇。虽然，这个汇率高于苏联政府制定的“对内使用的”官方汇率，但在西方又有谁会按照这个或那个期待的高汇率把斯大林卢布换成美元呢？外宾商店让类似的卢布转换成为可能。

表二十四

外宾商店所征集有价物品在苏联进出口中的比例（单位：%）*

年份	1932	1933	1934	1935	1932—1935年的平均值
进口 **	7	33.1	28.4	19.8	22.1
出口 **	8.6	23.2	15.8	13	15.2
出口 ***	10	30.7	17.8	13.6	18

注释： * 此处使用的数据是包含了“剩余物”、未扣除外宾商店进口商品采购额的有价物品收购额（表二十九）。按照国际市场销售价格算出的有价物品价值在苏联进出口中的比重将比表中所示更高。

** 以海关进出口数据为基础（表四）

*** 以出口档案数据为基础（表五）

外宾商店对工业化意义重大。外宾商店收购的有价物品负担了（按照收购价值）1932—1935年——工业腾飞的关键年份超过1/5的进口支出（表二十四）。在爆发饥荒的1933年，外宾商店为国家负担了工业设备、原料和技术进口支出的1/3；1934年，超过1/4；1935年，将近1/5。外宾商店对于工业进口的贡献实际上更大，因为苏联在国际市场上出售外宾商店有价物品所得金额比其收购额更高。外宾商店极大地接济了空转的苏联出口：在饥荒的 1933 年，外宾商店获得的外汇约合国家出口粮食、石油、木材等原材料以及食品所获外汇的 1/3（表二十四）。而外宾商店什么都没运出去，只是把这些商品卖给了苏联的饥民。最终报告承认，通过外宾商店“引诱来”的外汇足以负担 10 个社会主义大型工业企业的设备进口开支：高尔基汽车制造厂（4320 万卢布）、斯大林格勒拖拉机厂（3500 万卢布）、斯大林汽车厂（2790 万卢布）、第聂伯河水电站（3100 万卢布）、国家轴承厂（2250 万卢布）、车里雅宾斯克拖拉机厂（2300 万卢布）、哈尔科夫拖拉机厂（1530 万卢布）、马格尼托哥尔斯克冶金联合体（4400 万卢布）、库兹涅茨克冶金联合体（2590 万卢布）和乌拉尔机械制造厂（1500 万卢布）。[1013]

外宾商店是外贸人民委员部独一无二的出口企业，苏联领导人希望从中获得的外汇产出远高于资本投入。[1014]1932 年，按照外汇收入额，外宾商店在苏联出口中位列第四，仅次于苏联出口的主要项目——石油、谷物和木材的出口企业（表二十五）。1933 年，由于苏联爆发饥荒，外宾商店跃居第一，如缔造者所料，它超过了为工业化提供资金的另外几个主要外汇来源。外宾商店最终报告确认，1934 年和 1935 年，外宾商店在苏联外贸人民委员部的出口单位中稳居第二，仅次于石油出口单位。[1015]

表二十五

苏联出口企业外汇计划完成情况
（单位：百万金卢布，数据来源：国家银行）

年份	1931	1932	1933 年上半年 **
全苏粮食出口联合公司	203.5	88.1	8.7
全苏石油及石油制品进出口联合公司	101.9	89.5	41.4
全苏木材出口联合公司	89.7	71.1	无数据
外宾商店	3.7（6.9）*	49.3	45.4
古董管理局	9.4	1.5	1.2

注释：* 国家银行和外宾商店的数据不同。按照外宾商店的统计，1931 年，其收购了价值 690 万卢布的有价物品。

**1933 年下半年的数据没能找到，但是外宾商店最终报告确认，在整个 1933 年，按照外汇进款量，外宾商店位居第一名，而在 1934—1935 年，外宾商店在苏联主要出口单位中稳居第二，仅次于石油出口单位。

资料来源：俄罗斯国家经济档案馆，2324 号库第 1 类第 939 卷第 84 页；第 964 卷第 53、71a 页；俄罗斯国家经济档案馆，4433 号库第 1 类第 175 卷第 130 页背面。

1933 年，无论是获得的外汇金额，还是“出口创汇效率”——商品出口价和成本价的比值，外宾商店都领先于所有苏联出口单位。[1016]1933 年，苏联谷物出口是亏本的，但在外宾商店，面包是商品中外汇利润最高的：1933 年上半年，外宾商店面包—喂养类商品的进款（3920 万金卢布）是其出口价（760 万卢布）的 5 倍多！外宾商店其余粮食类商品的进款（1200 万卢布）是其出口价（260 万卢布）的 4.6 倍。1933 年下半年，随着饥荒的消退和食物价格大幅下降，外宾商店的这种价差也缩小了，[1017] 但是 1933 年的平均值仍然较大：外宾商店面包—喂养类商品进款为 6260 万卢布，而其出口价为 1420 万卢布，其余食品的进款和出口价分别为 2060 万卢布和 600 万卢布。如果把外宾商店商品销售价格和出口价格进行比较，经济学家可以得出，1933 年，商品在外宾商店销售比苏联出口单位售往境外可多进账 7800 万金卢布。[1018] 但是，随着苏联商品状况的好转、外宾商店售价下调以及顾客对外宾商店兴趣的下降，销售食物的“外汇效率”在 1934 年和 1935 年都降低了。[1019]

外宾商店领导断言，1933 年，同样消耗 1 卢布，外宾商店给国家带来的外汇比其他的出口单位都要多。而且多出很多！[1020] 根据外贸人民委员部外汇—财务部门的数据，1933 年，苏联出口（外贸人民委员部所有的出口单位）每消耗 1 卢布平均进款不足 15 金戈比，如果不算石油，就只有 13 金戈比。[1021] 按照外宾商店经济学家的计算，其 1933 年前 3 个季度的外汇利润为34金戈比，相当于苏联平均出口利润的2倍。据我计算，外宾商店消耗1卢布的外汇产出在1933年为25金戈比，1934年为16金戈比，1935年前9个月为10金戈比。根据最终报告，1932—1935年，外宾商店每消耗1卢布平均给国家带去价值17.6金戈比的外汇有价物品。[1022]较之其他出口单位，外宾商店相对较高的外汇利润成了大量卢布开支的理由，这使得外宾商店领导人在1933年甚至要求政府允许其把流通开支[1023]增加到进款的420%！[1024]

让读者震惊的时候到了。尽管外宾商店外汇利润较高，但作为商贸企业，它是亏损的。这是它众多秘密中的一个。为了搞清楚亏损现象，必须要区分外宾商店“出口”创汇活动和卢布贸易活动。我们到现在为止讨论的外汇效率取决于外宾商店商品售价比出口价高出多少，或是国家每花1个苏联卢布外宾商店能收购到多少有价物品——黄金、白银、钻石和外汇。但是，外宾商店不光是一家收集外汇的单位，还是一家内贸企业——它把商品卖给苏联人。外宾商店作为一家商贸企业，其效率取决于商贸活动开支和商贸收入的比值。

如果外宾商店是资本主义世界的私人企业，那么它的老板肯定发财了。其收购的黄金、白银、钻石、外汇用来抵偿企业开支并确保老板收益都绰绰有余。但苏联的实际情况受制于其他因素。外宾商店并不是为自己而开，而是为国家、为工业化而开。它没有权利把收购的有价物品用作经营开销和企业利润。所有有价物品都进入国家银行，也就是给了国家。国家银行会把有价物品的卢布收购额打到外宾商店账上，外宾商店可以用这些钱向工厂订购商品。外宾商店向民众出售商品的进款也会用于抵偿流通开支。不准使用外汇有价物品抵偿经营开支是外宾商店商贸亏损的主要原因。虽然外宾商店的外汇利润超过了苏联各出口单位，但是其商贸效率却落后于其他的苏联商贸形态。

对统计数据的分析得出，外宾商店的支出（表二十三第3点）远超其商贸收入（表二十三第5点）。读者肯定会问：“人们以高出出口价数倍的价格购买商品，而外宾商店却是亏损的，怎么会这样呢？”的确，这证明，苏联原料和粮食在国际经济危机背景下以极低的价格发往境外。1933年政府禁止在出版物上刊登有关出口商品价格的消息，[1025]这并非偶然。外宾商店商贸亏损的原因在于机关臃肿、顾客群体有限、商品和货币流通封闭，以及苏联商品状况正常化情况下不可避免的价格下调。我们来说一说其中的一个原因。

因为“边远地区的商贸网络”，外宾商店背负了庞大的流通开支。在1933年第一季度，外宾商店拥有684个营业点，到了秋天已经达到1400个。其中大部分是散布在全国各地的小商店和小铺子，它们距离中心城市和铁路线成百上千公里。[1026]这些小店的营业额很少，且在大部分情况下只能依靠畜力送货，这仅有的办法“耗费巨大”。[1027]1933年，土库曼斯坦的附加开支是外宾商店交易额的57%，而在西西伯利亚达到了74%。[1028]还要算上很多小商店的维持费用、商品储存费和人员工资。[1029]为了应对天文数字般的流通开支，政府开展了外宾商店办事处和下属商店引入自负盈亏制度的运动。运动轰动一时，在档案中留下了数吨重的往来信函和报告，但最终并未带来特别的积极成果：局部的经济自由未必能在中央集权经济体制中生存下来。随着苏联商贸状况正常化以及外汇问题的缓解，大量的流通开支迫使国家于1934年开始收缩外宾商店的营业网络，这一行动在1935年积极推进并一直持续到外宾商店关闭。

外宾商店商贸亏损的原因还在于其货币系统封闭、顾客限额。[1030]外宾商店在卖出商品后，能返还国家的金额受限于支付给“有价物品上交者”的金额。在外宾商店之外，增加外宾商店货币流通性的唯一办法就是伪造，但是格别乌，还有后来的内务人民委员部会打击制假者。如按照黄金、白银、钻石和铂金的国际行情价和实际汇率，外宾商店少付了民众一小部分钱，这也就减少了进入流通的外宾商店货币。对顾客员额的限制使外宾商店的商品周转速度慢于其他商贸机构，而商品周转速度的放缓导致了流通开支的上升（仓储费、人工费等）。[1031]

在苏联粮食状况正常化的条件下，由于流通领域商品骤增、商贸网络庞大以及商品成本高昂，外宾商店商品售价不可避免地下降了，这成了外宾商店经营利润下降的又一个原因。1933 年冬天——外宾商店售价最高的时期——平均每个销售人员的营业额为 2014 卢布，同年第四季度，在大幅降价、商贸网络急剧扩大之后，人均营业额变成了 1008 卢布。[1032]

外宾商店经营活动中的卢布亏损由国家预算承担。以苏联普通卢布计价的外宾商店商品工厂采购价与外宾商店的金卢布售价之间的“缺口”由苏联财政人民委员部支付。外宾商店的业务文件证实，当外宾商店缺少资金时，财政人民委员部不仅会支付“缺口”，还会全额支付外宾商店从工厂采购的商品，[1033] 所以外宾商店的商贸收入只要负担自己的流通开支。这种财务系统加剧了外宾商店的商品积压，即加剧了卢布贸易活动的亏损。由于财务系统中缺乏节支机制，外宾商店成了一个“无底洞”，数百万国家补助消失在其中。随着苏联商品状况的正常化以及外宾商店商品价格的下降，外宾商店商贸经营进款（金卢布）和财政人民委员部支付的以苏联卢布计的工厂采购价之间的“缺口”越来越大：1933 年，以苏联卢布计的工厂采购价平均为外宾商店金卢布售价的 3.2 倍，1934 年为 4.6 倍，1935 年更高，达到了 9 倍。[1034]

财政人民委员部确定，外宾商店向民众出售商品的收入甚至不够负担其流通开支，所以必须向外宾商店提供补贴，以填补资金缺口。[1035] 补贴的是卢布，国家肯定不会用外汇、有价物品去填补外宾商店的亏损，但是国家卢布预算的缺口也变得越来越大。鉴于外宾商店的商贸经营情况，财政人民委员部和苏联外贸银行在 1933 年和 1934 年要求向其提供预算拨款，[1036] 但外宾商店在外贸人民委员部的支持下成功地挡回了要求。苏联领导人显然不支持财政人民委员部，[1037] 或许是因为担心急剧改变外宾商店的经营制度会导致外汇、有价物品进款下降，甚至停滞。[1038] 的确，为什么要改变？——外宾商店被设想成一个超短期的企业，众所周知，“不能临阵换将”。

到目前为止，我们对外宾商店的分析立足于区分其外汇出口重要性和作为内贸企业的效率。分析呈现出了奇怪的现象，一方面外宾商店相比那些年的苏联出口拥有相对较高的外汇利润，另一方面其作为商贸企业却是亏损的。是时候把外宾商店的外汇和商贸活动放到一起并评估其总体经营效果了。我们不选择假定的金卢布或是外汇作为效率指标，而是选择黄金。

外宾商店“攫取”一克纯金，国家需要花费多少卢布？为了回答这个问题，我们要把被用于抵偿流通开支的外宾商店销售进款（表二十三第5b点）从苏联普通卢布支出（表二十三第3点）中扣除，之后再确定上述计算结果和所购有价物品换算的黄金吨数（表二十三第4c点）的关系。这些计算显示，向外宾商店投入1个苏联普通卢布，国家在1932年就能获得0.2克纯金，1933年——0.8克，1934年——0.4克，1935年前三季度——1克，这几年的平均数为将近半克（0.47克）纯金。

根据这些计算，1933年和1935年是外宾商店史上利润最高的时期(表二十三第8点)。1933年，外宾商店每“攫取”1克纯金，国家需花费1卢布25戈比，而在1935年前三季度，国家只需花费1卢布，也就是比官方的卢布对国际黄金牌价要便宜。[1039]不过，如果说外宾商店在1933年的高利润是因为大饥荒和上交的堆积如山的贵重废料，那么1935年的原因则是：在外宾商店商品价格飙涨和“末尾”高涨的消费狂热背景下，商贸网络大幅收缩以及由此导致的流通开支大幅下降。乍一看令人感到奇怪的是，饥荒的1932年是最不获利的一年，这年“攫取”的黄金最为昂贵（每克纯金需耗费超过4卢布）。1932年利润相对较低的原因是，外宾商店刚开始在边远地区拓展自己的网络，它还不为“边远地区”人民所知，且这一年获得的“黄金吨数”并不大，而流通开支却很大。1934年利润也相对较低，每克纯金需消耗国家2卢布58戈比，其原因是，随着国内粮食状况的改善，人民对外宾商店的兴趣下降了：外宾商店对市场行情的变化反应迟钝，1934年外宾商店的有价物品收入仅为上一年度的一半多，而流通开支仍维持着上一年度的水平。通过一系列计算可得出，1932—1935年，外宾商店每“获得”1克纯金平均需消耗国家2卢布13戈比（表二十三第8点）。[1040]

外宾商店的黄金到底算贵还是便宜？让我们来比较一下外宾商店黄金的成本和当时的工业开采成本。根据采金业1928/1929—1932/1933年度的五年计划，工业机械化开采1克纯金的设计成本在五年计划初期和末期分别为1卢布76戈比和1卢布42戈比；同期，手工淘金的设计成本分别为1卢布98戈比和2卢布5戈比。[1041] 事实上，黄金开采成本远高于计划成本。1930年代供职于苏联采金业的美国工程师写道，苏联不计成本，什么矿都开采，甚至是亏损的矿。[1042] 根据阿·伊·希罗科夫发布的“远北建设”的资料，1932—1937年开采1克黄金的平均成本为4卢布57戈比，[1043] 而外宾商店在1932—1935年“开采”1克黄金只需消耗国家2卢布13戈比。可以得出结论，外宾商店在采金效率上“击败了”工业采金。

特别提出一个问题，即外宾商店的黄金“开采”成本和苏联的工业采金成本与世界金价之间的相互关系如何。俄罗斯学者亚·尼·皮利亚索夫在撰写有关俄罗斯东北开发问题的专著时得出结论，“远北建设”的黄金开采（不同于其他有色金属的开采）在经济上是有效益的，其在1940年前的黄金开采成本低于世界金价。随后，阿·伊·希罗科夫在研究“远北建设”时也得出了这个结论。[1044] 由于当时的卢布汇率是人为设定的，因此皮利亚索夫的结论既难以接受，也难以驳斥。皮利亚索夫运用了1930年代下半叶指令性的卢布汇率——超过5卢布兑换1美元。[1045] 按照这种汇率，“远北建设”每克黄金的开采成本（4卢布57戈比）约为80—86美分（表二十六第3a点），而1934年初由罗斯福的《黄金储备法案》所确定的世界金价为1美元12美分/克黄金。[1046] 按照和上面相同的卢布汇率，每克外宾商店黄金开采的成本（2卢布13戈比）为37—40美分，仅是世界价格的1/3多，“远北建设”金价的1/2不到，但外宾商店在1936年初关闭了，并未经历新的卢布指令性汇率时期，所以这些数据具有分析比较意义，但没有历史意义。

如果按照1930年代上半叶的卢布汇率，那么皮利亚索夫和希罗科夫关于“远北建设”黄金开采效率的结论就不能接受。当时世界金价为 66.5 美分 / 克，而卢布的官方汇率为 1 卢布 94 戈比兑 1 美元（表二十六）。按照这个汇率，“远北建设”每克黄金的开采成本（4 卢布 57 戈比）为 2.36 美元，是世界金价的 3.5 倍。外宾商店每克黄金的“开采”成本（2 卢布 13 戈比）按照 1930 年代上半叶的卢布汇率计算，折合 1.1 美元，即虽然政府在获得外宾商店黄金时的支出比“远北建设”黄金少得多，但外宾商店的黄金“开采”成本仍高于世界金价（表二十六）。

不过，不能于此结束，要知道，在进行类似计算时不应忘记其预设条件：这些计划的基础是苏联领导人强行制定的“对内使用的”卢布汇率。正如前面提过的（请参阅“黄金”章节），这个汇率脱离了卢布对美元的实际购买力。如果采用当时生活在苏联的外国人的估算，即 1 美元兑 10—25 苏联卢布，那么 1932—1937 年“远北建设”每克黄金的开采成本应该在 18—46 美分之间浮动，而外宾商店每克黄金的“开采”成本则在 8.5—21 美分之间。换言之，按照卢布对美元的实际购买力计算，无论是外宾商店黄金，还是“远北建设”黄金，都可能低于国际金价。

表二十六

1930 年代的世界金价和苏联黄金开采成本

指标	衡量单位	1930 年代	
		上半叶	下半叶
1. 指令性汇率	苏联卢布 / 美元	1.94	5.75—5.30*
2. 世界金价 **	美元 / 克纯金	0.665	1.125
3. 黄金成本：			
a) “远北建设” ***	美元 / 克纯金	2.36	0.8—0.86
b) 外宾商店 ****	美元 / 克纯金	1.1	—*

注释： * 苏联领导人在 1935 年秋末更改了卢布汇率。这时的卢布汇率为 5

卢布75戈比兑1美元，从1937年7月起，卢布汇率为5卢布30戈比兑1美元。卢布汇率变化发生在外宾商店关闭前后，所以在表格中没有按照新的汇率计算外宾商店获取黄金的成本。

** 世界金价在1934年初被美国的《黄金储备法案》所改变。

*** 按照1932—1937年期间每克黄金4卢布57戈比的开采成本计算

**** 按照1932—1935年期间每克黄金2卢布13戈比的开采成本计算。本书在“外宾商店的秘密”中对外宾商店黄金“开采”成本的计算进行了说明。

急需贵金属、外宾商店黄金“开采”成本相对较低、新生的苏联采金业的能力不济，这些因素解释了为什么国家会容忍外宾商店经营亏损导致的数百万卢布的预算窟窿。然而，当苏联采金业开始起步，“远北建设”开动、扩大起来，黄金问题得到了解决，人民的积蓄大部分被清洗时，政府关闭了外宾商店。

外宾商店还有一个秘密。但关于这个秘密，将在下一章节详述。

外宾商店的尾声

不招人爱的孩子。为什么关闭外宾商店？苏联外汇市场的天鹅之歌。卖掉不需要的人。商贸复兴。有多少外汇在黑市上“行走”？“苏联内贸”。

外宾商店五年计划的制定者预计，它至少能经营到1938年。但外宾商店的尾声提早到来了。在饥荒消退后，它立刻就开始收缩其商贸网络。1934年和1935年，收缩工作全面推进。虽然政府压缩了外宾商店的经营活动，但是最初并不打算将其完全关闭。原本的意图是，停止接收苏联公民的贵金属，为外宾商店保留港口服务、使用外汇和境外汇款支付的商品销售。[1047]换言之，苏联领导人想在苏联保留一个合法的外汇交易绿洲，但外宾商店应当面向对外的外汇收入来源。这个计划注定无法实施。

从1935年11月15日苏联人民委员会发布《关于停办全苏联合公司“外宾商店”的决议》那一刻起，外宾商店就停止收取民众有价物品和签发商品册。[1048]寄往外宾商店的外汇汇款一直持续到1935年12月15日，向手里留有外宾商店的“钱”的民众供应商品本应于1936年2月1日正式停止，但一直持续到夏天。[1049]外宾商店关闭后，在苏联境内包括为外国人提供服务的所有货币结算全部使用卢布。[1050]来自境外的外汇汇款此后汇入苏联国家银行，而银行只向收款人支付普通卢布。国家银行继续从民众手里收购贵金属锭和制品，但使用卢布支付，而且评估也发生了变化。[1051]合法外汇市场的改革包括修正卢布汇率——政府终于承认，俄罗斯帝国时代以来，作为一种货币结算标准单位的金卢布严重“消瘦了”。[1052] 进入1936年后，国家留出了短暂的外汇宽容期，随后就回到了国家外汇垄断原则。前面的章节中具体研究了外宾商店关闭的经济社会原因和意识形态原因。现在对它们进行一下总结。

丰收和粮食出口骤减导致了1934年苏联粮食状况的正常化。在1935年和1936年，人民的粮食和商品供应继续得以改善。从1935年1月1日起，取消了面包票证，10月——取消了肉类、糖、油脂和土豆票证。和票证一起消失的是品种固定且贫乏的封闭式定量配给单位。在它们的原址上出现了食品杂货店、百货商店、鞋子衣服的专营店，这些商店对所有人开放。虽然，上述商店的价格比过去的配给单位贵，[1053] 但是品种多得多，销售也不受定量配给额度限制。[1054] 而且，在这些商店里购物时，不用像在外宾商店里那样牺牲家庭有价物品。随着饥荒的消退，商品品类得到了改善，农民市场、集体农庄市场上的价格下降了。外宾商店难以和开放式的商贸单位竞争。它销售商品是为了换取有价物品，而商品品类比非外宾商店要少。对于外宾商店的购买兴趣在衰减：外汇、有价物品收入和外宾商店的营业额都大幅下降了，外宾商店里的商品价格不得不进行下调。流通开支在外宾商店最好的年份就十分庞大，但是借着堆积如山的有价物品进行了自我辩解，现在已成了国家预算的沉重负担。

1930年代中叶，不论是民众，还是国家，都已不再迫切需要外宾商店。正如前面提到的，苏联外汇紧缺是外宾商店出现的主要原因之一：尽管出口额在增长，出口收入却仍不足以支付工业设备和原料进口的开销。但是，在1931年达到顶峰的“出口疯狂”在1933年前就结束了。由于工业进口骤降，苏联恢复了外贸顺差：从1933年起，出口收入超过了进口支出（表四），并减少了工业腾飞年份积累的苏联外债。[1055] 而且，从1920年代末开始，斯大林领导层认真地建立了现代采金业。从1932年起，古拉格“远北建设”开始运转。到1930年代中叶，每年稳定增长的工业采金量把苏联送进了世界领先国家之列。斯大林领导层解决了黄金问题，1930年代初由“白手起家”的工业化导致的外汇危机被克服了。苏联声明已取得黄金、外汇独立。的确，外宾商店已经完成了自己的任务：考虑到大饥荒的持续性和强度，以及外宾商店网络实际已经覆盖全国，由此可以断言，1930年代中叶时，苏联领导人已经“榨出了”苏联公民大部分外汇积蓄。[1056]

谈及外宾商店关闭的原因，不应忘记思想上的动机。外宾商店是大规模市场化外汇业务的重现，而且，这个无产阶级国家就是经营者。允许外宾商店存在违反了正统的马克思主义公理和社会主义政治经济学：为了外宾商店，斯大林领导层牺牲了阶级立场、国家外汇垄断和国家去市场化经济等原则。在外宾商店的经营场所、商店周围、城市市场和二手市场里，外汇、外宾商店的钱以及商品的倒卖行为每一天都在上演。外宾商店就像苏联的眼中钉。在苏联的黄金、外汇问题得以解决后，斯大林领导层再也没有理由容忍在外汇和思想方面的让步。

斯大林领导层的不招待见的孩子、诞生于1930年代初外汇恐慌的产物——外宾商店注定走向毁灭。不过，外贸人民委员部的领导不愿放弃自己的外汇企业，希望把外宾商店转型成精英外汇商店以便将其保留下来。1934—1935年的资料证实，外贸人民委员部和外宾商店一边不断呼吁通过精美食品和高质量日用品来打造文明贸易，一边继续寻找新的外汇来源，这对政府而言也是保留外宾商店的最有力的理由。

早在外宾商店初期，未来的帮手饥荒还没出现，管委会就有办法让民众交出有价物品。在1932年10月，外宾商店管委会建议在大城市设立使用外汇结算的时装店、药房、“牙医诊所”和门诊部、寄售商店、女士理发店，并销售外汇疗养券、剧院票和建材。很多时候，拓展外汇业务的发起人就是人民自己。比如，苏联公民坚持要求用外汇购房：文献证明，某人甚至提议“支付5000美元”[1057]。1932年在“自下而上”的推动下，外宾商店管委会不止一次地请求政府批准其开展住房销售业务。[1058]还有一个例子：1932年12月，为了应对外国人的需求，政府研究了向外宾商店移交长途火车餐车业务的问题。[1059]

有些东西一经想出就付诸实施。1932年和1933年，经财政人民委员部的外汇和国际结算部门同意，外宾商店销售了苏联各疗养胜地的疗养券。外汇疗养服务一开始就是专门针对苏联人的，因为据财政人民委员部所言，其服务水平吸引不了外国人。文件显示，疗养的价格从60到80美元不等，低于卢布价格，不够抵偿服务成本，但为了获得“货真价实的”外汇，财政人民委员部允许卢布亏损。[1060]经财政人民委员部同意，从1931年起，外宾商店开始接受黄金和外汇以购买莫斯科和圣彼得堡的剧院票、火车票。[1061]为了回应生活在苏联的外国专家的请求，外宾商店开始接受外汇购买汽车和零部件：1932年，劳动和国防委员会为外宾商店订购了价值3万金卢布的100辆汽车和零部件。汽车部件购自美国福特汽车厂，在莫斯科的“吉姆”汽车厂组装。对于国家而言，一辆汽车的成本为460美元，而销售价至少为720—750美元。外宾商店销售零部件的“油水”更多。[1062]

在寻找外汇时，简直不择手段，甚至把苏联当局不需要的人“售卖”到境外。亚历山大·格里亚宁在描述在美俄国移民命运的《俄罗斯人的新世界》一文中讲述了牧师遗孀叶列娜·阿列克谢耶夫娜·斯洛博茨卡娅的故事。她在爱沙尼亚出生、长大,1935年时“通过‘外宾商店’系统”赎回了全家，她按照每人500金卢布的价格付钱给苏联政府以获得出国护照。[1063]档案文献确认了格里亚宁讲述的事。提出允许支付外汇后移民的表面上是财政人民委员部的外汇和国际结算部门，1932年6月，其领导在给劳动和国防委员会的信中这样写道：“在苏联有大量国家不需要而且希望移居国外投靠亲友的人。他们的亲友愿意承担这些人的移民费用，并支付费用以获准离境，这种移民活动是我们外汇收入的重要来源。”[1064]请注意，问题是这样的：不是那些离开的人不愿意待在苏联，而是我们苏联政府不需要他们。1932年10月，苏联人民委员会迅速回应了这个提议并就外汇移民做出了决定，反应速度是苏联官僚体制中罕见的，这证明财政人民委员部的倡议只是落实政治局的决定。[1065]

各地苏维埃执委会的外事部门会依照“简便程序”为愿意支付外汇的人签发出国护照。“赎金”取决于潜在移民的社会地位，通常是个天文数字：“劳动者”办理一本出国护照需支付500金卢布，“非劳动者”为

1000金卢布。到1933年，办理费用分别上涨到550金卢布和1100金卢布。[1066] 可以做一个比较：在“新经济政策”实施之初，办理出国护照需要38卢布。[1067] 除了护照之外，移民需要用外汇向“全苏外国游客服务股份公司”购买其“出境安排”服务，同时向交通人民委员部和苏联商船队支付外汇将其运到“目的港”。财政人民委员部承认，外汇移民价格中包含了外汇汇款损失，因为如果这些人不移民，会有外汇汇款寄给他们。牵涉其中的外交人民委员部担心，出国护照的高价会减少外汇移民的数量，也就意味着不能获得大量收入。这些担心在某种程度上被证实。即使在国外亲人的支持下，也很少有“非劳动者”能利用外汇赎金的机会。1933年，“全苏外国游客服务股份公司”领导由于能担负费用的人太少而要求取消这个类别。

在讨论格别乌发起的外汇移民可行性的问题时，财政人民委员部推测每年支付外汇赎金的人数在3000人至5000人之间。多少人利用了外汇出逃的机会？被外汇“润滑过”的出境证件简化办理程序导致苏联移民数量的增加。1932年，在批准外汇移民之前，苏联公民提交了478份离境申请，只完成了其中的259份：没人会否认，剩下未完成的申请是因为官僚主义的拖沓。1933年，这项工作的速度是前一年的3倍：1249份离境申请中，批准了804份，拒绝了104份。[1068] 但是，尽管申请数增加了，外汇移民人数仍然低于财政人民委员部和格别乌的设定值，这不光是因为出国护照的价格高得令人望而却步。苏联领导人为了外汇，绝不会对移民过程放手不管：1933年外汇移民计划仅允许“全苏外国游客服务股份公司”外运1000人。[1069] 移民外汇收入的最大来源地预计为美国、加拿大和南美，但苏联公民移居目的地包括整个欧洲、中东和南美。[1070]

档案文献证实，外汇移民是通过“全苏外国游客服务股份公司”实施的，如果格里亚宁的故事属实，那么斯洛博茨卡娅一家是通过外宾商店赎买的。如何解释两者的出入？财政人民委员部最初的建议没有规定是“全苏外国游客服务股份公司”还是外宾商店参与组织外汇移民。外汇“赎金”应当直接流入地方苏维埃执委会。换言之，希望离开的人应当付钱给苏联政府。外交人民委员部因为害怕国际名声不好而提出反对意见，认为“这件事应当让‘全苏外国游客服务股份公司’这样的商业单位参与作为掩护”[1071]：如果是苏联政府部门从事外汇移民业务是一回事，如果是某个股份公司就是另一回事。西方可能不知道“全苏外国游客服务股份公司”是一个国有单位，甚至是一个政府机构，其创始者是外贸人民委员部和交通人民委员部。[1072]在外交人民委员部的干预下形成了一个制度，即用于购买出国护照的外汇汇款进入外汇贸易单位外宾商店的账户，而“全苏外国游客服务股份公司”负责把人运到境外。苏联领导竭力获取外汇并不令人感到奇怪。奇怪的是：苏联领导在用出国护照做交易时，试图保持一种家长式的语气。苏联人民委员会关于允许外汇移民的决议让各地苏维埃执委会“在正当的特殊情况下可以降低护照收费”。搞清楚下面的这个问题很有意思：政府认定的逃出苏联的正当原因有哪些？1933年的资料证实对于老人移民有优惠价，尤其奇怪的是，孩子的收费仅为275金卢布。[1073]

1933年，政府研究了苏联公民用外汇购买临时出国许可的问题：这种“外汇服务”收到了民众的很多申请。我不知道问题是怎么解决的，但是我不认为国家领导人会为了外汇而放松临时出国许可管理：如果出访者未全额购买移民权就永远留在国外怎么办？

饥荒的爆发妨碍了外宾商店寻找其他的外汇来源。外宾商店凭借成袋地卖出面粉和糁就轻而易举地完成了计划——房子或者汽车的诱惑对于有价物品上交的促进作用未必强于饿死的威胁。随着饥荒消退以及外宾商店外汇营业额的下降，可替代外汇收入来源的问题重新变得迫切起来[1074]：外贸人民委员部和外宾商店的领导试图说服政府，它们的企业有资格长期存在下去的主要依据就是外汇收入规模。[1075]外宾商店存续的关键是服务质量、商品质量和品类的问题：外宾商店的新措施是配给制取消后在全国广泛开展的“争取文明贸易”运动的一部分。

在“能吃饱”的条件下，需求转向了工业品。[1076]顾客这时追求的是香料和化妆品，而不是面粉。[1077]在研究1934年的前景时，外宾商店管委会主席斯塔舍夫斯基寄希望于鞋类、时装、日用品专营商店。由于不满意国产日用品的低劣质量，斯塔舍夫斯基要求动用最好的手工劳动组合去为外宾商店缝制鞋子和衣服。[1078] 在列宁格勒，外宾商店开始提供新的外汇服务——浏览时尚杂志和复制模特画。[1079] 在新事物中还包括进口商品的外汇寄售商店[1080]，以及“美国市场”。此前不久在莫斯科开设外汇寄售商店的经验让人心生希望，斯塔舍夫斯基呼吁各地办事处的管理人员到首都学习其运营情况，以便在各地开设外汇寄售商店。“美国市场”复制了单一价格的西方廉价综合商店。“奸险之处”在于，“美国市场”用定价 10 戈比到 1 卢布的进口商品吸引顾客前来的同时，在外宾商店货架上偷偷塞入了过期的国产日用品。斯塔舍夫斯基写道：“我们所设想的‘美国市场’是个有用的出路，在它的帮助下，我们可以通过表面上的降价和组织促销更快更好地处理掉滞销商品。”[1081] 西方类似的商店通常位于廉价的场所，而斯塔舍夫斯基挑选了一家莫斯科最好的百货商店作为苏联的“美国市场”，并计划为这家商店在境外采购专门品类的商品。为了节约外汇，他要求各地办事处开始寻找有能力仿制进口商品的好的劳动组合。斯塔舍夫斯基写道：“外宾商店在这种情况下不仅是外汇抽水机，还是促进改善日用品质量的重型推弹臂，就像我党所理解的那样。”[1082] 由于在莫斯科的试行结果良好，斯塔舍夫斯基计划在苏联各大城市都开设“美国市场”。[1083] 此外，他还要求通过流动售卖和小贩兜售实现对边远地区的覆盖。“兜售者”应当从受人“信赖”的当地居民中挑选。[1084]

为了维持顺利运营，外宾商店一直在增加自己的商品种类。有的办事处通过买卖活牲畜来赚取外汇。[1085] 普通的铝制餐具已经吸引不了顾客，珐琅餐具才是顾客追寻的。据斯塔舍夫斯基所言，“留声机唱片很重要”：人们想要跳舞。1934 年，苏联国内工厂专门为外宾商店生产了 200 万张唱片。乌乔索夫的爵士乐唱片需求旺盛。1935 年，教育人民委员部在最短时间内紧急挑选了 100 张“相关题材”的留声机唱片，[1086] 用于灌录后在外宾商店销售。外宾商店还销售进口唱片，但是遇到了麻烦。内务人民委员部警告道：“在播放进口留声机唱片时发现了可疑唱片。”可疑唱片里灌录了《高等军校学员》（Кадеты высшей школы）和《双头鹰之下》（Под двуглавым орлом）。[1087]1933年底，外宾商店获得了独家销售高档红酒和白兰地以及出口水果和干果的特权。[1088]不久前还是外宾商店的主要商品的面粉、糁和面包类商品并没有从商品种类中消失，但是此时只有高质量的同类商品。当时还在"加强销售"配给制那几年已被遗忘的鲜肉、香肠、甜点、奶油。在定量配给的那几年，谁会在意肉的种类？——这时增加和丰富食品品种要求开设肉类、鱼肉、绿蔬专营商店。在外宾商店的食品商店内，开设了销售热早餐、冷盘、咖啡和糖果的小吃店。[1089]

在外宾商店的"尾声"，其领导试图通过苏联画家和作家修正自己的外汇事业。这对外宾商店是一个新的外汇收入源，但是协议条款有所改变，以便更好地激励创作者。1934年前，在境外卖出自己作品的画家和作家可以用销售款的20%在外宾商店购买商品。文件显示，这笔钱一般不会超过10—20金卢布。从1934年起，根据苏联人民委员会外汇委员会的命令，创作者在境外出售作品所得的一半可用于购买外宾商店商品。通过外宾商店下属寄售商店卖出自己作品的画家可以将40%的所得用于购买外宾商店商品，剩下的销售所得在扣除寄售费用后以卢布支付给创作者。[1090]

哪里能赚到外汇，外宾商店就去哪里经营。1934年9月，苏联领导完成了被迫向新成立的伪满洲国政府出售中东铁路的谈判，到11月时，尽管双方尚未签署出售协议，但是外宾商店管委会副主席阿佐夫斯基已经算出了外汇效益——500万金卢布，这是外宾商店把为中东铁路工作的苏联公民运回国所能获得金额。[1091]

1934年4月，政府特别命令要求外宾商店扩大对在莫斯科的外交使团的服务范围。为此，在第二商店设立了使馆服务局（所谓的"使馆商店"）。从这时起，包括过去非外汇支付的服务项目在内，全部都需要外交官通过外宾商店使用外汇支付，具体包括食物、办公用品、燃料、书本、报纸、杂志、可以改善学者生活条件的中央委员会所辖精英医院里的医疗服务[1092]、谢马什科特别药房的药品、电话使用费、建材和修缮工作、剧院票和火车票。外宾商店开始执行命令，并于4月要求国家银行拨款用以购买剧院票，以便之后转卖给外国外交官。[1093]

1935年夏天在莫斯科寄售外宾商店里出售贵重物品是又一个新举措，这些贵重物品是苏联爱国者应《真理报》呼吁捐献出来用以建设飞机制造厂的。[1094]早在1933年10月时，外宾商店就意识到了人民对外国有声电影的“巨大兴趣”，请求外贸人民委员部允许其在莫斯科进行放映，以此换取外汇和有价物品。[1095]购买外国电影的资金来自境外销售苏联电影的收入。[1096]此外，外宾商店准备为居住在莫斯科的外国人组织苏联出口电影的内部观影活动。为此，莫斯科办事处的负责人请求莫斯科苏维埃将位于斯维尔德洛夫广场的1/3幢的小型放映厅（最多容纳60人）拨给外宾商店。[1097]1934年，经苏联人民委员会批准，外宾商店开始出售书籍以换取外汇。[1098]政府研究了扩大外国特许权获得者通过外宾商店向员工支付工资的问题。[1099]随着饥荒的消退，对外宾商店外汇疗养券的需求恢复了。这些券在外宾商店卖得比“全苏国际游客服务股份公司”便宜。[1100]销售高尔基汽车厂汽车的创汇工作仍在继续。

苏联的住房问题不如生存威胁那么紧迫，待饥荒消退，这个问题又成了首要问题。1934年底，外宾商店请求苏联人民委员会的外汇委员会批准其制订的以销售公寓和别墅赚取外汇的计划。[1101]只有具有住房合作社社员身份的苏联公民才拥有购房权。外汇购房试验仅在大城市开展，主要是在莫斯科，但也涉及了列宁格勒、梯弗里斯、哈尔科夫、罗斯托夫、基辅、明斯克和文尼察。外宾商店领导领受的任务是在1935—1936年销售200套公寓，价值35万—40万金卢布。住房需求是以百万套计的，但是外宾商店能力有限，不愿自行组织建设[1102]——按照协议原则，建造单位应当为其建设。外宾商店只承担保障建材供应的责任，他们希望从政府那里以优惠供货价获得建材。此外，外宾商店请求政府批准其向房主和建设单位购买住房，并赋予转卖这些住房赚取外汇的权利。住房每平方米的成本为500卢布，而其销售价为35—40金卢布，[1103]一套两居室的公寓价值1200—1400金卢布，一套三居室的公寓价值1700—2000金卢布。

在讨论向苏联公民销售住房赚取外汇的同时，外宾商店还讨论了向外国人出租住房的问题。每个租房申请都要专门审查，并需征得内务人民委员部和外交人民委员部同意后才能做出决定。租期不得超过3年。在租赁期内，必须向外宾商店支付租金和市政服务费用。房屋所有权归外宾商店。在莫斯科，不带家具的公寓的租金为每平方米每月2金卢布，带家具的为每平方米每月2卢布50戈比。[1104]外宾商店列宁格勒办事处建议为外国人提供外汇别墅。[1105]

"积少成多"，零钱能汇集成一大笔钱，但是在外宾商店史上并未发生这样的事情。尽管不断推出新的举措，但是1934年和1935年的有价物品收入还是稳步减少。面对实现温饱后挑剔的精英需求，不可能重现严酷的、饥饿的、"闪耀的"1933年。境外的外汇汇款数量下降了——从苏联寄出的信里没有饥饿的绝望，此时世界的关注投向了德国犹太人的命运。外宾商店的价格政策并没有刺激购买需求——政府违背行情，不准外宾商店下调价格。各地纷纷报告商品滞销的情况。[1106]政府不得不下调了外汇计划并压缩了外宾商店的经营活动。[1107]在1934年和1935年，外宾商店逐步缩减了工作人员的规模和贸易网络，首当其冲的就是亏损的小型商店（表二十七）。[1108]1933年，外宾商店下辖1500家贸易单位，1934年7月前关闭了300家。[1109]越往后越多：截至1935年1月1日外宾商店还有702家下属网点，截至1935年7月1日还剩493家商店。[1110]以前的外宾商店网点变成了非外汇商店：这些商店连同货架上和仓库里的滞销商品一起转隶负责苏联内贸的供给人民委员部。[1111]外宾商店工作人员失去了"外汇"特权地位，变成了普通的商店店员。从1935年10月1日起，苏联人民委员会取消了外宾商店贸易工作者的"黄金定量配给"，拉平了与普通贸易商店工作者的收入，按照其领导所言，他们的工资下降了三分之一。[1112]

表二十七

外宾商店贸易网络缩减计划
（根据 1934 年 5 月 13 日苏联人民委员会《关于外宾商店》的命令）

地区	截至 1934 年 4 月 20 日的商店数量	关闭数量	截至 1935 年 1 月 1 日商店数量
北方边疆区	53	40	13
列宁格勒市	31	—	32
列宁格勒区	50	25	25
西部州	35	5	30
莫斯科市	38	3	35
莫斯科州	57	17	40
伊万诺沃州	44	20	24
高尔基边疆区	55	25	30
中部黑土州	69	10	30
乌拉尔	40	10	30
巴什基里亚	20	18	2
鞑靼利亚	35	28	7
中伏尔加	52	35	17
下伏尔加	45	25	20
克里米亚	22	12	10
北高加索 *	80	30	50
哈萨克斯坦	27	9	18
吉尔吉斯斯坦	11	4	7
西西伯利亚	57	27	30
东西伯利亚	62	—	62
远东边疆区	42	20	22
雅库特	6	—	6
哈尔科夫	18	3	15
哈尔科夫州	24	8	16
基辅	30	12	18

续表

基辅州	32	10	22
切尔尼戈夫州	16	3	13
文尼察州	47	15	32
第聂伯罗彼得罗夫斯克州	19	5	14
顿涅茨克州	13	5	8
敖德萨市	15	5	10
敖德萨州	33	15	18
白俄罗斯	63	28	35
俄罗斯苏维埃联邦社会主义共和国 **	103	38	65
中亚	73	10	63
总计	1418	550	868***

注释： * 显然，这个数字包括了外高加索的外宾商店。

** 苏联人民委员会没有把俄罗斯联邦的外宾商店按照州和网点进行“登记”。哪些商店应当转属普通贸易网络的问题应由外宾商店和负责接管的供给人民委员部协商决定。

*** 事实上，外宾商店贸易网络缩减的速度比苏联人民委员会命令所规定的更快。

资料来源： 乌兹别克斯坦共和国中央国家档案馆，81 号库第 1 类第 78 卷第 3 页。

外宾商店在调整过程中，与顾客的结算规则也发生了变化。外宾商店使用的“钱”换成了票据和新版的记名商品册。[1113] 政府要求 7 月前结束兑换外宾商店“钱”，但实际上一直持续到 1934 年秋末。另一个新举措是把顾客与商店绑定，在此情况下，外汇转账收款人和外汇现金持有者被区分出来，成为一个特别的群体，这证明外宾商店经营方向从内部外汇收入源转向外部外汇收入源：就像本章开始时所述，1934 年时政府的计划并不是关闭外宾商店，而是将其转型成接受外汇现金和境外汇款付款购物的商店。[1114]

各个部门为了外宾商店丰富的遗产而展开斗争。根据苏联人民委员会的决定，外宾商店“全盘”划给供给人民委员部：人员、商品、资产、财物和设备。然而，外贸人民委员部反对自己的产业被掠夺，并威胁外汇计划会因此而中断。[1115]供给人民委员，随后担任内贸人民委员的伊·雅·魏采尔尽可能地从外宾商店多捞东西，[1116]他向政府抱怨外贸人民委员部“为了自己”压缩外宾商店空间，即企图把高水平的工作人员留在外贸系统内。魏采尔要求把所有东西都移交给自己的部门，甚至包括外宾商店那些下属商店的负责人。各地苏维埃执委会也没有置之不理，他们试图收回以前按照政治局命令拨给外宾商店的市内最好的经营场所。[1117]

在外宾商店关闭过程中出现混乱时，很多人都伸手过去“暖暖手”。外宾商店把商品移交给了示范商店，而有时候示范商店自己还没开业。在流转到非外汇商店的“过程中”，相当部分的外宾商店商品“沉淀在了”官员们的特供商店里。苏维埃监察委员会按照苏联人民委员会的布置，监督了外宾商店网络移交给供给人民委员部的过程，指出了大量舞弊和错误行为。接收外宾商店商品的国有营利性商店常常位于有门禁的单位范围里。把外宾商店老价格换算成营利性贸易价格时，常常有利于苏维埃的官员。围绕外宾商店发生的勾当是最高层——苏联各加盟共和国的中央委员会和人民委员会讨论的议题。苏维埃监察委员会要求把外宾商店的商品拿出有关部门的内部供应系统，并按照营利性贸易的价格移交给“真正的”营利性商店。[1118]

关闭外宾商店的决定是由政治局做出的，这就意味着外贸人民委员部在保卫外宾商店的斗争中注定会失败。1934 年上半年，根据劳动和国防委员会的命令，外宾商店“向国内市场移交了”价值 2470 万金卢布的商品。[1119]外宾商店的商品库存从 1934 年 4 月 1 日的 4500 万金卢布下降到了 10 月 1 日的 1900 万金卢布。[1120]这对国家是一个损失，因为这些过去可以换取外汇的出口商品在移交给普通贸易网络后，只能按照国内贸易的卢布价格出售。[1121]1935 年底，苏联人民委员会责成外宾商店把包括总部和州办事处工作人员在内的所有剩余机关人员移交给苏联内贸人民委员部。[1122]

虽然关于外宾商店关闭的流言传遍了全国，但显然民众在关闭前都不相信这真的会发生。政府关于撤销外宾商店的命令令很多人措手不及。在发布命令时，全国有超过 8 万人手握价值 350 万金卢布的未用商品册，[1123] 其中超过一半人是莫斯科和列宁格勒的居民[1124]。从 1935 年 11 月底到关闭为止，外宾商店经历了贸易复兴：各地办事处在给管委会的报告中通报了“恐慌性提货”的情况。恐慌的一个标志是在黑市上“抛售”未使用的外宾商店钱，这导致了外宾商店卢布兑换价格的下降。[1125] 政府也不愿意错过机会，就像之前提过的，临近“末尾”时，外宾商店的商品价格大幅上调。[1126]

1935 年 12 月，外宾商店领导注意到了人民的空前狂热，请求政府调拨商品予以支持。[1127] 从 11 月中旬起，外宾商店不再接受钱币、贵金属和宝石：外宾商店营业的最后几个月流入的大量外汇主要是民众抛售外汇的结果。在正式宣布外宾商店关闭后，外汇现金“上交者”的人数大幅增加。到 1935 年 11 月中旬，即发布关闭外宾商店的命令时，月均外汇现金收入为 52.8 万卢布，命令发布后增加了近 4 倍，月均达 260 万卢布。[1128] 在外宾商店运营的最后两个半月，人们上交的外汇现金（价值 650 万卢布）比 1935 年前十个半月上交的（价值 550 万卢布）多 100 万卢布！[1129] 相似的还有，在外宾商店的“尾声”中，民众抛售了几乎所有的外汇积蓄：外宾商店的关闭从根本上限制了民众合法使用外汇管制放松时积蓄的美元、英镑、马克等外币的可能性——应当尽快在有利的时候花掉这些外汇。

外宾商店在存续期间收到了价值 4240 万金卢布的外汇现金（不算境外汇款）。其中有待在苏联的外国人的外汇，但是考虑到他们人数相对不多，而且外国公民有更多的机会在外宾商店之外（“外国专家供应社”[1130]、商品邮包、出境旅行）获得食物和商品，因此可以断定，大部分流入外宾商店的“货真价实的”外汇来自苏联公民的个人积蓄。[1131] 外宾商店收到的外汇现金超过 4200 万卢布，按照官方汇率超过 2000 万美元，这个数字可以作为 1930 年代上半叶外汇黑市交易规模的衡量器。从“国内源头”，即从苏联公民和在苏生活的外国人积蓄中流出进入外宾商店的“货真价实的”外汇金额略少于境外汇款金额（4670 万卢布，表十七）。

表二十八

外宾商店业务总量（单位：百万金卢布）

公民的日用有价物品，包括				外汇现金	境外汇款
黄金币	黄金废料	白银	铂金和宝石		
44.7	82.4	41.1	30	42.4	46.7
总计：287.3*					

注释：* 根据最终报告，外宾商店收购了价值 2.87249 亿金卢布。表内的数字略高于最终报告的数字，是因为进行了抹零取整。在最终报告中，白银和宝石一起列出。笔者是在白银收购量的基础上进行项目划分的。白银的收购量（4110 万卢布）存在一定的低估，因为 1934 年的数据只统计到 12 月 11 日为止（请参阅对表十五的说明）

资料来源：俄罗斯国家经济档案馆，4433 号库第 1 类第 133 卷第 141 页。

是总结一下外宾商店的时候了。工业化和饥荒决定了它的历史：工业腾飞对外汇的需求导致了外宾商店的诞生，饥荒解释了其业务汹涌而短暂的繁荣。外宾商店完成了工业化的责任：它取得了价值超过 2.87 亿卢布（按收购价计）的有价物品，约合 220 吨纯金。如按照国际金价计算，外宾商店有价物品价值近 2 亿美元（1930 年代的购买力）！但并不是境外汇款和在苏外国人的外汇决定了外宾商店的外汇成就[1132]：苏联公民的日用有价物品（饰品、家用器皿和小物件、旧钱币）在采购总量中占比超过70%，如果计算从苏联人口袋中进入外宾商店的外汇，那么“苏联公民的贡献”超过80%（表二十八）。“外宾商店”全称——“全苏外宾商品供应联合公司”——听起来名不副实。应该把这家外汇企业称为“苏联人商店”（Торгссовлюд）——“苏联人贸易公司”（Торговля ссоветскими людьми），或者“同胞商店”（Торгссоо）——“同胞贸易公司”（Торговля с соотечественниками）。[1133] 这其中可能隐含了外宾商店的一个主要秘密。它不仅是苏联领导人的产物，也是苏联人民的产物，这些苏联人民为了拯救自己免于饥饿，或无意识，或违背本意地帮助了工业化事业。可怕的1933年有一个悲伤的纪录（表二十九）。1932—1933两个饥荒年度的外汇丰收如果按照世界金价计算，几乎占了外宾商店有价物品价值的一半（45%），如果按照黄金吨数计算，几乎占了外宾商店收购量的60%。对于1930年代的那一代人，斯大林政权工业化雄心的人质，外宾商店的意义在于，它给了几百万人生存的机会。

表二十九

外宾商店年度有价物品收入额

年份	按收购价计（吨：百万金卢布）*	按黄金吨数计（单位：吨纯金）**	按世界金价计（单位：百万美元）***
1931	6.9	5.4	3.6
1932	49.3	38.2	25.4
1933	115.2	89.3	59.4
1934	65.9	51.1	57.5
1935	47.7	37	41.6
1936年1月	2.3	1.8	2.0
总计	287.3****	222.8	189.5

注释：* 未扣除用于进口的外汇支出。

** 按照1卢布29戈比兑1克纯金计算。外宾商店收购的有价物品中，不仅有黄金，还有白银、铂金、宝石和外汇，所以在这里黄金吨数并不代表黄金收购量，仅具有分析比较的作用。

*** 按照 66 美分 / 克纯金（1934 年前）和 1.125 美元 / 克纯金（1934 年起）的世界金价计算。这个指标并不具有具体的历史意义，只具有分析比较作用，因为外宾商店收购的有价物品中，除了黄金，还有其他有价物品，其世界市场价格和黄金价格不同。按照世界金价计算可以得出一个国家在国际市场上出售外宾商店有价物品收入多少的大致数据。

**** 按照最终报告，外宾商店收购的有价物品总额为 2.87249 亿卢布，表内的数字（2.873 亿卢布）略高于最终报告的数字，是因为进行了抹零取整。

资料来源：俄罗斯国家经济档案馆，4433 号库第 1 类第 133 卷第 18、141 页。

粉饰过的顾客肖像

在外宾商店镜子般明亮的门后。上梁不正下梁歪：为外宾商店而斗争的官员。“对俄罗斯人好的东西，对德国人却是致命的”：外宾商店里的外交官。农民的百货商店：“藏起来等面粉。”利库斯拉夫尔的居民。“早上刚买过，中午又来买”：投机分子。

“……肥得几乎流油的淡红色鲑鱼肉段”、“装着精选刻赤鲱鱼”的木桶、堆得像金字塔的橘子、金纸包装的巧克力块搭成的奇妙建筑和其他的糖果诱惑、“几百件色彩各异的印花布”、“平纹细布和薄纱以及做燕尾服的呢料”、“垛得高高的鞋盒”、留声机歌声——布尔加科夫的主人公们看到的外宾商店是这样的。[1134] 在1930年的一封信中，外宾商店被称为“缩小版美国”。在乌克兰经历过饥荒的人回忆的外宾商店是“丰富的”“明亮的”“雄伟的”“什么都有的地方”。明镜般的外宾商店的传说一直流传到今天。

然而，布尔加科夫在《大师和玛格丽特》中描绘的斯摩棱斯克市场里那么大的外宾商店并不多。[1135] 大城市里最好的外宾商店，常常是表面光鲜，被掩盖起来的是不文明、对顾客的蔑视、管理不当。只要读一下对列宁格勒外宾商店的描述就会看到，它的镜子“被面粉弄脏了”。[1136] 对外宾商店办事处的检查显示，它其实是苏联贸易的骨血。大部分城市外宾商店就是平平常常的百货商店。我必须依赖的外宾商店西部办事处、列宁格勒州办事处、中亚办事处的资料中充满了对商品品种单一的描述。离首都和大城市越远，情况就越差：狭小、肮脏、阴暗的小铺子，长长队伍里的斗殴，售货员拥有苏联生活中习以为常的无限权力、粗鲁和蛮横；在经营场所和仓库里——堆积的商品和不合适的相邻摆放：香肠和鸡肉在鲱鱼桶上，食品在货架上和普通的日用品混在一起。只有饥饿的、衣不附体的苏联顾客才会在外宾商店看到天堂般的富足：

到处是垃圾和污垢。虽然楼房大而漂亮，但是不带着厌恶无法进去。（巴塔米）

这个阴暗的小铺子不仅外国人不会来，本地人也不会来，他们小心翼翼以防在潮湿天气下坡时掉到外宾商店所在的洼地。（符拉迪沃斯托克）

外宾商店位于一个狭小的普通房子里，在城市贸易干线的另一侧……（巴库）

商店四处脏兮兮的，有很多灰尘、垃圾、蜘蛛网。走廊上的窗子和玻璃——很脏。货架上的商品摆放无序，一部分放在货架下面的地上。检查时没有发现带玻璃框的橱窗，但有证据显示其曾经存在过。（苏希尼奇）

……农村消费合作社是糟糕工作的范例，商店的内饰和外表不仅吸引不了顾客，反而会赶走他们，肮脏、昏暗、寒冷，商品脏乱不堪。（关于西部州的外宾商店）

……橱窗里展示了两台打字机，上面放着一瓶伏特加。（西部州的奥斯塔什科沃）

……在收有价物品的阿尔泰市场里，有个用来交贵金属的又小又矮的窗口，上交者不得不跪着——否则就交不进去。……人们不得不在整座城市的目光下跪着交东西，旁边还有几百个（站着——作者注）买面包的人。

……在复活市场，收款员坐在比他自己还要高的玻璃橱窗里，而小窗口还要高……我旁边的一个大叔想够到窗口，但没够上。如果稍微矮点的人想要够到窗口就必须踩块小石块。我看了一下，商店附近连块小石块都没有，只有在距离收款处十步远的地方有三块一普特的石头。请把这些石头拖过来，踩在上面。（塔什干）

……在我们的营业点，橱窗没有装饰。商品在货架上摆放杂乱无章，在柜台后面和上面随意丢弃着碎纸片、烟头，玻璃也没擦过，地上特别脏，到处是灰尘的痕迹。在我们的企业中，只有港口零售商店取得了必要的成果。（列宁格勒市和列宁格勒州）

商店里肮脏不堪、对顾客态度粗鲁，几乎到处都是这样。（外宾商店乌克兰办事处）[1137]

外宾商店作为苏联贸易的一个现象充满了矛盾：明亮的镜子和肮脏的环境并存。商品严重不足但仍然出现了商品积压，原因不仅是饥民对昂贵的日用品和精致美食的兴趣不高。无价的粮食和畅销商品也过期了。不考虑季节、需求、民族特点而开展的“死板的商品配送”是一个原因[1138]：商店里运来了相同尺码的靴子，或者全部是右脚的鞋子；往贫穷的农村运去了他们不需要的丝绸和干咸鱼肉；往中亚边远地区运去了猪肉罐头和外国钢琴；为极北地区的伐木工运去了女童泳衣，而给高加索送去的是毡靴。“周围有片森林。却送来了木柴”——这句话摘自档案文献——这是对外宾商店供应工作的最好比喻。

在外宾商店里，在饥荒和粮食严重不足的同时，成吨的过期食品被丢进垃圾堆。发霉的黍米；脏袋子里的糖；腐坏的肉；蟑螂爬过的通心粉[1139]；“二次冰冻的牛肉”；奶酪和碎鸡蛋混成物包成一箱子寄来；腐烂的鹅肉；存放超过一年、被剔除下来的脂肪；“洗过的”发霉香肠和“发霉的烟熏鳟鱼”；橱窗里的烂水果；“沾着油腻蜡烛”的巧克力；带着化妆品味道的茶；用锤子才能敲开的板结的面粉块；生锈的罐头；蒙着灰的焦糖……篇幅有限，不再赘述外宾商店里充满的变质食品，不管怎样，这些食品都卖掉了。描述列宁格勒外宾商店时有这么句让人难忘的话：“美食通过上色来增添新鲜度。”[1140]顾客不会妥协：他们把质量不好的商品拿回商店，要求更换或者退钱。

在外宾商店，新的贸易花样和举措出现的同时，简单而必需的东西却不足。列宁格勒外宾商店写到了销售养殖的活鱼，而在另一家店连砝码都没有，售货员做什么业务都用一把分装糁的破勺子；一家商店和列宁格勒脂肪加工托拉斯[1141]商定需要生产上等赛璐珞包装的香料，而旁边的一家商店里连包装纸和绳子都没有。[1142]1933年12月列宁格勒外宾商店在总结时抱怨订购了245吨包装纸，却只给了33吨。[1143]边远地区的情况更差——用报纸（如果有的话）来包买的东西，糖就用“沾着汗的赤手”舀出。[1144]“皮革能手”在“缝制成衣和衬衣”时，旁边一家号称“外宾商店骄傲”的列宁格勒最好的商店里，连胡萝卜、洋葱、大蒜这样的普通蔬菜都没有。[1145]由于小额的辅币不够，所以就让顾客吃点亏，要么用苏联纸币找零，要么让他们按照金额再去买点东西。边远地区的验收员技能不高，外汇的样张和画样也没有。在某个远离莫斯科的边远地区，收款员用铅笔在本子上画下了收进的硬币或外币，并以此为准。[1146]当收款员收下参考文献上剪下的真钱照片时，是否应该惊讶呢？[1147]

供应中断——苏联贸易的灾难——使外宾商店一片混乱。办事处的资料中充斥着对于供应中断的抱怨。下诺夫哥罗德来信称，1932年1月至2月，外宾商店的百货商场实际上处于无货可卖的境地，但是从3月中旬起到4月底，店里的商品又堆积如山——配送来了1500箱以及7车皮的商品：“所有的仓库都满了，新找的两个仓库也满了，在百货商场里放满了叠垛、箱子，几乎堵住了顾客走路的通道。”面粉和糖当然不是存货，而是新鲜出产的！售货员本来无所事事，而现在顾客“排起了长队，甚至骑警不得不过来驱散人群”。——下诺夫哥罗德人这样抱怨道。[1148]外宾商店的供应来自的国家储备库很贫瘠，更何况其他的苏联贸易机构，所以如果营利性商店没有面粉和糖，那么外宾商店肯定也没有这些东西，一旦面粉、糁等主要食品随着大丰收进入外宾商店，通常而言，这些东西也会很快充满非外汇商店。外宾商店只要稍微领先一点，那么就会以最高标准带着整个苏联跛足向前。

上交有价物品和持有外宾商店商品册并不会保证人们能买到心仪的食物和商品。在饥荒时期需求巨大的面粉、糁、糖很快就从商店里消失了。比如彼得罗扎沃茨克的外宾商店，在1932年8月底可供出售的只有辣椒和芥末。[1149]浩罕要了2车皮的面粉，但只收到了30袋——这些只够一天出售；大米每月的需求为1.5个车皮，但只收到了40袋，这些米在浩罕只够卖两天（1932年5月）。[1150]1932年春天，来自基辅的报告称，人们排起了长队，队伍里的人"连着几个星期没日没夜地排着，堵住了街道，引起了斑疹病……在外宾商店和街上每天都发生打架斗殴的情况"。[1151]这就是大饥荒爆发前夜的样子。随着大饥荒的爆发，早上4—5点就排起的长队以及持续性的食物不足成了各地报告的共同点。在大城市里，骑警驯服了绝望的人群。

人们买不到本来想去外宾商店用有价物品换购的东西，所以不得不推迟购买，[1152]但是在此情况下可以确定的是，顾客尽可能快地尽力利用每一个外宾商店戈比。这也是外宾商店的一个奇怪现象。1932年12月，哈尔科夫的外宾商店欠持汇款单的顾客7.6万卢布的食物，欠上交日用黄金的顾客1.5万卢布的食物。有一个秘密指示要求不得向顾客承诺尽快获得食物。[1153]1933年，中亚来函告：有人全城宣扬外宾商店进了糖和大米——人民开始积极上交有价物品，但随后发现，商品太少以致只能到手1千克——顺便提一句，这也是以外汇结算的外宾商店里存在销售限额的证据之一。以谨慎和务实著称的农民更喜欢把黄金锯成小块，分成若干次上交，这并非偶然。某一份报告的作者称这种现象为"上交者小型化"。[1154]外宾商店邮包业务的负责人认为，"延后的需求"是"未完成挑选的订购金额不断上升"的原因。[1155]沃洛奇斯克的公民库捷斯曼在1932年春天确认了这一点，并抱怨道："我已经70岁了。我的孩子在阿根廷。我只能靠着寄来的钱生活……已经过去4个月了，孩子给我寄了35美元……在寄到基辅后，我好不容易从里面提取了价值40卢布的食物，而剩下的钱到目前为止我还没能收到。我的孩子每次都问我收到了没有，我不知道该回答什么。可以回答四五个月了还没收到——但我不想让敌人知道这个情况。但我也不能写'收到'。或许注定要挨饿……"[1156]

外宾商店钱的使用期限开始受到限制，[1157]此外，适用范围也被限定在签发的城市内——在记名商品册替代外宾商店不记名流通券之前，流通券上会盖上城市名称的图章，在此情况下，顾客的处境变得复杂起来。为了把商品册转到另一个城市，需要经历重新办理的官僚流程。针对小额的一次性券和单日商品册需在上交有价物品的同一天使用，所以人们需要在此之前搞清楚店里是否有他需要的商品，否则，传家宝就白白失去了！在长期缺货以及食品和需求最盛商品长期紧缺的条件下，这些用时间和购买地点进行的限制导致了人们不得不有什么就买什么。失望的顾客写道："糁没有买到，糖也一样。因此不得不领了衬衣料子，但是没办法缝制衬衣，因为买不到线。要是能给五千克面粉就好了。"[1158] 来自撒马尔罕的一个叫阿·伊·马蒙的人向外宾商店管委会投诉，当地外宾商店的负责人建议他通过境外汇款账户购买蜂蜜、巧克力和水果软糖，而不是面粉、糖和油。并不是说马蒙不喜欢巧克力，问题在于，在 1933 年冬天——饥荒最严重的时刻，一块面包就能决定生死。撒马尔罕外宾商店里没有面包、糖和糁，而且负责人也不知道这些东西什么时候会有。[1159] 还出现了捆绑销售的情况：想要购买面粉和糁，必须搭配着购买 1 件过期商品。搭配的组合令人意外：和茶叶搭配的有蓝色颜料、凡士林、梳子、肥皂粉。[1160] 投诉信发给了报社和国外的亲人。苏联日耳曼人的投诉送到了 1 个德国领事那里，随后，领事抗议外宾商店用捆绑销售这种方式侵蚀了大量给饥民的汇款。[1161] 由于集中供应的先天不足，有些外宾商店货架上的过期商品在别的地方却正短缺。

外宾商店的汇款和邮包迟迟不到或彻底丢失，商品没有包装或包装得不好，食品送来时已经变质。在文献中提到，人们有时不愿坐等邮包，而是主动出击寻找。[1162] 有些故事荒诞可笑：有个通过外宾商店收到汇款的顾客为了收邮包被从新罗西斯克召唤到顿河畔罗斯托夫。被召去的公民路上消耗巨大，而当他抵达时，邮包被替换成了苏联卢布，而且金额还不够抵偿路费。另一个故事是："从汇款之日起过了两个月，收款人死了，没能熬到收钱，而这笔钱最初是为了支持他康复的。"[1163] 境外汇款经由苏联国家银行进入外宾商店，国家银行愤怒地写道："外宾商店如果查不到收款人的话，不仅不会把钱退回，甚至都不会告知国家银行查不到收款人。索赔的数量不断增加。”向苏联汇款的外国人提起了诉讼——法院判决罚外宾商店款，国家银行内部不得不组织专人接收针对外宾商店的口头和书面投诉。[1164] 外交人民委员部从驻各国苏联领事官员的报告中做了节选，后者面对愤怒的外国人不得不向莫斯科抱怨。领事官员们报告称，甚至电传都要好几周，邮政汇款有时要 9 个月才能送达。[1165]“每一笔汇款多少都发生了点事情”——外交人民委员部最后这样总结。

在饥荒条件下，很少有人担心贸易的文明性：饥民自己会找到外宾商店并倾尽全力换取 1 袋面粉。但是，随着粮食供应状况的改善，外宾商店不得不和非外汇的示范商店竞争——正是在这里传出了开展社会主义文明贸易的号召，打广告、研究消费需求、追逐时尚、实施十天一清洁等类似的举措。有一个领导是这样说的：“我们需要的不是配送点，而是文明的苏维埃式贸易企业。”[1166] 然而，对消费者的礼貌和尊重并不容易，入口处就有蛮横无礼的行为。乌兹别克斯坦办事处的员工大会上提到：“我们的门卫站在门边，他们习惯直接默默地推人……为了空出地方还会抓人、拉人。”[1167] 他们用脚踢走那些没有“外汇”的人，巴结那些常客，替他们点上外宾商店的烟。

在紧缩经济时难以树立职业行为操守，贸易工作者是个有权威的人物，而顾客是巴结他人的小人物。文献描绘了验收员的恣意妄为，他们把不太好的物品丢给物主。[1168] 最典型的是售货员，他们要么对顾客的请求和投诉置若罔闻，要么就粗暴无礼地威胁和命令他们。“他们工作时大声叫喊、挥舞拳头、出言咒骂……十分亚洲化”——在某次检查外宾商店的行动中这样报告道。[1169] 在外宾商店，和整个苏联一样，充满了对顾客的有罪推定——“稍有风吹草动，他们立刻就抓住顾客的袖子”。对于包括外宾商店在内的苏联商店而言，有一个司空见惯的告示：“点清钱款，离柜概不负责。”这是对上述内容最好的图解。[1170]

调情、哈哈大笑、当着顾客的面讨论个人问题以及与工作无关的问题（按照文件所言仿佛是在开大会）、在工位上抽烟和饮酒（被人看到醉醺醺地下班）、长时间离开柜台（只有上级来的时候，才会采取措施消除排队现象）——外宾商店里的售货员过着自己的生活。外宾商店首先是男人的商店，[1171]所以，售货员戴着便帽、暖帽、嘴里叼着烟的情况是普遍现象，尽管管委会禁止在工作中抽烟和佩戴头饰。公平起见，应当说一下，顾客也在商店里抽烟。[1172]描绘明镜般的外宾商店日常状况的有趣的场景素描图仍保存在档案馆内。事情发生在1935年11月。在列宁格勒热利亚博夫大街上的外宾商店里，一个叫杜德尼科夫·鲍·利的公民走向库图耶娃音乐部的女售货员并请求在留声机上播放一张他的唱片。女售货员"出于好奇"同意了。听完唱片，杜德尼科夫请求重放一遍。在遭到拒绝后，"杜德尼科夫羞辱了售货员（在苏联文献中，售货员这个单词没有阴性——作者注），把点着的香烟丢向她，这是公然的流氓行为"。[1173]

外宾商店不是大城市里个别的明镜般的商店，而是农民之国的一个现象，它并不是文明贸易的样板，但是即便带有与生俱来的斑点和缺陷，外宾商店仍朝着现代贸易及消费文明前进了一步。外宾商店里的需求反映了消费品味的变化。顾客脱离了19世纪，而20世纪产生了新的偏好。过去流行的浪漫歌曲和茨冈歌曲已经不再吸引人，现代爵士乐和探戈唱片的需求量却暴增，[1174]编织软帽取代了女士宽檐帽，日常穿的鞋子变成了方便的运动鞋——"外宾商店鞋"，夏天市民们追求海滩帆布鞋。苏联顾客在外宾商店里试图跟上新时代的风潮。外宾商店带着错误和"粗陋"，但是给苏联消费者带去了新型的贸易和服务，为他们带去了新展品。土库曼斯坦消费者怎么样引入洗衣皂的历史得到了呈现。土库曼斯坦外宾商店的工作报告中提到，最初洗衣皂并不畅销，因此，甚至发生过把库存抛给乌兹别克斯坦的事情，当时乌兹别克斯坦的消费者已经很好地了解了这个商品。1933年年中是一个转折点，中亚对洗衣皂的需求量迅速超过了其供应量。[1175]

令历史学家扫兴的是，外宾商店的资料里没有包含很多对客户的描述。关于这些信息不得不一点一滴、逐字逐句地收集。但不管怎样，档案让我们能画出外宾商店顾客群体的社会行为学肖像草图，如果称不上肖像的话。

人民肯定注意到了——上梁不正下梁歪。外宾商店经营初期，苏联领导层分拨出了外宾商店商品储备库（“限额”），用于确保地方政府的招待需要。商品预订主要用于正式集会——大会、周年纪念大会、接待贵宾。“限额”没有硬性规模，取决于时间、地区和用途。1931年，来自阿尔汉格尔斯克的文件提到限额为1000卢布，当时该单位还在“远北建设”负责人管理下，政府允许每月拨出5000外宾商店流通券。[1176]对于地方领导而言，“限额”是唯一不用上交有价物品而是按照官方汇率使用普通卢布购买外宾商店商品的合法机会。但显然，批准的招待“限额”不足以喂饱当地政府的胃口，而且，外贸人民委员部和外宾商店管委会也努力削减非外汇销售的规模。地方上的精英——党委、地方苏维埃执委、法院和检察机关的工作人员、格别乌/内务人民委员部[1177]的工作人员利用权力，努力把外宾商店变成“自己”的商店。这些精英无视莫斯科的禁令，在外宾商店用苏联卢布购买商品，甚至完全免费。“外汇储备的挥霍”达到了一定规模，[1178]以致国家领导层采取了严酷措施。在1932年初，中央委员会和中央监察委员会主席团发布命令，命令禁止使用苏联卢布购买外宾商店的商品。[1179]甚至出现了失去“出口质量”的商品本应降价但是却能销售创汇的现象。在各地发展的外宾商店和其他单位之间的易货贸易遭到了禁止。[1180]外宾商店管委会主席斯塔舍夫斯基要求“毫不留情地处理违反政府命令的领导及普通工作人员”。[1181]

地方领导人违抗中央命令，坚持维护自己的特权。不少人提出请求，比如阿扎尔中央执行委员会主席洛尔德基帕尼泽：由于巴塔米连接着欧洲和东方，中央执委会经常要接待外国代表团，因此他请求按照合作社价格每月给予中央执委会和州委会负责人员300卢布的外宾商店商品额度。[1182]还有人通过武力和勒索进行威胁：中亚来函报告，党组织在提供帮助时索要外宾商店商品。[1183]外宾商店外高加索办事处负责人阿斯卡洛夫在1932年向外宾商店管委会主席什科里亚尔以及外高加索格别乌主席阿戈尔巴抱怨道：“阿塞拜疆格别乌副主席什焦帕同志叫来巴库外宾商店的负责人阿瓦涅索夫同志并要求用苏联卢布结算购买外宾商店的东西。在遭到阿瓦涅索夫同志拒绝后，什焦帕同志发出了威胁，阿瓦涅索夫被迫拿出了商品。”[1184] 外宾商店要求格别乌用外汇支付什焦帕所买的东西。什焦帕向外宾商店索要商品的便条仍然保存着，这就像是一条命令：“请立刻以苏联卢布结算并向持信人发放下列商品：1. 高档烟 100 盒；2. 烟斗用烟草 10 盒；3. 块状巧克力 50 块；4. 法国巧克力 10 盒；5. 各类高档糖果 5 千克；6.‘金锚’巧克力 1 盒；7. 各类饼干 5 千克；8. 面包干 5 千克。阿塞拜疆格别乌副主席什焦帕。”[1185] 似乎，阿塞拜疆格别乌的领导在组织宴会，并期待女士们的到来。

关于地方政府不使用外汇购买商品，直到把外宾商店挥霍一空的报告也从各地发来。[1186] 在哈巴罗夫斯克，从 1932 年 8 月到 10 月，外宾商店“以非外汇结算的方式”向地方领导人拨发了价值 2000 卢布的商品，主要都是香烟——这还不算每月允许给政府的 26 包定量供给，它们“都用来招待自己了”。为了精英们抽烟，政府开销不小！外宾商店乌拉尔和斯维尔德洛夫斯克办事处以苏联卢布结算向当地州委员会、市苏维埃、执委会和格别乌领导出售商品。在外高加索，外宾商店遵从共和国人民委员会和格别乌的命令，“浪费了黄金储备”。在远东，从“苏联卢布结算商品明细”判断，大量单位和委员会在外宾商店花着苏联卢布“吃饭”。从中部黑土州（沃罗涅日）传来信息，外宾商店向负责同志的内部供给单位移交了价值 24 万卢布的商品。在阿尔汉格尔斯克出现了分管供应的边疆区委书记（当时有这样的职位！）沙伊克维奇、外贸人民委员部全权代表和外宾商店北方办事处负责人别达的牢固同盟。外贸人民委员部全权代表直接在边疆区委书记房间里毫不耽搁地“给外宾商店写条子”，要求立刻把食物、“啤酒等饮料”送到沙伊克维奇的房间。服务员把订购的东西送到了房间。在接受调查时，酒友们试图掩饰使用公款在莫斯科按照商业价买酒的事实，他们返回阿尔汉格尔斯克时，在火车上就喝掉了一半。边疆区委书记因此受到了严厉的斥责和警告，并被发配到基层工作。[1187]

外宾商店各地办事处和商店的负责人腹背受敌。外宾商店管委会为了完成中央委员会指示，大叫着“不卖”，当地政府威胁道：“拿来，否则没有好果子吃！”外宾商店下属商店的负责人担心不服从当地人民委员会、中央执委会、市苏维埃、格别乌代表或别的领导的命令的后果：如果你拒绝，就把你召去“谈话”。阿尔汉格尔斯克一家外宾商店分支机构负责人拉诺夫斯基向外宾商店管委会主席什科里亚尔抱怨道：“我……严格禁止在没有我命令的情况下向任何人发货。过了一个小时（！——作者注），我就被请到了我们的朋友们那里。”[1188]“朋友”——当地格别乌——立刻对外宾商店办事处管理者的异常行为做出了反应并决定向他展示：谁才是城市里的主宰者。在确定外宾商店办事处管理者候选人时，地方领导试图把自己人放上去会是偶然的吗？然而，纵容当地政府的恣意妄为也会为外宾商店的负责人带来后果——管委会会将其免职。未使用外汇购买就发放外宾商店食品用于在塞瓦斯托波尔接待土耳其将军引起了管委会的愤怒：是谁下令发出食品的？说出领导的姓氏、职位、党龄，还有发出商品的商店负责人姓氏！[1189]通常，当地格别乌会帮助出事的负责人。从谢米帕拉京斯克发来的报告称，向当地领导人用苏联卢布结算出售商品的外宾商店经理莫宁在格别乌的帮助下躲了起来。[1190]

地方精英在提出请求和进行威胁的同时，还会寻找别的方法获得外汇商品。包括倒卖来自上级供应单位的廉价定量配给粮食。1933年，切尔尼戈夫州“负责人们”向投机分子出售了3.6吨粮食，以获取黄金和外汇，随后用这些有价物品在外宾商店为州党委领导购买了工业品。[1191]在格别乌的保险箱里存有搜查和充公得来的贵重物品。按照规定，这些东西必须上交给黄金和铂金企业。然而，在格别乌还发现了，有些能干的领导想用没收来的黄金在外宾商店里换取商品。他们并不是为了自己，[1192]而是以单位的名义为单位谋取利益——又一页生存史，这次是一个部门的生存史。然而，类似的事情违反了外宾商店的经营原则。格别乌没收的黄金属于国家。外宾商店的管委会询问了企图进行类似交易的远东办事处，并说明，格别乌不能使用充公的黄金，因为外宾商店只接收个人拥有的有价物品。[1193]

当然，在地方领导人中有些人合法地在外宾商店用自己的有价物品换购商品，但在此情况下，他们就被归为外宾商店的普通顾客。格别乌经济局驻季诺维耶夫斯克全权代表斯利津斯基的信保存了下来。1931 年底，他请求用美元换购外宾商店的商品并寄给他：面粉、糖、烟草、油、茶、大米、葡萄干和 9 号衬筒。从清单上看，金额还不小。斯利津斯基解释道："美元是我直接从美国买来的（有兴趣了解他是怎么买的——作者注），而不是在当地购入的。"[1194] 天真的 1931 年！对于斯利津斯基而言，被控在黑市上购买美元、进行外汇投机的危险甚于被控与境外勾连及为美国进行间谍活动。如果是 1937 年，他未必会做这个补充说明，如果做了，那会给他带来悲剧。1931 年，对于这封信的反应是纯业务性的：外宾商店管委会将这封信的复印件发给了格别乌经济局并请求向斯利津斯基说明，如要获得商品，他应当将美元汇进外宾商店的账户。

中央和地方政府陷入了围绕着外宾商店的忙乱，这说明他们之间有利益冲突。地方官员要扩大个人和群体的特权，中央政府则从国家利益出发要加以限制：国家需要外汇，中央并不愿意浪费了出口商品而只能收到些卢布，哪怕是出于地方领导的需要。因此，在外宾商店相关事务中，国家优先权高于企业。当地官僚将自己视为统治精英的一部分，他们显然在中央的行动中看到了背叛和对集体团结的破坏，而中央领导层却并不打算牺牲自己的特权，这在地方官僚看来是不劳而获的、不真诚的。

地方官员必须二者取其一：要么同意对自己特权的限制，要么对中央命令阳奉阴违。中央也面临二选一：要么为了集团利益忽视国家利益，要么克服地方领导人的阻碍，这将不可避免地导致官僚群体的分裂。在 1930 年代下半叶，中央和地方政府关系的发展显示了双方做出的选择。[1195] 在与地方政府的较量中，中央领导层使用了官僚行政方法（人事任免和职务惩戒），在大恐怖时期还使用了肉体消灭的方法。地方领导人基本上限于一些被动的方法，包括相互包庇和对中央命令的消极怠工。地方官僚在反对行动中的被动和软弱主要因为其与中央政府的冲突是有限的。要知道，在这一冲突中，各地的斯大林们维护的只是自己个人和集团的特权，讲得通俗一些，就是自私自利。也就是希望获得的面包大一点儿、油浓一点儿。在政治关系上，地方和中央是“血脉相连的”。它们的冲突并不具有政治性，而只是扩大和重新分配统治精英特权的喧闹。

外国顾客在外宾商店享有特权，他们的特殊性不在于权力，而是在于总能带来“货真价实的外汇”。严格地讲，在外国人中存在着等级划分。针对外交人员，苏联政府开设了专门的、禁止其他顾客入内的外宾商店，这些商店不仅需要完成供应任务，还要完成政治任务。1932 年 11 月，从“外国专家供应社”接管外交使团供应工作后，外宾商店管委会在一份特别电报中责成各办事处为外交官划拨最好的商店，“安排销售蔬菜、肉、牛奶、酸奶制品”，并“确保提供最好的服务”。[1196]“外交人员外宾商店”接受送货上门的订单。

外交人员外宾商店事实上是最好的外宾商店之一，但是，1930 年代苏联的好东西常常不被西方消费者所接受。在莫斯科和列宁格勒情况相对较好[1197]，而在符拉迪沃斯托克的德国领事则向外交人民委员部抱怨道：外宾商店的鲜肉常常只有猪肉，而且还总是肥肉，所以也“不适合食用”。领事们不愿购买冻肉，“外宾商店里没有新鲜牛肉，特别重要的是，没有适合食用的新鲜小牛肉、新鲜猪肉或是别的鲜肉。猎人在符拉迪沃斯托克郊外打到了大量新鲜野味（野鸡、野鸭、狍子、鹿、兔子），但这些东西在外宾商店也没有”。没有鸡肉，连一种咸鱼都没有——领事继续列举那份令他悲伤的清单。其实，鹅是可以买到的，但是没有去除内脏，而且冷冻极差，以致在化冻时臭气熏天，而且味道不好。油的质量很差，“可以勉强用来做菜，但是无论如何不能上桌”。事实上，这些对俄罗斯人来说是好东西，但对德国人来说却简直是致命的！德国领事馆从国外订购了大量的食物——白面包、糁、大米、油脂、糖、香肠，甚至还有蔬菜。易变质的食物不得不在当地农民市场购买，但“政府的行动”将其破坏了，让领事馆“断了肉食供应”。最后，德国领事请求从涉外酒店或格别乌（！）那里向使团调拨鲜肉和鱼。[1198]

不同于外交官，外国游客感兴趣的主要是古董外宾商店，而在苏联工作的外国专家和苏联顾客一样会去“通用的”外宾商店。在下诺夫哥罗德办事处的情况简报中提到，在福特公司参与建设经营的汽车厂里有很多美国人，他们是“食品杂货和美食商品、酒类和皮大衣的主要消费者”。[1199] 在下诺夫哥罗德（后改称高尔基市），专门有懂外语的售货员在外宾商店为外国人提供服务。在对下诺夫哥罗德工作人员的反馈中，除了抱怨小额的外汇找零不足外，外国人基本是满意的。其他办事处的档案资料描绘了不那么愉快的景象。商品的质量和种类不是令人不满意的唯一原因。外国人对于肮脏 [1200] 和价格高昂 [1201] 也颇有微词。外宾商店主席利文森确认了这一点，他在 1935 年向外贸人民委员部报告时提到，外宾商店的商品价格不仅比波兰贵，甚至比法国都要贵。[1202]

应下诺夫哥罗德办事处工作人员的号召（1932 年），当地外宾商店里的大部分顾客都是农民，而在以农村为主的西部（斯摩棱斯克）州的文献中，外宾商店甚至多了一个名称——农民百货商店。农民主要使用金币换购商品，这些金币是他们在沙皇时期积蓄的，也有在“战时共产主义”时期通过食物从城市居民那里换来的，还有在“新经济政策”货币干预时期从国家手里买来的。几乎所有的农民都是上交小额的有价物品，然后立刻凭一次性的票据购物。他们想要便宜的布匹、长袜、靴子、鞋底、皮革、糖、煤油、变性酒精。在中亚，大米也在普通的农村商品供应种类中。[1203] 但是，主要的农民商品是黑麦面粉。“没鞋穿的鞋匠”——外宾商店完完全全地反映了苏联这个时期的奇怪现象。播种粮食的人却吃不饱肚子，养牲畜的人没有肉吃。“藏起来，等面包”：这个句子反映了农民顾客的行为本质。1932 年 12 月，来自卡拉卡尔帕克斯坦的信称：“我们这儿面粉已经断货好几天了，这种情况鲜明地体现在了收购点的营业额上，更鲜明地体现在商店销售上。大量的商品册在等待面粉的民众手里……没有面粉，其他商品也卖不出去，营业额几乎归零。”[1204] 外宾商店里的农民是饥荒的征兆。随着苏联情况正常化，农民也离外宾商店而去。

在顾客中，农民是最务实、最多疑、最谨慎的。外宾商店管委会为社会主义建设而奋斗，对其贸易的政治意义的解释无法让农民信服有必要交出黄金。饥荒和需求更好地鼓动了对工业化的财力支持。在收割前，农民在外宾商店几乎只买粮食——没有白白浪费金戈比。在购买前，他们会观察其他顾客，甚至跟他们回家，以便确认安全。他们带来有价物品，但是要求他们认识的工作人员接待，拒绝把东西交给陌生人。[1205]很少看到上交整件金器的农民：他们带来最小的废料——戒指的残片、破耳环。1932年秋天下诺夫哥罗德外宾商店工作人员观察到的这些现象在其他办事处的资料中也得到了证实。来自中亚的报告称，农民们行事谨慎，每次上交一点点锯下的黄金。[1206]列宁格勒的文件证实："农民不在自己的居住点上交黄金。"[1207]在不久前禁止持有沙皇金币的边境地区，农民们最初会带些"不会引起人注意的"废料进行试探。[1208]

就算百般谨慎，但是由于文化水平低以及不了解外宾商店工作细节，恰恰是这些农民最容易成为骗子的猎物，骗子会"从手里"卖给他们不能用的外宾商店商品册。外宾商店管委会副主席阿佐夫斯基在1935年5月通过加急件通知各办事处："各地来函告，有罪犯向'可信赖的客户'提供带有伪造痕迹的商品册（最初是改成更大的金额），由于伪造显而易见，这些客户在我们商店内被扣留。这些'可信赖的客户'通常是只身前来的人和集体农庄成员。"[1209]

在农村的积蓄中存在外汇。下诺夫哥罗德的简报提到，在1932年7月从农民手里收到了5美元、10美元和100美元的纸币。简报作者写道："……这个很典型，他们（农民——作者注）带着美元去收款处问，收不收这种纸币并请求在纸上写出这种纸币的名称，因为他们说不出纸币的名称，而且他们一定会在收款处解释美元是从哪里来的（虽然根本没人问这个）。很多人的解释是曾经在美国生活工作过，美元是从美国带回来的，另一些人的解释是，在'战时共产主义'时期出售食物所获得的。"[1210]对于在美国工作和生活的引述很可能是保护性的谎言：如果在美国生活过，肯定知道这种绿色的纸币叫什么。而来自"战时共产主义"时期的积蓄以及境外亲戚汇款的说法更符合历史事实。

由于外宾商店主要位于城市，农民们不得不去那里。在中亚、西伯利亚、远东，路程有时甚至不是几十公里，而是几百公里。有时等他们到商店时已经关门了。关于东西伯利亚边疆区洛莫夫市外宾商店的一篇小品文的作者写道，顾客跋涉了几百公里，到了才知道洛莫夫外宾商店一周只开业 3 天，其余时间，只有一个售货员，要么在计算票据，要么去斯利坚斯克的银行，要么“休息或读高尔基的书”。[1211] 必须要适应这一切。中亚发来的报告称，农民只在集市日的时候去城里并顺便逛一下外宾商店。通常，“这些出差的人”要为整个村子取货。正如之前所述，如果不确定想要的东西在售，农民们是不会着急上交有价物品的。如果是购买备用食品，他们会将其分成好几小份。某个在乌克兰经历过饥荒的人回忆说，母亲从外宾商店带回了一些食物，将其分成两部分，其中一部分锁进了箱子。

在同一份下诺夫哥罗德的简报中提到：“城市居民会购买精美的鞋子、针织品、丝绸、餐具和日用品、糖果、精致的食物、各种面粉。”市民们最早知道外宾商店并迅速习惯了它。文献描述了各种购物策略。人们会通过比较外宾商店和其他商贸机构的价格以便寻找最有利的价格，然后会用“划算”或“不划算”来评价一件商品。出售有价物品通常需要全家做出决定。城市生活比农村优越，但是饥荒还是影响到了城市里的需求。下诺夫哥罗德外宾商店的工作人员证实，当小麦粉到货时，“市里的顾客会排起长队，成袋地购买面粉”。市民们拿来的主要是“废料”和“各种黄金制品：钟表、项链、镯子、戒指、奖牌、十字架、圣像画等”。下诺夫哥罗德市民也有旧币和外汇，但是外宾商店收入的量并不大。拥有黄金的市民——珠宝商和牙医——是“大规模”采购的常客。在下诺夫哥罗德，这些人几乎每天都去外宾商店，带去熔掉的钱币、抛光的黄金和别的“值钱黄金”，买些美食和食品杂货、糖果。大笔境外汇款的收款人位列城市精英之列，这些人会买些奢侈品——皮货、丝绸、精致的鞋子、红酒、美食。[1212]

城市居民害怕被格别乌逮捕，也会谨慎行事。在塔什干百货商店刚开业时（1932年3月），居民们最初只带去黄金废料，“因为这种有价物品不会引人关注”[1213]。文件提到，如果有熟人进入商店，人们就会离开商店。外市的人来到莫斯科或列宁格勒上交有价物品，但会请求把商品册转至自己所在的城市。列宁格勒外宾商店的工作人员证实，尽管在办理商品册时无须出示身份证件，但采用记名商品册还是引起了有价物品上交量的下降。[1214]

用当时的语言讲，城市顾客处于消费文明的斗争前沿。追随当代潮流主要是城市里的现象，外宾商店商品种类和服务的相对多样化是大城市百货商店的特点。但是，城市外宾商店不仅是新兴文明贸易的沃土。文献显示，伪造外宾商店的钱以及别的证件、从商店柜台和货架上偷窃也是城市里的现象，当然，小偷肯定不全是城市居民。在小的农村铺子里和小城市的商店里，人们相互认识，顾客偷东西是危险而可耻的。文献证实，关于城市外宾商店有大量的舞弊行为。例如，在一份报告中提到了莫斯科郊外的“一家工厂”，这家工厂整整一年都在伪造外宾商店商品册并通过中介网络进行散播。[1215]根据外宾商店报告中的数据，仅1935年的7个月内在一家莫斯科的商店中，收款员就扣留了198本可疑的商品册，其中17本退回持有人。同一份报告提到，“最近几个月”在莫斯科总共扣押了390本伪造或被盗的商品册[1216]。

在大城市的商店中存在着有多个步骤的购物规定。[1217]顾客首先要到商品处排队，在这里售货员会填写单据，注明选购何种商品，以及数量和价格。顾客拿着这张单据去收款处排队付款。收款员会在单据上盖上付款章。付完钱后，顾客拿着发票和盖了章的单据前往提货处（需要再次排队）。稽核员会将记录的选购商品与顾客的单据进行核对，之后才会发货。如此复杂的文件系统可以更好地统计所售商品并打击商店职工的舞弊行为。但是，顾客却能利用这个冗长的程序——为他们挑选商品的售货员和付款后发货的人员不是同一人。人们可以伪造单据、“付款”章和发票——而且这些并不难，发票用两次就能领到商品，不用上交有价物品。外宾商店莫斯科州办事处管理人员多隆函告莫斯科警察局（1935

年 6 月）："最近，我们的百货商店里用伪造的外宾商店单据骗取商品的事件有所增加。罪犯如此准确地伪造了百货商店的章和代码，以致商店职工有时都不能识别真的单据。假单据是在收款处会计检查发货发票后才发现的。这些假单据给外宾商店带来了大量损失。没有您的帮助，我们倾尽全力也无法消灭类似的舞弊行为。"[1218]

那些自己没有有价物品的人也有办法进入外宾商店。经历过乌克兰大饥荒的伊萨克·塔尔塔科夫斯基回忆了那些追猎衣着光鲜的女人的流浪儿们：他们奔跑着拽下受害者耳朵上的耳环。他们守候着从外宾商店里出来的顾客：必须把买来的面包藏好或者双手抓住面包，否则就会被抢走。[1219] 抓捕行动证实了偷盗是获得外宾商店商品的一种常见方法。没有外宾商店流通券的女公民彼得洛娃[1220] 来到列宁格勒第四百货商店"看了看女士短款上衣并问了价格"。她要求售货员给她看两件短上衣，但只还了一件。当场检查时发现，第二件短上衣在她脚边的地上。显然，"这位女顾客"把偷来的东西藏在了衣服里，当她发现走不掉时，就把衣服"抖到了"地上。"男公民安德烈耶夫·伊万·安德烈耶维奇"，13 岁，砸碎了橱窗玻璃，拿走了两双长袜（1934 年 1 月）。他挑走了一双，并把价值 40 苏联普通卢布的另一双长袜给了同谋。这不是第一次抓住伊万·安德烈耶维奇，之前他已经和 13 岁的沙波夫·伊万同志去过第四百货商店。那一次，他撬开橱窗，拿走了一件价值 120 苏联卢布的女短衫。在搜查安德烈耶夫时发现了"背心"剃刀和外宾商店的纽扣。[1221] 趁顾客云集售货员忙碌的时候，那些能手割开一部分橱窗玻璃并用钩子把看中的东西钩走——列宁格勒第二百货商店里的手表和苏联各地很多其他的贵重物品就是这样被偷走的。[1222] 小偷会到兜里摸着找，从"人们的箱子"里偷。仅在 10 月一个月内，第四百货商店里就挑出来 12 本被盗的商品册。如果碰到下面的事情，小偷就倒霉了：本来的持有者已经申明过在找自己的商品册。[1223]

在位于列宁格勒热利亚博夫大街的外宾商店第四百货商店里，女公民利·埃·奇斯托兹沃诺娃在纺织品处的柜台边发现了一位女士正在把什么东西往袋里藏。这个人有两个伙伴。警惕的顾客抓住了小偷并扭送到经理室——偷走了7米苏联国产波士顿呢。审讯显示，被捕者没有外宾商店流通券，到商店里似乎就是“看看”。没有发现她的证件——去偷东西的人不会带护照——但是她自称为来自利库斯拉夫尔市（意为“困苦的地方”——译者注）的喀山斯卡娅·叶夫多基娅·菲奥多罗夫娜！这个杜撰的名字有很多含义——贵族妻子，而她所来自的城市最好不要说出来！那几年有谁不是来自利库斯拉夫尔？不过，实施抓捕行动的人是否意识到了这种恶意的嘲讽呢？[1224]

抢劫者属于不请自来的群体。在初期，外宾商店由格别乌武装警卫守卫，但在1932年11月换成了“平民”保安。[1225]军警的工资是150卢布，而保安的工资仅为95卢布（和清洁工的工资一样）。退休老人和妇女的工资也是这么多——这对防御武装匪徒效果甚微。显然，保安自己也清楚这一点：乌兹别克斯坦的资料描述说，外宾商店的保安一到晚上就跑到最近的茶馆去睡觉[1226]，外宾商店成了抢劫者唾手可得的猎物。外宾商店的经理们，以及紧随其后的外宾商店管委会都向格别乌抱怨，后者应当侦破越来越频繁的抢劫外宾商店、杀害保安、纵火焚烧商店的案子。其中提到了很多事件，包括通过通风管、在屋顶打洞、挖地道进入商店内，用放了麻醉剂的手帕迷倒顾客，害怕担责的保安自杀……[1227]有些抢劫行为看起来就像是稀松平常的事情。在敖德萨的外宾商店，抢劫者不紧不慢，平静地喝着酒、吃着昂贵的美食，然后把两袋丝绸布搬上小推车，盖上葡萄叶。但是小推车坏了，轮子掉在了大街上。保安几乎都要追上那些人了，但是有轨电车开到了，抢劫者成功地拿着一袋丝绸跑了。[1228]外宾商店请求格别乌重新派遣武装警卫，但遭到了格别乌的拒绝。[1229]拒绝的原因并不清楚。是不是因为外宾商店控诉格别乌非法逮捕顾客破坏了两个部门间的关系？拒绝的原因是不是嫉妒这家更成功的外汇企业？或者这是国家节约国有资金的一系列举措之一？

职业投机者是外宾商店的一个特殊群体。投机行为——为了获得收益（苏联时期的术语为“暴利”）而进行的买卖，这是苏联时期最普通的经济犯罪之一。将投机视为犯罪也是社会主义的一个现象，因为在市场经济条件下，这是主要的经济活动形式。[1230] 在苏联政权新生之时，国家宣布投机为犯罪，是为了追求某些社会经济和政治目标——首先，这是与私营业者争夺资源和影响力的措施。[1231] 镇压手段实际上消灭了苏联合法的私人经营行为，但是投机行为不仅留了下来，而且在这个长期物资短缺的国家得到了蓬勃发展。

在苏联的理论和实践中，投机行为定义广泛。在投机这个法条下面包括了将购自国有和集体企业的商品以更高的价格转卖，以及以高于国家定价出售自产商品。[1232] 类似的投机例子存在于外宾商店的资料中："在莫斯科街上（特别是在大剧院和库兹涅茨克桥地区），近期出现了一群女性，她们出售进口纱线织成的无檐帽。这种纱线在外宾商店中就有。"[1233] 为了自行生产无檐帽而在外宾商店购买纱线并将其出售获利被视作一种经济犯罪。

在物资短缺的经济环境中，投机行为是一件特别获利的事情，但其难以根除的秘密不仅在此。投机者们在社会主义经济中完成了重要的职能。他们为中央集中分配的破洞"打上了补丁"。在苏联，人们开玩笑说，国家只要把所有商品发往莫斯科就行了，投机者会把这些商品运到每座城市和村庄。投机者把商品运到全国各地并卖给所有花得起钱的人，在市场经济的原则下重新分配了国家的商品资源，对于那些国家供应不足或完全得不到国家供应的群体，这是主要的供应源。投机者的市场行为形成了建立在金钱上的社会分层，这不同于以与政权和工业生产紧密程度为基础的国家分配。"投机行为"在满足消费需求的同时，在某种程度上抑制了社会不满，使人们安于现状，让他们适应社会主义并促进了制度的稳定。[1234] 然而，在满足消费者需求的同时，投机活动培养了物资短缺经济的掘墓人。不满的顾客在对苏联社会主义失望的同时，开始更频繁地望向被商品塞满的西方。

投机活动成了由人民发起的大范围黑市的一部分。[1235] 被中央计划经济的虎钳所夹住的黑市适应了这种经济模式，同时成了其不可分离且必要的一部分。计划经济扭曲了市场，使经营活动在小型、分散、不稳定的地下买卖形态中发展起来，但是黑市夺取了胜利。它寄生在计划经济中，在蓬勃迅猛的偷盗活动帮助下从国有企业中抽取资源。然而，这听起来一点儿也不奇怪，正是因为"黑色"经济，计划经济才能生存这么久。如果没有黑市，大部分人不可能在长期的物资短缺经济中生存下来。[1236]

投机活动是外宾商店日常活动中不可分割的一部分。对各代表处的检查显示，每家商店都有一群固定的投机商人。[1237] 在一封信中，顾客将外宾商店称为"投机匪帮和反革命经济机构"，在这里投机者以 30 卢布 / 普特的价格获得面粉和糁，而商品册的持有者要熬几天几夜排队才行。[1238] 在那份为读者熟知的下诺夫哥罗德报告中提到："这个顾客群体能比所有人更快地弄到外宾商店的商品……1 月，他们大肆买走了 10—20 副男士和女士手套，一天分多次，购买便宜的纺织品、针织女短上衣、长袜。2 月：小麦粉、糖、通心粉、熏鱼、进口被子。3 月：儿童长袜、网状纱、整盒的水果糖、鲱鱼、熏鱼、黍米、珐琅餐具。4 月：砂糖、糖、面粉、干果、坚果、裤子、棉布头巾、橡胶套鞋。5 月：大米、黍米、面粉、帆布鞋、橡胶底帆布鞋、水果块糖、'大炮牌'香烟、头巾和手帕。6 月：砂糖、坚果、帆布鞋、'大炮牌'香烟、铝制餐具。7 月：帆布鞋、水果块糖、砂糖、碎糁、头巾、奥伦堡披肩……"[1239] 换言之，投机者不仅一直购买面粉、糖和熏鱼这样的俄罗斯食物，还购买了外宾商店上述几个月运来的所有东西。"投机者群体了解市场，每天都逛外宾商店，总能挑到可以获利的商品。这些人常常正好买满 10 卢布、20 卢布、30 卢布，有时也会达到 50 卢布，他们有时使用废料换购，多数时候使用旧币换购。有人早上刚买过，中午又来买"——下诺夫哥罗德报告得出了这样的结论。

投机者在黑市上倒卖在外宾商店所购的商品，收苏联普通卢布。收入的苏联卢布随后会进入流通：用来收购有价物品、外宾商店商品册，也会用来购买国有商店的商品，以便再次进行倒卖。1932 年初，一盒水果块糖在外宾商店价值 20 金戈比，在黑市上价值 6 卢布；头巾在外宾商店价值 20 金戈比，投资者的倒卖价格为 5 卢布。根据下诺夫哥罗德办事处的数据（1932年秋天），投机者倒卖小麦粉的价格是外宾商店价格的40倍，而大米、黍米、糖的价格为25—30倍。[1240]价格关系取决于外宾商店金卢布的市场汇率，该汇率随着大饥荒的发展而上涨。[1241]

研究1930年代的黑市证实，投机者的社会构成十分复杂。对于这些“职业投机者”而言，倒卖是一种手艺，要么单干，要么团队作业。其中的很多人都有自己的“地盘”——工作地点固定、工作时间相对自由（保安、衣帽间服务员等）。政府把那些以高于合作社价格在市场上出售自产商品的手工业者也归入“职业投机者”之列。除了这些“职业投机者”之外，数百万“一知半解的人”也会时不时参与黑市交易。其中有工人、农民、知识分子和苏联精英代表。[1242]按照外宾商店管委会的数据（1934年春天），三分之一境外汇款（总额70万中的20万）“为了满足收款人的消费需求”而被倒卖。管委会认为，超出家庭正常消费的大量购物是投机行为的间接证据。管委会难以指出确切的规模，但在莫斯科和乌克兰报告的基础上得出结论，主要是农民在进行投机。不过，管委会指出，随着商品价格的上涨，农民大幅减少了倒买倒卖的行为。

商店的工作人员不仅认识这些职业投机者，而且毫不夸张地讲，由于能接触到紧缺商品，事实上所有贸易工作者都参与了投机倒把。文献证实，在外宾商店里“商店工作人员和投机者亲密无间”。[1243]拿着显而易见的伪造发票或者压根儿没有发票，售货员就会发货，他们还会把到货和调价的时间告诉投机者，而这也就人为地延后了调价——在涨价前夕，商店的营业额会上涨好几倍。[1244]售货员让“自己人”不用排队就买到商品，他们从“后门”或者柜台下面收取投机者作废的流通券和商品册。[1245]外宾商店管委会主席斯塔舍夫斯基在巡视乌克兰后承认：“我发现，在基辅和敖德萨，售货员和投机顾客之间的界限十分模糊。”[1246]

对于那些没有有价物品的人，从别人手里购入外宾商店的钱是进入商店的一个办法。找投机者的人包括快饿死的人、想要买非外汇商店里没有的时髦进口货的人，还有寻找工作制品必要原料的手工业者：鞋匠需要羊毛和铬革，制皂工需要烧碱和硬脂。还有急需药品的人也会找到投机者：外宾商品有一些药房里没有的药。自有外汇积蓄不足的人也会在黑市上购入外宾商店货币。[1247]

外宾商店钱、商品、沙皇金币和外汇的买卖活跃在商店门口、店内以及临近商店的街道、街心花园和房屋的门洞里，需求巨大。实施拘留行动的警察的笔录提到，投机者们“召集了一群人”，极具侵略性。[1248]外宾商店领导人向下属商店的负责人发去通报，要求采取果断措施打击投机行为：在收款处悬挂海报，警告被抓者将被送到警察局和刑事侦查处承担责任，并告知所有“上述机关”不予追究的情形。[1249]警察局会定期进行搜捕。被捕的投机者会被押送到警察局，但常常会有人在押送途中逃跑。显然，警察被收买了，要知道，“他们也愿意这样”。[1250]

另一个打击投机行为的方法是“完善”外宾商店的钱。在外宾商店存续初期，外宾商店的商品单据是不记名的，此外，这些单据还可以找零，因此兑换和倒卖都十分容易。1933年2月，苏联人民委员会决定引入记名的外宾商店商品册。该措施引起了一些外宾商店经理的反对，他们担心无法完成外汇计划：他们认为，询问和登记个人信息会把人吓跑，而且使流程更为烦琐，导致排队。但是，财政人民委员部坚决反对“把商品册变成不记名的纸币”。[1251]在打击投机行为时，外宾商店管委会禁止使用可撕流通券，如违反此规定，收款员应承担刑事责任。但是，人们找到了一些规避的路径——要知道，可以购买商店里已经付过款的提货发票，而不用购买记名商品册。

引入记名商品册确实为投机活动造成了困难。商品册持有者不敢出售，而那些忐忑中买到商品册的人则会尽可能快地将其花完。但是，正如外宾商店一位领导公正地指出的，商品册的不完善不是投机活动的决定性因素。作为一些人发财致富的手段、另一些人生存的方法——投机活动是难以消灭的。在商品紧缺的时候，投机活动会增加；在消费需求得到满足后，投机活动就会减少。1934年上半年，外宾商店里发生了将近6000起投机案件，5.8万多人被捕。乌克兰（超过5000人）、中部黑土州（超过4000人）、高尔基边疆区（近4000人）和中伏尔加边疆区

（略超 3000 人）的被捕人数较多。在莫斯科市和莫斯科州发生了 4500 多起投机案件，超过 5000 人被捕；列宁格勒市和列宁格勒州发生 1600 起，被捕的“投机者”也约为 1600 人。[1252] 这些数据与其说反映了投机活动的真实规模或地理分布，不如说反映了各地警察的积极性。

1934 年 9 月，根据财政人民委员部的倡议，最高法院在特别会议上研究了外宾商店文件提及的投机活动的刑事责任问题，这证明了违法活动达到的规模。根据讨论的结果，拟定了一封指示函：一次性的交易不再追究，但是被捕者的资产应当充公。对于不止一次违反法律的，根据“交易特点”，有罪者应当受到刑法 105 条（违反贸易规则）或 107 条（投机活动）规定的惩罚，最高法院犹豫是否应该发布这封指示函——这是一个奇怪的动作，但是否则人们又如何能知道新的法律？[1253]

售货员永远是对的

关于共产党员化、本地化和文盲。农民的外宾商店。犹太人问题。对“黄金”定量配给的渴望。“我们不能这样工作！”因干缩而损失的重量、漏损、粘结、喷射、被吸收。饱汉和饿汉。为什么衬衫上有口袋？大恐怖的边缘。

外宾商店的经营管理工作数量庞大而麻烦。1932年底，外宾商店只有大约2600人[1254]，到了1934年，仅在贸易网络中就有将近2.2万人[1255]。甚至在外宾商店关闭前夕，人数仍旧庞大：1935年10月，在外宾商店贸易网内有1.16万人，还有1000多人在中央和地区的行政管理机关。[1256]

人员问题是外宾商店的一个病灶。政府和管委会挣扎着二者取其一——政治可靠或者职业技能强。通常，这两个特征不会同时具备：忠诚的党员——缺乏教育和贸易工作的专业经验，专业人才受过教育——但是“来自旧时代”。1933年春天，斯塔舍夫斯基写道：“挑选从社会观点看合适的外宾商店工作人员——这个问题的重要性不亚于在国营和集体农场揭露伪装的富农。”[1257]难怪进入外宾商店工作的人要接受格别乌的调查。在列宁格勒，为了尝试兼顾党性和专业性，成立了验收员培训小组，人员来自联共（布）党员、共青团员和工人家庭成员。[1258]但是，人员问题无法迅速解决，因此不得不寻求非党员的专家。

人员统计显示，外宾商店的领导在专业性和党性的问题上采取了折中做法。其管理和行政机关由教育程度较低的党员组成，他们发挥了贸易政委的作用。[1259]虽然，这些人数量不多，但是外宾商店的权力正是握在他们手里的。专家实行者（经济师、会计、商品学家等）和贸易工作者（售货员和收款员）几乎都不是党员，但是，他们大多数都受过教育、拥有经验。所有外宾商店管委会主席正如他们的履历所示，都是拥有较长党龄的职业革命者。外宾商店的副主席们是工农出身的党员，在党最困难的国内战争时期入党。[1260]1935年（无其他年份数据），在外宾商店总部机关[1261]的18名领导同志中只有2名不是党员：进口办公室主任和总会计师。当时，在总部机关剩余的工作人员中，党员比重很小：518名工作人员中，只有94名联共（布）党员和15名共青团员。在各地外宾商店的办事处，党员和专业人士的比例也和总部机关相似。1935年，各地办事处负责人和外宾商店全权代表均为党员，其中大部分在国内战争时期入党。[1262]但是在剩下的1.38万各地外宾商店办事处的工作人员中，党员加上共青团员仅仅略超2000人。[1263]例如，超过80%的列宁格勒外宾商店工作人员都不是党员。[1264]1932年春天，在全乌克兰和哈尔科夫的外宾商店办事处（包括商店），187名在编人员中只有20位党员、9位共青团员。[1265]

列宁格勒办事处的资料反映了外宾商店工作人员的社会出身和教育程度。[1266]1935年春天，该办事处的1500名工作人员中，近1000人（超过60%）教育程度较低，包括办事处负责人、他的副手、各工种的领导，还有几乎所有商店和仓库的经理、他们的副手以及商店和仓库内几乎所有的部门领导。大部分售货员（近80%）的教育程度也偏低。列宁格勒办事处的工作人员中三分之一（约500人，34%）接受过中等教育，主要是会计、收款员和经济师。外宾商店列宁格勒办事处总共只有11名工作人员或不足1%的人接受过高等教育：2名高级会计、3名收款员、1名监察员、4名经济师和1位律师。[1267]精英的列宁格勒办事处较之边远地区更有可能发现并吸引到训练有素的人员，但列宁格勒办事处工作人员较低的教育水平让人看到，“边远地区”工作人员普遍未受过教育、几乎文盲的情况更让人苦恼。例如，在外宾商店中亚办事处的领导（办事处管理人员、管委会驻各共和国的全权代表、代理机构和商店经理）中，没有一个人接受过高等教育。只有两人毕业于真正的学校，剩下的（22人）只接受过更低程度的教育。在中亚外宾商店的机关中只有两位专家受过高等教育：1个经济师和1个法律顾问，后者在沙皇时期就毕业于法律系。[1268] 斯塔舍夫斯基主席承认外宾商店工作人员的教育程度极低，要求重新研究百货商店经理的人员构成。[1269]

外宾商店的人员构成，就像镜子一样反映了1930年代所有主要的社会进程。列宁格勒办事处工作人员中，过去是农民的有850人，占总人数的60%。他们担任收款员（239人）、售货员（232人），还有在结算机关工作的（71人）。有一个年轻农民逃离了集体化运动并利用了工业化和易接触教育机构的机会，来到城市并接受了中等专业教育。[1270] 大量以前的农民（214人）在外宾商店从事一些不需要技能的服务工作。规模第二的群体来自普通市民：375人，约为列宁格勒外宾商店人员总数的四分之一。乍看之下，他们中近一半（186人）的人从事服务工作。显然，这都是“被剥夺权利的人”，这些人因为家庭出身问题而无法获得更好的工作。“被剥夺权利的人”的存在解释了为什么在最低级的贸易工作者——服务人员中，很多人接受过中等和高等教育（144人，其中3人受过高等教育）。列宁格勒外宾商店中，工人出身者大约20%（299人），他们担任售货员或者辅助工人。在列宁格勒外宾商店中，有3人是旧贵族，24人为以前的手工业者。主要面向市民的列宁格勒办事处的人员构成中占多数的是农民，这个情况证实了之前关于外宾商店社会属性的结论。外宾商店作为一个大众现象，在很大程度上并非精英现象，而是农民现象。在农民的国家里还能不是这样吗？——饥荒把农民赶成了外宾商店顾客，集体化运动和工业化把农民变成了外宾商店售货员。[1271]

外宾商店不仅有党员面孔、社会面孔和职业面孔，还有异域面孔。这是一家多民族的企业：外宾商店办事处开设在苏联所有加盟共和国和很多自治共和国。公开宣称的民族平等和繁荣原则，以及工作人员严重不足要求广泛地吸引民族干部到外宾商店工作。外宾商店领导层尽力使商店经理和大部分地区办事处的机关工作人员为本地民族的代表。[1272] 不过，为外宾商店的各民族办事处配备“骨干”是一个艰巨的任务——弄不到共产党员，受过教育的专家也不足。于是，不得不钻点儿空子。阿什哈巴德外宾商店的领导是俄罗斯族人，他写道：“按照当地法律，商店经理应为土库曼斯坦人，所以我们的中亚办事处任命我担任副职（请参阅《办事处无法任命更高的副职岗位》——作者注），而经理到现在都没看到。”他还抱怨道，外贸人民委员部全权代表下令实施土库曼斯坦化，“即在机关中，40% 的人应为本地的土库曼斯坦人。我们为这个问题感到困惑……在受过教育的少数民族中，很少，甚至没有具备相关技能的人”。写信人还指出了一个与本地人一起工作的困难：“对他们不能提出强烈要求，因为他们是土库曼斯坦人。这会被视作沙文主义方法，继而成为政治丑闻。”[1273] 民族办事处的“本土化”有时会妨碍外宾商店领导的空想和野心，他们想设立精英售货员员额。举一个例子，区党委的一个委员会要根据乌兹别克斯坦外宾商店的检查结果追究某位诺兹德拉乔夫的责任——诺兹德拉乔夫是一家商店的负责人，并兼任外宾商店管委会驻中亚的副全权代表。诺兹德拉乔夫被控推行大国沙文主义，他似乎声称，“不会招收肮脏的乌兹别克斯坦人”，就像不招收“不系领带的共产党员”一样，因为外宾商店“使用外汇交易，而且需要多数是以苏联方式培养出来的专门服务员员额”。[1274]

对中亚外宾商店办事处领导构成的分析显示，加盟共和国办事处的最高领导层是混合的。在 1932 年初——外宾商店在各地区的拓展时期——外宾商店中亚办事处的负责人是俄罗斯族人韦列夏金，但在撤销办事处并设立全权代表处之后，其领导成了乌兹别克族的马哈茂德，而俄罗斯族人留季科夫被任命为副全权代表。1933 年，中亚地区重要的乌兹别克斯坦办事处的负责人是 M.N. 赖科夫，他的副手为霍贾耶夫。较低职位的情况是：在分支机构领导和商店经理中，虽然有本地民族的人，但是以俄罗斯族居多。1933 年，在乌兹别克斯坦办事处的管理人员和经理名单中，24 个姓氏里有 7 个为“本地”姓氏，而在部门负责人和专家中，则完全没有。[1275]1935 年春天——在外宾商店关闭前不到一年——相关民族的人领导了 8 个外宾商店办事处：北高加索、喀山、基辅、阿塞拜疆、格鲁吉亚、亚美尼亚、乌兹别克斯坦和塔吉克斯坦。考虑到人员配备的困难，这已是一个不小的成就。

如果提及贸易方面，研究者最初预计外宾商店工作人员中会有大量的犹太人。这一预测在对资料的分析中得到了证实。然而，外宾商店里的犹太人也是各不相同的：有些人是“因为革命”来到这里，另一些人是因为“生意”。外宾商店管委会所有的主席都是犹太人。首任主席什科里亚尔的四个副手中，有两位是犹太人。[1276]1935 年，外宾商店总部机关的 18 位领导同志中，按照姓氏判断，有 11 位是犹太人，包括管委会主席米·阿·利文森。1935 年，犹太人几乎领导了所有的乌克兰代表处，虽然在文尼察和敖德萨这样的州，犹太人人数众多，但是并不占多数。[1277]外宾商店领导层中的大部分犹太人是在国内战争时期入党的。他们是布尔什维克的中层领导。外宾商店里还有一群犹太人——商店里的部门负责人、经济师、法律顾问等，他们大部分不是党员，而是根据自身专业进了外宾商店，在多数情况下干着和革命前一样的工作。[1278]据已发现的资料判断，国家领导层并不关心外宾商店中犹太人的可观数量，也没有极力增加犹太人的比重。这是自然而然的情况，是由客观原因导致的结果：在沙皇时代，犹太人参与贸易的比例较高，在布尔什维克革命者中人数可观。在清洗外宾商店机关时，并不是按照民族来确定“异己”的，而是按照阶级社会特征。

外宾商店是男性占多数的企业：总部和地区领导层以及商店经理、部门负责人几乎都是男性。[1279]1935 年，在中亚外宾商店的众高层领导中只有一位女性——机要部门的负责人。[1280]1933 年秋天，列宁格勒的 46 名经理中只有 2 名女性，商店里的 86 名部门负责人中只有 7 名女性，在 70 多个领班售货员中只有 2 名女性。甚至在列宁格勒的普通售货员中，也是男性居多：448 名售货员中，女性为 136 名。在列宁格勒，只有在收款员中女性居多（352 名收款员中，323 人为女性）。[1281]多数女性从事保洁员的工作。外宾商店管委会表达过对此事的关心，呼吁更积极、更大胆地吸收女性到领导层中，但是，一直到外宾商店关闭，这种呼吁也没改变实际情况。[1282]

1930年代，国家以两个原则分配物质福利——权力大小和工业化生产参与度。国家供应系统中，条件最优越的是苏联精英（党、政、军、科学文化精英）和工业人员。[1283]外宾商店是外汇企业并直接为工业化服务，为此，其工作人员也享有国家的特权。特殊的“黄金”定量配给和相对较高的工资证明，苏联领导层认为外宾商店工作人员的待遇至少不应低于工人。让我们来看一下实际情况。

外宾商店工作人员最重要的一项特权是定量配给。它被称为“黄金”定量配给，并非毫无道理。他们的定量配给包括了外汇出口商品，以食品居多：面粉、油、烟熏制品、通心粉、大米、干酪、糖、鱼、茶。当其余人在外宾商店用黄金换购这些商品时，其工作人员可以用普通苏联卢布按照合作社价格购买。[1284]政府允许给他们发放需用外汇购买的定量配给，并非出于慷慨，而是形势所迫。此举旨在停止外宾商店里的大规模偷盗行为。最初，定量配给仅提供给售货员、验收员和外汇收款员，也就是那些在工作中“经手”外汇、珍宝的人，结果商店面临了更多被盗窃的可能。[1285]最初，管理机关的工作人员、保洁员、辅助工、仓库工作人员、司机、船舶补给员和保安并不能领到“黄金”定量配给。[1286]按照“黄金”定量配给对工作人员进行区分引起了很多委屈、抱怨、敌意、人员琐事。“很快所有人就要散了”，一位经理写道。

1931年8月，外宾商店管委会主席什科里亚尔请求外贸人民委员部允许向所有“接触外国人的”职员提供定量配给和衣物，否则，外宾商店工作人员的随意形象会吓跑顾客，并为反苏言论提供素材。[1287]一些来自边远地区的信函证实了什科里亚尔的话。1931年一封来自巴塔米的信写道：“比如，我们的会计坐在店里，在客户面前几乎赤脚，衣衫褴褛，这给来访者留下了非常不好的印象。”[1288]渐渐地，由于“自下而上”的压力，外宾商店管委会扩大了定量配给的范围，包括了其他类别的工作人员。虽然没有得到政府的正式批准，但在1932年秋天时，商店和仓库里的所有工作人员都能得到定量配给，包括经理、会计和看门人。只有办事处和管委会的管理机关仍旧维持以前的限制，但办事处管理人员很多时候会兼任商店经理并以经理职位领取“黄金”定量配给。[1289]很快，管理人员也被正式纳入了定量配给的名单：1932年12月，外贸人民委员部请求中央监察委员会和工农监察人民委员部批准向管理机关的优秀工作人员发放粮食定量配给，并取得了中央监察委员会主席和工农监察人民委员扬·埃·鲁祖塔克的同意。[1290]不过，1933年的粮食危机要求对过度的外汇定量配给范围进行规范，工农监察人民委员部重新把定量配给对象限定为售货员、收款员、会计、商店负责人及其助手。[1291]定量配给是人们愿意到外宾商店工作的主要原因之一，各地的报告证实了这一点：取消定量配给后，有些工作人员立刻就辞职了。[1292]

外宾商店工作人员在当时的工资较高。1932—1933年，办事处管理人员的工资为每月350—500卢布。[1293]总会计师月薪500卢布，商店（萨拉托夫办事处）负责人250—300卢布，商品学家——250卢布，售货员——100—200卢布，簿记员和会计——约200卢布。[1294]1934年，外宾商店贸易网络工作人员的平均月工资约为160卢布。[1295]为了估算外宾商店的工资水平，我们将其与非外宾商店工作人员的工资进行一下比较。1933年，根据中央执行委员会和苏联人民委员会的决议，苏联中央机关高级干部（苏联及加盟共和国的中央执行委员会、人民委员会的主席、书记及其副手，苏联和俄罗斯苏维埃联邦社会主义共和国最高法院主席，苏联和加盟共和国的检察长，红色教授学院院长等）的固定月工资为500卢布。个人最高工资达800卢布。当时工人的平均工资为125卢布，只有小部分高薪工人的月薪能达到300—400卢布。医生的月工资为150—275卢布，中小学老师——100—130卢布[1296]，格别乌驻各地的全权代表及总部司局长月薪为350卢布，警察机关和刑事部门的侦缉人员月薪为275卢布。[1297]中下级医务人员月工资是苏联最低的，为30—50卢布。

但是，提及外宾商店优厚的工作条件时，不应忘掉中央和“边远地区”的差异性。1930年的社会等级划分不仅取决于权力依附度和工业生产参与度，还取决于生活区域。办事处管理人员和商店经理们的抱怨证明，外宾商店工作人员“离首都越远特权越多”的说法仅仅是停留在纸面上。他们的工资常常被拖欠。[1298] 定量配给发放不准时且不面向所有人，边远地区定量配给的种类和质量远远差于大城市外宾商店工作人员的定量配给。事实就是这样，要知道“黄金”定量配给来自商店中现有的食品，因此“边远”的外宾商店的供应普遍较差。此外，外宾商店的精致美食吸引不了饥饿的人：昂贵的面粉、干酪、烟熏制品、肥皂占据了定量配给的大量金额，但是无法养活家人，人们请求多给他们一些黑麦面粉。[1299] 1933 年，政府在外宾商店实施了基于计划完成程度的差异化定量配给制度。[1300] 此时，为了能获得足额的 12 卢布定量配给，有价物品的验收员需要每月“接待”4200 名“上交者”！每减少 600 名“上交者”，定额配给额就减少 2 卢布，所以如果一个月服务了 2400 人——这是个巨大的额度！那么验收员只能获得一半的定量配给额度，即 6 卢布。[1301] 计件机制沉重打击了边远地区小商店的工作人员，这些地方由于顾客人数有限，外汇计划长期无法完成。一位经理高呼：“怎么能把验收员变成计件工？他的工作完全取决于有价物品的上交者，有上交者的时候，验收员就工作，没有的时候就只能无事闲坐着。”[1302] 外宾商店的定量配给越来越不适合那些有家庭成员需要赡养的人。按照当时实行的配给制规定，受赡养者应由主要“赡养人”的工作单位提供配给，但由于外宾商店拒绝供应这些人，他们就完全得不到定量配给。1933 年，日兹德拉的外宾商店百货商场工作人员抱怨“不够吃”，是在“慢性自杀”，请求把他们转入国有企业的普通集中供应体系。其他地区也提出类似请求，即从外宾商店定量配给转为非外汇国有企业的定量配给。[1303]

我所研究的西部、中亚和西北办事处资料证实了“边远地区”人员的高流动性和危机。[1304] 由于人手不足，只能弄来任何能上岗的人：教老人计量和计算，灌肠工人进香料厂工作。[1305] 为了尝试改变这种状况，管委会把莫斯科的工作人员派往各地，但由于恶劣的工作和居住环境，把他们留在“边远地区”几乎是不可能的。比如，外宾商店土库曼斯坦办事处负责人奇若夫奉管委会命令和一群莫斯科人在中亚开创了外宾商店的事业。很快，他们就向管委会发去了失败的报告。他们称莫斯科人“情绪低落”“所有人都希望返回莫斯科”。但是，新上任的土库曼斯坦办事处负责人奇若夫尤其令人感到愤怒，他拒绝做事，和所有人吵架，用“地下室”恐吓下属，还威胁“要自杀或者杀掉别人”。报告者认为，奇若夫想通过自己的所作所为尽快被从土库曼斯坦召回，他不满地说：“如果你们不喜欢我做领导，那就把我送回莫斯科。”他甚至要求在管委会面前中伤自己，报告自己的不称职，就是为了尽快被免职。[1306] 不是所有人都像奇若夫一样胡闹——有人在醉酒中离开，有人要求接受治疗。档案文件解释了人们绝望的原因：各地外宾商店的组织者肩上担负着重任——拼命工作、神经损耗、疾病加剧。由于住房不够——奇若夫和其他莫斯科人住在一个房间里——管委会的外派人员不能携带家属。[1307]1933 年底，有些地区办事处开办了短训班，在当地培养人员，但是外宾商店时间不够，难以解决人手问题。[1308]

外宾商店的工作条件比较艰苦，在其贸易网络扩张期尤甚。顾客纷至沓来、大排长队，工作人员不足，导致了连轴轮班、超时加班。工作人员为了休息日而战。管委会禁止经理、收款员、售货员、评估员、稽核员在公共假日和“集市日”休息，[1309] 因为这些日子会迎来大量顾客。[1310] 然而，工作人员们会不顾惩罚擅自离岗。外宾商店的日常工作包括内部的生产会议和政治学习、紧急编制详细的报表，这使会计师完全无法回家。列宁格勒一家外宾商店的经理写道，他的职工从早上干到半夜：“常常请求离开——大哭，歇斯底里地大哭：‘我们不能再这么干了，连家都忘了，不能这样工作。’”[1311]

住所不足是一个长期的问题：专家们栖身在楼梯下的小间、储藏室、阁楼里，或者硬纸隔板后面。[1312] 看看，列宁格勒第四商店的工作人员在什么样的条件下工作。会计处大部分人位于楼梯下的小间里，小间因其狭小拥挤而得名“兔子饲养场”。2 米高的闷热小房间，最多时每张桌子 9 个人，18 个人栖身其中。如果有人需要从位子上站起来，那么必然有几个人也要站起来。会计处其他职员在一楼一间穿堂房的硬纸隔板后面，其中有 10—13 张桌子，32 人在此工作。在通道的隔板后面是一个公用的存衣室，窗台下一直有人喝茶，送货和倒垃圾的装卸工跑来跑去，保洁员连同自己的生产工具也在这里，旁边的另一块隔板后面就是排着长队、吵吵闹闹的收购点。嘈杂声，讲话声，不间断抽烟带来的烟雾。而且，不论什么时候，商店员工都会跑到会计处打电话，因为整个商店只有两部电话—— 一部在经理那里，大家尽量不去打扰他，另一部在总会计师这里。[1313]

资料描绘出了外宾商店工作人员的群体性心理肖像，其主要特点是特殊感和精英感，但是这种感觉与社会主义建设事业无关。其来源是与外宾商店工作相关的特权：能接触外汇珍宝和紧缺商品。下面是外宾商店列宁格勒办事处领导人的说法："毫无疑问，外宾商店工作不同于合作社和其他国有贸易企业的工作。外宾商店是一个全新的组织，没人敢说自己是外宾商店问题的专家。这不是用苏联卢布结算的销售，或是在现有食品和商品库框架下的工人供应。我们现在从事的是黄金、无现金结算、有效外汇和流通券业务。"[1314]

特殊感在实践中各有不同。外宾商店管委会要求自己的工作人员与较高的地位相符——专业技能、威严、文明行为。外宾商店工作人员，从经理到保洁员，大部分不把自己工作的特殊性理解为对自己额外要求的必要性。他们期待社会的尊敬。在这个长期物资紧缺的国家，贸易工作者总是拥有特别的社会声望，而外汇贸易的工作者声望更高。与精英贸易的牵连成了对顾客狂妄、蛮横、轻蔑态度的源头（在苏联其他贸易中，没有那么强烈），更不用提对那些连外宾商店都进不了的人了。外汇贸易所赋予的特殊社会地位成了权力的来源。看门人在外宾商店明镜般的门口感觉自己有权去推东张西望的人，这并非偶然。

档案文献构筑了外宾商店内部世界——类似于左琴科的主人公们的世界：吵架、酗酒、阴谋、工作中通奸、告密、坑害、裙带关系。当然，还有盗窃。[1315] 在中央监察委员会和工农监察人民委员部[1316]，以及外贸人民委员部内部常常讨论外宾商店的盗窃问题。上述部门的下设委员会检查了外宾商店的办事处和商店。1934 年 1 月，为帮助外贸人民委员部的贸易监察机关，外宾商店设立了自己的特别监察机关，用来打击舞弊和盗窃。[1317] 每个共和国、边疆区和州办事处、跨地区仓库、仓库和大型商店应当设立专门的监察员岗位，监察员应当监督对物资负有责任的人——售货员、收款员、验收员、仓库保管员，查明“服务人员方面的犯罪要素和内部的同谋者”。从责任清单判断，监察员应当像费加罗那样，机灵而无处不在、眼光锐利、思维活跃，要同时出现在商店大厅、仓库、会计处和行政办公室。[1318] 长期的书信往来证明，办事处并不急于设置这个告密者岗位。管委会不得不通过威胁和呼喊进行推动。[1319]“关于打击欺诈活动技巧”的会议帮助了办事处里的监察员。

然而，无论是鞭子（镇压），还是蜜糖饼（“黄金”定量配给和高薪）都不能制止盗窃。供应商在包装和卸货时实施盗窃，而运输工和装卸工则在运输过程中实施盗窃。在打开装运箱时，经常发现里面是用来平衡被盗物品重量的石头、砖块、旧秤砣等重物，[1320] 所以办事处要求无论如何都不要在货物上注明这些物品是提供给外宾商店的。[1321] 外宾商店工作人员会在仓库和商店里监守自盗。外宾商店里的舞弊行为上了中央级报纸的版面。[1322] 参与盗窃的既有吃饱饭的领导，也有饿肚子的下属。外宾商店里发生的罪行从几千起盗窃到偷个苹果或一块香肠。[1323] 偷盗源于普通的人性——饥饿和贫穷以及贪婪。除了一些经典的贸易犯罪，人们还发明了外宾商点特有的致富和生存方法。

外宾商店的领导是革命和国内战争时期的英雄，经受住了伤寒时的饥饿，但是没能在“富裕”的考验中坚持住。在 1932 年秋天，外宾商店管委会主席什科里亚尔“因挥霍黄金储备”而被免职是特别有影响的事件之一。莫斯科州办事处负责人的两位副手丘巴斯克和列别捷夫因牵涉此事而被查办。[1324] 按照当年的标准，什科里亚尔只受到了轻微的惊吓，在离开外宾商店之后，他被派往下伏尔加边疆区蓄养牲畜。可以说他是幸运的，盗窃发生在 1932 年，而不是 1937 年。[1325] 斯塔舍夫斯基担任主席期间，对国家资金的挥霍仍在继续。[1326] 1935 年初，时任外宾商店管委会副主席的格·伊·穆斯特因侵占 1.5 万卢布而被免职、开除党籍，并在被捕后被移交法庭。[1327]他不是外宾商店管委会里的“白乌鸦”。受到类似指控的还有外宾商店管委会党委书记科斯特科、基层委员会主席叶夫列莫夫、一些局长和处长（萨别利曼、舒哈多维奇、阿佐夫斯基、尤尔根索夫、扎克罗钦斯基等）。

高薪和“黄金”定量配给使外宾商店行政管理人员（办事处领导、商店经理、总会计师、商品学家）生活得相对舒适。特权并没有阻止这些人犯罪。行政管理人员参与的有组织盗窃的方法各有不同：伪造关于商品数量的数字记录，在盘点时人为多计或少计剩余物，销售时以次充好。类似的盗窃行为没有因为有组织的统计系统而得到缓解，其原因不仅是玩忽职守，还因为贸易的特点——1930年代初期，在商店中应用的是商品金额统计，并不统计种类和等级。

监察机关的检查证实，外宾商店中主要的盗窃方法是伪造凭单：盗窃者，或按当时术语称为“掠夺者”，会把商品以丧失出口品质为由进行注销，或把商品当作变质商品予以降价或者销毁。虚假的账目会证实虚构的销毁行为，而“已销毁”和“已变质”的商品将被骗局的参与者获得。在一份报告中可以看到，商店里的变质商品数量惊人，是职工人数的数倍——平均每人2罐果泥、5千克面粉。报告提到了“用老鼠来伪装商品损坏”和“橘子可疑的腐坏”。[1328]会计处用多算和自然损耗来粉饰短缺——因干缩而损失的重量、漏损、粘结、喷射、被吸收。在盗窃公款的大案中，犯罪痕迹有时会在“偶然的”大火或是抢劫的帮助下消失。匪徒抢劫外宾商店并不少见，但是当“不幸”正好发生在清点商品或者接受检查时，那么行政管理人员就有可能参与其中了。[1329]为了掩饰对公款公物的侵吞，没有什么办法想不出来：在列宁格勒有一个商店负责人在清点商品时从该市其他商店调来商品。[1330]监察员也会被收买。档案中保存了监察员检查某一家外宾商店办事处时的描述：“（监察员们——作者注）把各种商品和食物装满了雪橇。如果工人班组这样视察工人合作社，那么这次检查过后，就没什么留给消费者的了。正如征收消费税的官员跑遍村镇进行专项检查，回来时马车上装满了猪肉、油和各种好东西。所有的监察员很好地领会了布哈林同志的口号‘发财吧’。”[1331]

莫斯科第一百货商场（彼得罗夫卡大街6/7）经理帕列伊的案子引人关注，帕列伊被开除党籍并因“表现在自我供给中的完全腐化”而被移交法院。文献证实，在外宾商店的一年的工作里（1931年秋天至1932年秋天），帕列伊实施了价值7万金卢布的盗窃。[1332]莫斯科州办事处负责人海费茨[1917年入党的联共（布）党员！]和第三商店（库兹涅茨克桥，14号）、第六商店（阿尔巴特广场）、第十商店（特维尔斯卡娅—扬斯卡娅大街1号）的经理们也被免职。[1333]地区办事处的检查资料证实，1932年，外宾商店行政管理人员侵占公款和盗窃的事情在乌克兰、乌兹别克斯坦、哈萨克斯坦以及远东都发生过。[1334]1933年，在外宾商店的资料中阿尔汉格尔斯克的北方办事处引人注意。[1335]在卡斯特罗马由于缺少了大约500金卢布（1932年至1933年10月）[1336]而逮捕了5个人（副经理、高级售货员、高级会计师和副会计师）。1934年5月，外宾商店特别监察机关的负责人巴比丘克向外贸人民委员部报告了因在边疆区盗窃而遭逮捕的人的数量："在伊凡诺沃逮捕了8个人，而在雷宾斯克逮捕了13人。在鞑靼利亚追究了42人的责任，逮捕了其中的17人，而剩下的人签署了一张不外出的单据，8月7日之后他们按照法律被追究了责任。[1337]在罗斯托夫，追究了27人。在乌克兰（第聂伯彼得罗夫斯克、敖德萨、车尔尼戈夫、哈尔科夫等）逮捕了127人。在哈尔科夫，会计师费德罗维奇被判服刑5年，文尼察的工业品仓库负责人科利被判服刑10年，温斯顿也被判处10年徒刑。在哈萨克斯坦的一家分支机构，经理因侵占1800卢布公款而被追究责任。”[1338]1934年，萨拉托夫边疆区办事处的缺额超过600金卢布。[1339]1934年4月，联共（布）敖德萨州委免去了与投机者有勾连且存在舞弊行为的州办事处负责人及几家商店负责人的职务，并将他们移送法院。[1340]1935年，外宾商店特别监察机关揭露了在哈尔科夫发生的大规模盗窃活动，盗窃的目的是在市场上“以投机价”倒卖商品。被捕者被控伪造商品数量单据、在清点时虚假地增加或减少商品剩余量、销售时以次充好。哈尔科夫第二商店和办事处的27名工作人员被送上法庭，其中2

人被判处“极刑”——枪决，其余人被判处长短不一的有期徒刑。在同一份文献中还揭露了乌克兰、西部州和中亚的一些百货商店、仓库和库房的负责人所实施的盗窃活动。特别监察机关在结尾处指出，尽管措施严厉，但外宾商店犯罪的数量仍在上升，且规模巨大。[1341]

我们现在沿着等级阶梯从相对富足的行政管理人员走向外宾商店的普通工作人员——售货员、收款员、有价物品验收员。档案文献呈现了贸易盗窃的各种方法，这些方法为售货员创造了“剩余的东西”：缺斤短两、克扣数量、以次充好、过度“清洗”变质食品、往食物里掺东西，比如面粉加糖或者把水掺进酸奶油等。[1342]因外宾商店特殊性滋生的独特的舞弊手法也颇为盛行。有价物品的验收员可以减少上交物品的重量，并赚取差价。文献中提到一些事例（还有多少没有揭露出来！），顾客并不能足额领取若干克黄金的价值，因为验收员会藏一个表盖，或者从上交的金属上“揪下”一小块。[1343]收款员多撕几张券“供自己使用”或者从小孩那里拿走商品册，让他们去叫父母，但“忘了”开具扣留单。商品册常常就这样留在了收款员那里，因为孩子们不敢告诉父母商品册被拿走了。[1344]“错误地”把大于商品册金额的商品卖给熟人和亲戚是外宾商店普遍的违规行为。[1345]

重复使用（更确切地讲是“多次使用”）商品册和撕下的流通券也是外宾商店工作人员最普遍的舞弊行为之一。在顾客付款时，收款员会从商品册上撕下相应商品金额的流通券，在商品册上的钱用完后，商品册就会被注销。在每个工作日结束时，收款员会把进款、已供货的撕下的流通券、已注销的商品册交给会计员。会计员会进行清点，然后和收款员一起把商品册和流通券装进纸包并打上封条。两人一起在上交的金额上签字。纸包随后发往办事处的发行委员会。顺便提一句，格别乌经济局的代表会去发行委员会。例行清点之后，在发行委员会成员在场的情况下，注销的商品册和流通券会被送进火炉焚毁。[1346]然而，在沿着从商店到火炉的长链条的推进中，撕下的流通券和注销的商品册会从纸包和袋子中消失。收款员、会计员、发行委员会成员、辅助工人都会参与盗窃。

在搜查某位外宾商店稽核员萨邦德日扬茨时，发现了9本外宾商店商品册，其中包括已经注销的商品册，还有一些撕下的流通券。[1347]作废的商品册和流通券在被盗后获得了新生：盖上百货商店“应予兑换”的章可以把旧的商品册换成新的；对于已经使用过的流通券，售货员和收款员把它们作为刚撕下的券（相应金额的商品已经领取）进行使用，或者通过高超的技艺将其粘回有效的商品册。后来，在商店的结算部门将黏回的流通券和真品样板进行核对时，发现了造假行为。[1348]被偷的商品册和流通券会被寄往可以卖出更高价格的城市重复使用。

由于不作为和缺乏监管，偷盗十分容易。“边远地区”的情况常常是“懒得去抓”。哈巴罗夫斯克的状况是这样的：“黄金由国家银行的收款员收取，但黄金并不是每天都交给银行，而是每十天收一次，平时就存在外宾商店的一个保险箱里。据收款员称，那把锁很差，黄金会渐渐消失。精沙金收进来时纯度各异，被倒进香烟上面的盒子里。发生过沙金撒落和不同纯度黄金混合的事情……结算和财务报告情况极差，商品不按照品类、数量清点，而是按照类型和金额清点。仓库和冰库里的商品完全不被会计计入。截至11月1日，哈巴罗夫斯克的分支机构不清楚自己有多少商品，分别是什么。这里的文件保存不善。一部分钱在会计家里，一部分钱在外贸人民委员部全权代表的办公室里，还有一部分在商店里。”[1349]布拉戈维申斯克的情况也类似。[1350]在尼古拉斯克—乌苏里斯克是这样描述外宾商店的：“外宾商店没有好的锁，甚至没有好的门。门用一把小锁锁住并封上蜡，因此随时都可能发生不幸的事情……商店负责人（并非黄金专家）根据自己的判断收进黄金，每两周或更久，黄金才会收集归拢一次，平时保存在商店里由国家银行提供的一个盒子里……收集到的黄金在没有护卫、没有盖章的情况下运往符拉迪沃斯托克，这使黄金处于被盗的威胁之下。”[1351]

外宾商店工作人员还有很多别的生存和致富方法。在勃列日涅夫停滞时期，在“小白桦”[1352]外汇商店中，主要的舞弊手段之一就是双重收款处或“黑”收款处。“小白桦”的工作人员用自己的钱在普通的贸易网络中购买商品，之后在自己工作的商店里倒卖换取外汇。[1353]我敢肯定，“双重收款处”——经营智慧的产物——早在“小白桦”之前就已出现，我在外宾商店的资料中寻找对它的描述，最终找到了。乌兹别克斯坦共和国办事处的负责人列出了违法行为中的一个案子，粮铺和肉类部的工作人员自己花钱收购从当地肉联厂偷来的肉，之后在外宾商店倒卖换取金卢布。[1354]

小偷小摸是苏联系统中自我供给的主要方式。在工作时或“从工作中”实施盗窃的人甚至得到了一个专门的名字——“小偷”，这证明这种现象的普遍存在。“小偷小摸”是苏联经济中不可分割的一部分。在这个商品长期紧缺的国家，似乎任何废物，甚至是最没用的废物都能被善加利用。例如，为什么要从工作中偷一些烧坏的灯泡？谁会需要它们？看来，有人需要它们——在市场上可以卖得几个戈比。买了这些坏灯泡的人来到工作的地方，拧下完好的灯泡拿回家，再把带来的坏灯泡拧上去。这样，几乎没花钱就给家里换上了好的灯泡。

那个时代是饥饿的、衣衫褴褛的，但在外宾商店里却是巧克力、红酒、香肠……令人目不暇接。人们偷偷地在工作中啃光了外宾商店的储备，特别是论件的预包装商品，“他们用剩余物煮午餐”、“索要”外宾商店香烟、喝光小储藏室里的红酒、就着外宾商店的“糖果”喝茶（被解雇的名单上的人很多有着类似的情况）。能拿的东西都拿回家，幸好从1932年秋天起，保安是自己人——平民，他们常常自己也有份。某人在口袋里放了两块巧克力糖、一个苹果、“三个法国面包（小）”带回家，另一个人拿的东西更大一些：冻鱼、火腿和干酪，还有几米外宾商店的布。在列宁格勒的一家商店里进行“个人查验”时，从一个保洁员身上发现了两个牡蛎。[1355]还有一个监察机关开展行动的例子：“4月8日上午11点，工人同志科罗布科夫·叶戈尔·尼基托维奇（在第八百货商店工作）被当场抓获。在他包里发现了2.5千克成块的糖，600克奶油以及1盒已经拆封的‘斯托尔门戈牌’香烟。”[1356]

各家商店的行政管理部门都试图和“小偷”进行斗争。虽然国内战争已经结束了，但它的形象和思维却延续了下来，“轻骑兵分队”会对存衣柜进行突击检查（通常职工们会把最好的东西放在存衣柜里），并在人们下班时搜身。[1357] 一位叫图马索夫的受害者向列宁格勒市办事处的副主任抱怨道：“昨晚，即 1934 年 9 月 21 日晚上，我作为工地主任顺道去了苏维埃大街上的‘外宾商店’（第六食品商店）检查维修工作的进展。在对工人进行必要的指导后，我走出了商店，还没走上几步，一个陌生的公民走到我跟前，拦住我，问我是不是外宾商店的工作人员。我问‘干什么’，这个陌生的公民自称为‘轻骑兵’的代表并出示了某种证件。我回答，我不是商店的工作人员，且根本不是‘外宾商店’的贸易工作者，而是修缮这家商店的工地主任。当时这个陌生的公民要求我跟他穿过门洞，到一栋房子的角落处进行搜身。我不明白发生了什么，而且没有看到任何扣留我的依据，更不用说搜查了。我认为，显然，这位公民对我产生了某种怀疑，我建议他跟我去商店里，在那儿解释他感兴趣的问题。这位公民拒绝去商店里，而是开始劝我跟他去大门下面，并让他检查我的口袋。当时，我又一次问他：‘您对我有什么怀疑？’他的回答很粗暴：‘这和您无关，要么服从我的要求（即搜身），要么让我把您送到警察局。’”

你读下来是否怀疑，这个“轻骑兵”的代表会不会是一个骗子：他会不会用骗局把害怕的外宾商店顾客骗到门洞里，再实施抢劫？但是之后的抱怨否定了这种怀疑。他们叫来了执勤的民警，公民图马索夫被送到了警察局。“轻骑兵”的代表坚持进行搜查的理由是，图马索夫“有外宾商店流通券”。在警察局，图马索夫获知，外宾商店的条例允许“轻骑兵”搜查工作人员。然而，图马索夫不愿被搜查，声称这“侮辱了他的公民名誉”。文末，他补充道：“不敢想象自己的处境（下画线是我想强调的——作者注），在列宁格勒市楼房大门下面被迫让人打开自己的口袋。”[1358] 这是 1934 年 9 月。两个多月后，就是在列宁格勒市中心，列奥尼德·尼古拉耶夫射杀了谢·米·基洛夫。看似不可能的事情成了现实：数千人不得不翻出自己的口袋，而且不仅如此——大追捕、搜查和枪决接踵而至。

“轻骑兵”的突袭行动没收了很多日用品和美食。[1359]“小偷”予以否认并狡辩：“包不是我的”“在垃圾桶里找到的”“拿了条鲈鱼，因为怎么也卖不掉”“拿来穿一穿”[1360]或是“拿的是定量配给账户中的东西”“橘子和核桃是给生病的孩子吃的”“妻子在家里骂人，什么东西都没有，我醉醺醺地来到这里拿了一块肉”“我从家里带出来的”。拥有商品册的售货员会引起怀疑，因为商品册可以掩饰工作中的偷窃行为。每次在自己工作的商店里买东西必须要自证清白。商店的工作人员需要经理批准其在自己工作的商店上交有价物品。那些从家里带来“午餐”的人会遭到责备。

根据“轻骑兵”突袭的结果，商店里会召开决定“小偷”命运的“同志法庭”。判决各有不同——从责备和训斥到开除、取消定量配给、从工会中除名、移交给法院。这里有一份法庭纪要，它说明了偷窃的性质和方法，以及惩罚机制和逻辑。审判是于1935年7月7日在莫斯科第四外宾商店（彼得罗夫卡大街55号）里进行的。“轻骑兵”在几天前的搜查中发现粮食部保洁员索科拉托娃个人的柜子里有价值10金戈比的215克香肠（当她从粮食部下班时，对她进行了搜查，但是什么也没有发现）。索科拉托娃承认自己偷窃。她用经济困难来解释自己的行为：她要抚养两个孩子，分别是7岁和10岁，还要赡养年迈的母亲。[1361]

这是当时询问索科拉托娃时的情况：

> 柳申同志（法庭主席——作者注）问索科拉托娃：实施了几次盗窃，把香肠留在柜子里的目的何在，<u>为什么要在衬衫上缝一个口袋</u>（下画线内容是我想强调的——作者注）
>
> 索科拉托娃：这是第一次偷东西。把香肠留在柜子里是因为没有时间吃，一直在工作。衬衫上缝的不是口袋，而是补丁。
>
> 菲什金娜同志（目击者）向法庭陈述道，在搜查索科拉托娃时，发现了一个小心缝制在衬衫上的口袋，可以容纳2千克的东西。

口袋的容量令人印象深刻。这里有一个细节——口袋伪装成了补丁。在研究上述文献选段时，我想问，谁会想到询问“为什么在衣服上缝制口袋”？然而，在1930年代，口袋不仅是衣服的配件，还是求生中的发明。按照当时的逻辑，拥有口袋可能就是犯罪。在阅读文献后想到的另一问题是：索科拉托娃被他们抓住了，可又有多少人成功地吃到了偷来的香肠或是别的食品，而不是放在柜子里留到“以后”？在“同志法庭”审判时，这家商店的粮食部被盗公物为200金卢布。索科拉托娃的盗窃价值只有10戈比，这就意味着还有其他的“小偷”。

“同志法庭”对索科拉托娃的判决相当轻，而且有点奇怪。她受到了严厉的训斥，并从粮食部转到了另一个部门，远离了令人头晕、香气四溢的美食。宽容的判决的原因在于，索科拉托娃在商店工作的两年间表现较好，曾是“女突击手”（由于此次的行为，她被开除出“女突击手”群体），而且此前从未被处罚过。法官们展现了人道关怀，关注到了她困难的物质条件。[1362]对索科拉托娃的轻罚是个例外。“轻骑兵”的其他行动证实，在大部分的类似案件中，犯事者会被开除并移送法院。外宾商店的案件须在20天内进行审理。[1363]对于偷盗的刑事案，有时会判处公开枪决。[1364]

由于数据零散，难以估算出外宾商店因盗窃而导致的物质损失总量。可以做一个大致的计算。贸易人民委员部1933年度的报表证实，盗窃、缺额、不合格商品报废导致的损失在贸易人民委员部系统内达到360万卢布。[1365]外宾商店内的盗窃在在这几百万中占据多少份额？1932年的数据可以就此予以说明。关于外宾商店工作检查结果的报告指出，“据不完全统计，1932年的缺额超过80万卢布”。[1366]从中可以推测出，外宾商店因为大规模盗窃和“小偷小摸”每年损失约100万卢布。

在外宾商店的正式文件中，饥荒从未被视为大规模偷窃的原因。[1367]政府将其归咎为“社会阶级异己分子和刑事犯罪分子玷污了贸易机关”，这也成了必须进行清洗的原因。根据中央监察委员会主席团和工农监察人民委员部部务委员会在1933年春夏做出的决议，外宾商店进行了第一次“大清洗”。这次清洗的时间说明，它是1932年12月开始并延续到之后一整年的党内总清洗的“回声”——外宾商店的领导层和斯大林的时间保持同步。根据贸易人民委员部的命令，应当“清洗的”有“政治对手”（孟什维克、社会革命党、托洛茨基分子）、刑事犯罪分子、“旧时代遗民”和“社会阶级异己分子”（富农、行政流放者、旧商贩、贵族、旧警察、神职人员、“被剥夺权利的人”）。[1368]鉴定委员会的构成包括管委会全权代表、地方党支部和党委的书记。整个夏天，有些人被抓；秋天，外宾商店被清洗。被开除人员的名单保存在档案中，对每个人有一些简短的说明，似乎是告密的内容。[1369]但事情并没有到此为止。1934年冬天，在外宾商店开展了“机关自查”。1935年1月初，外宾商店管委会意识到存在大量的舞弊行为，于是重新开始检查人员，威胁不仅要惩罚“异己分子”，还要惩罚那些把他们招来的、“丧失警惕的”领导。[1370]除了政治坏分子和社会阶级异己分子，在1933—1935年间，大量的外宾商店工作人员因为职务犯罪而遭到“清洗”：欺骗顾客、缺额、小费和贿赂（“从美国大使馆的女服务员那里收取10美元”）、侵占客户遗忘的物品、酗酒、旷工和迟到、任人唯亲、粗暴对待顾客、隐瞒前科、工作业绩差、不专业（“因不具备专业技能及令人怀疑而被开除”）、不采取措施打击反苏言论（“在会计处讲关于斯大林的笑话，对取消配给制、启动地铁项目及李维诺夫同志的宴会进行批评”）、与国外勾连（“在美国有亲戚”），以及没有任何理由——就是“更新”人员。执行人遵从了外贸人民委员罗森戈尔茨的话，如果对某个工作人员有一点点怀疑，只要不相信这个人的忠诚和正派，即便没有任何罪证，较之留下他，最好还是把他清除出系统。[1371]管委会有时会干涉并重审地方检查委员会的决定，要求后者解释为什么开除党员，而有时又会因为告密而启动对那些幸运地成功躲过清洗的工作人员的调查。[1372]主要的惩罚形式是开除和禁止今后在外宾商店系统工作，[1373]但也碰到过追究党内责任和刑事责任以及移送格别乌的案子。

检查委员会的纪要提醒我们，审理流程是这样的——证人证词、罪证、搜查结果、被告自行辩护。纪要说明了当时在社会中自我保护的主要方式：人们隐瞒自己的出身、一口咬定不清楚被捕配偶或是其他亲人的经历、通过提出离婚或者搬到其他地方居住和他们划清界限。修复社会和政治名誉的措施之一是嫁给一位担任一定职务的工作人员。[1374]

外宾商店没有延续到大恐怖时期，在其前夕就关闭了。然而，镇压并没有绕过那些从前在外宾商店工作过或者买过商品的人。我们知道诸如斯塔舍夫斯基和利文森这样的名字，但是很多其他的名字都消失在了历史中。

外宾商店的“红色经理”：“代理”

世代工人。第一骑兵军的采购员。渴望出国。盗贼。给斯大林的信。剖析经济犯罪。

本节主要介绍格里高利·伊万诺维奇·穆斯特（Григории Ивановиче Муст）（1889—1938？），[1375] 他担任了较长时间（1933 年 8 月—1935 年 1 月）的外宾商店管委会副主席。此外，在斯塔舍夫斯基和利文森“交接”期间（1934 年 8—11 月），穆斯特短暂代理过管委会主席。穆斯特的个人经历之所以引起我的注意，是因为他的经历使我思考斯大林时期经济犯罪的本质——当代斯大林主义历史学的核心问题之一。

格·伊·穆斯特出生在乌克兰伊丽莎白城的一个俄罗斯人家庭。父亲是钳工，母亲是家庭主妇。他接受过中等教育，毕业于伊丽莎白城三年制市立学校和初等技术学校，15 岁时在格里申诺的机车库担任钳工，之后到叶卡琳诺斯拉夫铁路担任火车司机助手。如果其自传可信的话，格里高利·穆斯特在青年时期参加了第一次俄国革命时期的戈尔洛夫卡武装起义，多次被捕，处于警察监视之下。从 1910 年起到 1914 年 3 月，穆斯特在卡尔斯要塞的沙皇炮兵部队中服役（非战斗人员）。退役后（一战爆发前几个月！），他在普利韦斯林斯卡铁路的机车库工作，之后又在里加的俄罗斯—波罗的海车厢厂工作，一直干到技工。1915 年工厂疏散后，穆斯特开始在莫斯科的柳布利诺火车站工作，然后在特维尔的车厢厂担任技工。1916—1917 年，在菲利的汽车厂担任技工，而后在莫斯科的炮弹厂工作。

格里高利·穆斯特的党派归属并不是一以贯之的。1914年，他参加了社会民主党，但显然最初加入的是孟什维克。1917年4月，他又加入社会民主党的国际主义派。他参加布尔什维克的时间相对较晚——1918年。为了抹平这一政治"失误"，穆斯特在履历中强调，他在十月革命期间就开始和布尔什维克一起工作，即加入俄罗斯社会民主工党(布)之前。穆斯特称米·帕·托姆斯基是其履历中这一事实的见证人，但是后来的时间证明，他又犯了政治错误。[1376]

穆斯特在国内战争的战斗中表现并不突出：他先后担任了斯大林领导下的南方面军和东南方面军的行政人员、副供给委员、供给委员，谢·米·布琼尼的第一骑兵军的供给全权代表，乌克兰和克里米亚的供给全权代表。国内战争结束后，穆斯特在十月铁路、北高加索铁路和中亚铁路担任领导，并担任过交通人民委员部办公厅主任。

1931年初，党把格里高利·穆斯特"从交通部门调到了贸易部门"：1933年8月前，他当了近3年的驻捷克斯洛伐克贸易代表，在条件优越的国外躲过了大饥荒。有意思的是，穆斯特本人争取了外派工作：1920年代末，他请求党的领导给他提供机会"到外国学习最新的生产管理和组织方法"，以便成为有知识的工厂领导。应当注意他对出国的渴望。1920年代末执掌国家大权的"列宁近卫军"的职业革命者们要么把国外看作开展破坏工作的地方，要么看作政治贬黜流放之地。年轻的格里高利·穆斯特显然是新型党员。长期待在国外，以及供给工作者的经验对他的性格造成了"腐蚀性的"影响。这个推测是基于穆斯特之后的履历得出的。

格里高利·穆斯特没有成为工厂领导。1933年8月，他从布拉格贸易代表处调到了外宾商店，担任管委会副主席，1934年还短暂地担任了这家贸易企业的主席。在生活相对优越的时候——饥荒已经消退，穆斯特占据了这些"有油水的"职位，管委会试图把外宾商店变成文明的外汇示范商店。格里高利·穆斯特没有经受住优越的物质条件的考验。1935年初，他"因为腐化"被解除职务、开除党籍，被捕并移交法院。

在塔甘卡监狱接受调查时，格里高利·穆斯特还致信斯大林。斯大林并没有无视他，而是指派党的监察委员会检查了外贸人民委员部、捷尔任斯基区委和检察院就“穆斯特的案子”所做出的判决。[1377] 保存在党的监察委员会档案库中的案卷资料让我们不仅了解了穆斯特真实的个人经历，看清楚了外宾商店领导们实施职务犯罪的动机，还看到了苏联精英的腐化过程。

穆斯特被控挥霍国家经费：奖金和所谓的“秘密经费”，即领导们用于住房、治疗、疗养、购书、专用食堂用餐的补贴费用。[1378] 国家不是因为领导精英贫穷才向他们提供资助的：1930 年代，苏联领导们的物质保障是全国最好的。领导岗位的党员工资不得高于工人平均工资的时代已经过去——这时是声名狼藉的最高月薪。穆斯特的月工资约为 500 卢布，是国内最高的月工资之一。[1379] 在 1930 年代上半叶配给制的年份，苏联精英以最低的价格获得了最好的定量配给。在包括公寓、别墅、消费券、医疗服务、养老金等其他物质福利的分配等级中，苏联精英处在社会阶层的最高层。[1380]

来自“秘密”经费的补贴和高昂的奖励是中央政府批准的苏联精英的一部分特权。穆斯特和外宾商店其他行窃的领导的罪行在于，他们“超出了”允许的金额。1934 年，外贸人民委员部向外宾商店领导层拨发了 4.5 万卢布的治疗费用。不到 10 月，这笔钱就花光了，穆斯特自行往治疗金中补充了 9000 卢布。其中，穆斯特留给自己的金额在当时堪称巨款——约 6500 卢布。经党的监察委员会认定的奖金规模及其分配特点证明了外宾商店领导们“赤裸裸地唯利是图”。党委书记、基层委员会主席、财政部门负责人每人获得了 4000 多卢布，这相当于他们 8 个月的工资。穆斯特给自己发的奖金相当于 6 个月工资（大约 3000 卢布）。1934 年全年，外宾商店总部机关的工作人员以奖励形式收到的住房、医疗等补助 34.9 万卢布，其中大约 24.5 万卢布由穆斯特个人支配。

外宾商店和配给制时期的其他单位一样，有权自行采购食品，用以改善本单位工作中人员的供给和扩大贸易品种（分散采购）。[1381] 为此，外宾商店里有一笔专门的经费和一位名为布尔施泰因的全权代表。这笔钱金额不小——超过7.9万卢布。他们采购了一定数量的肉、苹果和蔬菜，不过居然会不够。显然，钱“流进了”私人口袋。按照布尔施泰因的供词（文件证实，这个人在调查过程中发了疯并被送进了精神病医院），窃得的资金放在了组织支出的预算中。布尔施泰因把一部分钱留给了自己，但大部分虚构的组织支出——大约为七八千卢布——送给了穆斯特。外宾商店管委会拿不出任何有说服力的票据，用来证实分散采购上的组织支出。

穆斯特的案子显示了一个相对独特的盗窃方法。在外宾商店管委会里有一间商品样品陈列室，这些样品是由国内生产商和国外公司提供的，用以在外宾商店进行销售。入库商品部进行了清点，但展品不止一次被偷，就像文献所言，“粮食邮包样品消失得无影无踪”。诸如手表和留声机这样的贵重商品本应退回外国公司的，但是过了几个月都迟迟不还——工作人员把这些东西拿走“使用了”。文献描绘了另一种自我供给的方式：“外宾商店工作人员提前从陈列室中为自己挑选好样品并以很低的价格买下来。”如果文献所说属实，那么穆斯特亲手通过这种方式获取了大量化妆品，以及供自己使用的收音机、留声机和唱片等。

外宾商店管委会掌管着工作人员的食物定量分配——这是又一个舞弊的来源。定量配给长期处于“超支”状态。还有一个自我供给的渠道——使用苏联货币购买外宾商店商品。虽然，管委会工作人员并不直接接触外宾商店的商品——他们在办公室上班，而非商店，但可以利用属下的商店经理们，用苏联卢布买到紧俏商品。穆斯特则在莫斯科供应外交使团的外宾商店里领取商品。

总之，在大约一年时间内，仅按照调查核实的事项，穆斯特就侵占了大量资金——1.5万金卢布，相当于他两年半的工资。刚开始调查时，穆斯特就开始抛售自己的财产，他抵补了6500卢布：这就是穆斯特同志出售财产所得！

在当代史料研究中，相当肯定地确认了全面不服从斯大林体制的趋势，包括经济犯罪、对抗政府（消极对抗、日常生活中的对抗等）。[1382] 穆斯特的案子反映了上述结论的荒谬。为了确定穆斯特及像他那样的人实施的经济犯罪的本质，有必要指出两件事。如果按照 1930 年代苏联社会的标准，外宾商店的领导们得到了国家非常好的保障，他们并不挨饿。例如，穆斯特把侵占“秘密”经费里的款项解释为“近期（白兰地）喝得太多”。驱使人们实施类似侵占行为的主要动机，要么是自己贪婪，要么就是施加影响力的人贪婪。熟知穆斯特的人——瓦·伊·梅日劳克、扎·默·别列尼基[1383]——把他描述成一个真诚、能干、正直的工作人员，但也是一个容易受到“小市民妻子”影响的人。

此外，外宾商店那些监守自盗的领导们并不是苏联政权的反对者，也非受到强迫的不可靠的“同路人”。他们参加革命，在国内战争中保卫苏联政权，之后在自己的岗位上代表政府。这些人跟当时的体制血脉相连。他们本身就是苏联政权。穆斯特是一个世代相传的铁路工人，从 1905 年起就参加了革命运动，革命前就已是社会民主党人，国内战争时期的委员，战争结束后在苏联最大的铁路线上工作。在党内期间，他“从来没有偏离过总路线”，没有被追究过党内责任，没有遭受过行政或司法惩处。有谁会知道，如果他不在外宾商店受到金钱诱惑、没有娶“小市民妻子”，他会不会继续忠诚地工作下去。穆斯特在给斯大林的信中证实，他并不想去外宾商店，因为这不是他熟悉和喜爱的事业，他是一个生产者，他想继续在交通领域工作。穆斯特请求斯大林“有针对性地”利用他，考虑到已经犯下的错误，可以将他发配去做一个车间技工。

在自己的信中，穆斯特从未谈到自己所作所为的真正动机——唯利是图、贪婪、意志薄弱。他把侵占国家资金说成“增加奖励超额完成计划的最优秀职工突击手”。从领导干部治疗经费中取出的大量金钱被穆斯特说成“延迟交付给他的特别经费剩余金额”。伪造的分散采购支出在他信中成了“经批准的无须票据的组织支出”，穆斯特把侵占陈列室样品的那部分罪行轻描淡写地看作“没有全数交还化妆品”。应该如何评价这种语言上的油滑？这是有意识地撒谎还是真的坚信自己的说辞？换言之，穆斯特是否意识到，自己已经从革命者变成了侵吞公款的人，当他用华丽的辞藻进行掩饰时，是否是为了保全自己而有意识地说谎？或者，他的申述是真诚的？穆斯特坚信（同时想说服斯大林），自己仍旧是一个共产主义者，而且没有犯下过罪行？

我认为，后一种更可信。穆斯特感觉自己是苏联领导精英中的一部分，所以认为比普通人享有更大的权利。他对苏维埃政权的态度是功利的："我把生命献给你，你赋予我特权，原谅我的错误。"似乎，他真诚地认为，自己的遭遇不公且残酷无情："以我的人生道路、我对党和中央委员会的忠诚，不应这样无情地打击我，我属于需要关心和关注的干部。"（画线部分是我想强调的——作者注）

穆斯特给斯大林的信中列出的担保人包括了苏联国务活动家谢·米·布琼尼、阿·伊·米高扬、弗·雅·邱巴尔、罗·萨·泽姆利亚奇卡。其实，斯大林本人在波兰战役时就认识他，正是他把穆斯特派到了布琼尼的第一骑兵军（显然，正是这个原因，穆斯特才决定致函"主人"）。斯大林并没有对穆斯特的申述置之不理，据此判断，他还记得穆斯特。党的监察委员会按照斯大林的布置重新审理了穆斯特的案子，并确认了开除穆斯特党籍的正确性，不过监察委员会反对贸易人民委员部、捷尔任斯基区委和检察院的判断，认为对穆斯特的审判并不合理。这一情况证明了领袖的某种仁慈：这是1935年，党的监察委员会不会做出破坏斯大林心情的决定。党的监察委员会建议"将穆斯特派去外贸人民委员部某个工地开展强制性的专业工作，为期3年"，但并未在政治局获得通过。文献并未指出，在党的监察委员会重审后，在穆斯特身上发生了什么。从政治局的决定中可以推测，穆斯特被释放，并在"外边"获得了工作机会。显然，过了一段时间，他又恢复了党籍。[1384] 因此，不仅穆斯特觉得自己是苏维埃政权的化身，连党也将其视为"回头浪子"。

保存在档案馆中的格·伊·穆斯特个人资料到党的监察委员会在1935年夏天审理他的案子的记录为止。不过，他的干部个人登记表上"1938年9月19日注销"的章证明，他没能成功地活过"大清洗"。为此，关于他人生道路终点的信息应当去外贸人民委员部的档案中查找。在党的档案中，并没有为格·伊·穆斯特死后恢复名誉的信息。

外宾商店领导层实施的经济犯罪是否是反体制的？这些行为给国家造成了损失，按照当时术语讲，“啃食社会主义财产”是很明显的。这给政权造成了重大的道德损失——这些党员毁坏了苏维埃政权的名声，他们的行为动摇了众人皆知的诚实、严于律己、自我牺牲的共产主义道德基础。不过，对上述的穆斯特的罪行进行的宏观分析可以证明，这些罪行在本质上不是反对政权，而是权力导致的舞弊行为，权力导致的堕落。这是自甘堕落，是内在的权力腐化。对“穆斯特案”的分析证明，正是由于他这类人认为，依附于政权给了他们特权，所以才实施了侵占行为。无论是行为性质、动机，还是侵吞者对行为的理解，都不能认定这类似于对抗体制的经济不服从。

代结尾：外宾商店——普通名词

第一个悖论：英雄主义和庸俗习气。第二个悖论：反映阶级立场精髓的社会平等。第三个悖论：从事资本主义贸易的社会主义企业。第四个悖论：黄金——小市民阶层的奇怪兴致和无产阶级的武器。“因此你活着”：历史记忆的悖论。今日的“外宾商店”。“往事一去不返，何悲之有？”

外宾商店史中充满了各种悖论。从马克思主义政治经济学角度出发，市场是资本主义的，外宾商店却以此方法为社会主义的胜利效劳。为了取得外汇现款，外宾商店牺牲了马克思主义神圣的阶级立场：在外宾商店里，获益的不是无产阶级，而是阶级异己分子——那些有黄金的人。但是，不仅外宾商店的目标和方法在思想上存在矛盾，苏联领导人和当时普通人对于外宾商店的理解也是相反的。

当时的政府文件百般强调了外宾商店的政治意义，即工业化的命运，甚至十月革命事业的命运都取决于外宾商店的成败。收入的每一个金卢布都在巩固苏联，每个失去的金卢布都在延缓社会主义建设。国家领导人认为，充满敌意的国际环境以及很多国家对苏联商品的禁运更加凸显了外宾商店加强苏联外汇独立的使命的政治意义。外宾商店为苏联工业第一批大型企业的建设做出了巨大的贡献，这批企业包括国家为之自豪的乌拉尔机械制造厂、库兹涅茨克煤田、马格尼托哥尔斯克冶金联合体。似乎，凭借对无产阶级国家所做的贡献，外宾商店配得上一枚勋章，而它的名字本应在苏联领导人口中以英雄的口吻说出。然而，并非如此。

在1930年代苏联领导人的政治语言中，“外宾商店”只是个普通名词，它不是英雄主义的同义词，而是象征着庸俗市侩、小市民品位、小资产阶级、甜腻、物质欲、贪婪，换言之，就是革命精神的反面。这让人想起格·亚历山德罗夫的电影《快乐的孩子们》中那个嗓音不好的无用的时髦姑娘列娜契卡——“外宾商店的孩子”。还有一个把“外宾商店”用作政治化普通名词的例子。1934年，在第一次全苏作家代表大会上，无产阶级诗人杰米扬·别德内在抨击布哈林关于诗歌的报告时说：“布哈林有点喜欢奶油饼干的味道。布哈林为喜欢吃甜食的人创造了某种诗歌的外宾商店。我更愿意留在普通真实的日常用品中。”[1385] 多好的比喻！甜美的外宾商店奶油饼干——这是甜腻庸俗的象征；真实朴实的日用品——这是无产阶级的旗帜！在1930年代一篇讽刺参与盗窃的外宾商店工作人员虚情假意地“忏悔”的小品文中，有这样的句子：“眼里含着泪，手里拿着外宾商店的干酪块。”[1386] 在文末道出了真理：手里拿着外宾商店干酪块的人不可能真诚地哭泣和忏悔。外宾商店的干酪块是阶级敌人的标志。外宾商店的世界敌视着无产阶级事业。外宾商店加速关闭也绝非偶然。

在当时的政治意识中，两种形象兼而有之：创造外宾商店并使之为社会主义建设效力的人所拥有的无私奉献的禁欲主义革命形象，以及受到资产阶级锦衣华服诱惑的外宾商店顾客的庸俗形象。官方文件中充斥着无产阶级和庸俗小市民之间的对立。在外宾商店的文件中借用革命前的商贸语汇称消费者为“公众”，这就等于把外宾商店的顾客和过去令人憎恶的时代混为一谈。领导们呼吁最好仔细盯着顾客的脸（而不是大费唇舌），这让人思考，哪种消费者更为重要——外宾商店的顾客还是“消费着”居民积蓄的无产阶级国家。[1387] 谁的利益更为重要——顾客还是国家？这个问题在外宾商店引起了一连串争论：为国家获取有价物品的收购点更为重要，还是满足顾客消费需求的商店更为重要？谁为谁效劳？——外宾商店为顾客效劳，还是顾客为外宾商店效劳？

非革命的庸俗顾客的形象和外宾商店革命使命之间的对立为抽取有价物品的残酷手段进行了辩护：“今天能获得的就不要推到明天”“好好工作，不要放走任何一个没有上交有价物品的人”“以最小的代价为国家带来最大的外汇财富”。外宾商店顾客的非革命属性是“有价物品—商品”

的不等价交换、外宾商店利用饥荒需求垄断价格的思想原因："价格具有重大意义——这个问题很尖锐。我们的任务是以最少的商品获取最多的财富，因为我们大部分时候不是和无产主义者打交道，而是和那些拥有旧时代积蓄的人打交道（下画线是我想强调的——作者注）。"[1388]这句话揭示了外宾商店的又一个悖论：尽管能不能进入外宾商店并不取决于社会出身，但外宾商店还是具有鲜明的阶级属性的。反常之处在于，外宾商店反映了阶级立场的精髓：从苏联领导人对外宾商店的政治看法出发，所有外宾商店的顾客连同他们的庸俗积蓄都属于旧时代。所以，他们不应该遭到社会隔离。因此，他们值得同情！

在对外宾商店失败原因的官方分析中，可以看到过去的旧世界和即将出现的新世界之间的对抗。外宾商店里所有不好的东西都被解释成混入其系统的"社会异己分子"和"蜕变者"在捣乱。"资本主义"贸易的方法和目标（通过欺骗顾客获取暴利）总是和"社会主义贸易"（满足人民消费需求的"文明贸易"）相冲突。外宾商店管委会"文明贸易"的文件称："弗拉基米尔·伊里奇的呼吁仍然记忆犹新——'学习贸易'。这个口号发布至今已有多年，我们不少年轻领导已经学得不错。然而，遗憾的是，旧俄国'商业'中运用的旧贸易'方法'，即围绕'不骗不卖'原则的贸易方法，连同不理解苏联贸易特点和本质的旧'专家们'一道存在于我们苏联的贸易中。"[1389]

历史中满是讽刺。外宾商店的领导层追求着社会主义文明贸易，但正是社会主义文明贸易毁掉了外宾商店：随着国家状况的改善，外宾商店就开始从为国家谋利的、向苏联饥民高价出售成袋面粉的、阴暗肮脏的小铺子转型成销售精英商品的示范性外汇商店，由于后者无法保证大笔利润，政府最终关闭了外宾商店。这是对"谁为谁效劳？"这个问题的答案。总之，在这个贸易企业的创始者——斯大林领导层看来，旧时代遗民和他们的有价物品是为了外宾商店、为了工业化、为了国家而存在的，而不是外宾商店为顾客效劳。从这个意义上讲，当时人们对于外宾商店"不称职"、没能成为社会主义文明贸易企业的指责是缺乏依据的。在苏联领导人看来，外宾商店另有使命，它没有错过机会，而是完成了缔造者赋予它的任务——利用人民的需要、不惜使用欺骗手法获得外汇。社会主义文明贸易所宣称的目标和方法并不是外宾商店史中最重要的。[1390] 根据当时的政治语言和思想理解，外宾商店是一家资本主义贸易企业——外汇垄断者，其为获利而利用了消费需求的有利行情。讽刺的是，在苏联建设社会主义的革命目标成了外宾商店的辩护词。庸俗习气是外宾商店的工作方法和本身存续的思想依据，革命精神对于庸俗习气的专制可见于对黄金本质和功能的官方解释中。读过外宾商店的资料就不会怀疑，苏联领导人和外宾商店的工作人员都意识到了黄金的意义。这就承认了黄金对于国家、对于工业化的重要性。苏联领导人认为，黄金对于苏联人毫无用处，因为他们的社会地位并不取决于物质所得，而是取决于对建设社会主义事业的贡献："日常使用的黄金和白银——这是旧时代小市民阶层的奇怪兴致，人们借助这些东西在过去的生活中取得显赫的地位。苏联公民不再需要这些东西。这些黄金和白银制品必须尽快在'外宾商店'的百货商场里兑换成最好的商品。"[1391] 不管是苏联领导人真的相信黄金只有在资本主义世界才有意义，还是为达到目的利用宣传手法的违心言论，否定黄金在社会主义中的社会作用的言论再次显示了，对于外宾商店的思想理解立足于旧世界和新兴世界的冲突之上。

在某种意义上讲，在社会主义中，人们的社会地位和物质富足取决于国家对其功绩的认可，但外宾商店却证明，黄金及其他有价物品的意义并不限于其对完成国家工业计划的重要性。在外宾商店存续期间，与其说是人的社会地位取决于黄金，倒不如说是人的生命取决于黄金。因此，很想知道社会大众是如何理解外宾商店的。为此，我决定求助于"当今的圣经"——因特网。对网络资料的分析显示，大众对外宾商店的理解不同于苏联领导的政治视野。

"外宾商店"这个短短的单词给我带来了一股信息洪流——网上有将近 9000 条链接！其中大部分是人们的回忆。[1392] 这个名词无人不知，不同民族的人，事实上是所有人都在讲述第一个五年计划时期的饥饿生活时提到了外宾商店。对于外宾商店的社会记忆保持着虔诚、令人难以捉摸、无法理解，甚至是神秘的感觉。我们想起了阿斯塔菲耶夫笔下那个“有着外宾商店神秘名称的商店”。“外宾商店”的缩写来自“外宾商品供应公司”，这让人们感到困惑，这和他们实际看到的并不相符，去外宾商店购物的人基本上都是苏联公民。但是，将“外宾商店”（Торгсин）错误解释为“贸易辛迪加”（торговый синдикат）（现代研究者争先恐后地借用了这种解释）是否与实际情况不符呢？[1393] 其实，这种解释更符合逻辑和本意。此外，“贸易辛迪加”从语言风格上使外宾商店更像是 1920 年代“新经济政策”时期的贸易企业。按照市场经营本质，外宾商店更像“新经济政策”下的混合经济体，而不像 1930 年代斯大林式的计划—分配经济组织。

对于很多同时代的人而言，外宾商店仍是猜不透的。时至今日，对乌克兰饥荒经历者的访谈证实，很多人以为外宾商店是西方的人道主义援助，类似于 1921 年美国对苏联饥民的救助。为此，他们还批评西方的救助不是无偿的。例如，鲍里斯·汉德罗斯称 ：“有人说，不管是不是美国干的，肯定有人可耻地参与了。因为外宾商店里有美国商品——美国面粉、美国罐头。[1394] 这一切意味着，这不是对饥民的无偿救助，而是生意。无论从哪个方面看，这都不体面。苏联政府用这种方式赚取工业化所需的资金。”另一个见证者列夫·邦达里在访谈中称，父亲把母亲的金牙拿到了莫吉廖夫，那里有“一家外宾商店下属的美国商店”。马夏·博特斯坦在回忆乌克兰大饥荒时讲到，由于有外宾商店，她全家都没有挨饿。在回答什么是外宾商店时，她说“它来自美国”。丽娃·布雷尔金娜回忆道，“救助来自法国和美国”，她们家有点白银，被拿去外宾商店换购商品了。[1395]

事实上，在回忆录、日记、书信、叙述和自传中所有关于外宾商店的回忆都属于大饥荒时期。在人们的讲述中，外宾商店承载了民族创伤、家庭和个人悲剧。其实，没有一个关于外宾商店的回忆属于相对优越的 1934—1935 年。这就认可了外宾商店完成的拯救人民于饥饿的主要社会任务，也认可了它对社会的意义。加林娜·谢尔巴科娃写道：“我出生于乌克兰大饥荒时期。为了保住孩子，奶奶把自己的订婚戒指拿到了巴赫穆特市的外宾商店，换购了麦糁。‘所以你活了下来。’”[1396]当年的饥民在外宾商店看到的是不真实的、不可触及的繁荣世界，所以，据阿斯塔菲耶夫的描述，他们“带着敬意，甚至有点颤抖地”叫出它的名称。这是站在外宾商店橱窗前的孩子们的感受：“1932—1933年冬天的顿河畔罗斯托夫。我最常听到的一个词是‘饥饿’。渐渐地出现了一些别的新词：全俄消费合作社联盟临时工人委员会、配给卡、流通券、外宾商店。妈妈把一枚宝石戒指和一对银匙——我们的传家宝拿到了外宾商店。外宾商店对我而言是一个童话。我站在展示着香肠、小灌肠、黑鱼子酱、糖果、巧克力、小蛋糕的橱窗前。我没有求着妈妈买：我很清楚，妈妈买不起这些东西。她买给我的最好东西是一点儿大米和几块奶油。”[1397]瓦·伊·马罗奇科在关于乌克兰外宾商店的章节中写道，饥民们将“外宾商店”的缩写解释为：“同志们，俄罗斯即将灭亡。斯大林正在消灭人民。”[1398]（Товарищи, Россия гибнет. Сталин истребляет народ，俄语原文中每个单词的首字母拼起来和“外宾商店”缩写一致——译者注）如果了解追忆和回忆录，并通读当时的档案文献，那就会发现关注饥荒的国外移民在传单上写过不少类似的句子，用来解读“外宾商店”这个单词。当时在苏联国内生活的人对于“外宾商店”这个奇怪的单位百感交集，但主要感觉不是政治宣传画，而是痛苦、悲痛、希望和虔敬。

由于外宾商店交易时不像定量配给单位、国有营利性商店和市场那样直接使用卢布纸币和铜戈比，而是使用有价物品，这加剧了外宾商店不真实和奇怪的感觉。这不仅给外宾商店和里面的工作人员戴上了特别的光环，还给那些拥有资金、可以在外宾商店“随心所欲”购物的人戴上了特别的光环。然而，在社会敬仰中还交织着来自没有有价物品的人的不公平感、嫉妒和恶意。我们想起了《大师和玛格丽特》中，在斯摩棱斯克广场外宾商店里，发生在一个疑似冒充外国人的“穿雪青呢大衣的绅士”身上的事情。为了回应卡罗维耶夫关于忽视普通苏联公民利益以及用“鲑鱼肉撑肥”和“装满了外币”迎合外国人的民粹主义宣传，“有个衣着寒酸但又温柔体面的、刚刚在糖果点心部买了三块杏仁饼的小老头骤然面色大变。他两眼射出凶光，脸涨得通红，把装着杏仁饼的纸袋子往地上一扔，用孩子般尖细的声音大喊道：‘说得对！’然后他抽出一个托盘，把刚才被别格莫特拆毁的巧克力埃菲尔塔的残迹撒了一地，左手迅速揪下外国人的呢帽，同时抡起右手里的托盘朝那人的秃头平着拍去……”[1399]

网上的浏览呈现了又一个也是本书最后一个外宾商店的悖论：外宾商店的下属商店在1930年代中叶关闭，[1400]但是外宾商店一直活到了今天。对于熟知外宾商店的世代，它不仅是历史记忆中的形象。在莫斯科、加里宁格勒、新西伯利亚、叶卡捷琳堡、奥布宁斯克、基辅、圣彼得堡、摩尔曼斯克、顿河畔罗斯托夫、奥伦堡、那霍德卡港、卡穆纳尔卡镇以及其他后苏联空间的城镇，不少有限责任公司、网店、商场在“外宾商店”的招牌之下出售家具、手机、药品、食品、木材和内衬。[1401]还有名为“外宾商店”的出版社，甚至足球队。[1402]《大师和玛格丽特》中的外宾商店因布尔加科夫而永存，前几年，其所在的斯摩棱斯克市场大楼里的一家食品商店甚至恢复了过去的招牌。随着资本主义时代的到来，“外宾商店”品牌在俄罗斯常常和商贸之神墨丘利的形象一起被使用。不过，斯大林时期领导层一边利用外宾商店，一边又在思想上抗拒它，如今已完全不同，“外宾商店”品牌看起来无论是对消费者还是企业家都具有吸引力。今天，“外宾商店”品牌正利用着过去外宾商店的外汇精英形象及其特殊性。这个名词对顾客的程式化召唤清晰易懂——“如果您想购买世界级的商品，您不需要为此花费黄金和外汇，只要到我们商店用卢布购买即可”。[1403]该说点儿什么？“有其父必有其子”，正如诗人讲的，“每个时代都会长出自己的树木”。

“往事一去不返，何悲之有？”但是，作为历史学家的我很遗憾，“哪怕一刻钟”也没能看过一眼那从我们父母童年里永远逝去的外宾商店。

第二部分　研究实验室

（历史编纂、史料、概念）

“没错，存在过某种外宾商店”

在史料充分的情况下历史编纂不足。地方档案馆有待研究者发掘。哪种部门参与了外宾商店的工作？间谍热和史料学。饥荒受害者的证词。

通常探讨研究理论问题的章节，比如历史编纂学和史料学的内容，都会放在一本书的开篇。我决定打破这一传统，将其放在最后。做出这个决定的原因之一是害怕吓跑对历史讨论不熟悉的读者。我希望他们迷上外宾商店这一主题，继而想去了解研究斯大林主义的历史学家们在争辩什么。不过，做出这个决定还有另一个原因。每个研究者都知道，当材料已经融会贯通、正文撰写完毕、结论形成时，才会最后撰写绪论。遵循这一逻辑，我希望读者们“手握事实”走近本书的最后部分和笔者得出的结论。本章将研究外宾商店历史编纂的专业问题以及这一研究的史料基础。

描述苏联工业化的书和文章数以百计，但其中并无关于外宾商店的。充其量也就是稍稍提及：他们说，存在过某种外宾商店。在多卷本的基础性著作《苏联社会主义经济史》中，给外宾商店留了两行的篇幅。[1404]苏联经济学家——苏联贸易最早的研究者对于外宾商店是如此吝啬语言，[1405]他们充其量指出了外宾商店在苏联获得外汇独立中发挥的作用，他们引述了有价物品收购的总数。不久之前，研究苏联工业化的西方学者对于外宾商店还一无所知。[1406]但关于斯大林治下的1930年代的回忆录以及植根于同时期个人回忆的文学作品常常提及外宾商店。这些作品以情感饱满见长，而且是研究个体感受的不可替代的史料。然而，生活在 1930 年代的人们虽然明白外宾商店让自己和亲人免于饿死的价值，但是未必能评价外宾商店对于国家工业发展的经济作用以及对于整个社会的重大意义：对于他们而言，外宾商店只是个人经历中的插曲、个别家庭的悲欢。对于苏联人的后辈们来说，外宾商店成了卡罗维耶夫和别格莫特在布尔加科夫的莫斯科所经历的一段奇事。[1407]

第一篇关于外宾商店的科学专论直到 1995 年才出现，[1408] 而第一篇地方性的外宾商店社会史研究作品于 2003 年出现在乌克兰。[1409] 在苏联的加盟共和国中，乌克兰最先关注这个主题并非偶然。在 1932—1933 年的大饥荒时期，在乌克兰有数百万人非正常死亡，但有几万人依靠外宾商店活了下来。对于在乌克兰生活过和生活着的人而言，外宾商店是民族悲剧的一部分，因此，在关于在乌克兰研究外宾商店的早期著作中，情绪化的、指摘性的口吻十分强烈。

在业务繁荣时期，外宾商店在广袤的苏联全国拥有 1500 多家商店。在所有的加盟共和国，以及俄罗斯苏维埃联邦社会主义共和国的边疆区和州都开设了外宾商店的办事处，这意味着仍有几十个档案馆有待发掘。我询问过远东、西伯利亚、中亚、列宁格勒和斯摩棱斯克州的档案馆，确实有大量的资料，这些资料正等待着研究者。我相信，本书将鼓舞新的作者去发现外宾商店的地区史。

本书是第一部针对全苏联范围内外宾商店经营活动的社会经济和社会文化研究著作。资料主要来源为俄罗斯国家经济档案馆中的“全苏联合公司‘外宾商店’”管委会档案库。档案库案卷数量并不多，总计数百件，但这是资料的浓缩（命令、纪要、通告、往来通信、计划和报告、指示、检查资料、价目表、情况简报、查询、抱怨投诉等），这里没有“空洞”、无聊、没有意义的文献。这个档案库的材料涉及多个部门：它包括了党政机关调整外宾商店经营的资料以及与解决外汇和进出口问题相关的人民委员部的资料、外宾商店管委会的文件。这个档案库不仅反映了总部领导层的工作，而且作为各地办事处发往管委会资料的汇集，它还让人可以研究各地事态的发展情况。档案库中还包括了苏联人关于外宾商店的书信、外宾商店在国内外的广告资料、与驻外代表间的往来书信等。

为了补充莫斯科外宾商店管委会总部档案库中保存的资料，本书还使用了一些地区办事处的档案：莫斯科州办事处（莫斯科州中央国家档案馆）、列宁格勒 / 西北办事处（维堡市列宁格勒州国家档案馆）、西部 / 斯摩棱斯克办事处（斯摩棱斯克州国家档案馆）和中亚办事处（乌兹别克斯坦共和国中央国家档案馆[1410]）。办事处的选择取决于档案库中档案数量的多少以及能否接触这些档案。办事处的构成非常成功：其中有首都城市办事处（莫斯科和列宁格勒）和以农民对象为主的办事处（西部 / 斯摩棱斯克办事处），以及拥有有民族特点的大量资料的办事处（中亚）。加入加盟共和国和州的档案有助于加强外宾商店经营研究中的社会和地区方面，甚至可以反映出业务工作中的某些民族特性。

外宾商店地区办事处档案库的文献构成在某种程度上反映了管委会总部档案库的结构：有政府和外宾商店领导发往各地的指令性文件，以及按照管委会要求收入的日常资料。自然，地区办事处的档案库单独算的话无法完整地展现全国的总体情况，但是它们在文件数量、反映本地区外宾商店工作细节和规模上超过了管委会的资料。换言之，如果说在管委会总部档案库中保存了涵盖所有问题和所有办事处的、能看到全貌的少数档案，那么办事处的地区档案则展现了其所在地区固有的局部的、特别的情况。

很难说出 1930 年代上半叶有哪个中央党政机关没有参与外宾商店工作的。政治局、人民委员部、工业人民委员部、贸易人民委员部、财政人民委员部、银行、法院、党和国家的监察委员会、外交机构、格别乌 / 内务人民委员部和很多别的单位都为外宾商店的工作贡献了力量，并受到了外宾商店的影响。本书呈现了在党、国家和社会组织多边关系及相互依赖关系体系中的外宾商店史。为此，运用了很多文献，包括保存在俄罗斯中央档案馆中的珍稀且之前未曾公开的文献：联共（布）中央委员会政治局特别文件夹和苏维埃政府的资料、外贸人民委员部和财政人民委员部资料、国家银行和苏联采金业资料等。

在政治局和人民委员会的档案中，我最先感兴趣的是决定外宾商店经营方略及与其他单位关系的指令性文献，还有国家领导层研究外汇问题、采金业发展问题、进出口问题的资料。党政领导机关的档案被用于撰写外宾商店“红色经理”、其副手以及外贸人民委员部领导的履历。

作为外宾商店的主管部门，外贸人民委员部的文件对于本书具有特殊意义。外贸人民委员部直接调整和监管外宾商店的工作。已开展的档案工作显示，外贸人民委员部和外宾商店管委会档案的构成在很大程度上是相同的：外贸人民委员部和外宾商店都自行保存了发给对方的指令类、报告类和日常类的资料。然而，在外贸人民委员部档案库中寻找外宾商店的文件相当困难，因为它们“散落”、混杂于数千份与外宾商店不相干的其他资料中。本书中使用了外贸人民委员部的外汇统计：苏联商品进出口总额以及最重要的出口“创”汇企业的经营活动。这些资料揭示了外宾商店出现的主要原因之一——外贸严重失衡，即用于工业进口的支出远远超过农产品和原料出口赚取的外汇收入。

外宾商店是一家外汇企业，它与中央外汇部门、国家银行和苏联财政人民委员会合作紧密。在本书中，利用了这些机构档案库中调控苏联外汇关系和确定单位团体外汇自由度的文件，以及苏联黄金外汇储备和外债数据。布尔什维克继承自俄罗斯帝国的黄金储备快速“融化”、在黄金仓库空空如也时开始工业突进、工业进口造成的外汇债务急剧上升——所有这些原因导致外宾商店不可避免地出现了。苏联国家银行在“新经济政策”时期向人民买卖外汇和金币的资料，即所谓的货币干预的资料，展现了人民外汇和有价物品积蓄的主要来源之一。在“新经济政策”失败几年后，政府通过外宾商店又收回了这些有价物品。在对外宾商店的研究中，国家银行和财政人民委员部关于苏联出口单位外汇计划完成情况的资料十分重要，这些资料有助于我们将外宾商店的工作与诸如全苏粮食出口联合公司、全苏木材出口联合公司、全苏石油及石油制品进出口联合公司这样的主要创汇单位进行比较。作为对外贸人民委员部数据的补充，本书使用了国家银行和财政人民委员部档案库中关于苏联商品进出口外汇效率的资料。

外宾商店把从人民那里收购的有价物品上交给国家银行，后者会核算外汇进款。对比国家银行和外宾商店的统计数据是确定这些数据可靠性和准确性的主要方法之一：外宾商店和国家银行统计的有价物品收入数据虽然有时不完全一致，但是接近度极高，这是统计可靠性的保证。国家银行资料对于本书的作用不限于上述情况。境外外汇汇款经由国家银行转入外宾商店。国家银行档案库中保存的关于苏联外汇汇款的资料补充了外宾商店的自有数据，反映了境外外汇汇款的总体规模、汇出国构成和接收汇款的外宾商店地区办事处的分布。

外宾商店诞生了，部分原因是苏联国内采金业因遭到战争和革命的破坏而停工。斯大林从 1928 年起积极参与建立了苏联采金业。在工业采金缺失的情况下，为了资助工业化，政府不得不通过外宾商店收购公民们的宝贵积蓄。平民和古拉格黄金工业的建立在 1930 年代下半叶解决了苏联的黄金问题。稳定增长的黄金开采量以及不断充盈的国家黄金储备成了关闭外宾商店的主要原因之一。1930 年代上半叶外宾商店黄金收购量和工业采金量的对比揭示了人民的黄金储蓄对于工业化的巨大贡献。在斯大林时期保密的苏联“平民”采金量统计数据取自采金业档案库，而古拉格的采金数据来自阿·伊·希罗科夫和戴维·诺德兰德，他们利用了马加丹州国家档案馆的资料。[1411] 本书中对苏联采金量的档案数据分析得出，西方基于公开资料估算的苏联“黄金储备”远高于实际储备量。

可惜，我无法接触到格别乌经济局的档案（联邦安全委员会中央档案馆），正如本书所述，格别乌积极参与了外宾商店的建立和运营。所幸，外宾商店档案中的资料足够以专门章节论述外汇贸易部门和强力部门之间的相互关系。外宾商店总部和地区档案库保存了外宾商店办事处和民众的投诉信，在这些信以及人们回忆的基础上还原了一个特别有意思且重要的情节——格别乌 / 内务人民委员部机关为获取民众积蓄的财物而逮捕外宾商店的顾客。奥列格·莫佐欣的研究著作证实了格别乌 / 内务人民委员部对外宾商店工作的干涉，时至今日，这是唯一一部主要依据格别乌经济局档案撰写的专著。[1412] 但是，莫佐欣书中涉及格别乌 / 内务人民委员部反外宾商店行动的数据不够全面。关于“安全机关”外汇行动的经济效率问题（包括从外宾商店顾客那里没收有价物品所获得的外汇效益）仍无定论，需要研究这个政治经济部门更多的资料。

读者会发现本书引用了美国国家档案馆（华盛顿市）的资料。这个信息来源是很特殊的。美国驻里加领事馆（在苏联和美国建立外交关系之前[1413]）以及之后在莫斯科的美国大使馆收集了苏联的“战略”情报。在美国国家档案馆中保存了使领馆分析人员于 1930 年代编制的经济简报。这些简报反映的苏联采金业的发展动态，对于本书具有特殊意义。此外，在所有收集苏联采金情报的美国机构中，[1414] 在里加和莫斯科的美国外交机构的计算最为准确。不过，对比美国的分析简报和斯大林时期保密的采金业档案显示，苏联领导层成功地让西方专家得出了高估的苏联采金数据。从 1928 年起，苏联官方不再发布黄金开采数据，只在出版物中偶尔闪现一些百分比数据。美国分析家只能满足于这些出版物的内容。[1415] 斯大林提到过 1933 年开采了 82.8 吨黄金，这句话成了分析家们的一个起始点。不过，本书中进行的分析显示，斯大林很狡猾，他说的不仅包括工业开采量，还包括了通过外宾商店从人民手里收购的黄金。结果导致，西方以 1933 年开采量为基准，按照发布的百分比增加量计算苏联黄金开采量，虽然揭示了正确的总体发展趋势，但不断地累加了误差，最终高估了苏联黄金开采量。

间谍热给寻找史料的进程造成了有趣的影响。每次美国公布最新计算的苏联黄金开采量后，苏联的审查制度就会趋严。1937 年，苏联出版物中甚至没有公布黄金开采量的百分比增量。由于苏联领导层不愿意让外国人知道，苏联出版物的信息源也“消失了”，这使美国人将自己的分析研究转入地下，以免自己对新情况的熟悉程度“吓到”苏联领导层。比如，美国驻莫斯科大使馆的工作人员会要求华盛顿官方不要公布苏联黄金开采量的计算结果，不然第二年在苏联出版物上关于这个问题的数据会越来越少。[1416] 国家审查制度会升级。

本书中使用了美国国家档案馆的资料，包括美国使馆工作人员获得的“第一手”的贷款、外债和苏联商品运输数据，这些数据来自与苏联开展经济业务的外国大企业家和银行家的秘密谈话；在苏联黄金船队前往柏林途中的中转地——里加港时获得的信息；西方公布的世界黄金开采量统计；在苏工作的美国公民谈话中透露的关于苏联日常生活的资料。

在研究外宾商店时，对我而言，重要的不仅是揭示其对工业化事业的经济贡献，还要展现其社会文化使命——在苏联社会生活中的作用，以及在苏联发展社会主义“文明贸易”并形成消费社会的重要意义。外宾商店管委会和地区办事处的档案库收藏了当时广泛而多样的苏联贸易材料：关于顾客人群及其策略和行为的描述材料；外宾商店售货员及领导的社会出身、教育程度、民族信息；关于商店以及围绕外宾商店合法外汇活动滋生的黑市的描述材料等。文艺作品和回忆录是档案的重要补充，其中有些作品和回忆录众所周知，有些充斥网络却鲜为人知。存在美国档案馆里的对1930年代苏联生活条件的描述材料属于本书中所用的社会学和文化学资料，其中包括了参与苏联社会主义建设的美国工人和工程师的收藏品、驻里加和莫斯科的美国外交人员收集的文献、移居西方的苏联人的回忆录等。（胡佛研究所档案馆）

在本书撰写的最后阶段，我得知了一个关于外宾商店社会信息的无价来源，并努力使用了这些资料。洛杉矶的南加州大学犹太人大屠杀基金会（Shoah Foundation Institute）收集了大屠杀受害者和见证者的大量视频访谈档案，1932—1933年乌克兰大饥荒经历者的也在其中。[1417] 该基金会由美国知名电影导演斯蒂芬·斯皮尔伯格创立于1994年，可在网络上进行查阅。2001年，基金会拥有56个国家32种语言的5.2万份口述记录。基金会在乌克兰273个居民点花了4年（1995—1999）记录了3400份访谈，其中，超过700份访谈有关饥荒。从地理分布看，访谈者来自犹太人较多的乌克兰南部各州——基辅州、敖德萨州和文尼察州。在他们关于饥荒的回忆中，外宾商店占据了核心位置。很多访谈者承认，多亏了外宾商店才活了下来。

在撰写本书时，在使用档案资料的同时，还使用了公开发表的资料，首先就是外贸人民委员部的部门杂志《对外贸易》，这本杂志会定期讨论外宾商店的问题，并刊登苏联统计资料汇编。1930年代公布的统计数据应予以谨慎对待。本书将海关总署公布的苏联出口数据与档案资料进行了对比，我们发现，海关的统计数据高于出口外汇进款。

从1933年起，外宾商店开始出版本部门刊物《外宾商店人》。获知这一信息后，我开始在全国的图书馆里寻找这本出版物，但最终在档案馆里找到了它。由于外宾商店是一家外汇企业，所以这本刊物是秘密发行的，仅供外宾商店工作人员内部使用。刊物印数有限，不对外销售。在外宾商店地区办事处的档案中保存了几期《外宾商店人》。

本书插图较多。大部分照片是在克拉斯诺戈尔斯克市的俄罗斯国家影像文献档案馆的珍贵藏品。第一个五年计划时期养活人们的含有螺栓和螺帽的面包的照片是我在写上一本书时联邦安全委员会中央档案馆赠送给我的。很可惜，我们的合作没能继续。还有一些私人藏品，包括我自己的藏品被用于本书的插图。

外宾商店——斯大林主义的一个现象

关于斯大林主义的争论。苏联社会主义的现实和命运。富裕的承诺：斯大林主义和苏联消费社会的发展。

本章的目标——用浅显易懂的语言尽可能简短地说清楚，历史学家关于斯大林主义的认识是如何改变的，并确定外宾商店研究对于20世纪斯大林主义现象研究的贡献。本章的历史编纂学分析证实，我关于外宾商店是斯大林主义现象的认识是最新的研究方向。虽然如今仍有一些“冷战”时期理论的激进护卫者，即苏联是“邪恶帝国”、它的发展反常地背离了世界进步“主路”，但大部分研究者是在20世纪国家和社会发展的全球化进程中研究苏联社会主义的。苏联道路的特殊性和独特性不是表现为远离进步，而是苏联的综合性现代化进程发生在与西方截然不同的“坐标系”中——在另一种社会经济、政治体制和意识形态框架内。

本章还有另一个目标——让现代的研究者注意社会经济史遭到了遗忘。在后现代主义的影响下，当代的历史更像艺术，而非科学，历史学家更像印象派画家，而非自然科学学者。历史学家会运用各种情绪、理解、感觉、洞察力、本能，用遍精确的科学统计和方法。我们历史编纂学中的文化学研究部分过于庞大，这将导致俄罗斯历史发展的研究不全面，继而变得失真。

在米哈伊尔·谢尔盖耶维奇·戈尔巴乔夫改革以及1980年代末1990年代初的档案革命开始前，苏联历史学家没有科学地讨论过斯大林主义。在他们的科学部门里没有斯大林主义这个概念。[1418] 第一批关于斯大林主义的科学著作于1940年代末1950年代初出现在西方。德国哲学家、历史学家、政治学家[1419]汉娜·阿伦特的书《极权主义的起源》堪称经典。[1420]在严格意义上讲，阿伦特并不是苏联问题专家，但她书中的很多观点是苏联学的理论基础，著作本身就是“冷战”时期的旗帜和象征。

西方第一批研究斯大林主义的历史学家将其视为一种意识形态和政治现象：用共产主义思想武装的斯大林体制完全控制了社会。在“冷战”时期西方苏联学专家的斯大林主义理论中，实施全面控制的核心思想决定了他们的“代称”——“极权主义流派”。他们认为，恐怖、审查制度和宣传压迫着社会大众，社会大众在“极权主义流派”的研究中完全是斯大林体制的被动试验品。而在“冷战”时期“铁幕”的另一边，官方的苏联历史编纂学展现了与国家、共产党及其领袖团结在一起的社会大众。在否认社会大众相对独立时，苏联历史学家的研究与“冷战”时期的西方苏联学截然不同：“铁幕”的一边描绘的全是消极面，另一边描绘的全是苏联社会大众的爱国主义和热情。

西方的先锋研究者对于理性思考斯大林主义的渴望值得肯定，他们最好的著作是斯大林主义研究集《金库》。[1421]然而，在“冷战”时期苏联学专家看到的极端政治化和意识形态化的斯大林主义幻象中，很多都与真实情况不符，他们得出的事实有时和他们自己的总结相互矛盾。[1422]如果把斯大林主义的“极权主义”幻象理解成使用镇压手段控制社会大众的政治独裁系统，那么就无法解释斯大林体制的稳定性、强有力的政治反对派缺失、没人企图推翻斯大林、苏联的成就（最权威的当属取得“二战”胜利）、许多脱离体制者的思想病。如果只在意识形态和政治模式框架内研究，那么“极权主义流派”的研究者会陷入理论绝境。

在1970—1980年代，在西方斯大林主义研究领域发生了历史编纂学革命。年青一代历史学家开始修正“极权主义流派”的观点（越南战争对于年青一代历史学家的观点形成具有重大意义）。这些“修正主义者”的起点是一个正确的思想，即不认同政府可能绝对（全面）控制社会大众的荒谬想法。澳大利亚出生的历史学家西拉·费茨帕特里克是“修正主义者们”的主要鼓吹者之一。他从1960年代和1970年代之交开始发表著作，研究了1920年代末1930年代初提拔工人担任领导的现象（无产阶级提拔），揭示了斯大林主义不仅有镇压，还有积极的社会政策（肯定性行动），而且一些特定的群体为了自身利益有意识地维持着斯大林体制。不同于那些脱离苏联档案的“极权主义流派”苏联学家，[1423]“修正主义者们”是史料学者。他们的研究是由文献驱动的。[1424]

“修正主义者们”并不是铁板一块的统一体，他们的政治观点、研究主体和方法各异，他们对于斯大林主义研究的主要贡献是发现了违反“极权主义流派”苏联学家的理论学说和苏联历史编纂的、积极生活的苏联社会大众。公众参与斯大林主义的性质各异——支持、拒绝、适应、对抗、服从等。今天，新一代历史学家批评“修正主义”，称其没有研究出详细、严谨的斯大林主义概念，但是我认为，“修正主义者们”揭示了苏联社会生活的富裕以及发生着的进步，这在根本上改变了我们对于斯大林主义的理解：由于“修正主义者们”的研究，斯大林主义从一种意识形态和政治现象转变为一种社会现象。[1425]“修正主义”留下的丰富遗产在很大程度上解释了俄罗斯史最新研究的繁荣。

俄罗斯在1980年代末1990年代初发生的档案革命使历史学家可以接触到尘封的文献，也导致了斯大林主义研究的真正繁荣。[1426]正是在那时，包括我在内的大量年轻的俄罗斯历史学家开始反对1930年代历史的完全正面形象以及在苏联官方历史编纂中居主导地位的社会“爱国主义”。[1427]下列这些出色的历史学家属于俄罗斯“修正主义者”中的杰出者：叶莲娜·祖布科娃、奥列格·赫列夫纽克、亚历山大·瓦特林、谢尔盖·茹拉夫列夫、塔季雅娜·斯米尔诺娃、叶甫根尼·科金等。1990年代初发生档案革命后，出现了很多新俄罗斯史的研究著作，我的书《“斯大林时期繁荣”的背后》就在其列。

关于斯大林主义的新的俄罗斯研究著作总体而言具有揭露性，而且高度集中在以前的苏联历史编纂中被禁的话题，大饥荒和镇压是其中的主要话题。俄罗斯历史学家认识到斯大林主义不仅是一个政治和意识形态现象，还是一个社会现象，这与西方“修正主义者”的研究不谋而合。然而，由于在苏联历史编纂中长期占据支配地位的是斯大林统治的正面形象和斯大林镇压带给苏联数代人深重的民族伤痛，因此，俄罗斯的“修正主义者”较之西方同行更难接受斯大林主义除了镇压，还存在着务实主义和建设的特点。关于社会支持斯大林领导层改革且有部分特定社会群体合理参与其中的论点是西方修正主义历史编纂中的核心论点之一，但并未在俄罗斯研究斯大林主义的新著作中得到大的发展。

与此同时，1990 年代中叶在西方出版了尤里·斯廖兹金和斯蒂芬·柯特金的新书。[1428] 它们激励了大量有天赋的追随者，并标志了俄罗斯史研究中“后修正主义”[1429] 的诞生。有些分析家认为俄罗斯史研究现状是一种历史编纂混乱，但是，我更认同那些主体和方法各异甚至丰富的研究者。“后修正主义”是创造性思维和之前学术流派思想进一步发展的成果。[1430]“后修正主义者”继续沿着西方“修正主义者”开启的道路寻找着社会合理支持斯大林主义的原因。但是，在此情况下，他们又回归了“极权主义流派”的论点，即斯大林主义具有形成意识形态和国家的作用，但他们认为这种作用并不源于镇压。“后修正主义者”还认为，在斯大林治下的国家还有一种创造力。

“后修正主义者”大幅扩展了俄罗斯史研究的主题边界，在关注意识形态 [1431]、政治和社会进程的同时，还特别关注文化学和语言学问题、符号学（研究标志和象征物）、微历史、日常生活史、研究个体世界观和自我意识、社会和民族身份（identity）、历史文章的文学分析等。[1432] 后现代主义对于当代历史研究的影响主要表现在，历史学家更有兴趣揭示人对现实的理解，而不是研究现实本身。

“后修正主义者”丰富了历史研究，创造性地借用了其他学科对于人和社会的研究方法：文化学研究、人类学、语言学、认识论（关于认识的科学）、文艺学等。[1433] 要说“后修正主义”在俄罗斯史研究中真正的革命性意义，那就应当指出，在当代西方历史编纂中明显侧重于臆想世界的研究，出现了脱离现实世界研究的危险。

"后修正主义者"的著作不仅揭示了斯大林主义的新内涵，还提供了另一种概念。在研究主义和方法各异的情况下，"后修正主义"的共同的中心论点是，承认"苏维埃试验"是现代（20世纪）国家和社会全球化发展进程中不可分割的一部分，以及斯大林主义包含了实用主义、合理性、社会主义[1434]和朝着进步前进，首先表现为对于建设工业发达的社会的渴望。[1435]作为"后修正主义"的主要史学家之一，斯蒂芬·柯特金认为，社会主义的含义（及其力量）并不是"极权主义流派"研究者所认为的通过破坏社会建立起庞大的国家机器，而是建立庞大的国家机器和新社会。

斯大林治下的国家参与建设新社会的观点是"后修正主义者"和"修正主义者"最大的区别之一：后者聚焦于研究社会对国家的影响。虽然上述概括中存在着例外[1436]，但可以说，"修正主义者"竭力揭示的是个别社会群体在形成斯大林主义现象中的作用，主要是作为体制中社会基石的新精英群体，而同时期，"后修正主义"揭示的是斯大林治下的国家在社会转型中的作用和社会主义对个体的影响。[1437]因此，"修正主义者"和"后修正主义者"的著作可以相互补充。

苏联公民可以在"后修正主义"观点中听到苏联的故国口号和官方苏联史编纂的基本理论——"人民关心的国家""在世界上建设新社会的进步思想"，但"后修正主义"的亲苏联解读或许是错误的，因为，如果承认在斯大林主义中存在现代的进步特征，那么"后修正主义者"就无法否认其镇压性。斯大林主义的当代概念——各科学术流派的工作成果——将其定义为一种包罗万象的复杂现象，镇压和进步思想的具体表现兼而有之。当代研究者不喜欢使用"极权主义"和"极权体制"这种极端意识形态化和政治化的"冷战"时期的标签来简单地代表斯大林主义现象。

对外宾商店的研究进一步发展了斯大林主义的历史编纂思想，指向了当代史学家观念中的某些矛盾，同时就其中的一些提出了异议。

在对不仅仅是贸易企业的外宾商店的概念性认识中，我运用了很多上面提及的“修正主义者”和“后修正主义者”的观点，将外宾商店视为斯大林主义的一个表现。外宾商店证实了，在1930年代的国家政治中，非理性破坏活动和工业务实主义（甚至有时会达到商品拜物教的程度）并存，即承认工业发展居首要地位，超过其他的目标和思想。[1438]斯大林治下的国家将进步和建设工业社会混为一谈，并相信国家在实现工业梦想中的特殊作用。正是当时，外宾商店展现了社会在实现和调整国家计划中的作用、献给工业化圣坛的无数祭品以及人们自有目标和计划相对独立于政府的特点。

将外宾商店理解为一个斯大林主义的现象，这从概念上讲发展自我的上一本书《“斯大林时期繁荣”的背后》。在那本书中，斯大林主义被解读为国家建立的、由工业发展优先路线决定的一种社会经济机构系统。在书中，我把人民供给系统作为斯大林主义的一种社会经济制度进行了研究：在私人生产和私人贸易遭到破坏的饥饿国家，政府利用粮食和商品的集中分配，软硬皆施地推动和激励了工业发展。[1439]外宾商店完全可以被列入工业实用主义衍生出的社会经济机构之列。在追逐工业梦想时，斯大林领导层牺牲了数百万人，但正如外宾商店史所示，被牺牲的还有意识形态的纯洁性、政治经济学的严谨性。为了工业化的利益，斯大林领导层不得不限制了国家的外汇垄断，首次且唯一一次允许苏联公民在苏联境内将外汇和黄金作为支付工具使用。此外，外宾商店还忽略了阶级立场：在外宾商店里不会像在1930年代其他生活领域里十分普遍存在的按照社会标记来区分顾客的情况。[1440]

本书中提到，作为一种社会经济现象的斯大林主义包括了市场制度。在10—15年前，苏联和西方的研究者认为斯大林时期的经济是没有市场的，充其量就是允许合法农民（集体农庄）市场绿洲的存在。在对1930年代苏联经济的这种认识中，当代研究者并没有比布尔什维克的领导人走得更远，后者经过1920—1940年代的长时间争论后承认，真正的社会主义经济是商品丰富的，而不是平均分配的经济，但不管怎样，布尔什维克的领导并不愿意看到在计划和集中控制之外还存在大量的社会经济区域。《“斯大林时期繁荣”的背后》一书挑战了这种传统认识。[1441] 该书首次把1930年代的苏联经济当作集中计划供给（1930年代上半叶的配给制和下半叶的苏联国营贸易）和广泛遍布的黑市的共生现象予以呈现。[1442] 外宾商店史使我们进一步发展了对于斯大林主义概念的认识，将其视为计划和市场的独特共生现象。外宾商店是国家资本主义的现象。作为社会主义企业，外宾商店在饥荒时本应按照人民利益行事。相反，外宾商店利用了饥荒以及“有利的”市场行情，靠着人民的苦难发财，但这不是为了个人利益，而是为了国家工业发展的利益。

将斯大林主义理解成一种社会经济现象并不意味着否定其在斯大林治下的国家中的意识形态和政治作用。恰恰相反，就像对外宾商店的研究所示，在有违工业化外汇利益的情况下，正是意识形态动机决定了国家对于港口外宾商店里的外汇卖淫行为持否定态度，并对格别乌动摇外宾商店外汇工作效率的胡作非为熟视无睹，还禁止了希特勒德国寄给伏尔加流域日耳曼人的汇款。思想动机还是外宾商店关闭的主要原因之一。在不否认斯大林主义意识形态和政治体系的巨大作用的同时，本书呼吁重视斯大林主义社会经济机制的作用，正如外宾商店所示，其中包括了在经济上获得成功的大规模国家经营行为，更有趣的事实是，集中计划经济中的任何获利行为都被官方视作经济犯罪——投机活动，按照法律会遭到追捕，而在外宾商店里，斯大林的国家不顾自己的禁令“大肆”经营，就像一个资本主义者—投机者。

在此应和斯蒂芬·柯特金进行适度的争论。他的主要著作《磁力山》的中心论点是，斯大林主义是一种建立在拒绝资本主义原则之上的新型文明。在之后的一本书中，柯特金把斯大林时期的苏联归为“非自由的”、非资本主义的现代国家类型（illiberal noncapitalist modernity）。换言之，柯特金认为以非资本主义原则为基础的社会主义建成于苏联。事实上，苏联领导层公开宣称拒绝资本主义，并试图在拒绝资本主义原则的基础上取得进步，但外宾商店史证实，无法保持这种纯洁性。经营行为和市场是社会主义的一部分。[1443] 社会主义社会经济史的研究被忽视，但其独树一帜地显示了，在苏联实际上并不存在反资本主义的纯洁。[1444] 那么，反过来行不行？——“后修正主义者”的研究表明，20世纪的现代性对于国家和社会的发展具有严格要求。如果认同“后修正主义”的中心论点，即斯大林领导层的目标是建立现代国家，那就无法绕开市场，因为现代经济无法脱离市场存在。苏联式现代国家的特点不在于没有市场，而在于市场必须在集中计划经济的“普洛克路斯忒斯的床”上运作。意识形态和政治体系也会为市场发展设立边界。苏联市场的特点是——只有国家可以开展大规模合法经营活动（外宾商店就是一个例子），人民的市场积极性主要是在“地下”变形的形态下发展。虽然，苏联的农民市场和黑市是自治程度最高、自我调节的经济系统，在这里供需关系决定价格，但它们在很大程度上经受了国家的指令干预和强力干预。

外宾商店史让我们在讲到斯大林主义经济时，不去局限于计划和市场这种相互排斥的术语，而是确定其相互关系的平衡以及相互正向（和反向）发展特点的平衡。[1445] 因此，可以认同“后修正主义”的这个论点，即在研究斯大林主义现实、实践时，社会主义和资本主义的对抗应是有边界的。事实上，斯大林时期人们的世界观和研究这一时期的“冷战”的苏联学家的世界观一样，都是植根于世界划分为资本主义和社会主义两大阵营的基础上的。那些研究思想世界的学者难以回避这种两极模式，在研究斯大林主义现实的物质发展进程时，将其预设为某种对抗极。很多斯大林主义研究者都写到过苏联在1930年代对西方经验的效仿，但这并不意味着斯大林领导层想要苏联成为西方那样或者要借鉴资本主义，这只是反映了现代化的要求，这些要求对资本主义和社会主义都是通用的。因此，斯大林领导层“借鉴的”不是资本主义，而是历史进程。

与此同时，“后修正主义”的研究著作引起了对于斯大林主义现象中共通、特殊和独特的相互关系的关注。承认“一战”后盛行的现代国家发展进程的共通性、将苏联社会主义视作这一进程的一部分，这几乎等同于在当代历史编纂中否定了苏联经验的独特性。著名美国史学家彼得·霍尔奎斯特（Питер Холквист）认为，收集详细而庞大的人民信息的国家制度的发展不是苏联的现象或社会主义的独特之处，而是欧洲的普遍趋势、现代政治的功能。因此，斯大林体制是一种植根于新治理原则的现代国家（国家安全的国家，national security state），其实质是从管理国土转为管理人民。与过去国家治理体系不同的是，在20世纪，收集人民大量信息是全面战争威胁下保障国家安全的需要，也是国家建立民族共同体、建立政权希望的社会识别类型、确立人民自我表现形式的基本使命。霍尔奎斯特不认为苏联经验具有排他性和独特性，因为当时所有的大国都利用类似做法收集人民信息。他将苏联经验视作当时泛欧洲趋势的特殊表现。苏联的特点在于政权利用新治理方法的方式和目的。不过，在谈及苏联的特点时（试验规模、阶级—意识形态立场、各生活领域的政治化，尤其是利用收集人民信息的国家系统实施社会主义建设和创造新人类的庞大计划），我认为，霍尔奎斯特有违自己的主要论点，恰恰揭示了苏联试验的独特性，因为它是第一个，也是当时唯一一个尝试如此宏伟计划的。[1446] 我并不怀疑“世界上的总体进程具有普遍性”论点的重大意义，我想指出打破合理平衡和失去历史特点的危险性以及斯大林主义现象的独特性（斯大林主义现象中的“泛欧趋势”呈现了激进和悲剧化的变化）。

斯蒂芬·柯特金的著作指出，正如“后修正主义者”对斯大林主义的认识那样，普通性和特殊性之间存在着更清晰的连接问题。在《磁力山》中，柯特金称斯大林主义是一种特殊的反资本主义文明，不同之处不仅在于意识形态、政治体系和经济形态，还在于符号系统、语言和讲述方式、个人生活中的社会行为类型，甚至还有衣着风格。他认为，斯大林主义是新的社会识别类型、新的生活方式、新的价值体系。《磁力山》关于苏联文明特殊性的中心论点在某种程度上和柯特金后来的文章结论相悖，后者指出，苏联发展遵循了现代化的总体进程。[1447] 然而，柯特金在文章中公正地指出，在普遍性的发展趋势中，每个国家都会提出自己的认识以及建设现代国家和社会的道路，甚至会按照“现代性的形态”为国家分类，但我认为，对于这个问题的归纳和论述还不够。要探究斯大林主义现象中共通、特殊和独特的相互关系需要进行更为细致的经验主义分析。“后修正主义者”主要强调斯大林主义和周边世界发展进程的相似性，但无论是在理论中，还是在具体的历史资料中，都必须揭示出，斯大林主义下的世界发展总体趋势如何，为什么变得特别、特殊而独特。本书是这种做法的实例，揭示了世界大国建设工业高科技社会的共同倾向如何、为什么在苏联计划经济中表现为国有外汇企业“外宾商店”的特殊—独特形式。

随着俄罗斯档案的公开，出现了很多描绘斯大林时期日常生活的作品。[1448] 我对日常生活的理解与很多学者相似，即视之为国家和社会复杂而活跃的互动：当时，国家努力构建并统辖苏联社会中的经济、社会和文化生活，人们为了适应新条件并追求自己的生活利益，根本性地修正了国家计划。在《“斯大林时期繁荣”的背后》中，日常生活的这种认识反映在对黑市的社会本质和作用的解释中：作者认为，日常生活是一种社会现象——人民为了适应国内长期物资紧缺且饥荒反复爆发的生活而锻炼出的生存和致富策略的总和（在当时的苏联认识中）。

作为日常生活现象的外宾商店也是国家和社会互动的产物。它是国家领导人决定设立的，工作目标和原则也由领导人决定。但当国家把外宾商店赶到“工业化跟前”时，人们“为了自己”而适应了它。为了自己的利益，人们给外宾商店带去的东西超出了创造者的想象。根据人们的提议，外宾商店开始接收其他种类的有价物品。此外，人们扩展了苏联的外汇交易范围，使外汇黑市成了外宾商店不可分割的一部分。社会大众的参与不仅改变了外宾商店的业务范围，还丰富了它的内容。外宾商店既是动员人民外汇资金用于工业化需要的机制，还是人民创造力的表现。按照苏联领导人的想法，大城市的外宾商店是“文明贸易”的沃土——未来消费社会的先声，然而，作为日常生活的现象的外宾商店在很大程度上是农民世界的一部分——数百万农民为此做出了贡献，在第一个五年计划中他们充实了外宾商店的顾客和售货员队伍。

外宾商店讲述了社会生存史，它是苏维埃国家生存的方式，也是国家领导层创造力的表现，领导层将社会主义命运和实现工业腾飞联系在一起。最后，国家和社会共同参加了计划的实施和调整：人们为了生存和应得的物质生活水平而奋斗，他们上交有价物品，帮助自己，有时也会违背自己的初衷助力斯大林领导层的工业计划，而创造了外宾商店的政府则丰富了日常生活策略和社会生存战略。俄罗斯日常生活诞生在国家和人民的合作和对抗的作用力之中。

最后，关于这项研究的意义。外宾商店是一家贸易企业，在繁荣时期，在全国拥有 1500 家商店。到外宾商店购物的有工人、农民、知识分子和领导精英。分析外宾商店的贸易经营活动有助于搞清斯大林时期产生的消费社会和苏联消费文明的特点，揭示国家在商品消费领域发展中的作用以及社会对这一进程的贡献。

苏联消费社会的出现虽然是当代历史编纂中的新主题，但该主题十分活跃。[1449] 最新的研究认为，1930 年代的苏联贸易和消费处在全球性大规模商品生产和大规模消费的发展进程中。[1450] 不过，在此情况下，所有研究者都指出了苏联消费社会的发展特点，各自阐释了苏维埃国家向物质主义的转变。

十月革命是在反资本主义、反市场的平均分配和禁欲主义口号下成功的，但这些并不是社会主义消费文化的主要原则。国家领导人的方针是发展贸易、增加物质财富、提高消费水平，并在某种程度上资产阶级化、恢复现代消费社会的价值。研究者们各自提出了这一变化发生的时间。朱莉·赫斯勒认为，政府对消费领域态度发生变化的标志出现在 1920 年代初向“新经济政策”过渡时期。[1451] 不过，当时在国家政治中实践消费领域的新方法受到了限制，因为消费品生产、零售和日常服务都掌握在私人手中。国家在 1920—1930 年代之交的“社会主义进攻”中破坏了私人经济部门后，事实上揽下了生产消费品和供给人民的垄断性责任。正如朱莉·赫斯勒的著作所示，从 1931 年起，在确定新的国家政治目标和新的消费思想之后，“文明贸易”的口号出现在苏联领导人口中。[1452]

在 1930 年代上半叶配给制期间，“社会主义文明贸易”仅限于精英商店和高价商店，包括国家营利性商店、示范性百货商场[1453]和外宾商店。外宾商店在成立时原本设想成为面向外国人的文明贸易样板。工业化和饥荒导致只接受外汇的外宾商店向苏联消费者敞开了大门。此后，除了大城市里的奢侈商店，外宾商店作为一个大规模现象不再是文明贸易企业。饥荒时期典型的外宾商店不是明镜般的商店，而是向饥民成袋出售黑麦面粉的阴暗肮脏的小铺子。国家没有能力把1500家外宾商店全部改造成文明贸易的示范性商店，也没有经济动因——饥民不会吹毛求疵，给什么就拿什么。在饥荒的帮助下工业计划得以完成，这使斯大林领导层暂时延缓实施自己宣称的"文明贸易"口号下的社会主义消费新政。

大部分研究者认为，苏联根本性地转向消费文明、物质主义其实发生在1930年代中叶。正是在这时，国家领导层开始积极鼓励追求美好生活——精致的衣服、美食、娱乐、奢侈。仅仅几年之前，穿着漆皮鞋、抹着唇膏的女共青团员会引起愤怒，还会被指责为道德败坏，但是时代变了。外宾商店和整个国家一起经历了这个变化。随着人民对于外汇贸易的兴趣一路下降、国内商品供应情况日益正常，外宾商店领导层也奋力发展新的服务类型、改善商品质量和品类、改善对人民的贸易服务、引入新的贸易技术。但是，外宾商店参与消费社会和社会主义消费文明的发展的时间十分短暂。1936年初，外宾商店就关闭了。

历史编纂传统将苏联转向物质主义视为革命理想的消退，[1454]美国历史学家朱莉·赫斯勒和艾米·兰达尔的著作同这种传统进行了争论，她们的著作揭示了，苏联消费社会的发展是社会主义建设的一部分。[1455]国家领导层直接把社会主义事业和发展公民的物质财富联系在一起。此外，物质主义和消费主义跟社会主义被混为一谈并没有妨碍苏联领导层借鉴西方经验。斯大林本人批准在发展贸易领域和消费文明时对标西方样板。政府代表团前往德国、日本、美国访问，并注意到了那里的贸易革新。苏联示范性百货商场就是按照美国大型商店"梅西百货"（Macy's）设立的。研究显示，在大型的城市外宾商店工作中，借鉴了西方的经验。[1456]

苏联领导层认可了市场消费社会的价值并求助于西方经验，这个事实再次使我们认同，在“苏联试验”中没有纯粹的纯洁，而在20世纪的实践中，社会主义和资本主义的对抗是有边界的。苏联领导层不得不顾及工业化时代国家和社会发展的世界总体进程：苏联官方认可了消费思维，实际上的市场思维，这是现代性要求的表现。研究者普遍认为，苏联转向物质主义并非自愿，而是迫不得已，这种转变与国家领导层对自己的社会主义定位完全是抵触的：领导层的理想是生产者和大规模机器生产的社会，而不是消费者和大规模日用品生产的社会，但必须“按照20世纪的规则行事”。然而，正如之前研究过的市场案例，消费社会在苏联的发展需在长期紧缺经济和斯大林政权社会政治系统的“普洛克路斯忒斯的床”上进行。

了解了苏联的市场在计划束缚中如何被打击、消费社会如何被穷亲戚安顿在长期紧缺和饥荒频发的经济中，那就可以得出结论，苏联社会主义是现代国家和社会发展进程的畸形表现。这个结论虽然有一定根据，但是显得片面。正是因为在苏联掌管一切的是国家，而不是私营企业主，因此社会项目（免费教育和医疗、妇幼保健、退休保障等）最早取得了令全世界难忘的成绩。[1457] 我认为，研究苏联式现代化中的“变形”和“样板”之间的关系是新的研究任务。

和西方不同的是，苏联消费社会的发展不是商品丰富的产物，而是在必需品紧缺的情况下发生的。对消费社会价值的宣传成了苏联的国家改革、对繁荣的承诺。芬兰社会学家尤卡・格罗瑙的研究显示，在改革框架内，国家重新建立了消费品的大规模工业生产。高层的政治领导人批准了香肠、冰激凌、香水的配方。斯大林提出了酿造苏联香槟的想法。[1458]

和西方的不同之处在于，苏联领导层给贸易和消费附加了社会—政治意义。开设商店成了政治事件，而商品是象征、宣传手段，宣传中包含的即将出现的繁荣和唾手可得的奢华思想有时候比商品的消费属性更重要。消费领域的社会—政治意义是苏联生活中的奇怪现象之一：鱼子酱、香槟、巧克力、白兰地等奢侈品一般出现在苏联人的节日餐桌上，国家将这些奢侈品留作国内消费，对出口进行了限制，与此同时，面包、油、肉、肥皂、印花布这样的生活必需品反倒成了奢侈品，为了买到这些东西，人们大排长龙。研究者指出，与西方不同的是，苏联通过向消费者提供新产品、模仿繁荣和奢侈品的民主化去追逐的社会—政治目标有时候比获利更重要。因此，苏联社会中的售货员要发挥政治鼓动员的作用。

虽然钱很重要，在黑市上尤甚，但是钱不是苏联消费社会发展的唯一决定性因素。当商店货架半空时，满足消费需求的非货币方法就会得到大发展：可以进入国家“食槽”——精英供给单位、私人交情、交换服务（走后门）、接近交易。在苏联社会中，贸易工作者总是社会上的重要人物。国家渴望控制商品生产和消费领域、品位和时尚的形成，加之紧缺经济中的商品长期不足，限制了人通过消费形成个性的潜力和自由。这里，苏联消费社会发展与西方还有一个不同之处，西方已有的商品远远超过个体的自由和选择的需要。在长期紧缺和贸易兼具政治任务性质的情况下，苏联广告不会放任消费者的怪念头，而是鼓励理性的需求。广告应当把清醒的消费需求和口味引导到官方认可的人民“增长的需求”上面来。

无论国家计划供给（苏联贸易）和国家管控商品生产及消费的意义如何重大，有限合法的市场和无处不在的黑市在苏联消费社会发展中发挥了重要的经济、社会和文化作用。黑市在苏联消费社会发展中的特殊意义是和西方的主要差别之一，西方的顾客不需要去找投机者。苏联经济中的市场解释了半空的商店和塞满的家庭冰箱共存的奇怪现象。市场形成了一种可替代的品位和潮流，为个体选择提供了更多自由。在市场上得到好处的是有钱人，而不是国家特权（不过，特权和钱有联系）。最后，苏联消费社会的发展是国家计划经济和市场互动的结果。

研究外宾商店证实了上述俄罗斯和西方学者得出的关于苏联消费社会发展的很多结论，而且还让人看到了新意。外宾商店没有否认苏联贸易社会—政治和文化使命的重要性，它证明了，西方消费领域发展的主要动力——利润，与苏联政治并不冲突。外宾商店是宣传消费价值服务于践行国家经济战略的方法之结晶。在外宾商店史编纂中有一个全新的重要结论，涉及苏联消费文化和实践中的身体风险的作用。为了获取公民的财富积蓄，格别乌/内务人民委员部对外宾商店里的顾客实施抓捕，这使得日常性的逛商店成了一个危险的举动。外宾商店史显示，风险和惊险经历在日常生活中与苏联消费者相伴相随。

1930年代中叶，苏联的国家政策根本性地转向物质主义和认同消费价值使厌倦了贫困饥饿生活的人民欢欣鼓舞，但又是什么促使苏联领导层迈出了这一步呢？大部分当代研究者将这一转向的原因归结为，必须在加速工业化引起的危机环境中稳定斯大林体制，以及体制重新定向新的社会支柱——成长中的苏联中产阶级（工程师、斯达汉诺夫工作者等高新工人群体、知识分子、国家官僚阶层）[1459]：体制使中产阶级的财富（包括消费价值）合法化以换取忠诚。

外宾商店史显示，没有足够的思想和社会—政治原因可以解释苏联政府为什么转而“面向消费者”。外宾商店再次让我们关注社会—经济因素的作用。逐利、物质主义——当代市场经济的基石，是苏联经济迫切需要的。计划经济造成了对劳动的物质激励严重不足，人们希望赚更多钱购买商品，这成了更努力工作的动力。随着1930年代中叶苏联配给制的取消，斯大林说，应当恢复“赚钱的潮流”，换言之就是逐利的潮流[1460]：恢复工作趣味、发展生产的动力不再是微薄的定量配给，而是塞满商品的商店、各式各样的日常服务、娱乐。我认为，转向物质主义反映了苏联领导人对国内经济增长速度的关心以及将苏联建成现代强国的意图：国家提供消费诱惑，以便服务国内的工业发展。因此，苏联“面向消费者”的转变是“工业务实主义”的表现，配给制中的等级和外宾商店的工作原则都是“工业务实主义”的表现。

消费社会在苏联的发展缓慢而艰难。那么，到底有没有成功建立呢？大部分研究者倾向于否定的答案。直到苏联解体前，购物体验仍然不尽如人意，商品紧缺、质量低劣仍然存在，只有少数特权人士才有自由和可能“通过消费彰显个性”。消费社会价值的宣传和现实相去甚远——最需要的商品长期紧缺、精疲力尽的排队、凭卡购买、限购，这些情况在整个苏联存续期间一直存在。虽然，危机之后就会趋于正常，苏联人的物质生活条件和消费水平也不断提高，但是即使是在保障最好的 1970 年代至 1980 年代初，苏联社会也没有达到西方中产阶级的生活水平。从斯大林开始，国家领导层一直鼓励发展消费和满足消费者需求，但是都不能让他们满意。人们将自己的消费困境归咎于苏联经济和政治体系，出于对真正的消费社会的渴望，人们准备放弃苏联社会主义。失望的顾客成了苏联社会主义的掘墓人。

附录

缩略词（中外文对照）

Ам-Дерутра (Am-Derutra Transport Corporation) – Советско-американское транспортное агенство	苏联—美国运输公司
Амторг (Amtorg Trading Corporation) — частное акционерное общество в США с участием советского капитала	美国贸易公司——有苏联资本参与的美国私营股份公司
Антиквариат – Главная, а затем Всесоюзная государственная торговая контора по скупке и реализации антикварных вещей	“古董管理局”——全苏古董收购和销售贸易管理局
Внешторгбанк – Банк для внешней торговли	外贸银行——对外贸易银行
ВСНХ – Высший совет народного хозяйства	国民经济最高委员会
ВКП(б) – Всесоюзная коммунистическая партия (большевиков)	联共（布）——全联盟共产党（布尔什维克）
ВРИД – временно исполняющий дела	代理
ВЦСПС – Всесоюзный центральный совет профессиональных союзов	全苏工会中央理事会
ВЧК – Всероссийская чрезвычайная комиссия по борьбе с контрреволюцией и саботажем	契卡——全俄肃清反革命及怠工非常委员会
ГАСО – Государственный архив Смоленской области	斯摩棱斯克州国家档案馆
ГАРФ – Государственный архив Российской Федерации	俄罗斯联邦国家档案馆
Главзолото – Главный золотой комитет	黄金委员会
Главнаука – Сектор науки Наркомата просвещения	教育人民委员部科学机构、艺术科学机构和博物馆管理总局
Главметцветзолото – Главное управление по цветным металлам, золоту, платине и редким элементам	有色金属、黄金、铂金及稀有元素管理总局
ГОРТ – Государственное объединение розничной торговли	国家零售贸易联合公司

续表

Госбанк – Государственный банк СССР	苏联国家银行
Госплан – Государственный плановый комитет	国家计划委员会
ГТУ – Главное таможенное управление	海关总局
Дальстрой – Государственный трест по дорожному и промышленному строительству в районе Верхней Колымы	远北建设——上科雷马区道路和工业建设托拉斯
ДВК – Дальневосточный край	远东边疆区
Инснаб – специальная контора по снабжению иностранных специалистов и рабочих продовольствием и промышленными товарами	“外国专家供应社”——外国专家和技工供应粮食和工业品特别办公室
Врио – временно исполняющий обязанности	代理
ГУЛАГ – Государственное управление лагерей	古拉格——国家劳改营管理局
ГУМ – Главное управление милиции	警察总局
ГУМ – Государственный универсальный магазин	古姆——国立百货商场
ИНО ОГПУ – Иностранный отдел ОГПУ, разведка органов госбезопасности	格别乌外国局——国家安全部门的情报部门
Интурист – Всесоюзное акционерное общество, занимавшееся обслуживанием иностранных туристов в СССР	全苏外国游客服务股份公司
КВЖД – Китайско-Восточная железная дорога	中东铁路
ЛГК – Ленинградская городская контора Торгсина	外宾商店列宁格勒市办事处
ЛЕЖЕТ – Ленинградский жировой трест	列宁格勒脂肪加工托拉斯
ЛОГАВ – Ленинградский областной государственный архив в г. Выборге	维堡市列宁格勒州国家档案馆
ЛОК – Ленинградская областная контора Торгсина	外宾商店列宁格勒州办事处
МГК – Московская городская контора Торгсина	外宾商店莫斯科市办事处
МОК – Московская областная контора Торгсина	外宾商店莫斯科州办事处
Моссельпром – Торгово-промышленное объединение, включавшее государственные пивоваренные, спирто-водочные заводы, кондитерские и табачные фабрики	包括了国有啤酒酿造、伏特加工厂、糖果和烟草工厂的工贸联合公司

续表

Мосторг, Мосгорторг – Объединение предприятий торговли г. Москвы	莫斯科市贸易公司——莫斯科贸易企业联合公司
МОСТРОП – Московский трест общественного питания	莫斯科大众食品托拉斯
НКВМ, Наркомвоенмор – Народный комиссариат военных и морских дел	陆军和海军人民委员部
Наркомпрос – Народный комиссариат просвещения	教育人民委员部
НК РКИ, Рабкрин – Народный комиссариат рабоче-крестьянской инспекции	工农监察人民委员部
НКВД – Народный комиссариат внутренних дел	内务人民委员部
НКИД – Народный комиссариат иностранных дел	外交人民委员部
НКВТ, Нарковнешторг – Народный комиссариат внешней торговли	外贸人民委员部
НКТП, Наркомтяжпром – Народный комиссариат тяжелой промышленности	重工业人民委员部
НКФ, Наркомфин – Народный комиссариат финансов	财政人民委员部
Нэп – Новая экономическая политика	新经济政策
ОБХСС – Отдел по борьбе с хищениями социалистической собственности Главного управления милиции НКВД СССР	苏联内务人民委员部警察总局打击侵占社会主义财产处
ОВИР – Отдел виз и регистрации	签证和登记处
(О)ГПУ – Объединенное государственное политическое управление	国家政治保卫（总）局
Отель – Всесоюзное акционерное общество, занимавшееся гостиничным обслуживанием иностранцев	全苏外宾酒店服务股份公司
Политбюро – Политическое бюро Центрального комитета Коммунистической партии	政治局——共产党中央委员会政治局
Помгол – Центральная комиссия помощи голодающим	饥民救济中央委员会
Разведупр – Разведывательное управление штаба Рабоче—Крестьянской Красной Армии, военная разведка	工农红军司令部情报局

续表

РГАСПИ – Российский государственный архив социально—политической истории	俄罗斯国家社会政治史档案馆
РГАЭ – Российский государственный архив экономики	俄罗斯国家经济档案馆
Рейхсвер — вооруженные силы Германии в 1919—1935 гг.	德国防卫军——1919—1935年的德国武装力量
РККА – Рабоче—Крестьянская Красная Армия	工农红军
РСДРП (б) – Российская социал—демократическая рабочая партия (большевиков)	俄罗斯社会民主工党（布尔什维克）
СВИТЛ – Северо—Восточный исправительно—трудовой лагерь	东北劳改营
СДКПЛ – Социал—Демократическая Партия Королевства Польского и Литвы	波兰王国和立陶宛社会民主党
СНК, Совнарком – Совет народных комиссаров	人民委员会
Совбюро ИМПРа – Советское бюро Интернационала моряков и портовых рабочих	海员和港口工人国际苏联局
Совсиньторг – Всесоюзное экспортно—импортное объединение по торговле с Синь—Цзяном (Западный Китай)	全苏与新疆（中国西部）进出口贸易联合公司
Совторгфлот – акционерное общества советского торгового флота, объединявшее транспортные суда страны	苏联商船队——联合全国运输船的苏联商船队股份公司
Совфрахттранспорт, затем Совфрахт – Всесоюзное объединение Наркомата внешней торговли, занимавшееся транспортировкой грузов внешней торговли	苏联货运公司——外贸人民委员部下属的全苏外贸货运联合公司
Союззолото – Всесоюзное акционерное общество, объединявшее предприятия золотодобывающей промышленности	苏联黄金——苏联黄金全苏采金企业联合股份公司
СТО – Совет труда и обороны	劳动和国防委员会
ТОТ – торговый ордер Торгсина	外宾商店流通券
ТЭЖЭ – Государственный трест высшей парфюмерии, жировой и костеобрабатывающей промышленности	国家高档香料、脂肪和象牙加工业托拉斯
УПО – Управление переводо—посылочных операций	汇款—邮包业务局

续表

УЗО – Управление заграничных операций	外国业务局
УСВИТЛ – Управление Северо—Восточных исправительно—трудовых лагерей	东北劳改营管理局
ЦГАМО – Центральный государственный архив Московской области	莫斯科州中央国家档案馆
ЦГА РУз – Центральный государственный архив Республики Узбекистан	乌兹别克斯坦共和国中央国家档案馆
ЦЕКУБУ – Центральная Комиссия по улучшению быта ученых	改善学者生活条件中央委员会
ЦК ВКП (б) – Центральный комитет Всесоюзной коммунистической партии (большевиков)	联共（布）中央委员会——全联盟共产党（布尔什维克）中央委员会
ЦКК – Центральная контрольная комиссия	中央监察委员会
ЦЧО – Центральная черноземная область	中部黑土州
ЭКУ ОГПУ – Экономическое управление ОГПУ	格别乌经济局
ЭКО ГПУ – Экономический отдел региональных представительств ОГПУ	格别乌驻各地代表机构的经济处
Юнион – Турс – Советско – американское туристическое агенство	苏联—美国旅行社
Кожимпорт, Текстильимпорт, Межкнига, Союзметимпорт, Технопромимпорт и др. – импортные объединения Наркомата внешней торговли СССР	皮货进口公司、纺织品进口公司、国际书刊公司、金属进口联合公司、技术工业进口公司——苏联人民委员部进口联合企业
Экспортлес, Экспортхлеб, Нефтеэкспорт, Союзпушнина, Коверкустэкспорт, Союзпромэкспорт, Разноэкспорт – экспортные объединения НКВТ	全苏木材出口联合公司、全苏粮食出口联合公司、全苏石油及石油制品进出口联合公司、全苏皮货辛迪加、全苏手工制品及地毯出口联合公司、全苏工业出口联合公司、综合出口公司——外贸人民委员部出口联合企业
NARA – National Archives and Records Administration. Национальный архив США	美国国家档案馆
RG – Record group	文件组合

大事记

十月革命和国内战争，1917—1920年。国家黄金专营制度建立。地下资源收归国有。处于银行账户和保险库、庄园、宫殿、博物馆和秘密储藏处的有价物品收归国有。禁止保存、购买、兑换、出售外汇和黄金。所有公民必须将有价物品无偿上交给国家。

“新经济政策”初期，1921年。无论数量多少，私人持有的铂金制品、黄金和白银钱币、黄金锭和铂金锭、原料黄金和铂金都应充公。此外，如果公民们个人日用的贵金属制品超过政府制定的限额，那么必须上交给国家：每人持有的黄金和铂金制品不得超过18所洛特尼克（约77克），白银制品不得超过3俄磅（约1.2千克），钻石等宝石不得超过3克拉，珍珠不得超过5所洛特尼克（约21克）。将有价物品上交国家是强制的，但不是无偿上交，可以按照市场价获得货币补偿。

“新经济政策”时期的合法外汇市场，1922—1926年。取消了向国家强制上交黄金制品、金锭和金币的政策。允许黄金制品和金锭自由流通，以及沙皇金币和外汇的买卖。不过，并不允许将外汇、有价物品用作支付工具。苏联公民可以在交易所、国家银行分支机构和财政人民委员部设有收购点的商店自由买卖外汇和沙皇金币。允许将外汇汇往国外。为了1922年底开始流通的切尔文券保持坚挺，国家银行和财政人民委员部实施了“货币干预”：它们通过自己的代理，其中包括职业的“外汇投机者”，向民众出售沙皇金币和外汇。为此，国家银行拿出国家黄金储备铸造沙皇金币。在货币干预期间，民众补充了自己的沙皇金币和外汇积蓄。

“新经济政策”合法外汇市场的崩溃，1926年—1930年代初。1925/1926经济年度尝试加快工业发展导致微薄的国家黄金—外汇储备快速耗尽和通货膨胀高企。人们开始积蓄有价物品，而国家领导层开始收缩合法外汇交易。国家银行和财政人民委员部停止了货币干预（1926年春天）。格别乌开始逮捕“非法买卖外汇者”。1927年重新开始的加速工业化使国家的黄金和外汇需求骤增，但在通货膨胀不断发展的情况下，实际上无法通过经济手段吸引公民的私人积蓄。在打击投机活动的口号下，格别乌大力没收人民财产。国家事实上回到了国内战争时期的严厉外汇政策。外宾商店出现后，逮捕公民并没收其财产的行动仍未停止。格别乌利用外宾商店找出拥有黄金和外汇的人。

外宾商店时期，1930—1936年

1930年7月18日。根据苏联贸易人民委员部的命令，“苏联外国人贸易特别办事处‘外宾商店’”成立。

1930年10月。外宾商店的地方分支机构接管了苏联商船队的船舶补给业务——为苏联港口的外轮和海员提供商贸服务。对苏联远洋轮和海员的供给也被纳入外宾商店的工作范围。一些港口外宾商店根据商店负责人的提议，在地方政府的纵容下近乎公开地利用妓女“招揽顾客”，形同经营“妓院”，直到外宾商店关闭港口外汇贸易，这一直是其业务责任。

1930年12月24日。国家银行说明，无论是外国游客，还是长期在苏联生活的外国人都可以在外宾商店使用“外汇卢布”购买商品，此举旨在减少他们工资中的外汇部分。

1931年1月4日。外宾商店获得了新的地位和名称——“全苏外宾商品供应联合公司”，受苏联外贸人民委员部管理。外宾商店管委会第一

任主席为莫·伊·什科里亚尔。

1931年1月13日。为执行政治局的决定，苏联供给人民委员部在全联盟实行基本食品和非粮食商品的配给制，正式完成了限额供给的推行进程，该进程从1927年开始自行发展。配给制反映了国家供给的等级制度：最好的定量配给仅限供应执政精英和直接参与工业生产的人。大量的人群（农民、“被剥夺权利的人”）无法获得国家的定量配给，不得不自谋出路。在配给制期间，城市在半饥半饱中勉强生存，而农村则慢慢死去。

1931年3月。首都第一百货商店的经理叶夫列姆·弗拉基米洛维奇·库尔良德建议外贸人民委员部允许顾客在外宾商店使用日用黄金（首饰、餐具、手表、鼻烟壶、十字架、勋章等）换购商品。

1931年6月14日。苏联财政人民委员部批准外国人和苏联公民在外宾商店使用沙皇金币换购商品。

1931年9月18日。苏联财政人民委员部正式批准境外外汇汇款汇入外宾商店账户用于购买商品。这个决议使1931年夏天根据人民倡议发展起来的实践拥有了法律依据。

1931年11月3日。政治局指派苏联外贸人民委员部在外宾商店用粮食和商品换取日用黄金。包括了罗森戈尔茨（外贸人民委员部）、格林科（财政人民委员部）、谢列布罗夫斯基（苏联黄金）、卡尔曼诺维奇（国家银行）、杰里巴斯（格别乌）的特别委员会共同决定外宾商店的经营范围及结算方法。

1931年12月初。莫斯科第一百货商场得到外宾商店管委会主席莫·伊·什科里亚尔的口头批准后（暂无正式命令）开始接受苏联公民使用日用黄金换购商品。

1931年12月10日。苏联人民委员会下达了“关于授予全苏外宾商品供应联合公司收购贵金属（黄金）生产经营权”的命令。日用黄金收购是外宾商店史上一件真正具有革命意义的事件。

1932年10月。苏联情报员、苏联皮货工业的缔造者之一阿·卡·斯塔舍夫斯基被任命为外宾商店管委会主席。外宾商店和他一起经历了饥饿的、“闪耀的”1933年。斯塔舍夫斯基于1934年8月离开外宾商店。几年后，他完成了自己最后的外汇任务，成了“X行动”的参与者，最终，西班牙黄金储备进入了莫斯科的国家银行库房。

1932年11月1日。外宾商店从“外国专家供应社”接手了驻苏联外国使团的贸易服务工作。

1932年11月24日。在政治局会议议程中列入了外宾商店收购白银的问题。政治局完全同意提案，建议“初期在黄金存量巨大的地区不实施该措施”。外贸人民委员部确定了白银收购区域。

1932年12月。外宾商店在一系列大城市开始收购白银。根据外贸人民委员部决定，各地（雅库特和远东除外）应于1933年1月15日全面启动白银收购，但组织时间延后了启动时间。外宾商店全面的白银收购到1933年春天才启动。

1933年8月。外贸人民委员部早在4月就讨论了在外宾商店收购钻石的问题，但到了8月才批准启动收购工作，当时饥荒已经消退。而且，政府最初批准只在三座城市收购钻石——首先是莫斯科，之后是列宁格勒和哈尔科夫。在1933—1934年间，在很多大城市都开展了钻石收购业务，收购点一度达到了300个。

1933年10月。外贸人民委员部向苏联人民委员会下设的外汇委员会提议批准在莫斯科、列宁格勒、哈尔科夫和斯维尔德洛夫斯克（铂金工业区）收购铂金。

1933年。外宾商店令人悲伤的成就。在这个大批人饿死的年度，人们往外宾商店交去了近45吨纯金和1400多吨纯银。堆积如山的贵金属被国家换成了建造大型工业企业所需的机床、涡轮机、原料和专利证——这是人类悲伤的纪念碑。1933年成了“大转折”的年度——农民大量走进外宾商店。

1934年。外宾商店开始铂金收购。与此同时，由于国内粮食状况的正常化以及民众对外宾商店兴致下降，政府开始收缩其贸易网络。外宾商店领导层试图维持“航行”，将外宾商店转变成“文明贸易”的示范性外汇商店，开始寻找新的外汇收入来源：销售公寓、别墅、疗养券、剧院和火车票、汽车、电影放映券、收取天文数字般的大笔外汇“赎金”批准移民、向外国人出租公寓。然而，这些措施没有带来显著的外汇效益。外宾商店的亏损在增加。

1934 年 10 月。政府批准外宾商店从民众手中收购钻石及其他贵金属。

1934 年 11 月。阿·米·利文森被任命为外宾商店管委会主席。他一直担任这一职务到外宾商店关闭为止。

1935 年。根据政治局的决定，从 1 月 1 日起取消面包配给卡。从 10 月 1 日起取消了肉制品和鱼肉制品、油脂、糖和土豆的配给卡。“开放式”商店取代了配给制时期的封闭式定量配给供给单位。民众对外宾商店的兴趣继续下降。收缩外宾商店网络的进程全面展开：1933 年，外宾商店下属 1500 家商店，1935 年 7 月 1 日前，只剩下了 493 家商店。

1935 年 11 月 14 日。（11 月 15 日，发布了）政府关于 1936 年 2 月 1 日关闭外宾商店的命令。

1935 年 11 月 15 日。外宾商店停止接受贵金属和宝石，商品销售中只接受外汇现金和境外外汇汇款。购买狂热开始：人们急着把留在手中的外宾商店的钱换成看中的商品。在外宾商店经营的最后两个半月里，人们拿到外宾商店的外汇现金（650 万金卢布）比 1935 年前九个半月的（550 万金卢布）多了 100 万金卢布。

1936 年 2 月 1 日。外宾商店关闭的正式日期。不过，民众手中剩余的外宾商店商品册的供货工作一直持续到夏天。外宾商店关闭后，国家银行开始收购黄金。

1935 年全苏联合公司外宾商店组织结构

莫斯科的总部机关

领导：主席、副主席、顾问、资深监察员和专家顾问

办公室：总务部门、结算部门、经济部门、秘密部门、法律部门、发送部门和储备部门

商品门类专门办公室：粮食、其他商品、纺织品、鞋类、皮草制品、港口

内部供应办公室和运输办公室

综合计划和外汇财务部门

总会计部门

中央库

钻石库

进口库（列宁格勒）

地区机关（州级、边疆区级和共和国级）

办事处架构：

计划（计划财务）部门

会计处

办公室或秘书处

执行检查部

商业部门（按照商品类型分成若干专业处）：纺织品、鞋类、皮货、其他商品、建材、化学制药、粮食等。在最大的办事处，粮食处被分为面包谷物处和肉类脂肪处。

商品库（州级办事处）

1935年夏天—秋天，外宾商店的行政管理机关有906名工作人员，在贸易网络中有11555名工作人员。

资料来源：俄罗斯国家经济档案馆，第1类第158卷第25—27页。

苏联的官方汇率、黄金收购价格和外宾商店金卢布的黑市价格

苏联的官方汇率

外宾商店时期，1931—1935 年

1 美元 =1 卢布 94 戈比

1 英镑 =7 卢布 60 戈比

1 德国马克 =46 戈比

资料来源：俄罗斯国家经济档案馆，2324 号库第 1 类第 896 卷第 245 页。

1936 年

1 美元 =5 卢布 75 戈比

1 英镑 =28 卢布

1 法郎 =33.3 戈比，1 卢布 =3 法郎

资料来源：外宾商店管委会主席利文森给外贸人民委员罗森戈尔茨的报告。（俄罗斯国家经济档案馆，4433 号库第 1 类第 138 卷第 66 页）苏联人民委员会《关于停办全苏联合公司“外宾商店”》的 2487 号决议。（俄罗斯联邦国家档案馆，5446 号库第 16a 类第 1150 卷第 10 页；俄罗斯国家社会政治史档案馆，17 号库

第162类第19卷第72页）

从1937年7月19日至1950年2月28日

1美元=5.3卢布

从1950年3月1日至1960年11月14日

1美元=4卢布

资料来源：亚·尼·皮利亚索夫：《俄罗斯东北开发的规律和特点（回顾和预测）》，马加丹，1996年，第80页。

苏联黄金收购价格

外宾商店时期（1931—1935年）：每克纯金兑1卢布29戈比

1936年：每克化学意义上的纯金兑6卢布50戈比

外宾商店金卢布在黑市的价格

1933年秋天，在莫斯科、罗斯托夫、奥塞梯、达吉斯坦，1个外宾商店卢布兑45—57苏联普通卢布。

资料来源：俄罗斯国家经济档案馆，4433号库第1类第75卷第12页。

1933年1月至3月的中亚，1个外宾商店卢布在黑市上可以兑50—55苏联普通卢布，4月可兑60苏联普通卢布，5月至7月可兑70苏联普通卢布，8月至12月可兑65苏联普通卢布。

1934年，外宾商店卢布兑苏联普通卢布的比价为：1月——1:55，2月至3月——1:60，4月——1:65。

资料来源：乌兹别克斯坦共和国中央国家档案馆，288号库第1类第77卷第57页。

1935年12月，在外宾商店的最终报告里，外宾商店金卢布兑苏联普通卢布的比价为1:28。

资料来源：俄罗斯国家经济档案馆，4433号库第1类第175卷第130页。

外宾商店和苏联对外贸易人民委员部领导简历[1461]

全苏联合公司外宾商店的领导层

米哈伊尔·纳乌莫维奇·阿佐夫斯基

（Михаил Наумович Азовский）

（1900—1938？）

——从1932年7月起担任外宾商店管委会副主席，至少一直到1935年2月（干部个人登记表中的日期）。阿佐夫斯基是所有副主席中最年轻的，也是少数接受过高等经济学教育的副主席之一，比其他人任职时间都要长。

阿佐夫斯基是20世纪的同龄人。他出生在克里米亚辛菲罗波尔的一个犹太人家庭。父亲最初在工厂做工，之后成为手工业者。在自己填写的履历中，阿佐夫斯基把自己的阶级出身定为“市民”，而父亲的手工业职业为农民—磨坊主。

1914年，阿佐夫斯基从市立学校毕业后，想要继续学习，但世界大战爆发了。父亲被征召入伍，直到1917年才回家并在当年去世。作为长子，年轻的米哈伊尔需要照顾家中的6个人，学习不得不中断。1919年前，他在城市自治系统干了5年水管工，但接受教育的梦想犹在。

据阿佐夫斯基所言，他从1917年起参加革命活动，当时他在辛菲罗波尔组建了一个“社会主义小组”，并成为当地青年联盟的领导。1918 年，他成为金属工人联合会管委会成员和书记。国内战争时，在白军占领克里米亚期间，阿佐夫斯基不得不转入地下工作。当红军短期攻占辛菲罗波尔的时候，阿佐夫斯基参加了红军并作为第二共产主义营的普通士兵在战斗中撤出了克里米亚——这是他从军经历中唯一的战斗经验。

很快，阿佐夫斯基被从前线“召回”学习——部队的革命军事委员会把他派往斯维尔德洛夫共产主义大学。阿佐夫斯基想成为经济学家，于是在大学里选择了完全社会主义的专业——国家管控专业，但学习没有持续太久。1919 年 11 月，在红军反攻白军邓尼金将军时，阿佐夫斯基和其他被征召的斯维尔德洛夫大学的学员一起被派往了东南方面军，之后按照其离故乡克里米亚近一些的个人意愿，他被派到了南方面军。不过，他在军中的职位不是英雄式的——投诉局负责人、战地监督军事委员、军事工农监察机关监察员。总之，阿佐夫斯基在军中实践了大学所选的“国家管控”专业。阿佐夫斯基在履历中写道：“1920 年 11 月夺取克里米亚后，我被政治部主任泽姆利亚奇同志召回。”党指派阿佐夫斯基在他的故乡克里米亚建立工会和工农监察机关。当 1921 年克里米亚苏维埃共和国成立时，阿佐夫斯基担任了工农监察副人民委员。

1924 年，他请求离职前往莫斯科的李可夫工学院学习，他在那里的经济学专业学习了四年。在学习时，他还在外贸银行管委会兼职：从科室负责人一直干到银行的资深代办。毕业后，他被派往国外工作，担任外贸银行驻伊斯坦布尔分支机构负责人。阿佐夫斯基在土耳其生活了三年多，后来又出差去了埃及和巴勒斯坦。他略懂一些外语——法语和英语。1932 年，他回到国内坐上了外宾商店管委会副主席的位子。

阿佐夫斯基于 1932 年 7 月开始在外宾商店工作。他为外宾商店在饥饿的 1932—1933 年取得“闪耀”的成绩做出了贡献。饥荒消退后，人民对外汇贸易的兴趣快速下降，外宾商店迫不得已寻找新的外汇收入来源，此后，阿佐夫斯基仍然担任着外宾商店领导。1935 年 2 月——他案卷中最后的文献日期——他仍然担任着管委会副主席。

关于阿佐夫斯基后来的生活，在档案中信息非常少。明确的是，他于1935年在联共（布）哈萨克斯坦谢米帕拉京斯克区委接受了党员证件检查。当时阿佐夫斯基担任什么职务并不清楚，他出现在那里可能是因为受到了惩罚。这个推测的依据是，阿佐夫斯基是1935年党的监察委员会调查的“挥霍国家储备”案中的被告之一。该案的主要人物是外宾商店管委会副主席、1934年8月至11月担任代理主席的格·伊·穆斯特，而其他的管委会领导成员被控唯利是图。[1462]之后发生了什么？在干部个人登记表上的“1938年9月16日注销”章可以证明阿佐夫斯基已被捕，而且可能在“大清洗”期间被处决。阿佐夫斯基是从水管工成长为合格的苏联经济学家和大型外汇企业领导的，但没能找到关于他的其他信息。

吉洪·伊万诺维奇·阿尼西莫夫

（Тихон Иванович Анисимов）

（1895—1934）

——1932—1934年担任外宾商店管委会主席助理。

吉洪·伊万诺维奇在履历中写道：“出身工农。”他没意识到，这是俄罗斯无产阶级的主要特征之一，在历史上被称为“有份地的工人”。阿尼西莫夫的父亲——卡卢加省卡泽利斯克县卡斯特涅夫斯克乡农民，由于缺少土地前往城市做工——在彼得堡的普基洛夫斯克工厂做车工。自己的大儿子和年轻的吉洪也先后去了这家工厂。从1910年到1916年底，吉洪·阿尼西莫夫在普基洛夫斯克工厂担任钳工、工具制造工，之后去了莫斯科的米赫里松工厂——1918年8月，列宁在此地遇刺。尽管在工业企业工作多年，吉洪·阿尼西莫夫仍旧认为自己是农民，他在1923年填写的干部个人登记表证明了这一点。

吉洪·阿尼西莫夫在普基洛夫斯克工厂和米赫里松工厂先后经历了政治罢工的历练。二月革命时，他加入了俄罗斯社会民主工党（布尔什维克）在莫斯科沃列茨区的组织，并于1917年4月获得党员证。十月革命期间，他参加了红色近卫军，在莫斯科进行了街垒战。随着布尔什维克掌权，吉洪·阿尼西莫夫失去了工作——1918年，由于单方面退出了世界大战，苏维埃政府发起了工业复员，解雇了数十万工人。城市里的饥饿和崩溃让他想起了自己的“农根”：吉洪带着口袋里的两个月薪水回到了农村的父母那里，由此经历了无产阶级失去阶级本色的过程，但他并没有回归农事。在科基谢村，曾在首都工作过的无产阶级立刻引起了关注。村民大会选举吉洪为乡代表大会的代表，之后他又被选为县苏维埃代表大会的代表。在县城科泽利斯克，吉洪·阿尼西莫夫在执委会担任了财政官员。他创立并领导了工农党在科泽利斯克的组织。他在党内的升迁没有停止：吉洪·阿尼西莫夫进入了党的省委，之后进入了省执委，在这里他参与建立了苏维埃财政机关，以取代已被撤销的旧制度下的财政厅和税务局。应当指出的是，从农村党务工作者走到省党务工作者，阿尼西莫夫只花了大约半年，他只接受过农村学校的教育，但管理了卡卢加省的财政事务。

1919年夏天，应党的征召，吉洪·阿尼西莫夫来到前线——参加了决定苏维埃政权命运的国内战争。但他参战时间不长，他在履历中写道：“由于糟糕的身体状况，我从前线撤下并被送到了疗养院。”但他没有休息——没什么可以“维持治疗”。吉洪·阿尼西莫夫回到了卡卢加省，之后，应县委请求重新回到了科泽利斯克，并当选市苏维埃主席、执委会主席团成员、党县委委员。

履历中的自述到此结束。吉洪·阿尼西莫夫剩下的人生经历资料来源都是断断续续的。1925年，他来到莫斯科，在机器制造托拉斯工作（指导员）。1929年，他来到图拉（党的中央区委组织处负责人）。1930年，回到莫斯科（工农监察人民委员部莫斯科分支机构的高级指导员）。1931年，阿尼西莫夫调到外贸人民委员部（干部部门负责人的助理）并于1932年4月担任外宾商店主席助理。他并没有贸易工作的经验。被派往外宾商店显然与他丰富的组织和干部工作经验有关。从文件上判断，吉洪·阿尼西莫夫在外宾商店一直工作到1934年早逝为止。

伊利亚·雅科夫列维奇·柏林斯基

（Илья Яковлевич Берлинский）

（1897—？）

——从1931年7月至1933年3月担任外宾商店管委会副主席，分管邮包业务、进口和往外宾商店汇款的业务。

党员评述（1932年）："该党员坚定、政治成熟。未受过党内处分。在业务工作方面，他是个精力充沛、坚毅的工作人员。清楚自己的事业，诚实工作。管理细致。一个坚定的行政管理者。"

伊利亚·雅科夫列维奇·柏林斯基于1897年出生在白俄罗斯姆斯季斯拉夫利的一个犹太人家庭。父亲是个体手工业者、小商贩：高价售卖糁。柏林斯基把自己的社会出身定为"小市民"，但任何情况下都会注明"贫农"。

伊利亚·柏林斯基成年时只接受过3年城市学校的教育。他体验过很多职业：革命前学过钳工活，做过司机，甚至做过电影放映员（当时的新职业）。他作为炮兵引导员在"一战"西线的战壕里战斗时，开始对政治感兴趣。在自述中，他没提过参加十月革命。1918年，伊利亚·柏林斯基自愿参加了红色近卫军。显然，他加入了白俄罗斯的一支游击队，并从德国人手里解放了自己的家乡姆斯季斯拉夫利等城市。柏林斯基的这段履历让我们想起了士兵布姆巴拉什的故事：他从奥地利俘虏营回到了家乡，梦想组建家庭、过上好日子，但国内战争的旋涡迫使他重新拿起武器。[1463]或许，离开战争的柏林斯基梦想过上平静的家庭生活，但不得不参加了游击队。在国内战争时期发生了两件大事：柏林斯基参加了共产党并成了骑兵——这对犹太人是一个冒险的选择（骑兵军以排犹著称）。与此相关的，还有一个历史和文学的结合——伊萨克·巴别尔和他的《骑兵军日记》。[1464]我们能感觉到，柏林斯基慎重考虑过自己的从军前程：1919年，他在斯摩棱斯克和鲍里斯格列布斯克的骑兵军学校学习；1921年。在列宁格勒高级骑兵军学校的团级指挥员分部学习，并获得了"红色骑兵军指挥员"的专业知识。国内战争中，他在不同方面军担任过不同职位——副官助手、骑兵连副连长、骑兵营副营长、排长、连长和营长，在西线和德国人作战，在土库曼斯坦和巴斯马赤匪帮作战，在“坦波夫前线”镇压安东诺夫暴乱。虽然从军较早，但他从未获过勋章。

伊利亚·柏林斯基官至高级指挥员，但没有继续留在部队中。1923年初，他从红军中退役。最初，似乎想要从事电影事业（国民经济最高委员会放映工业指导员、电影处处长，之后担任了国家电影委员会第一剧院负责人、第四电影院负责人、“租赁点稽查”负责人），后来又去了读者们熟悉的“信用局”[1465]，从1925年至1930年，他担任了“征收部负责人”。显然，他在这里取得了最初的外汇工作经验。1931年，柏林斯基到莫斯科市贸易公司工作，但在那里负责基本建设、运输和供给问题。他原计划被外派出国：1931年时，他是“全苏工业出口公司管委会外派出国的后备人员”，不过，他进了外宾商店管委会，而不是出国。

柏林斯基在外宾商店的工作从1931年7月持续1933年3月，也就是贸易网络和大饥荒发展最高潮的时期。柏林斯基不懂外语，但去外国短期出过差，可能和进口采购有关。他到过波罗的海三国、芬兰、德国、法国和英国。柏林斯基离开外宾商店的原因不明，但从履历表看，在他离职的1933年春天，他因为外宾商店的进口采购活动受到了中央监察委员会和工农监察人民委员部的处分。显然，他采购了不该采购的东西。

离开外宾商店后，柏林斯基在“信用局”待了几个月（遗产声索部门负责人），然后担任了两年半全苏皮货贸易联合公司的副主席（到1936年夏天为止），后来又转岗至全苏贸易供应公司[1466]（分支机构负责人、经理）。他在这个岗位上碰到了“大清洗”，但他轻易地躲了过去：1938年1月，联共（布）莫斯科罗斯托金斯克区委给予柏林斯基严厉处分，原话是：“放松了布尔什维克的警惕性，表现为与人民公敌博什科维奇共事并存在私人关系，掌握了人民公敌伊尔施泰恩（Ирштейн）的一系列敌对行为信号，却不敢予以揭发。没有清楚地指出并向党组织报告，其父亲为小商贩。”我没能找出伊尔施泰恩的身份，但博什科维奇是个名人。他和柏林斯基都担任了外宾商店管委会的副主席，后来，在全苏皮货贸易公司时，博什科维奇是柏林斯基的领导。[1467] 博什科维奇被枪决后4天，1938年1月24日，柏林斯基被严厉处分。和人民公敌有联系和未予揭发——在叶若夫时期，这样的"罪行"足以被开除党籍、逮捕，甚至枪决，但柏林斯基仅仅降了职，被派到皮货工厂担任供应部负责人。如何解释当时这么轻的判决？——有可能是因为，柏林斯基被处分时已经离开全苏皮货贸易公司，并非博什科维奇的下属，也可能是因为，罗斯托金斯克区委的共产党员们显示出了仁慈。不管怎样，1939年3月——他党员证中的最后日期——他还活着。已经在皮货工厂度过了混乱时期的柏林斯基从1938年9月起，担任了苏联贸易人民委员部皮货贸易公司的部门领导人。

伊利亚·雅科夫列维奇·柏林斯基的档案资料到此为止。1936年签发的党员证登记卡在1956年根据苏共中央委员会的决定予以注销，原因是柏林斯基未更换党员证。显然，在战争期间发生了点什么。1941年，柏林斯基41岁，他是预备役的高级指挥员，可能被征召到了前线。在1956年注销其登记卡时，伊利亚·柏林斯基可能已经不在人世，也可能不在苏联。柏林斯基的履历中，让我不明白的是，为什么他认为自己的社会出身是工人？

尤里安·谢苗诺维奇·博什科维奇（久拉·博什科维奇）

（Юлиан Семенович Бошкович）（Дюла Бошкович）

（1891—1938）

——从1932年4月到1933年8月担任外宾商店管委会副主席。在外宾商店分管行政和古董事务。

党员评述（1932年）为："坚定刚毅的党员，政治成熟。在业务上，他是一个精力充沛的行政管理者、有头脑的工作人员。管理细致。掌握德语和英语。过去，拥有丰富的领导经验。"

尤·谢·博什科维奇的一生值得专门著书立传。他于1891年出生在奥匈帝国的卢戈日市，马扎尔人。父亲是酿酒厂工人，母亲为家庭主妇。

博什科维奇接受过高等教育：从市立学校和卢戈日市男子中学（公费）毕业后，博什科维奇进了布达佩斯大学医学系，并于1914年毕业，几乎同时，第一次世界大战爆发。

通过考试后，博什科维奇立刻被征召进了奥匈军队担任初级军医。博什科维奇服役的团在1914年8月被派往塞尔维亚，秋天时被派往俄国前线。1915年3月，在俄军夺取普热梅希尔城市要塞时，博什科维奇被俘。他就这样来到了俄国：最初，他在辛比尔斯克战俘营的伤寒病棚担任医生，之后成了托茨科耶村（辛比尔斯克省）战俘营小医院的医生。博什科维奇在履历中自述称，由于和老医生有冲突，他进行了罢工，为此被逮捕判刑。他说，在监狱中认识了被捕的社会革命党人，并开始阅读反战传单。他写道："瑞典和丹麦人组成的红十字会代表团来到劳改营，把我从沙俄政府的迫害中救了出来。"

博什科维奇在1916年初出狱后来到了杜博夫卡（察里津省）的战俘营工作，在这里成了非法小组的成员。他在履历中写道："我在这里时，爆发了二月革命。我很不喜欢临时政府关于将战争进行到底的口号，我立刻听从了布尔什维克的口号。"

1917年6月，博什科维奇成为俄罗斯社会民主工党（布尔什维克）的党员，这是他和其他外宾商店领导的不同之处，其他人都是在布尔什维克掌权后才入党的。根据自述，在十月革命期间，博什科维奇参与了夺取杜博夫卡市杜马大楼（当时正在开会）的行动，之后成了县执委会政治委员和红色近卫军当地分支的组织员。1918年秋天，博什科维奇在萨拉托夫的布尔什维克省委领导了外国共产党员。1918年12月，他在阿斯特拉罕成了"奥匈工人代表大会的主席"。从1919年初起，博什科维奇加入红军，历任里海—高加索方面军军事委员会成员（阿斯特拉罕，1919年）、第一国际师师长（基辅，1919年）、第44师第3旅旅长、国家军事委员会军委成员（莫斯科，1920年）、第6军外伏尔加独立旅参谋长（1920年）、打击马赫诺军团参谋长（1921年）。他参加了察里津城下的战斗以及进攻弗兰格尔的行动。1919年，"由于消灭了绿匪帮"，他从乌克兰共和国军事人民委员那里获得了银柄军刀。1921年，“由于在1920年与白匪军的战斗中领导卓越”，乌克兰共和国军事委员会授予博什科维奇红旗勋章和若干金表。

国内战争结束后，博什科维奇在马克思主义短训班接受了党的意识形态教育。之后，他进入了乌克兰领导层：1921年，担任乌克兰苏维埃社会主义共和国卫生人民委员部首席医生和组织部门负责人；1922—1923年，担任全乌克兰中央执行委员会和乌克兰苏维埃社会主义共和国人民委员会委员、外国机构“饥民救济中央委员会”驻乌克兰全权代表。1923—1925年，担任苏联驻德国柯尼斯堡领事（除了母语匈牙利语外，博什科维奇还会俄语、德语、罗马尼亚语、法语和英语）。之后，党又把他派到国民经济最高委员会的经济工作岗位，他在这个岗位上一直工作到1931年春天（行政管理部门负责人、计量委员会负责人等）。

1931年春天起，尤·谢·博什科维奇开始涉足苏联贸易领域，最初担任化工进口公司副主席，之后转任外宾商店管委会副主席，然后又担任了全苏皮货贸易公司主席。他被选为莫斯科苏维埃成员、莫斯科克拉斯诺普列斯涅恩斯克区委员会指导员。1933年，外宾商店党组织授予博什科维奇证书和徽章，表彰其对贸易网络的组织工作。其实，在饥饿的1933年，当外宾商店经历快速增长时，要求其工作人员具有张力。

“大清洗”中断了尤·谢·博什科维奇的人生道路。他的干部个人登记表最后的词语是：“1937年11月1日，开除工作、被捕。”档案文献显示，联共（布）中央委员会的监察委员会党组在1938年4月14日将尤·谢·博什科维奇“作为反革命分子”开除党籍。按照1938年1月20日苏联最高法院军事法庭的命令，博什科维奇被枪决，是他曾经工作过的外贸人民委员部“大清洗”受害者中的一员。

在赫鲁晓夫“解冻”时期，1957年6月15日，最高法院军事委员会“以未参与犯罪活动”为由终止了尤·谢·博什科维奇的案件。党内平反过了32年才到来，在改革和公开化导致受害者恢复名誉之后：1989年11月29日，苏共中央委员会监察委员会恢复了尤·谢·博什科维奇的名誉。

瓦西里·库兹米奇·日丹诺夫

（Василий Кузьмич Жданов）

（1898—？）

——外宾商店“创始人”之一。1930年12月，开始担任副经理，当时外宾商店还是莫斯科市贸易公司下属的一家小办事处，而且仅向外国人提供服务。他在外宾商店负责商品采购和销售。

党员评述（1932年）：“懂政治、党性坚韧。在业务方面，他是一个精力充沛而坚决的人。领导工作经验不够丰富。在工作中得到了成长。作为行政管理者，缺乏韧性。未来可以培养成一个优秀的经济部门领导。”

瓦西里·库兹米奇·日丹诺夫出生在瓦尔代戈戈列沃农村的农民—渔民家庭。“父亲的财产从来没有超过一头牛和一匹马。[1468]贫穷、饥饿迫使姐姐们去城市做工，夏天时按日计工。在所有孩子里，我最幸运，我是唯一一个受过教育的。”日丹诺夫在自述中写道。少年瓦夏·日丹诺夫对政治不感兴趣：没有参加过革命运动，没有加入过什么小组，也没有被沙俄政府迫害过。他想学习，显然，他具备这样的能力。1914年，他通过了竞赛，赢得了奖学金，这使他不用增加家庭负担就能成为教师。他读书的愿望得到了姐姐们的支持，因为她们到过彼得堡，看到了教育是摆脱农村贫困的机会。

日丹诺夫进入诺夫哥罗德地方中等师范学校时还是沙皇统治时期，等过了4年毕业时，已是布尔什维克掌权的1918年。此后，他在瓦尔代的一个农村当了一年教师。第一次世界大战和革命都避开了瓦西里·日丹诺夫，国内战争之火也没有烧到他：1919年秋天，在莫斯科，作为教育人民委员部校外教育指导员和组织员培训班的学员，日丹诺夫加入了共产党并自愿前往前线，但并没有参加战斗——他成了北方面军的营指导员。1920年3月，学员们被从前线召回继续学业。1924年前，日丹诺夫在文化部门先后担任了不同职位，之后进入了普列汉诺夫国民经济学院经济系夜校，并于1928年毕业，成了持证“内贸经济师”。就这样，前教师登上了贸易舞台。最初，他在莫斯科农产品加工联合公司工作（法律部书记、初级法律顾问、贷款业务部门负责人、糖果部负责人），之后转到莫斯科市贸易公司工作（工业出口部负责人）。1930年12月18日，他被任命为“外宾商店”特别办事处副经理。在外宾商店获得全苏联合公司地位后，日丹诺夫成了管委会副主席。在这个岗位上，他至少干到了1932年11月——保存在档案中的党员证上的最后日期。个人履历显示，日丹诺夫的妻子是一名演员。

瓦西里·库兹米奇·日丹诺夫——来自瓦尔代的农民的儿子，以前的农民教师，在人生巅峰——首都外汇贸易企业的负责同志，似乎前程不错。关于他后来的人生经历，我们未能找到，但是凭一个情形可以推测出，他没有留在莫斯科。日丹诺夫于1935年在亚速—黑海边疆区济莫夫尼科夫斯克区委员会接受了党员证检查。当年所有共产党员都换取了1936年版的党员证，我没能找到日丹诺夫的。

苏联对外贸易人民委员部领导层

本书中，常常提到外贸人民委员阿·帕·罗森戈尔茨及其副手梅·安·洛加诺夫斯基的名字。虽然，这两人人尽皆知，他们的信息在出版物中都能找到，但我还是决定在本书中加入关于他们生平的简短说明。罗森戈尔茨和洛加诺夫斯基是外宾商店史的积极参与者。

阿尔卡季·帕夫洛维奇·罗森戈尔茨

（Аркадий Павлович Розенгольц）

（1889—1938）

——1930年10月至11月担任苏联外贸和内贸副人民委员，之后一直到1937年担任苏联外贸人民委员。

阿尔卡季·帕夫洛维奇·罗森戈尔茨出生于维捷布斯克。他的父亲是一个二等商人，有七个孩子。三个小儿子死于国内战争，另外两个儿子——阿尔卡季和他成了苏联微生物学家的兄弟都死于“大清洗”，唯一的女儿叶娃被流放到古拉格：她是画家、雕塑家和格拉费卡艺术家、法尔克和戈卢布金娜的学生——她的作品被保存在特列季亚科夫画廊、造型艺术博物馆和俄罗斯博物馆——流放期间，她在油漆车间工作，为驳船题字。

在其一份履历中顺便提到过，阿尔卡季·罗森戈尔茨的“主业”是医师，而在1914—1915年，他曾供职于保险公司，但事实上，他的主要职业和人生起点是革命。1905年，他在少年时就加入了俄罗斯社会民主工党（布尔什维克）。他在家乡维捷布斯克、基辅、叶卡捷琳诺斯拉夫、莫斯科开展党的工作。1917年，他成了莫斯科苏维埃执委会成员。他积极参与了十月革命和国内战争，是红军的缔造者之一：1917年10月，罗森戈尔茨供职于莫斯科军事革命委员会，1918—1919年，在托洛茨基领导下的共和国革命军事委员会和东、西方面军的革命军事委员会工作。1920年，获得红旗勋章和荣誉武器。履历作者指出了罗森戈尔茨和托洛茨基的亲密关系：从1923年到1927年，罗森戈尔茨都属于“左翼反对派”。[1469]

国内战争结束后，罗森戈尔茨最初从事恢复交通运输的工作，之后建立了苏维埃税务机关（俄罗斯苏维埃联邦社会主义共和国交通人民委员部和财政人民委员部部务委员）。1924年12月前，担任了苏联革命军事委员会成员、红军空军管理总局局长和政委。1925年，被派往国外从事外交工作，先后担任驻英国参赞和大使，一直到1927年。苏联活跃的间谍破坏活动导致1927年苏英关系破裂。罗森戈尔茨回到了莫斯科，担任工农监察副人民委员近两年（1928年12月至1930年10月），随后担任外贸和内贸副人民委员，从1930年11月起担任苏联外贸人民委员。

在深思阿尔卡季·帕夫洛维奇·罗森戈尔茨的命运时，会不由自主地为一些貌似不相干的事件、事实感到震惊，一些此前知之甚少的人突然和他的生活密切和悲剧地联系在一起，而有时又成了我自己经历的一部分。正是罗森戈尔茨的驻英国外交—间谍机构导致了众人皆知的“全俄合作社有限公司案”——苏联贸易代表处和苏联—英国合资股份公司办公室遭到搜查，英国警方没收了有损苏联名誉的文件。罗森戈尔茨及苏联职员必须在10天内离开伦敦。在去莫斯科的路上，他乘的火车停靠华沙，罗森戈尔茨在车站咖啡馆会见了苏联驻波兰全权代表彼·拉·沃伊科夫（П.Л. Войков）。正是在站台上和罗森戈尔茨挥手告别的那一刻，沃伊科夫被鲍里斯·科威尔达（Борис Коверда）刺杀。科威尔达时年19岁，1994年，当我在华盛顿凯南研究所访学时见到了他的女儿。已经成为著名作家的学长安纳托利·雷巴科夫和阿尔卡季·罗森戈尔茨与第一位妻子所生的女儿列娜是好朋友。他在自己的书《爱情—回忆录》中写道：“我们的爱情没有结果。从学校毕业后，我们见过几次面，后来有人跟我说，她去工厂做了焊工，然后就嫁人了。战后，回到莫斯科后，我得知，列娜早在30年代中叶就在苏护米的宾馆里被人射杀。为什么到现在我才知道。”

1937年夏天，阿·帕·罗森戈尔茨被免去苏联外贸人民委员的职务，很快被任命为国家储备局局长——这是斯大林最惯用的手段：在被消灭前先调离重要岗位，派到不太重要或不重要的岗位。1937年10月，罗森戈尔茨被捕。他成了1938年3月莫斯科审理的所谓“反苏右倾托洛茨基集团”案件的被告之一。除了罗森戈尔茨，遭此命运的还有20人：前政治局委员、“党的宠儿”尼·伊·布哈林（Н. И. Бухарин），前政府首脑阿·伊·李可夫（А. И. Рыков），前内务人民委员亨·格·亚戈达（Г. Г. Ягода），前中央委员会秘书、后来的外交副人民委员尼·尼·克列斯京斯基（Н. Н. Крестинский）等苏联领导人，以及一些最知名的医生。他们的罪名是叛国，从事间谍活动，搞破坏、恐怖、危害活动，动摇苏联军力，挑动外国军事力量进攻苏联。阿尔卡季·罗森戈尔茨在这个虚构的案子中被视为苏联托洛茨基地下活动的领导者之一、德国和英国间谍。赫鲁晓夫“解冻”时期的调查显示，罗森戈尔茨以及此案的其他被捕者一样在被捕的头几个月里都否认有罪，但在恐吓、心理和肉体摧残下，开始给出“感激的”供述。

在法庭上，罗森戈尔茨承认了所有罪状，包括利用外贸挥霍国家资金，用于资助托洛茨基个人及其组织，并准备行刺斯大林。和其他人不同，他没有祈求怜悯。在供职于革命军事委员会时，罗森戈尔茨不止一次地亲自把人送去受死，当他自己死的时候，不知道有没有想到这些。根据法院的判决，他于 1938 年 3 月 15 日被枪决。

罗森戈尔茨的妻子卓雅·亚历山德罗夫娜，旧姓里亚申采娃（Зоя Александровна Ряшенцева）在丈夫被处决后两周被捕，于 1938 年 4 月被枪决，享年 38 岁。罗森戈尔茨的第二次婚姻留下了两名年幼的女儿。其中一个女儿娜塔莉亚后来成了阿尔巴尼亚语翻译。

1988 年 2 月，苏联最高法院全体会议以不构成犯罪为由撤销了苏联最高法院军事法庭于 1938 年 3 月 13 日做出的关于“反苏右倾托洛茨基集团”案的判决。

梅奇斯拉夫·安东诺维奇·洛加诺夫斯基

（Мечислав Антонович Логановский）

（1895—1938）

——1931 年担任贸易人民委员部部务委员，从 1932 年至 1937 年，担任外贸副人民委员。

洛加诺夫斯基出身于波兰凯尔采市的律师家庭，但他没有步父亲的后尘，还和他断绝了关系——在 1936 年编制的联共（布）党员登记表上，在“1917 年后父母职业”栏中写的是“律师”，而且明确已经断绝关系——“没有联系”。梅奇斯拉夫·洛加诺夫斯基于 1914 年中学毕业同年加入波兰社会主义党。他决定不再继续学习，而是把生命献给革命。1914 年被捕，1916 年 3 月前，先后在华沙和下诺夫哥罗德的监狱服刑。刑满释放后前往莫斯科，在 1918 年 2 月前，他先在“俄罗斯水表公司”的工厂做杂工，随后在“克拉梅尔”工厂担任“火炮检验员”。在莫斯科的这家工厂里，他参加了十月革命。1918 年 6 月，他未经预备期就加入了俄共

（布）。在莫斯科的红军指挥员炮兵班结业后，他于 1919 年 1 月参加了国内战争。他先后在西方面军和南方面军中作战（炮兵连连长、炮兵营营长、情报处处长和政委）。因“前线的表现”，他被授予红旗勋章。1921 年 2 月，他开始担任契卡特派员，并被派往国外从事情报工作：从 1921 年 5 月至 1925 年 5 月——担任苏联驻华沙和维也纳的全权代表秘书。回国后，他短暂担任了格别乌外国局局长助理，随后调入外交人民委员部工作：1927 年 9 月前，洛加诺夫斯基一直担任外交人民委员部政治部门负责人，之后在 1931 年 1 月前担任苏联驻德黑兰的代办。随后，洛加诺夫斯基从情报—外交岗位转到贸易岗位，进入外贸人民委员部。

随着“大恐怖”的开始，洛加诺夫斯基头上的阴云开始浓重起来。厄运的先兆是降职：1937 年 4 月，洛加诺夫斯基转任食品工业副人民委员。1937 年 5 月 16 日，梅奇斯拉夫·安东诺维奇·洛加诺夫斯基被捕。1938 年 7 月 29 日，苏联最高法院军事法庭判他犯叛国罪。同一天，洛加诺夫斯基在离莫斯科不远的“卡穆纳尔卡”镇被枪决。党的官僚机关的工作甚至都赶不上枪决的速度，直到 1938 年 12 月 11 日，联共（布）中央委员会下设的监察委员会才开除洛加诺夫斯基的党籍。因此，在他被枪决时以及之后数个月，洛加诺夫斯基仍旧是党员。还有一个细节值得注意。党的监察委员会党组为“了解洛加诺夫斯基”于 1938 年 12 月 17 日向内务人民委员部发去了会议纪要的摘要。这意味着，在 1938 年 12 月，党的监察委员会委员还不知道，洛加诺夫斯基在大约 4 个月前已经被枪决——这一事实证明国家安全机关日益独立于党的中央机关。

梅·安·洛加诺夫斯基被内务人民委员部抓捕是因为外宾商店管委会前主席阿·卡·斯塔舍夫斯基被控为“波兰军事组织”成员，该组织在 1920—1930 年代为波兰情报部门开展过针对苏联的颠覆和间谍活动。因为这个虚假的案子遭到镇压的有很多波兰政治移民、在苏联安全机关和红军中的波兰人以及和波兰有联系的其他民族的苏联领导人。[1470]

1956 年 12 月 12 日，苏联最高法院军事法庭恢复了梅奇斯拉夫·安东诺维奇·洛加诺夫斯基的名誉。没有发现有关党内平反的信息。洛加诺夫斯基的妻子玛利亚·伊万诺夫娜帮助丈夫开展情报工作，也和他殊途同归——于 1938 年被枪决。死后恢复名誉。

外宾商店办事处历史

外宾商店办事处名单（1933年春）

北方办事处（阿尔汉格尔斯克）、列宁格勒办事处、高尔基办事处、鞑靼斯坦办事处（喀山市）、中伏尔加办事处（萨马拉市）、下伏尔加办事处（斯大林格勒市）、西西伯利亚办事处（新西伯利亚市）、东西伯利亚办事处（伊尔库茨克市）、远东办事处（符拉迪沃斯托克市）、莫斯科办事处、西部办事处（斯摩棱斯克市）、伊万诺沃—沃兹涅辛斯克办事处、巴什基尔办事处（乌法市）、乌拉尔办事处（斯维尔德洛夫斯克市）、顿涅茨克办事处（马里乌波尔市）、哈尔科夫办事处、文尼察办事处、基辅办事处、第聂伯罗彼得罗夫斯克办事处、切尔尼戈夫办事处、敖德萨办事处、北高加索办事处（顿河畔罗斯托夫市）、克里米亚办事处（辛菲罗波尔市）、中部黑土办事处（沃罗涅日市）、雅库特办事处（雅库茨克市）、乌兹别克斯坦办事处（塔什干市）、哈萨克斯坦办事处（阿拉木图市）、土库曼斯坦办事处（阿什哈巴德市）、吉尔吉斯斯坦办事处（伏龙芝市）、格鲁吉亚办事处（梯弗里斯市）、阿塞拜疆办事处（巴库市）、阿扎尔办事处（巴塔米市）、全摩尔多瓦办事处（蒂拉斯波尔）、白俄罗斯办事处（明斯克市）。在中亚（塔什干市）、外高加索（梯弗里斯市）和乌克兰（哈尔科夫市）驻有外宾商店派出的共和国代表。

在1933年期间，办事处数量仍在继续增加。从有经验的“老”办事处分出了新的“年轻”办事处：滨海办事处（符拉迪沃斯托克市）、哈巴罗夫斯克办事处、阿穆尔办事处、亚速—黑海办事处、基洛夫办事处、车里雅宾斯克办事处、奥伦堡办事处、鄂木斯克办事处等。

莫斯科市办事处

莫斯科在外宾商店史上发挥了特殊作用。其实，外宾商店正是始于莫斯科。首都的外汇潜力巨大，所以外宾商店莫斯科办事处是最赚钱的办事处之一。

外宾商店在莫斯科发展迅速。1931年12月，当决定允许民众用黄金换购商品时，急忙在首都的阿尔巴特、苏哈列夫卡、斯摩棱斯克市场（著名的布尔加科夫外宾商店）、库兹涅茨克桥以及莫斯科河畔区开设了外宾商店。没有一座苏联城市拥有像莫斯科那么多的商店：在经营顶峰的1935年夏天，在莫斯科有19家百货商店及分店。此外，外宾商店莫斯科办事处还有自己的裁缝店、寄售店、粮食库和货车库。

商店集中在莫斯科市中心。除了上述的商店外，在波克罗夫卡、斯列坚卡、多姆尼科夫斯卡娅大街、赫尔岑大街、基洛夫大街、高尔基大街以及塔甘斯克广场、特维尔—亚姆斯克广场、花园—胜利广场、谢尔布霍夫广场和集体农庄广场（化工品商店）。此外，外宾商店在莫斯科的德国市场、扎采帕市场、基什卡市场、雅罗斯拉夫市场、中央市场和马里伊纳小树林拥有售货摊。彼得罗夫卡——莫斯科最时髦的大街，是外宾商店系统的心脏。这里有三家外宾商店和商品库。毗邻这里的就是外宾商店管委会和莫斯科市、州办事处的领导。

莫斯科市外宾商店的特别之处在于，其商店主要都是综合性的商场，这一点和以专门贸易居多的列宁格勒不同。

莫斯科州办事处

出现在1932年外宾商店网络蓬勃发展的时期。一直到外宾商店关闭，州办事处一直独立于市办事处之外自行经营。1930年代，莫斯科州不仅包括了莫斯科区，还包括了梁赞州、卡卢加州、图拉州和加里宁州（特维尔州）。

1932年1月，莫斯科州办事处拥有3家商店，而临近1933年4月时已经达到83家！办事处的营业额从一年190万卢布增长到560万卢布。莫斯科州外事处的商店分别位于梁赞、图拉、卡卢加、加里宁、马拉霍夫卡、波多利斯克、韦西耶贡斯克、普希金、扎格尔斯克、卡希拉、德米特罗夫、克林、诺金斯克、卡西莫夫、斯科平、别廖夫、托尔若克、叶戈里耶夫斯克、小雅罗斯拉夫韦茨、别热茨克、卡申、谢尔布霍夫、上沃洛乔克、基姆雷、科洛姆纳、奥列霍沃—祖耶沃、卡利亚金、莫扎伊斯克、扎赖斯克等城市。

资料来源：俄罗斯国家经济档案馆，4433号库第1类第71卷第164页；莫斯科州中央国家档案馆，3812号库第2类第3卷第6页及背面，第7、43、44页；第7卷第14页。

列宁格勒（西北）办事处

外宾商店列宁格勒办事处源自列宁格勒市贸易公司系统内于1930年10月24日设立的港口贸易处，该处负责船舶补给业务。1931年2月1日，列宁格勒外宾商店成为独立的机构，1931年10月，取得了州级办事处（列宁格勒州办事处）的地位。从地域看，办事处在1931年时覆盖了列宁格勒市和州、卡累利阿和摩尔曼斯克。

列宁格勒州办事处的贸易网路在1931年时并不大——在列宁格勒、摩尔曼斯克和卡累利阿的港口拥有一些售货亭，在列宁格勒拥有1家百货商店和1家古董商店。随着1932年黄金业务的开展，列宁格勒办事处开始快速扩张，先后在在普斯科夫、诺夫哥罗德、彼得罗扎沃茨克、博罗维奇、瓦尔代、旧鲁萨、切列波韦茨、奥斯特洛夫、索洛卡等城市开设了商店。1933年2月至3月，在列宁格勒州办事处有12个跨区分部：普斯科夫、诺夫哥罗德、波罗戈夫斯克、博罗维切斯克、洛德伊诺博里斯克、波尔霍夫斯克、季赫温、卢加、摩尔曼斯克、彼得罗扎沃茨克、切列波韦茨、普利哥罗德。

商店数量快速增长。1932年春天，列宁格勒州办事处在4座城市拥有11个营业点，1933年初，营业点增加到29个，在列宁格勒州、摩尔曼斯克和卡累利阿52座城市开展经营活动。1933年10月前达到了峰值——95个经营点（其中65个在各州）。1933年底，列宁格勒州拥有88个收购点（68个在各州，剩下的在列宁格勒市）、13个仓库和1个独立的运输处。列宁格勒外宾商店机关的膨胀证明了发速发展。1931年，其在编人员仅为41人，到了1933年秋天，列宁格勒市办事处的在编人员有2038人，各州在编人员350人。[1471] 在1932年一段较短的时间内，由于商店网络扩展到了列宁格勒州之外，因此列宁格勒州办事处改名为西北办事处，但随后又改回了原来的名称。1934年初时，列宁格勒州办事处还拥有9个跨区分部。“由于人民资源耗尽”，季赫温、卢加、波尔霍夫斯克的分部关闭了。

列宁格勒市在列宁格勒州办事处占据特殊地位。列宁格勒市的外宾商店网络发展尤为迅速。列宁格勒市从1931年的两家商店发展到1932年春天时的6家商店（1家古董商店在十月革命25周年大街、2家百货商场、2家粮食专卖店、1家“十月”宾馆内的商店）、4个收购点、1家港口商店和1个码头售货亭。1932年底，市内拥有16家商店，而到了1933年底，市内拥有32家商店（5家百货商店、12家粮食专卖店、1家药店、1家古董商店、12个售货亭和1家港口商店）。1934年4月，外宾商店领导层设立了独立的列宁格勒市办事处。分成列宁格勒市办事处和列宁格勒州办事处总共不满一年。由于外宾商店的经营开始收缩，两家办事处重新合并为一家——列宁格勒州办事处。1935年初，外宾商店在列宁格勒拥有5家百货商店和6家粮食专营店及几十个收购点。

在1930年代上半叶的配给制年份里，在国家供给等级中，列宁格勒处于第二位，仅次于拥有特权的莫斯科，但饥荒还是击溃了相对优越的城市。1933年，各项数据最高（表三十）：这一年，列宁格勒外宾商店收购了超过 4 吨纯金。在列宁格勒黄金收购统计中，和全国各地一样，第二季度尤为突出——春季是饥荒最严重的时期：4 月至 6 月，人们拿到列宁格勒外宾商店来的黄金价值 160 万卢布。商店收入的变化显示，增长主要来自日用黄金：在 1933 年列宁格勒办事处收购的有价物品中，日用黄金占比超过 40%（表三十）。这再次证明了，正是个人的日用有价物品发挥了重要作用，使人们免于饿死。

1933 年 5 月，在列宁格勒市超过 10 万人上交了日用黄金，6 月为 9.56 万人，7 月为 11.15 万人。1933 年 5 月至 12 月的总数超过 70 万人。这个数字超过了这一年该市人口的四分之一。[1472] 同期，在列宁格勒超过 140 万人上交了日用白银。随着饥荒消退，1933 年 12 月上交日用黄金的人数下降到了 5.85 万人，而在 1934 年 9 月，下降到了 3.79 万人（约为城市人口的 1.4%）。1933 年 5 月，“上交”的平均金额为 4 卢布 44 戈比，约合 3.4 克纯金；1933 年 12 月的平均金额降到了 3 卢布 41 戈比（2.6 克纯金）；1934 年 9 月则降到了 2 卢布 99 戈比（2.3 克纯金）——这证明，随着饥荒消退，不仅外宾商店的有价物品收入开始减少，人们基本上都在一点一点地上交有价物品。白银的平均上交额也下降了：1933 年初，在列宁格勒平均每人上交日用白银价值 1 卢布 56 戈比，1933 年底时为 1 卢布 16 戈比，到了 1934 年底，降到了 1 卢布 2 戈比。[1473]

黄金（按价值计）是列宁格勒外宾商店收购的主要有价物品类型（表三十）。1933—1935 年，列宁格勒外宾商店收购了价值 960 万卢布的黄金（按收购价计，表三十），约合外宾商店黄金收购总量的 10%（表十二）。日用黄金远超金币——这是这个外宾商店办事处城市特征占多数的结果。[1474]

列宁格勒外宾商店对资助工业化的贡献十分巨大。在 1931—1935 年间，列宁格勒外宾商店收购的有价物品超过 3000 万卢布（表三十），约占外宾商店有价物品总收购量的 11%，相当于超过 20 吨纯金。[1475] 列宁格勒外宾商店的贡献足以购买第聂伯河水电站的进口设备或者哈尔科夫拖拉机厂和乌拉尔机械制造厂两家的进口设备。[1476]

表三十

外宾商店列宁格勒办事处1931—1935年有价物品收购量
（单位：百万卢布）

有价物品种类	年份				
	1931	1932*	1933**	1934	1935
黄金废料	无数据	无数据	4.2	1.9	1.7***
金币	无数据	无数据	1.1	0.7	无数据
白银	—	无数据	2.0	0.8	无数据
外汇	无数据	无数据	1.5	1.5	无数据
汇款	—	无数据	1.4	1.2	无数据
钻石	—	—	0.1	0.4	0.3
总计	1.6	5.6（计划）	10.3	6.5	5.8

注释：包括列宁格勒市和列宁格勒州。1934年的数据——有效数据。

空白表示外宾商店在这一年没有收购这种有价物品。

*在1932年的9个月中，列宁格勒外宾商店收购了将近200万卢布的黄金。白银收购从1932年12月才开始，1932年有价物品收购计划的完成情况暂未找到。列宁格勒外宾商店根据领导的提议在第一季度的收购速度基础上执行了更高的计划。1932年强制计划数为430万卢布。

**1934年底的报告中使用了更准确的数据。根据1933年总结编制的外汇计划完成报告显示，外宾商店收购了价值600万卢布的黄金，其中黄金废料价值470万卢布，金币价值130万卢布。显然，在1933年的有价物品收购总量中缺少1933年的银币上交量（超过20万卢布）以及与苏联商船队结算所得的外汇（大约70万卢布）。考虑到这些外汇收入项目，1933年有价物品收购总量超过1100万卢布。根据1933年总结编制的外汇计划完成报告显示，外宾商店收购了价值1170万卢布的有价物品。

***此为日用黄金和金币合计数。

资料来源：维堡市列宁格勒州国家档案馆，1154号库第2类第1卷第20、46页；第19卷第34、35页；第3类第13卷第5、13页；第16卷第7页及背面；

第38卷第8页；第59卷第261页；第10类第1卷第3页；第16卷第49、55页。

西部（斯摩棱斯克）办事处

1932年4月27日中午12点，斯摩棱斯克第一家外宾商店的百货商店开业，就此开启了外宾商店西部州办事处的历史。西部州在当时不仅包括斯摩棱斯克州，还包括卡卢加州、布良斯克州、特维尔州一部分（因为其土地面积对于开展工作而言太大了）。

1932年，外宾商店在布良斯克、克林齐、勒热夫、维亚济马、大卢基、奥斯塔什科夫、罗斯拉夫尔开设了百货商店。在饥饿的1933年，办事处扩张特别快。仅仅从1月到4月，西部办事处营业点的数量就增加到32个，其中30个为百货商店。1933年3月至4月初，西部办事处平均每两个星期新开5—10家百货商店！贸易组织匆忙，虽然资金、设备、人员不足，但是机不可失，有价物品自己“流到了手里”。1933年，外宾商店西部办事处开设百货商店的城市还有（除了上面已经提及的之外）：涅韦尔、斯帕索—杰缅扬斯克、鲁德尼亚、布哈里诺、别日察、别雷、托罗佩茨、特鲁布切夫斯克、瑟乔夫卡、波奇诺克、格扎茨克、波切普、卡拉切夫、新济布科夫、斯塔罗杜布、多罗戈布日、苏拉日、谢夫斯克、韦利热、日兹德拉、苏希尼奇。1933年底，外宾商店西部办事处的百货商店组成了5个跨区分部。1935年，尽管外宾商店的经营开始收缩，但是西部办事处仍然拥有21家商店。

资料来源：斯摩棱斯克州国家档案馆，1424号库第1类第13卷第2页；第19卷第55页；1425号库第1类第21卷第3a、35、210页。

中亚外宾商店

塔什干是外宾商店在中亚的首府。代表处和第一家外宾商店的百货商场（1932年3月）都开设于此，并从这里出发开发其他中亚国家的“外汇”。

1932年冬天，外宾商店代表收集了塔什干黄金潜力的信息。随后外宾商店的监察员从塔什干出发前往其他城市调查。1932年3月，在塔什干开设了中亚边疆区办事处，但其只存在了大约4个月——外宾商店管委会决定设立独立的共和国办事处。但是，计划发生了变化。为了领导各外宾商店共和国办事处，外宾商店驻中亚全权代表处于1932年12月1日在塔什干设立。1933年，代表处租用了一幢伊朗公民的房子作为驻地。

乌兹别克斯坦共和国办事处是中亚地区第一家办事处，也是位列第一的办事处。其从1932年6月开始工作，到1935年11月停止。紧随乌兹别克斯坦之后，外宾商店开始开发土库曼斯坦的“外汇有价物品”。1932年中，中亚的外宾商店网络包括1家百货商店，以及在塔什干、撒马尔罕、浩罕、布哈拉（都在乌兹别克斯坦）和阿什哈巴德（土库曼斯坦）“老城”的营业处。1933年初，在下列城市开设了新的百货商店——纳曼干、泰尔梅兹、安集延、费尔干（乌兹别克斯坦）和梅尔夫、科尔基、查尔朱伊（土库曼斯坦）。此时，外宾商店在中亚共有14家百货商店。

一般而言，开设城市百货商店就意味着在外宾商店的共和国办事处架构中出现了新的分支机构。1932年底，领导层决定在吉尔吉斯斯坦、塔吉克斯坦和卡拉卡尔帕克斯坦开设外宾商店的分支机构（正是由于这些网络扩张，才在塔什干出现了外宾商店驻中亚的全权代表处）。塔吉克斯坦的分支机构在1933年9月设立。

在饥饿的1933年，中亚的外宾商店网络快速发展。为了提供帮助，外贸人民委员部派来了一个20人的工作队。7月初，外宾商店在中亚各城市的营业点为34个，到了11月1日达到了70个。1933年秋天，在乌兹别克斯坦有21个外宾商点营业处，在土库曼斯坦有12个，在吉尔吉斯斯坦有12个，在塔吉克斯坦有5个。

保障中亚办事处完成外汇计划的几乎全是黄金和白银（表三十一、表三十二）。1932年12月，外宾商店在乌兹别克斯坦平均每天收进价值3500卢布的黄金（约2.7千克）。[1477] 外宾商店接收沙皇金币的同时，还接收布哈拉金币。1932年外汇和境外汇款总计仅为8万卢布。

1933年，中亚的外宾商店收购了价值近300万卢布的黄金（相当于

2吨多纯金），其中，日用黄金远远超过金币。外宾商店认为出现这种情况的原因是，中亚民族（特别是在乌兹别克斯坦）拥有大量的黄金饰品储备。1933年，日用白银在有价物品收购总量中的占比将近三分之一，如按重量计则超过了黄金。白银饰品和用具在中亚民族的文化和日常生活中具有重要作用。外汇和境外汇款也流入中亚外宾商店，但是数量很小，在有价物品收购总量中占比不足5%。1933年和1932年相比，中亚各共和国的有价物品收购量在外宾商店全苏收购总量中的占比增长了一倍——从2%涨到了4%（表二十九、表三十一、表三十二）。

在中亚各共和国中，对资助工业化做出主要贡献的当属乌兹别克斯坦。1933年，该共和国确保了中亚地区77%的有价物品收购量。同年，土库曼斯坦的贡献率为16.3%，吉尔吉斯斯坦为6.2%，而塔吉克斯坦的外宾商店从1933年9月才开始运营，因此贡献率约为0.5%。

来源：乌兹别克斯坦共和国中央国家档案馆，288号库第1类第1卷第145页；第9a卷第43页；第10卷第20、21、26页；第62卷第90页；第2类第14卷第2页；289号库第1类第126卷第1、7页；第245卷第70页。

表三十一

1932—1933年中亚外宾商店有价物品收购量
（单位：百万卢布）

有价物品种类	年份	
	1932*	1933
黄金废料	0.6	1.9
金币	0.2	1.0
白银	—	1.4
外汇	0.1**	0.06
汇款	无数据	0.1
总计	0.9***	4.5

注释：* 随着在塔什干（乌兹别克斯坦）开设百货商店，中亚外宾商店于1932年3月开始运作。表中数据显示了5家乌兹别克斯坦（塔什干、撒马尔罕、浩罕、布哈拉、纳曼干）和3家土库曼斯坦（阿什哈巴德、梅尔夫、科尔基）百货商店的收购量。1932年，乌兹别克斯坦收购了价值54.12万卢布的黄金废料以及14.53万卢布的金币；土库曼斯坦收购的黄金废料和金币价值分别为8.51万卢布和1.17万卢布。

** 外汇现金和境外汇款的合计金额。

*** 乌兹别克斯坦收购的所有有价物品价值75.83万卢布，土库曼斯坦收购的有价物品价值10.04万卢布。

资料来源：乌兹别克斯坦共和国中央国家档案馆，288号库第1类第10卷第5、21、53、54页；第77卷第36页。

表三十二

1933年中亚各共和国有价物品收购量（单位：千金卢布）

共和国	有价物品种类					总计
	黄金		白银	外汇	汇款	
	废料	钱币				
乌兹别克斯坦	1471.4	847.8	1018.9	52.3	82.0	3472.4
土库曼斯坦	320.3	123.7	274.7	6.5	8.4	733.6
吉尔吉斯斯坦	95.7	50.7	125.2	2.7	5.1	279.4
塔吉克斯坦 *	5.4	3.0	12.1	0.5	0.4	21.4
中亚总计	1892.8	1025.2	1430.9	62	95.9	4506.8

注释：* 塔吉克斯坦办事处成立于1933年9月。

资料来源：乌兹别克斯坦共和国中央国家档案馆，288号库第1类第77卷第36页。

参考文献

档案

Российский государственный архив экономики (РГАЭ)

俄罗斯国家经济档案馆

Ф. 413. Министерство внешней торговли СССР

413 号库，苏联外贸部

Ф. 2324. Государственный банк РСФСР и СССР

2324 号库，俄罗斯苏维埃联邦社会主义共和国和苏联国家银行

Ф. 4433. Всесоюзное объединение по торговле с иностранцами «Торгсин»

4433 号库，全苏外宾商店供应联合公司（“外宾商店”）

Ф. 5240. Народный комиссариат внешней и внутренней торговли СССР

5240 号库苏联内外贸人民委员部

Ф. 7733. Народный комиссариат финансов РСФСР и СССР

7733 号库，俄罗斯苏维埃联邦社会主义共和国和苏联财政人民委员部

Ф. 8153. Учреждение по руководству золото—платиновой

промышленностью

8153 号库，黄金—铂金工业领导机关

Ф. 8154. Всесоюзное объединение и Главное управление по цветным металлам, золоту, платине и редким элементам (Главметцветзолото)

8154 号库，有色金属、黄金、铂金及稀有元素管理总局

Государственный архив Российской Федерации (ГАРФ)

俄罗斯联邦国家档案馆

Ф. 5446. Управление делами Совнаркома

5446 号库，人民委员会办公厅

Российский государственный архив социально—политической истории (РГАСПИ)

俄罗斯国家社会政治史档案馆

Ф. 17. Центральный Комитет КПСС

17 号库苏共中央委员会

Оп. 100. Личные дела на руководящих работников номенклатуры ЦК

第 100 类，中央委员会任命的领导工作人员个人情况

Оп. 162. Особые папки Политбюро ЦК ВКП (б)

第 162 类，联共（布）政治局特别文件夹

Центральный государственный архив Московской области (ЦГАМО)

莫斯科州中央国家档案馆

Ф. 3812. Московская городская контора Всесоюзного объединения по торговле с иностранцами. 1934–1935 гг.

3812 号库，全苏外宾商店供应联合公司莫斯科办事处，1934—1935 年

Ф. 3817. Универмаг №8 Московской областной конторы Всесоюзного объединения по торговле с иностранцами

3817 号库，全苏外宾商店供应联合公司莫斯科办事处第八百货商店

Ф. 3819. Универмаг №10 Московской областной конторы Всесоюзного объединения по торговле с иностранцами

3819 号库，全苏外宾商店供应联合公司莫斯科办事处第十百货商店

Ф. 3820. Универмаг №11. Московской областной конторы Всесоюзного объединения по торговле с иностранцами

3820 号库，全苏外宾商店供应联合公司莫斯科办事处第十一百货商店

Ф. 2014. Универмаг №1 Московской городской конторы Всесоюзного объединения по торговле с иностранцами

2014 号库，全苏外宾商店供应联合公司莫斯科办事处第一百货商店

Ленинградский областной государственный архив в г. Выборге (ЛОГАВ)

维堡市列宁格勒州国家档案馆

Ф. 1154. Ленинградская областная контора Всесоюзного объединения по торговле с иностранцами на территории СССР

1154 号库，全苏外宾商店供应联合公司列宁格勒州办事处

Государственный архив Смоленской области (ГАСО)

斯摩棱斯克州国家档案馆

Ф. 1425. Западная областная контора Всесоюзного объединения по торговле с иностранцами «Торгсин»

1425 号库，全苏外宾商店供应联合公司西部州办事处

Центральный государственный архив Республики Узбекистан (ЦГА РУз)

乌兹别克斯坦共和国中央国家档案馆

Ф. 81. Управление уполномоченного Комиссии советского контроля при СНК СССР по Узбекистану

81 号库，苏联人民委员会苏维埃监察委员会乌兹别克斯坦全权代表局

Ф. 288. Управление уполномоченного Всесоюзного объединения по торговле с иностранцами в Средней Азии

288 号库，全苏外宾商店供应联合公司驻中亚全权代表局

Ф. 289. Узбекская контора Всесоюзного объединения по торговле с иностранцами

289 号库，全苏外宾商店供应联合公司乌兹别克斯坦办事处

Российский государственный архив кинофотодокументов в г. Красногорске

克拉斯诺格尔斯克市俄罗斯国家影像文献档案馆

Фонд: Торговля, снабжение, общественное питание

档案库：贸易、供给、大众饮食

Hoover Institution Archives, Stanford, USA

美国斯坦福大学胡佛研究所档案馆

Russian Subject Collection, American Engineers in Russia, 1927—1933

俄罗斯主题收藏集：美国工程师在俄罗斯，1927—1933

Boris I. Nicolaevsky Collection, 1801—1982

鲍里斯·I. 尼古拉耶夫斯基收藏集，1801—1982

United States National Archives, Washington, D.C. (NARA)

美国国家档案馆，华盛顿特区

Record group　№ 84 (RG 84). Foreign Service Posts of the United States, 1919—1940

84 文件组合。美国驻外事务处邮件，1919—1940

Decimal File 861. Records of the Department of State Relating to the Internal Affairs of the Soviet Union, 1930—1939

861 十进制文件，国务院关于苏联内务的记录，1930—1939

Visual History Archive, Shoah Foundation Institute for Visual History and Education. University of Southern California, Los Angeles, USA

美国南加州大学犹太人大屠杀基金会影像历史档案

Видеоинтервью с жертвами голода 1932—1933 г г . http://college/usc/edu/vhi 1932—1933 年饥荒受害者视频访谈 http://college/usc/edu/vhi

Справочные издания, сборники документов, статистические сборники

参考出版物、文献汇编、统计汇编

Денисов А.Е. Бумажные денежные знаки РСФСР, СССР и России 1924—2005 годов. Часть 2. Государственные бумажные денежные знаки СССР и России 1924—2005 годов. М., 2005; Часть 3. Ведомственные, военные и специальные выпуски денежных знаков СССР 1924—1991 гг. М., 2007

杰尼索夫·亚·叶 :《1924—2005 年俄罗斯苏维埃联邦社会主义共和国、苏联和俄罗斯纸币》。第二部分，《1924—2005 年苏联和俄罗斯纸币》，莫斯科，2005 年 ; 第三部分，《1924—1991 年苏联部门、军队发行的特殊纸币》，莫斯科，2007 年

Внешняя торговля СССР за 1918—1940 гг. Статистический обзор. М.,

1960

《1918—1940年苏联外贸。统计概览》，莫斯科，1960

Декреты Советской власти. В 14 тт. М., 1957—1997

《苏联政府指令》14卷，莫斯科，1957—1997

Население России в XX веке: Исторические очерки. Т. 1. 1900—1939 гг. М., 2000

《20世纪俄罗斯人口：历史概要》之《第1卷，1900—1939年》，莫斯科，2000

Партия и правительство о советской торговле. Сборник постановлений. М. —Л., 1932

《苏联贸易党政指令汇编》，莫斯科—列宁格勒，1932

Письма И.В. Сталина к В.М. Молотову. 1925—1936. М., 1995

《约·维·斯大林致维·米·莫洛托夫的书信，1925—1936年》，莫斯科，1995

Потребительская кооперация СССР за 1929—1933 гг. Основные показатели. М., 1934

《1929—1933年苏联消费合作社主要指标》，莫斯科，1934

Потребительская кооперация между XVI и XVII съездами ВКП (б). М., 1934

《联共（布）十六大和十七大之间的消费合作社》，莫斯科，1934

Приемка и оценка драгоценных металлов. М., 1933

《贵金属的验收和评估》，莫斯科，1933

Решения партии и правительства по хозяйственным вопросам. 1917—1961. В 7 тт. М., 1967—1970

《1917—1961 年关于经济问题的党政决议》7 卷，莫斯科，1967—1970

Советская торговля. Статистический сборник. М., 1935

《苏联贸易统计汇编》，莫斯科，1935

Советская торговля. Статистический сборник. М., 1956

《苏联贸易统计汇编》，莫斯科，1956

Советская торговля в 1935 г. Статистический сборник. М., 1936

《1935 年苏联贸易统计汇编》，莫斯科，1936

Социалистическое народное хозяйство СССР в 1933—1940 гг. М., 1963

《1933—1940 年苏联社会主义国民经济》，莫斯科，1963

Энциклопедический словарь российских спецслужб. Разведка и контрразведка в лицах. М., 2002

《俄罗斯情报部门百科词典，侦察和反侦察人物》，莫斯科，2002

Standard Catalog of World Coins. Ed. by R. Bruce Ⅱ, Chester L. Krause and Clifford Mishler. Iola, 1981 edition

《世界硬币标准目录》，编辑为 R. 布鲁斯二世、查斯特 · L. 克劳斯和克利福德 · 米什勒，1981 年版

期刊

Внешняя торговля

《对外贸易》

Советская торговля

《苏联贸易》

Торгсиновец

《外宾商店人》

Time

《时代》

文艺作品、回忆和回忆录

Астафьев В., Последний поклон // Где—то гремит война. М., 1975

维・阿斯塔菲耶夫 :《最后的问候》，载《战争在某处轰鸣》，莫斯科，1975

Булгаков М. А. ,Мастер и Маргарита. М., 1984

米・阿・布尔加科夫 :《大师和玛格丽特》，莫斯科，1984

Бунин И.А. ,Окаянные дни // Бунин И.А. Жизнь Арсеньева. Окаянные дни. Повести и рассказы. М., 2007

伊・阿・蒲宁 :《不幸的日子》，载伊・阿・蒲宁 :《阿尔谢尼耶夫的一生，不幸的日子》，莫斯科，2007

Гранин Д. ,Керогаз и все другие. Ленинградский каталог. М., 2003
丹・格拉宁 :《煤油燃气加温器及其他，列宁格勒目录》，莫斯科，2003

Гришковец Евгений. ,Реки. М., 2005
叶甫根尼・格利什科维茨 :《河流》，莫斯科，2005

Жигулин Анатолий. ,Черные камни. М., 1989
安纳托利・日古林 :《黑石》，莫斯科，1989

Кривицкий Вальтер. ,Я был агентом Сталина. М., 1998
瓦利捷尔・克里维茨基 :《我曾是斯大林的间谍》，莫斯科，1998

Микоян Анастас. ,Так было: Размышления о минувшем. М., 1999
阿纳斯塔斯・米高扬 :《就是这样 : 反思过去》，莫斯科，1999

Серебровский А.П. ,На золотом фронте. М., 1936
亚・巴・谢列布罗夫斯基 :《黄金前线》，莫斯科，1936

Хаммер А.,Мой век—двадцатый. Пути и встречи. М., 1988
阿・哈默 :《我的世纪——20 世纪，道路和相遇》，莫斯科，1988

Шаламов Варлам. ,Колымские рассказы. М., 1992
沙拉莫夫・瓦尔拉姆 :《科雷马小说》，莫斯科，1992

Cummings E.E. ， Eimi. N.Y., 1933
爱・埃・卡明斯 :《EIMI》，纽约，1933

Hammer A. ，Quest for the Romanov Treasures, 1932
阿·哈默 :《寻找罗曼诺夫宝藏》, 1932

Littlepage John. D. ,In Search of Soviet Gold. N. Y., 1937
约翰·迪·利特尔佩奇 :《寻找苏联黄金》, 纽约，1937

Petrov Vladimir,Soviet Gold. My Life as a Slave Laborer in the Siberian Mines. N. Y., 1949
弗拉基米尔·彼得罗夫 :《苏联黄金，在西伯利亚矿区的奴工生活》, 纽约，1949

俄语参考文献

40 лет советской торговли. Сборник статей. Под ред. Б.И. Гоголя. М., 1957.

Архипов В.А., Морозов Л.Ф. Борьба против капиталистических элементов в промышленности и торговле. 20—е—начало 30—х годов. М., 1978.

Андреевский Г.В. Повседневная жизнь Москвы в сталинскую эпоху. 1920–1930—е. М., 2003.

Барнс Р. Общественная психология в США и СССР в 20—30—х годах в свете теории потребления // Вопросы истории, №2, 1995.

Беневольский Б.И. Золото России. Проблемы использования и воспроизводства минерально—сырьевой базы. М., 2002.

Богданов А.П и Богданов Г.П. Петр Богданов. М, 1970.

Болотин З.С. Вопросы снабжения. М.–Л., 1935.

___________. За культурную советскую торговлю. М., 1937.

Брук—Шеферд Г. Судьба советских перебежчиков. Нью—Йорк–

Иерусалим–Париж, 1983.

Булгаков В. Советская торговля на новом этапе. М.–Л., 1932.

Васильева О.Ю., Кнышевский П.Н. Красные конкистадоры. М., 1994.

Внутренняя торговля РСФСР за 1931–1934 гг. М., 1935.

Голанд Ю. Валютное регулирование в период НЭПа. М., 1998.

________. Дискуссии об экономической политике в годы денежной реформы 1921–1924. М., 2006.

Голос народа. Письма и отклики советских граждан о событиях 1918–1932 гг. Под ред. А.К. Соколова. М., 1998.

Горелик С.М., Малки А.И. Советская торговля. Очерки теории и практики торговли в СССР. М. –Л., 1933.

Громыко Е.В., Ряузов Н.Н. Советская торговля за 15 лет. М., 1932.

Дихтяр Г. А. Советская торговля в период построения социализма. М., 1961.

__________. Советская торговля в период социализма и развернутого строительства коммунизма. М., 1965.

Дмитренко В.П. Торговая политика советского государства после перехода к нэпу, 1921–1924 гг. М., 1971.

Дэвис Р., Хлевнюк О.В. Отмена карточной системы в СССР, 1934—1935 гг. // Отечественная история. 1999. № 5.

Журавлев С.В. «Маленькие люди» и «большая история». Иностранцы московского Электрозавода в советском обществе 1920—х—1930—х гг. М., 2000.

Золотопромышленность СССР. (1—ый Всесоюзный золотопромышленный съезд). М.– Л., 1927.

Иванченко А.А., Ге В.Н. Советская торговля Ленинграда и Ленинградской области, 1931–1934 гг. Л., 1935.

История социалистической экономики. Т. 4. М.,1978.

Итоги переписи торговых кадров и розничной сети 1932 года. М., 1933.

Итоги развития советской торговли от VI к VII съезду Советов СССР. Материалы Наркомвнуторга СССР. М., 1935.

Кадры советской торговли. М., 1936.

Калинин М.И. О советской торговле. М., 1932.

Канторович Я.А. Частная торговля и промышленность СССР по действующему законодательству. Л., 1925.

Колпакиди А., Прохоров Д. Империя ГРУ. 2 кн. М., 2000.

Колхозная торговля в 1932–1934 гг. Вып. 1. М., 1935.

Кондурушкин И.С. Частный капитал перед советским судом. М., 1927.

Корнаи Я. Экономика дефицита. М., 1990.

________. Путь к свободной экономике. М., 1990.

Костырченко Г.В. Тайная политика Сталина: Власть и антисемитизм. М., 2003.

Крон Ц.М. Частная торговля в СССР. По материалам Совета Съездов биржевой торговли. М., 1926.

Кузнецов В.В. По следам царского золота. СПб., 2003.

Кузнецов К.К. За новые задачи советской торговли и потребительской кооперации. М.–Л., 1931.

Ларин Ю. Частный капитал в СССР. М., 1927.

Лифиц Н., Кантор М. Теория и практика вредительства в советской торговле. М.–Л., 1932.

Малафеев А.Н. История ценообразования в СССР, 1917–1963. М., 1964.

Микоян А. Продовольственное снабжение и наши задачи. М., 1930.

Миндлин З.Л. Социальный состав еврейского населения СССР //

Евреи в СССР: Материалы и исследования. М., 1929.

Мозохин О. ВЧК–ОГПУ. На защите экономической безопасности государства и в борьбе с терроризмом. М., 2004.

Народное хозяйство СССР. М., 1932.

Нейман Г.Я. Внутренняя торговля СССР. М., 1935.

__________. Пути развития советской торговли. М., 1934.

Неформальная экономика: Россия и мир. Под ред Теодора Шанина. М., 1999.

Новая торговая практика (к характеристике внутренней торговли в первой половине 1924–1925 г.). По материалам Совета Съездов биржевой трговли. Под ред. Я.М. Гольберта. М., 1925.

Новиков М.В. СССР, Коминтерн и гражданская война в Испании. 1936–1939 гг. Ярославль, 1995.

Новожилов В.В. Недостаток товаров // Вестник финансов, №2 , 1926.

Нодель В.А. Ликвидация карточек, снижение цен и развернутая советская торговля. М., 1935.

Нэп: приобретения и потери. Под ред. В.П. Дмитренко. М., 1994.

Общество и власть: 1930—е гг. Повествование в документах. Отв. ред. А.К. Соколов. М., 1998.

Осокина Е.А. Иерархия потребления. О жизни людей в условиях сталинского снабжения, 1927–1935. М., 1993.

__________. За зеркальной дверью Торгсина // Отечественная история, 1995.

__________. За фасадом «сталинского изобилия». Распределение и рынок в снабжении населения в годы индустриализации, 1927–1941. М., 1996, 1998.

__________. Как СССР торговал людьми // Аргументы и факты, 1999. 16 июня.

__________. Доллары для индустриализации: валютные операции в 1930—е гг. // Родина, 2004, № 3.

___________. Торгсин. Золото для индустриализации // Cahiers du Monde russe, 47/4, octobre—decembre, 2006.

_________. Борец валютного фронта Артур Сташевский // Отечественная история, 2007, №2.

__________. «Советские дома терпимости»: Рассказ о портовых торгсинах 1930—х гг. // Вестник РУДН. Серия «История России», 2007, № 2.

__________. Золотая лихорадка по—советски // Родина, 2007, № 9.

_________. «У нас сегодня вечер кабаре» // Родина, 2007, № 10.

_________. “Шлите доллары на Торгсин”: «Белая» эмиграция в помощь советской индустриализации // Ежегодник историко—антропологических исследований. 2006/2007. М., 2008.

________. Советская повседневность: Обыденность приключения, привычность риска. На примере истории Торгсина и ОГПУ // Социальная история. Ежегодник. 2007. М., 2008.

_______. Золото Торгсина // Экономическая история. Ежегодник. 2007, М., 2008.

Пилясов А.Н. Закономерности и особенности освоения Северо—Востока России (ретроспектива и прогноз). Магадан, 1996.

Предмет и метод экономики советской торговли. Дискуссия в секции советской торговли Института экономики Ленинградского отделения Коммунистической Академии. М.–Л., 1932.

Работники советской торговли служат народу. Горький, 1938.

Российская повседневность 1921–1941. Новые подходы. СПб., 1995.

Российское золото. В 3—х тт. М., 1993–1994.

Рубинштейн Г.Л. Развитие внутренней торговли в СССР. Л., 1964.

Русский рубль. Два века истории. М., 1994.

Рыбалкин Ю. Операция «Х». Советская военная помощь республиканской Испании (1936-1939). М., 2000.

___________. Тайный путь «золотого каравана» // Аргументы и факты. 1996. №14.

Сапоговская Л.В. Золото в политике России (1917–1921) // Вопросы истории. 2004. № 6.

Сироткин В. Зарубежное золото России. М., 2000.

__________. Зарубежные клондайки России. М., 2003.

Слезкин Юрий. Еврейский век. Эра Меркурия. Евреи в современном мире. М., 2005.

Советская социальная политика 1920—х—1930—х годов: Идеология и повседневность. Отв. редакторы П. Романов и Е. Ярская—Смирнова. М., 2007.

Советская торговля в новой обстановке. Итоги 1935 г. и задачи 1936 г. Под редакцией Г.Я. Неймана. М.–Л., 1936.

Советская торговля между XVI и XVII съездами ВКП (б). М., 1934.

Сокольников Г.Я. Новая финансовая политика. М., 1991.

Соломон Питер. Советская юстиция при Сталине. М., 1998.

Стефанов Б. За кадры и овладение техникой торговли. М.–Л., 1932.

Товарооборот СССР. Конъюнктурный обзор. М., 1935.

Торговля СССР за 20 лет, 1918–1937. М., 1939.

Троцкий Л.Д. Преданная революция. М., 1991.

Файн Е. Борьба за социализм и советскую торговлю. М., 1932.

Широков А.И. Дальстрой: Предыстория и первое десятилетие. Магадан, 2000.

Эпстайн Э. Арманд Хаммер. Тайное досье. М., 1999.

Юровский Л.Н. Денежная политика Советской власти (1917–1927). Избранные статьи. М.,1996.

其他语种参考文献

Ball Alan M. Russia' s Last Capitalists: The Nepmen, 1921–1929. Berkeley, 1987.

Banerji Arup. Merchants and Markets in Revolutionary Russia, 1917–30. N.Y., 1997.

Barnes, Cox Randi. The Creation of the Socialist Consumer: Advertising, Citizenship and NEP. Ph. D. dissertation. Indiana University, 1999.

Blumay C. Dark Side of Power: The Real Armand Hammer. NY.,1992.

Brooks Crispin. «Video Oral Histories of the Ukrainian Famine». Paper presented at the AAASS Conference, 15 November 2007, New Orleans.

Broue P., Temime E. The Revolution and the Civil War in Spain. L., 1972.

Carr E.H., and R.W. Davies. Foundations of the Planned Economy, 1926–1929. 2 vols. L., 1969.

Chase William J. Workers, Society, and the Soviet State: Labor and life in Moscow, 1918 – 1929. Urbana, 1987.

Christian David, and R.E.F. Smith. Bread and Salt: A Social and Economic History of Food and Drink in Russia. Cambridge, 1984.

Colton Timothy J. Moscow: Governing the Socialist Metropolis. Cambridge, Mass., 1995.

Costello J., Tsarev O. Deadly Illusions: The KGB Orlov Dossier Reveals Stalin' s Master Spy. N. Y., 1993.

Davies R.W. The Socialist Offensive. Cambridge, Mass., 1980.

_________. The Soviet Economy in Turmoil, 1929–1930. Cambridge,

Mass., 1989

_________. Crisis and Progress in the Soviet Economy, 1931 - 1933. L., 1996.

Davies R.W., Mark Harrison, and S.G. Wheatcroft, eds. The Economic Transformation of the Soviet Union, 1913–1945. Cambridge, 1994.

Del Vayo J. Alvarez. The Last Optimist. L., 1950.

Dobrenko Evgeny, Naiman Eric. The Landscape of Stalinism. The Art and Ideology of Soviet Space. Seattle, L., 2003.

Dunham Vera. In Stalin's Time: Middleclass Values in Soviet Literature. Durham, N.C., 1990.

Fitzpatrick Sheila. After NEP: The Fate of NEP Entrepreneurs, Small Traders, and Artisans in the "Socialist Russia" of the 1930s // Russian History/ Histoire Russe, vol 13, nos. 2–3 (Summer–Fall, 1986).

____________. Middle Class Values and Soviet Life in the 1930s //Soviet Society and Culture. Boulder, 1988.

____________. Everyday Stalinism: Ordinary Life in Extraordinary Times. New York, 1990.

__________. Becoming Cultured: Socialist Realism and the Representation of Privilege and Taste // Cultural Front: Power and Culture in Revolutionary Russia. Ithaca, N.Y., 1992.

____________, ed. Stalinism: New Directions. New York, 2000.

____________. Revisionism in Retrospect // Slavic Review, vol. 67, no. 3, Fall 2008.

Gazur E. Altexander Orlov: The FBI's KGB General. N. Y., 2002.

Godek Lisa. The State of the Russian Gold Industry // Europe—Asia Studies, Vol. 46, No. 5, 1994.

Gregory Paul R., and Lazarev Valery, eds. The Economics of Forced Labor: The Soviet Gulag. Stanford, 2003.

Grichenko Wells Liudmila. The Role of Advertising in the Soviet Union. Ph. D. dissertation. University of Tennessee, 1992.

Gronow Jukka. Caviar with Champagne. Common Luxury and the Ideals of the Good Life in Stalin's Russia. Oxford, 2003.

Grossman Gregory. The Second Economy in the USSR and Eastern Europe: A Bibliography // Gregory Grossman, and Vladimir Treml, eds. Berkeley—Duke Occasional Papers on the Second Economy in the USSR, no. 21 (1990).

Hanson Philip. The Consumer in the Soviet Economy. Evanstan, Ill., 1968.

Hessler Julie. A Social History of Soviet Trade. Trade Policy, Retail Practices, and Consumption, 1917–1953. Princeton, 2003.

Hoffmann D.L. Peasant Metropolis. Social Identities in Moscow, 1929 - 1941. Ithaca, N.Y., 1994.

Howson G. Arms for Spain: The Untold Story of the Spanish Civil War. L., 1998.

Hubbard Leonard. Soviet Trade and Distribution. L., 1938.

Hunter Holland, and Janusz M. Szyrmer. Faulty Foundations: Soviet Economic Policies, 1928–1940. Princeton, N.J., 1992.

Kotkin Stephen. Magnetic Mountain: Stalinism as a Civilization. Berkeley, 1995.

__________. Modern Times: The Soviet Union and the Interwar Conjuncture // Kritika: Exploration in Russian and Eurasian History 2(1), Winter 2001.

Legacy of Alexander Orlov. Prepared by the Subcommittee to Investigate the Administration of the Internal Security Laws of the Committee on the Judiciary. United States Senate. 93rd Congress, 1st Session. August 1973. Washington: U.S. Government Printing Office, 1978.

Lovell Stephen, Ledeneva Alena, and Andrei Rogachevskii, eds. Bribery and Blat in Russia: Negotiating Reciprocity from the Middle Ages to the 1990s. L., 2000.

Марочко В.І. «Торгсин»: Золота ціна життя україньских селян у роки голоду (1932–1933) // Україньский історичний журнал, 2003, № 3.

Matthews Mervyn. Privilege in the Soviet Union: A Study of Elite Life—Styles under Communism. L., 1978.

Orlov A. How Stalin Relieved Spain of $600,000,000 // The Reader' s Digest. Nov. 1966.

Osokina Elena. Consumi // *Dizionario Del Comunismo*, Robert Service and Sylvio Pons, eds. Turin, 2006.

Payne S. The Spanish Civil War, the Soviet Union, and Communism. New Haven; L., 2004.

Radosh R., Habeck M.R., Sevosyianov G. Spain Betrayed. The Soviet Union in the Spanish Civil War. New Haven; L., 2001.

Randall Amy E. The Campaign for Soviet Trade: Creating Socialist Retail Trade in the 1930s, Ph.D. dissertation, Princeton University, 2000.

_____________. Legitimizing Soviet Trade: Gender and the Feminization of the Retail Workforce in the Soviet 1930s // Journal of Social History, Summer, 2004.

_____________. «Revolutionary Bolshevik Work»: Stakhanovism in Retail Trade // Russian Review 59 (July 2000).

Rimmel Lesley A. Another Kind of Fear: The Kirov Murder and the End of Bread Rationing in Leningrad // Slavic Review vol. 56, no. 3 (Fall 1997).

Russian Gold: A Collection of Articles and Newspaper Editorials Regarding the Russian Gold Reserve and Shipments of Soviet Gold. New York, 1928.

Russian Public Finance During the War. New Haven, 1928.

Shearer David R. Industry, State, and Society in Stalin' s Russia, 1926–1934. Ithaca, N.Y., 1996.

Smele J. D. White Gold: The Imperial Russian Gold Reserve in the Anti—Bolshevik East, 1918–? (An Unconcluded Chapter in the History of the Russian

Civil War) // Europe—Asia Studies, Vol. 46, #8, 1994.

Timasheff Nicholas S. The Great Retreat: The Growth and Decline of Communism in Russia. N. Y., 1946.

Vinas A. El oro espanol en la Guerra civil. Madrid, 1976.

_______. Oro de Moscu. Barcelona, 1979.

Viola Lynne, ed. Contending with Stalinism. Soviet Power and Popular Resistance in the 1930s. Ithaca, 2002.

注释

序言：偶然的发现

1 叶列娜·亚历山德罗夫娜·奥索金娜：《"斯大林时期繁荣"的背后：工业化期间居民供应的分配和市场，1927—1941》，莫斯科，1998年。

2 根据海关数据，1928/1929年苏联的出口量为890万吨，到了1931年增加到2180万吨。苏联出口的大部分为粮食和原料。见《1918—1940年苏联对外贸易》，载《统计概览》，莫斯科，1960年，第13页。

3 "通过剥削农业促进工业腾飞的理论"也有反对者，但这些人属于少数派。詹姆斯·米勒（James Millar）和迈克尔·艾尔曼（Michael Ellman）在1970年代发表了一系列文章，以证实在第一个五年计划期间，苏联农业与其说是苏联经济的资源提供者，不如说是国际资金的接收者。这些结论立足于苏联经济学家巴尔索夫（A.A. Барсов）的计算。巴尔索夫：《城市和农村价值交换的平衡》，莫斯科，1969年；詹姆斯·米勒：《大规模集体化运动和苏联农业在第一个五年计划中的贡献》，载《斯拉夫评论》1974年第33期；迈克尔·艾尔曼：《第一个五年计划期间农业盈余是否为苏联的投资增长提供了资金？》，载《经济杂志》（1975年12月）。

4 获得全苏地位意味着外宾商店获准在苏联全境开展业务。

5 黄金开采业中的公民企业和古拉格（劳改营）不同，在黄金开采中未使用服刑人员。

6 有价物品需兑换成外宾商店的"钱"方可使用，这一过程把有价物品充当支付工具的事实掩盖了起来。

7 如果没有克里斯宾·布鲁克斯的帮助，我的工作量将大大增加，因为电子档案的制作者并未设定"外宾商店"（торгсин）这一搜索关键词：这就需要看遍数百个视频以找到提及外宾商店的内容。幸运的是，克里斯宾在和我相识前就已经做了大量的工作，因此，我得以直接使用他的成果。关于南加州大学犹太人大屠杀基金会影像档案的详细说明将在之后史料学专题中阐述。

第一部分　对于外宾商店的热情

莫斯科贸易公司办事处

8 1924年，在苏联劳动和国防委员会下属的内贸委员会基础上成立了贸易委员部。1925年至1931年，它与外贸人民委员部合并为苏联内外贸人民委员部。1931年，由于在全苏开始实施配给制，内贸和外贸的领导权分属两个部门：内贸由苏联供给人民委员部主管，外贸由苏联外贸人民委员部主管。1934年，由于准备取消配给制，因此在供给人民委员部基础上成立了食品工业人民委员部和内贸人民委员部。自1931年起一直独立的外贸人民委员部于1938年与内贸人民委员部合并为统一的贸易人民委员部。

9 莫斯科市贸易公司全称为莫斯科贸易企业联合公司。

10 俄罗斯国家经济档案馆。4433库第1类第3卷第150页。

11 这只能算部分成功。与外宾商店平行运营的还有"全苏外国游客服务股份公司"、"外国专家技工供应社"、"酒店"、财政人民委员部的外汇和国际结算部门，以及格别乌。虽然，这些机构在开展涉外业务时，专业方向分别侧重于旅游、酒店服务、制定外汇结算规则或是政治监督，但其活动都是外汇贸易的组成要素。外宾商店的领导自视为对外外汇贸易业务的专营者，并无力地应对着其他部门的外汇竞争。

12 1931年第二季度外宾商店共有17个供应处，分别在莫斯科、列宁格勒、阿尔汉格尔斯克、符拉迪沃斯托克、新罗西斯克、叶夫帕托里亚、敖德萨、赫尔松、尼古拉耶夫斯克、马里乌波利、巴塔米、巴库、波季、梯弗里斯、塔甘罗格、叶伊斯克和费奥多西亚。俄罗斯国家经济档案馆，第4433库第1类第8卷第15页。

13 "苏联商船队"股份公司属于苏联交通人民委员部，于1924年7月根据苏联劳动和国防委员会的命令成立。成立苏联商船队是当时国家中央集权进程的一部分，标志着苏联一个新行业（海运）的诞生。各部门的船只、港口、船舶维修企业以及为海运和内河运输船队培养人才的学校都被划入苏联商船队。

14 俄罗斯国家经济档案馆，4433库第1类第4卷第5页。

15 格·瓦·安德烈耶夫斯基在《斯大林时期莫斯科的日常生活，1920—1930年代》（莫斯科，2003年，第22—25页）中对彼得罗夫卡大街及其商贸活动作了描述。

（Г.В. Андреевский в книге «Повседневная жизнь Москвы в сталинскую эпоху. 1920–1930—е». М., 2003. С. 22－25.）

16 1930 年 8 月 21 日，在财政人民委员部的会议上就外宾商店的销售条件、品类、顾客群、价格和结算规则进行了讨论。俄罗斯国家经济档案馆，4433 号库第 1 类第 3 卷第 3—4 页。

17 最初（1930 年 8 月）的价格制定公式包含了零售价格、税收和经常性开支。4433 号库第 1 类第 3 卷第 4 页。珠宝饰品的税收超过售价的 40%。4433 号库第 1 类第 3 卷第 165 页。

18 维堡市列宁格勒州国家档案馆，1154 号库第 1 类第 4 卷第 1 页。

19 维堡市列宁格勒州国家档案馆，1154 号库第 1 类第 1 卷第 89 页。根据资产登记数据可以判断出商店规模的大小。截至 1931 年 11 月 1 日，商店拥有 15000 件古董和艺术品。维堡市列宁格勒州国家档案馆，1154 号库第 1 类第 13 卷第 13 页。

20 详见 1930 年 8 月 21 日财政人民委员部关于向外宾出售古董和艺术品规定问题的会议纪要。

21 “外国专家供应社”——苏联国家商品零售联合公司向外国专家和技工供应粮食和工业品的特别办公室。由于苏联实施配给制，于是在 1931 年成立了“外国专家供应社”。“外国专家供应社”拥有自营的商店、美容美发店、照相馆和时装店等企业，这些企业专门面向按照合同赴苏联工作的外国专家家庭。1932 年，“外国专家供应社”于 1932 年并入外宾商店。“外国专家供应社”在有些方面拥有特权：其商品品类和价格较之针对苏联专家和工人的封闭分配体系更丰富、优厚。在实施配给制的那些年，“外国专家供应社”出现了很多身份造假的人。1935 年开展的检查显示，通过私人途径前往苏联的外国人、政治难民，还有走后门的苏联公民都享受过“外国专家供应社”的服务。“外国专家供应社”中裙带关系盛行，内部管理层的配给优于对外国专家的配给。由于苏联取消配给制，“外国专家供应社”于 1935 年 7 月 1 日停止运营。详见 1935 年 6 月 8 日苏联人民委员会《关于撤销全苏外国专家和工人供应办公室“外国专家供应社”的决议》。（俄罗斯国家档案馆，5446 号库第 16a 类第 346 卷）关于 1930 年代上半叶外国专家供应以及国家供应等级制度的详细情况可以参阅叶·亚·奥索金娜的《“斯大林时期繁荣”的背后》。

22 令人惊讶的是，财政人民委员部领导的看法或许会改变其历史角色。1920 年代上半叶货币改革期间，在格·亚·索科利尼科夫领导下的财政人民委员部是合法货币交易市场的忠实捍卫者，与持禁止态度的国家计划委员会和国民经济最高委员会站在了对立面上。详情请参阅尤·戈兰德的《新经济政策期间的货币调控》，莫斯科，1998年。（Голанд Ю. Валютное регулирование в период НЭП а . М., 1998）

23 外宾商店为苏联国际航线船舶提供服务时，由苏联商船队通过非现金结算。跑国际航线的苏联海员以及他们的家人凭专门文件直接从外宾商店获取商品，这种文件由苏联商船队签发，以作为海员的外汇报酬。这样一来，外汇就不可能作为独立的支付工具使用了。

24 1931年通航期，通过海路抵达列宁格勒的游客估计为1.5万。维堡市列宁格勒州国家档案馆，1154号库第1类第4卷第7页反面。

25 在这一时期的官方文件中，卢布虽然不能兑换，但仍被称为苏联货币。显然，为了谈及某种货币时不产生误解，财政部门将外国货币称为“货真价实的”货币，这也就承认了外国货币从根本上有别于卢布，也就意味着卢布是无效货币。

26 1931年出现的苏联国家银行外汇支票发行面值分别为5卢布、10卢布和25卢布。只有外国人可以在国家银行购买外汇支票或者由国家银行授权将其兑换成货币，在必要的情况下，可以将其兑换成苏维埃纸币或者外汇。外汇支票与外汇均可作为支付工具使用。外汇支票是记名的，但持有人签署转让签名后可转让给其他人。外汇支票兑换成货币的有效期为一年，从国家银行售出之日起算。俄罗斯国家经济档案馆，4433号库第1类第8卷第59页，以及第4卷第83页。

27 《国家银行关于旅行支票的规定》。俄罗斯国家经济档案馆，4433号库第1类第8卷第59页及反面。

28 苏联国家银行1930年12月24日的信说明了，长期在苏联生活的外国专家可在外宾商店购买商品。如果外国人从本人外汇工资中减去与购物金额相当的数额，其卢布可被列为“外汇卢布”范畴。财政人民委员部在1931年2月给外宾商店管委会的《关于销售出口商品的规定》一信中再次确认了这一规定。俄罗斯国家经济档案馆，4433号库第1类第4卷第83页；第8卷第32页及反面。

29 财政人民委员部的警告信证明了外宾商店违反规定的行为。俄罗斯国家经济档案馆，4433号库第1类第8卷第32页及反面。

30 俄罗斯国家经济档案馆，4433号库第1类第8卷第32页。

31 俄罗斯国家经济档案馆，4433号库第1类第5卷第116页。

32 俄罗斯国家经济档案馆，4433号库第1类第8卷第32页。食品、烟草等生活必需品不在此列。这些商品无须加盖结算章，但是这些商品的价格会以最低生活费的形式从可带出境的外汇金额中扣除。“减扣”规定不适用于外汇（旅行）支票。根据法律，外汇（旅行）支票在18个月内无须扣除最低生活费而带出苏联。在外宾商品供应商店使用外汇（旅行）支票购物时不需要盖“减扣章”，但如需购买贵金属制品，仍需得到财政人民委员部的批准。俄罗斯国家经济档案馆。4433号库第1类第4卷第83页；第8卷第32页及反面。

33 俄罗斯国家经济档案馆，4433号库第1类第4卷第83页。外国人的最低生活费标准大概在1932年秋天被废止，这也是放松外汇管制长期过程的一部分。

34 俄罗斯国家经济档案馆，4433号库第1类第88卷第50页。

35 俄罗斯国家经济档案馆，4433号库第1类第3卷第80页。

36 俄罗斯国家经济档案馆，4433号库第1类第3卷第97页。

37 俄罗斯国家经济档案馆，4433号库第1类第8卷第55—56、63页。

38 财政人民委员部于1931年9月决定，通过红十字会和外国人权利局流入苏联的外汇汇款，不超过100美元的最多三分之一可存入外宾商店账户。但随着年汇款额的增长，其可存入外宾商店账户的定额会逐步下降。300美元至500美元的部分只能存入四分之一，超过5000美元的部分只能存入7%多一点。4433号库第1类第8卷第61页。

39 俄罗斯国家经济档案馆，4433号库第1类第8卷第90、91页。

40 俄罗斯国家经济档案馆，4433号库第1类第8卷第89页。

41 苏联财政人民委员部外汇和国际结算局跨部门会议纪要。俄罗斯国家经济档案馆，4433号库第1类第8卷第55—56页。

42 4433号库第1类第8卷第63页。

43 直到1932年10月21日，苏联供给人民委员部才发布命令，外交人员的商贸服务主体从使用卢布的“外国专家供应社”转到使用外汇的外宾商店。之后出现了专门服务外交人员的外宾商店精英商店。于是在外宾商店系统内形成了普通外汇结算商店和精英外汇结算商店的等级划分。4433号库第1类第26卷第165页。

44 1931年1月4日外贸人民委员部签发的2号命令。维堡市列宁格勒州国家档案馆。1154号库第1类第5卷第2页；第7卷第7页。

金点子

45 地下资源事实上已被宣布归属于布尔什维克政权，1920 年 4 月 30 日的《地下资源法》使地下资源国有化在法律上得以确认。根据《地下资源法》，国家拥有矿产开采（包括黄金开采）的垄断权。1918 年 2 月 18 日，根据国民经济最高委员会主席团的决议成立了“黄金委员会”。1918 年 1 月 15 日确立了国家对于黄金和其他贵金属买卖的垄断。所有金矿主和采金企业必须以 32 卢布 / 所洛特尼克（俄旧重量单位，约合 4.26575 克）的固定价格把开采出来的达到 96% 纯度的黄金卖给国家。根据苏联人民委员会 1921 年 6 月 23 日《关于开采出来的黄金和白金的分配》的法令，原料金和金锭不能成为交易、加工、分配或是机构与个人交换的对象，而应上交财政人民委员部。尤·列·切尔诺斯维托夫、尼·伊·扎图尔金 :《苏联采金法，其特点、历史和主要问题》，载《苏联采金业（第一届全苏采金业大会》，莫斯科—列宁格勒，1927 年，第 102—122 页。〔Черносвитов Ю.Л., Затулкин Н.И. Золотопромышленное законодательство СССР, его особенности, история и ближайшие проблемы // Золотопромышленность СССР. (1—ый Всесоюзный золотопромышленный съезд). М.—Л., 1927. С. 102－122〕

46 国民经济最高委员会 1918 年 1 月 12 日的决议规定了国家对于贵金属交易的垄断。为控制居民，1918 年《投机法》生效，在至少坐牢 10 年和没收所有财产的恐惧之下，买卖甚至保存原料金、金锭和金币都被禁止。国民经济最高委员会 1918 年 2 月 17 日的决议禁止买卖纯度在 56% 及以上的黄金制品。1921 年 10 月 17 日，《关于征用和没收》的法令生效，该法令禁止保存任何形式的黄金（包括原料金、金锭、金币和黄金制品）。尤·列·切尔诺斯维托夫、尼·伊·扎图尔金：《苏联采金法，其特点、历史和主要问题》，第 102—122 页。

47 苏联人民委员会 1920 年 4 月 13 日颁布的《关于征用和没收》的法令以及苏联人民委员会 1920 年 7 月 13 日通过的《关于征用和没收贵金属、钱款和贵重物品、医药财产的规定，关于教育人民委员部、海关、陆军和海军部们履行征用和没收权》的决议。《苏联政府法令》第 8 卷，莫斯科，1976 年，第 41—48 页；第 9 卷，莫斯科，1978 年，第 213—222 页。

48 1 所洛特尼克 =4.26575 克；1 俄磅 =0.40951241 千克。

49 根据决议，“不论是哪种货币”，所有钱款都应没收。

50 “新经济政策”保留了国家对黄金的控制，放松了货币垄断。外汇自由化的早期迹象可见于1921年10月31日实施的《黄金和白金开采业条例》。条例允许更广泛地发展私人采金业，不过国家对于产品所有权的垄断原则毫不动摇：在司法责任的威胁下，禁止私人销售原料黄金、苏联境内的黄金流通以及把黄金带出境。此后的法令（特别是劳动和国防委员会于1923年3月6日颁布的法令和苏联人民委员会于1924年9月23日颁布的法令，以及中央执行委员会和苏联人民委员会于1925年4月10日颁布的法令）渐行渐远，合法化了原料金的保有和流通。被称作贵金属的深加工黄金只有在加盖印章后才允许流通。中央执行委员会和苏联人民委员会于1925年7月17日颁布的法令允许使用证券和外汇交易。为防止黄金从苏联非法流出，边境地区的黄金和外汇交易控制越来越严格。中央执行委员会和苏联人民委员会于1924年6月6日颁布的法令禁止在距边界50俄里的范围内进行黄金和外汇交易。拉·弗·萨波戈夫斯卡娅：《俄罗斯政治中的黄金（1917—1921）》，载《历史问题》2004年第6期；尤·戈兰德：《新经济政策期间的货币调控》，莫斯科，1998年。

51 其中最重要的包括1922年10月20日关于有价证券交易的决议，1923年2月15日的外汇交易法以及1923年4月19日关于外汇出口和境外外汇汇款的法令。“新经济政策”时期货币交易市场的具体分析详见尤·戈兰德的文章《新经济政策期间的货币调控》，载《欧亚研究》（“Currency Regulation in the NEP Period”. *Europe - Asia Studies*），第46卷，第8期，1994年。

52 法令还允许携带不超过价值50卢布的黄金制品和金锭离境。

53 尤·戈兰德的研究表明，实际上这一禁令并未被遵守。很多机构之间使用外汇进行国内结算。尤·戈兰德：《新经济政策期间的货币调控》，第92页。难以设想，人们在私人交易时会遵守这一禁令。然而，有别于外宾商店，根据法律的文字表述，“新经济政策”时期在苏联境内使用黄金和外汇支付是被禁止的。

54 十月革命前，切尔文券（俄语为червонец，源于古斯拉夫语的червонный，意为红色或金色）被称为金卢布，价值10卢布。苏联时期，切尔文券是1922年底到1937年存在的一种货币单位，在1922年至1924年苏联财政人民委员部推行的货币改革中发挥了重要作用。在发行切尔文券时，部分使用了贵金属和与黄金关系稳定的外汇作为担保，但主要的担保物为易变现的商品和有价证券。在苏联，“抛弃苏维埃纸币”十分迅速：在国家大力支持下发行的切尔文券在流通领域中取代了贬值的苏维埃纸币。1924年2月，当切尔文券的稳健性毋庸置疑时，政府发布了停止发行苏维埃纸币（1924年6月前，苏维埃纸币停止流通），同时发行国库券的法令。国库券即新的苏联纸币。几十种新的苏联纸币与强劲而稳定的切尔文券并驾齐驱，在“切尔文券的肩膀上”进入流通领域。同时，推行货币改革的财政人民委员部严格限制货币发行和国有企业贷款，并采取措施降低国有工业品高企的价格。这些措施成了对国有经济部门和人民的严峻考验。但是，得益于此，财政人民委员部消除了国家预算赤字，使货币流通额和商品流通额达到了相对一致，做到了工业品和农产品价格均衡，并在此基础上扩大了商品流通总量。但是，这样的平衡是脆弱的。从1925年起，国家计划委员会导致的负面趋势开始上升（财政人民委员部由于主要的经济学家被捕而群龙无首、名誉扫地），又回到了老路，信贷不可抑制，货币发行的增长超过了商品总量的增长。加速工业化的开始进一步推动了国家计划委员会的发行方针。负面趋势加上粮食征购时采取的非常措施导致了苏联1928年的灾难——卢布崩盘。虽然切尔文券一直到1937年才废止，但是价格调控和随后的价格计划导致1920年代末至1930年代上半叶通货膨胀过程中切尔文券的流通崩溃。具体信息可以参阅《俄罗斯卢布。两个世纪的历史》，莫斯科，1994年（Русский рубль. Два века истории. М., 1994）；尤·戈兰德：《新经济政策期间的货币调控》。

55 1922年底，财政人民委员格·索科利尼科夫将沙皇金币视作切尔文券的竞争对手，他建议就像“战时共产主义”时期那样重新禁止持有金币。尤·戈兰德：《新经济政策期间的货币调控》，第91页。

56 在苏联，有官方的国家外汇交易所，也有“黑交易所”——市场里的柜台和售货摊是掮客们买卖金币和外汇的地方。此外，在莫斯科、列宁格勒和哈尔科夫的商品交易所内有夜间证券交易所，习惯上这些交易所被称为“美国女人”。在这些交易所里，没有官方交易所的那些限制，因此，人们可以在此交易更大数额的黄金和外汇。虽然，“美国女人”是合法经营的，但在镇压交易所经纪人的时候，政府将其归为“黑交易所”。尤·戈兰德：《新经济政策期间的货币调控》，第99页。

57 受财政人民委员部委托，莫斯科、哈尔科夫、格鲁吉亚和土库曼斯坦拍卖行进行黄金和宝石收购。

58 有别于个人享有的外汇权利，“新经济政策”期间，对组织、机构和企业的外汇交易管理更为严格，不过它们在1920年代上半叶拥有的外汇自由远甚于1930年代。在贸易代表机构的控制下——对外贸易垄断得以保持——那些贸易代表机构本身从事进出口交易，不少外贸业务许可证（1925年时约为四分之一）并非由中央签发，而是在当地签发。为了从事外贸业务，有关组织和企业拥有自有外汇资金。它们的外汇来自出口，也可以从外汇交易所和“美国女人”处购买。虽然其中有所限制：只有信贷机构、合作社联合会以及财政人民委员部和外贸人民委员部的部门可以在国内市场上不凭特殊许可证买卖外汇。国有和集体所有的组织在国内购买每一笔外汇都需要财政人民委员部特别外汇会议的许可证。签发许可证是控制法人外汇欲望的措施之一。事实上，企业有方法规避这一限制。即使没有购买外汇的许可证，它们仍可以通过外汇掮客搞到外汇。企业原本应把外汇放在国内的国家银行或者其他获准从事外汇交易的银行账户上，而从 1923 年起，企业获准把外汇放在境外的贸易代表机构或者国家银行境外代理行的账户上。企业可以按照自己的意愿在国内市场自由卖出持有的外汇，而起初它们必须把外汇卖给国家银行。企业只有与境外组织结算时才获准使用外汇支付。不过这一点在事实上遭到了破坏：企业和组织会使用外汇进行国内单位间的相互结算。

59 国家银行和财政人民委员部在货币干预手段上的主要区别是，国家银行按照标价以固定的价格出售金币，按照官方汇率出售外汇，而财政人民委员部代理人则按照市场价买卖黄金和外汇。尤·戈兰德：《新经济政策期间的货币调控》，第 133 页。

60 国家银行内部负责货币干预的部门是外汇——证券处，负责人为格·阿尔库斯。

61 列夫·沃林生于 1887 年，毕业于彼得格勒大学法律系。革命前，在采金行业工作。革命后，就职于国家经济最高委员会和国家计划委员会。1921 年春，他在苏联人民委员会里向列宁提出了自己关于改善货币体系的建议，建议随后被转到财政人民委员部。1922 年，沃林转至财政人民委员部外汇管理局工作。尤·戈兰德：《新经济政策期间的货币调控》，第 132 页。

62 国家银行的数据显示，1925—1926 年，货币干预期间，在人民出售的贵重品中，金币占了巨大的比重（60%—65%）。尤·戈兰德：《新经济政策期间的货币调控》，第 1274 页。

63 尽管知道财政人民委员部特别部门的行动，格别乌仍会不时不分青红皂白地逮捕“外汇投机分子”，破坏了货币干预行动所形成的积极趋势，在自由市场散播了恐慌。在被逮捕的人中，就有财政人民委员部特别部门的代理人。

64 关于金融改革期间金币和外汇买卖的变化过程可以详细参阅尤·戈兰德：《新经济政策期间的货币调控》。

65 从 1925 年 7 月起，外汇和切尔文券都被计入允许带出境的 300 金卢布总额中。组织机构的外汇支出也受到了限制。尤·戈兰德：《新经济政策期间的货币调控》，第 104 页。

66 尤・戈兰德 :《新经济政策期间的货币调控》，第 107、125、130 页。

67 俄罗斯国家经济档案馆，2324 号库第 788 卷第 115 页。1922 年秋天通过了发行苏联切尔文金币的决议，其成分与革命前的 10 卢布金币相当，但这主要是象征意义，即证明了当局恢复金本位的想法以及未来可能将切尔文纸币换成金币。国家银行和财政人民委员部铸造了大量沙皇金币出售给民众。1923 年夏天，索科利尼科夫建议铸造苏联切尔文金币以便在市场上进行货币干预，这一建议为政治局所采纳。不过，他从大规模发行切尔文金币对切尔文券的负面影响中看到了危险，于是很快改变了主意，他决定要让民众更信赖切尔文券。尤・戈兰德 :《新经济政策期间的货币调控》，载《关于 1921 年—1924 年货币改革期间经济政策的讨论》，莫斯科，2006 年。（Дискуссии об экономической политике в годы денежной реформы 1921 - 1924. М., 2006.）

68 尤・戈兰德 :《新经济政策期间的货币调控》，第 107、125、130 页。

69 货币改革的缔造者试图使切尔文券在国内和国外市场都保持强势，使之成为可自由兑换的货币。1924 年春天，国外交易所出现了切尔文券的牌价。1925 年起，苏联在与东方邻国的商贸业务中开始使用切尔文券支付。切尔文券流到国外主要通过走私渠道或者与苏联公民的合法交易，1925 年 7 月前，苏联公民带出境的切尔文券没有金额限制。为了维持切尔文券的地位，国家银行在境外回购了大量供出售的切尔文券。切尔文券的“赎金”在境外并没有特别的意义，只是为改善苏联的金融形象，但却耗费了国家大量的外汇资金。尤・戈兰德 :《新经济政策期间的货币调控》，第 99—100 页。

70 关于布尔什维克所继承的俄罗斯帝国黄金储备的快速“融化”，可以参阅《为什么斯大林需要外宾商店》一章。

71 由于 1924 年歉收，当年春季前的国内市场上，谷物和农产品价格上涨。为了扑灭通货膨胀，面粉、糖、必需品以及生产这些东西的原料进口量大幅增加。在境外采购的同时，国家试图满足国内的溢出需求，并使物价趋于稳定。然而，进口的急剧增加导致苏联外汇储备显著下降。为了抵偿外贸赤字，国家银行仅在 1925 年 5—6 月间就在伦敦出售了价值 2000 万卢布的黄金。尤・戈兰德 :《新经济政策期间的货币调控》，第 103 页。

72 尤・戈兰德 :《新经济政策期间的货币调控》，第 107 页。

73 尤・戈兰德 :《新经济政策期间的货币调控》，第 131 页。援引自俄罗斯国家档案馆，374 号库第 28 类第 1483 卷第 2 页。

74 法人从事进口业务的许可证签发权限收归中央，地方政府无权签发此类许可证。单位和企业必须把所有外汇收入上缴国家银行，其支配自己账户内外汇的权利是有限的。尤·戈兰德：《新经济政策期间的货币调控》，第127—128页。

75 尤·戈兰德：《新经济政策期间的货币调控》，第120、125—127页。奥·莫佐欣：《在保卫国家经济安全及打击恐怖主义中的契卡—格别乌》，莫斯科，2004年，第206页。

76 截至1926年4月26日，根据格别乌经济局的数据，在全国范围内逮捕了1824人，没收了价值54.4万卢布的财物。奥·莫佐欣：《契卡—格别乌》，第208页。（Мозохин О. ВЧК–ОГПУ. На защите экономической безопасности государства и в борьбе с терроризмом. М., 2004. С. 206）

77 1923年秋季到1924年冬季，经政治局批准，格别乌针对"外汇投机分子"和"黑"交易所进行了镇压。然而，1924年3月，由于财政人民委员部的坚持，政治局要求格别乌停止镇压，因为其行动破坏了切尔文券的稳定。奥·莫佐欣：《契卡—格别乌》，第204—205页。

78 尤·戈兰德：《新经济政策期间的货币调控》，第128页。

79 1926年2月4日，政治局责成劳动和国防委员会尽力削减用于货币干预的支出。奥·莫佐欣：《契卡—格别乌》，第207页。

80 政治局的决议在形式上是1926年7月9日中央执行委员会和苏联人民委员会的决议。尤·戈兰德：《新经济政策期间的货币调控》，第146—148页。

81 在相当平静的1926年，对沃林的残酷迫害是有政治根源的。通过他可以"陷害"在1925年的联共（布）十四大上公开反对斯大林的索科利尼科夫。对于沃林的一系列指控本应导致索科利尼科夫被消灭，在官方文章中不无目的地把"黑"交易所称为"索科利尼科夫的孩子"。但是，正如尤·戈兰德所说，当时并没能收集到必要的黑材料。1926年初，索科利尼科夫被免去苏联财政人民委员的职务，这件事就算是到此为止了。

82 尤·戈兰德：《新经济政策期间的货币调控》，第148页。

83 格别乌经济局反对刑事侦查处和警察未同格别乌商量就逮捕非法买卖外汇者的擅自行动，称此举破坏了其侦查行动。奥·莫佐欣：《契卡—格别乌》，第213页。

84 详情将在"白银"一节中进行论述。

85 奥·莫佐欣：《契卡—格别乌》，第222—223页。

86 具体命令包含在政治局1931年1月25日和1932年12月9日的决议中。俄罗斯国家社会政治史档案馆，17号库第162类第9卷第105、134页。

87 米·阿·布尔加科夫：《大师和玛格丽特》，第15章，《尼克诺尔·伊万诺维奇的梦》。布尔加科夫于1928年开始撰写该小说，直到1940年才完成。历史学家鲍·瓦·索科洛夫认为，在那个朗诵普希金《吝啬的骑士》，并且劝说非法买卖外汇者上交外汇的萨瓦·波塔波维奇·库罗列索夫形象中，布尔加科夫讽刺了……列宁本人，讽刺了列宁死于中风，还讽刺了他经过防腐处理的尸体的假"复活"。索科洛夫写道，在小说的早期版本里，这个人物是另一个名字——伊利亚·弗拉基米洛维奇（可以比较一下列宁的名字：弗拉基米尔·伊利奇）·阿库里诺夫（再比较另一个民间人物乌里扬纳——很像乌里扬诺夫）。索科洛夫的推测从历史上看是站得住脚的：搜寻黄金宝藏以满足无产阶级国家之需的鼓动者和领导者正是列宁。鲍·瓦·索科洛夫：《领袖之爱，克鲁普斯卡娅和阿尔曼德》，莫斯科，2004年，第233—234页。

88 格·瓦·科斯特尔琴科在《斯大林的秘密政策：权力和反犹太人主义》（Г.В. Костырченко пишет об этом в книге «Тайная политика Сталина: Власть и антисемитизм»）（莫斯科，2004年）一书中描述过。他在书中引用了参加过具体行动的格别乌莫斯科分局经济处前工作人员米·巴·史列伊德尔的证言。第109页。

89 1930年代在格别乌工作的瓦·克里维茨基曾描述过"美元蒸浴室"。克里维茨基·瓦利捷尔：《我曾是斯大林的间谍》，莫斯科，1998年，第85页。

90 关于枪决"非法买卖外汇者"的决议实例可以参阅俄罗斯国家社会政治史档案馆，17号库第162类第9卷第39—40页。奥·莫佐欣：《契卡—格别乌》，第215—216页。援引自俄罗斯联邦安全委员会中央档案馆2号库第8类第633卷第1—10页。

91 就像之前所述，对个人外汇权利的仅有的几项限制包括减少向境外转账的金额、提高进口产品关税以及限制出国。对于单位和企业的外汇权利控制更为严格。1926年，在支配出口所获外汇收益以及开展外贸交易方面的中央集权大大加强。详见尤·戈兰德：《新经济政策期间的货币调控》，第126—127页。

92 作为建立密室和仓库的传统地点，别墅和郊区会引起国家安全部门的特别关注。请参阅奥·莫佐欣《契卡—格别乌》，第217—219、221页。

93 外宾商店管委会副主席米·纳·阿佐夫斯基在斯摩棱斯克面对外宾商店下属商店负责人时说："同志们，现在要获取黄金日用品。就算从每个人手里只弄到1克、0.1克，在1.6亿人口的情况下，这又意味着什么？白银也是这样。"斯摩棱斯克州国家档案馆，1425号库第1类第21卷第7页。

94 1930年代初，关于黄金的问题始终都在政治局会议的议事日程中。政治局设有“黄金委员会”。这里有一个例子。1931年10月1日的政治局会议上，斯大林亲自做了“关于黄金”的报告。根据这份报告，政治局授权“黄金委员会”可以政治局的名义采取一切其认为必要的措施，以便最快速地增加苏联的黄金储备。俄罗斯国家社会政治史档案馆，17号库第162类第11卷第33页。

95 俄罗斯国家经济档案馆，4433号库第1类第5卷第101页。

96 类似的报告还从基辅、列宁格勒、梯弗里斯和克里米亚发来。俄罗斯国家经济档案馆，4433号库第1类第8卷第89页。

97 俄罗斯国家经济档案馆，4433号库第1类第8卷第48页；第4卷第110页。

98 在外宾商店出现前，苏联就已经有了一家通过交换商品来收购黄金日用品的单位。从1929年起，在采矿区开始有收购点和“苏联黄金”股份公司下属的“黄金商店”。“苏联黄金”整合了黄金开采企业（由此进入了有色金属开采和加工总局的组织序列）和受重工业人民委员部管辖的负责开采有色金属的工业联合企业。1933年，“苏联黄金”改组为重工业人民委员部内设的“黄金委员会”。“苏联黄金”的黄金收购始于劳动和国防委员会1929年1月11日和6月21日的命令。1929年秋天，“苏联黄金”在西伯利亚和远东的10个城市开展业务。股份公司管理层的总结报告显示，在手工淘出的黄金流入城市收购点的同时，大量日常使用的黄金制品也在流入“苏联黄金”。受到收购头几个月好业绩的鼓舞，“苏联黄金”管理层建议政府在各地都推广这一经验。为什么政治局决定赋予外宾商店收购黄金日用品的垄断权，而不是发展“苏联黄金”的业务呢？做出这一决定显然是由于“苏联黄金”和外宾商店的部门归属。外宾商店受贸易人民委员部管辖，“苏联黄金”受重工业人民委员部管辖。“苏联黄金”主要职能在于矿区，而不是贸易，其并没有发达的贸易部门，也没有商品库：为了黄金收购时供给商品，“苏联黄金”一直从贸易人民委员部那里搞来商品。外宾商店出现后，“苏联黄金”以及后来黄金委员会的黄金商店并没有消失，只是被边缘化了。这些商店在矿区用商品换取手工淘来的计划外黄金。“苏联黄金”的“黄金商店”在矿区的商贸活动让我们想起外宾商品供应商店，甚至其商品价格都和外宾商店的一样。俄罗斯国家经济档案馆，8153号库第1类第1卷第65页；8154号库第106卷第91页及反面。

99 俄罗斯国家经济档案馆，4433号库第1类第26卷第162页。

100 俄罗斯国家社会政治史档案馆档案馆，17号库第162类第11卷第44页。

101 1931年12月10日苏联人民委员会1123号“关于授予全苏外宾商品供应联合公

司收购贵金属（黄金）生产经营权”的命令。俄罗斯国家档案馆，5446号库第12a类第698卷第1页。

102 俄罗斯国家经济档案馆，4433号库第1类第8卷第90页。

103 切尔文券和黄金的等值反映在切尔文券的黄金含量。切尔文券确定等同于7.74234克纯金。

104 米·阿·布尔加科夫：《大师和玛格丽特》，第28章，《卡罗维耶夫和别格莫特的最后旅程》。

105 详见叶·亚·奥索金娜：《消费等级制度：1928—1935年斯大林配给制下人们的生活》，莫斯科，1993年；《“斯大林时期繁荣”的背后》。

106 俄罗斯国家档案馆，5446号库第12a类第698卷第8页。

107 显然，外宾商店没有遵守这一规定。1933年4月，苏联人民委员会的外汇委员会再次重申禁止外宾商店在矿区、黄金开采联合体范围内以及距其100公里区域内开设商店。决议附上了禁止外宾商店开展经营活动的居民点名单。俄罗斯国家档案馆，5446号库第14a类第827卷第2、5页。

108 俄罗斯国家经济档案馆，4433号库第1类第26卷第162页。

109 俄罗斯国家经济档案馆，4433号库第1类第26卷第161页。

110 关于叶·弗·库尔良德的后续命运不得而知。在悲剧性的1930年代，这可能是个好的征兆，或许，他顺利走完了自己的一生。

111 大量领导层以及地方上的党员对列宁关于向“新经济政策”过渡的建议十分抵触，而在实施“新经济政策”的那几年，党员革命者中间自杀的人数急剧增加，上述情况绝非偶然。

112 伯明翰研究院，尤其是罗伯特·戴维斯详细研究了苏联社会阶段性经济社会发展，即危机与迫不得已的市场化、半市场化或是为市场化而做的改革交替进行。详见罗·戴维斯:《苏联经济中的危机和前进，1931—1933》，伦敦，1996年（Davies R.W., *Crisis and Progress in the Soviet Economy*, 1931 - 1933. L., 1996）。

113 按照尤·戈兰德的数据，1922年12月—1924年2月期间，国家银行和财政人民委员部这两个部门的货币干预显示，国家卖给民众的金币比购自民众的金币多出1900万卢布（按票面价格），而算上外汇交易的话，国家卖出比买进多出大约3770万金卢布。根据国家银行管委会成员扎·卡岑涅连巴姆的数据，当时（1924年1月）国家银行可动用的黄金外汇储备总共只有1.3亿—1.4亿卢布。尤·戈兰德：《新经济政策期间的货币调控》，第94页。

114 尤·戈兰德：《新经济政策期间的货币调控》，第1274页。

“外宾商店”——商贸之国

115 俄罗斯国家经济档案馆，4433号库第1类第133卷第18、141—143页；《对外贸易》1936年第一期。

116 俄罗斯国家经济档案馆，4433号库第1类第21卷第22页。

117 俄罗斯国家经济档案馆，4433号库第1类第21卷第20—22页。

118 计划的制定者有这样的想法在政治上是正确的：“……应当否定外宾商店五年计划的持续增长曲线，这一曲线等于怀疑第二个五年计划可以改善劳动大众生活2—3倍。”（俄罗斯国家经济档案馆，4433号库第1类第21卷第22页）实质上，本来是这样表述的：“应当接受外宾商店五年计划的衰减曲线，这也是因为坚信，饥饿将使人们在两年时间里上交值钱的物件并消耗积蓄。”

119 俄罗斯国家经济档案馆，4433号库第1类第5卷193页。

120 俄罗斯国家经济档案馆，4433号库第1类第12卷239页；第26卷第34—39页；第66卷第29、110页；第105卷第19页。斯摩棱斯克州国家档案馆，1425号库第1类第16卷第32页。关于在外宾商店发展最迅速的1933年夏天其覆盖了多少座城市的数据没有找到。但是进行高准确性的估算还是可能的。只有为数不多的中心城市，例如莫斯科、列宁格勒、基辅、哈尔科夫等分别拥有多家外宾商店，在其他城市基本都只有一家外宾商店。由此可推算，1933年8月“1500个营业点”这一数据略多于外宾商店所覆盖的居民点数量。

121 关于外宾商店数量增加的数据请参阅：俄罗斯国家经济档案馆，4433号库第1类第12卷第239页；第23卷第122页；第26卷第34—39页；第66卷第29、110页；第105卷第19页。俄罗斯国家经济档案馆，5446号库第14a类第825卷第1、4页。斯摩棱斯克州国家档案馆，1425号库第1类第16卷第32页。

122 根据外宾商店公布的工作总结，其营业网络发展的最高峰是1933年11月——在全国拥有1526个营业点。《对外贸易》1936年第一期。

123 俄罗斯国家经济档案馆，5446号库第14a类第834卷第2页。

124 1931年6月的外宾商店办事处名单可以参阅：斯摩棱斯克州国家档案馆，1425号库第1类第2卷第15页；1932年春天的办事处名单可参阅：斯摩棱斯克州国家档案馆，1425号库第1类第1卷第8页；1933年春天的办事处名单可参阅：俄罗斯国家经济档案馆，4433号库第1类第63卷。

125 莫斯科、列宁格勒和西部办事处的发展史详见附录。

126 外宾商店办事处分化扩张的进程仍在继续。从北高加索办事处又分出了亚速—黑海办事处。

127 中亚外宾商店发展史详见附录。

128 1930年代，哈萨克斯坦（Казахстан）名为哈萨克斯坦（Казакстан）。当时，在行政上，哈萨克斯坦属于俄罗斯苏维埃联邦社会主义共和国。的确，外宾商店的领导层有点儿乱，应该把哈萨克斯坦代表处划归俄罗斯还是中亚，并不确定。因此，在1932年12月，外宾商店管委会主席斯塔舍夫斯基因为哈萨克斯坦代表处工作不佳而批评外宾商店在中亚的全权代表希洛夫。对此应当公正地指出，该自治代表处并不隶属于中亚代表处，而是直接隶属于莫斯科总部。乌兹别克斯坦共和国中央国家档案馆，288号库第1类第3卷第7页。

129 外宾商店全权代表在中亚的管理从1932年11月13日延续到1934年10月。中亚代表处管理乌兹别克斯坦、土库曼斯坦、塔吉克斯坦和吉尔吉斯斯坦代表处，以及卡拉卡尔帕克斯坦的营业点。

130 乌兹别克斯坦共和国中央国家档案馆，288号库第1类第62卷第92页。

131 可参阅，比如外宾商店管委会主席莫·伊·什科里亚尔致斯维尔德洛夫斯克格别乌经济处的信，他在信中请求向外宾商店边疆区办事处新的管理人员提供协助。俄罗斯国家经济档案馆，4433号库第1类第2卷26页。

132 乌兹别克斯坦共和国中央国家档案馆，288号库第1类第3卷第53a页。关于西北地区外汇潜力的简略报告（普斯科夫、卡累利阿等）可参阅维堡的外宾商店档案：维堡市列宁格勒州国家档案馆，1154号库第2类第5卷第107页反面、108页反面、123页。

133 关于在楚斯特市计划新开外宾商店，监察员卢克林写道："楚斯特的农民不同于其他地方的城市居民，其积累黄金制品的潜力和可能性较小，因此，我们重申，富裕的居民已被没收了生产资料和土地。"乌兹别克斯坦共和国中央国家档案馆，288号库第1类第3卷第53a页。

134 俄罗斯国家经济档案馆，4433号库第1类第32卷第4页。

135 乌兹别克斯坦共和国中央国家档案馆，288号库第1类第90卷第58—59页。关于其他计划开设外宾商店的地区的经济特点的案例，请参阅：乌兹别克斯坦共和国中央国家档案馆，288号库第1类第3卷第26—27页及27页反面。

136 乌兹别克斯坦共和国中央国家档案馆，288号库第2类第3卷第1页。

137 乌兹别克斯坦共和国中央国家档案馆，288号库第1类第12卷第21页。

138 乌兹别克斯坦共和国中央国家档案馆，288 号库第 1 类第 12 卷第 43 页。

139 俄罗斯国家经济档案馆，4433 号库第 1 类第 51 卷第 27 页。

140 俄罗斯国家经济档案馆，4433 号库第 1 类第 2 卷第 37—38 页。

141 俄罗斯国家经济档案馆，4433 号库第 1 类第 41 卷第 22 页。

142 俄罗斯国家经济档案馆，4433 号库第 1 类第 98 卷第 59 页。

143 这里有一些亏损商店案例："8 月在里巴切和科奇科尔开设的营业点在 10 月份收入了 300 卢布外汇，萨扎诺夫卡的营业点 10 天收入 57 卢布，波克罗夫卡的营业点 10 天收入 77 卢布，即日均入账 9 卢布，而日均营业开支为 133 卢布，营业开支是收入的 15 倍多，更不用说因为这些营业点位置偏远而产生的巨大支出，这些点到中枢仓库（伏龙芝市）或铁路相距 250—400 公里不等。"乌兹别克斯坦共和国中央国家档案馆，288 号库第 1 类第 62 卷第 91 页。

144 俄罗斯国家社会政治史档案馆，17 号库第 162 类第 11 卷第 134 页；第 12 卷第 120 页；第 15 卷第 177 页。外宾商店在苏联境内出售商品，但因其使用外汇结算并出售出口商品而被视作出口单位。在国家外汇计划中，外宾商店在主要出口单位中（全苏木材出口联合公司、全苏粮食出口联合公司、全苏石油及石油制品进出口联合公司、全苏皮货辛迪加）独占一项。在国家出口计划中，外宾商店出口计划和商品供应计划单独用专门的栏目列出或者制订单独计划。实例请参阅：俄罗斯国家社会政治史档案馆，17 号库第 162 类第 11 卷第 136 页；第 12 卷第 41、57、61、62—64、199 页；第 13 卷第 122、130 页；第 14 卷第 30、53、63、69、111 页；第 15 卷第 19、176—178 页。

145 1931 年 11 月 3 日，政治局批准了外宾商店接受"黄金"制品付款，1932 年 11 月 24 日，批准了接受"白银"制品付款。俄罗斯国家社会政治史档案馆，17 号库第 162 类第 11 卷第 44 页；第 14 卷第 17 页。

146 关于指示和信函在下列档案中提到过：俄罗斯国家经济档案馆，4433 号库第 1 类第 38 卷第 1 页反面。

147 俄罗斯国家社会政治史档案馆，17 号库第 162 类第 13 卷第 61 页。

148 请参阅 1933 年 12 月 19 日政治局批准的关于"确保 1934 年进出口和外汇计划的主要措施"的密件。俄罗斯国家社会政治史档案馆，17 号库第 162 类第 15 卷第 158—159 页。

149 请参阅俄罗斯国家社会政治史档案馆，17 号库第 162 类第 12 卷第 159 页；第 13 卷第 88 页；第 14 卷第 63、69 页；第 15 卷第 16、173—174 页。

150 "全苏外国游客服务股份公司"负责"运送外国游客"，"全苏外宾酒店服务股份公司”负责酒店行业。这些组织在宾馆外被禁止开设售货亭、商店和餐厅，以防与外宾商店竞争。俄罗斯国家经济档案馆，4433 号库第 1 类第 4 卷第 74 页；第 17 卷第 138 页。

151 俄罗斯国家社会政治史档案馆，17 号库第 162 类第 14 卷第 19、25 页。

152 请参阅：政治局关于为外宾商店借贷不少于 100 万卢布用以在英国采购 50 万卢布的纺织商品的决议，或是关于为外宾商店在芬兰采购商品的决议。俄罗斯国家社会政治史档案馆，17 号库第 162 类第 11 卷第 49 页；第 12 卷第 34 页。

153 外宾商店驻塔什干代表给联共（布）中央委员会中亚局的关于请求设立外宾商店中亚代表处并推荐全权代表人选的书面报告就是一个请求政治局帮助的案例。乌兹别克斯坦共和国中央国家档案馆，288 号库第 1 类第 3 卷第 45 页及反面。

154 土库曼苏维埃社会主义共和国共产党（布）中央委员会和共和国苏维埃人民委员会在决议中向党的下属委员会和地方苏维埃解释了外宾商店的计划——这不仅是外贸人民委员部的事业，也是国家的任务。中央委员会和苏维埃人民委员会要求向外宾商店提供最好的场所和干部，不得征召外宾商店的经理入伍以及参加“支援农村”的运动。乌兹别克斯坦共和国中央国家档案馆，288 号库第 1 类第 76 卷第 18、19、93 页及反面。

155 乌兹别克斯坦共和国中央国家档案馆，288 号库第 1 类第 3 卷第 16 页。

156 乌兹别克斯坦共和国中央国家档案馆，288 号库第 1 类第 3 卷第 1、8、16、19 及反面、41、47、51 页。

157 管委员其他派往地方上发展黄金“贸易”链的监察员的报告证实了这段历史的典型性。可参阅：俄罗斯国家经济档案馆，4433 号库第 1 类第 5 卷第 184、289 页；第 15 卷第 118、162 页；第 71 卷第 102 页。

158 俄罗斯国家经济档案馆，4433 号库第 1 类第 2 卷第 32—33 页。

159 俄罗斯国家经济档案馆，4433 号库第 1 类第 2 卷第 33 页背面。

160 斯摩棱斯克州国家档案馆，1425 号库第 1 类第 22 卷第 54 页。

161 在创立外宾商店时，其管委会组成包括主席（莫・伊・什科里亚尔）、四位副主席（尤・谢・博什科维奇、伊・雅・柏林斯基、弗・卡・日丹诺夫、米・纳・阿佐夫斯基）和一位主席助理（吉・伊・阿尼西莫夫）。1932 年春天，管委会人员构成实际上没有变化，但柏林斯基专门管理邮寄业务，博什科维奇专门管理股东和黄金业务。俄罗斯国家经济档案馆，4433 号库第 1 类第 7 卷第 3 页；第 19 卷第 213 页。

162 在外宾商店办事处机构中常设计划（计划—财政）部门和会计部门，以及总务部门或秘书处。随着外宾商店商业活动的发展，在办事处中还出现了督办部门、商业部门。商业部门又按照商品种类分成若干专门科室——纺织、鞋类、皮草、粮食（在最发展程度最高的办事处还会进一步细分为面包谷物科和肉类科）、不同商品、建材、化学制药等。

163 1933 年建立跨区仓库是为了缩短领导与营业点的距离。根据一份文件的说法，在建立跨区仓库之前，州办事处的领导“不会顺便看一眼基层”。这一改革的结果是形成了外宾商店“联营”组织。“联营”组织构成包括作为跨区仓库中心的百货商店旗舰店、下属商店、收购点、仓储和运输部门。商品供应、借贷、运输保障、计划和决算、食品定额的确定都通过百货商店旗舰店完成。“联营”组织成了附属企业的灾难，因为旗舰店首先确保自己的需要，再把余下的和不需要的给下属商店。

164 在 1935 年外宾商店经营末期，其组织架构专业分工明确并分叉众多。在莫斯科的总部包括领导层（主席、副主席、顾问、资深监察员和专家顾问），办公厅（总务部门、结算部门、经济部门、秘密部门、法律部门、发送部门和储备部门），商品门类专门办公室（粮食、其他商品、纺织品、鞋类、皮草制品、港口商品）、内部供应办公室和运输办公室、综合计划部门和外汇财务部门、总会计部门。外宾商店在地方上的网络包括大约 40 个州、边疆区和共和国办事处。在州级办事处设商品仓库。此外，在外宾商店组织架构内还在莫斯科设有中央库和钻石库，在列宁格勒设有进口库。1935 年夏秋季，外宾商店的行政管理机关有 906 人，商业网络有 11555 人。俄罗斯国家经济档案馆，4433 号库第 1 类第 158 卷第 25—27 页。

165 原先苏联商船队，莫斯科市贸易公司，国家百货商店，有色金属、黄金、铂金及稀有元素管理总局，东部黄金公司，“全苏外国游客服务股份公司”，“全苏外宾酒店服务股份公司”的外汇交易职能都划归外宾商店。

166 外宾商店的收款处隶属于国家银行。外宾商店为国家银行派出的收款人员支付工资。国家银行还应保证提供外宾商店的贵重品接收人员。

外宾商店的“红色经理”：“政委”

167 外宾商店副主席的生平详见附录。

168 不计短期代理管委会主席的格·伊·穆斯特（1934 年 8—11 月）。

169 关于莫·伊·卡尔曼诺维奇的信息取自1923年其提交进入社会主义学院学习的申请时所填写的个人简历、1933年统计干部时的个人表格以及1954年更换证件时填写的苏共党员登记表（俄罗斯国家社会政治史档案馆档案馆，17号库第100类。中央委员会领导人员个人事项）。这些文件填写于完全不同的政治时期，可以使我们看到个人情况叙述是怎样变化的并注意判断信息的真实性。然而，由于关于什科里亚尔的主要信息来源都是其本人，所以相关信息可能会不准确、有错误、掩盖事实、自我夸大以及有其他主观偏差。

170 什科里亚尔作为"立陶宛、波兰和俄罗斯全体犹太工人联盟"成员仅仅数月，从1917年9月到1918年4月，但据他所述，他成功地从中分裂出了联盟"左翼成员"。

171 格别乌在各个单位和企业中拥有告发者网络。对格别乌有关材料的最新研究显示，"该部门"工作人员调到经济工作岗位时会接受特别任务，主要是在国外开展经济间谍活动。格别乌在收到工业组织的"订购"后，会派遣自己的工作人员从事经济工作。详见谢·弗·茹拉夫列夫关于1922—1927年军事情报部门和格别乌为发展苏联电工技术而进行的获取钨生产工艺行动的研究。谢·弗·茹拉夫列夫：《"小人物"和"大历史"，1920—1930年代苏联社会中莫斯科电机厂里的外国人》，莫斯科，2000年，第45—96页。

172 俄罗斯国家社会政治史档案馆，17号库第162类第11卷第71页。

173 美国国家档案馆（NARA），84文件组合，驻外事务处邮件，苏联外交邮件记录，420卷，1934年，《与柏林银行代表，对于资助俄国贸易十分有兴趣的X先生的谈话》。因为没有档案专家提供的美国国家档案馆总的页数编号，所以需要按照名称去查找文档。

174 什科里亚尔自己的解释是转任其他岗位。在1932年10月28日给外宾商店工作人员的告别信中，他写道："根据对外人民委员部的命令，我要转任其他领导（！——作者注）岗位，即日起这里的事情交接给阿·卡·斯塔舍夫斯基——新任的外宾商店管委会主席。感谢外宾商店系统的所有工作人员在系统建设中所表现的顽强以及突击速度，我坚信，在新主席领导下'外宾商店人'将更加努力地超额完成政府托付我公司的外汇计划。"斯摩棱斯克州国家档案馆，1425号库第1类第1卷第24页。

175 俄罗斯国家经济档案馆，4433号库第1类第70卷第3页。

176 俄罗斯国家经济档案馆，4433号库第1类第30卷第41页。

177 科罗廖夫写道："在外宾商店工作时，我和局以及支部一道坚决与我们系统内滋生的所有丑陋现象做斗争。这样的现象不少，比如在代表定额的伪装下胡乱挥霍黄金将其换成苏联货币，在百货商店，经理和普通工作人员大肆侵占（什科里亚尔——外宾商店管委会主席、邱白斯克——莫斯科州办事处副主任、列别捷夫——莫斯科州办事处副主任、巴列伊——第一百货商店经理等）。”莫斯科州中央国家档案馆，3812 号库第 1 类第 1 卷第 31 页。

178 俄罗斯国家经济档案馆，4433 号库第 1 类第 13 卷第 12 页。国家组织和机构的秘密资金库是为了“帮助领导同志”而经政府批准设立的。1926 年 2 月 13 日，劳动和国防委员会是我发现的最早正式指示建立秘密资金库的单位。秘密资金库是“公开的秘密”，因为全社会都清楚官僚特权。秘密资金库的资金用于补贴专门食堂和小卖部，补助治疗和疗养，购买书证、精英住房等。秘密资金库的使用中伴随着大量的滥用行为。贪婪的领导用贷款、流动资金、利润和下级企业提成去补充秘密资金库。秘密资金库的超额开支十分危险，以至于国家领导层必须出台严格的限制并惩罚官员。关于苏联贸易人民委员部秘密资金库，可以参阅：俄罗斯国家经济档案馆，8043 号库第 11 类第 74 卷第 145 页。更详细的内容可以参阅叶·亚·奥索金娜：《消费等级制度》，第 68—70 页。

179 俄罗斯国家经济档案馆，4433 号库第 1 类第 30 卷第 41 页。

180 全苏与新疆（中国西部）进出口贸易联合公司（Совсинъторг）在新疆销售纺织品、糖、金属、石油产品、鞋子、火柴、硅酸盐、农业机械、技术设备，从中国购入羊毛、棉花、丝绸、牲畜以及其他农产品。其总代表处位于莫斯科伊利因卡街 6 号。

181 什科里亚尔的名字没有出现在俄罗斯情报部门的百科词典《侦察和反侦察人物》（莫斯科，2002 年）中。

为什么斯大林需要外宾商店

182 在国家银行的账户上显示，俄罗斯储存在海外的黄金大约价值 1.4 亿金卢布，但这些黄金没能回到俄罗斯。

183 此处及后面的黄金重量都按照下列数据计算：一盎司黄金（31.104377 克）在 1934 年价值 20.67 美元，当时苏联政府确定的兑换牌价为 1 卢布 94 戈比兑 1 美元。这意味着卢布和黄金的比价为 1 卢布 29 戈比兑 1 克纯金。

184 根据前国家银行驻彼得格勒的官员、后又在高尔察克政府中担任财政部副部长的弗·伊·诺维茨基的观点，以及英国历史学家乔·德·斯梅乐依据诺维茨基的数据得出的看法，截至1914年7月1日，俄罗斯黄金储备达到了16.95亿卢布，超过了英国（8亿卢布）和法国（相当于15亿卢布）的储备。根据前彼得格勒大学政治经济学教授、第三届联合临时政府财政部长米·弗·别尔纳茨基的观点，截至1914年7月1日，俄罗斯国家银行黄金储备达到了15.997亿金卢布，仅次于法兰西银行。《战争时期俄国的公共财政》，纽黑文，1928年，第438页（*Russian Public Finance During the War*. New Haven, 1928, p. 438）；弗·诺维茨基：《俄罗斯黄金储备》，载《俄罗斯黄金：关于俄罗斯黄金储备及苏联黄金运输的文章及报刊摘录合集》（下称《俄罗斯黄金》），纽约，1928年，第9—11页（Novitzky V. "Russia's Gold Reserve", *Russian Gold: A Collection of Articles and Newspaper Editorials Regarding the Russian Gold Reserve and Shipments of Soviet Gold*. New York, 1928, pp. 9—11）；乔·德·斯梅乐：《白色黄金：在反布尔什维克东方的俄罗斯帝国黄金储备，1918—？（俄罗斯国内战争史中一个没有结论的章节）》，载《欧亚研究》，第46卷，第8期，1994年。（Smele J. D. "White Gold: The Imperial Russian Gold Reserve in the Anti—Bolshevik East, 1918—? (An Unconcluded Chapter in the History oof the Russian Civil War) ", *Europe—Asia* Studies, vol. 46, no. 8, 1994, p. 1318.）

185 沙皇政府通过阿尔汉格尔斯克往英国并通过符拉迪沃斯托克往加拿大运去了总计价值6.385亿卢布的黄金，以换取英国的贷款。临时政府往瑞士运去了价值485万卢布的黄金以换取战争贷款。乔·德·斯梅乐，同上一条注释中的文献，第1319页。

186 “一战”前，事实上所有的黄金都存在彼得堡的国家银行中。战争期间，在德国进攻首都的威胁下，帝国的部分黄金储备运到了外省——国家银行萨马拉分行。布尔什维克夺取伏尔加河下游地区的政权后，发生了捷克斯洛伐克军团叛乱。因为危及黄金安全，布尔什维克又把黄金从萨马拉运到了喀山。根据斯梅乐的估计，“喀山的黄金储备”大约为6.52亿卢布，据其他人（诺维茨基、别尔纳茨基）估计，大约为6.34亿卢布。喀山很快失手，布尔什维克仓促撤离时没来得及带走黄金。黄金落入了社会革命党政府立宪会议议员委员会之手（或为“萨马拉立宪会议”），这个政府是1918年6月“捷克白军”占领萨马拉后成立的。随后，黄金跟着立宪会议议员委员会转到了乌法，落入了乌法执政内阁（立宪议员委员会和西伯利亚政府联盟）之手，此后由于发生军事政变，政权和黄金都落入了最高执政高尔察克之手。高尔察克花掉了超过1.95亿卢布的黄金用以购买军事装备和维持政府运作。此外，高尔察克控制的一部分黄金（4220万卢布）在转运到符拉迪沃斯托克途中被他一位“执拗的部属”、哥萨克头领谢苗诺夫夺走带到赤塔。谢苗诺夫拒绝归还黄金，而是自己花掉了。还有一部分“喀山黄金储备”在事故中丢失、在转运途中被盗。高尔察克在红军的猛攻下带着黄金撤离鄂木斯克，但只跑到了下乌津斯克。由于听信了盟友保证放他和“捷克白军”前往符拉迪沃斯托克的承诺，高尔察克离开了自己的军列和黄金，上了捷克军团的火车。这列火车挂着盟友的旗帜到了伊尔库茨克，在这里“捷克白军”为自己付钱获准前往符拉迪沃斯托克，同时把高尔察克交给了社会革命党政府。很快，在伊尔库茨克落入了布尔什维克之手后，高尔察克就被枪决了。“喀山黄金储备”在伊尔库茨克所剩的部分交到了布尔什维克手里。布尔什维克从“喀山黄金储备”中总共成功找回了价值 4.095 亿卢布的黄金。关于俄罗斯帝国黄金储备（其情节堪称一部惊险小说）和布尔什维克在苏维埃政权初期的黄金消耗可以参阅奥·尤·瓦西里耶娃、巴·尼·科内舍夫斯基：《红色占领者》，莫斯科，1994 年（Васильева О.Ю., Кнышевский П.Н. Красные конкистадоры. М., 1994）；乔·德·斯梅乐：同上一条注释中的文献，第 1317—1347 页；维·瓦·库兹涅佐夫：《追踪沙皇黄金》，圣彼得堡，2003 年（Кузнецов В.В. По следам царского золота. СПб., 2003）；弗·西罗特金：《俄罗斯的海外黄金》，莫斯科，2000 年（Сироткин В. Зарубежное золото России. М., 2000; Зарубежные клондайки России. М., 2003）；《俄罗斯的海外克朗代克》，莫斯科，2003 年（Зарубежные клондайки России. М., 2003）；弗·伊·诺维茨基：《黄金储备的来源》。（Новицкий В.И. Происхождение золотого запаса.）// 俄罗斯国家经济档案馆，2324 号库第 1 类第 833 卷第 1—20 页；《战争时期俄国的公共财政》；《俄罗斯黄金》等。

187 诺维茨基写道，罗马尼亚的黄金库、国王家族的贵重物品、国家机构和个人的贵重品从 1916 年 12 月至 1917 年初分批运抵克里姆林宫（诺维茨基：《俄罗斯黄金储备》，载《俄罗斯黄金》，第 14 页）。别尔纳茨基估算出罗马尼亚的黄金价值为 1.182 亿卢布（《俄罗斯黄金》，第 28 页）。1921 年底，按照列宁布置的任务成立了劳动和国防委员会研究苏联财政状况的专门委员会，根据该委员会的《黄金库报表》，罗马尼亚在苏联国家银行中的黄金“价值将近 1.17 亿卢布”。瓦西里耶娃、科内舍夫斯基：《红色占领者》，第 90 页，援引自俄罗斯社会政治史档案馆，5 号库第 1 类第 2761 卷第 27 页。萨波戈夫斯卡娅认为，罗马尼亚的黄金储备已被熔炼成金锭（拉·弗·萨波戈夫斯卡娅：《俄罗斯政治中的黄金》，第 31—47 页）。其实 1920 年代初只有一部分罗马尼亚的黄金熔炼成金锭。根据截至1922年1月1日《黄金库报表》，实际存在的罗马尼亚黄金价值105102337卢布88戈比。在报表中，罗马尼亚黄金与"苏联黄金"分开单列。（俄罗斯国家经济档案馆，5号库第1类第2761卷第51页）报表列出了罗马尼亚金币的数量，这证明，在1922年初罗马尼亚黄金还没有熔炼成金锭。（奥·尤·瓦西里耶娃、巴·尼·科内舍夫斯基：《红色占领者》，第152—153页，援引自俄罗斯国家社会政治史档案馆，5号库第1类第2761卷第27页）

188 诺维茨基写道，当发现国家银行伊尔库茨克分行地下室的黄金时，布尔什维克又惊又喜。俄罗斯国家经济档案馆，2324号库第1类第833卷第16页。

189 根据劳动和国防委员会秘密委员会的材料，苏维埃俄国按照《布列斯特和约》向德国支付了1.248亿卢布（奥·尤·瓦西里耶娃、巴·尼·科内舍夫斯基：《红色占领者》，第152—153页，援引自俄罗斯国家社会政治史档案馆，5号库第1类第2761卷第28、45页）。据别尔纳茨基和诺维茨基计算，即现代西方历史学家斯梅乐所引用的数据，布尔什维克在德国投降前已经运走了价值1.208亿卢布的93.5吨黄金（总共应为245.6吨）（乔·德·斯梅乐：同上一条注释中的文献，第1319页）。"一战"结束后，根据《凡尔赛条约》的条款，这些黄金被存入法兰西银行托管。萨波戈夫斯卡娅和斯梅乐都认为，运往德国的黄金约为93吨，但他们按照1卢布40戈比兑1克黄金来计算卢布金额，而不是1卢布29戈比。因此，93吨黄金估算为1.298亿卢布。萨波戈夫斯卡娅:《俄罗斯政治中的黄金》，第32页。

190 根据1920年的《黄金库报表》，向爱沙尼亚支付了价值150万卢布的黄金，向拉脱维亚支付了400万卢布黄金，向立陶宛支付了300万卢布黄金。同一年，外交人民委员部还秘密支出了价值600万卢布的黄金。1921年，向波兰支付了超过500万卢布的黄金（奥·尤·瓦西里耶娃、巴·尼·科内舍夫斯基：《红色占领者》，第92页，援引自俄罗斯国家社会政治史档案馆，5号库第1类第2761卷第28页）。按照萨波戈夫斯卡娅的数据，需向波兰赔付的金额为1000万卢布（萨波戈夫斯卡娅：《俄罗斯政治中的黄金》，第42页，援引自《苏联对外政策文件》第3卷，莫斯科，1959年，第674页）。别尔纳茨基认为，按照条约规定，仅向爱沙尼亚和波兰赔付的金额就有大约3300万卢布。《战争时期俄国的公共财政》，第455页。

191 萨波戈夫斯卡娅：《俄罗斯政治中的黄金》，第41页，援引自《苏联对外政策文件》第3卷第675页；第4卷第774页。

192 没有研究者能搞清楚苏联政府对于世界革命的支出总额，不过大家看法相近，虽然金额十分巨大，但是都白白花掉了。在一些研究中只出现过单独的支出。1920年，共产国际的对外援助金额超过200万卢布（奥·尤·瓦西里耶娃、巴·尼·科内舍夫斯基：《红色占领者》，第145页）。政治局会议的特别文件夹显示了关于向有关组织拨款的各种决议，其中涉及共产国际、国际革命战士救济会、红色工会国际、农民国际、全苏工会中央理事会对外联络委员会、苏联对外友好和文化联络协会联合会等，对共产主义运动和间谍活动的资助通过这些组织拨付。

193 1920年和1921年，各人民委员部用外贸预算订购的进口商品总额大约为5.37亿卢布。奥·尤·瓦西里耶娃、巴·尼·科内舍夫斯基：《红色占领者》，第147页。

194 指定特别委员会调查这一问题的原因在于，美国政府和很多别的国家禁止向布尔什维克俄国购买黄金，因为这被视为接济共产主义制度。只有通过美国救济署为饥民购买粮食是个例外，为此，苏联领导向美国发出了价值1140万美元的黄金。尽管有禁令，但是“红色”黄金还是流入了美国。苏联领导层通过中介出售黄金，主要是瑞士。沙皇金币和其他黄金在瑞士被熔炼，并进行额外精炼。新的金锭在刻上瑞士银行的压痕后被卖出。美国参议院的特别委员会在调查该问题时使用了瑞士从俄国进口黄金的官方贸易数据。在比较瑞士从俄国进口的黄金数量和瑞士向其他国家出口的黄金数量后发现，两个数字实际上是能相吻合的，特别委员会由此认为，这证明瑞士进口苏联黄金不是自用，而是为了再出口。根据委员会的计算，1920—1922年流入瑞士的苏联黄金中超过40%流向了美国，三分之一经由瑞典卖给其他国家，超过16%从瑞士流向法国，小部分流向荷兰、英国、德国和芬兰。关于1920年代初苏联黄金通过中间人对外出售的情况可以参阅拉·弗·萨波戈夫斯卡娅的《俄罗斯政治中的黄金》。她写道，黄金外流的强度达到了这样的程度，在1922年初苏维埃共和国最大的三个国有黄金储藏库中有两个已经空了（第40页）。

195 1922年初，苏维埃政府消耗了俄罗斯帝国金库中价值超过8.12亿卢布的黄金（奥·尤·瓦西里耶娃、巴·尼·科内舍夫斯基：《红色占领者》，第145页，援引自俄罗斯国家社会政治史档案馆，5号库第1类第2761卷第28页）。如果从这个金额中减去根据《布列斯特和约》所需支付的金额、给波兰的赔款以及给邻国的“货币礼物”（总共超过1.7亿卢布），其他领域（贸易、间谍活动、支持共产主义运动等）所消耗的黄金数量超过6.4亿卢布。

196 奥·尤·瓦西里耶娃、巴·尼·科内舍夫斯基:《红色占领者》,第 97 页,援引自俄罗斯国家社会政治史档案馆,5 号库第 1 类第 2761 卷第 27 页。

197 根据 1922 年 2 月 1 日《黄金库报表》的数据,实有价值为 2.179 亿卢布的金锭和金币,其中含未支付的债务约为 1.03 亿卢布。实有白银价值为 2240 万卢布,含未支付债务约为 480 万卢布。此外,苏维埃俄国持有价值 68.6 万卢布的外汇和价值 1040 万卢布的铂金。总之,在 1922 年初,扣除未支付的债务后,包括黄金、白银、铂金和外汇在内的国家黄金货币储备仅为 1.077 亿卢布。俄罗斯国家社会政治史档案馆,5 号库第 1 类第 2761 卷第 21 页。

198 伴随着新的补充和支出,截至 1924 年 1 月 1 日,苏联国家银行可自由支配的外汇储备约为 1.3 亿—1.4 亿卢布(即略超过 100 吨黄金)。尤·戈兰德:《新经济政策期间的货币调控》,第 1255 页。戈兰德的数据援引自扎·卡岑涅列姆包姆:《1914—1924 年俄国货币流通》,莫斯科,1924 年,第 167 页。

199 过度的进口计划导致了外汇危机。为了填补外贸赤字,政府开始出售黄金,到 1925 年底国家可自由支配的外汇储备降到了 9000 万卢布,国家银行在境外的可自由支配外汇储备总共只有 40 万卢布。关于这个问题可以详细参阅尤·戈兰德:《新经济政策期间的货币调控》。根据美国驻拉脱维亚(里加)大使馆的数据,在 1920—1929 年的"前工业化"时期,苏联总共向外国出售了价值 5 亿美元的黄金(约为 9.7 亿金卢布或按照每盎司 20.67 美元计算相当于 750 吨纯金)。美国人使用的数据援引自《华沙苏维埃俄国》上刊登的关于苏联黄金出口的文章。《华沙苏维埃俄国》第 8 期(11 月 10 日),1931 年。美国国家档案馆,十进制文件,美国公使馆,里加,861.6341/53。《俄国黄金工业的组织和运营;参考自 1913—1931 年期间的黄金出口情况以及未来发展的计划》,第 23—24 页。

200 国家银行认为,为了确保货币发行并拥有足够的流通资金用于外贸结算和外国贷款,在 1927/1928 经济年度,苏联应当至少积累 5000 万卢布的外汇资金。俄罗斯联邦国家档案馆,5446 号库第 9a 类第 502 卷第 44—51 页。

201 1927/1928 年度的外贸赤字(进口超过出口)预计为 3500 万卢布,而外汇赤字为 8000 万卢布。但是,上半年的初步结算显示外贸赤字为 6800 万卢布,而外汇赤字约为 6600 万卢布。国家银行警告,已制订的外汇计划脱离实际。根据国家银行的计算,为了填补外汇赤字,苏联在这一年度需要出售价值 7000 万卢布的贵金属。这些还只是保守计算。俄罗斯国家经济档案馆,2324 号库第 1 类第 778 卷第 34—37 页。

202 贸易平衡表上的差额显示了出口收入和进口支出之间的差距。贸易平衡表上的顺差意味着国家的商品出口超过商品进口，逆差则表示商品进口超过商品出口。在1924/1925年度和1925/1926年度，贸易都是逆差。1924/1925年度，引起赤字的原因在于试图通过进口粮食产品满足国内市场，以及与1924年粮食歉收引起的通货膨胀做斗争。1925/1926年外贸赤字是首次尝试加速工业发展的结果。1926年初，及时停止了工业风暴，于是外贸顺差得以恢复。

203 根据海关的统计数据，1926/1927年度出口额为7.705亿卢布，进口额为7.127亿卢布。1927/1928年度出口额为7.74亿卢布，进口额为9.45亿卢布。俄罗斯国家经济档案馆，2324号库第1类第816卷第306页。

204 使用外汇支付了外国技术援助费用、贷款利息。还应该算上外汇交易和维持苏联海外机构等方面的过度的行政和附加开支。

205 1927/1928经济年度内，苏维埃国家向境外出售了价值超过1亿卢布的贵金属，其中铂金1450万卢布，其余部分为黄金。1922/1923年度—1929/1930年度苏联铂金的出售数据可以参阅俄罗斯国家经济档案馆7733号库第37类第2254卷第24页。

206 《1929/1930年度出口行情概览》，俄罗斯国家经济档案馆2324号库第1类第987卷第61—62页。

207 应当指出当时的情况是，因为与贸易伙伴的契约，苏联无法减少出口。在美国大使馆的材料中提到，当时苏联不得不购买美国的石油，以履行自己的出口义务。一家柏林银行的代表在1933年指出，“俄国人欣然接受了”关于德国限制进口俄罗斯黑麦的消息，因为苏联根本无法供应承诺的数量。美国国家档案馆（NARA），84文件组合，第420卷。《与柏林银行代表，对于资助俄国贸易十分有兴趣的X先生的谈话》备忘录，第7—8页。

208 不同于海关的出口统计，我认为海关的进口数据更接近实际情况。斯大林没有理由抬高海关关于工业进口的统计数据，因为这样做会使外贸赤字显得更为严重。我认为，降低海关的进口统计数据也没有理由，因为这是苏联增长中的工业实力的指标之一。

209 比较实际的出口收入和工业进口支出还能说明，1930年实际的外贸赤字并不是2240万卢布，而是大约2.7亿卢布，1932年的赤字也不是1.291亿卢布，而是超过2亿卢布。（比较表四第二栏和表五“实际出口进款”栏）

210 《布尔什维克》，莫斯科，1934年第9—10期。

211 俄罗斯国家经济档案馆，2324号库第1类第790卷第184页反面。

212 俄罗斯国家经济档案馆，2324 号库第 1 类第 790 卷第 184 页反面。

213 俄罗斯国家经济档案馆，2324 号库第 1 类第 778 卷第 7 页。

214 在未按期支付贷款的情况下，需支付 25% 的罚款。1933 年春天，多家德国银行向苏联贷款 1.4 亿马克（约合 6500 万卢布），用于其偿还债务。1934 年 3 月，这笔贷款的偿还期限又延长了 14 个月。数据引自在莫斯科的美国大使馆的分析材料。美国国家档案馆，84 文件组合，驻外事务处邮件，苏联外交邮件，424 卷。《1934 年 4 月 17 日外交人民委员部第三司代理司长温伯格先生对亨德森先生所做陈述的总结》备忘录。柏林银行界一位未透露姓名的代表与在莫斯科的美国大使馆工作人员交谈时指出："俄国人已经证实 1933 年没有能力偿付德国债务。"苏联人并未等到最后一刻才把既成事实摆在德国债权人面前，而是早在 1932 年秋天就知会债权人需要把价值约 5000 万美元（约 9700 万卢布）的贷款期限延长，结果可能是筹措过渡贷款。美国国家档案馆 84 文件组合 420 卷，1934 年，《与柏林银行代表，对于资助俄国贸易十分有兴趣的 X 先生的谈话》备忘录。

215 在接受《纽约时报》莫斯科分社记者沃尔特·杜兰蒂采访时，斯大林说，苏联在最近两年将债务从 14 亿卢布减到了 4.5 亿卢布（1934 年 1 月 4 日《消息报》第二版）。研究者们对于斯大林声称的债务数额持否定态度，认为斯大林低估了债务。

216 数据取自 1934 年在莫斯科的美国大使馆的分析材料，而分析材料引用自 1933 年 2 月 26 日的德国报纸《法兰克福日报》（*FrankfurterZeitung*）。按照德国的信息来源，苏联进口债务达 9.4 亿卢布，再加上未来出口的预付款 1.1 亿卢布以及未完成订购的债务 2.5 亿卢布。"德国"得出的数字接近经济间谍获取的数据。"秘密的外国信息来源"向美国大使馆通报了莫斯科经济研究院前秘书申克曼的话，即截至 1933 年 10 月 1 日，苏联外债达 12.05 亿卢布。美国国家档案馆，84 文件组合，420 卷，1934 年，第 19 部分《黄金运输及国际收支》，第 145—146 页。

217 根据美国的统计数据，1928 年苏联在美国的采购额达 1.438 亿卢布，1929 年——1.649 亿卢布，1930 年——2.219 亿卢布，1931 年——2.012 亿卢布。1932 年，苏联从美国进口的金额只有 2640 万卢布，而按照苏联的数据，1933 年为 1660 万卢布。不算棉花采购的话，其数额更低至约 950 万卢布——这相当于苏联 1931 年每两周从美国进口的金额。苏联官方统计的从美国进口的金额略高于美国的统计金额。苏联和美国的在 1928—1932 年数据上的差额在 500 万—4000 万卢布之间变动。不过，苏联的统计数据显示的动态变化是这样的——1930年之前进口保持增长,1930年开始下滑，从1932年开始急剧下滑。美国国家档案馆，84文件组合，420卷，第9部分《对美贸易》，第82页。

218 阿·罗森戈尔茨:《苏联与资本主义国家的经济关系》,《对外贸易》1934年第6期。

219 在莫斯科的美国大使馆的分析报告援引自1933年2月26日的《法兰克福日报》和1934年1月号的《东方经济》(DieOstwirtschaft)杂志第3页。柏林银行一位代表在和莫斯科的美国大使馆代表秘密谈话中估计，苏联欠德国的债务在1933年初为3亿美元(超过5.8亿卢布)。美国国家档案馆，84文件组合，420卷，1934年，第19部分《黄金运输及国际收支》，第145页;《与柏林银行代表，对于资助俄国贸易十分有兴趣的X先生的谈话》备忘录。

220 美国国家档案馆，84文件组合，420卷，1934年，第1部分第5页;第19部分第147页。

221 其中，9000万马克为金融贷款，剩下的是贸易信贷。在莫斯科的德国大使馆领事、“多年追踪苏联财政发展”的希尔格先生在秘密谈话中把有关情况告诉了美国驻莫斯科大使馆的代表。英格兰银行代表哈伯德在上面提及的和美国驻莫斯科大使馆的秘密谈话中指出，1934夏末苏联欠德国的外债在5.5亿—6亿马克之间(2.5亿—2.8亿卢布)，而苏联的总外债约为10亿马克(约合4.6亿卢布)。美国国家档案馆，84文件组合，424卷,《大使备忘录》，第1—3页。

222 按照德国的数据，算上出口预付款以及未完成的订购，苏联的总债务在1933年1月1日达到了13亿金卢布。美国国家档案馆，84文件组合，420卷，1934年，第19部分《黄金运输及国际收支》，第145—146页。

223 请参阅:《1926/1927年度贵金属交易参考》，俄罗斯国家经济档案馆，2324号库第778卷第85页。

224 正是国际收支逆差严重的时候，国家银行向境外输出黄金来加强苏联在境外银行的外汇往来账户，以确保偿付外汇债务。铂金通常由财政人民委员部通过大型的、主要是伦敦的铂金公司售出。国家银行的铂金作为抵押品的一部分用于担保其收到的贷款。国家银行在选择开设外汇账户的银行时受到严格的限制，必须舍弃那些与苏联没有外交关系的国家(美国、瑞典、荷兰)、“货币流通不稳定”的国家(意大利、法国)。在某些国家的银行开设账户时要考虑该国的政治条件。事实上，1920年代末到1930年代初，苏联国家银行的外汇资金分散在英国和德国的银行之中：最初，国家银行的大部分资金在伦敦，但从 1927 年开始，德国银行开始取代英国同行发挥更大的作用。小部分资金存在美国的银行里，“为了安全”，这些资金在名义上记在“某一家与国家银行有关系的”境外贷款机构账上。请参阅：《国家银行外汇金属资源参考》，俄罗斯国家经济档案馆，2324 号库第 1 类第 778 卷第 28—29 页。

225 俄罗斯国家经济档案馆，2324 号库第 1 类第 778 卷第 39 页。

226 俄罗斯国家经济档案馆，2324 号库第 1 类 816 卷第 358—359 页。根据尤·戈兰德未注明出处的数据（材料仍处在秘密档案中），1928/1929 年度内在境外售出的黄金其实更多——约为 160 吨黄金，价值 2.05 亿卢布。戈兰德写道，这种大规模黄金抛售并不是始于 1921 年。尤·戈兰德、列奥尼德·纳乌莫维奇·尤洛夫斯基：《时代背景下的肖像》，列·纳·尤洛夫斯基：《苏联政府的货币政策（1917—1927 年）》，文章选集，莫斯科，1996 年，第 5—25 页（Голанд Ю. Леонид Наумович Юровский. Портрет на фоне эпохи. // Юровский Л.Н. Денежная политика Советской власти (1917–1927). Избранные статьи. М.,1996. С. 5 - 25）。我和戈兰德在数据上的差异可能是因为，我只包括了国家银行出售的黄金。

227 政治局担心，苏联的外汇和黄金窘境会被全世界知道，这会使贷款变得更难——谁会把钱给破产者呢？为了树立良好形象，苏联公布了高估的黄金外汇储备统计数据。还邀请西方记者和商人到金库参观。为了研究苏联财政状况并向银行提出关于向苏联提供长期贷款的合理性建议，英格兰银行的代表哈伯德先生于 1934 年 8 月来到莫斯科。他在秘密谈话中向美国领事表示，苏联国家银行正式邀请其参观金库。哈伯德先生拒绝了邀请，因为他认为光看保险柜无法确定黄金储备的规模。在 1934 年底邀请外国人来国家银行金库对于苏联领导层而言是相对安全的，因为黄金开采和外宾商店彻底补充了国家的黄金储备。相似的事情如果在 1928—1931 年期间就更具风险。美国国家档案馆，84 文件组合，424 卷，1934 年 9 月 13 日发自美国驻莫斯科大使馆的急件《大使备忘录》的附件一，第 3 页。美国大使馆的材料提到了邀请外国记者参观国家银行金库的事情。美国国家档案馆，84 文件组合，420 卷，《与柏林银行代表，对于资助俄国贸易十分有兴趣的 X 先生的谈话》备忘录，第 3—4 页。

228 经过欧洲运输黄金难以避免发生意外。美国大使馆的材料提到，波兰和法国政府“图谋”苏联运往柏林的黄金。美国大使馆的材料证实，苏联把金矿石运到美国、英国和德国，但不拿来出售，而是用来精炼提纯。美国国务院担心，金矿通过苏联资本参股的私人企业“美国贸易公司”流向很多私人工厂，绕过了美国政府，以至于美国政府甚至不知道到底有多少黄金运到了美国。借助美国私人企业的力量，苏联的购买力提高了，这个事实令美国领导层担忧。华盛顿的国务院要求驻莫斯科的美国大使馆收集这一问题的信息。美国国家档案馆，84 文件组合，420 卷，《与柏林银行代表，对于资助俄国贸易十分有兴趣的 X 先生的谈话》备忘录，426 卷，第 6 页。

229 美国国家档案馆，84 文件组合，104 卷，1931 年。1931 年 7 月 23 日 58 号报告《经由里加运至德国的苏联黄金运输》。

230 驻莫斯科的美国大使馆的资料源引自 1934 年 11—12 期《苏联经济和对外贸易》（*Sowjetwirstschaft und Aussenhandel*）第 43 页。美国国家档案馆，84 文件组合，420 卷，1934 年，第 19 部分《黄金运输及国际收支》，第 148 页。

231 在当代史料研究中“流行着”1913 年黄金开采量的另一个数字——38.2 吨。然而，这个数字并不是全年的开采量，而仅仅是登记过的黄金，即那些通过实验室、工厂和铸币厂流向国家的黄金。从 1902 年起，天然黄金可以在俄国自由流通，其中相当部分未经国家机关登记就流入私人手中。表七中年开采 60.8 吨的数据经一系列出版物证实。在俄国财政部准备的《1917 年财政清单的说明报告》中，1913 年开采黄金为 134140 俄磅（1 俄磅 =0.4536 千克）（《战争期间俄国的公共财政》，第 439 页）。1926 年在莫斯科举行的第一届全苏采金业大会的报告显示，1913 年黄金开采量为 3714 普特或 60.8 吨（1 普特 =16.38048 千克）。其中，只有 2183 普特（约 36 吨）进行了登记，剩下的属于“自由”金属（《苏联采金业》，莫斯科—列宁格勒，1927 年，第 25 页）。顺便提一句，俄罗斯帝国黄金开采量最高的年份不是 1913 年，而是 1914 年，达到了 66.4 吨纯金。

232 战争期间，矿区不止一次地在白军和红军之间易手。撤退的时候就隐藏机器、炸毁工厂、淹没矿井。通行的原则是：运不走的东西就该毁掉。拉·弗·萨波戈夫斯卡娅：《俄罗斯政治中的黄金》，第 31—47 页。

233 苏联领导人在 1920 年代初提议外国人租借乌拉尔和西伯利亚的很多矿区，以便尽快恢复生产，但只有三家公司，英国的勒拿—金矿特许经营公司、阿伊安公司和日本田中公司决定和俄国的新政权开展经济合作。

234 在 1918 年应当实施国有化的矿业行业中，采金业排在第七位，排在石棉开采业之后。不同于所有铂金企业国有化，国家最初只收回了黄金开采业中 20 家最大的企业。黄金收购价处于低位，无法激励开采。一系列企业被拆掉，其设备被投入其他矿产开采行业。黄金开采业未被纳入“军事化”行业，无法享受劳动力供应和保障方面的特权。研究者对于黄金行业里的短视政策的解释是，在苏维埃执政的最初几年，国家忙于没收民众储蓄的财富。只要没收的财富来源没有干涸，国家就不会考虑需要大量资本投入的工业开采。拉·弗·萨波戈夫斯卡娅：《俄罗斯政治中的黄金》，第31—47页。

235 1928年，英国的勒拿—金矿特许经营公司关张，由此在其原先租借的矿区，黄金开采量急剧下降（详见表八）。

236 《石油前线》和《黄金前线》——亚·巴·谢列布罗夫斯基关于建立苏联石油和黄金工业的两本书的名称。《黄金前线》于1936年出版，但在谢列布罗夫斯基被捕后，该书退出流通，几十年之后才重新面向读者。

237 "苏联黄金"的股东包括国民经济最高委员会、财政人民委员部和国家银行。

238 约翰·迪·利特尔佩奇：《寻找苏联黄金》，纽约，1937年，第22页。

239 扶持私人淘金行业的政策一直延续到1937年为止。大规模镇压终止了该政策，这导致之后黄金开采量的下降。

240 1928年，只有五分之一的黄金开采工作实现了机械化。《为了工业化》，第180期，1932年8月5日。

241 当时，谢列布罗夫斯基邀请了约翰·利特尔佩奇到苏联工作。约翰·利特尔佩奇曾是阿拉斯加一个金矿的负责人，他后来在苏联工作了大约10年，直到1937年叶若夫大镇压开始时才离开。苏联同事叫他伊万（约翰）·爱德华多维奇。谢列布罗夫斯基在自己的书中热情而自豪地描述了利特尔佩奇，将他放在苏联采金业缔造者的前列。利特尔佩奇写了一本书用来描述自己在苏联的工作和生活经验。他把采金业的成功归结为斯大林及重工业人民委员奥尔忠尼启则的庇护，以及谢列布罗夫斯基忘我而聪慧的工作。1936年成了采金业发展的巅峰。利特尔佩奇认为，采金业衰败的原因在于镇压以及谢列布罗夫斯基这样的人被免去行业领导职务。利特尔佩奇猜到但肯定并不知道谢列布罗夫斯基悲剧式的生命结局。（约翰·迪·利特尔佩奇：《寻找苏联黄金》）苏联采金业的元老还有哈利·威尔森先生，他从1930年到1937年在数个最重要的矿区工作过。他和利特尔佩奇是来到苏联工作的队伍中"最后的莫希干人"——两个一直待到大规模镇压开始才离开的美国工程师。

242 亚·巴·谢列布罗夫斯基：《黄金前线》，已经审阅的第二版（！），莫斯科—列宁格勒，1936年。谢列布罗夫斯基认为，19世纪中期加利福尼亚黄金风暴的经验鼓舞了斯大林。黄金的发现激发了这一地区的活力。黄金不仅充实了国家的外汇储备，还推动了美国西部工农业的发展。加利福尼亚的黄金帮助工业化的北方在美国南北战争中战胜了奴隶制的南方。被派往“苏联黄金”任职时丝毫不了解采金业的谢列布罗夫斯基曾写道，斯大林在和他的谈话中显示出其熟知关于美国采金业发展的文学和专业文献。显然，斯大林希望，黄金能帮助西伯利亚在经济和社会方面崛起。但是他没有注意到，加利福尼亚的“黄金狂热”是依靠贪财的自由人实现的。在西伯利亚，“斯大林式的黄金狂热”虽然加快了这一地区的经济社会发展，但又被囚徒组成的“远北建设”所改变。在阅读谢列布罗夫斯基的书时，你会感到震惊，斯大林花了这多时间和他谈话并看到了这个人的忘我劳作，但当采金业步入正轨后还是把他消灭了。

243 “远北建设”根据苏联劳动和国防委员会的决议于1931年11月13日设立。“远北建设”最初的名称为“上科雷马区道路和工业建设托拉斯”。托拉斯的任务是在远东边疆区的奥利斯科—谢伊姆昌斯基区勘探和开采金矿，并建设从纳加耶娃海湾到矿区的公路。之后发展成纳加耶娃海湾岸边城市的马加丹镇是“远北建设”总部所在地。起初，“远北建设”隶属于劳动和国防委员会，后来隶属关系被苏联人民委员会终止。在1938年3月苏联大规模镇压期间，根据苏联人民委员会的决议，“远北建设”转属苏联内务人民委员部，并改名为“苏联内务人民委员部远北建设管理总局”。“远北建设”的区域扩大了。到1950年代，它覆盖了整个马加丹州、雅库特的一部分以及哈巴罗夫斯克边疆区和勘察加（大约300万平方公里）。“远北建设”成立后随即于1932年4月1日按照格别乌命令组建了东北劳改营。东北劳改营的犯人在“远北建设”劳改。劳动营管理总局（古拉格）负责履行关于向“远北建设”供应装备齐全的犯人的合同，这些犯人约占“远北建设”劳动力的85%—90%。在“远北建设”服苦役的犯人人数从1932年的1万人增加到1939年的超过16.3万人。在斯大林去世前的1953年，在“远北建设”还有超过17.5万名犯人。斯大林去世后，“远北建设”的劳改营部门移交给了重新组建的东北劳改营管理局，而远北建设管理总局转属苏联冶金工业部。“远北建设”平民部门和劳改营部门的联系仍然保持着。“远北建设”的负责人兼任东北劳改营管理局的负责人。

1930年代“远北建设”的历史可以分为几个时期。初期在爱·彼·别尔津的领导下度过——这是相对自由、生产指标快速增长、经济目标优先的时期。随着大规模镇压的开始，情况发生了变化，政治高于经济。叶若夫的人——卡·亚·帕夫洛夫取代了1937年12月被逮捕的别尔津。“远北建设”的条件变得更为严苛——带刺的铁丝网、瞭望塔、严格的制度、恶劣的食物，犯人变成了另一副模样——筋疲力尽、脏兮兮、冷漠。在“远北建设”劳改的犯人人数增加了，但是劳动效率下降了。随着叶若夫时期的终结，帕夫洛夫被带走。“远北建设”的新领导伊·费·尼基绍夫一直干到1948年为止，他回到了别尔津采用过的方法，尝试使“远北建设”变得经济高效，通过物质奖励和缩短刑期来鼓励辛勤劳动。

关于“远北建设”更详细的信息可以参阅保罗·罗·克格雷格瑞、瓦列里·拉扎列夫（编辑）:《强制劳动经济学：苏联古拉格》，斯坦福，2003年；安娜·阿普尔鲍姆:《古拉格：一部历史》，纽约，2003年。在回忆录和文学作品中，比较好的有著名的瓦尔拉姆·沙拉莫夫的《科雷马小说》和叶甫根尼·金兹布尔格的《陡峭的路线》，弗拉基米尔·彼得罗夫的《苏联黄金》也值得关注。作者于1935年初随着“基洛夫案风波”被送到科雷马，于1941年2月被释放。他的叙述表现了别尔津相对自由时期与帕夫洛夫大规模镇压时期犯人生活的鲜明对比。弗拉基米尔·彼得罗夫:《苏联黄金，在西伯利亚矿区的奴工生活》，纽约，1949年。

244 1932年，世界黄金开采量约为690吨。1933年约为700吨，而1935年超过920吨纯金。美国国家档案馆，十进制文件，861.6341/101，《1937和1938年苏联黄金生产》备忘录，第34页。

245 “远北建设”第一位负责人爱·彼·别尔津的命运如何。爱德华·彼得洛维奇·别尔津，拉脱维亚人，木匠的儿子，梦想成为画家——革命前在柏林美院求学。事与愿违，38岁时，别尔津成了科雷马的劳改营“远北建设”的负责人。在其任期内，“远北建设”开始运作。1937年12月，别尔津前往“大陆”治病。1938年2月8日，内务人民委员部在莫斯科郊外的火车站逮捕了别尔津。他被控“在科雷马建立反革命间谍组织”。根据伪造的指控，为了帮助日本颠覆苏联东北，他用船把黄金运去资助起义军。1938年8月，别尔津被枪决，1956年恢复名誉。

246 谢列布罗夫斯基及其妻子于1956年恢复名誉。

247 1934年1月4日《消息报》。西方专家采纳了这一数据，随后的计算也立足于此，这导致苏联的黄金开采量被极大地高估了。例如，驻莫斯科的美国大使馆的分析人员认为，1935年苏联开采了141.4吨纯金，而当年实际开采量（包括“远北建设”）约为95.4吨（请参阅表九的注释）。

248 1934年，美国的黄金开采量略超90吨，而加拿大略超100吨。美国国家档案馆，十进制文件，861.6341/101。《1937和1938年苏联黄金生产》备忘录，第33页。

249 世界上黄金开采的领先国家的担心是多余的：苏联黄金开采量仅在1970年代末达到过300吨，各种估算可能都是夸大的。西方国家的专家认为，苏联黄金开采量的最高值是1979年的308吨。可以做一下比较：南非同年的开采量达到了703吨。丽莎·哥戴克：《苏联采金业情况》，戴《欧亚研究》，第46卷，第5期，1994年。（Godek Lisa. "The State of the Russian Gold Industry", *Europe—Asia Studies*, vol. 46, no. 5, 1994, pp. 762, 766.）

250 最初的1928—1933年间，在科雷马只开采了1.9吨黄金，其中，1932年开采了0.5吨。奥·赫列夫纽克：《1930—1953苏联格别乌、内务人民委员部和内务部的经济活动。发展的规模、架构和趋势》，保罗·罗·克格雷格瑞、瓦列里·拉扎列夫（编辑）：《强制劳动经济学：苏联古拉格》，斯坦福，2003年（"The Scale, Structure and Trends of Development", Gregory Paul R. and Lazarev Valery, eds. *The Economics of Forced Labor: The Soviet Gulag*. Stanford, 2003）。赫列夫纽克的材料援引自俄罗斯联邦国家档案馆，5446号库第17类第278卷第75页；第20a类第9496卷第2页；第984卷第2页。

251 表九数据和斯大林所说数字的微小差异可能是因我在计算1933年平民黄金开采量时有一些误差。

252 西方研究者和分析家使用斯大林所说的1933年开采数时，并不知道其中并不全是苏联工业部门的开采量，还有外宾商店从人民手里收购的黄金。虽然外宾商店已经不复存在，斯大林也已去世，但是在饥饿年代收购的数以吨计的黄金直到苏联解体仍活在西方对苏联黄金产量的统计中。当米·谢·戈尔巴乔夫时期公开苏联实际黄金储备时，全世界才恍然大悟。当时的苏联黄金储备远低于全世界专家们的预估。一些专家承认，斯大林成功地愚弄了她们。丽莎·哥戴克：《苏联采金业情况》，第771页。

253 如果相信罗森戈尔茨的数字，那么苏联在1932年和1933年外运的黄金超过200吨，而这两年的黄金开采量只有大约88—89吨（表六和表九）。

254 美国国家档案馆，84文件组合，426卷，《经由里加运至德国的苏联黄金及贵金属》。

255 报告的作者注意到，苏联领导层通过洗劫莫斯科基督救世主大教堂获得了价值400万美元的黄金。美国国家档案馆，十进制文件，861.6341/53，《俄国黄金工业的组织和运营；参考自1913—1931年期间的黄金出口情况以及未来发展的计划》，第24页。

256 美国国家档案馆，84文件组合，420卷，1934年，第19部分《黄金运输及国际收支》，第 151—152 页。

257 美国国家档案馆（NARA），84 文件组合，420 卷，《与柏林银行代表，对于资助俄国贸易十分有兴趣的 X 先生的谈话》，第 4 页。

258 请参阅外宾商店关闭后“远北建设”的黄金产量增长情况：1936 年——33.4 吨；1937 年——51.5 吨；1938 年——62 吨；1939 年——66.3 吨；1940 年——80 吨；1941 年——75.8 吨。阿·伊·希罗科夫：《远北建设》，第 103、130 页（Широков А.И. Дальстрой. С. 103, 130）；大卫·J. 诺德兰德：《马加丹和 1930 年代远北建设经济史》，第 105 页（Nordlander David J. *Magadan and the Economic History of Dalstroi in the 1930s*. p. 105），上述两本书都援引自马加丹州国家档案馆，P—23cc 号库第 1 类第 5 卷第 14 页。

259 按照某种估算，当时苏联的黄金储备达 2804 吨（丽莎·哥戴克：《苏联采金业情况》，第 766 页），按照另一种数据——2049.8 吨（尤·雷巴尔金：《“X 行动”，苏联对西班牙共和国的军事援助，1936—1939》，莫斯科，2000 年，第 125 页；《俄罗斯黄金》，第 3 卷，莫斯科，1994 年，第 526 页）。(Рыбалкин Ю. Операция «X». Советская военная помощь республиканской Испании. 1936–1939. М., 2000. С. 125; Российское золото. Т. 3. М., 1994. С. 526)

260 《俄罗斯黄金》，第 3 卷，第 526 页。斯大林之后的苏联领导层把苏联外债增加到了一个天文数字。在 1990 年代初，苏联外债为 860 亿美元，每年的债务偿付规模为 180 亿美元。丽莎·哥戴克：《苏联采金业情况》，第 757 页。

261 专家们围绕苏联黄金储备存在着争论。一些人说——“真是这样吗？”斯大林是不是真的攒下了这么多黄金？其他人认为，1980 年代苏联领导层出售黄金是为了扶持停滞的苏联经济、填补预算窟窿、购买消费品以稳定民众。还有一种观点是，苏联黄金储备的剩余部分在戈尔巴乔夫执政期间被陆续偷光。

262 《俄罗斯黄金》，第 31 卷，第 526 页。工业开采黄金产量下降了。1990 年初，苏联的黄金开采量从世界第二下滑到第三，随后又下滑到第五（丽莎·哥戴克：《苏联采金业情况》，第 761、762 页）。叶利钦总统当政期间，根据一些定期出版物的数据，俄罗斯黄金储备有所增加，但离斯大林时的数字还相去甚远：1994 年年中，俄罗斯黄金储备为 328 吨，1996 年 1 月——340 吨，同年 6 月——386 吨（尤·雷巴尔金：《“X 行动”》，第 125 页，援引自《星期一》杂志，1996 年第一期；1994 年 7 月 22 日的《消息报》；1996 年 6 月 18 日的《财经消息》）。在普京总统当政期间，俄罗斯利用有利的国际市场行情，通过出售天然气和石油积累了可观的黄金外汇储备。按照俄罗斯中央电视台 2007 年 2 月 8 日的报道，俄罗斯黄金外汇储备达到 3050 亿美元，位居世界第三，仅次于中国（不包括香港）的 10660 亿美元和日本的 8950 亿美元。2007 年 12 月中旬，俄罗斯黄金外汇储备达到了 4612 亿美元（从 2007 年年中起，黄金外汇储备改称为俄罗斯国际储备）。http://www.lenta.ru/news/2007/12/13/reserves.

263 《俄罗斯黄金》，第 1 卷，莫斯科，1993 年，第 541 页。

264 丽莎·哥戴克：《苏联采金业情况》，第 769 页，援引自 1991 年 7 月 17 日路透社报道《贵金属——苏联扩大的交易范围》。

黄　金

265 1931 年 8 月，为了支付美国设备的费用，政治局要求弄清征收到的有色金属储备状况以及可使用的数量。俄罗斯国家社会政治史档案馆，17 号库第 162 类第 10 卷第 160 页。

266 政治局将外汇问题置于最严格管控之下。1930—1932 年间，政治局议事日程中外汇出口问题的比重急剧上升。1932 年，政治局审议并批准的外汇和进出口计划制定得十分详细，直接按月度制定。

267 请参阅：1930 年 12 月 19 日政治局外贸和信贷改革委员会会议纪要（俄罗斯国家社会政治史档案馆，17 号库第 162 类第 9 卷第 108—109 页）。1931 年 1 月，遵照政治局的决定，劳动和国防委员会出台了关于削减 1000 万进口附加开支的命令（请参阅俄罗斯国家社会政治史档案馆 17 号库第 162 类第 9 卷第 171 页）。政治局外汇储备委员会 1932 年 6 月 23 日的决议禁止苏联在境外的组织将出口收入用于行政和管理开支。命令要求，外贸人民委员部派驻境外的组织于 1932 年下半年削减 140 万卢布的行政管理支出。这显示，在这条命令出台前根本没有考虑过外汇开支（俄罗斯国家社会政治史档案馆，17 号库第 162 类第 12 卷第 202—206 页）。关于削减非工业进口数量可以参阅：俄罗斯国家社会政治史档案馆，17 号库第 162 类第 11 卷第 42 页等。节约下来的进口外汇并不算入企业预算，而是算进国家预算（俄罗斯国家社会政治史档案馆，17 号库第 162 类第 11 卷第 25 页）。

268 工业化开始之后，在 1931 年前，苏联根据外国技术援助合同只向西方支付了 2600 万卢布黄金，即约为 1300 万美元。1931 年，技术援助支出超过 3000 万（！）卢布（俄罗斯国家社会政治史档案馆，17 号库第 162 类第 9 卷第 123 页；第 10 卷第 30 页）。政治局关于重审技术援助合同的行动可以参阅：1930 年 11

月30日、1931年12月8日的政治局决定，以及1931年5月12日劳动和国防委员会的命令。政治局的决定包括了一长串需要废止合同的外国公司名单。这表明，是政治局，而不是国民经济最高委员会决定停止和哪些公司的合作（俄罗斯国家社会政治史档案馆，17号库第162类第9卷第123—124页；第10卷第28、30—32页；第11卷第85—86页）。甚至重工业人民委员部和陆海军人民委员部也需削减外国援助支出。协议是通过告知企业及停止支付欠款的方式单方面废止的。据国民经济最高委员会1931年底前的核算，废止协议总计节省了350万卢布。1932年的计划规定需通过废止、延展或更改已签署的合同节省1500万卢布（俄罗斯国家社会政治史档案馆，17号库第162类第11卷第130页）。签署新的合同受到严格限制：要求劳动和国防委员会批准。负责检查企业技术援助合同支出的不是工农监察人民委员部，而是国家安全部门——格别乌（俄罗斯国家社会政治史档案馆，17号库第162类第10卷第32页）。

269 从1931年起，按照政治局的决定，境外的苏联职员五分之一的工资使用卢布和强制性的国家债券支付，以取代外汇（俄罗斯国家社会政治史档案馆，17号库第162类第9卷第160页）。1932年就境外苏联职员的工资支付实施了新的外汇限制。1932年5月，政治局决议要求在日本和中国新疆的苏联工作人员的工资不得使用当地货币计算，而应使用金卢布计算，这样的话在日本的薪酬支出将减少25%，在中国新疆的薪酬支出将减少35%（俄罗斯国家社会政治史档案馆，17号库第162类第14卷第143页）。境外出差的差旅费、出差时长都有所减少，出差人员应在苏联购买所有必需品，不得在境外使用外汇购买“供应品”（俄罗斯联邦国家档案馆，5446号库第14a类第1058卷；俄罗斯国家社会政治史档案馆，17号库第162类第9卷第124页）。

270 劳动和国防委员会1932年8月10日的命令明确禁止国家和社会组织将使用外汇、“黄金”结算的交易纳入协议，即禁止提出保证支付黄金或使用黄金结算。经苏联人民委员会批准的除外（俄罗斯联邦国家档案馆，5446号库第13a类第871卷）。

271 关于信用局可以参阅本书“外宾商店的‘红色经理’：‘政委’”的相关内容。

272 关于在各大城市组织仅面向外宾的酒店的决定是由政治局于1931年初做出的。这些酒店只接受用“特别坚挺的外汇”支付，并在格别乌监管之下运营（俄罗斯国家社会政治史档案馆，17号库第162类第9卷第118页）。

273 镍制的辅币于1932年3月开始流通。镍币与银币同等使用并逐步替代银币：政治局禁止国家银行把从人民手里以支付形式收来的银币重新投入流通。镍币的发行有助于节省外汇，因为苏联银币是使用进口白银压制的（俄罗斯国家社会政治史档案馆，17 号库第 162 类第 11 卷第 130 页；第 12 卷第 148 页）。

274 政治局责成所有国有企业和国家机构“寻找额外的出口项目”（请参阅俄罗斯国家社会政治史档案馆 17 号库第 162 类第 14 卷第 41 页；第 15 卷第 158 页）。

275 随着工业化的开始，古董和艺术品时有时无的外流变成了大规模出口。很长一段时间里，这个话题在苏联是一个禁忌。就此话题的首次大规模研究出现在西方（C.W. 罗伯特：《俄罗斯艺术和美国金钱，1900—1940》，剑桥，1980 年）。在改革的那几年，紧随亚·莫夏金第一批为数不多的重要出版物之后（《抛售》，《星火》杂志，1989 年第 6—8 期），面世了一批史学研究著作和文件合集。请参阅奥·尤·瓦西里耶娃、巴·尼·科内舍夫斯基：《红色占领者》；《被卖掉的俄罗斯珍宝》，莫斯科，2000 年；鲍·鲍·皮奥特罗夫斯基：《简略艾尔米塔日史。材料和文件》，莫斯科，2000 年；《我们失去的艾尔米塔日。1920—1930 年代文件》，圣彼得堡，2001 年；尤·尼·茹科夫：《斯大林：“艾尔米塔日”行动》，莫斯科，2005 年；叶·亚·奥索金娜：《“杜维恩行动”》，载《珍宝变成拖拉机：俄罗斯文化遗产外售，1917—1937》，编辑 A. 奥多姆和 W. 萨蒙、艾迪怀德，加利福尼亚，2008 年；同作者：《为了工业化的黄金。斯大林五年计划期间苏联在法国进行的俄罗斯艺术品销售》，载 Cahiers du Monde Russe 杂志，2000 年 1—3 月，41/1；同作者：《和伦布朗们一起在大路上》，载《祖国》杂志，2006 年，第 9 期；同作者：《古董——第一个五年计划期间的艺术品出口》，载《经济史》2002 年刊，莫斯科，2003 年。在西方活跃着一群图书馆藏品收藏家以及专门从事斯大林时期俄罗斯图书馆图书和私人藏书出口研究的史学家。

276 请参阅：苏联人民委员会下属的外汇委员会 1932 年 8 月 15 日《关于削减用于国内的黄金拨付》的命令，包括补充储备和企业需求（俄罗斯联邦国家档案馆，5446 号库第 13a 类第 872 卷第 1 页）。政治局倾向于从钻石库中提取贵重品存放起来作为贷款担保，而不是使用黄金作担保（俄罗斯国家社会政治史档案馆，17 号库第 162 类第 14 卷第 143 页）。为了防止黄金被盗，精炼工厂由格别乌保卫。尽管有很多禁令和限制，但从工业化角度看，仍有很多不合理的外汇消耗。例如，苏联人民委员会下属的外汇委员会 1935 年 3 月 20 日向贸易人民委员部拨付了 45 千克白银和 10 千克黄金，用于制作驻纽约贸易代表处所需的 24 人用的餐具，这引起了财政人民委员部的抗议（俄罗斯联邦国家档案馆，5446 号库第 16a 类第 1168 卷第 1 页）。抑或是使用外汇在境外购买胶片（使用外国胶片）用来拍摄苏联第一部彩色电影《夜莺曲》。政治局为国际工人救济会拍摄了这部电影，并确定了上映时间（1934年5月1日），但是《夜莺曲》上映了吗？（俄罗斯联邦国家档案馆，544号库第15a类第844卷第87页）不合理的外汇支出还有“为莫斯科采购药品”，也就是为克里姆林宫采购（俄罗斯国家社会政治史档案馆，17号库第162类第15卷第115页）、为国务活动家拨付外汇用于出国治疗。1934年，向苏联科学院副院长科马罗夫院士夫妇拨付了价值1500卢布的黄金，用以出国治疗两个半月（俄罗斯联邦国家档案馆，5446号库第15a类第847卷第50页）。

277 请参阅关于停止接收宗教黄金和白银用具的命令（俄罗斯国家经济档案馆，4433号库第1类第132卷第92页）。

278 外宾商店各办事处发来报告，管理人员们在报告中写道，将人们上交的黄金制品变成废料或许并不合理。在其中一封信中写道：“4—5所洛特尼克的金表估价为12—15卢布，而金表本身可以100—150卢布黄金的价格售出。”此外，人们常把具有历史和艺术价值的独一无二的黄金制品带到外宾商店。1933年外宾商店管委会要求验收员保留具有特殊价值的古董，以便卖给外国人换取外汇。（关于这一点可以参阅《“您忠实的外宾商店”》的相关内容）然而，最终一切都取决于验收员能否评估出物件的独特性以及是否愿意劳神费心去办理文件。我相信，很多有价值的制品都从外宾商店拿去熔炼了（俄罗斯国家经济档案馆，4433号库第1类第51卷第29页；第20卷第60页）。

279 《贵金属的验收和评估：外宾商店收购点的领导》，莫斯科，1933年（感谢我的同学，历史学家、考古学家安德烈·萨扎诺夫，他在俄罗斯国家图书馆找到了这本小册子并给了我复印件）。

280 关于钱币熔炼可以参阅：俄罗斯国家经济档案馆，4433号库第1类第132卷第54页。

281 贸易人民委员部珠宝联合公司是自给自足的。为了获取原料，公司从人民手里征购过贵金属。俄罗斯联邦国家档案馆，5446号库第16a类第1170卷第4页。

282 谈到饰品、黄金日用品、贵重的黄金小物件，诸如手表、鼻烟壶、烟盒、首饰盒等，这些东西是过去俄国上层和中层物质富足的生活的组成部分之一，在某种程度上也是富裕的标准。

283 对于中产阶级，并没有唯一且普遍认同的认识。研究者定义中产阶级时参照的是收入、教育和生活水平、社会行为和重大战略类型以及自我评价，即人对自身地位的主观感受。然而，所有中产阶级研究者都把物质财富状况作为确定地位的最重要因素之一。

284 关于是否成功建立了苏联中产阶级以及当代俄罗斯是否存在中产阶级的问题尚无答案。对此，研究者观点迥异。

285 城市越大、城市里的外宾商店越多，那么城市里的收购点也越多。例如，1933年10月在列宁格勒有21个收购点，同一时期在地域广阔的列宁格勒州只有58个收购点（维堡市列宁格勒州国家档案馆，1154号库第3类第59卷第261页）。列宁格勒市收购点的地址可以参阅：维堡市列宁格勒州国家档案馆，1154号库第10类第16卷第43页。

286 在各大城市，贵重宝石的收购点和贵金属收购点是分开的。1933年夏天，各大城市的收购点并不接受外宾商店的领导，而是隶属于自己的管理机构——中央收购点。不过，1934年，收购点开始“忠于”外宾商店并接受其管理，起初是在最大的几座城市，8月开始推广到全国。外宾商店总部机构内的中央收购点被撤销了（维堡市列宁格勒州国家档案馆，1154号库第4类第110卷第4页。请参阅《接收外汇贵重品及据此供货的新指南》，维堡市列宁格勒州国家档案馆，1154号库第4类第111卷第77—89页）。

287 根据外宾商店管委会与苏联外贸银行和苏联国家银行签署的协议，国家银行保障收购点的验收—评估人员配备并负责其开展工作。此外，根据协议，国家银行还开设了附设的外汇收款处，同样配置了国家银行的工作人员。外宾商店方面负责提供场地、办公器材、工具、试剂等，并提供保卫。根据1933年制订的规定，国家银行应当不晚于第二个交易日把贵重品从收购点运走。

288 为了检测金属，金属鉴定员会用锉刀割开一个切口或者用锥子或针弄出刮痕。把硝酸滴在切口的地方。如果没有反应，那这件物品就是黄金制的，如果出现黑斑——那就是白银制的，而如果在切口处硝酸开始冒泡并出现绿色——那就是铜制的。在收购中空的物品时，“指南”建议，预先警告持有人要凿开物品，因为中空物品的接缝处通常是用非贵金属焊接的。在确定物品是黄金制品之后，金属鉴定员借助试剂确定纯度，即金属中的纯金含量。苏联评估员使用了新的纯度系统。在“旧时代”认为，化学意义上的纯金每个重量单位包含96份纯金。按照新的纯金计量方法，化学意义上的纯金为1000纯度（份）纯金。旧的计量方法中的96纯度对应新方法中的1000纯度，72纯度——750纯度，56纯度——583纯度，36纯度——375纯度。请参阅《贵金属验收及评估》第18页以及附录中的计算表。

289 维堡市列宁格勒州国家档案馆，1154号库第2类第5卷第130页。

290 在征购沙金、天然黄金和金锭时，外宾商店与黄金委员会存在竞争，后者在矿区拥有商店。私人淘金者用有价金属作为兑换物购买商品。"黄金委员会"会检查，黄金是不是从国有采金企业中偷来的。有理由说，外宾商店在黄金征购上击败了"黄金委员会"。外宾商店供应更多的商品，而且最初价格也更优惠。此外，有材料证明，外宾商店的黄金买入价也更高。例如，在斯维尔德洛夫斯克州的来信(1934年6月)中提到，外宾商店的收购价比"乌拉尔黄金"高一倍:"全都流向外宾商店"的结果是，矿区的盗窃和投机行为增加了(请参阅：俄罗斯联邦国家档案馆，5446号库第15a类第828卷第6页)。此外，外宾商店的评估员也不是一丝不苟的：显然，不少黄金是从国有矿区"流到"外宾商店的。虽然，无论是外宾商店的黄金还是"黄金委员会"的黄金，最终都流向国家，但是部门利益有时候比国家利益更重要。"黄金委员会"试图在与外宾商店的竞争中预先取得政府的支持。比如，苏联人民委员会1934年7月7日的决议明确在换取沙金、矿沙金、天然黄金以及未检测金锭时，外宾商店出售的商品和"黄金委员会"商贸—黄金收购网络的商品定价保持一致(请参阅：俄罗斯国家经济档案馆，4433号库第1类第94卷第62页)。

291 新计量标准下的1000纯度和旧计量标准下的96纯度都被视作化学意义上的纯金。其他纯度黄金的价格根据制品中纯金含量为基础计算得出。为了确定其他纯度黄金的价格必须将1卢布29戈比分成1000份并乘以纯度值，例如583。作为验收者完成程度的指标，"指南"专业地解释了应当怎样把数字分成1000份。在计算黄金净重含量时，要计算合金重量的损失：900纯度——1%，低于900纯度的黄金——3%。请参阅《贵金属的验收和评估》第26—27页以及计算表。

292 完好的外国金币根据国家银行专门的平价兑换表收进。未在兑换表中列出的有损毁的外国金币按照重量计算收进。俄罗斯国家经济档案馆，4433号库第1类第8卷第48页；斯摩棱斯克州国家档案馆，1425号库第1类第1卷第26页及反面。

293 苏联劳动人民委员部1932年8月27日《关于从事黄金、外汇等贵重品业务工作人员的财产责任》的决议要求按照贵重品价格的15—20倍对过错人员进行罚款。乌兹别克斯坦共和国中央国家档案馆，288号库第1类第200卷第42页。

294 这里指的是借助石头和针确定黄金纯度。为此，评估员把待测黄金用力按在特制的黑色光滑磨石上尽可能贴近地摩擦。在旁边，用特制的不同纯度金针去磨相似的磨石条块。随后，比较这些条块，根据颜色相似度确定待测黄金的纯度。

这个方法耗费巨大，所以很少在外宾商店使用。

295 维堡市列宁格勒州国家档案馆，1154 号库第 2 类第 5 卷第 12 页。

296 1934 年冬春之交，在苏联不同城市的外宾商店的不少收购点出现了大量伪造的低纯度大金锭。俄罗斯国家经济档案馆，4433 号库第 1 类第 132 卷；莫斯科州中央国家档案馆，3819 号库第 1 类第 4 卷第 19 页。

297 根据操作指南，在拒收前，评估员应当建议上交者把金锭送至最近的国家银行检测机构进行专家鉴定。

298 莫斯科州中央国家档案馆，3819 号库第 1 类第 4 卷第 19 页。

299 档案馆里保存了对卡拉苏（乌兹别克斯坦）外宾商店鉴定员加利佩林黄金评估工作的投诉专辑。上交者认为，加利佩林“什么也不懂”，他的评估与安集延外宾商店的评估有差异。乌兹别克斯坦共和国中央国家档案馆，289 号库第 1 类第 200 卷第 72—76 页。

300 外宾商店发给下属办事处的措辞严厉的通告（可以参阅：乌兹别克斯坦共和国中央国家档案馆，288 号库第 1 类第 30 卷第 59—60 页；第 39 卷第 27 页）证实，政府关于收集有价值的废品的指示并未得到遵照执行。

301 1932 年 4 月，在发给外宾商店所有办事处的专函《关于检测拆磨时喷散的黄金》中，外宾商店管委会写道，到当时为止对于拆磨时喷散的黄金未给予重视，“但随着外宾商店业务量的增加，喷散的黄金损失会十分可观，这意味着有理由着手利用粉尘和验收员柜台上用过的抹布，以便从中提取黄金”。乌兹别克斯坦共和国中央国家档案馆，288 号库第 1 类第 16a 卷第 36 页。

302 俄罗斯国家经济档案馆，4433 号库第 1 类第 114 卷第 38 页。外宾商店的材料证明，鉴定员并不认为由于贵金属验收不完善而出现的剩余物是对民众的欺骗，因为所有一切都流向了国家。而且，还存在着这样的观点，剩余物的范围不应受限。乌兹别克斯坦共和国中央国家档案馆，288 号库第 1 类第 40 卷第 258 页。

303 维堡市列宁格勒州国家档案馆，1154 号库第 2 类第 5 卷第 126—127 页。此外，在没有外宾商店办事处的地方，国家银行收购黄金和白银后，计入外宾商店账户。关于国家银行分支机构收购贵金属的规定“抵制外宾商店商品”，请参阅国家银行 1932 年 12 月的通告（斯摩棱斯克州国家档案馆，1425 号库第 1 类第 1 卷第 26—35 页）。

304 精明的人，尤其是淘金地区的精明人，会走遍农村收购黄金，并以自己的名义上交给外宾商店，然后把收到的外宾商店货币和商品高价卖出。经外宾商店管委会认可，这些个人的收入超过了一些外宾商店营业点的营业额。为了这种创新，外宾商店和私人采购商签订合同。那些人为了免于被镇压，同意成为官方的收购中介，并必须每月上交一定数量的贵重品。格别乌会监视这些私人采购商的活动，但根据与外宾商店达成的共识，格别乌尽量不动这些人。俄罗斯国家经济档案馆，4433 号库第 1 类第 33 卷第 25 页；第 41 卷第 20 页。

305 维堡市列宁格勒州国家档案馆，1154 号库第 2 类第 5 卷第 12 页。在推行黄金收购期间，收购点的经理们抱怨没有能力接待所有希望上交黄金的人成了一个普遍现象。

306 1933 年夏天，在列宁格勒市 10 个收购点实行了两班倒工作制度。维堡市列宁格勒州国家档案馆，1154 号库第 3 类第 59 卷第 261 页。

307 我不清楚“狗”这个词在此语境中的意义：可能是影射人们还要伸着舌头东奔西跑办手续，也可能是意指这份记录单是确认上交者权利的保护者，也可能是对苏联人生活质量的影射。

308 收进贵重品之后，检定员会填写一式三联的收据。对于黄金和白银有专门的收据。检定员留一联，另外两联供验收贵重品的稽核员检查。“狗”的编号由评估员填写在贵重品验收收据上。

309 1934 年，列宁格勒的材料证实，稽核员岗位被取消，其职责由评估员—验收员承担，这也加重了他们的工作压力。维堡市列宁格勒州国家档案馆，1154 号库第 4 类第 110 卷第 4 页。

310 稽核员把收据的数量记入稽核报表中，据此确定收购点当日的贵重品收购量。工作日结束时，稽核报表中的记录应与验收员—评估员在收据复印件基础上专门就黄金和白银所做的每日收发汇总表进行核对。然后，有两份收发汇总表的副本送至国家银行，其中一份与贵重品一起装箱，另一份由国家银行收账人持有。在收购点还要留下一份汇总表供财务报表使用，另外还需送一份至外宾商店管委会供统计使用。这个系统对于确定外宾商店统计数据的可靠性十分重要，在这个系统中，收购的贵重品通过两个部门同时进行核算，分别是外宾商店和国家银行。关于 1932 年验收贵重品的收发汇总表样张以及其他报表类型，可以参阅：斯摩棱斯克州国家档案馆，1425 号库第 1 类第 1 卷第 33 页反面。

311 显然是因为，持有人凭此购得（购买）商品。

312 未使用的 1933 年版商品册被送到莫斯科的国家银行。专门发行委员会对其进行了检查并在发电站将其焚毁。可能这就是为什么现在找不到外宾商店 1933 年版商品册。除非持有者没有使用，这版的商品册才可能保存下来，但由于它是人们使用贵重品换来的，所以会尽力花完所有外宾商店货币，直到最后一个戈比。

313 在服务最少上交者的情况下，才会只支付最低工资。

314 在外宾商店系统工作但没有获得“黄金”配给的人就和其他居民享受同等待遇，由国家配售店供应配给。在1930年代上半叶吃不饱的凭票配给制之下，获得“黄金”配给被视作外宾商店工作人员的主要特权。关于外宾商店内的配给可以参阅“售货员永远是对的”。

315 每月服务4200名上交者的评估员可以获得12金卢布的最高配给额。稽核员要获得最高10卢布的配给额需要每月“处理”8400个上交者（每天达到350人）。如超额完成，评估员和稽核员还能获得工资外的奖励。当评估员每月服务人数不超过2400人、稽核员每天服务275名上交者时，则只能获得6金卢布的最低配给额。请参阅：《贵金属的验收和评估》，第47—49页。

316 在某些情况下，一些边远地区的收购价按照面粉重量来确定。劳动和国防委员会的专门委员会于1933年检查了外宾商店的价格，其在记录中指出，1932年第1—2季度矿区的每千克沙金可在外宾商店换取3.3吨面粉，第3季度可换取4.03吨面粉，第4季度可换取9.2吨面粉。可换取面粉量增加的原因不是黄金收购价变了，而是外宾商店的面粉价格下降了。（俄罗斯联邦国家档案馆，5446号库第15a类第818卷第15页）

317 国有营利商店存在于1931—1935年苏联配给制时期。不同于分拨配给的封闭式配售店，在营利商店内的买卖除一些特殊情况外并不受各种规定限制，但其价格比配售店高出好多倍。

318 世界黄金价格等于黄金的美元价格，实质上就是美元对黄金的比价。本章中，用外宾商店的黄金收购价与美国政府制定的固定比价进行对比。1934年初之前，根据比价，每盎司黄金（31.1035克）价值20.67美元，1934年初起，每盎司黄金值35美元。2000年，黄金年平均价格为8.94美元/克，约合278美元/盎司。1980年黄金价格创下纪录——19.8美元/克（616美元/盎司）。购买黄金是一项很好的资本投资。鲍·伊·别涅沃利斯基：《俄罗斯黄金。矿产—原料基地的利用和再生产问题》，莫斯科，2002年，第37—38页。（Беневольский Б.И. Золото России. Проблемы использования и воспроизводства минерально—сырьевой базы. М., 2002.）

319 黄金卢布作为假定结算单位于1897年货币改革期间在俄国推行，其价值等于0.774235纯金。由于纸质货币快速贬值而难以进行统计结算，黄金卢布于

1921—1922年作为苏联时期结算单位使用。1922年10月起，由于国家银行发行切尔文券，黄金卢布停止应用于苏联国内业务结算中，但是它作为苏联国际外汇结算统计的标准单位（包括外宾商店的业务），一直沿用到1936年。

320 纸卢布和金卢布的官方汇率由苏联不同的财政部门制定。不同时期，包括财政人民委员部、国家银行、专门定价委员会。黑市上，外宾商店卢布对普通卢布的汇率比官方汇率高出很多倍。在1933年饥饿时期，黑市上，1外宾商店卢布最多可以换60普通卢布。

321 关于这些类型贵重品的收购可以参阅“白银”和“钻石和铂金”等节。

322 这个结论是依据以下信息得出的。1934年前，每盎司黄金价值20.67美元，即每克纯金约值66.5美分。1930年代中叶前，在苏联按官方汇率1美元兑1卢布94戈比。外宾商店的很多文件证实，其领导层认为1卢布29戈比的价格与世界黄金价格相当。

323 1934年1月30日，美国总统罗斯福批准了《黄金储备法案》，借此建立了每盎司黄金价值35美元的固定比价。

324 在35美元/盎司的黄金价格之下，每克化学意义的纯金价值1.125美元。按照1美元兑1卢布94戈比的官方汇率，每克黄金的卢布价格约为2卢布18戈比。

325 在外宾商店还有别的方式获得黄金“增重”：确定纯度和重量时的不精确、耗损折扣。1934年第1季度内，类似的“增重”相当于收购金额的4%，具体表述为534.4万卢布黄金收购额，增重的价值为21.3万卢布。（俄罗斯国家经济档案馆，4433号库第1类第132卷第155页）

326 关于1930年代卢布相对于美元的购买力，还没人进行过仔细的估算，进行类似的估算确实非常难。1930年代上半叶配给制时期的价格取决于商贸种类。在面向国家工作人员和工人的配售店中，配给价格较低，卢布的购买力较高并符合官方汇率。在农民市场和黑市，由于极高的价格，卢布购买力微乎其微。计算卢布购买力的另一个复杂因素在于，自由市场、农民市场和黑市的价格在不同地区有着巨大差距。

327 1932年12月，美国杂志《时代》周刊写道，在俄罗斯的黑市上，1卢布约合3—20美分（《鞋子用的白银》，载《时代》周刊，1932年12月26日）。1935年前，变化不大。《时代》周刊在国际新闻栏目中报道，长期在苏联居留的外国人习惯于在黑市上以4美分兑1卢布甚至更低的价格购买卢布(《天堂金钱》，载《时代》周刊，1935年11月25日）。1931年秋天到过俄罗斯的美国游客向里加的美国领事馆秘密报告：“据说，可以在柏林以6美分兑1卢布甚至以更便宜的价格购买卢布，但是将其带到这里是有危险的。我知道，柏林和华沙的银行和私人经纪的出价绝不会超过 3 美分兑 1 卢布，而在这里（按照官方汇率——作者注）1 卢布值 50 美分！”[美国国家档案馆 84 文件组合，美国驻里加领事馆通讯，第 3 卷，800—B 文件，《一位美国公民在其近期（1931 年 9 月至 10 月）访问俄国期间的一系列重要印象复印件》，第 2—3 页。]

328 关于这个问题，可以参阅本书后文“粉饰过的顾客肖像”一节。

329 1936 年 2 月完成的外宾商店最终报告资料。俄罗斯国家经济档案馆，4433 号库第 1 类第 133 卷第 141—143 页。对我们而言，外宾商店的价格高于或低于苏联其他形式的国内商贸机构（配售店、营利商店或是自由市场）并不重要，因为它们不同于外宾商店，没有“外汇部分”：人们不需要使用贵重品换取商品，而国家也不会从它们的经营活动中获取外汇。鉴于此，只有在特定条件下才会比较外宾商店和其他国内商贸机构的商品售价。

330 关于外宾商店价格政策以及外宾商店商品价格远高于苏联出口价的详情，可以参阅本书“价格”和“外宾商店的秘密”等节。

331 俄罗斯国家经济档案馆，4433 号库第 1 类第 175 卷第 130 页。

332 关于外宾商店的进口情况，可以参阅本书“饥民的橄榄”一节。

333 关于外宾商店的商品品类，可以参阅本书“面包和帆布鞋”一节。

334 1932 年冬季，有人提出了把无法与外宾商店竞争的黄金—铂金业收购点移交给外宾商店的问题。当年冬天，外宾商店接收了有色金属、黄金、铂金及稀有元素管理总局和东部黄金公司的网点、机关和外汇计划，这两家单位原本负责在黄金开采区进行黄金收购工作。重工业人民委员部要求把黄金—铂金业收购网络移交给外宾商店。因此，最初禁止外宾商店进入矿区和采金工业总局领地的规定在某个时间被打破了。在 1932 年，替外宾商店收购黄金的莫斯科贸易公司珠宝办事处带着所有财物，连同机关和经营场所，都移交给了外宾商店，并在外宾商店架构中改组成贵金属收购和指导局。（俄罗斯国家经济档案馆，4433 号库第 1 类第 13 卷第 2 页；第 30 卷第 119 页）

335 例如，列宁格勒办事处的数据。日用黄金的收购始于 1931 年 12 月底。1932 年 1 月，办事处收购了 6.1 万卢布的黄金，2 月收购了 14.7 万卢布黄金，3 月收购了 17.3 万卢布黄金，4 月收购了 20.7 万卢布黄金。4 月份黄金收购指令性计划的完成率达到 244%。（维堡市列宁格勒州国家档案馆，1154 号库第 2 类第 19 卷第 34、55 页）

336 俄罗斯国家经济档案馆，4433 号库第 1 类第 92 卷第 171 页。

337 请参阅1932年10月外宾商店管委会给中央委员会关于全苏外宾商品供应联合公司职能和部门的书面报告。俄罗斯国家经济档案馆，4433号库第1类第7卷第7页。

338 俄罗斯国家经济档案馆，4433号库第1类第92卷第171页。

339 俄罗斯国家经济档案馆，4433号库第1类第132卷第123、171页。

340 关于沙皇金币很大程度上来自“边远收购点”的农民的说法出现在《1935年贵重品吸引计划的说明报告》（俄罗斯国家经济档案馆4433号库第1类第140卷第76页）、某位伊·奥尔别洛夫于1934年2月写的《外宾商店外汇流进渠道分析》（俄罗斯国家经济档案馆4433号库第1类第132卷第121页），以及外宾商店管委会副主席阿佐夫斯基于1933年6月在西部州百货商店经理会议上的报告（斯摩棱斯克州国家档案馆1425号库第1类第21卷第7页）中。中亚外宾商店的材料显示，黄金和白银流入的构成不仅反映了社会划分，还在某种程度上反映了民族划分：卡拉科尔（吉尔吉斯斯坦）的收购点于1934年报告，日用黄金主要来自“欧洲居民”，沙皇金币来自那些在地区内积极收购的投资分子，而日用白银主要来自吉尔吉斯游牧民。乌兹别克斯坦共和国中央国家档案馆，288号库第1类第40卷第335页。

341 尽管西北办事处覆盖了普斯科夫州、诺夫哥罗德州、列宁格勒州、摩尔曼斯克州以及卡累利阿的广阔的非城市地区，但其在外宾商店历史中主要是以列宁格勒市办事处之名出现的。在外宾商店存续期间，列宁格勒市在西北办事处黄金收入中的份额稳定在90%左右。列宁格勒的重要意义也反映在办事处的名称上。最初名为列宁格勒办事处，随后在发展外宾商店各州网络时于1932年短暂地称为西北办事处，但很快又恢复了最初的名称，因为列宁格勒市占据了主导。产生自斯摩棱斯克办事处的西部办事处的出现实际上是1933年外宾商店覆盖西部州农村地区的结果。这些办事处的发展史详见附录。

342 外宾商店办事处在1934年上半年完成外汇计划的数据证实，日用黄金的收购量几乎在所有地区都超过金币的收购量。高尔基、西部、中黑海、哈尔科夫、第聂伯彼得罗夫斯克、白俄罗斯和塔吉克斯坦办事处是例外，它们的金币收购量大于日用黄金收购量。在巴什基尔、土库曼斯坦、吉尔吉斯斯坦和亚美尼亚，金币收购量和黄金废料相当。上述办事处的大部分处于农村人口占多数的地区。哈尔科夫和第聂伯彼得罗夫斯克是例外，原因在于这两座工业城市对于周边地区的农民具有磁吸作用（俄罗斯国家经济档案馆，4433号库第1类第112卷第107页）。

343 1932 年 9 个月内，外宾商店总共收购了价值 1720 万卢布的黄金。

344 乌克兰的办事处（哈尔科夫办事处、基辅办事处、第聂伯彼得罗夫斯克办事处、敖德萨办事处、马里乌波利办事处、文尼察办事处）在 1932 年 9 个月内总共收购了价值 350 万卢布的黄金，包括 230 万卢布的废料和 120 万卢布的金币。乌克兰贡献了当时全国黄金收购量的五分之一强。俄罗斯国家经济档案馆，4433 号库第 1 类第 66 卷。

345 俄罗斯国家经济档案馆 4433 号库第 1 卷第 66 卷第 98 页。

346 我想提醒一下，1932 年平民黄金开采量为 36.3 吨，刚刚起步的“远北建设”贡献了 0.5 吨（表九）。

347 其他办事处的 1933 年贵重品收购计划：东西伯利亚——300 万卢布；西西伯利亚——270 万卢布；远东办事处——250 万卢布；西部办事处——240 万卢布；乌拉尔办事处、中黑海州办事处——均为 230 万卢布；下哥罗德办事处、巴什基尔办事处、高加索办事处——均为 200 万卢布；下伏尔加——180 万卢布；北方办事处、鞑靼斯坦办事处、中伏尔加办事处、克里米亚办事处、乌兹别克斯坦办事处——均为 150 万卢布；土库曼斯坦办事处——100 万卢布；亚科特办事处——50 万卢布（俄罗斯国家经济档案馆，4433 号库第 1 类第 66 卷第 134、146 页）。

348 在饥饿的 1932 年和 1933 年，黄金收购中的巨大差距的原因是，1932 年外宾商店的地区网络才刚开始铺开。

349 1933 年，平民黄金开采量为 50.5 吨，而“远北建设”犯人的开采量暂时不大（表九）。

350 按照价值计算，黄金在收购中位列前茅，但按照重量计算，则少于白银。外宾商店于 1932 年 12 月最后几天开始收取白银，而仅仅这几天就收购了 18.5 吨。1933 年，人们给外宾商店带去了 1420.5 吨白银（请参阅“白银”一节）。1933 年外宾商店收购贵重品的构成可以称之为“金属”——或废料或钱币的黄金和白银，这一金属构成几乎占了贵重品总收购量的 76%（俄罗斯国家经济档案馆，4433 号库第 1 类第 132 卷第 122 页）。

351 1933 年废料流入和金币流入分别是 1932 年的 203% 和 247%。

352 俄罗斯国家经济档案馆，4433 号库第 1 类第 132 卷第 113 页。

353 《外宾商店外汇流进渠道分析》的作者在 1934 年初写道：“无可否认，金币的主要流入来源是农村。显然，外宾商店在 1933 年开始以更快的速度把农民拉上了轨道。”在后面几页，他指出在 1933 年“农民对于用外汇购买东西拥有

积极的兴趣”。（俄罗斯国家经济档案馆，4433 号库第 1 类第 132 卷第 113、121 页）

354 维·阿斯塔菲耶夫：《最后的问候》，载《战争在某处轰鸣》，莫斯科，1975 年，第 130 页。关于这一点，虽然艺术风格是不可比较的，但是外宾商店管委会副主席米·纳·阿佐夫斯基于 1933 年 6 月在斯摩棱斯克的西部州百货商店经理会议上说过：“有些人（之前发言的人——作者注）以金币为例并指出，金币来了。这意味着什么，它现在来了，而以前没有来。到底怎么回事？同志们，要知道这个意义十分重大，这就是说，外宾商店开始拉进新的顾客阶层了。现在，过去对外宾商店一无所知、我们也没有服务过的农民来到了外宾商店。”斯摩棱斯克州国家档案馆，1425 号库第 1 类第 21 卷第 7 页。

355 维·阿斯塔菲耶夫：《最后的问候》，《天使守护者》的章节。

356 1932 年，乌克兰黄金废料和金币收购量之间的差额更大。1932 年乌克兰的黄金收购中，金币占了大约 35%（按照头 3 个月的结果），1933 年——44%（俄罗斯国家经济档案馆，4433 号库第 1 类第 114 卷第 61 页；第 66 卷）。

357 1933 年，莫斯科的外宾商店从民众手里收购了价值 870 万卢布的黄金（6.7 吨纯金），如果加上莫斯科州的收购量则达到 1090 万卢布。1933 年莫斯科收购的日用黄金价值 570 万卢布，金币收购量约为 300 万卢布，而莫斯科州的日用黄金和金币的收购量分别为 160 万卢布和 60 万卢布。（莫斯科州中央国家档案馆，3812 号库）

358 外宾商店 1933 年底以及存续期后几年的文件充满了关于必须开展文化贸易、顾客工作、把贸易重心从粮食转向日用商品的指示。可以参阅本书“外宾商店的尾声”。

359 按照 1934 年和 1935 年的黄金收购量，俄罗斯联邦在所有加盟共和国中居于首位，其中莫斯科和列宁格勒办事处如预期般居于前列。在 1934 年上半年，外宾商店在俄罗斯苏维埃联邦社会主义共和国收购了价值 1040 万卢布的黄金，其中包括莫斯科办事处的 330 万卢布和列宁格勒办事处的 170 万卢布，紧随其后的是斯维尔德洛夫斯克办事处（80 万卢布）和东西伯利亚办事处（50 万卢布）。乌克兰的外宾商店同期收购了价值 210 万卢布的黄金，位居第二。在乌克兰，基辅办事处（70 万卢布）和哈尔科夫办事处（50 万卢布）位居前列。外高加索共和国的黄金收购量位居第三——1934 年上半年收购了价值 160 万卢布的黄金，阿塞拜疆办事处（73 万卢布）在该地区居首位，格鲁吉亚（66 万卢布）稍稍落后。中亚的外宾商店在 1934 年上半年收购了价值 90 万卢布的黄金，乌兹别克斯坦（60 万卢布）远远甩开了其他中亚共和国。白俄罗斯的外宾商店在同期收购了价值 40 万卢布的黄金（俄罗斯国家经济档案馆，4433 号库第 1 类第 112 卷第 107 页）。

360 关于取消配给卡的详细情况可以参阅叶·亚·奥索金娜：《"斯大林时期繁荣"的背后》第 173—194 页；罗·戴维斯、奥·弗·赫列夫纽克：《1934—1935 年，苏联配给制的取消》，载《国内史》，1999 年第五期。（Дэвис Р., Хлевнюк О.В. Отмена карточной системы в СССР, 1934-1935 гг. // Отечественная история. 1999. № 5. С. 87–108）

361 俄罗斯国家经济档案馆，4433 号库第 1 类第 133 卷第 103 页。

362 从前采金业和政治局特别文件夹的秘密资料可以估算出 1932—1935 年苏联平民黄金开采量约为 230 吨纯金（请参阅表九；由于缺少 1934 年平民黄金开采量数据，该年的数据根据相邻年份 1933 年和 1935 年开采量计算平均值得出，即约为 65—66 吨纯金）。希罗科夫基于马加丹档案馆材料的著作显示，古拉格在这几年淘出了略超 20 吨的纯金（表九;1933 年"远北建设"的黄金开采数据缺失，可能为 1 吨纯金。这一估算的基础在于 1928—1933 年"远北建设"黄金总产量为 1.9 吨纯金，其中 1932 年为 0.5 吨，在 1928—1931 年的"前古拉格"时期，"远北建设"的黄金产量十分有限）。

363 我想提醒读者，外宾商店 1933—1937 年的工作计划制订于 1932 年 4 月，即开始收购日用黄金之初。（俄罗斯国家经济档案馆，4433 号库第 1 类第 21 卷第 20—22 页）关于这个问题请参阅"'外宾商店'——商贸之国"等节。

364 俄罗斯国家银行在彼得格勒的前工作人员弗·伊·诺维茨基认为，在"一战"爆发前流通中的金币价值约为 5 亿卢布，包括 1896 年之前流通的 15 卢布和 7 卢布 50 戈比面值的金币。（诺维茨基：《俄罗斯黄金储备》。俄罗斯国家经济档案馆，2324 号库第 1 类第 833 卷第 17 页）根据《我国货币流通》合集的数据（莫斯科，1926 年，第 72 页），在第一次世界大战前俄国流通中的金币总价值约为 4.65 亿卢布。根据第三届联合临时政府财政部长米·弗·别尔纳茨基的观点，截至 1914 年 7 月，流通中的金币价值 4.637 亿卢布（《战争期间俄国的公共财政》，第 438 页）。

365 诺维茨基：《俄罗斯黄金储备》，第 17 页。

366 俄罗斯国家经济档案馆，4433 号库第 1 类第 21 卷第 22 页。苏联财政人民委员格·亚·索科利尼科夫认为，在十月革命和国内战争之后"新经济政策"之前，人民拥有价值约 2 亿卢布的沙皇金币（格·亚·索科利尼科夫：《新财政政策》，莫斯科，1991 年，第 63 页）(Сокольников Г.Я. Новая финансовая политика. M., 1991. C. 63)。格别乌，尤其在 1926 年之后，继续没收人民的积蓄。然而，正如之前所述（“金点子”一节），在“新经济政策”期间存在着合法外汇市场——切尔文券改革的一部分。按照不完全的数据，在切尔文券改革的那几年，人们从国家手里买来的沙皇金币比卖给国家的多出 3000 多万卢布(表一)。考虑到货币干预，到了 1920 年代末，索科利尼科夫估出的金额应超过 2.3 亿卢布。如果认同外宾商店五年计划制定者的观点，即 1930 年代初人民手中还剩 1 亿卢布金币，那么可以知道，在 1920 年代，通过格别乌的努力工作，大约 1.3 亿卢布的沙皇金币被没收、不可挽回地藏了起来、经合法方式或非法走私流出苏联。

367 可以得出这样的结论，外宾商店把人们在 1920 年代上半叶货币干预期间积攒的黄金以及一部分战前黄金积蓄都交还给了国家。

368 1930 年内，格别乌向国家银行和苏联黄金上交了价值 390 万卢布的金币和金锭。截至 1932 年 5 月 1 日，在格别乌的保险柜中有价值 160 万卢布的金币和金锭，但不清楚 1931 年向国家银行上交了多少（奥・莫佐欣 :《契卡—格别乌》，第 223—224 页）。为了在外宾商店存续的五年(1931—1935 年)中“收集”缺少的价值 5500 万卢布的金币，格别乌应当每年没收大约价值 550 万卢布的金币。

369 苏联领导人可能对于“一战”到 1930 年代初期间沙皇金币的走私外流估计不足。格别乌的档案能阐明索科利尼科夫以及紧随其后的外宾商店领导是否夸大、民众的金币储备规模、格别乌的没收运动是否达到了那么大的规模等问题。

370 俄罗斯国家经济档案馆，4433 号库第 1 类第 21 卷第 20—22 页。

371 据 1926 年的苏联人口普查，全国有 1.47 亿人，据 1937 年的普查——1.62 亿人。按照当代人口学家估算，1932—1935 年外宾商店存续期间的苏联人口略超 1.6 亿人。请参阅 :《20 世纪俄罗斯人口 : 历史概要，第 1 卷，1900—1939 年》，莫斯科，2000 年，第 345—355 页。

372 苏联新的黄金收购价按照官方的苏联卢布计算，与世界黄金价格相等。事实是，1930 年代中叶，卢布兑美元的官方汇率发生了变化。1935 年 11 月，在给外贸人民委员罗森戈尔茨的报告中，外宾商店管委会主席利文森将 1 美元等同于 5 卢布 75 戈比（俄罗斯国家经济档案馆，4433 号库第 1 类第 138 卷第 66 页）。根据新的汇率，6 卢布 50 戈比的收购价等于 1.13 美元。这个数字与美国 1934 年初通过的《黄金储备法案》规定的 1 克纯金的价格大致相当。

外宾商店的“红色经理”：“谍报员”

373 斯塔舍夫斯基的生平履历撰写的基础为 1936 年更换党员证件时填写的联共（布）的登记表、1956 年死后恢复名誉时撰写的苏共监察委员会证明（俄罗斯国家社会政治史档案馆，17 号库第 100 类）。此外，还使用了其因发展皮货工业有功而受到列宁颁发勋章的事情的材料（俄罗斯联邦国家档案馆，3316 号库第 25 类第 264 卷）。自然，这些资料都没提到他的谍报活动。斯塔舍夫斯基是谍报员的信息源自瓦・克里维茨基的《我曾是斯大林的间谍》（莫斯科，1998 年）。斯塔舍夫斯基生命中的“西班牙时期”在很多关于西班牙内战的书中都留下了痕迹。斯塔舍夫斯基的侦察事迹应该保存在联邦安全委员会的档案馆里，但我没法得到这些档案，只能安于平反文件中关于侦察行动的只言片语。在《俄罗斯情报部门百科词典。侦察和反侦察人物》（莫斯科，2002 年）中，斯塔舍夫斯基的生平资料甚少，其中也完全没有提到他发起的“外汇”行动（皮货、“外宾商店”、西班牙黄金）。

374 应当指出，那些年里，军事情报部门（工农红军司令部情报部）和国家安全机构的情报部门（格别乌外国局）工作联系紧密。斯塔舍夫斯基拥有一个“荣誉契卡工作人员”徽章并不偶然。根据《俄罗斯情报部门百科词典》（第 468 页）的信息，斯塔舍夫斯基和谢・格・菲林、布・布・博尔特诺夫斯基一道掌管苏联驻西欧的情报部门。关于后两位，可以参阅《侦察和反侦察人物》，第 71—72、513 页。

375 苏俄与德国与 1922 年签订《拉巴洛条约》。条约规定建立外交关系，同时发展经贸和军事合作。两国必须相互提供便利的原则是条约的基础。

376 德国国防军——1919—1935 年的德国武装力量，其构成和数量受到 1919 年《凡尔赛条约》的限制。军队招募雇佣兵。1935 年，德国打破了《凡尔赛条约》中的军事限制条款并在普遍义务兵役制的基础上组建了武装力量。

377 关于柏林指导中心，可以参阅亚・科尔帕基季、德・普罗霍罗夫：《格鲁乌帝国》第一册，莫斯科，2000 年，第 142—145 页。（Колпакиди А., Прохоров Д. Империя ГРУ. Кн. 1. М., 2000. С. 142 - 145）

378 亚・科尔帕基季、德・普罗霍罗夫：《格鲁乌帝国》第一册，第 109—110 页。

379 例如，在外贸人民委员部的掩护下，苏联贸易代表机构内的工程技术部门从事军事技术情报的收集工作。

380 瓦・克里维茨基・格尔马诺维奇（真名是金兹贝格・萨穆伊尔・格尔舍维奇）（1899—1941），苏联情报员，国家安全部门大尉，出身于西乌克兰的皮德沃洛奇西克（当时属于奥匈帝国领土）的犹太家庭。1917 年（另一说为 1919 年），加入布尔什维克。国内战争时期，在乌克兰的波兰军队背后从事破坏和情报工作。1918—1921 年，在奥地利和波兰从事共产国际地下党工作。1921 年起到工农红军情报部工作。1923 年，从工农红军学院毕业后被派往德国组建情报网。1931 年起到格别乌外国局工作。管理过间谍培训学校，并担任过军事工业学院院长。1935 年起，克里维茨基开始领导国家安全部门驻国外的地下情报机关（生活在荷兰）。1937 年 3 月，他被召回莫斯科述职并通过努力于 5 月底获准返回欧洲工作。1937 年夏天（另一说为秋天），接到前往莫斯科的命令。克里维茨基相信自己将受到镇压，于是请求在法国政治避难，之后又向美国请求政治避难。列・达・托洛茨基的儿子列・谢多夫和费・丹为克里维茨基叛逃提供了帮助。之后，克里维茨基在西方发表了一系列揭露性的文章。最后，在某种情况下死在美国：他的尸体在华盛顿的一家酒店客房内被发现。一种说法是自杀，另一种说法是被内务人民委员部处决。后者可能性更大，因为克里维茨基在流亡期间与西方谍报部门积极“分享”情报，向英国情报部门供出了大约 100 名在西欧的苏联间谍。克里维茨基的妻子也是苏联情报员、叛逃者，他的儿子改名换姓后留在了美国。请参阅瓦・克里维茨基：《我曾是斯大林的间谍》；亚・科尔帕基季、德・普罗霍罗夫：《格鲁乌帝国》第二册，莫斯科，2000 年，第 366—367 页；《侦察和反侦察人物》，第 257 页。

381 瓦・克里维茨基：《我曾是斯大林的间谍》，第 74 页。

382 俄罗斯联邦国家档案馆，3316 号库第 25 类第 264 卷第 26 页。

383 1931 年，生产了（括号中为 1926/1927 年度的数据，单位为百万张，用来作对比）：1170 万张田鼠皮（0.2）；1300 万张仓鼠皮（0.6）；3130 万张黄鼠皮（3.4）；1250 万张水鼠皮（3.4）；300 万张花鼠皮（0.9）；500 万张猫皮和 300 万张狗皮（没有 1926 年的数据）。在斯塔舍夫斯基时期，养兔业也成了一个工业部门：1931 年生产了 1000 万张皮，1928 年生产了 65 万张皮。按照斯塔舍夫斯基辉煌功绩的论述，“国家出现了数以千计的家兔工业养殖单位和数以百计的育种场”。请参阅：俄罗斯联邦国家档案馆，3316 号库第 25 类第 264 卷第 51 页。

384 沙俄出口的皮货基本上也是未经加工的皮货“原料”。

385 《布尔什维克》，1934 年第 9—10 期。

386 俄罗斯联邦国家档案馆，3316 号库第 25 类第 264 卷第 29 页。

387 俄罗斯国家经济档案馆，4433号库第51卷第7页。为斯塔舍夫斯基授奖的发起人是皮货工业的工作者（12家企业，大约1万人），这些人在1931年秋天根据劳动者集体大会的决定向制革工人联合会，以及全苏工会中央理事会授奖委员会提出了“倡议”。在皮货业企业大会上同时一致通过了奖项选择——所有人请求授予斯塔舍夫斯基“列宁勋章”，这证明了这是“自上而下”推荐的。可能，发起人是中央执行委员里的某一个人。尽管全苏工会中央理事会以斯塔舍夫斯基工作中未见“尤其突出的功绩”而否决了推荐，但是其依旧获得了奖励，这是对上述猜测的有力支持。被全苏工会中央理事会否决一个月后，斯塔舍夫斯基从苏联中央执行委员会主席团那里获得了勋章。从皮货业工人“倡议”开始到授奖总共历经一年多。请参阅：俄罗斯联邦国家档案馆，3316号库第25类第264卷。

388 俄罗斯国家经济档案馆，4433号库第51卷第7页。

389 俄罗斯国家经济档案馆，4433号库第93卷第12页；第113卷第5页；第114卷第38页；第132卷第123页。

390 关于这个问题，在本书“外宾商店的秘密”一节中进行了叙述。

391 扬·卡尔洛维奇（巴维尔·伊万诺维奇）·别尔津（真名为：别尔津什·屈兹斯·彼得里斯，化名斯塔里克）（1889—1938），苏联军事谍报领导者。拉脱维亚人，雇农的儿子。1905年加入布尔什维克。三次俄国革命以及内战的参与者。1920年12月起进入工农红军司令部情报部，最初担任处长，最后于1921—1924年担任副部长，1924—1935年以及1937年6月至8月担任红军情报部部长。1935年4月至1936年6月担任红旗远东特别集团军副军长。1936年至1937年担任西班牙共和国军军事总顾问。曾被授予列宁勋章、两次红旗勋章。1937年11月27日被控从事间谍活动而被捕，1938年7月29日被枪决。后被恢复名誉。关于他的生平可以参阅奥·戈尔恰科夫：《扬·别尔津——格鲁乌司令员》，圣彼得堡，2004年；亚·科尔帕基季、德·普罗霍罗夫：《格鲁乌帝国》第二册，第292页；《侦察和反侦察人物》第54—55页。

392 瓦·克里维茨基：《我曾是斯大林的间谍》，第73页。

393 持相同观点的有季·卡斯特罗和奥·察廖夫（季·卡斯特罗和奥·察廖夫：《致命幻觉：克格勃奥尔洛夫档案揭露斯大林的间谍大师》，纽约，1993年，第255、296页）(Costello J., Tsarev O. *Deadly Illusions: The KGB Orlov Dossier Reveals Stalin' s Master Spy*. N. Y., 1993. PP. 255、296)，以及《遭背叛的西班牙》文件选集的编辑们（R. 拉多什、M.R. 哈贝、格·谢瓦斯季亚诺夫：《遭背叛的西班牙。

西班牙内战中的苏联，1936—1939》，纽黑文，2001 年）（下称《遭背判的西班牙》）。(Radosh R., Habeck M.R., Sevosyianov G. Spain Betrayed. *The Soviet Union in the Spanish Civil War*. New Haven; L., 2001)

394 其他研究者认为，斯大林想在西班牙建立的不是社会主义国家。而是民主议会制国家。请参阅米·瓦·诺维科夫：《苏联、共产国际和西班牙内战，1936—1939》，雅罗斯拉夫，1995 年。（Новиков М.В. СССР, Коминтерн и гражданская война в Испании. 1936–1939 гг. Ярославль, 1995. ）

395 R. 拉多什、M.R. 哈贝、格· 谢瓦斯季亚诺夫:《遭背叛的西班牙》第 88—92 页。在分享这套文件选集编辑们关于斯塔舍夫斯基的看法时，我并不同意他们对于苏联参与西班牙内战的评价。《遭背叛的西班牙》的选集名称以及评论者对于文件的口吻极端贬低了斯塔舍夫斯基及其顾问在西班牙的作用，这实际上歪曲了战争的历史。我们知道为什么会这样——编辑们想要呈现战争的隐秘面，相关的文件正是由于负面内容而被保密起来。但这仅仅是真相的一部分。毫无争议的是，西班牙共和国的领导者依赖于斯大林的原因仅仅是因为无法获取法国、英国和美国的援助。在苏联的军事援助中交织着利益、政治局势和斯大林主义的行为。不过，仅凭来自苏联的武器，共和国派就战斗了将近 3 年。

396 “X 行动”多年来通过事件参与者的回忆录逐步呈现了出来。请参阅阿·奥尔洛夫：《斯大林如何拿走了西班牙 6 亿美元》，载《读者文摘》，1966 年 11 月，第 37—50 页（Orlov A. How Stalin Relieved Spain of $600,000,000 // *The Reader's Digest*，Nov. 1966，pp. 37—50）；瓦·克里维茨基：《我曾是斯大林的间谍》（Кривицкий В., Я был агентом Сталина）；戴尔·瓦约·胡利奥·阿尔瓦雷斯：《最后的乐观主义者》，1950 年（del Vayo J. Alvarez. The Last Optimist. L., 1950）。当今研究“X 行动”的有西班牙、俄罗斯和美国的历史学家，他们在重新认识西班牙内战以及苏联在其中作用的更广泛背景中描述西班牙黄金的故事。请参阅 A·维纳：《西班牙内战中的黄金》，马德里，1976 年（Vinas A. El oro espanol en la Guerra civil. Madrid, 1976）；同上，维纳：《莫斯科的黄金》，巴塞罗那，1979 年（Vinas. Oro de Moscu. Barcelona, 1979）；季· 卡斯特罗和奥· 察廖夫：《致命幻觉》（Costello J., Tsarev O. Deadly Illusions）；G. 豪森：《提供给西班牙的武器：西班牙内战的秘密》，1998 年（Howson G. *Arms for Spain: The Untold Story of the Spanish Civil War*. L., 1998）；尤·雷巴尔金：《“X 行动”。西班牙共和国的苏联军事援助（1936—1939）》（下称《“X 行动”》），莫斯科，2000 年（Рыбалкин Ю. Операция «X». Советская военная помощь республиканской Испании (1936—

1939));R. 拉多什、M.R. 哈贝、格·谢瓦斯季亚诺夫:《遭背叛的西班牙》(Radosh R., Habeck M.R., Sevostianov G. *Spain Betrayed*);E. 加祖尔、亚历山大·奥尔洛夫:《FBI 的克格勃将军》,纽约,2002 年(Gazur E. Altexander Orlov: *The FBI' s KGB General*. N. Y., 2002);S. 佩恩:《西班牙内战、苏联和共产主义》,纽黑文,L.2004 年(Payne S. *The Spanish Civil War, the Soviet Union, and Communism*. New Haven; 2004)等。西班牙电影工作者拍摄了纪录片《莫斯科黄金》。1994 年 2 月 27 日,加泰罗尼亚电视台播放了该片。

397 其中有 460 吨纯金。请参阅 S. 佩恩:《西班牙内战、苏联和共产主义》,第 150 页。

398 摩洛哥的军事叛乱实际开始于 7 月 16 日摩洛哥营起义。正如苏联历史文献中采用的说法那样,在事件爆发时并不是法西斯叛乱,但是西班牙法西斯分子积极支持叛乱,佛朗哥正是通过这些法西斯分子开始和希特勒谈判。希特勒很快就同意提供援助。在这种情况下,他说:"如果不是因为整个欧洲面临布尔什维主义扩散的危险,我不会阻挠西班牙革命,在那里所有牧师都会被处死。"

399 1936 年 8 月,西班牙共和国将大约五分之一的黄金储备存进了法国的银行,他们希望用这些黄金偿付武器进口,但是虽然诉讼获胜了,法国的银行在佛朗哥的威胁下仍旧拒绝转交黄金。季·卡斯特罗和奥·察廖夫:《致命幻觉》,第 258 页。将国家的黄金资产存进外国银行在历史上有迹可循。法国在"一战"期间以及"二战"前夜把本国的黄金储备外运。1916 年底至 1917 年初,罗马尼亚把本国的黄金储备运到了克里姆林宫。不过,关于西班牙黄金,寄存的目的并不是保存黄金,而是提供黄金作为武器供应的担保。

400 西班牙代表在外国缠住苏联大使请求提供军事援助。显然,西班牙特使也到了莫斯科。例如,克里维茨基写到过三个西班牙共和国高级别代表,他们于 1936 年 8 月抵达苏联请求斯大林提供援助。他们提议用黄金偿付武器。克里维茨基:《我曾是斯大林的间谍》,第 62 页。

401 这些日期并非引自档案,而是源于很多出版物。请参阅尤·雷巴尔金:《"黄金商队"的密道》,载《论据与事实》1996 年第 14 期(Рыбалкин Ю. Тайный путь «золотого каравана» // Аргументы и факты. 1996. №14. С. 7);米·瓦·诺维科夫,《苏联、共产国际和西班牙内战,1936-1939》第二部分第 9 页。西方研究者 S. 佩恩、军事史学家 O. 萨林以及列·德沃列茨基甚至认定了任务的具体日期为 9 月 14 日(S. 佩恩:《西班牙内战、苏联和共产主义》,第 140—141 页;O. 萨林、列·德沃列茨基:《外国人战争。苏联对全世界的侵略,1919—1989》,普勒西迪奥,1996 年,第 2 页)。(Sarin O., Dvoretsky L. Alien Wars. The Soviet Union' s

Aggressions Against the World, 1919 to 1989. Presidio, 1996, p. 2.)

402 雷巴尔金、佩恩、萨林和德沃列茨基都写到了这一点。当时的苏联前外交人民委员马·马·李维诺夫在自己的回忆录中叙述了政治局中的“西班牙争论”。争论发生在9月。据李维诺夫所言，在9月10日前，关于干涉西班牙“冲突”的问题还未解决（请参阅：马·李维诺夫，《每日记录》，列宁格勒，1955年，第208页）。

403 我能推出“X行动”的主要日期。表面上，西班牙共和政府于1936年10月15日请求苏联接收储存510吨西班牙黄金。而只隔了一天，10月17日（这证明双方之间早前已经达成协议），政治局就予以了积极回应。西班牙政府收到了苏联领导人10月20日的答复电文。10月22日至25日，黄金在卡塔赫纳装上了苏联船只。11月2日，黄金运抵敖德萨，并从此地换火车于11月6日运至莫斯科。1937年2月7日，苏联国家银行办理了黄金交接单，西班牙共和国驻苏联大使马塞利诺·帕斯夸、苏联财政人民委员格·格林科以及苏联外交副人民委员尼·克列斯京斯基共同签字。请参阅：尤·雷巴尔金：《“X行动”》第92—94页。

404 佩恩、加祖尔（显然，引自奥尔洛夫的话）、卡斯特罗和察廖夫，以及雷巴尔金都阐述过这个观点。有些人援引叶若夫于10月15日发给苏联驻西班牙大使马·罗森贝格和内务人民委员部驻西班牙代表奥尔洛夫的斯大林指示电文，认为交易的提议者并非西班牙领导人，而是斯大林。然而，如果仔细通读电文，很明显，电文内容重点不在于劝说内格林把黄金交给莫斯科，而在于已经与内格林就黄金运输的行动细节达成了一致：“请按照与西班牙政府总理卡巴耶洛达成的共识，和罗森贝格大使一起安排将西班牙黄金储备运到（已经提到运输！——作者注）苏联。”电文还提到具体落实苏联和西班牙两国早前达成的原则性协议。在之后内格林、奥尔洛夫和罗森贝格的会谈中，讨论了黄金从卡塔赫纳运出的具体细节。因此，内格林“容易被说服”的事情不是把黄金运到莫斯科，而是通过苏联船只海运以及把黄金运走并由苏联班组来装载。

405 戴尔·瓦约·胡利奥·阿尔瓦雷斯：《最后的乐观主义者》，第280页。在征得共和国所有领导人同意后，时任西班牙政府部长的戴尔·瓦约批准了将黄金存在苏联国家银行的决议：“虽然财政部长有权根据法律下令转运黄金，但是内格林在获得整个政府同意后才下令实施。”（第284页）

406 详见本书“斯大林为什么需要外宾商店”一节。

407 叶·奥索金娜：《苏联如何开始人口买卖》，载《论据与事实》，1999年6月16

日；本书的“外宾商店的尾声”。（Осокина Е. Как СССР торговал людьми // Аргументы и факты, 1999. 16 июня; а также глава «Закат» этой книги.）

408 1930年代内务人民委员部的高级官员奥尔洛夫和克里维茨基证明了这一点。在1933年鉴定过美元假钞的美国情报部门认为，印发假钞的行动始于1927年。行动由格别乌和军方情报部实施，上述部门的领导者鲍基和别尔津负责落实。克里维茨基和奥尔洛夫认为，行动通过把假钞“换成”真钞来确保工业化所需的外汇。奥尔洛夫在1955年向美国参议院的供述中提到，最初计划向西方投放1000万美元。克里维茨基在1939年也写到过1000万美元。很多通常并不了解真相的外国共产党员参与了行动。真假钞“交换”通过银行信贷实施。为了实施行动，苏联买下了柏林的一家银行（根据奥尔洛夫的供述，这家银行名为“Sass&Martini”）。大家都指出了伪钞仿制的高品质。据奥尔洛夫说，伪钞由国家印钞厂印制，克里维茨基写到过“藏在格别乌深处的印刷设备”。印钞用纸是真的，是由苏联间谍在美国弄到的。美元伪钞有不同的序列号，然而由于无法使用美国设备，票面印制得不够精确。关于伪钞的投放量只有一些碎片化的数据：据媒体报道，1930年1月在哈瓦那一周内发现了7.5万—10万美元假钞，同时在中国发现250万美元假钞，1930年在柏林以及1933年在芝加哥分别查获4万和10万美元假钞。别尔津告诉克里维茨基，通过中国售出了数以百万计的美元假钞。从媒体报道中可以发现，1930年代初，在欧洲和美国发生了一系列针对假钞的逮捕和司法行动。苏联情报员们要求终止行动，他们担心情报机关由于使用假钞而导致失败。请参阅：1973年8月，华盛顿，美国第93届国会第1次会议，参议院司法委员会国内安全法执法部门调查分委会撰写的《亚历山大·奥尔洛夫的遗产》：美国政府印刷办公室，1978年，第50—57页（*The Legacy of Alexander Orlov*. Prepared by the Subcommittee to Investigate the Administration of the Internal Security Laws of the Committee on the Judiciary. United States Senate. 93rd Congress, 1st Session. August 1973. Washington: U.S. Government Printing Office, 1978, pp. 50 - 57）；瓦·克里维茨基：《我曾是斯大林的间谍》，第85—100页。

409 详见“为什么斯大林需要外宾商店”一节。

410 1938年4月，用西班牙资金购买三架美国“道格拉斯飞机”的故事就是滥用西班牙黄金的例子之一。由于缺乏交通工具，军事人民委员克·叶·伏罗希洛夫下令在向西班牙移交飞机前，使用这批飞机把自己人运到中国，并把苏联公民从中国疏散出来（苏联在为西班牙提供帮助的同时，也为在中国的共产党员提供协助——“Z”行动）。或许，使用美国飞机有助于苏联军事工程师了解现代化的美国技术。关于苏联出于自身利益通过操控武器价格和兑换牌价使用西班牙黄金的情况，可以参阅：G. 豪森：《提供给西班牙的武器》；R. 拉多什、M.R. 哈贝、格·谢瓦斯季亚诺夫：《遭背叛的西班牙》第424、429—430、524页；S. 佩恩：《西班牙内战、苏联和共产主义》。尤·雷巴尔金坚持另一种观点，他认为，关于苏联抬高西班牙武器售价的“国外流行看法”并不可信（请参阅尤·雷巴尔金：《“X行动”》，第97—98页）。

411 在庆祝西班牙黄金运抵莫斯科的宴会上，斯大林说过，西班牙人见不到这些黄金，就像见不到自己的耳朵一样。“X行动”的参与者奥尔洛夫曾说，1937年2月他与自己在内务人民委员部的领导阿·阿·斯卢茨基在巴黎会面时，从斯卢茨基那里听到了斯大林的话。米哈尔·克里佐夫也对奥尔洛夫说过叶若夫对此事的说法。请参阅E. 加祖尔、亚历山大·奥尔洛夫：《FBI的克格勃将军》，第96—97页。叶若夫于10月15日发出的密码电报证明，斯大林禁止在西班牙签发任何收取黄金的收据。从黄金在苏联港口移交给苏联财政人民委员部起，苏联开始对黄金负责。1939年10月19日政治局的决议重申了这一规定（尤·雷巴尔金：《“X行动”》，第93页）。在黄金运抵苏联3个月后，斯大林才出具收据，字据直到1937年2月才交给共和派。

412 要回答这个问题，重要的是搞清楚西班牙黄金的价值，因为军事援助并不是用吨计价，而是根据黄金牌价换算成货币计价。根据苏联官方的收据，苏联从西班牙接收了510079243克黄金。当时一盎司黄金价值35美元，由此得出，移交给苏联的黄金市场价大致为5.7亿美元。但是，西班牙国库中，纯金只有460吨。此外，尚不明确是否要专门注意金币的价值。赫鲁晓夫估算出西班牙黄金的价值为4.2亿美元（季·卡斯特罗和奥·察廖夫：《致命幻觉》，第263页），奥尔洛夫的估算为6亿美元。佩恩的估算为5.18亿美元（S. 佩恩：《西班牙内战、苏联和共产主义》，第150页）。按照苏联的官方版本，即《第二次世界大战史》中数据，运往西班牙的军事物资价值为2.024亿美元。按照雷巴尔金查找到的文件显示，运往西班牙的军事装备价值在2.222亿美元至2.266亿美元之间（尤·雷巴尔金：《“X行动”》，第98页）。但事实上，在结算中，西班牙黄金不仅用来支付武器费用，还要用来支付派往西班牙的军事专家和战士及其在当地生活的费用（交通费、工资、装备费、给养费用等），如果上述人员阵亡，还需支付其家人的抚恤金。西班牙黄金还用来为西班牙共和国在苏联培训军事人员（建设和维护军校、教学器械和运输费、伙食、制服、学员工资）。苏联还用西班牙黄金为西班牙购买粮食。由于斯大林并不准备向任何人报告支出情况，所有并没有西班牙黄金的系统性结算报告。尤·雷巴尔金的研究显示，仅存一些碎片化的数据。他本人认为，在战争爆发后的一年半内西班牙黄金就已经耗尽，从1938年春天起，苏联向西班牙提供的援助是赊账的（尤·雷巴尔金:《“X行动”》，第99—100页）。西班牙学者A.维纳在1970年代末编制了西班牙黄金最详细的支出报告。他认为，运往苏联的所有黄金都已用来偿付对西班牙共和国的援助。（请参阅A.维纳:《莫斯科的黄金》；同上，《西班牙内战中的黄金》）。

413 从卡塔赫纳运来的7800箱黄金只有13箱是金锭，其余的都是金币。

414 1950年代，奥尔洛夫在向美国参议院供述时认为，黄金还在莫斯科。布鲁克–谢菲尔德在奥尔洛夫供述的基础上写了自己的书（请参阅布鲁克–戈·谢菲尔德:《苏联叛国者的命运》，纽约—耶路撒冷—巴黎，1983年）。（Брук—Шеферд Г. Судьба советских перебежчиков. Нью—Йорк–Иерусалим–Париж, 1983.）。

415 尤·雷巴尔金:《“X行动”》，第124—127页。

416 S.佩恩:《西班牙内战、苏联和共产主义》，第141页。

417 潜在的危险在于存放黄金的山洞紧挨着弹药仓库。民族主义者10月开始的空袭能把黄金储备炸飞。

418 亚历山大·米哈伊洛维奇·奥尔洛夫（真名为费尔宾·列伊巴·拉扎列维奇，同时以列夫·拉扎列维奇·尼科利斯基闻名）—— 一位“X行动”参与者的命运值得关注。很大程度上，多亏了他，西班牙黄金的历史才获得了广泛的国际反响。奥尔洛夫于1895年出生在博布鲁伊斯克的一个犹太人家庭。1916年，被征召进沙俄军队，担任列兵。1917年5月，加入布尔什维克。在国内战争中开始从事苏联反间谍工作，随后在国家安全部门先后担任多个职务。1935年前，奥尔洛夫完成了各种情报任务，包括经济间谍活动。从1936年9月起，奥尔洛夫来到了内战正酣的西班牙。关于苏联坦克兵在那三个晚上把黄金从山洞运到码头的事情，他留下了详细的回忆录。他还参加了很多别的行动，但不同于西班牙黄金，他对别的行动更倾向于沉默。他在西班牙按照内务人民委员部的模式设立了政治警察。正是他领导了西班牙的镇压“人民公敌”运动，包括“清洗”马克思主义统一工人党主席安德列斯·宁的丑陋行径。但很快就轮到了他自己。1938年6月，他接到了叶若夫关于乘坐苏联船只前往安特卫普的命令。由于确信自己将会被捕，奥尔洛夫拿走了内务人民委员部驻当地间谍机关的经费，带着妻子和女儿经由法国逃往加拿大，再前往美国。

419 在将黄金装上苏联船只时，西班牙国库的负责人弗·曼德斯–阿斯佩也在场。

每一条前往苏联的船只都有一位西班牙银行的西班牙职员志愿者护送。在山洞里总共储存了 1 万箱黄金，每一箱重量为 145 俄磅（每俄磅约合 0.4536 千克）。根据官方数据，运往苏联的黄金共计 7800 箱。奥尔洛夫认为，西班牙代表少数了，实际上运走了 7900 箱（因此，差额为 7 吨纯金）。山洞里还储存了白银，但是斯大林对此并不感兴趣。西班牙政府实际上将国库里的所有黄金都交给了苏联，随后，他们遭遇了财政困局。为了补充空空如也的库房，政府宣布征集人民的贵重品。1936 年 10 月 3 日，西班牙共和国部长会议发布命令，规定所有公民和单位在一周内向国家银行上交其持有的所有黄金及其他可以直接换汇的贵重品。另一个命令禁止私自将黄金和白银带出国境。（请参阅尤·雷巴尔金：《“X 行动”》，第 95 页）

420 为防止受到攻击，西班牙共和国航空中队与船队同向飞行，以保护其航行。所有西方研究者都重复了加祖尔基于奥尔洛夫所做记录的错误，将“伏尔加列斯”号写成了“莫洛格列斯”号。

421 关于西班牙黄金储备运往苏联的传闻 1937 年开始流传：包含了奉行不干涉西班牙事件政策的国家的代表的伦敦委员会开始调查此事。在政治局特别文件夹中仍留有当时争论的余波。政治局 1937 年 1 月 14 日的决议称：“建议马伊斯基从根本上反驳伦敦委员会关于西班牙黄金问题的讨论。”但是，显然未能成功“压下”此事：1937 年 3 月 20 日，政治局批准马伊斯基在遵守一系列条件的情况下“将西班牙黄金的问题提交委员会讨论”。（俄罗斯国家社会政治史档案馆，17 号库第 162 类第 20 卷第 162 页；第 20 卷第 2 页）

422 斯卢茨基·阿布拉姆·阿罗诺维奇（1898—1938），苏联国家安全部门领导人。他参加了很多次在欧洲的特别行动，为工业化做出了贡献，如在瑞典获得了滚珠轴承的生产秘密。1938 年 2 月，他突然死在副内务人民委员米·彼·弗里诺夫斯基的办公室。根据官方版本，其死于心脏病发作，但可能死于投毒。请参阅瓦·克里维茨基：《我曾是斯大林的间谍》，第 324—325 页；《侦察和反侦察人物》，第 454—455 页。

423 瓦·克里维茨基：《我曾是斯大林的间谍》，第 82—83 页。

424 作为情报员以及“X 行动”的参与者，克里维茨基也不知道黄金已经于 10 月运走。他写道：“12 月 3 日，当黄金运输都已安排好的时候（而事实上，黄金已经运抵莫斯科一月之久——作者注），莫斯科正式否认存在类似交易……”（请参阅瓦·克里维茨基：《我曾是斯大林的间谍》，第 76 页）

425 佛朗哥在攻占马德里之后才获知失去了黄金，但是，由于担心因此会“打击”

战后疲弱的西班牙货币，佛朗哥很多年都保持了沉默。此外，他也没有此项交易的书面证明。直到 1956 年秋天苏联和西班牙启动建立外交关系的谈判，西班牙大使才关心起黄金来。佛朗哥需要资金：当时西班牙银行的黄金储备总计 2 亿美元。大致在那时候佛朗哥获得了该交易的正式证明。1956 年 11 月，在巴黎流亡的前财政部长、随后的西班牙共和国总理胡安·内格林去世。他的家人向佛朗哥移交了秘密存放在美国的苏联出具的黄金收据。1957 年 1 月，西班牙立刻正式要求归还黄金。赫鲁晓夫于 1957 年 4 月通过莫斯科广播以及《真理报》的文章予以了公开回应：苏联应西班牙共和派政府的请求接收黄金用以偿付军事援助，所有黄金在西班牙内战结束前已经全部用于上述目的，此后，苏联还向西班牙共和国提供了贷款。根据赫鲁晓夫的说法，西班牙仍欠苏联 5000 万美元。

426 很多人就是这样错误认为的，例如法国研究者 P. 布鲁伊和 E. 特米姆：《西班牙革命和内战》，列宁格勒，1972 年，第 372—373 页。（Broue P., Temime E. *The Revolution and the Civil War in Spain*. L., 1972, pp. 372 - 373）

427 瓦·克里维茨基：《我曾是斯大林的间谍》，第 76 页。

428 关于这一点，还存在着其他观点。曾在那几年在共和派政府任职的阿尔瓦雷斯·戴尔·瓦约认为，虽谈内格林和俄国人关系良好，但他并非共产党员，没有任何迹象显示俄国人干涉了西班牙政府事务（阿尔瓦雷斯·戴尔·瓦约：《最后的乐观主义者》，第 287—292 页）。奥尔洛夫也持这种看法（请参阅阿·奥尔洛夫：《斯大林如何拿走了西班牙 6 亿美元》，第 41 页）。

429 阿尔瓦雷斯·戴尔·瓦约：《最后的乐观主义者》，第 291 页。

430 S. 佩恩：《西班牙内战、苏联和共产主义》，第 149 页。

431 1930 年代，奥尔洛夫是叛逃到西方的苏联最高官员。他知道很多秘密。例如，1930 年代时他本来会“交出”“手下”——后来的“剑桥五杰”之一、官至英国情报部门副职的金·菲尔比。但是，美国情报部门“粗心地放过了”奥尔洛夫。奥尔洛夫并不急着把一切都说出来，因为他清楚地知道苏联叛逃者的命运。他通过亲戚给巴黎的苏联大使馆转交了一封给前上司叶若夫的信，信是写给斯大林的。奥尔洛夫在信中提出警告，如果受到追捕，他将把秘密交给西方。为了令人信服，他还列出了内务人民委员部情报部门最有价值间谍的行动和代号。比起要斯大林不采取行动，奥尔洛夫要保持沉默则更难。奥尔洛夫没有要求前往美国政治避难——因为这样的话就必须进行供述，而是持外交护照获得了一年签证，直接前往美国。在签证到期后，他以假名在美国非法滞留，居无定所。显然，那几年奥尔洛夫一家靠着从内务人民委员部驻西班牙情报机构那里偷来的钱生活。奥尔洛夫避开自己人和美国人，过着半饥半饱的乏味生活，也不采取行动，甚至当祖国处于世界大战中时也是这样——生活虎头蛇尾！斯大林去世后，奥尔洛夫在西方出版了《斯大林的秘密犯罪》。同一时期，他还公开了西班牙黄金的历史。奥尔洛夫分别于 1955 年和 1957 年向美国参议院国内安全委员会进行了供述。奥尔洛夫本应当进行供述——当时他知道菲尔比在英国情报部门中担任什么职务，但是他并没有“出卖”他。美国人从奥尔洛夫那里知道了很多过去的事情，但是并不掌握奥尔洛夫所知道的苏联在国外的间谍。伴随着贫困的秘密生活终结了。直到去世，联邦调查局和中央情报局的情报人员一直监管着奥尔洛夫。其中的一个情报员爱德华·加祖尔成了奥尔洛夫一家的朋友以及奥尔洛夫书稿文集的遗嘱执行人。奥尔洛夫把自己第二本书《时间进行曲》的手稿（659 页！）交给了他。现在这些手稿不知去向，加祖尔并未将其出版。十分可惜！奥尔洛夫关于 1920—1930 年代在格别乌经济局工作的回忆对于我撰写本书帮助很大，要知道，他曾管理过苏联的外国特许经营企业、告密者、苏联外贸和苏联设备进口。奥尔洛夫于 1973 年在俄亥俄州克里夫兰去世，比女儿维拉（1940 年死于风湿病）和患难与共的妻子玛利亚·罗日涅茨卡亚活得更久。

432 在政治局特别文件夹中，保存了 1936 年 10 月 25 日的决定：《关于临时派遣外贸人民委员部全权代表斯塔舍夫斯基前往西班牙的决定》（请参阅：俄罗斯国家社会政治史档案馆，17 号库第 162 类第 20 卷第 110 页第 132 点）。当时，西班牙政府成员阿尔瓦雷斯·戴尔·瓦约提到，最初与苏联领导人就西班牙黄金事进行沟通是通过某一位苏联贸易专员进行的，这位专员被戴尔·瓦约称为 M. 文泽尔（M. Винзер）或 M. 文采尔（M.Винцер）（M. Winzer）。这个人到底是谁，我并没有弄清楚，但是这个发音让人联想到苏联内贸人民委员韦伊采尔（Вейцер）的姓。西班牙人可能弄错了姓名，但是不管怎样，据戴尔·瓦约所言，关于黄金谈判的试探在斯塔舍夫斯基抵达西班牙之前就已开始。（请参阅戴尔·瓦约：《最后的乐观主义者》，第 283 页）

433 例如，克里维茨基将内格林称为斯塔舍夫斯基的“志愿工作人员”。

434 瓦·克里维茨基：《我曾是斯大林的间谍》，第 77 页。

435 尤·雷巴尔金：《“X 行动”》，第 94 页。

436 奥尔洛夫在 1950 年代向美国参议院供述时讲过：“内格林在绝望中突破了自己的权限。在总统和总理参加的情况下，他对我们的贸易专员说出了希望将黄金运到俄罗斯保管的愿望，这个人向莫斯科发了电报，斯大林抓住了这个机会。”（请参阅阿·奥尔洛夫：《斯大林如何拿走了西班牙6亿美元》，第41页）不过，奥尔洛夫所指的人是谁，是斯塔舍夫斯基或是在斯塔舍夫斯基抵达前在西班牙履职的贸易专员，这一点并不明确。

437 克里维茨基证实，军事情报部驻西班牙的另一名代表扬·别尔津在给国防人民委员伏罗希洛夫的秘密报告（叶若夫也是抄送对象之一）中批评了内务人民委员部的行动，并建议立刻从西班牙召回奥尔洛夫。卡斯特罗和察廖夫也认为，斯塔舍夫斯基抱怨了内务人民委员部的行动，于是成了叶若夫清洗的牺牲品。

438 瓦·克里维茨基：《我曾是斯大林的间谍》，第80—84页。

439 1937—1938年镇压期间，“X行动”的大部分参与者都被消灭了，包括扬·别尔津、第一任苏联驻西班牙大使马·伊·罗森贝格、财政人民委员格·费·格林科、副外交人民委员尼·尼·克列斯京斯基，正是上述这些人于1937年签署了黄金收据。很多研究者都强调苏联叶若夫清洗和内务人民委员部在西班牙的镇压行动之间的联系。人们认为，斯大林正是在西班牙看到了“第五纵队”及其带来的危害。根据这种观点，苏联的恐怖是一种先发制人的打击，努力在大战之前净化军队和社会。其他的研究者认为，苏联的镇压是首先发生的，随后，内务人民委员部把经验“带到了”被斯大林当作苏联省份的西班牙。“现在，这是我们的西班牙，是苏联前线的一部分。我们应当巩固强化它”——内务人民委员部外国局局长斯卢茨基用这些话表达了“老板”的意思。

440 克里维茨基于1937年3月被召回莫斯科，并一直待到5月22日。不同于斯塔舍夫斯基，当夏天被重新召回莫斯科时，克里维茨基决定不返回，由此多活了4年。

441 尤·雷巴尔金：《“X行动”》，第82页。该报告译成英文的完整文本可以参阅R.拉多什、M.R.哈贝、格·谢瓦斯季亚诺夫：《遭背叛的西班牙》，第89—92页。

442 同上。

443 内务人民委员部从1937年8月至1938年11月15日开展的“波兰行动”导致139835人被捕，其中，111091人被枪决。http://www.memo.ru/history/POLAcy/00485ART.htm。

444 弗·尼·豪斯托夫：《1930年代中叶，大规模镇压波兰人的历史》，援引自联邦安全委员会档案。http://www.memo.ru/history/POLAcy/00485ART.htm。卡·斯·巴朗斯基、斯·斯·佩斯特科夫斯基、罗·阿·穆基耶维奇等被捕的人针对斯塔舍夫斯基进行了供述。

445 在网上的一份“斯大林枪决名单”中，斯塔舍夫斯基的名字位列84号。名单的签署人是苏联内务人民委员部国家安全总局8处处长、高级少校采萨尔斯基。（请参阅：http://stalin.memo.ru/spiski/pg02229.htm，援引自俄罗斯联邦总统档案馆第24类第410卷第229页）斯塔舍夫斯基的埋葬地点为东斯科耶公墓。别尔津是斯塔舍夫斯基在军事情报部的上司、在西班牙的战友。在斯塔舍夫斯基遭到镇压时，别尔津活了下来，而且未被逮捕。但是，由于他处于软禁之中，所以什么忙也帮不了。

446 在苏共1956年的调查材料中是这样说的：“现在可以确定，对斯塔舍夫斯基的指控毫无根据。他的供述无法采信，因为与其他人的供述相悖。证人的供述并不确定，巴朗诺夫斯基（此为文件中的笔误，在他处的正确写法为卡·斯·巴朗斯基——作者注）等人（包括斯·斯·佩斯特科夫斯基和罗·阿·穆基耶维奇——作者注）在法庭上否认了自己在审讯时杜撰的供述。”

白 银

447 根据丘马科夫的报告，苏共中央监察委员会于1956年6月23日撤销了联共（布）中央监察委员会于1937年做出的关于撤销阿·卡·斯塔舍夫斯基党籍的决定。

448 我提醒一下，外宾商店收取沙皇金币始于6月，而收取黄金废料则始于1931年12月。请参阅本书附录中的事件年代简表。

449 来自中亚的消息显示，外宾商店允许收取白银后，外宾商店的黄金流入量急剧减少。1933年1月，斯塔舍夫斯基愤怒地申斥乌兹别克斯坦办事处的管理人员拉伊科夫：“12月的日均黄金收购量为3450卢布，而1月份13天的收购量仅为3400卢布……别忘了你们承担的重责，无论什么情况，我们不能放任黄金流入量的下降，而是应该在完成白银任务的同时要求增加黄金流入量。”乌兹别克斯坦共和国中央国家档案馆，288号库第1类第10卷第37页。

450 1933年5月，中亚边疆区办事处致函其所辖的乌兹别克斯坦办事处：“必须指出，随着允许收取白银，为了不减少黄金流入，畅销货的资源要扩大50%—100%。”乌兹别克斯坦共和国中央国家档案馆，289号库第1类第65卷第70页。

451 俄罗斯国家社会政治史档案馆，17号库第162类第14卷第17页。

452 文件证实，外汇部门有意识地拖延执行收取白银的措施。1933年，中亚发来的报告宣称，国家银行的工作人员担心，在外宾商店收取白银将导致黄金上交量的下降，因此他们以缺少验收员为由暂停收取白银。乌兹别克斯坦共和国中央国家档案馆，288 号库第 2 类第 3 卷第 91 页。

453 1933 年春天，土库曼斯坦办事处通报了这一策略："我们并未在所有网点启动白银收购，因为有一些百货商店只收购黄金。如果在 2 到 4 周内黄金流入量急剧减少，而且网点出现亏损，那么我们就开始收购白银。"乌兹别克斯坦共和国中央国家档案馆，288 号库第 1 类第 41 卷第 49 页。

454 请参阅外贸人民委员亚・巴・罗森戈尔茨 1932 年 10 月 17 日的会议材料。俄罗斯国家经济档案馆，4433 号库第 1 类第 12 卷第 188 页。

455 收购白银的区域由贸易人民委员部决定。

456 除了雅库特和远东。

457 在没有外宾商店的城市，国家银行从民众手里收取白银"针对外宾商店的商品"，即国家银行将上交白银换得的钱转进外宾商店的账户，客户可以凭此预订商品包裹。斯摩棱斯克州国家档案馆，1425 号库第 1 类第 1 卷第 26—35 页。

458 俄罗斯国家经济档案馆，4433 号库第 1 类第 132 卷第 92 页。

459 1934 年 3 月，"人民通讯员"关于外宾商店在杜伯罗夫卡（西部办事处）工作的简讯中提到了这一点。斯摩棱斯克州国家档案馆，1424 号库第 1 类第 9 卷第 136—137 页及背面。

460 格别乌的代表仍旧来到商店并逮捕了这个无名氏，此举也吓坏了普通大众。有个问题仍然未解：是谁向当地格别乌举报了有人交出圣像画上金属衣饰的事情？俄罗斯国家经济档案馆，4433 号库第 1 类第 148 卷第 101 页。

461 皮达可夫给斯大林写信称，从 1929 年底到 1930 年 6 月，向流通领域发行了 15.56 亿卢布的纸币，而当时，整个五年计划内（1928—1932）仅计划发行 12.5 亿卢布。苏联"货币发行的五年计划"只用了不到 2 年就完成了。（俄罗斯现代史文献保管和研究中心，85 号库第 27 类第 397 卷第 2—7 页）当时，流通领域的货币规模迅速增加，对私营业主的镇压导致了商业停滞，结果物价飞涨、通货膨胀。

462 莫佐欣：《契卡—格别乌》，第 214 页。"白银缺口"沉重打击了国家经济，因为苏联银币需使用进口白银进行压制。1929 年 10 月，财政人民委员部报告，1929/1930 年度的造币计划量需要 580 吨白银，而当时实有白银仅 330 吨。财政人民委员部请求在境外采购白银。俄罗斯联邦国家档案馆，5446 号库第 11a 类第 662 卷第 4 页。

463 1929 年 5 月，政治局组建了一个委员会用来解决从人民手中收取银币的合理性问题。根据该委员会的建议，俄罗斯苏维埃社会主义联邦共和国人民委员会于1930年7月指派格别乌、财政人民委员部和司法人民委员部开始大规模的回收行动。莫佐欣：《契卡—格别乌》，第214页。

464 1930年9月19日，经询问，政治局决定在9月20日报纸的新闻栏目里刊登了下列报道："格别乌的委员会审理了投机及窝藏银币、黄金团伙案。积极进行反革命宣传的最恶劣的窝藏分子包括：斯托利亚罗夫·马克西姆·阿布拉莫维奇——收款员（中黑土州）、奥尔洛夫·费奥尔多·帕夫洛维奇——出租船承租人（萨拉托夫）、斯特凡诺夫·伊万·瓦西里耶维奇——宗教人士（白俄罗斯）、拉斯卡济欣·瓦西里·彼得罗维奇——无业（列宁格勒）、科罗布科夫·雅科夫·谢尔盖耶维奇——前宪兵（列宁格勒）、扎伊采夫·尼古拉·尼古拉耶维奇——收款员（列宁格勒）、巴拉宁·阿法纳西·米哈伊洛维奇——商人（列宁格勒）、菲尼科夫·彼得·米哈伊洛维奇——宗教人士（列宁格勒）。这些人被发现拥有大量白银辅币，格别乌委员会判处这些人枪决。判决得到了执行。"（俄罗斯国家社会政治史档案馆，17号库第162类第9卷第39—40页）莫佐欣拿出了一份1930年8月被格别乌委员会判处枪决的9人名单，这些人被控投机及窝藏白银辅币和黄金。（奥·莫佐欣：《契卡—格别乌》，第215—216页，援引自联邦安全委员会档案馆2号库第8类第633卷第1—10页）

465 奥·莫佐欣：《契卡—格别乌》第216页，援引自联邦安全委员会档案馆2号库第8类第633卷第94页。

466 1931年是发行少量10戈比、15戈比、20戈比银币的最后一年。1927年起不再压制50戈比银币，1924年起不再压制1卢布银币。请参阅《世界硬币标准目录》，编辑为R. 布鲁斯二世、查斯特·L. 克劳斯和克利福德·米什勒，1981年，第1619—1621页。

467 莫佐欣没有明确银币的枚数或者卢布票面价值。考虑到统计数据的特点，这里的单位显然是百万卢布。莫佐欣：《契卡—格别乌》，第215页。

468 莫佐欣，《契卡—格别乌》，第216页。

469 俄罗斯国家经济档案馆，4433号库第1类第78卷第40页。

470 俄罗斯国家经济档案馆，4433号库第1类第77卷第45页；第92卷第153页。

471 价值为10戈比、15戈比、20戈比的苏联白银辅币是由纯度为500的白银制成的，而1卢布和50戈比的银币是由更高纯度（纯度为900）的白银制成的。俄罗斯国家经济档案馆，4433号库第1类第148卷第51页。

472 有人从阿塞拜疆报告过这个情况。俄罗斯国家经济档案馆，4433号库第1类第

148卷第51页。

473 国家银行莫斯科州办事处的副主任沙罗瓦罗夫于1934年1月愤怒地写道："我们得到消息，一家外宾商店的负责人库兹涅佐夫同志从根本上禁止验收员收入含有熔炼苏联钱币的银锭，并命令所有上交者去找他检查银锭，而他常常拒收上交的银锭。根据工作说明手册，少数情况下需要去收购点进行裁决。且不说上交者不方便，库兹涅佐夫同志的行为还会危害国家，因为即便有远达边远地区的密令，即只要没有明显的苏联钱币熔炼痕迹，纯度高于72的银锭可以直接收购（这是我想强调的——作者注），白银仍会从银行流出。我们恳求您立刻阻止库兹涅佐夫同志的胡作非为，而且不要干涉验收员的工作。关于一位验收员仅仅因为指出库兹涅佐夫同志的错误行为而被开除的事情，请予以调查。"莫斯科州中央国家档案馆，3812号库第1类第5卷第69页。

474 俄罗斯国家经济档案馆，4433号库第1类第132卷第176页。

475 俄罗斯国家经济档案馆，4433号库第1类第132卷第28页。

476 在贵重品流入量巨大的大城市，白银收购与黄金收购在不同收购点进行。

477 测定纯度的流程已在之前提到的外贸出版社工作细则《贵金属的验收和评估》第27—30页中进行了详细描述。

478 俄罗斯国家经济档案馆，4433号库第1类第24卷第81—82页。这份工作细则随后几乎原封不动地作为一个独立章节纳入了1933年外贸出版社的工作细则《贵金属的验收和评估》。

479 管委会向所有的地方办事处分发了保存古董银制品的工作细则。比如，有一份工作细则保存在塔什干的外宾商店档案中。乌兹别克斯坦共和国中央国家档案馆，289号库第1类第65卷第179页及背面。

480 管委会要求办事处每月两次提交关于筛选古董的报告并严格遵守贵重品保护的工作细则。乌兹别克斯坦共和国中央国家档案馆，289号库第1类第65卷第142a页。

481 俄罗斯国家经济档案馆，4433号库第1类第129卷第1页。

482 白银接收—上交清单的样张可以参阅斯摩棱斯克州国家档案馆1425号库第1类第1卷第33页背面。每天所有收入的白银按照纯度归集，没有物品说明或物品目录。

483 1933年，国际市场的白银价格约为战前的三分之一。俄罗斯国家经济档案馆，4433号库第1类第78卷第144页。

484 俄罗斯国家经济档案馆，4433号库第1类第101卷第46页及背面。1933年初，银锭及银制品价格大约比银币贵 15%。

485 每个沙皇银卢布含 18 克纯银，这意味着银币收购价约为每千克 12 卢布 80 戈比（俄罗斯国家经济档案馆，4433 号库第 1 类第 66 卷第 177 页）。当时，人们可以一个 50 戈比的沙皇银币换得 11.5 戈比。外宾商店抱怨该价格不方便，因为并没有半戈比面值的钱币，因此请求将一个银卢布价格定为 24 戈比（俄罗斯国家经济档案馆，4433 号库第 1 类第 92 卷第 2 页）。在 1933 年初，沙皇银制辅币的收购价格为：银制 5 戈比约值半个外宾商店戈比（0.57）；银制 10 戈比——1.15 个外宾商店戈比；银制 15 戈比——1.7 个外宾商店戈比；银制 20 戈比——2.3 个外宾商店戈比。斯摩棱斯克州国家档案馆，1425 号库第 1 类第 1 卷第 34 页。

486 俄罗斯国家经济档案馆，4433 号库第 1 类第 66 卷第 177 页及背面。

487 俄罗斯国家经济档案馆，4433 号库第 1 类第 92 卷第 2 页。

488 每千克纯度为 84 的白银收购价为 12 卢布 50 戈比。

489 俄罗斯国家经济档案馆，4433 号库第 1 类第 92 卷第 2 页；第 66 卷第 177 页。

490 每千克纯度为 84 的白银收购价为 14 卢布。俄罗斯国家经济档案馆，4433 号库第 1 类第 77 卷第 130 页；第 78 卷第 143—144 页。根据其他文献，提价后，每千克纯银收购价为 16 卢布 88 戈比。俄罗斯国家经济档案馆，4433 号库第 1 类第 101 卷第 44、98 页。

491 俄罗斯国家经济档案馆，4433 号库第 1 类第 78 卷第 143 页。

492 白银合金中的黄金含量是浮动的，但和工业出口公司的数据偏差不会太多。外宾商店开展的检查显示："不同时间由 5 条船运走（出售——作者注）的 7143 个合金银锭总重 201550.4 千克，其中，纯银 150338 千克，占合金总重的 74.5%，而黄金为 203.1 千克，占 0.1%。"不过，就算合金白银中黄金的含量更低，工业出口公司的净收入（每千克纯银 18 卢布 20 戈比）仍然高于外宾商店的收购价。俄罗斯国家经济档案馆，4433 号库第 1 类第 78 卷第 143 页。

493 纯度 74.5 的白银价差为 1 卢布 53 戈比。俄罗斯国家经济档案馆，4433 号库第 1 类第 78 卷第 143—144 页。

494 贸易人民委员部给苏联人民委员会的报告。俄罗斯国家经济档案馆，4433 号库第 1 类第 101 卷第 46 页及背面。请参阅叶·沃利比扬的文章《调控世界白银价格的尝试》，作者在文中分析了美国的政策以及国际市场白银价格上涨的原因。《对外贸易》1943 年第 8 期。

495 俄罗斯国家经济档案馆，4433 号库第 1 类第 101 卷第 44 页。

496 俄罗斯国家经济档案馆，4433 号库第 1 类第 101 卷第 98 页。

497 斯摩棱斯克州国家档案馆，1425 号库第 1 类第 21 卷第 13 页。

498 斯摩棱斯克州国家档案馆，1425 号库第 1 类第 21 卷第 13 页。

499 俄罗斯国家经济档案馆，4433 号库第 1 类第 78 卷第 144 页。

500 俄罗斯国家经济档案馆，4433 号库第 1 类第 132 卷第 121 页。

501 俄罗斯国家经济档案馆，4433 号库第 1 类第 78 卷第 144 页。外宾商店列宁格勒办事处的数据证实，饥饿决定了白银上交的发展趋势。上交的最高峰是 1933 年的前三个季度。1933 年，列宁格勒办事处收购了价值 200 多万卢布的日用银制品，而 1934 年仅收购了价值 80.6 万卢布的日用银制品。维堡市列宁格勒州国家档案馆，1154 号库第 10 类第 1 卷第 3 页。

502 俄罗斯国家经济档案馆，4433 号库第 1 类第 113 卷第 5 页。

503 按照 1933 年的计划，外宾商店应当收购价值 4000 万卢布的白银，按照收购价计算，即超过 3000 吨纯度为 84 的白银或是 2700 吨纯银。在此我提醒一下，1933 年初，每千克纯度 84 的白银收购价为 12 卢布 50 戈比，而每千克纯银收购价为 14 卢布 88 戈比。俄罗斯国家经济档案馆，4433 号库第 1 类第 66 卷第 190 页。

504 莫斯科州中央国家档案馆，3812 号库第 1 类第 5 卷第 56 页。在 1934 年的白银收购计划中，莫斯科办事处再次领先——300 万卢布。（俄罗斯国家经济档案馆，4433 号库第 1 类第 64 卷）

505 维堡市列宁格勒州国家档案馆，1154 号库第 3 类第 13 卷第 38 页。材料显示了列宁格勒市和列宁格勒州日用白银收购量的变化趋势。1933 年：第一季度——61.5 万卢布；第二季度——55.5 万卢布；第三季度——52.2 万卢布；第四季度——31.8 万卢布；1934 年：第一季度——31.3 万卢布；第二季度——22.9 万卢布；第三季度——14 万卢布；第四季度——12.5 万卢布。每个季度的“白银流入”不可遏止地下跌了。维堡市列宁格勒州国家档案馆，1154 号库第 10 类第 1 卷第 3 页。

506 我提醒一下，1933—1934 年，在乌克兰有 7 个州级办事处：哈尔科夫办事处、基辅办事处、切尔尼戈夫办事处、文尼察办事处、第聂伯彼得罗夫斯克办事处、顿涅茨克办事处、敖德萨办事处。

507 预计收购量。俄罗斯国家经济档案馆，4433 号库第 1 类第 114 卷第 61 页。

508 根据 1934 年的白银收购计划，在俄罗斯苏维埃联邦社会主义共和国境内的外宾商店办事处应当保障价值超过 1220 万卢布的收购量，乌克兰——250 万卢布，外高加索——180 万卢布，中亚——140 万卢布，白俄罗斯——30 万卢布（俄罗斯国家经济档案馆 4433 号库第 1 类第 105 卷第 44 页）。1934 年上半年，外宾商店在俄罗斯苏维埃联邦社会主义共和国收购了价值超过 400 万卢布的白银，其中，莫斯科办事处——90 万卢布，列宁格勒办事处——60 万卢布；乌克兰——200 万卢布；中亚——110 万卢布，其中，乌兹别克斯坦办事处——80 万卢布；外高加索——80 万卢布，其中，格鲁吉亚办事处——50 万卢布；白俄罗斯——8 万卢布。俄罗斯国家经济档案馆，4433 号库第 1 类第 112 卷第 107 页。

509 按照截至 1934 年 12 月 11 日的不完整数据。俄罗斯国家经济档案馆，4433 号库第 1 类第 101 卷第 98 页。

510 1934 年的计划低于上一个年度——1820 万卢布，约合 1100 吨纯银（按照每千克纯银 16 卢布 67 戈比计算）。

511 这是 1934 年 11 月 1 日前售出白银的“溢价”。1934 年收购的白银中超过一半还在国家银行，这些白银价值 760 万卢布，其“溢价”还未计入。因此，1934 年的白银收购获利至少可以翻倍。俄罗斯国家经济档案馆，4433 号库第 1 类第 154 卷第 90 页。

512 俄罗斯国家经济档案馆，4433 号库第 1 类第 140 卷第 75—76 页。

513 1934 年底急剧出现的白银上交量下滑趋势在 1935 年持续。1935 年第一季度，外宾商店收购了价值近 200 万卢布的白银；第二季度——130 万卢布；第三季度——80 万卢布；第四季度——40 万卢布。俄罗斯国家经济档案馆，4433 号库第 1 类第 154 卷第 90 页。

514 俄罗斯国家经济档案馆，4433 号库第 1 类第 132 卷第 122—123 页。1933 年，外宾商店莫斯科办事处（包括莫斯科州）收购了近 340 万卢布的日用白银，而银币仅为 40 万卢布（莫斯科州中央国家档案馆，3812 号库第 1 类第 5 卷第 56 页）。在列宁格勒白银收购的头几天，流入的主要是银币，但随后日用白银上交量迅速增长（维堡市列宁格勒州国家档案馆 1154 号库第 2 类第 21 卷第 74 页）。1933 年，外宾商店列宁格勒办事处从民众手里收购了价值超过 200 万卢布的日用白银，而银币仅合 50 万卢布（维堡市列宁格勒州国家档案馆，1154 号库第 10 类第 1 卷第 3 页；第 3 类第 13 卷第 38 页）。

515 俄罗斯国家经济档案馆，4433 号库第 1 类第 133 卷第 103 页。请参阅 1934 年上半年外宾商店各办事处外汇计划完成情况：在所有办事处，日用白银的上交量远超银币。俄罗斯国家经济档案馆，4433 号库第 1 类第 112 卷第 107 页。

516 俄罗斯国家经济档案馆，4433号库第1类第101卷第44页背面。例如，在列宁格勒，1933年，人们平均上交日用白银的价值从1卢布56戈比（1933年初）到1卢布16戈比（1933年底）不等，1934年白银平均上交量从年初开始下降，从1卢布9戈比降到1卢布2戈比。在列宁格勒从1933年5月至1934年12月上交日用白银的人数为1406240（其中1933年为853827人）。根据这个数据，在列宁格勒，白银平均上交量在1933年5月为4卢布44戈比，12月为3卢布41戈比，1934年9月为2卢布99戈比。这一阶段，在列宁格勒上交日用白银的人数为1165213（1933年为703271人）。维堡市列宁格勒州国家档案馆，1154号库第10类第4卷第1页。

517 外宾商店关闭后，国家银行以每千克纯银100普通卢布的价格继续从民众手中收取银制品和银锭。在换算成外宾商店的钱时，考虑到外宾商店卢布相对于普通苏联卢布的官方牌价（1∶6.6），每千克纯银收购价为15卢布15戈比，即低于1933年夏天至1935年底外宾商店的收购价。

钻石和铂金

518 俄罗斯国家经济档案馆，4433号库第1类第78卷第184页。

519 俄罗斯国家经济档案馆，4433号库第1类第59卷第142页。

520 俄罗斯国家经济档案馆，4433号库第1类第64卷第75页；第74卷第192页。中央钻石收购点位于外宾商店莫斯科州办事处在彼得罗夫卡的驻地。

521 俄罗斯国家经济档案馆，4433号库第1类第78卷第260页。

522 俄罗斯国家经济档案馆，4433号库第1类第78卷第178页。

523 俄罗斯国家经济档案馆，4433号库第1类第167卷第75页。

524 俄罗斯国家经济档案馆，4433号库第1类第131卷第184页。

525 俄罗斯国家经济档案馆，4433号库第1类第131卷第147—148页。

526 请参阅《纳入苏联内务人民委员部机要通信服务的钻石收购点名单》。俄罗斯国家经济档案馆，4433号库第1类第127卷第35—38页。

527 1933年12月，外宾商店和格别乌签署了运送钻石的协议。钻石放在专门的铅封箱子里运输，这种箱子会蒙上布，缝隙都会封住。（俄罗斯国家经济档案馆，4433号库第1类第74卷第135页）钻石收购在全国铺开后，制定了一个规定，即钻石包裹先集中到外宾商店的边疆区和州办事处，之后再发往莫斯科。钻石运送按照专门的“日历表”进行。日历表样张可参阅俄罗斯国家经济档案馆

4433 号库第 1 类第 127 卷第 106 页。

528 外宾商店会将从民众手里收购的工业用钻石转交给苏联工业部门使用。

529 请参阅苏联人民委员会 1934 年 10 月 2 日《关于第四季度外宾商店计划》的决议（俄罗斯国家经济档案馆，4433 号库第 1 类第 94 卷第 107 页）。不过，文件证明，外宾商店已经在决议出台前开始收购玛瑙。玛瑙中央分类点位于莫斯科。列宁格勒外宾商店在 1934 年第一季度收购了价值 8.5 万卢布的玛瑙，上交者将近 2 万人；第二季度——11.4 万卢布，上交者超过 2.4 万人。列宁格勒派出的小组在列宁格勒州各市收购了民众手里的玛瑙（维堡市列宁格勒州国家档案馆，1154 号库第 10 类第 7 卷第 37、47、59、73 页）。除了收购玛瑙之外，外宾商店的文件还提到了其他不算太贵重的宝石，以及红宝石、蓝宝石、祖母绿。例如，外宾商店祖母绿的收购价为每克拉 30 卢布（维堡市列宁格勒州国家档案馆，1154 号库第 4 类第 115 卷第 3 页）。外宾商店并不是唯一一家从民众手里收购宝石的单位。在列宁格勒，古董—艺术品商店和外宾商店展开了竞争。

530 乌拉尔办事处建议将每克铂金价格定为 2 卢布 50 戈比至 2 卢布 75 戈比。当时铂金工业的收购价高得多：每克 3 卢布 28 戈比至 3 卢布 52 戈比。低收购价可以防止铂金从国家企业中流失。俄罗斯国家经济档案馆，4433 号库第 1 类第 19 卷第 159 页。

531 外贸人民委员罗森戈尔茨写道：“人们提议凭铂金制品换取商品……收购钻石导致收购铂金的建议更为强烈，因为大量的钻石是安在铂金框架里的。”俄罗斯国家经济档案馆，4433 号库第 1 类第 78 卷第 243 页。俄罗斯联邦国家档案馆，5446 号库第 15a 类第 1229 卷第 2 页。

532 维堡市列宁格勒州国家档案馆，1154 号库第 3 类第 15 卷第 64 页及背面。

533 按照钻石重量和切割确定的基本分类有五张价目表：不轻于 1 克拉的大钻（200 毫克）、0.5—0.99 克拉的中钻、0.49 克拉以下的小钻、荷兰式切割——割面数有限的旧式切割钻石、玫瑰式切割——后面锉平的钻石。请参阅：《“外宾商店”系统内钻石收购指南》，乌兹别克斯坦共和国中央国家档案馆，288 号库第 1 类第 40 卷第 62—71 页。

534 这种切割的宝石出现在 1910 年。在钻石收购初期，外宾商店评估员错把“双面缓坡”的钻石当作法式和英式割面的圆角宝石。在“双面缓坡”钻石中，新的价目表只允许收购最高等级的白色大钻。乌兹别克斯坦共和国中央国家档案馆，288 号库第 1 类第 40 卷第 64 页及 67 页背面。

535 为了收购钻石，外宾商店利用了已有的黄金和白银收购点，并分出了专门的柜台或“窗口”。

536 区级收购点的评估员工作为250—350卢布，而州级和边疆区级收购点的高级评估员工作为350—450卢布。乌兹别克斯坦共和国中央国家档案馆288号库第1类第40卷第67页背面。

537 维堡市列宁格勒州国家档案馆，1154号库第4类第115卷第20、22、23页。

538 俄罗斯联邦国家档案馆，5446号库第5a类第1229卷第2页。

539 维堡市列宁格勒州国家档案馆，1154号库第4类第115卷第23页。

540 维堡市列宁格勒州国家档案馆，1154号库第4类第115卷第20、22、25页。

541 俄罗斯国家经济档案馆，4433号库第1类第59卷第142页。

542 俄罗斯国家经济档案馆，4433号库第1类第131卷第184页。

543 俄罗斯国家经济档案馆，4433号库第1类第131卷第147页。钻石价目表请参阅乌兹别克斯坦共和国中央国家档案馆288号库第1类第40卷第68—71页。1934年春天，钻石收购价的分布：从2卢布的有严重瑕疵的钻石到400卢布的3—4克拉的纯净大钻。多为普通民众上交的小钻估价（取决于重量、形状和颜色）从5卢布到35卢布不等，玫瑰式切割钻和荷兰式切割钻从1卢布80戈比到12卢布不等，中钻（每件）从2卢布到70卢布不等。

544 俄罗斯国家经济档案馆，4433号库第1类第113卷第5页。1934年4月，外宾商店中央钻石库的负责人库利尔金向外贸人民委员部报告，花了10.45万卢布收购来的那批钻石卖得24.46万卢布，而“成本”为3.59万卢布和13.22万卢布的那两批钻石分别卖得7万卢布和22.27万卢布。俄罗斯国家经济档案馆，4433号库第1类第127卷第8页。

545 1934年2月，根据外宾商店代理主席穆斯特的报告，大钻仅占钻石收购量的11%，最小的“小钻”占44%。俄罗斯国家经济档案馆，4433号库第1类第131卷第147页。1934年，在列宁格勒一个人出售给外宾商店钻石的平均金额为5卢布14戈比。80—100卢布的大钻一年上交数大约为1200枚（1934年在列宁格勒，总共有6.77万人向外宾商店出售钻石）。维堡市列宁格勒州国家档案馆，1154号库第10类第7卷第140页。

546 根据描述判断，这里讲的正是“双面缓坡”钻石，这种钻石已于1934年春天从价目表中排除。这意味着外宾商店仍在继续收购这种钻石？

547 请参阅《被卖掉的俄罗斯珍宝》，莫斯科，2000年，第62页。

548 俄罗斯国家经济档案馆，4433号库第1类第146卷第34页及背面。

549 1920年和1921年发生了几次指控国家贵金属及宝石储备库工作人员团伙大量盗窃的诉讼。根据列宁的要求进行调查的一个契卡委员会得出了一个引起领袖愤怒的结论——不可能完全阻止国家贵金属及宝石储备库的盗窃行为。普通的盗窃以及苏联各部门代表不受控制地拨发贵重品都造成了贵重品的流失。国家贵金属及宝石储备库的规则加剧了这一情况：挑选贵重品时不编制目录清单，无须工农监察人民委员部的证明、通行证，仅凭一个电话和没有盖章的单据就拨发贵重品。从1920年2月储备库开始运营到1921年6月15日，各部门从钻石库拨发了重达9680万克拉的钻石。虽然，贵重品拨发到各个部门，但是收到钻石的都是具体的、高高在上的人物。1921年3月，为满足外贸人民委员部的需求，仅凭一张没有盖章的单据就向列·鲍·克拉辛的妻子拨发了1150万克拉的钻石。关于1920年代偷盗和挥霍国家贵金属及宝石储备库中贵重品的具体情况可以参阅亚·莫夏金:《国家贵金属及宝石储备库》，载《俄罗斯黄金》，莫斯科，1994年，第457页(Мосякин А. Гохран // Российское золото. М., 1994. С. 457)；拉·弗·萨波戈夫斯卡娅：《俄罗斯政治中的黄金》；奥·尤·瓦西里耶娃、巴·尼·科内舍夫斯基：《红色占领者》，第119—123页。在接收和分类点的钻石偷盗是外宾商店的一个常见现象。俄罗斯国家经济档案馆，4433号库第1类第127卷第111页。

550 包括，8月——2.59万卢布；9月——10.49万卢布；10月——10.9万卢布；11月——8.31万卢布；12月——12.31万卢布。1934年1月至3月，外宾商店收购了价值41.18万卢布的钻石（俄罗斯国家经济档案馆，4433号库第1类第127卷第7页；第131卷第147页）。列宁格勒的外宾商店在1933年最后几个月收购了价值12.35万卢布的钻石，乌克兰的外宾商店在1933年8月至12月期间收购了价值1.8万卢布（按初步估算）的钻石。维堡市列宁格勒州国家档案馆，1154号库第10类第1卷第3页；俄罗斯国家经济档案馆，4433号库第1类第105卷第44页；第114卷第38、61页。

551 俄罗斯国家经济档案馆，4433号库第1类第105卷第44页；第114卷第38页。

552 在俄罗斯社会主义苏维埃联邦共和国境内开展钻石收购的外宾商店办事处有北方办事处、列宁格勒办事处、西部办事处、莫斯科办事处、伊万诺沃办事处、高尔基办事处、中黑土办事处、巴什基尔办事处、鞑靼斯坦办事处、中伏尔加办事处和下伏尔加办事处、克里米亚办事处、北高加索办事处、哈萨克斯坦办事处、吉尔吉斯斯坦办事处、西西伯利亚办事处、东西伯利亚办事处、远东办事处和雅库特办事处。俄罗斯国家经济档案馆，4433号库第1类第105卷第

44 页。

553 在乌克兰境内开展钻石收购的外宾商店办事处有哈尔科夫办事处、基辅办事处、顿涅茨克办事处、敖德萨办事处和第聂伯彼得罗夫斯克办事处。

554 1934 年的计划中没有中亚。俄罗斯国家经济档案馆，4433 号库第 1 类第 64 卷第 80 页；第 105 卷第 44 页。

555 维堡市列宁格勒州国家档案馆，1154 号库第 10 类第 1 卷第 3 页。

556 俄罗斯国家经济档案馆，4433 号库第 1 类第 112 卷第 107 页。

557 俄罗斯国家经济档案馆，4433 号库第 1 类第 140 卷第 77 页。

558 俄罗斯国家经济档案馆，4433 号库第 1 类第 154 卷第 90 页。其中，列宁格勒外宾商店收购了价值 28.5 万卢布的钻石。维堡市列宁格勒州国家档案馆，1154 号库第 10 类第 16 卷第 55 页。

559 剩下的办事处按照上半年的收购量排名如下：阿塞拜疆办事处（4.2 万卢布）、哈尔科夫办事处（2.4 万卢布）、基辅办事处（2.4 万卢布）、亚速—黑海办事处（2.3 万卢布）、敖德萨办事处（2 万卢布）、格鲁吉亚办事处（1.6 万卢布）、乌兹别克斯坦办事处（1.6 万卢布）、高尔基办事处（1.4 万卢布）。俄罗斯国家经济档案馆，4433 号库第 1 类第 154 卷第 73 页。

560 换算根据的是列宁格勒外宾商店材料中使用的铂金收购价：每克纯铂金 72 戈比。

“您忠实的外宾商店”

561 “您忠实的外宾商店”本节标题原文为英文。

562 列宁格勒外宾商店的领导在 1932 年 3 月请求管委会领导将他们手里积累的相同式样的古董“分发到边远地区”，将取自“古董办公室”的一半圣像画退回原单位和莫斯科交换“长期未售出的古董”。维堡市列宁格勒州国家档案馆，1154 号库第 2 类第 5 卷第 18 页。

563 1928 年，俄罗斯苏维埃联邦社会主义共和国国家进出口管理局下面设立了古董收购和销售总办公室。1929 年 11 月，根据劳动和国防委员会的决议，该机构获得了全苏国家贸易办公室的地位，并划归外贸人民委员部管理。负责古董和艺术珍品大量出口的“古董办公室”是 1920 年代和 1930 年代之交苏联领导人外汇恐慌的表现之一。埃尔米塔日博物馆和很多别的艺术品和图书藏品抛售都归在“古董办公室”。“古董办公室”于 1937 年 10 月关闭。在教育人民委员部科学机构、艺术科学机构和博物馆管理总局（科学部）专家筛选和初步评估后，古董会进入外宾商店。外宾商店收取“古董办公室”23%的服务佣金。全苏手工制品及地毯出口联合公司是外宾商店的另一个古董供应方。维堡市列宁格勒州国家档案馆，1154号库第4类第24卷第9页；第59卷第68页。

564 在外宾商店成立前，“国立百货商店”按照和“古董办公室”的合同在列宁格勒销售古董和艺术品以换取外汇，“国立百货商店”在“欧洲”宾馆旁边拥有一家外汇商店，在宾馆里设有售货亭，在港口也有销售亭。随着外宾商店出现在列宁格勒，“国立百货商店”压缩了外汇贸易，按照外宾商店的说法“将重心转移到以苏维埃纸币结算的更容易的生意”。外宾商店以“国立百货商店”不再进行外汇业务为由要求获得“国立百货商店”“位于外国游客集散点”的外汇商店店铺。尽管市政府支持外宾商店，但是“国立百货商店”拒绝移交店铺，因此案子闹到了检察院。维堡市列宁格勒州国家档案馆，1154号库第1类第5卷第4页背面、第5、8、9、11页。

565 “美国贸易公司”（Amtorg Trading Corporation）—— 一家苏联投资的私人股份制企业，于1924年5月1日在纽约成立。该公司在苏联外贸企业和美国公司之间充当进出口交易的中间商。“美国贸易公司”为苏联在美国采购了很多设备并监督其装运。苏联通过“美国贸易公司”为在美国的情报网和共产主义运动提供经费。“美国贸易公司”总代表处“苏联美国贸易公司”位于莫斯科。亚·弗·普里加林和彼·阿·波格丹诺夫（П.А.Богданов）曾先后担任该公司管委会主席。

566 “苏联—美国运输公司”(Am—Derutra Transport Corporation)是与“美国贸易公司”相关的苏联—美国运输代理公司。公司总部位于纽约的第五大道，在芝加哥设有分支机构。这家公司是苏联贸易和运输机构在美国和加拿大的唯一运输代表。苏联代表利哈乔夫是“苏联—美国运输公司”管委会主席。维堡市列宁格勒州国家档案馆，1154号库第2类第11卷第127页。

567 买家承担运费和保险费用。

568 请参阅列宁格勒外宾商店和贸易代表处及外国买家的往来信件、国外商店发回来的古董清单。（维堡市列宁格勒州国家档案馆，1154号库第1类第10卷第1、3、5—8、10、12、18—21、23页及背面、24、28、31、53、67、69、88、89、110、118页）现保存在档案馆里的外宾投诉信证明，外宾商店草率地履行向客户发货的责任。（维堡市列宁格勒州国家档案馆，1154号库第1类第10卷第20、21、88、89页）外国客户投诉外宾商店销售伪劣产品。美国游客科尔曼女士在给外宾商店的信里写道，列宁格勒外宾商店卖给她的蓝宝石经美国专家鉴定为普通的碎玻璃。外宾商店管委会要求列宁格勒办事处就此事做出解释。（维堡市列宁格勒州国家档案馆，1154号库第4类第115卷第161、163、164页）美国知名诗人、作家和画家爱德华·埃斯特林·卡明斯于1931年造访苏联，他不相信莫斯科外宾商店出售的圣像画是真的。（爱·埃·卡明斯：《EIMI》，纽约，1933年，第37—38、55—56页）

569 具体信息可以参阅本书“莫斯科贸易公司办事处”一节。

570 这类文件包括海关关于携带外汇入境的证明、从活期账户中提取外汇以及苏联国家银行售出支票的银行单据、财政人民委员部外汇和国际结算部门关于携带外汇出境或将外汇转至境外的许可。请参阅：《财政人民委员部关于出售并携带贵金属制品出境的细则》，俄罗斯国家经济档案馆，4433号库第1类第88卷第50页及背面。

571 俄罗斯国家经济档案馆，4433号库第1类第88卷8页及背面。1932年，财政人民委员部就外汇管理做出让步，仅就大件贵金属制品销售保留了严格的措施。1933年，财政人民委员部的立场更为柔和，不再坚持保留贵重品带出境的严格规定。俄罗斯国家经济档案馆，4433号库第1类第20卷第17页；第88卷第50页及背面。

572 外宾商店里黄金艺术品的价格在2卢布/克纯金至2卢布50戈比/克纯金之间浮动，有时还会更高。白银制品的平均价格在10戈比/克至20戈比/克之间。在一封信中，外宾商店管委会副主席阿佐夫斯基夸耀地写道，某个叫弗里德的人花了1159卢布买了一只金表，根据专家评估，这只表最多值500卢布（俄罗斯国家经济档案馆，4433号库第1类第88卷第8页及背面）。一个美国游客在关于参观列宁格勒一家外宾商店的笔记中抱怨价格昂贵：“一个大约值15美元的小铜像标价30美元。一小张未加工的玄狐皮标价160美元。一个长约4英寸、宽约2英寸，带有一张旧图并写有一些单词的瓷盒（1英寸约等于2.5厘米——作者注）标价100美元[美国国家档案馆，第84文件组合，通信，美国领事馆，里加，第3卷，文件号800—B，《一位美国公民在其访问俄罗斯期间（1931年9月至10月）记录下的一系列见闻》，第8页]。财政人民委员部也承认外宾商店里的古董“价格极高”（俄罗斯国家经济档案馆4433号库第1类第20卷第17页）。

573 显然，这里指的是罗斯柴尔德家族（德语为Rothschild）的一名成员—— 一个金融寡头和企业家。家族产业的创始人是美因河畔法兰克福的银行主梅耶·阿姆谢尔·罗斯柴尔德（1744—1812）。19世纪时，他的几个儿子在欧洲的几个主要国家（德国、奥地利、英国、意大利和法国）管理银行，这些银行是各君主国和政府的主要贷款人。从19世纪末到20世纪初，罗斯柴尔德家族的一些成员比起金融和商业利益来更喜欢科学、文学、艺术、国家和社会活动而且在这些领域取得了很多成就。传统上从事商业的家族成员更频繁地将生意和对绘画、雕塑、实用艺术作品、瓷器、珍本书的热爱结合了起来。现在，罗斯柴尔德家族仅存英国和法国分支，他们到目前为止仍在欧洲商业中发挥着重要作用。2003年家族收入为8.28亿美元。请参阅：《犹太百科全书》电子版，http://www.eleven.co.il/article/13598。

574 请参阅阿·哈默：《我的世纪——20世纪，道路和相遇》，莫斯科，1988年；阿·哈默：《寻找罗曼诺夫宝藏》，1932年。按照哈默的版本，他的收藏始于在莫斯科旧货摊和特许经营商店的几次偶然购物。在再回想起1920年代初时，哈默写道："很快，我们在莫斯科的房子就变成了罗曼诺夫王朝珍宝博物馆。从瓷器、圣像画、古董家具和雕塑……我们很快转而收藏绘画，那些绘画在莫斯科的售价远低于国际行情价。"（阿·哈默：《我的世纪——20世纪》，第114页）

575 关于阿·哈默的生活秘密，请参阅爱·爱泼斯坦：《阿曼德·哈默秘密档案》，莫斯科，1999年（Эпстайн Э. Арманд Хаммер. Тайное досье. М., 1999）；卡·布鲁梅：《权力的阴暗面：真实的阿曼德·哈默》，纽约，1992年（C. Blumay, *Dark Side of Power: The Real Armand Hammer*. NY.,1992）。本章中关于阿曼德·哈默的内容主要依据这些新的研究资料写就。

576 阿曼德·哈默出生在一个革命前就移居美国的敖德萨犹太人家庭。他的父亲朱里埃斯·哈默认识列宁和托洛茨基，而且作为美国社会主义工人党成员，他早在布尔什维克夺取政权前就已和他们认识。在1919年宣布成立的美国共产党内，朱里埃斯得到了1号党员证。十月革命后，朱里埃斯·哈默帮助苏联领导人在美国建立了贸易、政治和情报机关。他把医务和药店的收入用于资助"俄罗斯苏维埃政府局"（Russian Soviet Government Bureau）——未被承认的苏联驻美国大使馆，由列宁的代理人路德维希·马腾斯设立。马腾斯的这个"俄罗斯苏维埃政府局"成了后来"美国贸易公司"——苏联贸易代理处的前身。这个机构为苏联购买设备、机器、零部件，包括美国政府未发放出口许可证的商品。为此，"俄罗斯苏维埃政府局"利用朱里埃斯·哈默的公司"联盟药业"（Allied Drug）作为合法的掩护。给共产国际代理人的经费也通过"俄罗斯苏维埃政府局"。为了帮助苏联政府，朱里埃斯·哈默破产了。1920年，"俄罗斯苏维埃政府局"被关闭，马腾斯被美国驱逐出境。回到莫斯科后，马腾斯在国民经济最高委员会工作。正是马腾斯提议邀请朱里埃斯·哈默公司的代表访问俄罗斯并授予特许经营权，其目的不仅是为了开始实施苏联的特许经营政策——在苏联开始实施“新经济政策”，还是为了给哈默提供机会偿付在帮助共产主义事业时积累下的债务。本应前往苏联的是朱里埃斯，但由于他被捕入狱，阿曼德代替他访问了苏联。哈默家族“联盟药业”公司取得的石棉特许经营权除了用于开采无利可图的石棉外，还是支持苏联在美地下活动的资金转移渠道。难怪特许经营权事务由格别乌经济局局长列夫・米罗诺夫负责。

577 由于未建立外交关系，在美国无法像在欧洲那样通过拍卖公开出售古董。1925 年，米高扬考虑到哈默参与了在境外销售国家贵金属及宝石储备库中的古董和艺术品而给予其 10% 的佣金。按照计划，哈默应当作为与苏联政府毫无关系的个人行事，这样，他对古董的权利就具有了必要的合法性，可以保护他免于前物主可能提出的声索（1931 年，这一点发挥了作用，让他赢得了沙皇家族亲戚针对他的诉讼）。哈默接受了这一建议并在纽约开设了“艾尔米塔日画廊”。当时苏联几次试图通过哈默在美国出售列奥纳多・达・芬奇的一幅画并在柏林出售“一个假的伦勃朗”的绘画。虽然最初通过哈默开展艺术品出口的尝试并未奏效，但是苏联领导人还是肯定了哈默的努力协助。1929 年，米高扬重新回到了有关古董的问题。在此之前，苏联大规模的艺术品出口已经在全力推进。

578 “美国贸易公司”的历史就像一部侦探小说的情节，目前只公开了其中为数不多的秘密。哈默家族直接参与了“美国贸易公司”的建立和运营。1921 年，哈默家族的公司“联盟药业”更名为“联盟美国公司”（Allied American Corporation）。在新名称之下，该公司仍旧从事苏联贸易代表处的业务。截至 1923 年底，“联盟美国公司”已经和 35 家公司签订了合同。公司一半收入交给了苏联外贸部门，剩下的大部分转进了伦敦米特兰银行的专用账户，按照英国情报部门的信息，这个账户受控于苏联情报部门。“联盟美国公司”在莫斯科有自己的代表处“联盟美国”（Аламерико）。“美国贸易公司”实际上是哈默家族公司“联盟美国公司”的新名字。1924 年 5 月，工人们只是在百老汇大街 165 号的办公室门上刷了一层颜料并在上面写了一个新名称。“美国贸易公司”继承了“联盟美国公司”的租赁关系、银行贷款、合同，甚至职员。1926 年至 1927 年初，苏联外贸人民委员部驻“美国贸易公司”的全权代表是伊萨克・雅・乌尔金（Исаак Я. Ургин），他死因不明，被捆住的尸体在纽约郊区的一个湖里被发现。这个秘密至今仍未解开。一直到 1933 年底苏联大使馆在华盛顿设立，“美国贸易公司”在从事贸易的同时，也是格别乌开展谍报行动的基地。“美国贸易公司”的新经理彼·阿·波格丹诺夫负责该公司的艺术品出口工作。彼·阿·波格丹诺夫是阿·伊·米高扬的朋友，他在上述岗位上从1929年底开始一直工作到1934年底，即直到苏联和美国建立外交关系（请参阅波格丹诺夫·阿·彼和波格丹诺夫·格·彼合著的《彼得·波格丹诺夫》，莫斯科，1970年）(Богданов А.П и Богданов Г.П. Петр Богданов. М, 1970)。“美国贸易公司”不仅销售“二流”古董，还参与销售了艾尔米塔日博物馆珍宝。在“美国贸易公司”的居间协调下，尼古拉·普桑的画作《维纳斯的诞生》卖给了费城艺术博物馆。

579 按照合同条款，1931年时哈默应该以商品价值的30%支付定金，当古董抵达纽约时需要立刻通过“美国贸易公司”支付关税并补付“已收批次的”尾款。哈默付款不太及时，拖延了定金和已收到的苏联艺术珍宝的尾款（维堡市列宁格勒州国家档案馆，1154号库第1类第10卷第3、31页；第4类第16卷第56卷）。

580 该书向读者介绍了哈默在苏联获得珍宝的故事，不经意地说明了阿曼德·哈默待在布尔什维克国家的情况，以及他用何种方式将“自己的珍宝”运出来。关于哈默代理销售古董和艺术品的苏联解密资料导致一系列研究者得出这样的结论，即哈默根本没有收自俄罗斯的收藏品，关于收集到的珍宝的传言是为了掩护其苏联贸易代理的活动。然而，研究者们可能“掉进了极端”。除了苏联政府供应的东西之外，哈默也有自己从俄罗斯带出来的收藏，关于这一点，在解除其“铅笔写的”特许经营权时得以指出。

581 阿·哈默的《我的世纪——20世纪》，第122页。

582 “法贝热”是古斯塔夫·法贝热于19世纪40年代在圣彼得堡开设的一家珠宝公司。依靠精湛的技艺，该公司成长为一家大企业。在卡尔·法贝热和他的孩子管理时期，公司获得了蓬勃发展。公司成了沙皇陛下的供应商。1917年底布尔什维克掌权后，卡尔·法贝热关掉了在大海街上的店铺，把店里的东西托付给了艾尔米塔日博物馆的馆长。公司落入了“法贝热公司职工委员会”之手，并在此状况下继续运营到1918年11月。

583 根据现有信息，哈默通过美国的百货商店售出了11枚沙皇复活节彩蛋，这些彩蛋是他在1930年代初从克里姆林宫的仓库里弄来的。知名的复活节彩蛋散布在世界各地的私人和博物馆收藏中。在莫斯科克里姆林宫只有10枚。莉莲·普拉特（通用汽车主席的夫人）收藏的5枚在弗吉尼亚美术馆（美国），3枚在玛蒂尔达·格丁斯·格雷基金会（美国新奥尔良美术馆），伊丽莎白二世女王收藏了

3枚，2枚保存在瑞士的爱德华和莫里斯·桑多斯基金会（FEMS），2枚在美国华盛顿被玛荷丽·波斯特（首任美国驻苏联大使的夫人）所收藏，2枚收藏在美国巴尔的摩华特斯艺术博物馆内，克里夫兰的印度早期明歇尔藏品中有1枚，摩纳哥王子王子的收藏中也有1枚，还有4枚在美国匿名收藏者手中。有8枚彩蛋不知所踪。最大的一笔收藏——9枚复活节彩蛋为福布斯家族（知名杂志创始人麦尔康·福布斯的继承人）所拥有。2004年初，福布斯家族在苏富比拍卖行展示了这些彩蛋，但是并未进行拍卖：所有彩蛋在拍卖开始前被俄罗斯商人维克多·维克塞尔伯格买走了（确切的说是被其成立的"时间联系"基金会买走了）。成交金额并未公开，但据传闻，超过1亿美元。

584 表面上，哈默通过"美国贸易公司"向苏联购买橡木板材，用来制造酒桶（在此之前，阿曼德·哈默曾经从事过酒类生产）。出售古董获得的钱伪装成苏联的"橡木"货款进入"美国贸易公司"。

585 但是，苏联领导需要一个成功的哈默并维持了其发迹的传说。1930年代初，第一场在美国的俄罗斯艺术展就是在"哈默美术馆"举行的。哈默不仅是一个必要的商业伙伴，随着商业声望的提高，他还是通向美国领导人的一根线。苏联领导人对于这一点的兴趣和哈默本人充满雄心的政治计划不谋而合，哈默也寻找着通往罗斯福总统的道路。安排罗斯福的儿子艾略特访问苏联是哈默对苏联政治帮助的尝试之一，不过并未成功。

586 关于这个问题可以参阅：叶·亚·奥索金娜的《古董》(关于第一个五年计划期间艺术珍宝的出口)，载《经济史》2002年刊，莫斯科，2003年；《被卖掉的俄罗斯珍宝》，第210—215页等。"古董管理局"带着商业报价选择其他具有影响力的大客户——美国财政部长安德鲁·梅隆。安德鲁·梅隆通过中间人购买了很多艾尔米塔日博物馆的名作。为此，"古董管理局"的代表尼·伊利英（Н. Ильин）和鲍·克拉耶夫斯基（Б. Краевский）专程前往华盛顿，但是未能见面。梅隆尽管向苏联购买艺术品，但是对苏联的原材料实施了禁运。

587 俄罗斯国家经济档案馆，4433号库第1类第24卷第65页。

588 俄罗斯国家经济档案馆，4433号库第1类第24卷第66页。

589 维堡市列宁格勒州国家档案馆，1154号库第1类第13卷13页。

590 外宾商店售出古董清单是这样记录的："一枚贝壳圣像画、一幅画作、一幅小圣像画、一幅画作、一件小样、一个小酒杯、一个小汤匙、小瓷瓶若干。"这些物品唯一的价值指标就是售价。在文件中画作作者从来不会出现，画作的名称常常伴随着错误，例如Христос и грушница写成Христос и грешница（《基督和罪人》)(不清楚此处提到的是不是瓦·德·波列诺夫的作品)。(维堡市列宁格勒州国家档案馆，1154号库第1类第10卷第18页)寄售商品的清单请参阅：维堡市列宁格勒州国家档案馆，1154号库第1类第13卷第121—123、141页及背面。

591 俄罗斯国家经济档案馆，4433号库第1类第167卷第73页背面。

592 1932年，外宾商店管委会要求在接收日用黄金和白银时加强珍贵物品的筛选。工作出色的评估员会得到奖励：如能在那段时间内“一贯无错地”筛选出古董，可以获得300卢布的巨大奖励；那些筛选出大量古董，但其中一半不宜换取外汇的人可获得200卢布；那些“促进古董筛选并采取措施妥善保存”的人可获得100卢布。在特殊情况下，应给予评估员个人奖励，奖励数额由外宾商店管委会确定。获奖的候选人名单由管委会确定。《贵金属的验收和评估》，第38—40页。

593 人们给外宾商店带去了很多古代怀表，有二色、三色和四色黄金做出的压花纹饰，有画着人物和舞台的珐琅装饰，还有用珍珠、钻石等宝石装饰的。怀表黄金表盘上的指针发出跳动的响声。工作守则规定，仍在走字的怀表如果盖子上没有装饰，则无须保存。20世纪的新表中，只有保存完好的女士手表应予以保留。《贵金属的验收和评估》，第32页。

594 “博林”珠宝公司由来到俄罗斯并迎娶了皇家珠宝匠女儿的瑞典人卡尔·爱德华·博林在18世纪末设立。由于俄国爆发革命，公司迁到了斯德哥尔摩。这家公司目前仍在博林家族手中运营。19世纪和20世纪之交，“博林”和“法贝热”是竞争对手——这两家是俄罗斯最有名望且最成功的珠宝公司。

595 《贵金属的验收和评估》，第33页。

596 工作细则解释了，这些物品应根据雕刻的题字、带花字的王冠、俄罗斯帝国国徽或是嵌入的沙皇家族成员肖像进行识别。此外，1870年以前的犹太教祭祀用银制品也应予以保留。《贵金属的验收和评估》，第33页。

597 俄罗斯国家经济档案馆，4433号库第1类第88卷第14页。

598 维堡市列宁格勒州国家档案馆，1154号库第2类第5卷第18页。

599 政治局1932年11月24日《关于古董资源》的决议。俄罗斯国家社会政治史档案馆，17号库第162类第14卷第25页。

600 苏联人民委员会1932年12月10日《关于古董资源》的决议。(俄罗斯国家经济档案馆，4433号库第1类第88卷第43页)1933年1月，在外宾商店、外贸人民委员部、财政人民委员部和“古董管理局”共同出席的会议上讨论了决议

的具体实施。（俄罗斯国家经济档案馆，4433号库第1类第88卷第38—41、49页及背面）

601 1933年8月，外贸副人民委员洛加诺夫斯基同意了外汇部门关于在外宾商店接收古董—艺术珍宝用以寄售的方案。俄罗斯国家经济档案馆，4433号库第1类第88卷49页。

602 1930年代初，对于非外汇寄售商店和古董商店没有严格的国家管控。有时，人们会把真正的博物馆珍宝交到这里，而随后外国人就会用卢布“低价”买走这些东西。“古董管理局”拥有专营权，可以从这些商店拿走艺术品，但是做起来并不得力：从艾尔米塔日博物馆里拿走珍宝比从堆积如山的寄售废品中找出珍珠容易得多。俄罗斯国家经济档案馆，4433号库第1类第88卷第39页。

603 各外汇单位的会议还研究了授予“古董管理局”、外宾商店和“全苏外国游客服务股份公司”销售宗教用品的特权。研究通过外汇商店限制宗教用品销售的原因可能是意识形态方面的——不允许宗教用品在国内扩散，也可能是经济方面的——利用外国人对于圣像画和宗教用品的兴趣获得外汇。俄罗斯国家经济档案馆，4433号库第1类第88卷第38页。

604 请参阅《作品应出售换取外汇的俄罗斯画家名单》。其中总共包括了61位18—19世纪的俄罗斯画家。“出口画家”名单应告知教育人民委员部和海关，以便在出示外宾商店确认外汇付款单据的情况下，为这些人的作品签发出境许可。值得注意的是，苏联领导人并不担心这些俄罗斯艺术杰作流失到国外，而是担心这些具有外汇价值的珍宝换来的是卢布。俄罗斯国家经济档案馆，4433号库第1类第88卷第37页。

605 外宾商店管委会划拨了一小笔资金用来收购古董。为此，1932年，莫斯科办事处收到了7万卢布，列宁格勒办事处收到了5万卢布。维堡市列宁格勒州国家档案馆，1154号库第2类第5卷第18页。

606 外宾商店想收取35%的佣金，但是财政人民委员部为了鼓励上交者，将佣金定为较低的25%。副外贸人民委员决定维持黄金中间值法则，将佣金确定为30%。寄售商品的销售明细详见：维堡市列宁格勒州国家档案馆，1154号库第1类第13卷第121—123、141页及背面。

607 如果古董按照苏联普通卢布估价，那么持有人可以把1个外宾商店金卢布兑换成6卢布60戈比。在提交用来核查账目的文件时，财政人民委员部会填补卢布价格和外汇价格之间的“价差”。1933年，在使用外宾商店流通券时，“选购商品”的金额不得超过1万卢布。俄罗斯国家经济档案馆，4433号库第1类第88卷第

28 页。

608 对于特别有价值的物品，外宾商店可以用现金向物主购买。

609 俄罗斯国家经济档案馆，4433 号库第 1 类第 21 卷第 8 页。

610 俄罗斯国家经济档案馆，4433 号库第 1 类第 21 卷第 50 页背面。

611 关于充公物品商店的资料很少。请参阅叶·奥索金娜的《“斯大林时期繁荣”的背后》，援引自阿·拉泽布尼科夫的《欢歌》，特拉维夫，1987 年，第 9—19 页。外宾商店根据和海关总局的协议对外出售苏联海关罚没的物品。（维堡市列宁格勒州国家档案馆，1154 号库第 2 类第 8 卷第 8 页。）

612 维堡市列宁格勒州国家档案馆，1154 号库第 10 类第 32 卷第 20 页及背面。

613 维堡市列宁格勒州国家档案馆，1154 号库第 10 类第 12 卷第 57 页。

“把美元汇到外宾商店”

614 俄罗斯国家经济档案馆，4433 号库第 1 类第 21 卷第 20 页。

615 俄罗斯国家经济档案馆，4433 号库第 1 类第 20 卷第 45 页。

616 我提醒一下，1931 年的工作细则规定，只有在客户强烈要求的情况下，才允许银行把汇款中不超过 25% 的部分以有效外汇发付。俄罗斯国家经济档案馆，4433 号库第 1 类第 8 卷第 81—91 页。

617 俄罗斯国家经济档案馆，4433 号库第 1 类第 8 卷第 90 页。在“莫斯科贸易公司办事处”一节中就这一情况进行了更详细的描述。

618 1931 年 9 月 18 日，财政人民委员部正式批准境外的外汇汇款转到外宾商店的账户，以购买外宾商店的商品。俄罗斯国家经济档案馆，4433 号库第 1 类第 8 卷第 63 页。

619 汇款—邮包业务局于 1931 年 8 月 10 日根据财贸人民委员部命令成立。俄罗斯国家经济档案馆，4433 号库第 1 类第 8 卷第 66 页。

620 柏林斯基的履历详见附录。

621 俄罗斯国家经济档案馆，4433 号库第 1 类第 69 卷第 15 页。

622 俄罗斯联邦国家档案馆，5446 号库第 13a 类第 350 卷第 33 页。

623 外贸银行和国家银行向从事往外宾商店汇款的境外机构和银行收取佣金。外宾商店为取消佣金而斗争，因为这种做法提高了往苏联汇款的价格。俄罗斯国家经济档案馆，4433 号库第 1 类第 110 卷第 128 页。

624 在此情况下，所有外宾商店的境外代理都是苏联的机构或是苏联参股的企业。

没有证据显示，外宾商店直接和外国银行及公司签署过协议。俄罗斯国家经济档案馆，4433 号库第 1 类第 144 卷第 249 页；第 145 卷第 425 页。和不同银行签署的协议详见：俄罗斯国家经济档案馆，4433 号库第 1 类第 108、143、144 卷第 129 页。

625 苏联外贸人民委员部下属的全苏联合企业“苏联货运公司”（СовФрахттранспорт）成立于 1930 年，用来替换早期的苏联股份制企业“运输”。“苏联货运公司”把商品货物从境外运到苏联。1932 年，该企业改组成全苏联合企业“苏联货运”（«СовФрахт»）。

626 关于苏联外贸委员部委员会 1932 年讨论外宾商店汇款—邮包业务的资料证明，该项业务的代理情况混乱不堪。俄罗斯国家经济档案馆，4433 号库第 1 类第 12 卷第 167 页。

627 俄罗斯国家经济档案馆，4433 号库第 1 类第 27 卷第 167 页。

628 巴黎的白俄移民组织全俄地方自治联盟的广告解释道：“向苏联寄钱有两个渠道——按照布尔什维克所定汇率（5.15 美元兑 1 切尔文券）的官方渠道，以及优惠渠道——通过个体中间人走私。”俄罗斯国家经济档案馆，4433 号库第 1 类第 10 卷第 185 页。

629 摘录自巴黎“安・戈多万尼科夫”公司（A. Godovannikoff）和全俄地方自治联盟公司，以及位于赫尔辛基的芬兰寄售和出口股份公司的广告。俄罗斯国家经济档案馆，4433 号库第 1 类第 10 卷第 39—41 页。

630 俄罗斯国家经济档案馆，4433 号库第 1 类第 10 卷第 185 页。

631 请参阅以下例子，外宾商店查问应检查的人员和机构名单上那些外国签约方的可靠性。俄罗斯国家经济档案馆，443 号库第 1 类第 10 卷第 153 页。

632 俄罗斯国家经济档案馆，443 号库第 1 类第 10 卷第 181 页。

633 在 1932 年 2 月外宾商店管委会会议上，讨论了这些措施。有理由认为，仅限银行进入外国代理名单的决定并未得到落实。比如在美国，1934 年时，按照和“美国贸易公司”的协议，接收汇往外宾商店钱款的不仅有银行，还有船舶公司、旅行社以及慈善机构。俄罗斯国家经济档案馆，4433 号库第 1 类第 13 卷第 9 页；第 110 卷第 177 页。

634 俄罗斯国家经济档案馆，4433 号库第 1 类第 144 卷第 249 页。1932 年冬天，在汇款—邮包业务局的压力下，国家银行和外贸银行停止就汇往外宾商店的汇款收取境外苏联银行的佣金。外宾商店成功地将这个规定推广到接收汇往外宾商店钱款的外国银行，因为收取佣金会提高汇款成本并使得和外国银行签署协议变得复杂。外宾商店管委会甚至同意，如果国家银行和外贸银行坚持主张补偿，外宾商店可以承担补偿费用。俄罗斯国家经济档案馆，4433 号库第 1 类第 13 卷第 9 页。

635 一般而言，这些职责由一位贸易代表处的职员履行。在档案馆中保存了外宾商店和苏联驻外贸易代表处签署的若干份协议。贸易代表处的责任包括监控接收汇往外宾商店钱款的外宾银行和机构。（俄罗斯国家经济档案馆，4433 号库第 1 类第 69 卷第 162—164 页）可以参阅外宾商店和苏联驻意大利贸易代表处 1934 年签署的关于发展"外汇—汇款和邮包业务"协议。（俄罗斯国家经济档案馆，4433 号库第 1 类第 69 页第 162—164 页）每个贸易代表处都分到了外宾商店汇款业务计划，这个计划是贸易代表处外汇总计划的一部分。（俄罗斯国家经济档案馆，4433 号库第 1 类第 91 卷第 86—88 页）

636 《关于纽约"美国贸易公司"内外宾商店代表处工作总结》，详见俄罗斯国家经济档案馆，4433 号库第 1 类第 91 卷第 100—105 页；第 110 卷第 179 页；第 145 卷第 425 页。

637 苏联—美国运输公司从事境外往苏联（包括往外宾商店）以及苏联往美国和加拿大的汇款和邮包业务。1932 年 2 月，外宾商店管委会决定停止苏联—美国运输公司往外宾商店汇款的业务并将这项工作转至一家在美国的银行。但是，这一决定并未落实。苏联—美国运输公司继续接收汇款。维堡市列宁格勒州国家档案馆，1154 号库第 2 类第 11 卷第 127 页。

638 请参阅外宾商店副主席米·纳·阿佐夫斯基和苏联—美国运输公司管委会主席利哈乔夫签署的 1935 年协议。外宾商店委托苏联—美国运输公司在美国开展汇款—邮包业务并确定了汇款计划。苏联—美国运输公司根据协议接受了委托并负责在美国宣传及"尽最大可能发展"外宾商店的汇款—邮包业务，同时扩大公司的外国签约方网络。俄罗斯国家经济档案馆，4433 号库第 1 类第 143 卷第 10—11 页。

639 苏联—美国运输公司开展汇款业务的支出由汇款人账户承担。汇款费率由外宾商店制定，苏联—美国运输公司不得调整。1935 年，汇款金额不超过 1 美元，手续费 15 美分；汇款金额不超过 3 美元，手续费 25 美分；汇款金额不超过 5 美元，手续费 40 美分。之后，汇款金额每增加 10 美元，手续费增加 10 美分。汇款金额为 36 美元到 50 美元，手续费为 80 美分；汇款金额不超过 100 美元，手续费为 1 美元。（俄罗斯国家经济档案馆，4433 号库第 1 类第 143 卷第 11 页）苏联—美国运输公司应当每月向外宾商店报告往苏联汇款的笔数和金额。外宾商店负责确保“苏联境内的工作”：通知苏联—美国运输公司苏联汇款业务规定的变更情况，负责及时将汇款交付给苏联公民并寻找未寄达汇款的收款人，回应索赔要求。苏联—美国运输公司根据吸引的汇款金额从外宾商店领取佣金，这些佣金会用于广告宣传以及偿付外国签约方的佣金。汇款金额不超过 20 万美元，佣金为 0.5%；不超过 30 万美元，佣金为 1%；不超过 45 万美元及以上，佣金 2%。汇款核算由外贸银行和国家银行的外国业务局负责。

640 苏联—美国旅行社（«Юнион Турс»）。其办公室位于纽约的第五大道。该社从事苏联旅游销售工作，负责售票、办理签证、预订酒店、兑换外汇，以及往外宾商店汇款。苏联—美国旅行社的资料可以参阅：维堡市列宁格勒州国家档案馆，1154 号库第 2 类第 11 卷第 156 页。

641 俄罗斯国家经济档案馆，4433 号库第 1 类第 110 卷第 174—176 页，1934 年。

642 其中包括：Amalga Bank, Bank of America, Union Savings Bank, Citizens Nashional Bank, First Nashional Bank 等。外宾商店签约方——银行及公司名单可以参阅：俄罗斯国家经济档案馆，4433 号库第 1 类第 110 卷第 178 页。

643 俄罗斯国家经济档案馆，4433 号库第 1 类第 91 卷第 101 页。

644 俄罗斯国家经济档案馆，4433 号库第 1 类第 110 卷第 177 页。

645 俄罗斯国家经济档案馆，4433 号库第 1 类第 110 卷第 176 页；第 145 卷第 425 页。

646 1930 年代上半叶，苏联公民可以把在国外赚的外汇或者在苏联攒的外汇存在国家银行的专门外汇账户“B”上。存款可以是活期、半年期和一年期。对于这些存款，国家银行用外汇向苏联公民支付利息。存款人可以要求从“B”账户中全部取出外汇现钞或者分批取出，不过，禁止把外汇存款汇到国外。国外汇来的外汇可以存入或转入外宾商店的账户，随后可以记账购物。此外，国外汇款可以存入国家银行的“B1”账户，再经由该账户转入外宾商店。存入外宾商店和“B1”账户的外汇存款无法转出，没有利息，也无法取现。这些存款的结算没有利息也不能提现。外宾商店外汇—财务部门负责人索贝尔曼注意到，相比国家银行“B”账户的存款，外宾商店存款毫无收益，因此他请求领导要么把“B”账户存款的权限划转给外宾商店，要么关闭国家银行的“B”账户。俄罗斯国家经济档案馆，4433 号库第 1 类第 100 卷第 13 页。

647 我在美国斯坦福大学的胡佛研究所档案馆中找到了一份英文版的产品目录。

648 俄罗斯国家经济档案馆，4433 号库第 1 类第 10 卷第 148 页。

649 “苏联货运公司”和依许可证开展业务的外国公司之间的中间人是苏联驻外国贸

易代表处的运输部门。它们和外国公司签署关于接收寄往苏联的私人邮包的协议。根据协议，外国公司负责所在国或若干国家范围内的邮寄和宣传，并负责弥补因产品质量差而给订购者带来的损失。邮包价值的 10% 归属苏联的贸易代表处。苏联方面确定几种邮包式样——确定商品构成和重量、价格和费率。外国签约方不得更改标准邮包。请参阅苏联驻奥地利贸易代表处拟定的协议。俄罗斯国家经济档案馆，4433 号库第 1 类第 10 卷第 110、116 页。

650 俄罗斯国家经济档案馆，4433 号库第 1 类第 10 卷第 82 页。

651 1931 年，外国公司从食品之外的所有商品邮包价值中扣除 10% 交给苏联方面。食品类商品的扣费比例不清楚。俄罗斯国家经济档案馆，4433 号库第 1 类第 10 卷第 116 页。

652 俄罗斯国家经济档案馆，4433 号库第 1 类第 10 卷第 196 页。

653 邮包内每件商品的附加金额被称为“外汇承包额”。

654 俄罗斯国家经济档案馆，4433 号库第 1 类第 10 卷第 74—77、183 页。根据里加的报告，关税和其他费用相当于邮寄物品价值的 90%—120%。

655 请参阅这个例子，1931 年 12 月 1 日在《消息报》（第 330 期第 4 版）上刊登了非许可类邮包物品清单。允许寄往苏联的非许可类自用商品包括蔬菜、水果、淀粉、芥末、调味品、咖啡、蜂蜜、奶制品、肉和鱼、盐、醋、种子、油漆、餐具、眼镜、书、玩具、鞋子等。但苏联政府为非许可类商品制定了邮包邮寄定额并规定了商品目录。许可类商品主要是食品：面粉、谷物、大米、油、糖，以及十分紧缺的肥皂。如果邮包内的商品构成与许可证货单不符，苏联海关会将邮包退回。退回许可类邮包会给苏联造成损失，因为必须同时将发件人支付的费用也一并退回，所以 1931 年秋天，外贸人民委员部认为退回许可类邮包并不恰当。俄罗斯国家经济档案馆，4433 号库第 1 类第 10 卷第 61、90—92、132 页。

656 这些定额是由贸易人民委员部制定的。除了食品构成固定的标准邮包，外国人可以在贸易人民委员部制定的商品目录范围内选择寄给苏联亲人的东西。为了减少非许可类邮包数量并增加许可类邮包，海关总局缩减了寄往苏联的非许可类商品清单，并提高了对这些商品的关税。俄罗斯国家经济档案馆，4433 号库第 1 类第 10 卷第 171 页。

657 外国公司的发送条件和标准邮包价目表可以参阅俄罗斯国家经济档案馆 4433 号库第 1 类第 10 卷第 39—41 页。

658 苏联人民委员会 1931 年 5 月 14 日的决议。只要和其他商品税率一比，那么邮包价格35%的关税税率就可以称为优惠税率：调味品关税税率200%，扑粉和香水为250%，丝绸面料150%，成衣100%，棉布75%，体育商品60%。（俄罗斯国家经济档案馆，4433号库第1类第10卷第5页及背面、第160、171页）标准邮包的价目单可以参阅：俄罗斯国家经济档案馆，4433号库第1类第10卷第122页。

659 俄罗斯国家经济档案馆，4433号库第1类第10卷第61、132页。

660 俄罗斯国家经济档案馆，4433号库第1类第10卷第184页。

661 俄罗斯国家经济档案馆，4433号库第1类第10卷第141页。外贸人民委员部把这些外国公司的经营活动称为"针对寄往苏联邮包的迂回国际投机行为"。俄罗斯国家经济档案馆，4433号库第1类第10卷第27页。

662 在从事往苏联寄送邮包的白俄移民公司中，档案文献列出了在巴黎的国际邮包公司和全俄自治联盟、在赫尔辛基的芬兰寄售和出口股份公司。俄罗斯国家经济档案馆，4433号库第1类第10卷第41、203页；第27卷第13页。

663 巴黎的"安·戈多万尼科夫"公司的广告称自己"国外寄往俄罗斯的邮包比外宾商店便宜，但是亲自担负高质量、包装以及快速送达的责任"。这家公司还从事往外宾商店汇款的业务。俄罗斯国家经济档案馆，4433号库第1类第27卷第167页。

664 传单保存在美国斯坦福大学胡佛研究所档案馆的鲍·尼古拉耶夫斯基藏品中（第284号盒）。传单内容保持了原件的拼写和标点。

665 俄罗斯国家经济档案馆，4433号库第1类第10卷第141页。

666 1931年12月，外宾商店管委会主席要求终止和反苏机构的业务联系，除此之外，只向接收本国居民邮递订单的外国公司签发邮包业务许可证，停止向接收别国居民订单、依靠物价和邮费差价牟利的公司签发许可证。外宾商店管委会要求食品邮包的关税提高15%，以使外国客户在外宾商店订购商品比发送进口商品邮包更划算。俄罗斯国家经济档案馆，4433号库第1类第10卷第203页及背面。

667 外贸人民委员部这样写道："通过消费性汇款，除了实时收到的以外汇支付的邮递承包价格（50%），我们还能获得以外汇支付的商品价格和目前被外国公司留在境外的其他其他费用。与此同时，近期广泛发展的、我们极不情愿看到的白俄移民围绕邮包业务的投机行为也会停止。"俄罗斯国家经济档案馆，4433号库第1类第10卷第82页。

668 1931年秋天，外贸人民委员部决定首先减少苏联货运公司的食品邮包业务，以及能在苏联生产的工业品邮包业务。外贸人民委员部计划尽快全面停止商品通过个人境外邮包流入苏联，包括无法在苏联生产的商品。外宾商店应在境外采购这些商品并以零关税运回苏联。虽然，外贸人民委员部并未直接提到这一点，但是显然，在缺乏竞争的情况下，外宾商店可以针对在苏联销售的进口商品制定垄断性高价。俄罗斯国家经济档案馆，4433 号库第 1 类第 10 卷第 166 页及背面。

669 俄罗斯国家经济档案馆，4433 号库第 1 类第 10 卷第 86 页。

670 俄罗斯国家经济档案馆，4433 号库第 1 类第 10 卷第 196 页。

671 外贸人民委员部建议，单位订购的“计划商品”邮包进口应当按照最低税率征税。

672 俄罗斯国家经济档案馆，4433 号库第 1 类第 10 卷第 140—141 页。

673 阿纳托利·瓦西里耶维奇·卢那察尔斯基（1875—1933）——党内化名沃伊诺夫，俄罗斯苏维埃联邦社会主义共和国教育人民委员，出身于乌克兰的一个高官家庭。基辅中学求学时开始对马克思主义产生兴趣。1895—1898 年，生活在瑞士、法国和意大利。在苏黎世大学听取了哲学课和自然科学课。1898 年起，成为莫斯科大学学生，开始革命工作。曾被捕。17 岁时加入政党，俄罗斯社会民主工党分裂后参加了布尔什维克。1904 年出国，为布尔什维克机关报《前进报》和《无产者报》工作。受到造神思想的吸引，成为《前进报》反党集团的成员以及党内分裂团体的参与者。1917 年春天回到俄罗斯。布尔什维克取得胜利后一直到 1929 年，他都担任俄罗斯苏维埃联邦社会主义共和国教育人民委员。1933 年被任命为驻西班牙全权代表。著有多部艺术和文学理论著作、评论文章、文学作品。建立苏联高等及职业教育、歌剧、电影、出版业的积极参与者。他为批判弗·埃·梅耶荷德、亚·雅·泰罗夫、米·布尔加科夫的“形式主义及理想主义谬误”做出了贡献。卢那察尔斯基的剧本《奥利弗·克伦威尔》《熊的婚礼》《天鹅绒和破布条》《毒药》《浮士德和城市》在苏联、德国和日本的剧院上演。死于法国。安葬在克里姆林宫围墙外。1934 年，巴伦支海的一块峭壁被命名为卢那察尔斯基。康·亚·扎列斯基：《斯大林帝国，人物百科字典》，莫斯科，2000 年。

674 加拉罕·列夫·米哈伊洛维奇（加拉罕扬）（1889—1937）——革命家、苏联外交官，出生于梯弗里斯，律师的儿子，毕业于实科中学。曾就读于彼得堡大学法律系，以自考生身份毕业于托木斯克大学。1904 年，加入俄罗斯社会民主工党的孟什维克。1915 年，被捕并被流放到托木斯克。二月革命后获释，返回彼得格勒，成为彼得格勒苏维埃成员。1917 年 5 月，被接纳进俄罗斯社会民主工党（布）。布列斯特—利托夫斯克和谈中苏方代表团秘书。1918 年 3 月起担任俄罗斯苏维埃联邦社会主义共和国副外交人民委员，随后担任驻波兰大使、驻中国大使。1927—1934 年，担任苏联副外交人民委员。1934 年，派往土耳其担任大使。1937 年 5 月，被召回莫斯科并遭到逮捕。被枪决。死后恢复名誉。康・亚・扎列斯基：《斯大林帝国，人物百科字典》。

675 按照这封信匿名作者的信息，糁的国外价格为 258 马克 / 吨，苏联价格为 750 马克 / 吨；糖的国外价格为 206 马克 / 吨，苏联价格为 750 马克 / 吨；橄榄油国外价格为 2000 马克 / 吨，苏联价格为 3200 马克 / 吨。俄罗斯国家经济档案馆，4433 号库第 1 类第 10 卷第 62—66 页。

676 外宾商店广告的复制品。请参阅：俄罗斯国家经济档案馆，4433 号库第 1 类第 27、145 卷。价目单和汇款单的复制品保存在美国斯坦福大学胡佛研究所档案馆中。

677 俄罗斯国家经济档案馆，4433 号库第 1 类第 10 卷第 148 页。

678 俄罗斯国家经济档案馆，4433 号库第 1 类第 91 卷第 101 页。

679 苏联银行收到汇款后会向外宾商店发去通知，而外宾商店会向客户发去寄给他的汇款通知单。通知单复印件可参阅：乌兹别克斯坦共和国中央国家档案馆，288 号库第 1 类第 2 卷第 1 页。

680 维堡市列宁格勒州国家档案馆，1154 号库第 2 类第 11 卷第 302 页。

681 请参阅俄罗斯国家经济档案馆，4433 号库第 1 类第 91 卷第 101 页中，外宾商店驻美国代表的自述。

682 我提醒一下，1934 年 1 月，美国总统罗斯福批准了《黄金储备法案》，根据法案，新的汇兑价为 35 美元兑 1 盎司黄金，即 1.12 美元兑 1 克纯金。然而，苏联领导人一直到外宾商店关闭都没有修改黄金收购价，一直是旧的兑换价格——1 卢布 29 戈比兑 1 克纯金。从每克黄金的卢布价格和美元价格的对比可以得出，汇率为 1 卢布 16 戈比兑 1 美元（86 美分兑 1 卢布）。外宾商店国外的价目单正是按照这一极低的美元汇率计算的，在国内，苏联领导人继续使用 1 卢布 94 戈比兑 1 美元的旧汇率。

683 国家银行的外国业务局负责该业务。

684 文件证明，来自境外的外汇可以避开银行渠道，直接流入外宾商店，发往特定客户。显然，商店鼓励这种做法，因为这样的话，外汇会算入商店完成的计划数。但外国业务局也必须完成自己的计划数，因此会叫着“这是我们的钱”，要求停止此类做法。

685 一收到这一信息，汇款—邮包业务局负责人柏林斯基立刻命令终止和这家公司的商务联系。俄罗斯国家经济档案馆，4433 号库第 1 类第 10 卷第 188 页。

686 俄罗斯国家经济档案馆，4433 号库第 10 卷第 188 页；第 69 卷第 162 页。

687 这略少于通过银行渠道有组织流向外宾商店的汇款金额（4670 万卢布）。俄罗斯国家经济档案馆，4433 号库第 1 类第 133 卷第 141 页。

688 然而，在卢布会计结算中是有问题的。由于外汇汇率波动，按照以卢布计的汇款金额，无法准确地就汇款动态变化中的绝对变化做出判断。不过，通过研究国别分布和外汇汇款动态变化，这些不准确性是可以忽略的，因为这里指的是截取一小段汇率波动较小的时期。例如，1935 年上半年和 1934 年上半年相比，汇往外宾商店的美元和英镑按照卢布计算的话，减少了 66 万卢布。其中，7 万卢布是由于美元和英镑汇率的下跌而减少的，其余的大部分——59 万卢布——则是汇款的绝对减少额。（俄罗斯国家经济档案馆，4433 号库第 1 类第 145 卷第 449 页）

689 1932 年 1 月底之前，汇款金额达到了 180 万卢布。俄罗斯国家经济档案馆，4433 号库第 1 类第 19 卷第 28 页。

690 俄罗斯国家经济档案馆，4433 号库第 1 类第 21 卷第 20 页。1930 年，往苏联外汇汇款的平均金额略高——70 卢布。

691 俄罗斯国家经济档案馆，4433 号库第 1 类第 12 卷第 167 页。

692 其中，第一季度为 210 万卢布，第二季度为 310 万卢布，第三季度为 270 万卢布，第四季度为 260 万卢布。俄罗斯国家经济档案馆，4433 号库第 1 类第 91 卷第 88 页。

693 上半年，来自英国的汇款仅占 4%，来自法国的占 2%。1932 年，来自波兰、德国、波罗的海三国和芬兰的汇款额增加了。俄罗斯国家经济档案馆，4433 号库第 1 类第 12 卷第 167 页。

694 俄罗斯国家经济档案馆，4433 号库第 1 类第 91 卷 88 页；第 66 卷第 190 页。

695 俄罗斯国家经济档案馆，4433 号库第 1 类第 109 卷第 22 页。外宾商店 1933 年的数据和国家银行及外贸银行的数据不一致，根据这一数据，外宾商店收到的外汇汇款略超 1000 万卢布。然而，银行自己也承认未考虑直接流入外宾商店的含有外汇的值钱邮包。俄罗斯国家经济档案馆，4433 号库第 1 类第 109 卷第 160 页。

696 1933 年第一季度，流入外宾商店的汇款额为 320 万卢布，第二季度为 440 万卢布，而第三季度为 330 万卢布。俄罗斯国家经济档案馆，4433 号库第 1 类第 91

卷第 88 页；第 93 卷第 12 页。

697 俄罗斯国家经济档案馆，4433 号库第 1 类第 91 卷第 88 页。

698 俄罗斯国家经济档案馆，4433 号库第 1 类第 114 卷第 61 页。

699 1933 年，汇款在外宾商店莫斯科办事处收购的珍宝总额中占比不到 10%。莫斯科州中央国家档案馆，3812 号库第 1 类第 5 卷第 56 页。

700 外宾商店在美国的代理使用的汇款表格内容用英文、俄文和希伯来文三种文字写成。

701 1933 年，美国 480 万俄罗斯移民中，超过三分之一生活在纽约。俄罗斯国家经济档案馆，4433 号库第 1 类第 91 卷第 105 页。

702 在外宾商店的统计中，这一地区被称为巴勒斯坦，要知道当时以色列国还不在世界版图上。

703 1933 年，从美国和加拿大汇往外宾商店账户的汇款超过 500 万卢布，也就是将近当年流入外宾商店汇款总额的 40%。来自德国的汇款超过 100 万（约占当年流入外宾商店汇款总额的 8%），和来自法国的汇款金额大致相当；来自波兰的汇款金额约 70 万卢布（约占当年流入外宾商店汇款总额的 5%），来自英国的汇款约 60 万卢布，来自中国和蒙古的汇款超过 80 万卢布，来自土耳其和巴勒斯坦的汇款超过 50 万卢布。超过 300 万卢布的金额通过包裹夹带流入，无法分辨来源国。如果把这笔金额进行分配，那么几个主要国家的汇款金额将有所上升。俄罗斯国家经济档案馆，4433 号库第 1 类第 133 卷第 101 页。

704 “犹太救济联合会”（Juish Releif Federation）是外宾商店在英国的签约合作方之一，这说明从英国汇往苏联的汇款中有大量犹太人的资金。俄罗斯国家经济档案馆，4433 号库第 1 类第 145 卷第 449 页。

705 1934 年夏天，由于明显感到会失败，因此 1933 年 12 月通过的计划数被降到了 1200 万卢布。俄罗斯国家经济档案馆，4433 号库第 1 类第 109 卷第 22 页。

706 1934 年，按照外宾商店汇款收入计划，北美仍应位居第一并确保一半进款（950 万卢布）。德国（200 万卢布）和波兰（190 万卢布）应紧随美国之后。来自包括伪满洲国在内的中国的汇款预计 100 万卢布，英国 90 万卢布，土耳其和巴勒斯坦 77.5 万卢布。排在一长串汇出国家名单最后的是希腊、日本、挪威和阿富汗（1 万到 2 万卢布不等）。俄罗斯国家经济档案馆，4433 号库第 1 类第 91 卷第 89 页；第 109 卷第 22 页。

707 预计，乌克兰在 1934 年将收到 910 万卢布的境外汇款，确保了将近一半的年度计划额！在乌克兰各办事处中，计划分配是这样的：基辅办事处，250 万卢布；

文尼察办事处，240 万卢布；敖德萨办事处，200 万卢布。发挥重要作用的还有汇往白俄罗斯的汇款——200 万卢布。按照计划，俄罗斯联邦在 1934 年应收入 670 万卢布的汇款。除了莫斯科（190 万卢布）和列宁格勒（130 万卢布）之外，预计伏尔加河沿岸地区（70 万卢布）和北高加索（80 万卢布）在 1934 年也会有大量进款。和 1933 年一样，在 1934 年的计划中，俄罗斯的中央黑土地区和哈萨克斯坦与西方没有大量的移民联系，因此在名单的最后。据估计，生活在这两个地区的苏联公民收到的境外汇款分别是 15 万卢布和 2 万卢布。俄罗斯国家经济档案馆，4433 号库第 1 类第 64 卷第 80 页。

708 俄罗斯国家经济档案馆，4433 号库第 1 类第 133 卷第 101 页；第 145 卷第 188 页。

709 在外宾商店汇款中，来自美国和加拿大的犹太和乌克兰移民的仍然位居前列（360 万卢布），不过，汇款金额只接近预计额的三分之一。波兰（150 万卢布）超过了德国（110 万卢布）。之后是法国（将近 100 万卢布）、土耳其和巴勒斯坦（两地总计 62.5 万卢布）、英国（54.5 万卢布）和包括伪满洲国的中国（50.9 万卢布）。俄罗斯国家经济档案馆，4433 号库第 1 类第 145 卷第 188 页。

710 按照最初的计划，1935 年的汇款进账应当超过外宾商店总收入的三分之一，按照修订后的计划，相当于总收入的四分之一。1933 年的外宾商店计划“珍宝征购”总额中，预计境外汇款进账占比为 11%—15%，而 1934 年的计划中占比为 12%—19%。

711 外宾商店管委会意识到了最初的汇款计划并不现实，于是建议将计划确定为 1100 万卢布，但是外贸人民委员部的领导坚持计划数为 1400 万卢布。现实证明了计划的失败。俄罗斯国家经济档案馆，4433 号库第 1 类第 110 卷第 74、158 页；第 133 卷第 59 页；第 140 卷第 75 页；第 145 卷第 188、378 页。

712 俄罗斯国家经济档案馆，4433 号库第 1 类第 133 卷第 101 页。

713 俄罗斯国家经济档案馆，4433 号库第 1 类第 154 卷第 90 页。

714 俄罗斯国家经济档案馆，4433 号库第 1 类第 133 卷第 101 页。来自德国的汇款减少是由于德国政府针对向苏联的汇款设定了限额。德国原先实行的每人每月 100 马克的限额被降到了每人每月 50 马克，而到了 1935 年，德国政府又把限额降到 10 马克。俄罗斯国家经济档案馆，4433 号库第 1 类第 110 卷第 158 页；第 145 卷第 449 页。

715 请参阅外宾商店管委会给各办事处负责人的密函。莫斯科州中央国家档案馆，3819 号库第 1 类第 4 卷第 11 页。外宾商店代理主席穆斯特在 1934 年 11 月致函外贸人民委员罗森戈尔茨，提到了外宾商店已“完全”停止接收与反苏组织“兄弟互助”有关联的“发斯特”（Фаст）公司的汇款（这家公司一年募集了50万卢布），并关闭了乌克兰和伏尔加河地区与之相关的所有外宾商店分支机构。鉴于上述原因以及其他原因，穆斯特请求外贸人民委员部减少外宾商店1935年的汇款业务计划数。俄罗斯国家经济档案馆，4433号库第1类第110卷第158页。

716 运动开始于1935年1月，在美国等地开展，在德国和瑞士尤为活跃。俄罗斯国家经济档案馆，4433号库第1类第145卷第449页。

717 1935年最终版计划中，外宾商店领导预计，主要金额仍然来自北美，不过计划数相对谨慎——400万卢布，其后是波兰（160万卢布）。在计划中，德国相对较低（60万卢布）。比德国高的有法国（100万卢布）、土耳其和巴勒斯坦（两地总计72万卢布）。紧随德国之后的是英国（55万卢布）和包括伪满洲国的中国（60万卢布）。有意思的是，在外宾商店1935年的最初计划中（1400万卢布），来自德国的汇款比重较大，预计为160万卢布。因此，针对“法西斯”钱财的禁止措施最初并不在计划中，而是在年度内实施的。还应指出，1933年和1934年来自德国的汇款占比较高，这证明虽然希特勒上台是德国往苏联汇款减少的主要原因，但其上台没有立刻导致汇款减少。按照1935年的计划，预计最吸引境外汇款的地区为乌克兰、白俄罗斯，北高加索和亚速—黑海州、莫斯科和列宁格勒也处于前列。俄罗斯国家经济档案馆，4433号库第1类第133卷第59页；第145卷第188、378页。莫斯科州中央国家档案馆，3812号库第1类第2卷第20页。

718 1935年11月15日起，外宾商店停止接收贵金属和宝石。

719 俄罗斯国家经济档案馆，4433号库第1类第175卷第64页。

720 按照外宾商店总结报告的数据，马格尼托哥尔斯克冶金联合体进口设备价值为4400万金卢布。乌拉尔机械制造厂的进口设备花去了苏联政府1500万卢布，车里雅宾斯克拖拉机厂的进口设备价值2300万卢布，第聂伯河水电站的进口设备价值3100万卢布，高尔基汽车制造厂的进口设备价值4320万卢布，斯大林格勒拖拉机厂的进口设备价值3500万卢布，库兹涅茨克冶金联合体的进口设备价值2590万卢布。按照罗森戈尔茨的说法，哈尔科夫拖拉机厂和“国家轴承”厂的进口设备均为2000万卢布。俄罗斯国家经济档案馆，4433号库第1类第133卷第136页；亚·罗森戈尔茨：《苏联和资本主义国家的经济关系》，载《对外贸易》1934年第6期。

船舶补给和港口经济

721 俄罗斯国家经济档案馆，4433 号库第 1 类第 8 卷第 15 页。

722 俄罗斯国家经济档案馆，4433 号库第 1 类第 3 卷第 51、82 页。根据外宾商店的请求，在国外的苏联运输机构向外国的船公司通报了港口外宾商店设立的消息，并散发了外宾商店的价目单。文件证实，向假想客户通报的速度极其缓慢。例如，列宁格勒港口外宾商店从 1931 年夏天到秋天都没能让印刷厂完成提供给外国船公司的价目单印刷订单。维堡市列宁格勒州国家档案馆，1154 号库第 1 类第 10 卷第 32—33 页。

723 在港口贸易的前外宾商店时期，苏联港口的外国船长不仅可以用外汇支付，还可以使用“外汇卢布”支付。在苏联商船队向外宾商店移交港口贸易时，踊跃讨论了从船长那里收什么货币。俄罗斯国家经济档案馆，4433 号库第 1 类第 3 卷第 30 页。

724 俄罗斯国家经济档案馆，4433 号库第 1 类第 3 卷第 49 页。

725 酬金并不是马上就出现的。随着外宾商店开始船舶补给业务，港口工作人员找到在莫斯科的管委会，要求向外国船长支付奖励，但最初只是选择性地批准了这一请求。1931 年 3 月，管委会批准在巴塔米港予以实施。1931 年 5 月，讨论了全面引入酬金的问题。然而，直到 1932 年 11 月才做出最终决定：酬金不得超过订单价值的 5%，可以用货币支付，也可以用外宾商店的商品抵偿。俄罗斯国家经济档案馆，4433 号库第 1 类第 5 卷第 54、96 页；第 73 卷第 118 页。

726 俄罗斯国家经济档案馆，4433 号库第 1 类第 73 卷第 30 页。

727 在关于敖德萨港规定的报告中，通报了船舶补给员和外轮船长商定把全体船员固定在外宾商店的酒吧。船长将全体船员名单交给酒吧，海员们只能在这个酒吧凭签条获得商品。俄罗斯国家经济档案馆，4433 号库第 1 类第 73 卷第 30 页。

728 国际俱乐部在苏联港口的职责之一是吸引外国海员参加工会等社会组织。不过，海员没有现金妨碍了这一任务的完成，要知道，在入会时需要用外汇缴费，而他们的外汇被锁在船上。俄罗斯国家经济档案馆，4433 号库第 1 类第 73 卷第 13 页背面。

729 俄罗斯国家经济档案馆，4433 号库第 1 类第 73 卷第 41 页。

730 俄罗斯国家社会政治史档案馆，17 号库第 120 类第 35 卷第 104 页。

731 请参阅海员和港口工人国际苏联局的报告（俄罗斯国家社会政治史档案馆，17

号库第 120 类第 35 卷第 105—106 页），以及外宾商店的有关资料（俄罗斯国家经济档案馆，4433 号库第 1 类第 73 卷第 29—30、107 页）。可以确切地讲，不光是黑海沿岸的港口，别的港口也都存在卖淫行为。

732 俄罗斯国家经济档案馆，4433 号库第 1 类第 73 卷第 24 页。“玛丽·莱莫斯”号（Мари Лемос）和“沃尔加斯”号（Волгас）船舶委员会的海员们在信上署了名。

733 戈利德什杰伊恩和他在敖德萨港经常出没的场所在 1933 年 1 月成了全苏工会中央理事会、海员和港口工人国际、水运工人工会中央委员会、外宾商店、“全苏外宾酒店服务股份公司”和“全苏外国游客服务股份公司”工作者联席会议的特别调查对象。与会人员承认，不能开除戈利德什杰伊恩。案子被移交给了联共（布）中央监察委员会—工农监察人民委员部。俄罗斯国家经济档案馆，4433 号库第 1 类第 73 卷第 16 页。

734 俄罗斯国家经济档案馆，4433 号库第 1 类第 73 卷第 13 页。

735 俄罗斯国家经济档案馆，4433 号库第 73 卷第 41—42 页。

736 这里提到的是“全苏外宾酒店服务股份公司”的酒吧，其情况与外宾商店酒吧一样。

737 俄罗斯国家经济档案馆，4433 号库第 1 类第 20 卷第 187 页。

738 俄罗斯国家经济档案馆，4433 号库第 1 类第 5 卷第 218 页。

739 当时的警察局隶属于格别乌。

740 俄罗斯国家社会政治史档案馆，17 号库第 120 类第 35 卷第 105 页。

741 例如，巴塔米港外宾商店 1931 年的日均收入为 25 至 50 卢布。俄罗斯国家经济档案馆，4433 号库第 1 类第 5 卷第 245 页。

742 俄罗斯国家经济档案馆，4433 号库第 1 类第 73 卷第 13 页。

743 俄罗斯国家经济档案馆，4433 号库第 1 类第 164 卷第 27 页。

744 俄罗斯国家社会政治史档案馆，17 号库第 120 类第 35 卷第 105 页。

745 俄罗斯国家经济档案馆，4433 号库第 1 类第 5 卷第 245 页。

746 地方党委应当听取外宾商店办事处负责人关于外汇计划完成进度的报告。

747 博什科维奇就此写道：“当然，我们不能拒绝外国海员和船长的外汇，为此，我们开了这个酒吧。”俄罗斯国家经济档案馆，4433 号库第 1 类第 73 卷第 2 页。

748 俄罗斯国家经济档案馆，4433 号库第 1 类第 73 卷第 20 页。

749 对于敖德萨港的俱乐部的描述证明了国际俱乐部的简陋——除了阅览室和几个分开的房间，那里什么也没有。没有自己住所的国际俱乐部工作人员住在宾馆里，他们“吃掉了”国际俱乐部本就不足的经费。俄罗斯国家经济档案馆，

4433 号库第 1 类第 73 卷第 15 页。按照列宁格勒港的数据，1931 年国际俱乐部的主要供应来自贫瘠的国家公共饮食库。外宾商店则慷慨地提供了烟卷、巧克力、啤酒、饼干——普通供应中没有的商品。维堡市列宁格勒州国家档案馆，1154 号库第 1 类第 7 卷第 20 页。

750 1931 年 9 月 13 家国际俱乐部的工作人员会议，以及 1933 年 1 月 10 日和 11 日全苏工会中央理事会、水运工作者联盟中央委员会、外宾商店、“全苏外宾酒店服务股份公司”和“全苏外国游客服务股份公司”代表参加的会议要求，“党的指导机关”，即中央委员会，干预并终结了苏联港口的混乱局面。俄罗斯国家社会政治史档案馆，17 号库 120 类第 35 卷第 106 页。

751 洛加诺夫斯基在港口外宾商店工作人员阿·伊·马约罗夫的报告上所做的页边标记和批示证明了其对于港口外宾商店工作方式的否定态度。马约罗夫报告中有 9 页描述了港口外宾商店的混乱情况。俄罗斯国家经济档案馆，4433 号库第 1 类第 162 卷第 23—31 页。

752 1933 年 10 月，外宾商店管委会副主席穆斯特给阿尔汉格尔斯克的北方办事处写道：“由于上级政府机关决定撤销港区的小吃部、酒吧等娱乐场所，我们认为无法允许你们在我们宾馆食堂里进行任何乐队表演，尤其是供入住这家宾馆的外国人和外国船长观看的演出。”由于停止了弦乐队的表演，餐厅日均收入从 60 卢布下跌至 35 卢布。阿尔汉格尔斯克外宾商店请求批准乐队演奏，哪怕仅仅是白天。俄罗斯国家经济档案馆，4433 号库第 1 类第 73 卷第 142 页。

753 斯塔舍夫斯基要求采取措施，使“被清洗出去的人不会到外宾商店系统的其他单位工作”。斯塔舍夫斯基信函中的最后注解很有趣，即开除人员的命令不得波及行政流放者和格别乌监管下的工作人员——似乎，古拉格也在外宾商店系统里。俄罗斯国家经济档案馆，4433 号库第 1 类第 152 卷第 22—23、30 页。

754 马约罗夫在 1934 年 12 月给洛加诺夫斯基的报告中汇报说，新罗西斯克的资深船舶补给员库曼塔罗斯“按照外轮上两个希腊人的电报”将妓女送到了马里乌波利的船上。他在报告中提到，大部分船舶补给员从事着拉皮条的工作，并把妓女送到船长那里。俄罗斯国家经济档案馆，4433 号库第 1 类第 164 卷第 25、26 页。

755 俄罗斯国家经济档案馆，4433 号库第 1 类第 164 卷第 82 页。

756 俄罗斯国家经济档案馆，4433 号库第 1 类第 120 卷第 64 页。

757 马约罗夫说，在黑海船舶补给员中，只有一个或者两个共产党员，其中的一位还被检举存在舞弊行为。俄罗斯国家经济档案馆，4433 号库第 1 类第 164 卷第

27 页。

758 在之前提到的发给洛加诺夫斯基的报告中，马约罗夫描述了黑海船舶补给员整体的细节个性。俄罗斯国家经济档案馆，433 号库第 1 类第 164 卷第 23—31 页。

759 俄罗斯国家经济档案馆，4433 号库第 1 类第 120 卷第 58 页。

760 俄罗斯国家经济档案馆，4433 号库第 1 类第 26 卷第 218 页；第 164 卷第 23—31 页。

761 维堡市列宁格勒州国家档案馆，1154 号库第 10 卷第 32 卷第 29 页。

762 维堡市列宁格勒州国家档案馆，1154 号库第 3 卷第 64 卷第 50 页。

763 1932 年秋季的数据。报告以悲伤的语言结尾："很快，大家都会逃走。"俄罗斯国家经济档案馆，4433 号库第 1 类第 29 卷第 47 页。

764 维堡市列宁格勒州国家档案馆，1154 号库第 1 类第 1 卷第 54 页。1931 年列宁格勒港船舶补给员的工资补贴为苏联船舶订单的 0.5%、外国船长订单的 0.25%。

765 维堡市列宁格勒州国家档案馆，1154 号库第 3 类第 60 卷第 12 页。

766 俄罗斯国家经济档案馆，4433 号库第 1 类第 5 卷第 8 页。

767 俄罗斯国家经济档案馆，4433 号库第 1 类第 28 卷第 195—197 页。

768 俄罗斯国家经济档案馆，4433 号库第 1 类第 5 卷第 8 页。

769 俄罗斯国家经济档案馆，4433 号库第 1 类第 13 卷第 46 页。

770 1934 年，这种招待费用被取消。对于船长们而言，"用酒和冷盘"这些供应水手的食物招待船舶补给员不再合法。俄罗斯国家经济档案馆，4433 号库第 1 类第 12 卷第 238 页；第 30 卷第 65 页；第 51 卷第 29 页；第 164 卷第 24 页。

771 维堡市列宁格勒州国家档案馆，1154 号库第 3 类第 25 卷第 47—51 页。

772 俄罗斯国家经济档案馆，4433 号库第 1 类第 120 卷第 1—2 页。

773 获取回扣奖励需要船长签名单，但没人认识和证明船长的签名。有时，船舶补给员拿来的签名单是一些杂工写的——小卖部服务员、厨师等。在港口工作实践中，回扣奖励常常毫无凭据地从外宾商店账户中划出。俄罗斯国家经济档案馆，4433 号库第 1 类第 164 卷第 27 页。

774 在财务报表体系不佳的条件下，这一措施未必能遏制虚假账户的设立。俄罗斯国家经济档案馆，4433 号库第 1 类第 164 卷第 23 页。

775 马约罗夫称，内务人民委员部在调查波季港的资深船舶补给员米洛瓦诺夫时发现了价值 3000 卢布的进口唱片。巴塔米的资深船舶补给员扎斯拉夫斯基从外国船长那里收受了 4 双橡胶靴的贿赂。事实上，他给自己只留下了一双，其余的给了资历较浅的船舶补给员："两个人收下拿回了家，第三个人把靴子拿到了格别乌。”俄罗斯国家经济档案馆，4433 号库第 1 类第 164 卷第 27、30—31 页。

776 外宾商店管委在给各办事处的通函中写道：“出于政治原因，发给外轮和外国人的商品账单最好只记录金额，而不明确列出具体商品，主要是不列出售价。”俄罗斯国家经济档案馆，4433 号库第 1 类第 3 卷第 60 页。

777 这不符合实际情况，因为船东为船员伙食制定了不可超出的限额。俄罗斯国家经济档案馆，4433 号库第 1 类第 164 卷第 29 页。

778 早前提到的船舶补给员马约罗夫在 1934 年时向洛加诺夫斯基抱怨，他在黑海各港口工作期间对于船舶补给员舞弊行为的揭发没有得到“外宾商店”系统任何一位负责人的支持，包括港口业务管理部门的负责人，他“总是听到这样的答复——这都是合法的、管委会都知道等等”。马约罗夫还写道，直到抵达莫斯科并获得洛加诺夫斯基支持后，他才感觉自己相对安全、可免于被迫害。但即便在莫斯科且在洛加诺夫斯基支持之下，他仍然害怕港口工作人员会相互包庇，因而请求开展“秘密”调查。俄罗斯国家经济档案馆，4433 号库第 1 类第 164 卷第 24、28、31 页。

779 维堡市列宁格勒州国家档案馆，1154 号库第 3 类第 64 卷第 36 页背面。

780 维堡市列宁格勒州国家档案馆，1154 号库第 3 类第 64 卷第 50 页。

781 俄罗斯国家经济档案馆，4433 号库第 1 类第 26 卷第 217 页。

782 俄罗斯国家经济档案馆，4433 号库第 1 类第 26 卷第 216 页。

783 俄罗斯国家经济档案馆，4433 号库第 1 类第 164 卷第 82 页。

784 维堡市列宁格勒州国家档案馆，1154 号库第 1 类第 4 卷第 2、8 页。外宾商店领导不准取消港口商品，即不准剥夺港口商品的出口创汇商品属性。如果发生变质的情况，商品应当重新估价并在城市里的外宾商店销售换取外汇。显然，他们认为，饥民会吃下这些变质的食品。维堡市列宁格勒州国家档案馆，1154 号库第 10 类第 23 卷第 45 页。

785 维堡市列宁格勒州国家档案馆，1154 号库第 3 类第 25 卷第 48 页。

786 管委会允许港口外宾商店自行采购。俄罗斯国家经济档案馆，4433 号库第 1 类第 12 卷第 238 页。

787 根据决议，在外宾商店开展船舶补给工作时，其商品和服务价格应当和邻近的外国港口的价格相当。由于苏联价格制定工作反应迟钝且官僚拖沓，致使定价工作无法根据国际价格的变化做出反应，所以这条规定并未得到执行。

788 降价的支持者被控为投机者的同谋。例如，在一份通报中提到“芬兰船只收购糖具有投机性”。海员们靠着港口间的价差发财致富。维堡市列宁格勒州国家档案馆，1154 号库第 4 类第 64 卷第 5 页。

789 维堡市列宁格勒州国家档案馆，1154 号库第 4 类第 64 卷第 7 页。

790 为了让曾受思想反苏船长影响的水手感兴趣，就需要紧俏的商品。根据报告上的数据，海员们喜欢购买俄罗斯靴子、大码的皮大衣、便宜的女士皮草大衣——黄鼠皮和“仿海狗皮的家兔皮”的，他们还会询问境外流行的红色狐狸皮；喀山便鞋和无边便帽卖得很好。摩尔曼斯克港通报了未加工海豹皮的需求上升了，而列宁格勒港通报了对于禁止销售的大望远镜的需求。在摩尔曼斯克的英国船舶需要暖和的被子——船员们大部分来自印度，在俄罗斯北方冻坏了。在摩尔曼斯克对于巴别尔工厂的烟盒以及“北方的熊”花露水也有需求。在港口外宾商店购物的外国游客品位十分标新立异。他们感兴趣的有昂贵的皮货、银制品、瓷器，包括罗蒙诺索夫瓷器厂的盘子、“19 世纪荷兰派绘画”、法贝热制品、圣像画和别的古董。

791 维堡市列宁格勒州国家档案馆，1154 号库第 2 类第 5 卷第 755 页。

792 维堡市列宁格勒州国家档案馆，1154 号库第 4 类第 16 卷第 188 页。

793 维堡市列宁格勒州国家档案馆，1154 号库第 10 类第 11 卷第 18 页。

794 维堡市列宁格勒州国家档案馆，1154 号库第 10 类第 11 卷第 5 页背面。

795 维堡市列宁格勒州国家档案馆，1154 号库第 10 类第 11 卷第 25 页背面。

796 列宁格勒港也发来报告，乘坐德国船抵达的乘客购物量少于乘坐其他国家船只抵达的游客。港口工作人员的解释是，德国船上存在反对在苏联购物的宣传。据他们所言，组织旅行的德国公司代表尽力让游客不在外宾商店停留。维堡市列宁格勒州国家档案馆，1154 号库第 10 类第 11 卷第 31 页。

797 维堡市列宁格勒州国家档案馆，1154 号库第 10 类第 11 卷第 22 页。

798 资料还证实，甚至在 1934 年还有一些船长不知道外宾商店是什么。据说，凯姆港的船舶补给员为了一瓶酒不得不向外国船长解释什么是外宾商店——不是别的，正是其雇主（在凯姆港指的是全苏木材出口联合公司）的分支机构。交谈后，船长很遗憾“基本上没让船员买什么”。当他第二次去凯姆港时，他买了 215 卢布的商品，而上一次只花了 6 卢布，而且“经常去外宾商店喝一杯，这事之前从来没干过”。维堡市列宁格勒州国家档案馆，1154 号库第 4 类第 16 卷第 188 页。

799 维堡市列宁格勒州国家档案馆，1154 号库第 3 类第 60 卷第 1 页。

800 根据劳动和国防委员会的命令，外宾商店不情愿地承担了苏联远洋轮停靠国内港口时的补给责任。据估计，这些船按照协议价补给国内非出口商品。然而，外宾商店的担忧得到了证实。由于国家内需商品库商品不足——不要忘记，当时是定量配给时期——供应单位拒绝向外宾商店拨发商品，于是外宾商店不得不消耗宝贵的出口商品去补给苏联船只。关于这一点，可以参阅列宁格勒船舶补给业务中的抱怨。维堡市列宁格勒州国家档案馆，1154号库第1类第7卷第8页。在列宁格勒还有专门为苏联远洋海员家庭提供服务的商店。

801 俄罗斯国家经济档案馆，4433号库第1类第4卷第137页。

802 按照列宁格勒港的数据，1934年，外轮订购额在22卢布至428卢布之间浮动。维堡市列宁格勒州国家档案馆，1154号库第10类第1卷第98页。

803 1935年，1171艘次外轮和632艘次苏联远洋轮停靠苏联港口。每艘外轮贡献的平均进款约为280卢布，而苏联船只的平均进款为765卢布。俄罗斯国家经济档案馆，4433号库第1类第153卷第27页。

804 在外宾商店统计中，服务苏联船只所获的收入与“真实”外汇无缘，这绝非偶然。

805 维堡市列宁格勒州国家档案馆，1154号库第3类第60卷第26页。

806 1932年4月制订了外宾商店1933—1937年的计划。（俄罗斯国家经济档案馆，4433号库第1类第21卷第20—22页）关于这个计划在本书“‘外宾商店’——商贸之国”和“黄金”两节中进行了叙述。

807 列宁格勒船舶补给业务量是外宾商店内规模最大的网点之一，1931年只收入了28.5万卢布。其中约21万卢布属于服务苏联船只的非现金结算。维堡市列宁格勒州国家档案馆，1154号库第1类第13卷第33页。

808 俄罗斯国家经济档案馆，4433号库第1类第114卷第38页；第105卷第44页。

809 俄罗斯国家经济档案馆，4433号库第1类第133卷第103页。

810 俄罗斯国家经济档案馆，4433号库第1类第158卷第27页背面。显然，最初的计划减少到了300万卢布，但仍然没能完成。俄罗斯国家经济档案馆，4433号库第1类第139卷第19页。

811 这个数字中，只有100万卢布左右是外宾商店通过供应外国船只获得的，剩下的是通过供应苏联远洋轮节约下的外汇。俄罗斯国家经济档案馆，4433号库第1类第175卷第63页。

812 俄罗斯国家经济档案馆，4433号库第1类第175卷第63页。

813 外宾商店1936年的计划为300万卢布，其中200万卢布为供应苏联远洋轮所得。但是这个计划不得不交由苏联商船队去完成，因为外宾商店在1936年初停止营业了。俄罗斯国家经济档案馆，4433号库第1类第175卷第64页。

外宾商店的“红色经理”：“社会革命党人”

814 米·阿·利文森的履历以1936年党内证件更换时其填写的联共（布）党员登记表为基础。（俄罗斯国家社会政治史档案馆，17号库第100类）在撰写本章时，我使用了亚历山大·雷洛夫的《传统家庭：从斯大林到达斯汀·霍夫曼》中的少量资料，其在互联网上的网址为http://www.sem40.ru/ourpeople/destiny。

815 罗曼诺夫·亚历山大二世皇帝（1855—1881年在位）因其废除了俄国的农奴制而被称为“解放者”。

816 社会革命党成立于1901年，该党为新民粹主义团体，继承了19世纪下半叶革命民粹派的一些传统：坚持知识分子需对人民履行义务的思想，坚持这种思想有利于人民，特别关注俄国农业问题，认可政治恐怖是与专制政体斗争的手段。社会革命党的战斗小组在20世纪初发动了数起著名的政治暗杀。社会革命党是社会主义者，但不是马克思主义者。该党领袖为维克多·切尔诺夫。1917年二月革命期间，大部分社会革命党人支持临时政府。当1917年10月布尔什维克在彼得格勒夺权时，该党党员亚历山大·克伦斯基正担任临时政府总理。激进派——左翼社会革命党人在布尔什维克胜利后进入了苏维埃政府，但在1918年春天由于不同意《布列斯特和约》而脱离了苏维埃政府。1918年1月，社会革命党在被布尔什维克强制解散的俄国立宪会议中获得多数席位。当时，苏维埃政府就取缔了俄国社会革命党。社会革命党转向恐怖活动。该党党员芬妮·卡普兰企图刺杀列宁，最终伤到了列宁。很多社会革命党人在国内战争中同布尔什维克作战。其中最大规模的一起农民暴乱——1920—1921年坦波夫省起义——是由社会革命党人亚历山大·安东诺夫发起的。到1922年，社会革命党在苏俄的活动遭到了镇压。加入布尔什维克并官至领导层的社会革命党人有米哈伊尔·加里宁——全俄苏维埃中央执委会主席、斯大林时期的政治局委员。

817 在第一次俄国革命那几年，米哈伊尔·利文森在伊尔库茨克组织了印刷工工会，在鄂木斯克组织了店员工会。

818 亚历山大·瓦西里耶维奇·高尔察克（1874—1920）为人熟知的身份是国内战争时期西伯利亚反布尔什维克运动中需为很多暴行承担责任的领导者。同时，他是一个天赋众多的人、为俄国立下功勋的人。他的身份包括极地研究者、海洋学家和水文学家、俄罗斯地理协会正式成员、科学考察的参与者、专题著作《喀拉海和西伯利亚海冰层》的作者。为表彰研究者的功绩，一座位于喀拉海的岛屿被命名为高尔察克岛。作为世袭军人和海军军校毕业生，高尔察克在作为祖国保卫者的生涯中功绩卓越：他是1904—1905年日俄战争中保卫旅顺港的英雄，也是第一次世界大战期间一系列成功的海上行动的参与者。高尔察克支持临时政府。当布尔什维克于1917年10月在彼得格勒夺取政权的时候，他正作为俄国海军代表团团长访问美国。高尔察克决定留在国外，并于1917年12月进入英国军队服役。但是俄国爆发了国内战争，他无法在外国坐视不管。在经由西伯利亚回国时，高尔察克留在了由社会革命党和军校生建立的全俄临时政府控制的鄂木斯克。他在全俄临时政府中担任了陆海军部部长，之后通过军事政变自封为“俄国最高执政官”。西伯利亚、乌拉尔和远东都在高尔察克控制之下。然而，从1919年春天起，军事上的失利接踵而至。1919年底前，红军夺取了乌拉尔并将军事行动延伸到西伯利亚。11月10日，高尔察克和政府、残余部队一起撤出自己的首都。1919年底前，红军肃清了整个西西伯利亚。1月5日，高尔察克解散自己的护卫队后登上了协约国的火车，协约国保证将他安全送到符拉迪沃斯托克；次日，他把“最高执政官”的称号授予安·伊·邓尼金。协约国背叛了高尔察克。捷克斯洛伐克军团司令部把高尔察克交给了1919年12月底仍控制着伊尔库茨克的社会革命党—孟什维克政治中心。交出高尔察克的回报是允许捷克斯洛伐克军团的专列驶往符拉迪沃斯托克。在1920年1月21日布尔什维克夺取伊尔库茨克政权后，高尔察克被移交给了军事革命委员会，该委员会根据列宁的密令做出了枪决高尔察克的决定。1920年2月7日，高尔察克被执行死刑。

819 工农监察人民委员部负责国家监管的问题。该部于1920年成立，1934年解散。斯大林是该部第一任人民委员。他担任工农监察人民委员一直到1922年为止。

820 当利文森担任驻意大利贸易代表时，魏采尔在1932—1934年兼任了驻德国贸易代表。显然，利文森到内贸人民委员部担任魏采尔的副手并非偶然。

821 俄罗斯联邦总统档案馆，第24类第417卷第229页。

822 俄罗斯联邦安全委员会中央档案馆，3号库第7类第945卷第462—469页。

823 魏采尔于1937年秋天被撤职并逮捕，1938年5月被枪决。

面包和帆布鞋，或有关于人们在外宾商店购买的东西

824 1930年时外宾商店仅向外国人出售商品，当年的数据没能找到，不过可以肯定的是，当时的营业额并不大。

825 1931 年第一季度，外宾商店商品销售额为 50.6 万卢布，第二季度为 74.4 万卢布。随着苏联顾客获准进入外宾商店，第三季度的销售额几乎是上一季度的 3 倍（210 万卢布）。第四季度随着日用黄金业务的开始，外宾商店的销售量更高，达到了 350 万卢布。俄罗斯国家经济档案馆，4433 号库第 1 类第 66 卷第 102 页。

826 俄罗斯国家经济档案馆，4433 号库第 1 类第 66 卷第 102 页。

827 1932 年初，阿什哈巴德来函写道，外宾商店的顾客更喜欢的不是食物，而是“实实在在的东西，比如被子、线衫、袜子、长袜、丝绸等”。几个月后，一切都变了——人们开始询问便宜的面粉。乌兹别克斯坦中央国家档案馆，289 号库第 1 类第 17 卷第 103 页。

828 俄罗斯国家经济档案馆，4433 号库第 1 类第 66 卷第 102 页。

829 俄罗斯国家经济档案馆，4433 号库第 1 类第 71 卷第 172 页。

830 俄罗斯国家经济档案馆，4433 号库第 1 类第 29 卷第 311 页。

831 在北高加索一些关于该地区将被取消国家定额粮食供应的令人惊恐的传言点燃了采购狂潮。外宾商店北高加索办事处的负责人抱怨，由于供应中断和发货不足“不得不直接守在相关单位”，紧抓装着面粉的车皮。俄罗斯国家经济档案馆，4433 号库第 1 类第 51 卷第 27 页。

832 俄罗斯国家经济档案馆，4433 号库第 1 类第 71 卷第 168—172 页。

833 俄罗斯国家经济档案馆，4433 号库第 1 类第 71 卷第 168—172 页。

834 和 1932 年初相比，年底时外宾商店列宁格勒办事处销售中的工业品比重从 59% 降到了 24%。1933 年第一季度，外宾商店列宁格勒市办事处销售了价值 200 万卢布的食品，工业品销售只有 50 万卢布。该年第二和第三季度食品和工业品的销售比例也类似。1933 年整年，列宁格勒市外宾商店销售了近 800 万卢布的食品，而工业品不到 200 万卢布。报告指出，面包类的生意是最赚钱的。维堡市列宁格勒州国家档案馆，1154 号库第 3 类第 64 卷第 26 页；第 10 类第 1 卷第 20 页。农民为主的外宾商店西部（斯摩棱斯克）办事处的资料证实，计划主要依靠面粉销售得以完成。外宾商店的一些负责人直接对着管委会声称：把面粉寄来——我们就完成计划。

835 瓦·伊·马罗奇科：《“外宾商店”》，第 99 页。

836 维堡市列宁格勒州国家档案馆，1154 号库第 3 类第 13 卷第 21 页。

837 俄罗斯联邦国家档案馆，5446 号库第 15a 类第 818 卷第 15 页。1933 年，外宾商店总共售出价值 8600 万金卢布的食品，包括 3500 万卢布的面粉。在售出的粮食类产品中，糁占 14%，糖占 12%，黄油（当时称为脂油）占 9%，植物油占 4%。

838 按照苏联 1.6 亿人口计算，这一年每人只分到 1.5 千克面粉。如果外宾商店的供应能力强，那么 1933 年面粉等基本食品的销量会更大。

839 根据外宾商店外汇—财务部门 1933 年 4 月为外贸银行进行的核算，面粉、糁、糖、植物油和糖果利润（即投入卢布的外汇产出）率较高。俄罗斯国家经济档案馆，4433 号库第 1 类第 92 卷第 237 页。

840 俄罗斯国家经济档案馆，4433 号库第 1 类第 132 卷第 34 页。

841 俄罗斯国家经济档案馆，4433 号库第 1 类第 132 卷第 65 页。

842 中亚的资料证实，在民族地区，面包类食品和面粉是民众最需要的商品。1933 年第一和第二季度，在乌兹别克斯坦和土库曼斯坦，面包—喂养类商品在外宾商店销售中的占比都超过了 80%，在吉尔吉斯斯坦超过了 90%。乌兹别克斯坦共和国中央国家档案馆，288 号库第 2 类第 3 卷第 93 页。

843 外宾商店领导向工农监察人民委员部报告称，需求的下降始于 7 月，在 8 月至 9 月逐步加剧。1933 年上半年，外宾商店售出了价值约 4000 万卢布的面包—喂养类商品，同年第二季度仅为 2400 万卢布。俄罗斯国家经济档案馆，4433 号库第 1 类第 132 卷第 34 页。

844 1933 年夏天，在列宁格勒每月上交黄金的人数平均超过 10 万人。到了 1934 年初，随着粮食状况的正常化，黄金“上交者”月均数量下降了近一半，但是每笔上交黄金的价值上升了。维堡市列宁格勒州国家档案馆，1154 号库第 10 类第 1 卷第 42 页。

845 维堡市列宁格勒州国家档案馆，1154 号库第 10 类第 2 卷第 16 页。

846 俄罗斯国家经济档案馆，4433 号库第 1 类第 72 卷第 8—13 页。食品需求的下降和工业品销量的上升无论在城市的列宁格勒办事处材料中，还是在农民的斯摩棱斯克办事处资料中都显而易见，不过，达到温饱后的城市和农村所需的商品有所不同。

847 关于这个问题请阅读“外宾商店的价格”一节。

848 斯摩棱斯克州国家档案馆，1425 号库第 1 类第 23 卷第 84 页。

849 俄罗斯国家经济档案馆，4433 号库第 1 类第 101 卷第 37 页。

850 俄罗斯国家经济档案馆，4433 号库第 1 类第 101 卷第 37 页。

851 根据政治局的决议（随后就成了政府的命令），从 1935 年 1 月 1 日起取消面包、糁和面粉的配给卡，从 1935 年 10 月 1 日起取消肉制品和鱼肉制品、油脂、糖和土豆的配给卡。请参阅 1934 年 12 月 7 日苏联人民委员会和联共（布）中央委员会《关于取消面包、面粉和糁配给制以及凭经济作物供应面包的制度》的命令以及 1935 年 9 月 25 日《关于降低面包售价并取消肉、鱼、糖、油脂和土豆配给制》的命令。《党和政府关于经济问题的决定》第 2 卷，莫斯科，1967 年，第 510—511、547—548 页。

852 1931—1935 实施配给制的那几年，得到国家定量配给的那些群体依附于部门的封闭性集体、供应单位以及工人供应处。无关人员是无法加入其中的。

853 1935 年上半年，外宾商店粮食销量只相当于 1934 年上半年销量的 36%，而同期纺织—鞋类销售量为 120%。俄罗斯国家经济档案馆，4433 号库第 1 类第 153 卷第 22 页。

854 维堡市列宁格勒州国家档案馆，1154 号库第 10 类第 11 卷第 19 页；第 12 卷第 145 页。

855 1935 年上半年外宾商店纺织品—鞋类商品销量是 1934 年同期的 122%，而粮食类商品销量仅为 1934 年同期的 36%。

856 俄罗斯国家经济档案馆，4433 号库第 1 类第 175 卷第 62 页。

857 1936 年，外宾商店计划售出价值 2000 万卢布的商品，其中 59% 应为工业品。俄罗斯国家经济档案馆，4433 号库第 1 类第 175 卷第 62、63 页。

858 俄罗斯国家经济档案馆，4433 号库第 1 类第 175 卷第 130 页。

859 我想提醒读者，外宾商店为每克化学意义上的纯黄金支付 1 卢布 29 戈比。

860 俄罗斯国家经济档案馆，4433 号库第 1 类第 114 卷第 52 页。

861 俄罗斯国家经济档案馆，4433 号库第 1 类第 133 卷第 141—143 页。关于“末尾”的购买狂热，请详见本书“外宾商店的尾声”。

外宾商店的价格

862 莫斯科大众食品托拉斯管理着首都的国营商店。

863 俄罗斯国家经济档案馆，4433 号库第 1 类第 114 卷第 45 页。

864 俄罗斯国家经济档案馆，4433 号库第 1 类第 71 卷第 168 页。

865 关于外宾商店商品销量和民众卖掉珍宝所得的金额是否一致的问题在“黄金”一节中进行了研究。

866 经济史学家尤·巴·博卡列夫认为，在货币流通量、货币流通速度、商品实际总量和价格相互高度依存的情况下（无论在市场经济中，还是在计划经济中，都存在这种情况），社会主义治下只有货币流通速度不调控，而资本主义治下只调控货币流通量。这意味着，计划经济中的价格制定比市场经济承担了复杂得多、人力投入大得多的任务。尤·巴·博卡列夫认为，1930年代下半叶，布尔什维克成功地做到了成品价格大大高出这些成品生产时所用部件的总价。尤·巴·博卡列夫:《两次世界大战间（1917—1941）的苏联和世界经济发展》第六部分《动荡时代（1929—1933年）》，手稿。

867 俄罗斯国家经济档案馆，4433号库第1类第17卷第207页。

868 俄罗斯国家经济档案馆，4433号库第1类第66卷第101页；第168卷第29页。

869 俄罗斯联邦国家档案馆，5446号库第13a类第350卷第33页。

870 不过，不能忘记爆发饥荒后外宾商店黄金卢布和普通卢布在黑市上的兑换价快速上涨，到1933年初达到了1∶60。俄罗斯国家经济档案馆，4433号库第1类第71卷第168—172。

871 俄罗斯国家经济档案馆，4433号库第1类第37页。

872 委员会在1933年4月报告了检查结果。俄罗斯国家经济档案馆，4433号库第1类第71卷第168—174页。

873 俄罗斯国家经济档案馆，4433号库第1类第66卷第101页。

874 外宾商店工业品进货价格为成本价（所谓的“FOB离岸价”计划内价格）或者财政人民委员会专门制定的供应商发货价。外宾商店的商品售价并不是用某个特定的恒定系数乘以工厂价得出的。供应商价格和外宾商店售价之间的关系因年份和商品不同而大不相同。

875 价格委员会是由外贸人民委员部的工作人员组成的。委员会主席是贸易副人民委员洛加诺夫斯基。外宾商店主席斯塔舍夫斯基在委员会中代表外宾商店。俄罗斯国家经济档案馆，4433号库第1类第62卷第108页；第168卷第28—29页。

876 俄罗斯联邦国家档案馆，5446号库第15a类第818卷第15页。

877 外宾商店的会计们算出了个别商品或品类的利润，这反映了金卢布兑苏联卢布的增长。1933年上半年，外宾商店里面粉和糁的采购价与售价的比值为0.989。换言之，在饥荒时期，外宾商店面粉的金卢布售价的票面金额实际上和面粉的苏联卢布成本票面价一样。外宾商店的植物油金卢布票面金额是苏联卢布的生产成本价的1.7倍。外宾商店的金卢布价格和苏联卢布生产成本价的票面金额相近，或前者更高——这是政府利用人民饥饿需求的结果。俄罗斯国家经济档案馆，4433号库第1类第92卷第237页；第133卷第68页。

878 俄罗斯国家经济档案馆，4433号库第1类第75卷第6页。

879 1933 年 7 月，面粉和脂油降价了，8 月面粉（第二次）和糁也降价了。俄罗斯国家经济档案馆，4433 号库第 1 类第 168 卷第 28 页。

880 纺毛织物和成衣都下调了价格。价格下调幅度较大（从 30% 到 60%）。俄罗斯国家经济档案馆，4433 号库第 1 类第 64 卷第 20 页；第 71 卷第 118 页；第 77 卷第 2 页。

881 俄罗斯国家经济档案馆，4433 号库第 1 类第 71 卷第 50 页。

882 俄罗斯国家经济档案馆，4433 号库第 1 类第 80 卷第 28 页。

883 和第一季度相比，临近年底时粮食的价格平均下调了 60%。俄罗斯国家经济档案馆，4433 号库第 1 类第 114 卷第 54 页。

884 1933 年 12 月，管委会主席穆斯特写道，在外宾商店日用品价格和新设示范商店的价格关系中，外宾商店是吃亏的。俄罗斯国家经济档案馆，4433 号库第 1 类第 75 卷第 28、37、38 页。

885 俄罗斯国家经济档案馆，4433 号库第 1 类第 132 卷第 68 页。

886 俄罗斯联邦国家档案馆，5446 号库第 15a 类第 818 卷第 15 页。

887 1934 年初，价格仍在下调。和 1933 年底相比，面粉价格下调了 16%（每千克面粉值 4 金戈比），大米下调了 40%，糖下调了 40%—45%，糁下调了 20%，鱼肉罐头下调了 33%，干果下调了 35%，瑞士奶酪下调 10%。俄罗斯国家经济档案馆，4433 号库第 1 类第 94 卷第 16 页；第 108 卷第 20 页；俄罗斯联邦国家档案馆，5446 号库第 15a 类第 818 卷第 15 页。

888 俄罗斯联邦国家档案馆，5446 号库第 15a 类第 818 卷第 15 页。

889 委员会成立于 1934 年 2 月，成员包括外贸人民委员部、工农监察人民委员部、国家银行、财政人民委员部和外宾商店的代表。具体为：鲍·阿·罗伊森曼（主席）、阿·伊·米高扬、亚·巴·罗森戈尔茨、莫·约·卡尔马诺维奇、阿·卡·斯塔舍夫斯基。（俄罗斯联邦国家档案馆，5446 号库第 15a 类第 818 卷第 15 页）外宾商店管委会主席斯塔舍夫斯基在大部分情况下赞成更低售价的方案。（俄罗斯国家经济档案馆，4433 号库第 1 类第 94 卷第 16 页）

890 俄罗斯联邦国家档案馆，5446 号库第 15a 类第 818 卷第 15 页。

891 委员会的成员们一致做出了这个决定。外贸人民委员部代表和外宾商店管委会主席斯塔舍夫斯基不得不表示“赞成”。

892 1935 年，政府的外汇委员会批准了外宾商店调整售价。俄罗斯国家经济档案馆，4433 号库第 1 类第 139 卷第 15 页。根据文件判断，仅 1935 年上半年，不同地区和州的价格开始出现差异。俄罗斯国家经济档案馆，4433 号库第 1 类第 153

卷第 19 页。

893 1934 年 3 月，面粉、糁、通心粉、植物油和脂油、肉类和糖的价格都进行了上调。俄罗斯国家经济档案馆，4433 号库第 1 类第 168 卷第 28 页。

894 俄罗斯国家经济档案馆，4433 号库第 1 类第 153 卷第 19 页。

895 外宾商店无权更改价格，而哈萨克斯坦的警报仍在继续传来。由于不清楚上级机关已经介入定价问题，哈萨克斯坦外宾商店的领导责怪管委会敷衍了事且不愿考虑该共和国的情况。俄罗斯国家经济档案馆，4433 号库第 1 类第 122 卷第 49—52 页。

896 1934 年 5 月，外贸人民委员部致函苏联人民委员会苏维埃监察委员会，请求允许下调鸡蛋和葵花籽油的价格。委员会认为“满足外贸人民委员部的申请是可能的”。1934 年 8 月，洛加诺夫斯基重新向政府提出了必须下调糖、低档面粉、糁、糖果和鲱鱼价格的问题。1934 年 11 月，面粉价格下调了。俄罗斯联邦国家档案馆，5446 号第 15a 类第 825 卷；第 829 卷第 4 页；第 839 卷。

897 1934 年 10 月，苏联人民委员会下令下调糖和糖果的价格。1935 年 3 月，马里亚辛委员会下调了黑麦面粉、通心粉、鱼类和鱼子酱、罐头食品和糖的价格。1935 年 7 月，下调了一长串食品类商品的价格。俄罗斯国家经济档案馆，4433 号库第 1 类第 133 卷第 91—92 页；第 168 卷第 27 页。关于外宾商店价格制定的问题，可以参阅《关于外宾商店 1933 年和 1934 年定价规定的调查》，俄罗斯国家经济档案馆，4433 号库第 1 类第 168 卷第 27—29 页。

898 财政人民委员格林科担任主席的专门委员会在 1933 年 12 月提高了基本日用商品的价格。俄罗斯国家经济档案馆，4433 号库第 63 卷第 59 页。1935 年上半年，工业品，尤其是纺织品和鞋类的价格上调了。俄罗斯国家经济档案馆，4433 号库第 1 类第 133 卷第 91—93 页；第 175 卷第 61 页。

899 俄罗斯国家经济档案馆，4433 号库第 1 类第 133 卷第 89—90 页。

900 其中，面包—喂养类的商品价格上调了 20%，鱼类、糖果、红酒和伏特加、水果——10%，食品杂货——20%，烟草——25%，纺织品——50%—65%，日本丝绸——50%，棉布——35%，成衣——45%，针织品——42%，皮鞋——35%，洗衣皂——70%。决议是秘密的，好像可以瞒着顾客上调价格似的！（请参阅 1935 年 12 月 2 日苏联人民委员会 2593—426c 号《关于上调外宾商店价格》的决议。俄罗斯国家经济档案馆，4433 号库第 1 类第 133 卷第 89—90、99 页）外贸人民委员部计划平均上调粮食价格 15%，但政府坚持上调 20%。（俄罗斯国家经济档案馆，4433 号库第 1 类第 134 卷第 52 页）

901 俄罗斯国家经济档案馆，4433 号库第 1 类第 133 卷第 93 页。

902 外宾商店里的一袋面粉重 70 千克。在 1933 年饥荒时期，面粉价格为 20 金戈比 / 千克。这意味着，购买一袋面粉需要 11 克纯金。

903 外宾商店管委会和各地的办事处按照这个汇率把外宾商店卢布兑换成普通卢布。（俄罗斯国家经济档案馆 4433 号库第 1 类第 122 卷第 49—52 页）

904 当时，莫斯科、罗斯托夫、奥塞梯和达吉斯坦的汇率就是如此（俄罗斯国家经济档案馆，4433 号库第 1 类第 75 卷第 12 页）。在外宾商店关闭前，外宾商店金卢布兑普通卢布的汇率为 1 ∶ 30。在外宾商店的最终报告（1935 年 12 月）中，外宾商店金卢布兑普通卢布的汇率为 1 ∶ 28。（俄罗斯国家经济档案馆，4433 号库第 1 类第 175 卷第 130 页）

905 俄罗斯联邦国家档案馆，5446 号库第 15a 类第 818 卷第 15 页。

906 由于缺少 1931 年和 1932 年初的售价数据，因此无法回答这一时期外宾商店的经营活动对于顾客而言是否有利。

907 俄罗斯国家经济档案馆，4433 号库第 1 类第 75 卷第 28、37、38 页。

908 俄罗斯国家经济档案馆，4433 号库第 1 类第 114 卷第 52—194 页。

909 根据 1934 年春天哈萨克斯坦发来的报告，面粉价格平均上调了 22%。结果，在奇姆肯特的外宾商店面粉价格比市场价高 20%，在古里耶夫外宾商店面粉价格比市场价高 80%。糁的价格上调了 17%，肉类——55%，脂油——18%，植物油——23%，糖——26%。俄罗斯国家经济档案馆，4433 号库第 1 类第 122 卷第 52 页。

910 1932 年底黑麦面粉的外宾商店价格（名义标价）为营利性商店价格的 1/40，1935 年上半年为 1/30 至 1/35，到了 1935 年底仅为国有非外汇商店价格的 1/20。外宾商店黄油价格（名义标价）和其他商店价格的关系从 1932 年底的 1/40 变为 1935 年底的 1/19，植物油则从 1/60 变为 1/25，洗衣皂在 1935 年初为 1/20，到外宾商店关闭前变成了 1/12。俄罗斯国家经济档案馆，4433 号库第 1 类第 71 卷第 168—172 页；第 114 卷第 45 页；第 133 卷第 80—81、91—93 页。

911 1 美元可购买糖的重量为：波兰，超过 3 千克；法国，3—4.4 千克；苏联，仅为 1.2 千克。在波兰，1 美元可以购买 57 个鸡蛋，在法国可以买到 14—30 个，而在苏联只能买到 10 个。1 美元在上述三国可购的粗粒小麦粉分别为：10 千克、3 千克、1 千克；火腿为：1—1.8 千克、0.4—0.5 千克、0.3 千克。利文森还承认，外宾商店 1 吨面粉进价为 225 卢布（不含税），而当时在国外 1 吨面粉换算成苏联卢布为 32—35 卢布。在这一系列计算中，利文森使用了新的官方汇率：

1 美元兑 5 卢布 75 戈比。俄罗斯国家经济档案馆，4433 号库第 1 类第 138 卷第 66 页。

饥民的橄榄

912 俄罗斯国家经济档案馆，4433 号库第 1 类第 97 卷第 59 页。

913 最初，外宾商店通过苏联的进出口企业（皮货进口公司、纺织品进口公司、全苏工业出口联合公司、综合出口公司、粮食出口公司、国际书刊公司、金属进口联合公司、技术工业进口公司）以及消费合作社联盟的进口办事处在境外订购商品。苏联驻外的贸易代表处负责监督完成订购工作。进口企业数量众多不利于外宾商店的工作，此外，进口企业和贸易代表处将外宾商店的委托视作强制的工作负担，并未予以重视。1933 年 12 月，为了改善进口工作，外贸人民委员部领导层授权外宾商店可以直接通过贸易代表处开展进口业务，可进口的商品需大部分或全部用于供应外宾商店。因此，在外宾商店管委会组织架构中设立了进口办公室，同时在境外的贸易代表处内出现了专职的外宾商店商务代理。在需要的时候，外宾商店会把专业的商品学家派到国外。外贸人民委员部的进口管理局和政府会监督外宾商店的进口工作。外宾商店的进口计划需经苏联人民委员会批准。俄罗斯国家经济档案馆，4433 号库第 1 类第 59 卷第 159 页；第 61 卷第 6 页；第 94 卷第 107 页；第 118 卷第 177—178 页。进口企业和贸易代表处机要科的示范合同可以详见俄罗斯国家经济档案馆 4433 号库第 1 类第 118 卷第 111—113 页。苏联贸易代表处和西方供应商芬兰油品出口合作社关于向外宾商店供货的合同示例，详见俄罗斯国家经济档案馆 4433 号库第 1 类第 18 卷第 20 页。

914 1935 年，外宾商店所有进口商品中，有 3% 购自日本。在那几年的材料中，从日本的进口情况被单列出来。

915 俄罗斯国家经济档案馆，4433 号库第 1 类第 175 卷第 60 页。来自日本的进口量的增长显然与苏联向伪满洲国出售中东铁路有关，伪满洲国实为日本在满洲占领区建立的傀儡国家。出售铁路的协议签署于 1935 年 3 月，交易金额为 1.4 亿日元。伪满政府应使用现金支付 1/3 的金额，剩余金额需在 3 年内根据苏联的订购情况以实物抵偿。

916 俄罗斯国家经济档案馆，4433 号库第 1 类第 175 卷第 130 页。

917 以下数据可供比较：外贸人民委员部 1934 年的进口计划为 1.55 亿卢布，外宾商店的份额仅为 240 万卢布（未计入额外进口的 50 万卢布）。外贸人民委员部 1935 年进口计划为 2.2 亿卢布，而外宾商店同年的进口计划仅为 280 万卢布。俄罗斯联邦国家档案馆，5446 号库第 15a 类第 844 卷第 2 页。

918 俄罗斯国家经济档案馆，4433 号库第 1 类第 160 卷第 104 页；第 175 卷第 59 页。

919 俄罗斯国家经济档案馆，4433 号库第 1 类第 107 卷第 80 页；第 140 卷第 55 页；第 141 卷第 13—14 页；第 153 卷第 23 页。

920 俄罗斯国家经济档案馆，4433 号库第 1 类第 10 卷第 190 页。

921 滑雪鞋——带有向上延伸的长袜的滑雪用鞋子。

922 外宾商店 1933 年的进口计划修订后增加了数倍。年初，外贸人民委员部批准了斯塔舍夫斯基在境外采购价值 100 万金卢布的商品。在同一个会议上，外宾商店被授权启动额外采购 500 万卢布商品的谈判，但需得到政府最终批准后实行。政府最终批准了追加进口计划。到了 2 月份发来了新的指示："由于外宾商店面临的需求发生了变化"，再追加 300 万卢布的进口计划，到了 3 月为了加强"政治性的贸易采购"，又追加了 100 万卢布的额度。俄罗斯国家经济档案馆，4433 号库第 1 类第 61 卷第 5—6、40 页；第 81 卷第 180 页。

923 俄罗斯国家经济档案馆，4433 号库第 1 类第 22 卷第 73—74、87 页；第 81 卷第 258 页。

924 俄罗斯联邦国家档案馆，5446 号第 14a 类第 851 卷第 2 页。

925 俄罗斯国家经济档案馆，4433 号库第 1 类第 22 卷第 74 页。

926 俄罗斯国家经济档案馆，4433 号库第 1 类第 22 卷第 74 页。关于 1930 年代上半叶的人口情况可以参阅《20 世纪俄罗斯人口》第 1 卷第 345—355 页。

927 俄罗斯国家经济档案馆，4433 号库第 1 类第 71 卷第 168 页。

928 俄罗斯国家经济档案馆，4433 号库第 1 类第 132 卷第 68 页。

929 咖啡刚刚进入苏联的日常生活。关于扩大咖啡销售合理性的问题在政府层面进行了研究。领导人对此有所怀疑："把咖啡引入日常生活首先需要较长的时间，其次需要相应的广告宣传，这就要相应地对相关商贸单位进行投入。"（1933 年 8 月）俄罗斯国家经济档案馆，4433 号库第 1 类第 83 卷第 161 页。

930 俄罗斯国家经济档案馆，4433 号库第 1 类第 81 卷第 256 页。

931 俄罗斯国家经济档案馆，4433 号库第 1 类第 83 卷第 280 页。

932 其中，基本进口计划为 60 万卢布，政治性贸易进口计划为 180 万卢布。

933 俄罗斯国家经济档案馆，4433 号库第 1 类第 141 卷第 14 页。这些数据包括了 1933 年进口计划剩余产品的收入。

934 外宾商店转交给工业部门加工的进口原料和半成品应当全部以成品的形式返还给外宾商店。外宾商店必须每季度向外贸人民委员部和财政人民委员部汇报进口原料的使用情况。俄罗斯国家经济档案馆，4433 号库第 1 类第 97 卷第 59 页。

935 俄罗斯国家经济档案馆，4433 号库第 1 类第 60 卷第 36 页。

936 在 1936 年的进口中，原料占了 46%。俄罗斯国家经济档案馆，4433 号库第 1 类第 175 卷第 60 页。

外宾商店和格别乌

937 俄罗斯联邦国家档案馆，5446 号库第 12a 类第 698 卷第 1、7 页。

938 俄罗斯国家社会政治史档案馆，17 号库第 162 类第 8 卷第 152 页。

939 关于“新经济政策”时期的外汇关系发展已在“金点子”一节中论述过。

940 当时，警察接受格别乌管辖。

941 1931 年 9 月 20 日格别乌经济局的 404 号通报允许这样的没收行为。莫佐欣：《契卡—格别乌》，第 222 页。

942 俄罗斯国家经济档案馆，4433 号库第 1 类第 8 卷第 70 页。

943 俄罗斯国家经济档案馆，4433 号库第 1 类第 4 卷第 172—174 页。

944 1932 年 4 月 25 日中央委员会的指示要求立刻向外宾商店提供场所。俄罗斯国家经济档案馆，4433 号库第 1 类第 38 卷第 1 页背面。

945 请参阅这个决议：俄罗斯国家经济档案馆，4433 号库第 1 类第 148 卷第 26 页。

946 俄罗斯国家经济档案馆，4433 号库第 1 类第 2 卷第 6 页。

947 俄罗斯国家经济档案馆，4433 号库第 1 类第 148 卷第 36 页；第 8 卷第 68 页。

948 俄罗斯国家经济档案馆，4433 号库第 1 类第 5 卷第 307、308、329、229 页；第 15 卷第 24 页；第 19 卷第 2 页；第 26 卷第 217 页；第 29 卷第 113 页；第 31 卷第 23 页；第 43 卷第 18 页；第 45 卷第 12 页；第 53 卷第 23 页；第 148 卷第 11、18、33、40、42、51、97、101 页；第 149 卷第 79、83、86 页及背面、88、89 页；第 168 卷第 38 页。莫斯科州中央国家档案馆，3812 号库第 1 类第 1 卷第 31 页。斯摩棱斯克州国家档案馆，1425 号库第 1 类第 2 卷第 25 页；第 22 卷第 54 页。

949 俄罗斯国家经济档案馆，4433 号库第 1 类第 149 卷第 86 页及背面。外宾商店前任主席什科里亚尔指出了很多镇压斯摩棱斯克外宾商店顾客的控诉。他要求类似在信息在通信中要保密。斯摩棱斯克州国家档案馆，1425 号库第 1 类第 2 卷第 25、26 页。

950 俄罗斯国家经济档案馆，4433 号库第 1 类第 149 卷第 86 页及背面。

951 俄罗斯国家经济档案馆，4433 号库第 1 类第 45 卷第 12 页。

952 俄罗斯国家经济档案馆，4433 号库第 1 类第 149 卷第 88 页。

953 维堡市列宁格勒州国家档案馆，1154 号库第 2 类第 5 卷第 123 页；乌兹别克斯坦共和国中央国家档案馆，288 号库第 1 类第 40 卷第 B5 页。

954 维堡市列宁格勒州国家档案馆，1154 号库第 2 类第 5 卷第 12 页。

955 运输外宾商店商品需要证明文件，证实其是在商店中合法购得，而不是盗窃所得或购自投机者。

956 俄罗斯国家经济档案馆，4433 号库第 1 类第 148 卷第 40 页。

957 俄罗斯国家经济档案馆，4433 号库第 1 类第 19 卷第 2 页。

958 俄罗斯国家经济档案馆，4433 号库第 1 类第 148 卷第 18 页。

959 乌兹别克斯坦共和国中央国家档案馆，289 号库第 1 类第 200 卷第 6 页。

960 土库曼斯坦办事处的管理人员向土库曼斯坦苏维埃社会主义共和国格别乌经济局和土库曼斯坦共产党（布）科尔基区委会控诉了当地格别乌的违法行为。乌兹别克斯坦共和国中央国家档案馆，288 号库第 2 类第 3 卷第 31 页及背面、第 33 页。

961 俄罗斯国家经济档案馆，4433 号库第 1 类第 148 卷第 28 页及背面；第 149 卷第 86 页及背面。

962 我提醒一下，检验员也被称为评估员，他们会鉴定贵金属的纯度。外宾商店上交珍宝的流程详见“黄金”一节。

963 俄罗斯国家经济档案馆，4433 号库第 1 类第 148 卷第 18 页。

964 南加州大学犹太人大屠杀基金会 (Shoah Foundation Institute)（洛杉矶）拥有大量影像和口述历史档案。基金会由知名电影导演斯蒂芬·斯皮尔伯格在 1994 年建立，旨在收集并保存大屠杀受害者和见证者的证词的影像记录，基金会创始人把 1932—1933 年乌克兰大饥荒的受害者也列入其中。2001 年时，基金会拥有来自 56 个国家 32 种语言的 5.2 万份证词。1995 年至 1999 年在乌克兰的 273 个居民点记录了 3400 个访谈，其中，超过 700 个访谈与 1930 年代的饥荒有关。从地理分布上看，访谈者来自乌克兰南方的基辅州、敖德萨州和文尼察州，大部分为犹太居民。大屠杀基金会的管理者克里斯宾·布鲁克斯分析了 74 个访谈，分析显示，在乌克兰各州居民关于饥荒的回忆中，外宾商店占据了中心位置。请参阅布鲁克斯·克里斯宾：《乌克兰饥荒口述历史影像》(Brooks Crispin,

“Video Oral Histories of the Ukrainian Famine”)。论文在美国斯拉夫研究促进会 2007 年 11 月 15 日的新奥尔良会议上得以发布，本书经作者允许进行了引述。

965 讲述者是犹太人，指的不是犹太群体，而是某个具体的在当地家境殷实的人。从随后的访谈中可以清楚看到，在奥扎林齐的俄罗斯人也遭到了镇压。

966 鲍里斯·汉德罗斯，俄国文尼察州奥扎林齐，访谈号 26745，33—36 片段。影像访谈。南加州大学犹太人大屠杀基金会。影像历史档案 http://college/usc/edu/vhi。援引自克里斯宾·布鲁克斯的《乌克兰饥荒口述历史影像》。

967 科索夫在当地商店担任售货员，被认为家境殷实。由于讲述者提到在村子里只有一家商店，而这个村的其他受访者讲到了外宾商店，由此可以推测出，科索夫是外宾商店的售货员。从拉佐维尔的讲述中，可以看出，格别乌 / 内务人民委员部利用科索夫收集外宾商店的信息，当他毫无用处时就枪杀了他。

968 拉扎里·拉佐维尔，俄国文尼察州奥扎林齐，访谈号 40581，26—29 片段。影像访谈。南加州大学犹太人大屠杀基金会。影像历史档案 http://college/usc/edu/vhi。援引自克里斯宾·布鲁克斯的《乌克兰饥荒口述历史影像》。

969 国际革命者救济会（МОПР—Международнаяорганизацияпомощиборцамреволюции）于 1922 年由共产国际成立，旨在向“白色恐怖”的死难者及其家属提供帮助。俄罗斯国家经济档案馆，4433 号库第 1 类第 15 卷第 12 页；第 148 卷第 11、34 页；第 149 卷第 86 页及背面。

970 俄罗斯国家经济档案馆，4433 号库第 1 类第 149 卷第 86 页。

971 俄罗斯国家经济档案馆，4433 号库第 1 类第 148 卷第 34 页。

972 俄罗斯国家经济档案馆，4433 号库第 1 类第 148 卷第 11 页。

973 莫佐欣引用了 1932 年 2 月 5 日格别乌经济局的 125 号电报，电报中提到，在外汇行动中，格别乌的机关没收了那些通过合法渠道收到的外汇。莫佐欣：《契卡—格别乌》，第 221—222 页。

974 援引的这封信刊登在纽约的犹太报纸 *Tog* 上。报纸的编辑把来信的复印件发给了外宾商店当地的代表和莫斯科的管委会（未指出作者姓名），并就外宾商店发生的丑陋现象向“苏联当局”发问。俄罗斯国家经济档案馆，4433 号库第 1 类第 149 卷第 28—32 页。

975 比如，在一份文件中提到，政府坚决要求“尽力协助将 47.8 万美元保险金转回苏联”，这笔保险金是一个叫伊·米·卡普兰斯基的人因为儿子在美国被杀而获得的。（俄罗斯国家经济档案馆，4433 号库第 1 类第 15 卷第 24 页）限制向苏联汇款是个别情况，苏联政府仅在特殊情况下才会采取这一措施：比如，1934 年时内务人民委员部在苏联日耳曼人中发起了拒收德国、瑞士以及其他国家德国人所寄汇款的运动。各级党委在农民中开展工作，宣传这些钱来自敌视苏联的机构，是“希特勒的援助”。关于此事在“‘把美元汇到外宾商店’”一节中进行了论述。俄罗斯国家经济档案馆，4433 号库第 1 类第 104 卷第 47 页；第 109 卷第 19 页；第 144 卷第 213、246 页。

976 莫佐欣：《契卡—格别乌》，第 222—223 页。

977 莫佐欣：《契卡—格别乌》，第 224 页。

978 俄罗斯国家经济档案馆，4433 号库第 1 类第 31 卷第 23 页；第 149 卷第 90 页。

979 俄罗斯国家经济档案馆，4433 号库第 1 类第 5 卷第 302 页；第 38 卷第 8 页；第 41 卷第 29 页。

980 俄罗斯国家经济档案馆，4433 号库第 1 类第 148 卷第 18 页。在一封来自阿拉木图的信中页描述了类似事件。来信称，人们害怕前往外宾商店，认为它是“捕鼠器”，因为当地格别乌商贸组组长的妻子是店里的售货员。俄罗斯国家经济档案馆，4433 号库第 1 类第 43 卷第 18 页。

981 俄罗斯国家经济档案馆，4433 号库第 1 类第 19 卷第 2 页。

982 俄罗斯国家经济档案馆，4433 号库第 1 类第 31 卷第 23 页。

983 斯摩棱斯克州国家档案馆，1425 号库第 1 类第 22 卷第 54 页。

984 外宾商店所售伏特加的民间说法。

985 俄罗斯国家经济档案馆，4433 号库第 1 类第 5 卷第 229 页。

986 俄罗斯国家经济档案馆，4433 号库第 1 类第 31 卷第 22 页；第 149 卷第 90 页。

987 俄罗斯国家经济档案馆，4433 号库第 1 类第 19 卷第 2 页；第 148 卷第 28 页；第 149 卷第 90 页。

988 乌兹别克斯坦共和国中央国家档案馆，288 号库第 2 类第 3 卷第 31 页。

989 包括价值 75 万卢布的外汇、165 万卢布的金币和金锭。莫佐欣：《契卡—格别乌》，第 223 页。

990 包括价值 590 万卢布的外汇、390 万卢布的金币和金锭、40 万卢布的白银制品。数据取自 1931 年 1 月亚戈达给斯大林的报告。莫佐欣：《契卡—格别乌》，第 223 页。

991 格别乌经济局档案解密后可以修正这些计算。

992 每一个钻研过这一时期文献的研究者都能列举出不少部门间争斗以及本部门利益高于国家利益的例子。然而，问题在于，政治局在某个单位超越本部门权限时做何反应。

993 有可能正是因为这个原因，苏联领导即使意识到了“外宾商店”（“与外国人开展贸易”）的名称不符合其经营事实，但仍旧没有更改名称。保留旧名称的另一个原因可能是为了吸引面向外国人的外汇商店的常客。

994 俄罗斯国家经济档案馆，4433 号库第 1 类第 148 卷第 26 页。

995 关于这个问题在“金点子”中进行了论述。

996 关于这一点谈到的是签发新版商品册的规定。不记名的商品册有效期只有一天，而记名的商品册有效期为 3 个月。乌兹别克斯坦共和国中央国家档案馆，288 号库第 1 类第 66 卷第 10 页背面。

997 签证和登记处成立于 1935 年，受苏联内务人民委员部管辖。除了外国人登记和为其签发签证外，签证和登记处还从事出境证件业务，因此也为苏联公民签发出国护照。在 1990 年代初签证制度放松以及出境旅行开始激增的时期，签证和登记处无法招架汹涌而来的苏联公民。人们不得不一大早就在签证和登记处排队占位，做好标记以免失去位子，但是即便这样也无法保证这一天能提交获取护照所需的文件。队伍“过渡到”第二天而且会越来越长。1993 年，签证和登记处改组为内部机关护照签证局，2006 年，由于俄罗斯联邦移民局的出现改名为签证和登记工作局。

998 俄罗斯国家经济档案馆，4433 号库第 1 类第 148 卷第 26 页。

999 俄罗斯国家经济档案馆，4433 号库第 1 类第 148 卷第 25 页。

1000 俄罗斯国家经济档案馆，4433 号库第 1 类第 38 卷第 8 页。在外宾商店驻塔什干全权代表的报告中也描述了类似的“谨慎观察者”。俄罗斯国家经济档案馆，4433 号库第 1 类第 148 卷第 28 页。

1001 莫斯科州中央国家档案馆，2014 号库第 2 类第 2 卷第 24 页。

1002 如果时机合适，侦查员会偷走店里摆放得不好的东西。关于类似的案件可以查阅外宾商店莫斯科市办事处负责人萨多夫斯基给格别乌驻莫斯科州代表的报告：莫斯科州中央国家档案馆，3812 号库第 1 类第 6 卷第 18 页。

1003 俄罗斯国家经济档案馆，4433 号库第 1 类第 149 卷第 83 页。

1004 俄罗斯国家经济档案馆，4433 号库第 1 类第 168 卷第 38 页。

外宾商店的秘密

1005 外宾商店在苏联境内销售商品，收购的珍宝则上缴国家银行。珍宝外运则由其他出口企业负责。全苏手工制品及地毯出口联合公司负责销售外宾商店的钻石。

1006 FOB（free on board）——国际贸易中的一种交货条件。按照这个条件，卖方必须负责把货运到船上并支付出口税。买方应当负责租船、支付货款、确保交付后的运输。“FOB”价包含了商品价格、运输费等，以及装上船或其他交通工作的保险费、装载费。

1007 外宾商店领导在最终报告中承认，价值4000万卢布的商品不是出口产品，即因为质量低而无法在境外销售。俄罗斯国家经济档案馆，4433号库第1类第175卷第130页。

1008 俄罗斯国家经济档案馆，4433号库第1类第175卷第130页。

1009 外宾商店在同样发生饥荒的1932年（表二十三第6点）利润相对较低的原因是，外宾商店当时正处于组织筹备期：国家花费了大量的资金用于拓展外宾商店的收购和商贸网络，但由于外宾商店在当时不为“边远地区”顾客所知，因此其当年的珍宝收购量并不大。

1010 外宾商店的经济师确定外汇效益时和我的计算方法不同，他们并没有把所有成本都计入开支，而是只计入售出商品的成本，所以按照他们的计算得出的外宾商店利润高于表二十三中算出的数据。

1011 关于黄金的国际价格可以参阅“黄金”一节。

1012 苏联卢布在波罗的海三国、伊朗、蒙古、中国是有需求的。

1013 俄罗斯国家经济档案馆，4433号库第1类第175卷第13页背面。报告中的数据不应直接理解为，苏联领导人正是用外宾商店所获外汇为马格尼托哥尔斯克冶金联合体或是列出的其他企业购买了进口设备。外宾商店收购的珍宝是和苏联其他外汇收入“混在一起的”，并一起被用于支付工业贷款。似乎在最终报告中，外宾商店领导人只是把外宾商店的外汇成就和苏联第一批工业企业的进口设备价值做了个“匹配”。

1014 在制定1932—1934年发展计划时，外贸人民委员部希望投入外宾商店的区区380万卢布资金能在1935年前带来1100万卢布的外汇进款。下面的情况能说明一些问题，外贸人民委员部预计资金消耗4000万卢布的全苏粮食出口联合公司的外汇增加值（同为1932—1934年）仅为870万卢布，而资金消耗7730万卢布的全苏木材出口联合公司应当创造1700万卢布的外汇。全苏外国游客服务有限公司1932年计划投入6020万卢布资金，而1935年前的外汇进款增加值预计仅为870万卢布。俄罗斯国家经济档案馆，2324号库第1类第896卷第158页。

1015 在外宾商店的最终报告中已经报告过。俄罗斯国家经济档案馆，4433 号库第 1 类第 175 卷第 130 页背面。

1016 出口的外汇效率在当时有两种计算方法：要么是 FOB 商品实际进款额与出口商品成本价的比值，要么是 FOB 商品实际进款额与工厂出厂价的比值，这是财政人民委员部批准用于核算的出口单位和生产单位。主要出口商品外汇效率的计算工作由对外贸易专营研究院负责。俄罗斯国家经济档案馆，4433 号库第 1 类第 60 卷第 30 页。

1017 1933 年下半年，外宾商店依靠面包—喂养类商品获得了 2340 万卢布，而 FOB 出口价为 660 万卢布；其余食物的外宾商店进款和 FOB 出口价分别为 850 万卢布和 340 万卢布。外宾商店非食品类商品进款也高于出口价，不过差距并没有那么悬殊。1933 年，外宾商店鞋类和皮货商品合计销售进款约为 300 万金卢布，而其 FOB 出口价约为 200 万卢布，纺织品的外宾商店进款和 FOB 出口价分别为 900 万金卢布和 400 万金卢布。俄罗斯国家经济档案馆，4433 号库第 1 类第 132 卷第 66 页。

1018 俄罗斯国家经济档案馆，4433 号库第 1 类第 132 卷第 67—68 页。根据外宾商店经济学家的计算，1933 年底，和外贸人民委员部其他出口单位的价格相比，外宾商店从商品销售中获得的每个金卢布含有 63 金戈比的“额外货币剩余”。经济学家得出这个结论的基础是比较 1933 年第四季度 14 种商品的外宾商店售价和外贸人民委员部出口单位的 FOB 价格。为了进行分析，他们从外宾商店品类中选出来与其他出口单位商品进行比较的都是“出口型”商品。在选出的 14 种商品的基础上，他们得出了关于外宾商店价格和其他出口单位价格关系的结论，这个结论随后被外推到了 1933 年第四季度外宾商店经营的所有商品上。由于数据的外推，63 金戈比“额外货币剩余”的估算可能高估了。俄罗斯国家经济档案馆，4433 号库第 1 类第 114 卷第 51 页。

1019 随着“吃饱后的需求”的发展，流行的日用品成了外宾商店里利润最高的商品。请参阅 1935 年对最畅销商品利润所做的计算。俄罗斯国家经济档案馆，4433 号库第 1 类第 114 卷第 51 页。

1020 《1933 年外宾商店经营效率》报告的作者在比较外宾商店流通开支和其外汇收入的基础上确认，没有一家外贸人民委员部的出口单位能像外宾商店 1933 年那样投入一个苏联卢布而产出这么多的外汇。俄罗斯国家经济档案馆，4433 号库第 1 类第 132 卷第 67—68 页。

1021 1933 年第四季度，每消耗 1 卢布外贸人民委员部平均获得的出口利润为 11—

12 戈比，具体包括食用油出口公司——5 戈比，全苏手工制品及地毯出口联合公司（不含钻石）——4 戈比，鱼罐头出口公司——8 戈比，工业出口公司——13 戈比，全苏皮货辛迪加——11 戈比。俄罗斯国家经济档案馆，4433 号库第 1 类第 114 卷第 50、51 页。

1022 由于外宾商店的经济学家只把售出商品算进了支出里，而不是所有成本，因此他们算出的外宾商店利润略高于我在表二十三中算出来的利润，因为表中的支出不仅包括了售出的商品的成本，还包括了未售出商品、定量配给、取消预订、损耗等。外宾商店经济学家要了手段提高其外汇利润数据——即外宾商店用外汇购买的进口商品价值未从外汇收入中扣除，而是在换算成工厂价后被算入了苏联普通卢布开支之中。俄罗斯国家经济档案馆，4433 号库第 1 类第 175 卷第 129—130 页背面。

1023 流通开支——与商品流通过程相关的所有支出，包括附加费、商务费、行政管理费、组织费、包装费、人员费用等。

1024 1933 年前三个季度流通开支的计划比例为 70%。俄罗斯国家经济档案馆，4433 号库第 1 类第 114 卷第 50 页。

1025 请参阅 1933 年 5 月 15 日苏联人民委员会的决议（俄罗斯国家经济档案馆，4433 号库第 1 类第 132 卷第 66 页）禁止刊登的原因是商品成本和其出口价之间存在较大差额，这证明苏联出口是亏损的。禁止的目的与其说是为了掩盖苏联有人饿死而国家却以低价亏损着向国外出口原料和粮食，倒不如说是不给外国人指责苏联向国际市场倾销商品的证据。俄罗斯联邦国家档案馆，5446 号库第 14a 类第 798 卷第 1 页。

1026 请参阅《1933 年第四季度外宾商店流通开支分析的说明报告》，俄罗斯国家经济档案馆，4433 号库第 1 类第 114 卷第 53 页。

1027 莫斯科外宾商店的资料证实，即便是首都的售货亭和小商铺也是亏损的（乌兹别克斯坦共和国中央国家档案馆，3812 号库第 2 类第 3 卷第 43—44 页），更何况是中亚、西伯利亚或者远东的小商店呢——这些商店的供应费用就是一笔巨款。

1028 俄罗斯国家经济档案馆，4433 号库第 1 类第 11 卷第 53 页。

1029 为了防止侵占行为而进行的商品册和各类商品核算十分复杂，因此外宾商店所需的稽核员、收款员、统计员远多于其他苏联商贸单位，这也使外宾商店机关运行费用高昂。

1030 如果在外宾商店购物不强制要求上交珍宝，那么其顾客的数量将增加数百倍。

1031 按照外宾商店最终报告的数据，1932 年的商品实际周转周期为 135 天，而标准为 90 天；1933 年，实际 130 天，标准为 102 天；1934 年，实际 192 天，标准 105 天：即便在饥荒的 1933 年，外宾商店也没有实现商品周转的标准周期，随着饥荒缓解，商品的周转速度更是大幅放缓。据估计，1935 年，外宾商店的商品平均周转周期为 95 天，标准为 105 天。俄罗斯国家经济档案馆，4433 号库第 1 类第 175 卷第 130 页背面。

1032 俄罗斯国家经济档案馆，4433 号库第 1 类第 114 卷第 52、53 页。

1033 请参阅财政人民委员部编制的“缺口报表”：俄罗斯国家经济档案馆，4433 号库第 1 类第 66 卷第 101 页；第 160 卷第 104 页。表二十三呈现了“缺口”规模。外宾商店为了填补“缺口”提高了进口商品零售价，但财政人民委员部担负了消除“缺口”的大部分资金。

1034 我要提醒读者，外宾商店商品售价不是商品的工厂价或生产成本乘以某个事先设定的恒定参数得出的。影响外宾商店售价的因素是需求和政府的指令性干预，这在“外宾商店的价格”一节中进行了研究。反映工厂发货价和外宾商店售价关系的系数是以分析为目的、通过对比已在实践中形成的价格关系确定的。以苏联卢布计的工厂发货价和外宾商店的金卢布售价之间的“缺口”不断扩大，反映在个别商品上时扩大的程度比平均值更甚：1933 年上半年，下列商品供货价和外宾商店售价的比值分别是，脂油——4.3 倍，鞋类——5.8 倍，纺织品——3.3 倍；1934 年初，黄油的供货价是外宾商店售价的近 11 倍；1935 年底，棉布的工厂发货价是外宾商店售价的 10 倍，毛绒面料——18 倍，油——30 倍，肉类——47 倍。（俄罗斯国家经济档案馆，4433 号库第 1 类第 74 卷第 66 页；第 114 卷第 63 页；第 175 卷第 92、129 页）分析发货价和售价的关系显示，当时外宾商店的售价，尤其是食品售价在下降，而工厂发货价则在上涨。价差的扩大证明了外宾商店亏损的加剧。财政人民委员部不得不从国家预算中拿出更多资金去填补价格“缺口”。

1035 俄罗斯国家经济档案馆，4433 号库第 1 类第 98 卷第 29 页。表二十三的数据证实，财政人民委员部关于外宾商店商贸活动的收入不足以抵偿其支出的判断只有在下列条件下是正确的，即售出商品的价值按照金卢布计算，而支出按照苏联普通卢布计算。可能，财政人民委员部指的是外宾商店自由流动资金不足的时期，即短期的财政缺口，而不是指外宾商店的总体情况。1935 年的外宾商店资料证实，国家银行在资助外宾商店采购商品的同时，还资助其流通开支。俄罗斯国家经济档案馆，4433 号库第 1 类第 153 卷第 12 页。

1036 他们认为，外宾商店的预算拨款应当由其所收入的外汇卢布的成本来决定（可以展现出商品价格以及获得 1 个外汇卢布所消耗的流通开支的系数）。俄罗斯国家经济档案馆，4433 号库第 1 类第 98 卷第 29 页及背面。

1037 在 1933 年和 1934 年，外宾商店拥有一个慷慨的预算拨款系统。没能找到说明外宾商店后续拨款变化的资料。

1038 这些担心是合理的。如果鉴于商品销售情况就向外宾商店拨款，那么在饥荒消退后，其营业额下降时，外宾商店遭遇了进货资金长期不足，毫无疑问，这会使外宾商店的领导在向生产商采购商品时更加挑剔和谨慎，而如果同时压缩了店里的商品供给，那意味着外宾商店会失去很多珍宝“上交者”。

1039 我提醒一下，国际黄金价格和卢布的比价在 1933 年时为 1 卢布 29 戈比兑 1 克纯金，1934 年和 1935 年为 2 卢布 18 戈比兑 1 克纯金。关于国际黄金价格的卢布价格换算可以参阅“黄金”一节。

1040 本节之前讲过的商品苏联卢布成本和金卢布售价（按照名义标价）之间的巨大“缺口”——金卢布毫无益处的另一个证明，金卢布只是用于内部结算的标准单位，并不具有真实的黄金价值。外宾商店钱以及商品售价的含金量并不取决于金卢布的价值，而是取决于人们为了获取外宾商店的钱而上交的贵重珍宝。外宾商店卖掉商品后，返还给国家的不是金卢布，而是签发给上交者的流通券、可撕的连票和商品册。在“外宾商店的钱”里一点真的黄金含量都没有。顾客购买东西时付给外宾商店的“外宾商店的钱”虽然貌似有点含金量，但国家再也不能使用了。这些所谓的钱在使用之后就被焚毁了。根据上述内容，有理由在估算外宾商店对于苏联的外汇效率时，不计算外宾商店出售商品所得的纸质“金”卢布金额。在这种计算公式中（表二十三，3 : 4c），对于国家预算而言，外宾商店的经营亏损增加了，而其“获得”的真实黄金会变得昂贵得多 : 1932 年外宾商店所获得的每克纯金的价值为 9 卢布 24 戈比，1933 年为 5 卢布 25 戈比，1934 年为 8 卢布 30 戈比，1935 年前三季度为——12 卢布 59 戈比，整个时期平均为 7 卢布 68 戈比。因此，如果不计外宾商店商品销售进账，1933 年利润率最高，紧随其后的是 1932 年和 1934 年，最低的是 1935 年。如果不计商品销售进账，外宾商店攫取黄金的成本比 1932—1935 年“远北建设”的黄金成本更高，但未必会比平民资本密集型采金业更高。因此，解答外宾商店获取黄金成本的问题取决于研究者的立场——是否把外宾商店的商品销售进款计入。

1041 未计入“苏联黄金”管委会在每克纯金上的支出，这一支出在五年计划初期和末期分别为 5.8 戈比和 2.5 戈比。俄罗斯国家经济档案馆，8154 号库第 1 类第 106 卷第 127 页背面、128 页。

1042 关于这一点已经在“黄金”中讲述过。

1043 阿・伊・希罗科夫 :《远北建设》，第 103 页。援引自摩尔曼斯克州国家档案馆 P—23cc 号库第 1 类第 5 卷第 4 页。希罗科夫认为，如果不是古拉格的廉价劳动力和掠夺式开采的态度，“远北建设”的黄金开采成本还将高出很多，当时首先开采最丰富的矿砂矿，其要求的资金消耗少于矿石矿。“平民”采金业的黄金开采成本高于古拉格，原因是其更高的劳动力价格和资本消耗。

1044 亚・尼・皮利亚索夫 :《俄罗斯东北开发的规律和特点（回顾和预测）》，马加丹，1996 年，第 80 页。阿・伊・希罗科夫 :《远北建设》，第 103 页。（Пилясов А.Н. Закономерности и особенности освоения Северо—Востока России (ретроспектива и прогноз). Магадан, 1996. С. 80. Широков А. И. Дальстрой. С. 103.）

1045 亚・尼・皮利亚索夫使用了 1937 年 7 月 19 日至 1950 年 2 月 28 日执行的 5 卢布 30 戈比兑 1 美元的汇率。外宾商店管委会主席在 1935 年 11 月把 1 美元折合 5 卢布 75 戈比。（俄罗斯国家经济档案馆，4433 号库第 1 类第 138 卷第 66 页）

1046 我提醒一下，在 1934 年初美国《黄金储备法案》生效前，世界金价为 20.67 美元 / 盎司，而生效后则为 35 美元 / 盎司。关于这个问题请参阅“黄金”一节。

尾　声

1047 请参阅 1934 年 5 月 13 日苏联人民委员会的决议《关于外宾商店》，该决议命令从 1936 年 1 月 1 日起，停止外宾商店的所有业务，上面提到的业务除外。

1048 决议成文日期为 1935 年 11 月 14 日。俄罗斯联邦国家档案馆，5446 号库第 16a 类第 1150 卷第 1—2 页。

1049 根据决议，1936 年 1 月 1 日前未供货的外宾商店商品册应当在国家银行柜台按照 1 个苏联卢布兑 1 个金卢布的计算方法进行兑换，这对民众不利。不过，剩余商品册的供货期限延长到了 1936 年 7 月 1 日。俄罗斯联邦国家档案馆，5446 号库第 16a 类第 1150 卷第 12 页。

1050 苏联人民委员会《关于停办全苏联合公司“外宾商店”的决议》命令“全苏外国游客服务股份公司”从 1936 年 1 月 1 日起在苏联境内停止使用以外汇结算

的贸易和服务。俄罗斯联邦国家档案馆，5446 号库第 16a 类第 1150 卷第 1—2 页。

1051 “后外宾商店的收购”价：6 卢布 50 戈比 / 克纯金和 100 卢布 / 千克白银。关于这个问题，可以参阅“黄金”和“白银”两节。俄罗斯联邦国家档案馆，5446 号库第 16a 类第 1150 卷第 11 页。

1052 苏联人民委员会关于停办外宾商店的决议允许苏联国家银行在 1936 年把外汇兑换成切尔文券，“可以转账，也可以在国家银行柜台提供外汇现金”。制定了下列汇率：5 卢布 75 戈比兑 1 美元，28 卢布兑 1 英镑，33.3 卢布兑 1 法郎。俄罗斯联邦国家档案馆，5446 号库第 16a 类第 1150 卷第 10 页。

1053 随着配给制的取消，“开放式”商贸机构里的价格设定在国有营利性商店的水平。

1054 由于商品仍然紧缺，因此在 1930 年代下半叶，在开放式商贸机构推行了“一双手”购物定额。关于 1930 年代下半叶向“开放式”商贸的过渡以及商贸发展的具体情况，可以阅读叶·亚·奥索金娜：《“斯大林时期繁荣”的背后》。

1055 具体可以参阅“为什么斯大林需要外宾商店”一节。

1056 在 1934 年商贸—财务计划的说明报告中，外宾商店管委会报告：“毫无疑问，在粮食困难最严重的时期，大部分珍宝持有者都去过外宾商店，由此消耗了自己的大部分外汇珍宝储备。”俄罗斯国家经济档案馆，4433 号库第 1 类第 105 卷第 21 页。

1057 俄罗斯国家经济档案馆，4433 号库第 1 类第 19 卷第 61 页。

1058 俄罗斯国家经济档案馆，4433 号库第 1 类第 13 卷第 38 页。

1059 文件中承认，要不然的话，“外国人就不能从我们的运输过程中获得”苏联的服务。俄罗斯国家经济档案馆，4433 号库第 1 类第 24 卷第 88 页。

1060 俄罗斯国家经济档案馆，4433 号库第 1 类第 20 卷第 117 页。1933 年，由于外汇疗养券价格下降，外贸人民委员部每消耗 1 个苏联卢布至少要收入价值 25 戈比的外汇。

1061 俄罗斯国家经济档案馆，4433 号库第 1 类第 20 卷第 26 页；第 89 卷第 2 页。

1062 俄罗斯国家经济档案馆，4433 号库第 1 类第 25 卷第 73 页；俄罗斯联邦国家档案馆，5446 号库第 13a 类第 1209 卷第 1—3 页。

1063 《界限》1996 年第 82 期。

1064 俄罗斯联邦国家档案馆，5446 号库第 13a 类第 869 卷第 4 页。

1065 俄罗斯国家经济档案馆，5446 号库第 13a 类第 869 卷第 1 页。

1066 按照当时在苏联执行的卢布官方汇率，1933 年劳动者办理出国护照的价格超过 289 美元，“非劳动者”办理的价格约为 570 美元。俄罗斯联邦国家档案馆，5446 号库第 15a 类第 817 卷第 6 页。

1067 在外汇危机加剧、合法外汇交易开始收缩的时期，1926 年时，劳动者办理出国护照的价格涨到了 200 卢布，“非劳动者”办理价格涨到了 300 卢布。尤・戈兰德 :《新经济政策期间的货币调控》，第 128 页。

1068 俄罗斯联邦国家档案馆，5446 号库第 15a 类第 817 卷第 6 页。

1069 俄罗斯联邦国家档案馆，5446 号库第 15a 类第 817 卷第 6 页。

1070 俄罗斯联邦国家档案馆，5446 号库第 15a 类第 817 卷第 42 页。

1071 俄罗斯联邦国家档案馆，5446 号库第 13a 类第 869 卷第 6 页。

1072 “全苏外国游客服务股份公司”建立于 1932 年 4 月。苏联商船队是其第三个创始单位。

1073 俄罗斯联邦国家档案馆，5446 号库第 13a 类第 869 卷第 6 页。

1074 1933 年 7 月起，外宾商店的营业额开始下降。9 月的营业额相比 4 月的营业额减少了 1/3 多。俄罗斯国家经济档案馆，4433 号库第 1 类第 72 卷第 8—13 页。

1075 外贸副人民委员洛加诺夫斯基在批评外宾商店降低外汇计划时写道，外宾商店“较之营利性商店，将占据无可比拟的有利位置”。俄罗斯国家经济档案馆，4433 号库第 1 类第 105 卷第 33 页。

1076 1935 年上半年，外宾商店食物销量仅相当于 1934 年上半年的 36%，而纺织品和鞋子销量相当于同期的 122%。俄罗斯国家经济档案馆，4433 号库第 1 类第 153 卷第 22 页。

1077 在外宾商店的半年报告中指出，1935 年上半年，所有商品中只有香料、化妆品、钟表和化工品完成了销售计划。俄罗斯国家经济档案馆，4433 号库第 1 类第 153 卷第 17 页。

1078 俄罗斯国家经济档案馆，4433 号库第 1 类第 167 卷第 73、74 页背面。

1079 为此，外宾商店计划雇用专业的画家和描图员。维堡市列宁格勒州国家档案馆，1154 号库第 4 类第 16 卷第 8 页。

1080 1933 年 10 月，外宾商店管委会决定开设外汇寄售商店。获准从民众手里收取的东西有 : 留声机、留声机唱片、照相机、鞋子、成衣、皮货、手表、香料、化妆品、钢笔和铅笔、打字机、手提箱、摩托车、自行车和汽车。寄售商店获准收取的国产商品只有毛毯和贵重的皮货。外宾商店还通过下属的寄售商店销售已在其他商店存放过期的进口商品。乌兹别克斯坦共和国中央国家档案馆，

289 号库第 1 类第 59 卷第 10 页。

1081 俄罗斯国家经济档案馆，4433 号库第 1 类第 167 卷第 70 页背面。

1082 俄罗斯国家经济档案馆，4433 号库第 1 类第 167 卷第 70 页及背面。

1083 1934 年 2 月，列宁格勒外宾商店决定开设“美国市场”。维堡市列宁格勒州国家档案馆，1154 号库第 4 类第 16 卷第 18 页。

1084 维堡市列宁格勒州国家档案馆，1154 号库第 4 类第 16 卷第 184—186 页。外宾商店的流动售卖始于 1933 年。根据西部办事处负责人的报告，由于往各地偏远角落运送小批量商品的流通成本高，流动售卖实际上是亏损的。在西部州，不得不采取另一种方式，即前往偏远地区的代理随身不携带商品，只接受订购，之后订单配送的成本将记在顾客账上。尽管是亏本的，但在饥荒消退后，外宾商店仍继续寄希望于流动售卖。

1085 外宾商店和谷物、畜牧国营农场人民委员部就在以后续进口作为补偿的条件下尽快提供活牲畜达成了协议。俄罗斯国家经济档案馆，4433 号库第 1 类第 167 卷第 70 页。

1086 俄罗斯国家经济档案馆，4433 号库第 1 类第 137 卷第 10 页；第 167 卷第 72 页。

1087 俄罗斯国家经济档案馆，4433 号库第 1 类第 168 卷第 148 页。非苏联内容唱片的供应商是“维克托”公司。外宾商店应就唱片进口事先征得教育人民委员部批准。这个规定遭到了破坏。1934 年夏天，因为外宾商店自行从美国和拉脱维亚进口了两批唱片，外宾商店和教育人民委员部爆发了冲突。问题被移送给监察委员会审查。俄罗斯国家经济档案馆，4433 号库第 1 类第 9 卷第 105 页。

1088 俄罗斯国家经济档案馆，4433 号库第 1 类第 60 卷第 36 页。

1089 列宁格勒办事处描述了类似的经验。维堡市列宁格勒州国家档案馆，1154 号库第 4 类第 16 卷第 22 页。

1090 俄罗斯联邦国家档案馆，5446 号库第 15a 类第 1245 卷；俄罗斯国家经济档案馆，4433 号库第 1 类第 100 卷第 2 页。

1091 中东铁路苏联职员的退职费约为 3500 万日元，约合 1100 万金卢布。据估计，80% 的职员会返回苏联：25000 人再加上家属；回国员工的退职金约为 600 万—700 万金卢布，再加上积蓄的 150 万—200 万金卢布。外宾商店的领导断言，这笔钱中一部分会花在伪满洲国，“中东铁路职员知道，伪满洲国的工业品价格比外宾商店便宜”。鉴于此，外宾商店领导认为，预计能收入大约 500 万金卢布。1934 年 11 月，关于如何向中东铁路前职员支付“退职金”的问题尚未解决。一种方案是，职工在回到苏联前分别领取外汇。这样的话，外宾商店可能就会失去期待中的外汇，因为人们会尽快把钱存进国家银行的“B”账户，这对外汇存款是最有利的。人们可以提取外汇现金，也可以享受外汇利息。在这种情况下，一部分外汇现金会不可避免地流向黑市。另一种方案是，退职金通过苏联机关集中结算。在此情况下，回国的中东铁路职工可以领取部分外汇现金预付款，剩下的退职金转账到国家银行的“B1”账户或者外宾商店账户，这样的话，存款人只能进行非现金的外汇结算。俄罗斯国家经济档案馆，4433号库第1类第100卷第14页。

1092 改善学者生活条件中央委员会（Центральная Комиссия по улучшению быта ученых）根据马克西姆·高尔基的倡议于1920年在彼得格勒成立，旨在帮助知识分子免于饥寒。此后，委员会改组为隶属于苏联人民委员会的学者帮扶委员会。委员会一直存在到1937年。在设立之初，委员会向知识分子供应食物定量配给、劈柴、书写纸等工作必需品。之后，福利还包括夏季别墅、疗养、创作室、公寓等。政府提供物质帮助是为了换取学者对苏联政权的忠诚。

1093 莫斯科州中央国家档案馆，3812号库第1类第5卷第33—34页；第2类第6卷第4页。

1094 莫斯科州中央国家档案馆，3812号库第2类第3卷第17页。

1095 外宾商店首先获得了文学和出版事务管理总局的批准。俄罗斯国家经济档案馆，4433号库第1类第90卷第98页。

1096 1934年12月，外贸人民委员部致函苏联人民委员会的外汇委员会报告道，派拉蒙电影公司想要采购苏联影片在美国放映，条件是苏联用20%至40%的外汇收入购买美国影片。但是，俄罗斯人要求把份额降低到10%至25%。俄罗斯联邦国家档案馆，5446号库第15a类第838卷第1页。

1097 莫斯科州中央国家档案馆，3812号库第1类第5卷第19页。

1098 外宾商店想通过“国际图书”商店销售书籍换取外汇，但政府不愿“分散”外汇业务。苏联人民委员会的外汇委员会在1934年9月批准了“反向方案”——通过外宾商店销售“国际图书”商店的商品。俄罗斯国家经济档案馆，4433号库第1类第94卷第90页。

1099 经全苏工会中央理事会批准，“标准石油”公司在巴塔米照此执行。在列宁格勒经营的“贝尔格尔和维尔特”公司（Бергер и Вирт）和“大北电报公司”（Большое Северо—Телеграфное Общество）着手申请了这一支付方式。不清楚最后做出了什么决定，但财政人民委员格林科就这个问题的政治意义提出了警告。俄罗斯联邦国家档案馆，5446号库第15a类第981卷第1页。

1100 俄罗斯国家经济档案馆，4433号库第1类第9卷第108、144页。在1934—1935年，外宾商店的疗养券价格为40—60金卢布不等，而“全苏外国游客服务有限公司”的价格为80—100金卢布不等。

1101 俄罗斯国家经济档案馆，4433号库第1类第9卷第99页及背面；第101卷第115页。在外宾商店征得苏联人民委员会外汇委员会同意前，外贸人民委员部已经批准其销售外汇公寓。1934年，外宾商店管委会代理主席穆斯特要求各办事处负责人“加快开展这项工作”。穆斯特的通函发到了各地。保存在外宾商店莫斯科办事处档案中的复制件证实了这一点。莫斯科办事处的负责人多隆将通函转发给了下辖的各家百货商店的负责人。在这些资料中，出售和出租公寓赚取外汇已是一件确定的事情。莫斯科州中央国家档案馆，3812号库第1类第2卷第38页及背面；3817号库第1类第4卷第26—27页。

1102 外宾商店有长期工程的惨痛经历。1931年，列宁格勒外宾商店签署协议，为穆里尔·佩吉特女士（Muriel Paget）的英国慈善机构建造一幢价值7500金卢布的农村房子。根据协议，房子应于1932年完工，但是档案资料证实，1933年时关于建造不顺利的通信仍在继续。订购方发现了价值1100金卢布的质量缺陷，而承包方住房建设标准托拉斯拒绝消除质量缺陷，除非订购方追加付款。外宾商店“居高临下”的抱怨毫无作用，不得不自掏腰包付了1100卢布。维堡市列宁格勒州国家档案馆，1154号库第3类第35卷第218页。

1103 按照外宾商店经济学家的计算，销售住房赚取外汇的平均利润为8%。俄罗斯国家经济档案馆，4433号库第1类第9卷第139页。

1104 关于价格核算的信息是保密的，住房买家或是承租人并不了解该信息。俄罗斯国家经济档案馆，4433号库第1类第9卷第99页及背面；莫斯科州中央国家档案馆，3817号库第1类第4卷第27页。

1105 维堡市列宁格勒州国家档案馆，1154号库第4类第64卷第7页。

1106 俄罗斯国家经济档案馆，4433号库第1类第122卷第40—43、47页；第153卷第20、21页。

1107 缩减外宾商店贸易网络的规模和顺序是由1934年5月13日苏联人民委员会《关于外宾商店》的决议和1934年5月25日劳动和国防委员会《关于外宾商店向供给人民委员部移交商店的顺序和时间》决定的。乌兹别克斯坦共和国中央国家档案馆，81号库第1类第78卷第3页。

1108 在金矿矿区，黄金收购业务回到了采金企业手中。外宾商店贸易网络关闭后，所有的现货都移交给了全苏黄金铂金开采业者食品和工业品供应托拉斯。俄罗斯联邦国家档案馆，5446 号库第 16a 类第 1148 卷第 40 页；俄罗斯国家经济档案馆，4433 号库第 1 类第 94 卷第 48—50、56、60 页。

1109 截至 1934 年 7 月 1 日，外宾商店有 1211 个贸易点。俄罗斯国家经济档案馆，4433 号库第 1 类第 153 卷第 11 页。需关闭的商店名单可以参阅：俄罗斯国家经济档案馆，4433 号库第 1 类第 94 卷第 48—50 页；第 103 卷第 10—19 页。

1110 俄罗斯国家经济档案馆，第 1 类第 103 卷第 10—19 页；第 153 卷第 11 页。1935 年底，在莫斯科有 14 家外宾商店的网点。莫斯科州中央国家档案馆，3812 号库第 2 类第 3 卷第 7 页。

1111 随着配给制的实行，贸易人民委员部在 1930 年改组为供给人民委员部。1934 年准备取消配给制后，供给人民委员部分为内贸人民委员部（1938 年起改称贸易人民委员部）和食品工业人民委员部。

1112 在实行配给制的那几年，根据联共（布）中央监察委员会和工农人民检查委员部的命令，外宾商店工作人员可以获得粮食定量配给。在饥荒时期，粮食配给就是黄金般的：它们来自外宾商店的外汇商品，但可以用卢布按照协议价购买这些商品。黄金定量配给不仅把工作人员留在了外宾商店系统内，而且根据领导的想法应当可以防止监守自盗。俄罗斯国家经济档案馆，4433 号库第 1 类第 133 卷第 55 页；第 134 卷第 44 页。

1113 如果上交珍宝的价值不足 1 卢布，外宾商店顾客收到的票据仅限用于当天上交珍宝的那家商店。那些上交更大额珍宝的人会收到新版的记名结算册。他们也只能在上交珍宝的商店购买商品。那些外汇汇款收款人和外汇现金持有者会领到专门样式的商品册，有点像存折本。对于这类人有个别绑定的商店。请参阅 1934 年 5 月 13 日苏联人民委员会《关于外宾商店》的命令。乌兹别克斯坦共和国中央国家档案馆，81 号库第 1 类第 78 卷第 4—5 页。

1114 俄罗斯国家经济档案馆，4433 号库第 1 类第 94 卷第 48—50 页。

1115 请参阅洛加诺夫斯基给莫洛托夫发去的一封怒气冲冲的信——这是对大肆拿走外宾商店商品的反应。俄罗斯联邦国家档案馆，5446 号库第 15a 类第 829 卷第 1 页。

1116 请参阅外贸人民委员部对魏采尔所作所为的抱怨。俄罗斯国家经济档案馆，4433 号库第 1 类第 351 卷。

1117 俄罗斯国家经济档案馆，4433 号库第 1 类第 133 卷第 10 页。

1118 请参阅苏联人民委员会的苏维埃监察委员会 1934 年 8 月 28 日《关于“苏联人民委员会 1934 年 5 月 13 日和劳动和人民委员会 1934 年 5 月 25 日关于缩减外

宾商店网络并在外宾商店实施新结算系统的命令”执行情况的检查结果》的决议，以及调查乌兹别克斯坦舞弊行为的资料。乌兹别克斯坦共和国中央国家档案馆，81号库第1类第78卷第10、15、28—30、35、36页。

1119 1934年8月，劳动和国防委员会要求额外提取250万卢布的商品。1935年（10月前），外宾商店上交了近600万卢布的商品。从1935年11月中旬起到关闭，按外宾商店价格计的话，其向国内贸易机构移交了大约700万卢布的商品。俄罗斯国家经济档案馆，4433号库第1类第175卷第59页；俄罗斯联邦国家档案馆，5446号库第15a类第829卷第1页。

1120 俄罗斯联邦国家档案馆，5446号库第15a类第857卷第14页。

1121 外宾商店的商品在移交给以卢布结算的商店后按照为苏联主要百货商店制定的价格进行销售。在那些年，大家都熟悉的“古姆”（ГУМ）使用的是另一个名称——莫斯科国有商场。俄罗斯联邦国家档案馆，5446号库第15a类第8页。

1122 请参阅苏联人民委员会1935年12月16日《关于外宾商店机关人员》的决议。内贸人民委员部和外贸人民委员部之间的争议在财政人民委员部得以解决。俄罗斯国家经济档案馆，4433号库第1类第361卷。从1935年11月15日到1936年2月，外宾商店向内贸人民委员部移交了310个贸易网点和115个存货仓库。俄罗斯国家经济档案馆，4433号库第1类第133卷第141—143页。

1123 到1935年12月1日，民众手中留下的商品册余额降到了250万卢布，即仅在发布撤销外宾商店命令后的两周内，商品册的持有者购买了价值100万卢布的商品。俄罗斯联邦国家档案馆，5446号库第16a类第199卷第94页。

1124 在宣布关闭外宾商店时，超过一半未提货的外宾商店商品册在两座首都城市，剩下的不到一半散布在35个地区办事处。大部分（84.1%）未提货的商品册都是不足1卢布的小额商品册，每本平均15戈比。只有137本大额商品册——超过50卢布，每本平均147金卢布。俄罗斯国家经济档案馆，4433号库第1类第133卷第141—143页。

1125 从哈尔科夫发来报告称，在关闭外宾商店的命令发布后，销售计划完成率达到了400%。在宣布关闭外宾商店之前，1个外宾商店金卢布在黑市上可以兑30普通卢布，发布后只能兑换20—22普通卢布。俄罗斯国家经济档案馆，4433号库第1类第168卷第136页。

1126 关于这个问题已在“外宾商店的价格”一节中进行了论述。

1127 俄罗斯联邦国家档案馆，5446号库第16a类第299卷第94页。

1128 1936年2月在给苏联人民委员会的报告中，外宾商店最后一任主席米·阿·利文森报告了这个情况。在外宾商店运营的最后几个月，境外流入的外汇增加了：在宣布撤销外宾商店前，月均外汇汇款收入82.3万卢布，宣布后增加到140万卢布。俄罗斯国家经济档案馆，4433号库第1类第133卷第141—143页。

1129 俄罗斯国家经济档案馆，4433号库第1类第133卷第141—143页。

1130 按照合同来到苏联工作的专家和工人的家庭供应保障是由国家零售贸易联合公司特别办公室负责的。该办公室在1931年至1935年开展上述工作。请参阅“莫斯科贸易公司办事处”一节中的说明。

1131 在外宾商店统计数据中，并不记录外汇现金是外国人还是苏联公民上交的，所以类似的区分只能是大致的。1935年，根据初步数据，各港口服务外轮的外汇收入应为200万金卢布，同期苏联顾客占绝对多数的商店外汇现金收入为520万金卢布。俄罗斯国家经济档案馆，4433号库第1类第175卷第64页。

1132 无法准确判断外宾商店里的外国人数量，因为外宾商店的统计不按顾客群体划分，而是按照收入的珍宝类型划分。外宾商店里的外国人几乎只能使用外汇购物，但在流入外宾商店的外汇中，在黑市上获取外汇的苏联人贡献了大部分。

1133 工农监察人民委员部的报告（1932年春天）指出了外宾商店的名不副实：“尽管从名称上判断，我们应当和外国人开展业务，但事实上恰恰相反，我们在更多地服务农民。”瓦·伊·马罗奇科：《“外宾商店”：饥荒年代，乌克兰农民生命的黄金价格（1932—1933）》，载《乌克兰历史杂志》2003年第3期。感谢奥莉加·格拉辛姆丘克帮助翻译此文。（Марочко В.І. «Торгсин»: Золота ціна життя україньских селян у роки голоду (1932—1933) // Україньский історичний журнал, 2003, № 3. С. 100. Благодарю Ольгу Герасимчук за помощь в переводе статьи.）

粉饰过的顾客肖像

1134 在布尔加科夫的小说《大师和玛格丽特》中，沃兰德的两个随从闹事打架，在斯摩棱斯克市场的外宾商店里放火（《卡罗维耶夫和别格莫特的最后风波》一节）。

1135 1933年春天，在外宾商店的1000个贸易点中，100家商店一个月的营业额达到了2.5万卢布，36家一个月的营业额达到7.5万卢布，只有5家一个月的营业额达到26.5万卢布。绝大多数（90%）外宾商店是每月营业额低于6000卢布的小铺子。（俄罗斯国家经济档案馆，4433 号库第 1 类第 77 卷第 25 页）1934 年的控制数字预见了营业额的下降以及商店的进一步萎缩：每月营业额不超过 3000 卢布的 1248 家商店确保外宾商店 40% 的营业额，而最大的商店（每月营业额达到 10 万卢布）只有 7 家。俄罗斯国家经济档案馆，4433 号库第 1 类第 105 卷第 13 页。

1136 维堡市列宁格勒州国家档案馆，1154 号库第 2 类第 1 卷第 150、160 页。

1137 摘自外宾商店的描述：维堡市列宁格勒州国家档案馆，1154 号库第 2 类第 1 卷第 150、160 页；俄罗斯国家经济档案馆，4433 号库第 1 类第 25 卷第 203 页；第 71 卷第 28—30、80 页；斯摩棱斯克州国家档案馆，1425 号库第 1 类第 25 卷第 14、53 页；第 29 卷第 70 页；乌兹别克斯坦共和国中央国家档案馆，288 号库第 1 类第 3 卷第 193、198 页。

1138 下诺夫哥罗德抱怨的不仅是不均衡的供应，还有大量商品没有申请就配送了。订购了 800 米亚麻线，而莫斯科发来了 4500 米；订购了 50 千克青豌豆，送来了 500 千克；订购 40 箱远东罐头，发来了 234 箱。在没有下单的情况下送来了 1000 罐牛舌、1000 罐番茄酱、60 个丝绸灯罩等。（俄罗斯国家经济档案馆，4433 号库第 1 类第 38 卷第 19 页）滞销的原因之一是缺乏“搭配的商品”。来自中亚的报告写道，黍米销量不佳的原因不光是价格高，还因为缺乏牛奶和油——使用黍米所需的搭配。乌兹别克斯坦共和国中央国家档案馆，288 号库第 1 类第 31 卷第 1 页。

1139 在检查查尔朱伊（中亚）外宾商店的资料里写道：“蟑螂钻到了通心粉的盒子里产卵；从一个盒子里弄出 200 克（这是原话——作者注）蟑螂卵。”乌兹别克斯坦共和国中央国家档案馆，288 号库第 1 类第 3 卷第 127 页。

1140 维堡市列宁格勒州国家档案馆，1154 号库第 2 类第 1 卷第 80 页。

1141 列宁格勒脂肪加工托拉斯在市内拥有一家为外宾商店生产商品的香料工厂。列宁格勒脂肪加工托拉斯是国家高档香料、脂肪和象牙加工业托拉斯的一部分。托拉斯的名称搞砸了生产香水的愿望。

1142 维堡市列宁格勒州国家档案馆，第 2 类第 19 卷第 56 页；第 10 类第 2 卷第 41 页。

1143 维堡市列宁格勒州国家档案馆，1154 号库第 3 类第 16 卷第 13 页。

1144 乌兹别克斯坦共和国中央国家档案馆，288 号库第 1 类第 3 卷第 125 页。

1145 维堡市列宁格勒州国家档案馆，1154 号库第 2 类第 19 卷第 42 页；第 3 类第 15 卷第 7 页；第 25 卷第 39 页。

1146 俄罗斯国家经济档案馆，4433 号库第 1 类第 71 卷第 30 页。

1147 单位刊物《外宾商店人》讲述了外汇收款人收进从外汇资料集上剪下的 5 加元缩小照片的事件。《外宾商店人》第 1 期，1933 年 8 月 15 日第 8 页。乌兹别克斯坦共和国中央国家档案馆，289 号库第 1 类第 65 卷第 43 页背面。

1148 俄罗斯国家经济档案馆，4433 号库第 1 类第 38 卷第 19、20 页。

1149 维堡市列宁格勒州国家档案馆，1154 号库第 2 类第 5 卷第 55 页。

1150 乌兹别克斯坦共和国中央国家档案馆，289 号库第 1 类第 17 卷第 95 页背面。

1151 俄罗斯国家经济档案馆，4433 号库第 1 类第 15 卷第 100 页。

1152 中亚各办事处报告道，在缺货时，愤怒的人们拒收商品册，要求退回他们上交的珍宝。乌兹别克斯坦共和国中央国家档案馆，289 号库第 1 类第 17 卷第 98 页背面。

1153 瓦·伊·马罗奇科 :《“外宾商店”》，第 99 页。

1154 乌兹别克斯坦共和国中央国家档案馆，288 号库第 1 类第 3 卷第 5 页。

1155 维堡市列宁格勒州国家档案馆，1154 号库第 2 类第 19 卷第 40 页。

1156 俄罗斯国家经济档案馆，4433 号库第 1 类第 15 卷第 89 页。

1157 记名商品册的有效期为 3 个月。有效期可以在到期前延长。延长已过期的商品册的有效期需要商店负责人的允许。每一个生活在苏联社会主义中的人都知道，等待着他的会是什么——坚持尝试获得接见、负责人的粗鲁和权力的彰显、顾客的眼泪和屈辱，可能还有行贿。请参阅《外宾商店关于新版商品册使用规定的细则》，乌兹别克斯坦共和国中央国家档案馆，288 号库第 1 类第 66 卷第 5—17 页。

1158 俄罗斯国家经济档案馆，4433 号库第 1 类第 27 卷第 75 页。

1159 乌兹别克斯坦共和国中央国家档案馆，289 号库第 1 类第 65 卷第 142 页。

1160 在 1932 年上半年外宾商店工作总结中提到，“尽管外贸人民委员部和外宾商店不止一次地加以制止，但是在很多办事处（乌克兰、白俄罗斯），仍旧执行商品限额和捆绑销售，这引起了汇款收款人和黄金上交者无休无止的责难”。俄罗斯国家经济档案馆，4433 号库第 1 类第 12 卷第 241 页。

1161 俄罗斯国家经济档案馆，4433 号库第 1 类第 27 卷第 91 页；第 71 卷第 177 页。

1162 俄罗斯国家经济档案馆，4433 号库第 1 类第 15 卷第 100 页。

1163 俄罗斯国家经济档案馆，4433 号库第 1 类第 27 卷第 118 页；第 90 卷第 164 页。

1164 俄罗斯国家经济档案馆，4433 号库第 1 类第 20 卷第 176 页。

1165 俄罗斯国家经济档案馆，4433 号库第 1 类第 90 卷第 1、2、24 页。

1166 斯摩棱斯克州国家档案馆，1425 号库第 1 类第 17 卷第 53 页。

1167 乌兹别克斯坦共和国中央国家档案馆，288 号库第 1 类第 3 卷第 194 页。

1168 乌兹别克斯坦共和国中央国家档案馆，288 号库第 1 类第 40 卷第 258 页背面。

1169 俄罗斯国家经济档案馆，4433 号库第 1 类第 168 卷第 3 页。外宾商店远东办事处的工作人员认为，真正的亚洲人在贸易问题上表现得更有教养：日本在占领中国东北地区后，迅速挤走了苏联贸易，“因为，我们不具备严谨而持久的竞争力”——外宾商店远东办事处这样写道。俄罗斯国家经济档案馆，4433 号库第 1 类第 111 卷。

1170 外宾商店管委会在 1933 年 7 月分送给各办事处的通告要求在收款处张贴大字招贴画：“请顾客—公民在检查收款员剪下的流通券是否正确后再离开收款处。离开收款处之后提出的主张不予接受。”乌兹别克斯坦共和国中央国家档案馆，288 号库第 1 类第 66 卷第 4 页。

1171 关于这一点将在下一节“售货员永远是对的”中进行论述。

1172 佩吉特女士的全权代表抱怨他被训诫式地告知，“在体面的房子里”不准吸烟，当时，列宁格勒外宾商店的一个工作人员向他进行了宣读。维堡市列宁格勒州国家档案馆，1154 号库第 3 类第 25 卷第 5 页。

1173 维堡市列宁格勒州国家档案馆，1154 号库第 10 类第 32 卷第 63 页。

1174 丹·格拉宁的书《煤油燃气加温器及其他，列宁格勒目录》（莫斯科，2003 年）展现了关于 1930 年代老物件的历史记忆。然而，在俄罗斯历史学中，暂时还没有关于“物的革命”的研究，即随着 20 世纪的现代化进程以及苏联独特生活方式发展而发生在日常物质文明中的物的演变。

1175 乌兹别克斯坦共和国中央国家档案馆，288 号库第 2 类第 3 卷第 100 页。

1176 俄罗斯国家经济档案馆，4433 号库第 1 类第 2 卷第 21 页；第 23 卷第 130 页。

1177 更名和改变部门归属发生在 1934 年。

1178 请参阅外宾商店阿尔汉格尔斯克办事处 1931 年按苏联货币结算的商品拨付明细。明细中列出了一长串“依附于”外汇贸易的单位、委员会和团体名单。俄罗斯国家经济档案馆，4433 号库第 1 类第 29 卷第 334—335 页。

1179 请参阅中央监察委员会主席团 2 月 22 日及联共（部）中央委员会 1932 年 4 月 18 日关于《禁止使用普通卢布购买外宾商店出口商品》的命令。在这些命令的基础上，外宾商店管委会拟定了通告，并于 1932 年 5 月分送给所有办事处。规则中留出了例外情况，但是每个个案都需要政府做出决定。俄罗斯国家经济档案馆，4433 号库第 1 类第 29 卷第 322 页；第 70 卷第 4 页。

1180 外宾商店的易货贸易在各个层级都开展得如火如荼。外宾商店各办事处与合作社及工业企业交换商品。在商店内不同贸易部门的工作人员之间也进行商品交换。外宾商店管委会副主席扎图洛夫斯基被免职的原因就是，在乌克兰出差期间批准了哈尔科夫办事处把外宾商店的面料换成了糁。外宾商店由于供应不足而需求易货贸易，这实际上是自行采购的方式之一，也是单位生存的方式。

1181 俄罗斯国家经济档案馆，4433 号库第 1 类第 71 卷第 47 页。

1182 俄罗斯国家经济档案馆，4433 号库第 1 类第 4 卷第 162 页。

1183 乌兹别克斯坦共和国中央国家档案馆，288 号库第 1 类第 37 卷第 63 页。

1184 俄罗斯国家经济档案馆，4433 号库第 1 类第 15 卷第 61 页。

1185 俄罗斯国家经济档案馆，4433 号库第 1 类第 55 卷第 6 页。

1186 俄罗斯国家经济档案馆，4433 号库第 1 类第 21 卷第 147 页；第 23 卷第 63、88、114 卷；第 29 卷第 334—335 页；第 30 卷第 20、41、46 页；第 43 卷第 12 页；第 52 卷第 5 页；第 61 卷第 186 页；第 64 卷第 65 页；第 65 卷第 32 页；第 71 卷第 1、39 页；第 73 卷第 29 页；第 148 卷第 67 页；莫斯科州中央国家档案馆，3812 号库第 1 类第 1 卷第 31 页。

1187 俄罗斯国家经济档案馆，4433 号库第 1 类第 148 卷第 67 页。

1188 俄罗斯国家经济档案馆，4433 号库第 1 类第 2 卷第 29 页。

1189 俄罗斯国家经济档案馆，4433 号库第 1 类第 52 卷第 5 页。

1190 俄罗斯国家经济档案馆，4433 号库第 1 类第 23 卷第 114 页。

1191 瓦・伊・马罗奇科 :《“外宾商店”》，第 92 页。

1192 曾经发生过格别乌工作人员在逮捕和搜查时从公民财物中窃取有价物品的情况。

1193 俄罗斯国家经济档案馆，4433 号库第 1 类第 28 卷第 61 页。

1194 俄罗斯国家经济档案馆，4433 号库第 1 类第 2 卷第 16 页。

1195 在 1936—1937 年以及 1939—1940 年的粮食和商品危机期间，中央指责地方领导人消极应对中央决定，制止了他们为保障自身供应而重建内部特权配给系统的企图。1930 年代下半叶，中央领导层反对在地方政府支持和批准下“自下而上”自行发展起来的配给制，认定其违背了国家利益：这将导致商品流转停滞、拉平劳动报酬、降低物质激励。在这种情况下，地方政府并未放弃争取自己的权利，而中央在保持特权的同时，为维护国家利益与地方精英进行了较量。关于这个问题可参阅叶・亚・奥索金娜 :《“斯大林时期繁荣”的背后》，第 195—218 页。

1196 维堡市列宁格勒州国家档案馆，1154 号库第 2 类第 13 卷第 1 页。“外国专家供应社”在配给制那几年向参与社会主义建设的外国专家进行供给，在其商店里，顾客用卢布支付，但商品是限购的。

1197 在列宁格勒，杜马街上的肉类和鱼类商店以及拉萨利街上的百货商店是专供外交人员的外宾商店。维堡市列宁格勒州国家档案馆，1154 号库第 1 类第 13 卷第 3 页。

1198 俄罗斯国家经济档案馆，4433 号库第 1 类第 120 卷第 71 页。

1199 俄罗斯国家经济档案馆，4433 号库第 1 类第 38 卷第 15、16 页。

1200 1932 年，生活在苏联的瑞典人跟国内报告称，“外宾商店里的经营环境不整洁——服务人员穿着邋遢的工作服等”。这个信息从苏联驻瑞典的贸易代表处传回了外宾商店管委会。乌兹别克斯坦共和国中央国家档案馆，289 号库第 1 类第 10 卷第 221 页。

1201 外交人民委员部驻乌兹别克斯坦的全权代表抱怨外国人想把东西都买光。在“全苏游客服务股份公司”从突厥斯坦退出后，外宾商店接收了这里的外国游客供应工作：英国游客雇马车花了 6 英镑、午餐花了 4 英镑、白面包花了 1 英镑。俄罗斯国家经济档案馆，4433 号库第 1 类第 9 卷第 90 页。

1202 俄罗斯国家经济档案馆，4433 号库第 1 类第 138 卷第 66 页。关于这一点已在“外宾商店的价格”一节中进行了论述。从阿什哈巴德发来的报告称，游客发现在外宾商店购物毫无意义，因为在其邻近的伊朗价格更便宜。在这份市场报告中称，在伊朗的亲戚通过走私帮助住在土库曼斯坦的人，当时边境的非法通道是普遍存在的。乌兹别克斯坦共和国中央国家档案馆，289 号库第 1 类第 17 卷第 102 页。

1203 乌兹别克斯坦共和国中央国家档案馆，288 号库第 2 类第 3 卷第 100 页。

1204 乌兹别克斯坦共和国中央国家档案馆，288 号库第 1 类第 31 卷第 1 页。

1205 摘自外宾商店的下诺夫哥罗德办事处和西部办事处的资料。斯摩棱斯克州国家档案馆，1425 号库第 1 类第 23 卷第 14 页；俄罗斯国家经济档案馆，4433 号库第 1 类第 38 卷第 13—14 页。

1206 但是，报告提到，验收员有时拒收少量的黄金，或者拒绝签发小额商品册。乌兹别克斯坦共和国中央国家档案馆，288 号库第 1 类第 3 卷第 1 页；维堡市列宁格勒州国家档案馆，1154 号库第 10 类第 2 卷第 3 页。

1207 维堡市列宁格勒州国家档案馆，1154 号库第 2 类第 5 卷第 124 页。

1208 乌兹别克斯坦共和国中央国家档案馆，289 号库第 1 类第 17 卷第 73、74 页。

1209 乌兹别克斯坦共和国中央国家档案馆，288 号库第 1 类第 44 卷第 23 页。

1210 俄罗斯国家经济档案馆，4433 号库第 1 类第 38 卷第 13、14 页。

1211 乌兹别克斯坦共和国中央国家档案馆，289 号库第 1 类第 65 卷第 43 页背面。

1212 摘自外宾商店下诺夫哥罗德办事处的报告（1932 年）。俄罗斯国家经济档案馆，4433 号库第 1 类第 38 卷第 14—15 页。

1213 乌兹别克斯坦共和国中央国家档案馆，289 号库第 1 类第 17 卷第 124 页。

1214 维堡市列宁格勒州国家档案馆，1154 号库第 4 类第 16 卷第 10 页。有价物品流入减少的原因还有：签发商品册时，顾客会与某家特定的商店绑定在一起。

1215 莫斯科州中央国家档案馆，3812 号库第 2 类第 7 卷第 9 页。民间的能手们会伪造外币。在一份通函中，外宾商店管委会向各办事处通报了出现英镑伪钞的消息并说明如何识别伪钞。莫斯科州中央国家档案馆，3817 号库第 1 类第 4 卷第 33 页。

1216 俄罗斯国家经济档案馆，4433 号库第 1 类第 153 卷第 11 页。

1217 在整个苏联时期都采用这样的做法。

1218 莫斯科州中央国家档案馆，3812 号库第 2 类第 7 卷第 9 页。

1219 伊萨克·塔尔塔科夫斯基（Isaak Tartakovskii），访谈号 36168,31—33 片段，南加州大学犹太人大屠杀基金会影像史档案。

1220 一些地区的外宾商店在经营初期，是可以自由进出的，“以便让大家熟悉外宾商店”（乌兹别克斯坦共和国中央国家档案馆 289 号库第 1 类第 17 卷第 106 页）。在大城市的外宾商店门口站着门卫，他们会拦住没有外宾商店内相关文件、证件的人。但是不管怎样，通过欺骗或是贿赂，任何人都能进商店。

1221 维堡市列宁格勒州国家档案馆，1154 号库第 4 类第 145 卷第 23、28、40 页；第 10 类第 32 卷第 59 页。

1222 维堡市列宁格勒州国家档案馆，1154 号库第 4 类第 148 卷第 150 页。

1223 维堡市列宁格勒州国家档案馆，1154 号库第 4 类第 154 卷第 39 页。

1224 维堡市列宁格勒州国家档案馆，1154 号库第 10 类第 32 卷第 40 页。

1225 俄罗斯国家经济档案馆，4433 号库第 1 类第 42 卷第 13 页。

1226 乌兹别克斯坦共和国中央国家档案馆，289 号库第 1 类第 33 卷第 285 页。

1227 莫斯科州中央国家档案馆，3812 号库第 1 类第 6 卷第 18 页；第 2 类第 7 卷第 18 页；俄罗斯国家经济档案馆，4433 号库第 1 类第 28 卷第 236、237 页；维堡市列宁格勒州国家档案馆，1154 号库第 10 类第 2 卷第 18 页。

1228 俄罗斯国家经济档案馆，4433 号库第 1 类第 28 卷第 237 页。

1229 俄罗斯国家经济档案馆，4433 号库第 1 类第 148 卷第 83—87、89 页；莫斯科州中央国家档案馆，3812 号库第 2 类第 7 卷第 8、18 页；上述档案馆 3817 号库第 1 类第 3 卷第 14、18 页。

1230 关于苏联的活动权利，请参阅所罗门·彼得：《斯大林时期的苏联司法》，莫斯科，1998 年。（Соломон Питер, Советская юстиция при Сталине. М., 1998.）

1231 关于这个问题，请参阅所罗门·彼得：《斯大林时期的苏联司法》，莫斯科，1998 年。

1232 在 1930 年代，根据法律规定，合作社手工业者无权以比国家及合作社更高的价格出售自制的商品。

1233 俄罗斯国家经济档案馆，4433 号库第 1 类第 168 卷第 36 页。

1234 这并不意味着，人们不抱怨投机者并要求将其镇压。针对投机活动和投机者的愤怒抗议事件可以参阅叶·亚·奥索金娜：《人们关于 1939—1941 年供应危机的通信》，载《历史问题》1996 年第 1 期。

1235 黑市是更广泛的“不正常社会经济关系”现象中的一部分。这种关系中包括了涉及国家关系领域的各种现象，在此情况下，诸如“走后门”这样的不正常关系也不算是犯罪。

1236 关于斯大林时期的黑市，可参阅朱莉·赫斯勒：《苏联贸易的社会史。1917—1953 年的贸易政策、零售和消费》，普林斯顿，2003 年（Hessler Julie. *A Social History of Soviet Trade. Trade Policy, Retail Practices, and Consumption, 1917—1953*. Princeton, 2003）；叶·亚·奥索金娜：《“斯大林时期繁荣”的背后》；作者同上：《斯大林治下的经济违逆》，载维奥拉·琳恩编辑的《与斯大林主义的斗争。1930 年代的苏联权力和大众抵抗》，伊萨卡，2002 年（“Economic Disobedience under Stalin” // Viola Lynne, ed. *Contending with Stalinism. Soviet Power and Popular Resistance in the 1930s*, Ithaca, 2002）；斯蒂芬·柯特金：《磁力山：作为一种文明的斯大林主义》，伯克利，1995 年，第 238—279 页（Kotkin Stephen. *Magnetic Mountain: Stalinism as a Civilization*. Berkeley, 1995, pp. 238—279）；费茨帕特里克·西拉《斯大林主义的每一天：不平凡时代的平凡生活》，纽约，1990 年，第 40—66 页（Fitzpatrick Sheila. Everyday Stalinism: Ordinary Life in Extraordinary Times. N.Y., 1990, pp. 40—66）。研究勃列日涅夫“停滞”时期黑市的详细文献有格雷斯曼·格雷戈瑞：《苏联和东欧的第二经济：一份书单》，载《伯克利大学—杜克大学关于苏联第二经济的不定期论文》，第 21 期（1990 年）。（Grossman Gregory. “The Second Economy in the USSR and Eastern Europe: A Bibliography”

// Berkeley—Duke *Occasional Papers on the Second Economy in the USSR*, no. 21)(1990)

1237 其他地区的报告证实了这一点。莫斯科办事处报告道："几乎每家商店都有这种情况，而有时在店里都能碰到买卖外宾商店商品册或商品的投机者和小偷。"俄罗斯国家经济档案馆，4433号库第1类第95卷第20页。

1238 俄罗斯国家经济档案馆，4433号库第1类第26卷第127页。

1239 俄罗斯国家经济档案馆，4433号库第1类第38卷第18页。

1240 我想提醒一下，外宾商店金卢布和苏联普通卢布的官方汇率为1∶6.6。

1241 随着饥荒的爆发，1外宾商店卢布可以兑50—60普通卢布。按照管委会的数据，1934年初在莫斯科1金卢布价值53—55普通卢布，而在乌克兰价值62普通卢布，同年春天随着商品供应状况的改善，在莫斯科1金卢布下跌到了43普通卢布，在乌克兰则跌至50普通卢布。(俄罗斯国家经济档案馆，4433号库第1类第132卷第164页背面)1935年，在外宾商店关闭前，人们凭商品册进行"恐慌性提货"，金卢布汇率仍然较高——1∶20—30。(莫斯科州中央国家档案馆，3820号库第1类第2卷第37页背面；俄罗斯国家经济档案馆，4433号库第1类第161卷第72页；第168卷第136页)黑市汇率常常被应用于官方结算中。1934年9月，外宾商店要求财政人民委员部按照金卢布标价50倍的价值来补偿高尔基大街那家商店里被窃的商品。财政人民委员部向外贸人民委员部抱怨这种"汇率"是非法的。莫斯科州中央国家档案馆，3819号库第1类第1卷第55页。

1242 苏联作家尤里·纳吉宾提到了自己家里的投机活动，纳吉宾的岳父是红色经理伊·阿·利哈乔夫(在莫斯科有一家以其名字命名的汽车厂)。利哈乔夫的妻子和女儿为专门的服务部缝制衣服和鞋子，并把从彼得罗夫卡大街的政府供应点领到的东西拿到季申斯基市场出售："每个人(女儿和家庭主妇——作者注)都穿着两件不合身的女式大衣，通过左手交换着小东西：女短衫、布拉吉、裙子、套装。她们钻进熙熙攘攘的市场深处……"利哈乔夫的妻子进行指挥并等在汽车里。这样的事件发生在战争末期，但是红色经理家庭未必是因为迫切需要才出售物品。这只是生意。尤·马·纳吉宾：《我的黄金岳母》，载《洞底的漆黑》，莫斯科，1996年，第219—221页。

1243 俄罗斯国家经济档案馆，4433号库第1类第168卷第127页。

1244 维堡市列宁格勒州国家档案馆，1154号库第3类第35卷第16页；乌兹别克斯坦共和国中央国家档案馆，289号库第1类第245卷第83页。

1245 莫斯科州中央国家档案馆，3812号库第1类第4卷第36页。

1246 俄罗斯国家经济档案馆，4433号库第1类第71卷第47页。

1247 俄罗斯国家经济档案馆，4433号库第1类第132卷第164页。

1248 维堡市列宁格勒州国家档案馆，1154号库第10类第32卷第72、74—76、80—86、91、93页。

1249 维堡市列宁格勒州国家档案馆，1154号库第4类第154卷第2页。

1250 维堡市列宁格勒州国家档案馆，1154号库第3类第35卷第16页；第10类第32卷第83页等。

1251 俄罗斯联邦国家档案馆，5446号库第14a类第1004卷第253页。

1252 俄罗斯国家经济档案馆，4433号库第1类第130卷第102页。

1253 俄罗斯联邦国家档案馆，5446号库第15a类第844卷第21—22页。

售货员永远是对的

1254 其中，管理机关111人，商品学家250人，有价物品验收员296人，收款员245人，售货员1448人，船舶补给员35人以及辅助工人175人。俄罗斯国家经济档案馆，4433号库第1类第66卷第49页。

1255 俄罗斯国家经济档案馆，4433号库第1类第105卷第13页。

1256 俄罗斯国家经济档案馆，4433号库第1类第158卷第26—27页。

1257 俄罗斯国家经济档案馆，4433号库第1类第71卷第47页。

1258 维堡市列宁格勒州国家档案馆，1154号库第2类第1卷第149页。

1259 在边远地区的外宾商店管理层中，党员比例少于总部机关或是莫斯科、列宁格勒、乌克兰等主要外宾商店办事处的党员比例。1933年秋天，在中亚外宾商店领导层（办事处管理人员和经理）的24人中有6人不是党员，而大部分党员都是在斯大林号召下入党的年轻共产党员。外宾商店的文件证实，提高党员比重是外宾商店领导层人事政策的主要方向之一。乌兹别克斯坦共和国中央国家档案馆，288号库第1类第65卷第7—8页。

1260 在莫·伊·什科里亚尔担任主席期间，他的两个副手尤·谢·博什科维奇和伊·雅·柏林斯基以及主席助理吉·伊·阿尼西莫夫都是工人出身，而另两位副主席弗·卡·日丹诺夫和米·纳·阿佐夫斯基为农民出身。他们都在1917—1919年期间入党。俄罗斯国家经济档案馆，4433号库第1类第7卷第3页。这些人的履历可以参阅附录。

1261 其中只有两位是革命前就入党的布尔什维克，还有两位是在新号召下（1929年和1932年）入党的党员。总部机关的大部分领导同志在1919—1920年期间入党。俄罗斯国家经济档案馆，4433号库第1类第172卷第105页。

1262 1935年5月，唯一一位非党员是车里雅宾斯克办事处代理负责人。在外宾商店42位地区领导中，只有9位是在斯大林时期入党的，6位是“新经济政策”期间入党的，只有3位是革命前入党的。

1263 根据不完全数据，在1935年5月，外宾商店边远地区工作人员中有1297名党员和735名共青团员（仍有3500人“未登记”党籍）。在这些办事处，非党员的工作人员有8300人。资料来源同上。

1264 俄罗斯国家经济档案馆，4433号库第1类第172卷第69页。1933年在列宁格勒市和列宁格勒州，地方分支机构的所有领导都是党员，但是在副职领导中，非党员居多。在外宾商店列宁格勒州机关中仅有18.5%的工作人员为党员，5%为共青团员。在列宁格勒市，几乎所有的商店经理（46人中的41人）为党员，但是在86名副职中，只有4人为党员，在70多个领班售货员中只有2个党员和1个共青团员，而在448名售货员中只有25个党员和25个共青团员。维堡市列宁格勒州国家档案馆，1154号库第3类第16卷第7页。

1265 瓦·伊·马罗奇科：《“外宾商店”》，第91页。

1266 俄罗斯国家经济档案馆，4433号库第1类第172卷第69页。

1267 1932年春天，在全乌克兰和哈尔科夫办事处187个在编工作人员中，只有3人受过高等教育，72人受过中等教育。瓦·伊·马罗奇科：《“外宾商店”》，第91页。

1268 乌兹别克斯坦共和国中央国家档案馆，288号库第1类第65卷第7页。

1269 俄罗斯国家经济档案馆，4433号库第1类第71卷第47页。

1270 在列宁格勒外宾商店结算机关的93名工作人员中，71人为农民出身，其中66人受过中等教育。在大约300个收款员中，农民出身的占了近240个，其中184人受过中等教育。俄罗斯国家经济档案馆，4433号库第1类第172卷第69页。

1271 关于首都的农民生活，可以参阅D.L.霍夫曼：《农民之都：莫斯科的社会识别，1929—1941》，伊萨卡，纽约，1994年。（Hoffmann D.L. *Peasant Metropolis: Social Identities in Moscow, 1929—1941*. Ithaca, N.Y., 1994.）

1272 乌兹别克斯坦共和国中央国家档案馆，289号库第1类第17卷第106页。

1273 乌兹别克斯坦共和国中央国家档案馆，289号库第1类第17卷第104、106页。

1274 俄罗斯国家经济档案馆，4433号库第1类第21卷第88页。

1275 乌兹别克斯坦共和国中央国家档案馆，288号库第1类第65卷第7—8页。

1276 这里指的是伊·雅·柏林斯基和米·纳·阿佐夫斯基。他们的履历详见附录。俄罗斯国家经济档案馆，4433号库第1类第7卷第3页。

1277 俄罗斯国家经济档案馆，4433号库第1类第172卷第105页及背面。按照马罗奇科的数据，1932年春天，在全乌克兰和哈尔科夫外宾商店办事处，犹太人是最大的群体，有99人，乌克兰人为56人，俄罗斯人为40人。他写道，在乌克兰各州的外宾商店办事处中，犹太人占多数。在经济师、会计、商店负责人中，犹太人尤其多。瓦·伊·马罗奇科：《"外宾商店"》，第91、92页。

1278 在革命前和"新经济政策"时期，犹太人从事私人贸易的比例高于他们在人口中的比例。1926年底，苏联每五个个体商人中就有一个犹太人。在首都的私营贸易中，犹太人比例较高。乌克兰66%的个体商人为犹太人，白俄罗斯90%的个体商人为犹太人。人们给刑法中关于投机的条款取了一个绰号叫"犹太条款"（根·瓦·科斯特尔琴科：《斯大林的秘密政策：权力和反犹主义》，莫斯科，2003年，第101、109页）。"新经济政策"失败后，以前的商人试图从事自己习惯的"赖以糊口"的事情，于是，其中的很多人来到了外宾商店。尤里·斯廖兹金的《犹太世纪，墨丘利时代，当代世界的犹太人》（莫斯科，2005年）（Юрий Слезкин «Еврейский век. Эра Меркурия. Евреи в современной мире»）（M., 2005）关于这一点的描述很有意思。作者把犹太人看作"专业化的职业部落"，这个部落在几个世纪中基本从事着这两项工作——经商、为他们提供服务。这注定了他们的脆弱和力量。斯廖兹金认为犹太人在当代世界成功的原因是从事了关键职业——经商、法律、医疗、科学、高等教育——这些都是犹太人的传统职业。

1279 在档案资料中提到了斯拉瓦茨卡娅的名字，她短期担任了外宾商店吉尔吉斯斯坦办事处负责人，但后被免职。乌兹别克斯坦共和国中央国家档案馆，288号库第2类第3卷第71页。

1280 乌兹别克斯坦共和国中央国家档案馆，288号库第1类第65卷第8页。

1281 维堡市列宁格勒州国家档案馆，1154号库第3类第16卷第7页。

1282 在外贸人民委员部驻列宁格勒州全权代表召开的会议上，有人提到在商店中担任部门负责人的女性比例低得不正常。不过，男性在贸易高层占据多数的情况并未受到质疑。（维堡市列宁格勒州国家档案馆，1154号库第3类第16卷第7页）关于1930年代女性在零售贸易中的地位，以及苏联领导人努力发动女性参与社会主义贸易建设并成为新型苏联女售货员，可以参阅兰达尔·艾米的《合法的苏联贸易：1930 年代苏联零售从业者的性别和女性化》，载《社会史杂志》2004 年夏季号。(E. Randall Amy, "Legitimizing Soviet trade: gender and the feminization of the retail workforce in the Soviet 1930s" // *Journal of Social History*, *Summer*, 2004.)

1283 外宾商店的存续期正是苏联配给制时期。所有人都被按照两个基本原则分成两类——对精英的依附度和参与工业生产的程度。定量配给的多少、种类、价格、商店(配给单位)取决于工作和生活的地点。大量的人群——农民和"被剥夺权利的人"——无法从国家那里获取定量配给，只能依靠自己。请参阅叶·亚·奥索金娜：《"斯大林时期繁荣"的背后》，第 89—113 页。

1284 1932 年 11 月，外宾商店工作人员的标准定量配给为 4 千克面粉，2 千克通心粉，6 盒罐头，大米、烟熏制品、橄榄油、鲱鱼、糖和干酪各 1 千克，100 克茶叶，1 千克洗衣皂和 2 块肥皂。定量配给的价格为 12 金卢布。领取人加价 100% 购买定量配给——24 金卢布。斯摩棱斯克州国家档案馆，1425 号库第 1 类第 29 卷第 35 页。

1285 请参阅 1932 年 5 月 20 日中央监察委员会主席团和苏联工农监察人民委员部的决议。俄罗斯国家经济档案馆，4433 号库第 1 类第 28 卷第 69 页。

1286 俄罗斯国家经济档案馆，4433 号库第 1 类第 11 卷第 11 页；第 19 卷第 3 页；第 28 卷第 68 页；第 130 卷第 12—13、64 页；第 133 卷第 126 页。随着国内粮食状况的改善，"黄金"定量配给的发放日益严格。每 1 金卢布的定量配给需要支付 7—10 倍的苏联普通卢布。劳动和国防委员会从 1935 年 10 月 1 日起取消了"黄金"定量配给。尽管看起来定量配给价格较高，但是外宾商店管委会认为，取消定量配给使工作人员的平均实际收入降低了三分之一。俄罗斯国家经济档案馆，4433 号库第 1 类第 133 卷第 55 页。

1287 俄罗斯国家经济档案馆，4433 号库第 1 类第 17 卷第 373 页。

1288 俄罗斯国家经济档案馆，4433 号库第 1 类第 5 卷第 242 页。

1289 俄罗斯国家经济档案馆，4433 号库第 1 类第 12 卷第 238 页；第 44 卷第 22 页。

1290 俄罗斯国家经济档案馆，4433 号库第 1 类第 23 卷第 148 页。当时，鲁祖塔克担任苏联人民委员会及劳动和国防委员会副主席。

1291 请参阅 1933 年 4 月 2 日工农监察人民委员部的决议。验收员、仓库负责人和工作人员、司机和发货员无法获取定量配给。俄罗斯国家经济档案馆，4433 号库第 1 类第 70 卷第 42 页。

1292 各地的国家供应机关拒绝向得不到“黄金”定量配给的外宾商店工作人员提供“普通定量配给”，即在配给制期间普通人收到的定量配给，而拒绝的原因是这些人在外宾商店享有特权。

1293 管理人员的工资取决于办事处在外宾商店等级中的重要性：谁赚到的外汇越多，工资就越高。在莫斯科和列宁格勒，管理人员月工资为 500 卢布，哈尔科夫、扫的撒、塔什干、梯弗里斯、符拉迪沃斯托克——450 卢布，明斯克、中黑土州、基辅、萨拉托夫、伊尔库茨克、新西伯利亚、阿拉木图——400 卢布，乌法、喀山、马里乌波尔、斯摩棱斯克——350 卢布。斯摩棱斯克州国家档案馆，1425 号库第 1 类第 1 卷第 8 页。

1294 俄罗斯国家经济档案馆，4433 号库第 1 类第 16 卷第 14 页；第 50 卷；第 67 卷。

1295 维堡市列宁格勒州国家档案馆，1154 号库第 2 类第 1 卷第 307、311、312 页；俄罗斯国家经济档案馆，4433 号库第 1 类第 105 卷第 13 页。

1296 俄罗斯国家经济档案馆，8043 号库第 1 类第 90 卷；第 11 类第 78 卷第 15—20 页；第 26 卷第 2—4 页；1562 号库第 329 类第 62 卷第 1 页。

1297 俄罗斯联邦国家档案馆，5446 号库第 14a 类第 452 卷第 10 页。

1298 工资拖欠是 1930 年代苏联的普遍现象。主要原因之一是国家现金不足。由于商品紧缺以及便宜而微薄的定量配给供应的优势，以工资形式支付给人民的钱通过贸易渠道回流进国家预算的速度很慢。商店的现金收入计划无法完成。钱沉淀在民间，国家不得不开动印钞机。外宾商店里的工资拖欠还有本部门的原因，即地方办事处拨款规定：边远地区的小商店和铺子几乎完全无法完成自己的贸易计划，所以一直处于没有现金的状态中。缺乏现金是商店经理们抱怨最多的问题之一。（请参阅外宾商店西部办事处负责人会议。斯摩棱斯克州国家档案馆，1425 号库第 1 类第 21 卷第 3—240 页）中亚的资料显示，当国家拖欠人员工资时，人们就会加强向外宾商店上交有价物品。（乌兹别克斯坦共和国中央国家档案馆，289 号库第 1 类第 17 卷第 80 页）

1299 外宾商店西部办事处的管理人员索科洛夫斯基在 1933 年春天致函管委会提到，标准定量配给遭到了商店职工，尤其是“边远地区网点”工作人员的大量抱怨。他提出了自己的定量配给方案，取消昂贵的小麦粉和通心粉，增加黑麦面粉的数量，减少罐头，增加鲱鱼。黑面包和鲱鱼在第一个五年计划期间是苏联人民最基本的食物。斯摩棱斯克州国家档案馆，1425 号库第 1 类第 29 卷第 35 页。

1300 关于差异化定量配给的细则。斯摩棱斯克州国家档案馆，1425 号库第 1 类第 29 卷第 61—65 页。

1301 关于这个问题，可以参阅“黄金”一节。

1302 维堡市列宁格勒州国家档案馆，1154 号库第 2 类第 5 卷第 128 页。

1303 斯摩棱斯克州国家档案馆，1425 号库第 1 类第 22 卷第 7 页及背面。

1304 甚至列宁格勒也在招募经过训练的人员时遇到了困难，于是请求要么从莫斯科派人，要么通过技能提高班培养大量经理。维堡市列宁格勒州国家档案馆，1154 号库第 1 类第 4 卷第 2 页；第 2 类第 1 卷第 148 页；第 5 卷第 12 页背面。

1305 维堡市列宁格勒州国家档案馆，1154 号库第 2 类第 5 卷第 12 页背面。

1306 外宾商店驻中亚全权代表向管委会报告，经土库曼斯坦共和国中央委员会和外贸人民委员部同意，决定免去奇若夫的职务并追究其工作失败的责任。乌兹别克斯坦共和国中央国家档案馆，288 号库第 1 类第 31 卷第 48 页。

1307 乌兹别克斯坦共和国中央国家档案馆，288 号库第 2 类第 3 卷第 72—73、81—85 页。从其他城市邀请专家前来工作花费巨大，因为必须为他们向合作社购买并修缮住所。例如，西部办事处花费了超过 4000 卢布用于受邀总会计师的住房保障。斯摩棱斯克州国家档案馆，1425 号库第 1 类第 29 卷第 43 页。

1308 为了保障塔什干的中亚办事处，开班了 20 人的“地方民族”售货员培训班。同时，计划开设百货商店经理培训班。培训班应从 1934 年 1 月起开课。（乌兹别克斯坦共和国中央国家档案馆，288 号库第 2 类第 3 卷第 105 页）开班授课以及培养当地职员由于苏联体制中习以为常的坐享其成的依赖思想而停顿了。比如，西部办事处期待总部提供课程安排和资金。斯摩棱斯克州国家档案馆，1425 号库第 1 类第 29 卷第 2 页。

1309 根据 1931 年 12 月 1 日苏联人民委员会《关于各机构实施中断生产周》的决议，从 1931 年 12 月 1 日起，在苏联引入 6 天工作周。（在该决议发布前，根据革命日历，国家实施五天工作周，工作周之间是不休息的）6 天工作周拥有一个固定的休息日——全民休息日，即每月的 6 日、12 日、24 日和 30 日。（3 月 1 日替换为 2 月 30 日，每一个 31 日都是额外的工作日）在 1930 年代的电影中都提到了 6 天工作周。1940 年 6 月 26 日，根据苏联最高苏维埃主席团命令，苏联转而实施 7 天工作周和每天 8 小时工作制。这一命令禁止工人和服务人员擅自从企业和单位中离岗。1940 年代，在苏联，每个星期都从星期日开始。

1310 关于这些禁令，可以参阅维堡市列宁格勒州国家档案馆，1154 号库第 2 类第 1 卷第 256 页；第 3 类第 16 卷第 71 页。

1311 维堡市列宁格勒州国家档案馆，1154 号库第 2 类第 5 卷第 123 页。

1312 维堡市列宁格勒州国家档案馆，1154 号库第 3 类第 38 卷第 9 页。

1313 维堡市列宁格勒州国家档案馆，1154号库第3类第25卷第11、12页。

1314 维堡市列宁格勒州国家档案馆，1154号库第2类第5卷第8页。

1315 联共（布）中央委员会和苏联人民委员会的指令，以及与外宾商店业务相关的供给人民委员部、内贸人民委员部和外贸人民委员部、工农监察人民委员部和财政人民委员部的指示一起规定了外宾商店的经营活动。很多用于管理苏联贸易工作的通用性命令对于外宾商店同样有效。1931年5月19日俄罗斯苏维埃联邦社会主义共和国供给人民委员部的命令规定了食物的自然损耗标准。（俄罗斯国家经济档案馆，4433号库第1类第103卷第123页）联共（布）中央委员会关于打击缺斤短两和破坏零售价的决议（1934年7月通过）是另一个例子。在如此高的层级通过这个决议证明了舞弊行为的规模。中央委员会要求公开审判欺骗顾客的那些人。（俄罗斯联邦国家档案馆，546号库第15a类第432卷第4页。）

1316 俄罗斯国家经济档案馆，4433号库第1类第71卷第174页；第104卷第43页。

1317 外贸人民委员部下令设立的特别监察机关的情况，以及就设立此机关而向地方办事处所做的说明，可以参阅莫斯科州中央国家档案馆，2014号库第2类第2卷第46—47页；3819号库第1类第4卷第52、55页；俄罗斯国家经济档案馆，4433号库第1类第60卷第190页。

1318 监察员应当紧盯商品的储藏和统计、报废商品和剩余物的注销、从一个等级向另一个等级的转变，防止欺瞒顾客，还应监督商品册的注销，取缔自我供给（错误发放定量配给、用卢布结算销售），确保对顾客的文明服务（礼貌、消除排队现象、整洁、橱窗吸引人的外观）。特别监察员还具有警察的职能：有权就盗窃行为进行刑事立案，并在必要的时候把“被清除的人”驱离。工作良好的监察员“可以获得嘉奖”。诸如莫斯科市办事处和全乌克兰办事处这样的大型办事处分别拥有4名特别监察员。莫斯科州、列宁格勒、中黑土州、北高加索和外高加索办事处分别拥有3名特别监察员，其余的办事处根据规模分别拥有1名或2名特别监察员，而所有的大型仓库和大型百货商场最多拥有1名监察员。莫斯科州中央国家档案馆，3819号库第1类第4卷第52页。

1319 莫斯科州中央国家档案馆，3819号库第1类第4卷第22、39—40页。

1320 维堡市列宁格勒州国家档案馆，1154号库第10类第23卷第19页。

1321 维堡市列宁格勒州国家档案馆，1154号库第2类第19卷第59页。

1322 比如《列宁格勒真理报》。维堡市列宁格勒州国家档案馆，1154号库第4类148卷第96页。

1323 俄罗斯国家经济档案馆，4433号库第1类第65卷第32页；第80卷第39页；第147卷第111页；第148卷第114页；第164卷第23—31页；莫斯科州中央国家档案馆，3812号库第1类第4卷第36页；第2类第4卷第77页等。

1324 外宾商店莫斯科州办事处机要部门负责人N.A.科罗廖夫在自己的报告中提到了此事。莫斯科州中央国家档案馆，3812号库第1类第1卷第31页。

1325 请参阅“外宾商店的‘红色经理’：‘政委’”一节中的什科里亚尔履历。

1326 党的监察委员会的下属某局报告称，斯塔舍夫斯基在担任外宾商店主席期间“对奖金支出漠不关心”。俄罗斯国家最新历史档案馆，6号库第1类第53卷第73页。

1327 “外宾商店的‘红色经理’：‘代理’”一节专门描述了穆斯特的履历和“事业”。

1328 俄罗斯国家经济档案馆：4433号库第1类第73卷第29页。

1329 “商店里的常客们”对抢劫和火灾的生动描述可以参阅：俄罗斯国家经济档案馆，4433号库第1类第148卷第83页背面。

1330 维堡市列宁格勒州国家档案馆，1154号库第4类第160卷第25页。

1331 外宾商店管委会主席什科里亚尔对抱怨所做的批示：“查清楚是谁并向我汇报。资料转到清洗委员会。”俄罗斯国家经济档案馆，4433号库第1类第29卷第170页。

1332 俄罗斯国家经济档案馆，4433号库第1类第71卷第161页；莫斯科州中央国家档案馆，3812号库第1类第1卷第31页。

1333 俄罗斯国家经济档案馆，4433号库第1类第71卷第161页。

1334 俄罗斯国家经济档案馆，4433号库第1类第16卷第32页；第23卷第114页；第24卷第18页；第30卷第171页；第104卷第11页；第147卷第111页。

1335 俄罗斯国家经济档案馆，4433号库第1类第148卷第67页。在外贸副人民委员会议上谈到了这一案件（1933年9月）。犯罪者——外贸人民委员部全权代表、外币商店办事处负责人及其副手们——被开除党籍并移交法院。俄罗斯国家经济档案馆，4433号库第1类第59卷第144页。

1336 俄罗斯国家经济档案馆，4433号库第1类第148卷第114页。

1337 1932年8月7日通过的《关于保护社会主义财产的法律》，该法律悲伤地以“七穗法律”闻名。该法在强制农业集体化和大饥荒临近时推行，旨在打击农民抢劫或藏匿集体农庄自有粮食的行为。该法在斯大林的倡议下得以通过，实际上该法就是他起草的。盗窃公共财物被视作针对苏维埃政权的犯罪，应处以死刑（在情节较轻的情况下，罪犯至少获刑10年）。更多的类似内容可以参阅彼得·所罗门：《斯大林时期的苏联司法》，第111—129页。

1338 俄罗斯国家经济档案馆，4433号库第1类第147卷第83页。

1339 俄罗斯国家经济档案馆，4433号库第1类第104卷第38页。

1340 俄罗斯国家经济档案馆，4433号库第1类第95卷第29页。

1341 莫斯科州中央国家档案馆，3817号库第1类第4卷第39页。

1342 1934年苏联贸易人民委员部下属的国家贸易监察机关对莫斯科多家商店进行的抽查证实了，普遍存在对顾客缺斤短两和克扣数量的现象。检查显示，一等食品的“清洗”程度高于低等级食品的“清洗”程度。俄罗斯国家经济档案馆，4433号库第1类第104卷第43页；维堡市列宁格勒州国家档案馆，1154号库第4类第148卷第96页。

1343 莫斯科州中央国家档案馆，3815号库第1类第5卷第6页；3812号库第2类第7卷第20页。文献中描述了评估员和商贩合伙施骗的事例。评估员报出的收购价远远低于实际收购价。站在队伍里的商贩向“估价”物品的持有者报出一个更高的价格，但这个价格其实仍低于实际收购价。上交者为了换到更多的钱，会高兴地答应下来，而评估员和商贩会分享收益。乌兹别克斯坦共和国中央国家档案馆，81号库第1类第83卷第2页。

1344 维堡市列宁格勒州国家档案馆，1154号库第4类第145卷第124页。

1345 俄罗斯国家经济档案馆，4433号库第1类第29卷第216页。

1346 莫斯科州中央国家档案馆，3812号库第1类第11卷第4页；第2类第7卷第23页；俄罗斯国家经济档案馆，4433号库第1类第78卷第221、245页；莫斯科州中央国家档案馆1072号库第1类第2卷第20页。

1347 莫斯科州中央国家档案馆，1072号库第1类第2卷第20页。

1348 控制流通券会标明商品册号码和核发的金额。结算部门会挑出所有已供货的商品册流通券进行核对，有时会发现，商品册上已购商品的金额大于最初的核发金额。

1349 俄罗斯国家经济档案馆，4433号库第1类第71卷第30页。

1350 俄罗斯国家经济档案馆，4433号库第1类第71卷第28页。

1351 俄罗斯国家经济档案馆，4433号库第1类第71卷第28页。

1352 “小白桦”外汇商店在1970—1980年代的苏联出售紧俏的食品和工业品，本质上不同于外宾商店。“小白桦”并不面向全民，而是只面向相对不大的群体——在境外工作赚取外汇的人。一部分外汇工资会打到苏联外贸银行的个人账户。由于在苏联国内外汇交易是禁止的，所以在境外工作的人返回苏联时可以外贸券的形式领取外汇积蓄，之后在“小白桦”消费。当然，由于黑市的存在，任何人都可以进入“小白桦”，但是非法获取“小白桦”的外贸券被视作经济犯罪。此外，不同于外宾商店的是，“小白桦”不收取贵金属和宝石。不过，也有类似的地方，例如，“小白桦”面向外国人，可以使用外汇现金支付。设立“外宾商店”和“小白桦”的主要想法将二者联系在了一起：二者都是因为国家想通过出售紧俏商品刺激外汇流入“自己的口袋”。

1353 商店里有两本会计账目：一本记录国家的商品，另一本记录自己的商品。在位于谢列梅捷沃国际空港的“小白桦”商店里，飞行员、空姐，甚至海关都是有份额的，海关工作人员“不会发觉”“走私”商品通过了海关。黑鱼子酱罐头在普通食品商店里价格大约为 3 卢布，但通过饭店和商店的私人关系，“小白桦”的工作人员可以更便宜的价格买到，并在“小白桦”以 3 美元卖出。皮货、霍赫洛玛装饰画、格热利陶瓷、琥珀都是如此。“黑”收款处会带来大量的收入，而且还是外汇！“小白桦”商店的舞弊事件是勃列日涅夫时期最大、最轰动的事件之一。打击侵占社会主义财产处开展了秘密行动，搜查和逮捕在整个莫斯科同时进行。一些地下生意的参与者被判处枪决。

1354 乌兹别克斯坦共和国中央国家档案馆，81 号库第 1 类第 83 卷第 2 页。

1355 维堡市列宁格勒州国家档案馆，1154 号库第 3 类第 24 卷第 29 页。

1356 莫斯科州中央国家档案馆，3817 号库第 1 类第 3 卷第 11 页。

1357 “轻骑兵”包括毫不相干的局外人和商店工作人员。列宁格勒外宾商店一位被抓住的女职员为了保护自己称“有时会亲自搜查其他同志”。

1358 维堡市列宁格勒州国家档案馆，1154 号库第 4 类第 145 卷第 368—370 页。

1359 “检查下班的商店工作人员”的行动以及对“轻骑兵”工作的描述，可以参阅：维堡市列宁格勒州国家档案馆，1154 号库第 3 类第 24 卷第 9、16、29、55 页；第 4 类第 16 卷第 27—30 页；第 145 卷第 82、88、368—370 页；第 10 类第 22 卷第 50 页。

1360 显然，“借用日用品”，即售货员把看中的商品拿去用一段时间在外宾商店相当普遍。

1361 莫斯科州中央国家档案馆，3812 号库第 2 类第 5 卷第 30—31 页。

1362 彼得·所罗门的研究显示，按照当时的法律，如果被告经济困难，法庭可以通过合法的手段终止小型盗窃案（刑法第 6 条）。彼得·所罗门：《斯大林时期的苏联司法》，第 116 页。

1363 不过，外宾商店抱怨警察部门参与其中，这样使其无法从刑事被告那里收取债款。维堡市列宁格勒州国家档案馆，1154 号库第 4 类第 148 卷第 69 页。

1364 1933 年 8 月在第一期《外宾商店人》杂志上刊登的文章《罪犯受到惩罚，可放纵者呢？》称："就在这几天，在北高加索公开审判了盗取外宾商店国家财产的犯罪团伙，其中一些人被判处极刑。"文章以"提高警惕！"作为结尾。（乌兹别克斯坦共和国中央国家档案馆，289 号库第 1 类第 65 卷第 43 页）管委会在 1933 年 3 月发给所有地区办事处的通函中通报了"外宾商店社会主义财产的侵吞者"被判处枪决。（乌兹别克斯坦共和国中央国家档案馆，289 号库第 1 类第 65 卷第 68 页）

1365 1933 年，在贸易人民委员部系统内，盗窃量约占物质总缺额的七分之一。俄罗斯联邦国家档案馆，5446 号库第 15a 类第 857 卷第 85 页。

1366 报告的日期为 1933 年 4 月。（俄罗斯国家经济档案馆，4433 号库第 1 类第 71 卷第 168—172 页）按照碎片化的检查数据，在列宁格勒市办事处，1934 年的缺额超过 2.5 万金卢布，其中 1.5 万金卢布被算在负责人的账上（维堡市列宁格勒州国家档案馆，1154 号库第 4 类第 159 卷第 57 页）；远东办事处 1933 年全年和 1934 年一部分时间侵占的公款超过 3.1 万金卢布；在萨拉托夫办事处，1934 年的缺额超过 600 金卢布；仅在卡斯特罗马的一家外宾商店内，1932 年到 1933 年 10 月的盗窃额就超过 480 金卢布。据特别监察机关的不完全统计，在 1935 年的 4 个月内在贸易网络中查获了 68 起舞弊活动，包括偷窃。法庭审理了 71 件案子，74 人获刑。（俄罗斯国家经济档案馆，4433 号库第 1 类第 104 卷第 38 页；第 147 卷第 111 页；第 148 卷第 114 页）

1367 管委会认为，"物质保障不足的原因应当被完全舍弃：实施这些犯罪的不是低收入的工作人员（保安、黑工等），而是售货员、仓库负责人、收款员等，正是那些领取特殊'黄金定量配给'、较之其他苏联贸易机构工作人员供应条件更优越的人"。莫斯科州中央国家档案馆，3817 号库第 1 类第 4 卷第 39 页。

1368 俄罗斯国家经济档案馆，4433 号库第 1 类第 152 卷第 22、23、30 页。

1369 俄罗斯国家经济档案馆，4433 号库第 1 类第 151 卷第 26 页。莫斯科州中央国家档案馆，2014 号库第 2 类第 9 卷第 74—77 页；3812 号库第 2 类第 1 卷第 25 页及背面；2817 号库第 1 类第 4 卷第 8—10 页；第 6 卷第 50—55 页。乌兹别克斯坦共和国中央国家档案馆，288 号库第 2 类第 3 卷第 50 页及背面。告密的例子可参阅：俄罗斯国家经济档案馆，4433 号库第 1 类第 164 卷第 27 页；第 173 卷第 8 页；莫斯科州中央国家档案馆，3812 号库第 1 类第 3 卷第 17 页。

1370 莫斯科州中央国家档案馆，3817 号库第 1 类第 4 卷第 39—40 页。

1371 俄罗斯国家经济档案馆，4433号库第1类第167卷第70页。

1372 此类干涉的例子可参阅：莫斯科州中央国家档案馆，3812号库第1类第22卷；第3819号库第1类第1卷第10—11页。

1373 文献显示，很多被清洗的人都找到了重返外宾商店工作的途径。

1374 检查委员会纪要的例子可参阅：莫斯科州中央国家档案馆，3817号库第1类第4卷第22、25页。

外宾商店的“红色经理”：“代理”

1375 穆斯特的履历编写的基础是干部个人登记表、自述简历（俄罗斯国家社会政治史档案馆，17号库第100类）和党的监察委员会对穆斯特案的调查材料（俄罗斯国家最新历史档案馆，6号库第1类第53卷）。

1376 1920年代，托姆斯基是中央委员会成员、全苏工会中央理事会主席。他反对加速工业化和收缩“新经济政策”，为此，他被控为“右倾”。虽然，托姆斯基向党忏悔，但是他还是被免去了全苏工会中央理事会主席的职务，并被开除出政治局。在1936年大镇压期间，当早前被捕的格·叶·季诺维也夫和列·鲍·加米涅夫在供词中提到托姆斯基的名字后，他在公寓中自杀了。死后，恢复了党内名誉。

1377 俄罗斯国家最新历史档案馆，6号库第1类第53卷第69—82页背面。

1378 “秘密经费”（政府自己也这样称呼）出现在1920年代。1930年代，中央领导层不得不与不断扩大和倍增的舞弊行为进行斗争。请参阅“外宾商店的‘红色经理’：‘代理’”一节。

1379 外宾商店管委会主席及副主席的职位显然相当于人民委员和副人民委员的级别。关于1930年代上半叶的工资水平，可以参阅“售货员永远是对的”。

1380 关于苏联的特权，可以参阅塔玛拉·孔德拉季耶娃：《喂养和统治》，莫斯科，2006年（Кондратьева Тамара. Кормить и править. М., 2006）；尤卡·格罗瑙：《鱼子酱配香槟。斯大林时期俄罗斯常见的奢侈和美好生活的理想》，牛津，2003年（Gronow Jukka, *Caviar with Champagne. Common Luxury and the Ideals of the Good Life in Stalin's Russia*. Oxford, 2003）；叶·亚·奥索金娜：《“斯大林时期繁荣”的背后》；默·马修斯：《苏联的特权》，伦敦，1978年。

1381 在完成国家集中收购后，征购会在严格限定的地区、期限内实施。征购食品的种类收到了“上级”批准。

1382 在关于斯大林统治时期经济犯罪本质的章节中，作为工人，我利用了“经济不服从”这个术语。我认为，历史学家应当在社会史术语和理论中寻找对日常不服从的概念性解释，而不是借用政治学中的对抗性术语。叶列娜·亚·奥索金娜：《斯大林统治下的经济不服从》，载琳恩·维奥拉编辑的《与斯大林主义的斗争。1930年代的苏联权力和大众抵抗》，伊萨卡，2002年。

1383 瓦·伊·梅日劳克当时担任苏联国家计划委员会主席、苏联人民委员会和劳动和国防委员会副主任。扎·默·别列尼基——苏联人民委员会下属苏维埃监察委员会成员。

1384 这一推测基于穆斯特的党员登记于1938年9月被注销。

1385 “自由”电台2005年5月9日的节目“辉煌和耻辱的纪念日”。主持人为鲍里斯·帕拉莫诺夫。http://www.svoboda.org/programs/rq/2004/rq.090204.asp。

代结尾：外宾商店——普通名词

1386 维堡市列宁格勒州国家档案馆，1154号库第4类第156卷第4页。

1387 节选自外宾商店领导工作者会议资料。维堡市列宁格勒州国家档案馆，1154号库第2类第5卷第123页背面；第4类第112卷第37页；乌兹别克斯坦共和国中央国家档案馆，288号库第1类第3卷第200页。

1388 斯摩棱斯克州国家档案馆，1425号库第1类第23卷第87页。

1389 乌兹别克斯坦共和国中央国家档案馆，288号库第1类第66卷第18页。

1390 朱莉·赫斯勒把外宾商店当成一块苏联文明贸易的沃土来研究，但是她不仅关注了少数大城市里的“明镜般”的外宾商店，还把目光投向了1000多家“边远地区”的“丑陋”的外宾商店。朱莉·赫斯勒：《苏联贸易的社会史》，第200—201页。

1391 摘自瑟乔夫卡市外宾商店百货商场开业时的广告海报。（斯摩棱斯克州国家档案馆，1425号库第1类第22卷第54页）瓦·伊·马罗奇科以外宾商店哈尔科夫办事处的广告为例。广告称，革命后黄金失去了作为饰品的意义，也失去了本身的消费价值，但是对于无产阶级国家的价值却保留了下来。瓦·伊·马罗奇科：《“外宾商店”》，第91页。

1392 网上关于外宾商店的另一类资料是一些研究著作。我惊讶地发现，一些记者和历史学家并不羞于使用我公开发表的关于外宾商店的著作，有时会用自己的话进行转述，而有时直接一字不差地复制我的原话和比喻，但却不注明出处。不过，还有一些有趣的发现。历史学家尤里·茹科夫在"莫斯科回声"广播电台讨论"间谍版"基洛夫遇刺案时说，监视驻莫斯科的德国使馆的"便衣"提到尼古拉耶夫数次到访德国使馆。已经明确的是，那几次到访的花费是由德国领事支付的，在 1934 年 12 月 1 日刺杀基洛夫的尼古拉耶夫是在什么时候"从领馆出来后去了外宾商店并用德国马克买了东西。这位无业人员的德国马克是哪里来的？"——茹科夫问道。（2004 年 12 月 3 日，《谢·米·基洛夫遇刺 70 周年》节目，http://www/echo/msk/ru/guests/10071/）网上还有一件有趣的事：某人回忆，父亲用母亲留下的奢华婚纱换了一块比地还黑的面包。不知道这件婚纱之后是不是放在古董部卖给了外国人？

1393 读遍了几百份外宾商店总部和地区办事处的档案文献，我都没有发现正式提到过"贸易辛迪加"这个词。我认为，这个名称已经留在了人们的回忆习惯中，他们改变了这个缩略词的解释，以便更符合实际意义。

1394 正如在"饥民的橄榄"中所述，外宾商店的进口商品在卖给民众的商品中只占了很小的一部分。但是，人们的记忆是选择性的。记忆只保留了不寻常的部分。

1395 鲍里斯·汉德罗斯（26745 号，第 33—36 段）、列夫·邦达里（33675 号，第 28—30 段）、马夏·博特斯坦（48083 号，第 83—85 段）、丽娃·布雷尔金娜（36860 号，第 15—16 段）。美国南加州大学犹太人大屠杀基金会。影像历史档案。

1396 《新世界》。《杂志室》，加林娜·谢尔巴科娃的自述。http://infoart.udm.ru/magazine/novyi_mi/redkol/sherb/sherb.htm.

1397 《古拉格的孩子们》。《被镇压者的孩子们的回忆录》（第 13 期）。国际"民主"基金会（亚·尼·雅科夫廖夫基金会），http://www.idf.ru/10/13.shtml。

1398 马罗奇科没有注明这一信息的引用出处。瓦·伊·马罗奇科：《"外宾商店"》，第 90 页。

1399 米·布尔加科夫：《大师和玛格丽特》，第 28 章，"卡罗维耶夫和别格莫特的最后旅程"。

1400 2008 年 1 月，网络媒体 «лента.ру» 甚至庆祝了外宾商店的周年庆："72 年前的 1936 年，第一个赚取外汇的苏联内贸系统'外宾商店'关闭了。"

1401 网络显示，在外国有以"外宾商店"为招牌的药店和商店。它们向讲俄语的人群提供商品和服务。

1402 2007 年，圣彼得堡食品工业单位和企业职工举办了足球赛，每支参赛队都以企业名称命名（FoodBall—2007）。比赛中，“外宾商店”队战胜了“喜力”队（Heineken）。

1403 某家公司在“外宾商店”的缩写后面写上了“同胞贸易”作为副题，这是针对这个词原意“外国人贸易”的广告反差效果。

第二部分 研究实验室（历史编纂、史料、概念）

“没错，存在过某种外宾商店”

1404 在某一卷的《保障经济独立》章节中，我们读到：“在开采黄金的同时，‘外宾商店’联合公司的经营活动也促进了苏联外汇状况的改善。1931—1935年，‘外宾商店’通过零售往国家银行移交了价值2.87亿金卢布的外汇和黄金。”(《社会主义经济史》第4卷，莫斯科，1978年，第313页。)(История социалистической экономики. Т. 4. М., 1978. С. 313)《社会主义经济史》中的这些少量数据来自更早的出版物《1933—1940年苏联社会主义国民经济》(«Социалистическое народное хозяйство СССР в 1933–1940 гг.»)(莫斯科，1963年，第619页)。

1405 多年来，苏联贸易史是下列这些经济学家的领地：格·阿·季赫佳尔：《社会主义建设时期的苏联贸易》，莫斯科，1961年（Дихтяр Г. А. Советская торговля в период построения социализма. М., 1961）；Г.Л.鲁宾施泰因：《苏联内贸发展》，列宁格勒，1964年（Рубинштейн Г. Л. Развитие внутренней торговли в СССР. Л., 1964）。苏联经济学家关于苏联贸易发展的史料研究分析作品可以参阅叶·亚·奥索金娜：《“斯大林时期繁荣”的背后》，第14—26页。弗·彼·德米特连科：《1921—1924年，苏维埃国家转向新经济政策后的贸易政策》（莫斯科，1971年）(В.П. Дмитренко «Торговая политика советского государства после перехода к нэпу, 1921–1924 г г. М., 1971）是关于苏联贸易的最早的历史著作之一。我的两本书：《消费等级制度——1928年—1935年斯大林配给制下人们的生活》（莫斯科，1993年）和《“斯大林时期繁荣”的背后》是关于斯大林时期苏联贸易的第一批社会经济历史研究作品。格罗瑙·尤卡和朱莉·赫斯勒的著作是关于苏联贸易的社会文化研究作品（格罗瑙·尤卡：《鱼子酱配香槟。斯大林时期俄罗斯常见的奢侈和美好生活的理想》，牛津，2003年；朱莉·赫斯勒：《苏联贸易的社会史。1917—1953年的贸易政策、零售和消费》，普林斯顿，2003 年）。

1406 西方研究 1930 年代苏联经济的主要学者之一罗伯特·戴维斯在自己关于苏联工业化著作的脚注中提到过外宾商店“从苏联公民、教会和博物馆那里收到了不明数量的黄金”。罗·戴维斯：《苏联经济中的危机和前进》，1931—1933，1996 年，第 119 页第 70 脚注。

1407 米·阿·布尔加科夫：《大师和玛格丽特》，“卡罗维耶夫和别格莫特的最后旅程”章节。

1408 叶·亚·奥索金娜：《在外宾商店镜子般明亮的门后》，载《国内史》1995 年第 2 期（Осокина Е.А. За зеркальной дверью Торгсина // Отечественная история. 1995. № 2）。在最近几年撰写本书的过程中，我在本书资料的基础上发表了一系列文章：《苏联的日常生活：惊险情节日常化、冒险习惯化。以外宾商店和格别乌历史为例》，载《社会史》，2007 年刊，莫斯科，2008 年（Обыденность приключения, привычность риска. На примере истории Торгсина и ОГПУ // Социальная история. Ежегодник. 2007. М., 2008）；《外宾商店的黄金》，载《经济史》，2007 年刊，莫斯科，2008 年（Золото Торгсина // Экономическая история. Ежегодник. 2007, М., 2008）；《外汇前线的战士阿尔图尔·斯塔舍夫斯基》，载《国内史》2007 年第 2 期（Борец валютного фронта Артур Сташевский // Отечественная история, 2007, №2）；《“苏联妓院”：关于 1930 年代港口外宾商店的故事》，载《俄罗斯友谊大学通报》，“俄罗斯史”系列，2007 年第 2 期（«Советские дома терпимости»: Рассказ о портовых торгсинах 1930—х гг. // Вестник РУДН. Серия «История России», 2007, № 2）；《“把美元汇到外宾商店”：“白俄”移民帮助苏联工业化》，载《2006/2007 历史—人类学研究年刊》，莫斯科，2008 年（«Шлите доллары на Торгсин»: «Белая» эмиграция в помощь советской индустриализации // Ежегодник историко—антропологических исследований. 2006/2007. М., 2008）；《苏维埃式的黄金狂热》，载《祖国》2007 年第 9 期（Золотая лихорадка по—советски // Родина, 2007, № 9）；《“今晚我们的餐厅有歌舞表演”》，载《祖国》2007 年第 10 期（«У нас сегодня вечер кабаре» // Родина, 2007, № 10）；《外宾商店。为了工业化的黄金》，载《Cahiers du Monde Russe》杂志，2006 年 10—12 月，47/4（Торгсин. Золото для индустриализации // *Cahiers du Monde russe*, 47/4, octobre—decembre, 2006）；《为了工业化的美元：1930 年代的外汇业务》，载《祖国》2004 年第 3 期。（Доллары для индустриализации: валютные операции в 1930—е гг. //Родина,

2004, № 3)

1409 瓦·伊·马罗奇科 :《“外宾商店”: 饥荒年代，乌克兰农民生命的黄金价格 (1932—1933)》，载《乌克兰历史杂志》2003 年第 3 期。(Марочко В. І. «Торгсин»: Золота ціна життя українських селян у роки голоду (1932–1933). Украïньский історичний журнал, 2003, № 3, стр. 90–103)

1410 外宾商店在中亚地区的“总部”位于乌兹别克斯坦，所以乌兹别克斯坦的档案包括了土库曼斯坦、塔吉克斯坦、吉尔吉斯斯坦和卡拉卡尔帕克斯坦的资料。

1411 阿·伊·希罗科夫 :《“远北建设”: 前史和头十年》，马加丹，2000 年 ; 戴维·J. 诺德兰德:《1930 年代的马加丹和“远北建设”经济史》，载克格雷格瑞· 保罗· 罗和拉扎列夫· 瓦列里(编辑):《强制劳动经济学: 苏联古拉格》，斯坦福，2003 年。

1412 奥列格·莫佐欣 :《在保卫国家经济安全及打击恐怖主义中的契卡—格别乌》。莫斯科，2004 年。在《“斯大林时期繁荣”的背后》一书中，我使用了格别乌经济局的资料，用来分析工人供给、私人经营活动和黑市。不过，在我的研究中，虽然格别乌 / 内务人民委员部的档案资料很重要，但并不是信息的主要来源。

1413 苏联和美国于 1933 年 11 月建立了外交关系。

1414 其中政府层面的机构有 : 大使馆、“矿业局”(Bureau of mines)、“造币厂”(Director of the Mint); 私人机构有 :“美国金属统计局”(American Bureau of Metal Statistics)。

1415 使馆有专门的工作人员会跟踪苏联出版物、国家和部门领导在公开讲话中的信息，收集非正式和私人谈话中“无意说漏的”信息，当在苏联采金业工作的美国公民迫不得已要去使馆时，那些工作人员会请求他们提供信息，此外，他们还和其他国家驻苏联使馆交换数据。但是，即使是在苏联采金业工作多年的美国工程师也不知道苏维埃国家的黄金开采总量。

1416 美国国家档案馆，十进制文件 861.6341/53。《俄国黄金工业的组织和运营 ; 参考自 1913—1931 年期间的黄金出口情况以及未来发展的计划》备忘录 ; 861.6341/101，《1937 年和 1938 年苏联黄金生产》备忘录。

1417 “大屠杀”(холокост) 这个术语被用于表示 1933—1945 年纳粹系统性迫害并大规模杀戮犹太人。除了犹太人之外，那些遭到镇压的其他民族是否属于大屠杀受害者，历史学家们并未就此问题达成一致，但是犹太人大屠杀基金会影像记录的创始人认为，那些经历过 1932—1933 年乌克兰饥荒的犹太人有权被纳入其中。

外宾商店——斯大林主义的一个现象

1418 在斯大林统治时期，“斯大林主义”存在于苏联的意义在于创造性地发展了共产主义思想体系。三位一体的继承关系是这样宣布的：马克思主义、列宁主义、斯大林主义。

1419 请注意，这几个词在俄语中没有阴性形式。

1420 汉娜·阿伦特：《极权主义的起源》，纽约，1951 年。

1421 梅·芬索德基于丰富的事实逻辑资料撰写的书堪称“极权主义流派”最好的研究著作之一。（梅尔·芬索德：《苏维埃制度下的斯摩棱斯克》，剑桥，马塞诸塞，1958 年）

1422 阿伦特的理论学说常常与事实不符：在不可避免地追求全面的世界统治权时，斯大林主义不仅牺牲了个人利益和本国国家利益，还牺牲了本国体制。总之，实现极权主义制度的主要目标——全面控制全人类——将导致极权主义的失败，因为阿伦特认为，极权主义只能存在于动荡混乱的环境中。

1423 “极权主义流派”历史学家使用的是所谓的斯摩棱斯克档案——联共（布）斯摩棱斯克州委文件，这套档案在 1941 年斯摩棱斯克沦陷期间为德国人获取，之后又到了美国。那些年，西方研究者能接触到的另一个资料来源是苏联移民访谈和苏联媒体刊物。

1424 由于在 1970 年代和 1980 年代的大部分时间里，关于斯大林时期的负面档案信息是保密的，“修正主义者们”最初“揭示了”社会大众对斯大林改革的支持。随着俄罗斯档案的解密，出现了关于对抗和不服从体制的著作。将西拉·费茨帕特里克和琳恩·维奥拉的早期著作跟其后的著作进行比较就会发现这一趋势——西拉·费茨帕特里克：《1921—1934 年苏联的教育和社会活动性》，剑桥，英国，1979 年（Fitzpatrick Sheila, *Education and Social Mobility in the Soviet Union 1921—1934*, Cambridge, UK, 1979）；作者同上：《斯大林的农民：集体化后俄罗斯农村中的反抗和生存》，纽约，1994 年（*Stalin' s Peasants: Resistance and Survival in the Russian Village after Collectivization*, N.Y., 1994）；琳恩·维奥拉：《祖国最好的儿子：苏联集体化先锋中的工人》，纽约，1989 年（Viola Lynne, *The Best Sons of the Fatherland: Workers in the Vanguard of Soviet Collectivization*, N.Y., 1989）；作者同上：《斯大林统治下的农民叛乱：集体化和农民的反抗文化》，纽约，1996 年（Peasant Rebels under Stalin: Collectivization and the Culture of Peasant Resistance. N.Y., 1996）；作者同上 :《没人知道的古拉格：斯大林特殊清算中的遗失世界》，纽约，2007 年。（*The Unknown Gulag: The Lost World of Stalin' s Special Settlements*. N.Y., 2007）

1425 关于修正主义的命运和意义，可以参阅西拉·费茨帕特里克的新作及杂志上的讨论材料——西拉·费茨帕特里克,《追忆修正主义》，载《斯拉夫评论》第 67 卷 第 3 期（Fitzpatrick Sheila, "Revisionism in Retrospect" // *Slavic Review*, vol. 67, no. 3）（2008 年秋天）。关于"修正主义者"在研究斯大林主义中贡献的批判性思维、研究这一现象的学术流派的承继性以及对"新极权主义"的批判，可以参阅大卫－福克斯·迈克尔的《关于意识形态为先。苏联修正主义者和大屠杀否认者（对马丁·玛利亚的回应）》，载《批判》第 5 卷第 1 期（2004 年 冬 天）（David–Fox Michael. "On the Primacy of Ideology. Soviet Revisionists and Holocaust Deniers (In Response to Martin Malia) " // *Kritika* vol. 5, no. 1）。在这篇文章里，大卫—福克斯在法国革命和德国纳粹主义的对比研究中分析了"极权主义流派"和"修正主义者"之间的争论，揭示了两个学术流派间的异同。

1426 对于俄罗斯史研究中的档案革命成果的具体分析，可以参阅 R.W. 戴维斯 :《戈尔巴乔夫改革时期的苏联史》，伯明顿，1989 年（Davies R.W. *Soviet History in the Gorbachev Revolution*. Bloomington, 1989）；作者同上 :《叶利钦时期的苏联史》，列宁格勒，1997 年（*Soviet History in the Yeltsin Era*. L., 1997）；琳恩·维奥拉：《美国苏联史编纂中的冷战及苏联的终结》，载《俄罗斯评论》第 61 期（2002 年 1 月）（Viola Lynne. "The Cold War in American Soviet Historiography an the End of the Soviet Union " // *Russian Review*, no. 61）。斯蒂芬·柯特金提出了批判性的看法，他认为研究者夸大了档案革命的意义和成就——斯蒂芬·柯特金 :《这个国家——是不是我们？回忆录、档案、克里姆林宫研究者》，载《俄罗斯评论》第 61 期（2002 年 1 月）（Stephen Kotkin. "The State — Is It Us? Memoirs, Archives, and Kremlinologists " // *Russian Review*, no. 61）。

1427 在斯大林主义的俄罗斯史编纂中，"修正主义"不仅仅是年青一代中的现象。对 1930 年代苏联史的批判性讨论使老一辈有名望的苏联历史学家公开对官方史进行了修正。维·彼·达尼洛夫发挥了特殊作用。他 1960 年代的早期著作应被视为 1990 年代初档案革命时期俄罗斯"修正主义"的先声。

1428 尤里·斯廖兹金 :《北极镜子：俄罗斯和北方小民族》，伊萨卡，1994 年（Slezkine Yuri. *Arctic Mirrors: Russia and the Small Peoples of the North*. Ithaca, 1994）；斯蒂

芬·柯特金：《磁力山：作为一种文明的斯大林主义》，伯克利，1995年。

1429 本质上，“后修正主义者”也是修正主义者，因为他们重新审视了现有学术流派的思想。在学术文献中，“后修正主义者”也被称为“后现代主义者”。因为意识到任何概括性名称的相对性，我更愿意称之为“后修正主义”，因为新一代历史学家虽然受到过后现代主义的深刻影响，但是未必能被称为后现代主义者。关于这个问题，可以参阅鲍里斯·米罗诺夫：《后现代主义来到俄罗斯了吗？评〈美国俄罗斯研究〉选集》，载《批判》第4卷第1期（2003年冬天）。（Mironov Boris. “Has Postmodernism Come to Russia? Comments on the Anthology *American Russian Studies* ”// *Kritika* vol. 4, no. 1）

1430 鲍里斯·尼古拉耶维奇·米罗诺夫认为俄罗斯史研究学术流派的更迭是这样的：论点（“极权主义流派”）——反论点（“修正主义者”）——整合论点（“后修正主义者”）。他指出，这里指的不是历史学家的划分，而是历史学家在不同时期的观点变化：早期著作属于“极权主义流派”或者“修正主义”的历史学家在自己各种最新研究中也会受到后现代主义的影响。关于这一点，米罗诺夫和迈克尔·大卫-福克斯存在争论，后者在自己的一篇文章中没有按照研究著作来划分研究者，而是按照其所属世代进行分类（“父辈”—“子辈”—“孙辈”）。按照这种分类，从1950—1960年代开始发表著作的老一辈历史学家即便后来观点发生了变化，仍会被列入“极权主义流派”追随者之列。大卫-福克斯之后也赞同了米罗诺夫的意见。鲍里斯·米罗诺夫：《后现代主义来到俄罗斯了吗？》，载《美国俄罗斯学家：近年历史编纂学的标杆》选集，大卫-福克斯编辑，第2卷，萨马拉，2000—2001年（Американская русистика: Вехи историографии последних лет. Анталогия. Под ред. М. Дэвид—Фокса. 2 тт. Самара, 2000—2001）；迈克尔·大卫-福克斯：《关于意识形态为先》。

1431 历史学家在近年的研究著作中积极回归了斯大林主义现象中的意识形态作用。当老一辈苏联学专家仍然坚守“冷战”时期“极权主义流派”阵地时（罗·瑟维斯：《同志们！：世界共产主义史》，剑桥，硕士论文，2007年）（Service R., *Comrades!: A History of World Communism*. Cambridge, MA, 2007），“后修正主义者”在研究斯大林主义形成和属性中的意识形态和政治作用时，得出了20世纪末21世纪初的新历史编纂学推论（例如，大卫·普里斯特兰：《斯大林主义和动员政策。俄罗斯内战中的思想、力量和恐怖》，牛津和纽约，2007年）（Priestland D., *Stalinism and the Politics of Mobilization.*

Ideas, Power, and Terror in Interwar Russia. Oxford & N.Y., 2007)。大卫－福克斯在我之前引用的文章中指出了研究意识形态的新方法，这个方法为“后修正主义者”所继承：研究意识形态不仅需要收集官方理论学说，还需要在社会和个人理解意识形态的层面展开。其实，这里指的是出现了新的研究流派，可以称之为历史意识形态。迈克尔·大卫－福克斯：《关于意识形态为先》。

1432 “后修正主义”在俄罗斯史研究中的历史编纂分析可以参阅:《美国俄罗斯学家》；鲍里斯·米罗诺夫：《后现代主义来到俄罗斯了吗？》；斯蒂芬·柯特金：《摩登时代：苏联和内战危机》，载《批判》第2卷第1期（2001年冬天）(Kotkin Stephen. “Modern Times: The Soviet Union and the Interwar Conjuncture”. //*Kritika*, vol. 2, no. 1)；琳恩·维奥拉:《美国苏联史编纂中的冷战及苏联的终结》，载《俄罗斯评论》第61期（2002年1月）。鲍·尼·米罗诺夫的文章和《美国俄罗斯学家》选集并不局限于斯大林主义的历史编纂，还包括了西方最新的18—19世纪俄罗斯史研究成果。此外，这些作者研究了下面两个问题——俄罗斯史学家在多大程度上受到了后现代主义的影响，能否认为当代西方历史编纂和俄罗斯历史编纂已经融合。

1433 迈克尔·大卫－福克斯看到了“后修正主义”和之前学术流派在概念多元论方面的一个主要差别。他认为，“极权主义流派”和“修正主义”把原因归于一个因素：前者通过观察意识形态和政策来研究俄罗斯史，后者则是通过社会力量的影响，而“后修正主义”认为存在多种原因，并否认任何一个原因占据主导地位。大卫－福克斯认为，“后修正主义”首先在俄罗斯史的历史编纂中大量运用了多维概念方法。这个观点只适用于对比和总结，要知道，“极权主义流派”研究的意识形态和政策是不同的分析对象，每一项都有自己独特的理论方法。其实，对“修正主义”而言，社会是主要的研究对象，不过“修正主义者”研究社会的方法各异。不能忘记，“后修正主义者”所获得的学术遗产远比“极权主义流派”史学家或“修正主义者”丰富。总之，大卫－福克斯的历史编纂分析受到了“后修正主义”的偏爱：他的评论仅限于一个建议（迈克尔·大卫－福克斯：《关于意识形态为先》，第101页）。

1434 这里指的是大众对于建设新社会的兴趣以及大众被卷入这一进程。

1435 关于斯大林主义企图实施改革和现代化的观点早有耳闻，但充其量是落后型的现代化（请参阅摩西·勒温：《苏联体制的形成：关于内战时期俄罗斯社会史论文》，纽约，1985年）(См. Lewin Moshe, *The Making of the Soviet System:*

Essays in the Social History of Interwar Russia. N.Y., 1985)。作为“冷战”时期政治理论的产物，“现代化”这个术语在“后修正主义”中明显出现被拒用的趋势。人们更愿意称之为现代性（modernity）发展进程。柯特金认为，“现代性”——现代社会的现实形态，这种形态形成于20世纪两次世界大战之间并以大规模进步为标志。关于这一想法，柯特金提到了很多现实存在的现代社会变种（*modernities*）。在他的认识中，“现代化”是一种理论学说。柯特金认为，“冷战”时期出现的现代化理论追求着思想和政治目标：它使议会民主和市场经济的发展与传统（落后的）社会组织形式对立起来，成了马克思主义社会发展图景（从封建主义经由资本主义达到共产主义）的不二选择。现代化理论针对的是“第三世界”的发展中国家。它被用来向这些国家展示，共产主义怎样打破自然历史进程并指出正确的发展方向。斯蒂芬·柯特金：《摩登时代》，第157页。

1436 老一辈史学家摩西·勒温的著作就是一个例外，他的著作揭示了社会机构的国家化，即社会机构和国家的同质化。但勒温认为，国家对社会事务的干涉是破坏性的，会种下混乱的种子，与此同时，“后修正主义者”在国家干涉中看到的不仅是镇压，还有进步的创造—新兴的力量。

1437 比如，柯特金认为，日常生活的变数取决于国家的计划和意图。人们生活在政府决定的系统框架中。所以，研究日常生活的关键不是生活本身，而是要在“大政治”的背景下。换言之，人们是活跃玩家，但是他们在什么地方玩是由政府决定的。斯蒂芬·柯特金：《磁力山》，第21—23页。

1438 镇压制度有助于完成进步任务的思想是现代国家理论研究中大量历史编纂的中心论点。在关于社会主义合理性的最新历史研究著作中，谢尔盖·茹拉夫廖夫和尤卡·格罗瑙在自己的著作中就是这样写的。《时尚的力量和苏维埃力量：对抗史》，载《史学家和艺术家》2006年第1期（«Власть моды и Советская власть: история противостояния» // Историк и художник. 2006, № 1; 3; 2007, № 1）；作者同上：《国家控制下的美丽：苏联时尚的特点和形成阶段》，载《苏联和后苏联评论》2005年第32卷第1期（Красота под контролем государства: особенности и этапы становления советской моды // Soviet and Post—Soviet Review. 2005, vol. 32, no. 1）。

1439 本书揭示了，在1930年代上半叶配给制期间，由于缺乏足够的资源，国家拒绝供养所有人，而是只选择了那些被认为对于实施国家战略计划重要的人。国家供给等级很大程度上取决于人们参与工业生产的程度：在主要工业企业中工作的工程师和工人应当领取最好的定量配给（不算执政精英）。国家惩罚现实敌人和假想敌的方法是减少或者完全停止国家供给。

1440 虽然，就像“代结尾：外宾商店——普通名词”一节所述，国家领导层认为，拥有“庸俗的”财富积蓄的外宾商店客户与当代革命时期及即将到来的未来并无关系，而是和俄罗斯史中已经过去的资本主义时期有关。

1441 在《“斯大林时期繁荣”的背后》出版前，只有一些针对 1970—1980 年代勃列日涅夫时期黑市的历史研究著作。请参阅格雷斯曼·格雷戈瑞：《苏联和东欧的第二经济：一份书单》，载《伯克利大学—杜克大学关于苏联第二经济的不定期论文》，第 21 期（1990 年）。

1442 黑市是更广泛领域的一部分，即所谓超出国家控制范围的不正常关系的一部分，包括很多不属于犯罪的行为，例如走后门。

1443 伯明翰研究院，尤其是罗伯特·戴维斯的著作很好地展现了“红色进攻资本主义”和允许市场存在之间的相互交替关系。（罗·戴维斯：《苏联经济中的危机和前进，1931—1933》，伦敦，1996 年；作者同上：《混乱中的苏联经济，1929—1930》，剑桥，马塞诸塞，1989 年）（*The Soviet Economy in Turmoil, 1929—1930*. Cambridge, Mass. 1989）然而，老一辈斯大林主义经济史学家已经离开，但是年轻人却未登上舞台。

1444 卡尔·马克思没有留下严谨的社会主义理论。在其思想草图中，可以发现关于无产阶级未来天堂的相互排斥的观点。而且，在马克思主义中，有一些创始人相对依次提出的基础性理论，其中一条是不接受市场、资本主义。因此，根据马克思主义，市场是资本主义制度的机构。

1445 关于计划经济对苏联市场的影响，可以参阅朱莉·赫斯勒：《紧缺文化：苏联贸易的社会史，1917—1853》，普林斯顿，2003 年。（Hessler Julie,*Culture of Shortages: A Social History of Soviet Trade, 1917—1953. Princeton, 2003*）

1446 可以同意霍尔奎斯特关于苏联总体发展并未脱离世界进程“主路”的观点，但在苏联经验中确实有很多反常之处。我认为，其中包括收集人民信息的强力部门规模过于庞大、国家建设新社会和新人类的基本使命采用了大规模消灭本国公民的方式。彼得·霍尔奎斯特：《信息是我们工作中的阿尔法和欧米伽：在泛欧洲背景下的布尔什维克监视》，载《当代史杂志》第 69 期（1997 年 9 月）（Holquist Peter. “Information is the Alfa and Omega of our Work: Bolshevik Surveillance in its Pan—European Context ” // *Journal of Modern History 69*）。

1447 柯特金在这篇文章中写道，20 世纪是动员民众的时代，在两次世界大战之间，包括苏联在内的所有世界大国都经历了相似的发展进程——大生产和大消费、大文化、社会保障的大规划、吸引民众参与政治。斯蒂芬·柯特金:《摩登时代》。

1448 日常生活史是俄罗斯政治百科全书出版社《社会史》年刊中的固定栏目。请参阅:《苏联1920—1930年代社会政治:意识形态和日常生活》,责任编辑为巴·罗曼诺夫和叶·雅尔斯卡亚-斯米尔诺娃,莫斯科,2007年(Советская социальная политика 1920–х — 1930–х годов: Идеология и повседневность. Отв. ред. П. Романов и Е. Ярская—Смирнова. М., 2007);格·瓦·安德烈耶夫斯基:《1920—1930年代斯大林时期莫斯科的日常生活》,莫斯科,2003年(Андреевский Г.В. Повседневная жизнь Москвы в сталинскую эпоху. 1920—1930—е. М., 2003);谢·弗·茹拉夫列夫:《"小人物"和"大历史"。1920—1930年代苏联社会中莫斯科电灯厂的外国人》,莫斯科,2000年(Журавлев С.В. «Маленькие люди» и «большая история». Иностранцы московского Электрозавода в советском обществе 1920–х — 1930–х гг. М., 2000);西拉·费茨帕特里克:《斯大林主义的每一天。不平凡时代的平凡生活:1930年代的苏俄》,纽约,1990年(Fitzpatrick Sheila. *Everyday Stalinism. Ordinary Lives in Extraordinary Times: Soviet Russia in the 1930s*. N.Y., 1999);《社会和权力,文献中的叙事》,责任编辑为安·康·索科洛夫,莫斯科,1998年(Общество и власть. Повествование в документах. Отв. ред. А.К. Соколов. М., 1998);斯蒂芬·柯特金:《磁力山》,等等。

1449 巴尼斯·考克斯·兰迪:《社会主义消费者的出现:广告、公民权和新经济政策》,博士论文,印第安纳大学,1999年(Barnes Cox Randi. *The Creation of the Socialist Consumer: Advertising, Citizenship and NEP*. Ph. D. dissertation. Indiana University, 1999);作者同上:《1928—1956年,苏联商业广告和社会空间建设》,载多布联科·叶甫根尼、奈曼·埃里克编辑:《斯大林主义的景象。苏联空间的艺术和意识形态》,西雅图,2003年("All This Can be Yours! Soviet Commercial Advertising and the Social Construction of Space, 1928—1956" // Dobrenko Evgeny, Naiman Eric, eds. *The Landscape of Stalinism. The Art and Ideology of Soviet Space*. Seattle,L., 2003);兰·巴尼斯:《在消费理论的光芒中,1920—1930年代美国和苏联的社会心理》,载《历史问题》,1995年第2期(Барнс Р. Общественная психология в США и СССР в 20—30—х годах в свете теории потребления // Вопросы истории, №2, 1995);尤卡·格罗瑙:《鱼子酱配香槟。斯大林时期俄罗斯常见的奢侈和美好生活的理想》,牛津,2003年;朱莉·赫斯勒:《苏联

贸易的社会史》；叶·奥索金娜，"Consumi" // *Dizionario Del Comunismo*, Robert Service and Sylvio Pons, eds. Giulio Einaudi Esitore: Turin, 2006；艾米·E. 兰达尔：《苏联贸易运动：1930 年代打造社会主义零售贸易》，博士论文，普林斯顿大学，2000 年；作者同上：《合法的苏联贸易：1930 年代苏联零售从业者的性别和女性化》，载《社会史杂志》第 37 卷第 4 期（2004 年夏季）；作者同上：《"革命的布尔什维克工作"：零售贸易中的斯达汉诺夫运动》，载《俄罗斯评论》第 59 期（2000 年 7 月）（"'Revolutionary Bolshevik Work'：Stakhanovism in Retail Trade" // *Russian Review* 59）等。

1450 20 世纪世界上发展中贸易的普遍性进程包括贸易网络扩张、大型商店数量增加、贸易技术完善、商品种类扩大、消费水平上升、口味个性化，以及导致消费领域阶级、民族和地区差异缩小的口味一致化。

1451 大部分研究者从国家对消费领域的态度出发，认为"新经济政策"和斯大林的 1930 年代是相互对立的。兰迪·巴尼斯在分析广告的基础上揭示了"新经济政策"时期和 1930 年代对待消费文化的不同之处。她认为，在"新经济政策"的广告中革命特征更多（阶级立场、造福社会的思想、消费和生产的联系等），1930 年代的广告则效仿了西方的标准和风格。另一位研究苏联贸易的美国历史学家艾米·兰达尔在自己的论文中认为 1920 年代和 1930 年代是相互对立的。她认为，在"新经济政策"时期国家干了不少事情搞臭零售贸易和消费主义（*consumerism*），而在 1930 年代中叶，国家却宣称发展零售贸易和消费文化是建设社会主义的重要部分，必须予以恢复。柯特金也指出，在 1930 年代中叶之前，国家领导人对消费社会持怀疑态度，宣称自己的目标是建设生产者社会（*industrial modernity*），而不是消费者社会（*consumer modernity*）。

1452 社会主义文明贸易口号出现的时间令人惊讶。在 1931 年 1 月，苏联对基本食物和食品实施配给制，国家快步走向大饥荒。被国家选中的群体从封闭供给单位领到了微薄的定量配给，而当时的大部分人民只能听天由命。国家领导人恰恰在这个时候提到了文明贸易！赫斯勒没有解释，为什么在这么戏剧性的时刻出现了这个口号。

1453 营利性贸易开始于 1929 年夏天，当时政府拨出储备糖用以高价销售。此后，营利性商店的品类加入了所有基本商品。随着大饥荒开始消退，第一批示范性百货商场在 1933 年夏天出现。1930 年代中叶前，"社会主义文明贸易"就像"可以触及的奢侈"的绿洲，仅限于首都几家大型示范性百货商店。1935 年底前，全国只有 8 家全苏示范性百货商场，这 8 家商场确保了 3% 的零售工业品贸易额（朱莉·赫斯勒 :《苏联贸易的社会史》，第 205 页）。

1454 列夫·托洛茨基和美国社会学家尼古拉·季马舍夫开启了这个传统。（列·达·托洛茨基 :《忠诚的革命》，莫斯科，1991 年；尼·季马舍夫 :《大撤退：共产主义在俄罗斯的成长和消退》，纽约，1946 年）(Троцкий Л.Д. Преданная революция. М., 1991; Timasheff N. *The Great Retreat: The Growth and Decline of Communism in Russia*. N.Y., 1946).

1455 朱莉·赫斯勒认为，苏联领导人在 1930 年代中叶认可消费社会的价值是自我革命的延续，要知道，革命曾许诺给予工人更好的、有保障的生活。她指出，市场（资本主义）贸易原则无论是对于苏联领导层，还是对于社会大众，都不是什么新事物——在革命前以及 1920 年代的“新经济政策”期间，在俄罗斯是存在私人贸易的。她认为，1930 年代消费政策中的新意并不是重新纳入苏联体系的贸易和消费的市场（资本主义）原则，而是贸易和消费的民主化：在消费和物质文明中的斯大林主义意味着，每一个劳动者都可以购买奢侈物品，而在西方只有资产阶级精英才能接触这些奢侈品。

1456 与此同时，研究者展现了，向西方借鉴贸易原则和技术并不妨碍苏联领导层批评西方消费社会。为了强调社会主义贸易和社会主义消费社会的非资本主义属性，宣传强调了人民大众掌控贸易的意义以及贸易对社会和个人有利的思想。

1457 对于发达国家在两次世界大战之间发展社会保障项目的总体比较分析可以参阅斯蒂芬·柯特金的《摩登时代》。

1458 关于这件事详见尤卡·格罗瑙 :《鱼子酱配香槟》。

1459 请参阅西拉·费茨帕特里克 :《文明化：社会主义现实和特权与品位的表现》，载《文明前沿：革命的俄罗斯的权利和文明》，伊萨卡，纽约，1992 年(Fitzpatrick Sheila. “Becoming Cultured: Socialist Realism and the Representation of Privilege and Taste” // Idem. *Cultural Front: Power and Culture in Revolutionary Russia. Ithaca*, N.Y., 1992）；瓦季姆·沃尔科夫 :《文明的概念》，载西拉·费茨帕特里克编辑的《斯大林主义：新方向》，纽约，2000 年（Volkov Vadim. “The Concept of Kul’turnost” // Fitzpatrick Sheila, ed. *Stalinism: New Directions*. N. Y., 2000）；维拉·邓纳姆 :《斯大林时代：苏联小说中的中产阶级价值》，杜伦大学，北卡罗来纳州，1990 年（Dunham Vera. *In Stalin’s Time: Middleclass Values in Soviet Fiction*. Durham, N.C., 1990）。朱莉·赫斯勒最初也坚持这种观点，但后来发生

了转变。请参阅朱莉·赫斯勒：《文明贸易：斯大林主义者转向消费主义》，载西拉·费茨帕特里克编辑的《斯大林主义：新方向》。（Julie，Hessler. “Cultured Trade: The Stalinist Turn towards Consumerism” // Fitzpatrick Sheila, ed. *Stalinism: New Directions*）

1460 在1934年中央委员会11月的全体会议上，斯大林宣布取消配给制、转向“开放式贸易”，他说：“取消配给制的政策考虑是什么呢？——首先，我们想加强货币经济……尽力拓展商品流通，用商品流通系统取代现有的机械的食品分配政策。我们要提供商品流通的土壤。这就是我们实施改革的基本思路。”俄罗斯国家社会政治史档案馆，71号库第2类第536卷；第10类第127卷第48—59页。

外宾商店和苏联对外贸易人民委员部领导简历

1461 撰写生平履历的主要信息来源为保存在中央委员会的领导工作人员个人事项档案库中的党的文献（俄罗斯国家社会政治史档案馆，17号库第100类）。党员评述选自外宾商店管委会档案库资料（俄罗斯国家经济档案馆，4433号库第1类第9卷第99页）。

1462 详见“外宾商店的‘红色经理’：‘代理’”一节。

1463 布姆巴拉什——阿尔卡季·盖达尔同名小说、苏联电影的主人公。电影根据作家——国内战争参与者的早期著作拍摄。

1464 敖德萨犹太人出身的苏联作家伊萨克·巴别尔在1920年是波兰前线骑兵军战士、政治工作者。他在自己的日记中描绘了苏波战争，之后出版了《骑兵军日记》。

1465 格别乌在这家公司的掩护下收集苏联公民的外国企业保险单以及继承文件，用来在境外提出声索。详见“外宾商店的‘红色经理’：‘政委’”。

1466 指的是全苏贸易供应联合公司（Всесоюзное объединение по снабжению торговли）。

1467 详见附录中尤·谢·博什科维奇的履历。

1468 日丹诺夫在履历中提到这些并非偶然。苏联政府根据私人拥有的马匹数量来确定农民的社会地位：贫农、中农、富农。似乎不经意间说出关于一匹马的话其实是给履历阅读者的一个信号。

1469 “左翼反对派”——俄共（布）/联共（布）内部的派别，形成于列宁重病及死后的党内斗争时期。斗争的一派是托洛茨基及其支持者，另一派是季诺维也夫、斯大林和加米涅夫三巨头及其追随者。之后，季诺维也夫和加米涅夫也和“左翼反对派”联合在一起。

1470 在叶若夫与1937年8月11日签发的苏联内务人民委员部国家安全总局《关于波兰情报机关在苏联的法西斯—起义、间谍、颠覆和恐怖活动》的密函（59098号）中提到：“根据温施利希特（1921—1923年担任契卡—格别乌第一副主席——作者注）的指示，组织成员洛加诺夫斯基和巴朗斯基在毕苏斯基撤职期间（1922—1926年——作者注）利用被外国局派驻华沙的机会，在格别乌名称的掩饰下组织反对毕苏斯基的组织，用来反对当时的波兰国家民主党政府（右翼民主主义运动‘国家民主’、约·毕苏斯基的主要政治对手——作者注），并准备在法国元帅福煦抵达波兰时以外国局驻外情报机关的名义将其刺杀，以此破坏法国和苏联的正常外交关系。”俄罗斯联邦联邦安全委员会档案馆。出版物，弗·尼·哈乌斯托夫，http://www.memo.ru/history/POLAcy/CHAUCORR。

外宾商店办事处历史

1471 城市和州的人员编制失调，其原因是外宾商店机关中大部分为核算人员，他们主要在列宁格勒工作。

1472 国民经济中央统计局以出生率和死亡率为基础，以1926年的普查数据为基准进行人口统计。根据其数据，1933年列宁格勒的年平均人口约为270万。（俄罗斯国家经济档案馆，1562号库第329类第19、49卷）不过，毫无疑问，在1933年向列宁格勒市外宾商店交去黄金的人不仅来自城市，还有一些来自邻州。

1473 维堡市列宁格勒州国家档案馆，1154号库第10类第4卷第1页。

1474 列宁格勒确保了外宾商店列宁格勒办事处大部分的有价物品收购量。在1933年，列宁格勒有价物品收购量在列宁格勒办事处的总收购量中占86%，在1934年的10个月中，占比达95%。在1935年，列宁格勒收购了价值160万卢布的黄金（废料和金币），而列宁格勒州加上卡累利阿的黄金收购量仅为14.7万卢布，列宁格勒在1935年列宁格勒办事处的黄金收购总量中占比超过90%。维堡市列宁格勒州国家档案馆，1154号库第3类第13卷第5页；第38卷第18页；第10类第16卷第46—54页。

1475 按 1 卢布 29 戈比兑 1 克纯金的收购价计算。

1476 苏联主要工业企业进口设备价值在外宾商店最终报告中被列出。俄罗斯国家经济档案馆，4433 号库第 1 类第 175 卷第 13 页背面。

1477 乌兹别克斯坦共和国中央国家档案馆，288 号库第 1 类第 10 卷第 37 页。